U0941039

中国教育考试年鉴

（2012）

教　育　部　考　试　中　心
全国高等教育自学考试指导委员会办公室　编
教育部高等教育自学考试办公室

中国传媒大学出版社

图书在版编目（CIP）数据

中国教育考试年鉴．2012 / 教育部考试中心，全国高等教育自学考试指导委员会办公室，教育部高等教育自学考试办公室编．—北京：中国传媒大学出版社，2013.7

ISBN 978-7-5657-0765-0

Ⅰ.①中… Ⅱ.①教…②全…③教… Ⅲ.①高等教育—考试制度—中国—2012—年鉴 Ⅳ.①G642.47-54

中国版本图书馆 CIP 数据核字（2013）第 166158 号

中国教育考试年鉴（2012）

组　　编　教育部考试中心（全国高等教育自学考试指导委员会办公室、教育部高等教育自学考试办公室）

责任编辑　陈　睿　阳金洲

封面设计　吕　默

出版发行　中国传媒大学出版社有限责任公司

社　　址　北京市朝阳区定福庄东街 1 号　　邮　　编　100024

电　　话　010-65783362　010-65738556　　传　　真　010-65779405

经　　销　新华书店

印　　装　北京市人卫印刷厂

开　　本　890 毫米×1240 毫米　1/16

印　　张　42.5

字　　数　1140 千字

版　　次　2013 年 7 月第 1 版　2013 年 7 月第 1 次印刷

ISBN 978-7-5657-0765-0/G·0765　　定　价：200.00 元

编辑说明

《中国教育考试年鉴》是教育部考试中心(全国高等教育自学考试指导委员会办公室、教育部高等教育自学考试办公室)编纂的教育考试资料性工具书。它是各级教育考试部门执行党和国家的方针政策、做好教育考试工作情况的总结,是我国教育考试事业不断改革发展的成果记录。

编纂《中国教育考试年鉴》的目的,是为教育工作者和研究人员提供教育考试方面的文献资料,为教育考试战线沟通信息、交流经验开辟园地,为宣传中国教育考试改革发展成果设立窗口,为热心关注和研究我国教育考试事业的读者提供事实依据。

《中国教育考试年鉴(2012)》的内容反映 2011 年教育考试的基本情况。基本内容有:政策文献和年代要文,教育部考试中心(全国高等教育自学考试指导委员会办公室、教育部高等教育自学考试办公室)工作情况和各类教育考试综述,地方教育考试情况,各类教育考试统计数据,全国教育考试大事记和附录。

教育部考试中心(全国高等教育自学考试指导委员会办公室、教育部高等教育自学考试办公室)和各省(自治区、直辖市)教育考试机构参加了本卷年鉴的编写和资料收集工作。

在编纂过程中,力求客观、准确、简明。如有不足和需要改进之处,诚望各方面的专家和读者指正。

编　者

2013 年 4 月

《中国教育考试年鉴(2012)》编辑委员会

目　录

文献选编

教育部文件

全国高等教育自学考试指导委员会文件

教育部办公厅文件

教育部考试中心文件

全国高等教育自学考试指导委员会办公室文件

教育部高等教育自学考试办公室文件

教育部考试中心

地方教育考试

统 计 资 料

全国教育考试大事记

附　录

文 献 选 编

教 育 部 文 件

教育部关于成立第七届全国高等教育自学考试指导委员会的通知

教考试函［2011］1号

各省、自治区、直辖市教育厅（教委）、高等教育自学考试委员会，解放军高等教育自学考试委员会：

根据《高等教育自学考试暂行条例》规定，经与各成员单位协商一致，我部对全国高等教育自学考试指导委员会做换届调整，成立第七届全国高等教育自学考试指导委员会，现将组成人员名单印发给你们。

特此通知。

抄送：各省、自治区、直辖市人民政府，国家发展和改革委员会、工业和信息化部、公安部、财政部、人力资源和社会保障部、国家广播电影电视总局、国家保密局、共青团中央、武警总部政治部、全国总工会宣传教育部，有关高等学校，部内有关司局

部内发送：部领导，办公厅

附件：第七届全国高等教育自学考试指导委员会组成人员名单

教育部

二〇一一年十一月十一日

附件：

第七届全国高等教育自学考试指导委员会组成人员名单

主任委员：

袁贵仁　教育部部长

副主任委员：

朱之鑫　国家发展和改革委员会副主任
杜玉波　教育部副部长
刘利华　工业和信息化部副部长
黄　明　公安部副部长
张少春　财政部副部长
杨士秋　人力资源和社会保障部副部长
张海涛　国家广播电影电视总局副局长
夏　勇　国家保密局局长
卢雍政　共青团中央书记处书记
袁　驷　清华大学副校长
王恩哥　北京大学副校长
杨慧林　中国人民大学副校长

委　员：

林　岗　中国人民大学
兼经济管理类专业委员会主任
饶戈平　北京大学
兼法学类专业委员会主任
张永桃　南京大学
兼公共管理类专业委员会主任
王英杰　北京师范大学
兼教育类专业委员会主任
齐森华　华东师范大学
兼文史类专业委员会主任
金　莉　北京外国语大学
兼外国语言文学类专业委员会主任
倪　宁　中国人民大学
兼新闻类专业委员会主任
束鹏程　西安交通大学
兼机械及轻纺化工类专业委员会主任
白同朔　上海交通大学
兼电子、电工与信息类专业委员会主任
沈世钊　哈尔滨工业大学
兼土木水利矿业环境类专业委员会主任
傅泽田　中国农业大学
兼农科类专业委员会主任
王德炳　北京大学
兼医药学类专业委员会主任
王明旨　清华大学
兼艺术类专业委员会主任
张星臣　北京交通大学
兼交通类专业委员会主任
杨　河　北京大学
兼公共课课程指导委员会主任
周浩波　辽宁省教育厅副厅长
欧阳建平　湖北省教育厅副厅长
王　萍　甘肃省教育厅副厅长
王　健　北京教育考试院院长
张　静　天津市教育招生考试院院长
李瑞阳　上海市教育考试院院长
刘炳贵　江苏省教育考试院院长
葛为民　浙江省教育考试院院长
杨开乔　广东省教育考试院院长
禹　光　解放军总政宣传部副部长
贾方亮　武警总部政治部副主任
刘迎祥　全国总工会宣传教育部副部长
韩　震　北京师范大学副校长
黄　震　上海交通大学副校长

樊丽明　　山东大学副校长
游小波　　福建师范大学校党委副书记
周创兵　　武汉大学副校长
陈春声　　中山大学副校长
杨天怡　　重庆大学副校长
朱　宏　　电子科技大学副校长
柯春晖　　教育部政策法规司副巡视员
张泰青　　教育部发展规划司副司长
徐孝民　　教育部财务司副司长
葛道凯　　教育部职业教育与成人教育司司长
刘贵芹　　教育部高等教育司副司长
张浩明　　教育部高校学生司副司长
孙也刚　　教育部学位管理与研究生教育司巡视员
姜　钢　　教育部考试中心（教育部高等教育自学考试办公室）主任

秘书长：

姜　钢　（兼）

全国高等教育自学考试指导委员会文件

关于修订高等教育自学考试中英合作商务管理专业与金融管理专业（本科）考试计划的通知

考委［2011］1号

各省、自治区、直辖市高等教育自学考试委员会：

为充分发挥我国高等教育自学考试的优势，借鉴和吸收国外有关领域的新知识、新方法，培养我国急需的具有一定创新意识和创新能力的商务管理、金融管理方面应用型、职业型人才，全国高等教育自学考试指导委员会（以下简称“全国考委”）与英国剑桥大学考试委员会合作，共同设计了商务管理专业与金融管理专业课程。1999年、2001年，全国考委分别下发了有关文件，开设了商务管理专业（本科）和金融管理专业（本科）。

随着当今世界各国、各地区经济往来、合作不断加深，国际商务与国际金融局势复杂多变，应对复杂局势需要的专业知识也不断更新。现有商务管理专业与金融管理专业本科段的课程设置、知识结构、专业能力要求已经不能满足当前我国商务管理与金融管理领域人才培养的需要。为了培养符合新时期社会需求的复合型人才，加强自学考试与国际证书考试的沟通，促进自学考试专业课程内容与国际职业标准衔接，经与英国剑桥大学考试委员会协商，并组织全国考委经济管理类专业委员会论证，决定对现有中英合作商务管理、金融管理专业（本科）考试计划进行修订，更新本科段课程体系，并将中英合作证书管理段课程（以下简称“证书管理段课程”，见教试中心函［2010］97号文）纳入相应专业的本科段课程。现就修订后的中英合作商务管理、金融管理专业（本科）考试计划通知如下：

一、修订后的中英合作商务管理、金融管理专业（本科）仍由基础科段和本科段组成（见附件）。基础科段保持现行课程设置；本科段课程由公共基础课、专业核心课和选考课构成。专业核心课为证书管理段课程，考试时间另行通知。课程序号标注“*”的，为全国统一命题考试课程。开考省份应严格按修订后的全国统一专业考试计划执行，不得擅自调整课程设置、改变考核方式。

二、修订后的中英合作商务管理、金融管理专业（本科段）的考试计划自发布之日起执行（专业名称和专业代码不变）。原商务管理、金融管理专业本科段专业课程自2012年起不再接纳新考生报考，原则上自2015年7月考试后全部停考。各地应根据有关规定和实际情况，制定具体的调整、过渡办法，并报全国考办备案。各地要尽快采取措施，确保按时过渡和平稳过渡。

三、原商务管理、金融管理专业本科段专业课程停考之前，有关的职责分工、大纲教材、考试命题、考试管理与实施、试卷申报和印制、考试经费、考试时间和课程安排按现有办法继续执行（见考委［2001］8号文和考委办［2002］75号文）。

四、中英合作商务管理、金融管理专业基础科段的合作课程设置、职责分工、大纲教材、考试管理与实施、试卷申报和印制、考试经费、考试时间和课程考试安排等按现有办法继续执行（见考委［1999］1号文、考委［1999］15号文和考委办［2002］75号文）。

附件：高等教育自学考试中英合作商务管理专业与金融管理专业（本科）考试计划（2011年修订）

全国高等教育自学考试指导委员会
二〇一一年二月二十四日

抄送：全国考委经济管理类专业委员会

附件：

高等教育自学考试中英合作商务管理专业与金融管理专业（本科）考试计划（2011年修订）

一、指导思想

以“优先发展教育，建设人力资源强国”的战略思想为指导，充分发挥高等教育自学考试的优势，紧跟当今世界商务和金融领域发展需要，吸收国外商务管理与金融管理领域的新知识、新方法，培养适应新形势下经济发展需要、德才兼备，具备一定创新意识、创新能力和实际工作能力的商务管理与金融管理方面综合型、职业型和应用型的专业人才，为工商企业界人士以及希望在商务管理和金融管理方向发展的人员提供具有国际标准的专业教育和资格认证。

二、学历层次及规格

高等教育自学考试商务管理专业和金融管理专业分为基础科段和本科段。

凡取得商务管理专业（基础科段）考试计划所规定15门课程的合格成绩，学分累计在76学分以上，思想品德经鉴定符合要求者，颁发高等教育自学考试商务管理专业专科毕业证书。

凡取得金融管理专业（基础科段）考试计划所规定15门课程的合格成绩，学分累计在75学分以上，思想品德经鉴定符合要求者，颁发高等教育自学考试金融管理专业专科毕业证书。

凡取得商务管理专业（本科段）考试计划所规定12门及以上课程的合格成绩，学分累计在68学分以上，毕业论文经答辩成绩合格，思想品德经鉴定符合要求者，颁发高等教育自学考试商务管理专业本科毕业证书。

凡取得金融管理专业（本科段）考试计划所

规定12门及以上课程的合格成绩，学分累计在68学分以上，毕业论文经答辩成绩合格，思想品德经鉴定符合要求者，颁发高等教育自学考试金融管理专业本科毕业证书。

本科毕业生的学业水平达到国家规定的学位标准，按《中华人民共和国高等教育法》和《中华人民共和国学位条例》的规定，由有学位授予权的主考院校授予管理学学士学位。

三、培养目标与基本要求

商务管理与金融管理两个专业，培养和造就适应社会主义市场经济发展的需要，德才兼备，能从事商务或金融管理工作，并具有一定实际工作能力和研究能力的专门人才。

在政治思想品德方面，要求考生努力学习马克思主义、毛泽东思想和邓小平理论，树立爱国主义、集体主义和社会主义思想，遵守法律、法规，具有良好的思想品德。

在业务知识和能力方面：基础科段要求学习和掌握本专业必备的基本理论、基本知识和基本技能，懂得与本专业有关的经济方针政策，具有分析和解决商务或金融管理问题的能力。本科段课程深入介绍商务管理与金融管理领域专业知识，延伸与之相关的其他领域专业知识，通过实践操作和练习，提高学生的商务或金融领域交流能力；培养学生的自我发展能力，适应商务和金融环境变化的能力；使学生具备识别分析问题的能力，能够收集有关材料用于商务或金融计划、决策、监督和控制；帮助学生开发自我管理能力，提高自信心和独立工作能力。修订后的本科段课程体系更加注重商务管理和金融管理领域专业知识的系统性和综合性，学习方法更加强调实践性和应用性，旨在培养新时期商务管理与金融管理方面综合型、职业型和应用型的专业人才。

四、课程（模块）与学分

	商务管理专业（专业代码：C020214）					金融管理专业（专业代码：C020116）				
	类别	序号	课程名称	课程代码	学分	类别	序号	课程名称	课程代码	学分
基础科段	公共基础课	*1	毛泽东思想、邓小平理论和“三个代表“重要思想概论	03707	4	公共基础课	*1	毛泽东思想、邓小平理论和“三个代表“重要思想概论	03707	4
		*2	政治经济学（财经类）	00009	6		*2	政治经济学（财经类）	00009	6
		*3	大学语文	04729	4		*3	大学语文	04729	4
		*4	商务英语	00796	7		*4	商务英语	00796	7
	专业核心课	*5	企业组织与环境	00797	4	专业核心课	*5	企业组织与环境	00797	4
		*6	商务交流	00798	4		*6	商务交流	00798	4
		*7	数量方法	00799	6		*7	数量方法	00799	6
		*8	经济学	00800	5		*8	经济学	00800	5
		*9	会计学	00801	6		*9	会计学	00801	6
		*10	管理信息技术	00802	4		*10	管理信息技术	00802	4
		*11	财务管理	00803	6		*11	财务管理	00803	6
		*12	商法	00808	5		*12	金融法（二）	00804	5
		*13	市场营销（二）	00809	5		*13	管理会计（二）	00805	3
		*14	人力资源管理（二）	00810	4		*14	财务报表分析（二）	00806	5
		*15	国际贸易实务（二）	00811	6		*15	金融概论	00807	6
	小计				76	小计				75

续表

	商务管理专业（专业代码：C020226）					金融管理专业（专业代码：C020120）				
	类别	序号	课程名称	课程代码	学分	类别	序号	课程名称	课程代码	学分
本科段	公共基础课	*1	马克思主义基本原理概论	03709	4	公共基础课	*1	马克思主义基本原理概论	03709	4
		*2	中国近现代史纲要	03708	2		*2	中国近现代史纲要	03708	2
	专业核心课	*3	市场与市场营销	11741	4	专业核心课	*3	市场与市场营销	11741	4
		*4	商务沟通方法与技能	11742	4		*4	商务沟通方法与技能	11742	4
		*5	企业组织与经营环境	11743	5		*5	企业组织与经营环境	11743	5
		*6	会计原理与实务	11744	5		*6	会计原理与实务	11744	5
		*7	战略管理与伦理	11745	6		*7	战略管理与伦理	11745	6
		*8	国际商务与国际营销	11746	6		*8	国际商务金融	11750	6
		*9	管理学与人力资源管理	11747	6		*9	企业成本管理会计	11751	6
		*10	商务运营管理	11748	6		*10	管理数量方法与分析	11752	6
		*11	商务管理综合应用	11749	6		*11	金融管理综合应用	11753	6
	选考课	*12	英语（二）	00015	14	选考课	*12	英语（二）	00015	14
		*13	消费经济学	00183	4		*13	消费经济学	00183	4
		*14	企业会计学	00055	6		*14	企业会计学	00055	6
		*15	广告学（一）	00181	4		*15	广告学（一）	00181	4
			商务管理毕业论文	10250				金融管理毕业论文	10251	
	小计				68	小计				68
	合计				144	合计				143

说明：1. 国民教育序列专科以上毕业生，均可直接报考本科段。
2. 选考课程不低于14学分，各省可根据本地经济发展特点，适当增加选考课的备选课程。
3. 毕业论文不计学分。

五、课程说明（略）

关于印发高等教育自学考试中小企业经营管理专业（专科、独立本科段）考试计划的通知

考委［2011］2号

各省、自治区、直辖市高等教育自学考试委员会，中国人民解放军自学考试委员会：

为适应我国当前对中小企业经营管理专门人才的需要，全国高等教育自学考试指导委员会（以下简称“全国考委”）决定开考高等教育自学考试中小企业经营管理专业（专科、独立本科段），并组织经济管理类专业委员会论证、制定了专业考试计划，现印发给你们，请遵照执行，并将有关事项通知如下。

一、全国考委制定的高等教育自学考试中小企业经营管理专业（专科、独立本科段）考试计划，起着统一自学考试专业和课程总体标准的作用，各省（自治区、直辖市）开考以上专业，请报全国考委备案，并严格执行全国统一计划。

二、高等教育自学考试中小企业经营管理专业（专科、独立本科段）中部分课程为“中小企业经理人”证书考试课程，凡按照教育部考试中心、工业和信息化部中小企业发展促进中心《关于合作开考中小企业经理人证书考试项目的通知》（教试中心函［2011］24号）和相关文件精神，通过证书课程考试的考生，可获得专业相应课程的学分。

三、高等教育自学考试中小企业经营管理专业（专科、独立本科段）各门课程均为全国统一命题考试课程，必须使用全国考委组编的课程自学考试大纲、教材，参加全国统一命题考试。具体大纲、教材目录和考试时间安排另行通知。

附件：高等教育自学考试中小企业经营管理专业（专科、独立本科段）考试计划

全国高等教育自学考试指导委员会
二〇一一年二月二十四日

抄送：全国考委经济管理类专业委员会，工业和信息化部中小企业发展促进中心

附件：

高等教育自学考试中小企业经营管理专业（专科、独立本科段）考试计划

一、指导思想

高等教育自学考试是我国高等教育基本制度之一，是以高等教育学历考试为主的国家考试，是个人自学、社会助学、国家考试相结合的高等教育形式，是我国高等教育体系的重要组成部分。

高等教育自学考试中小企业经营管理专业是为了适应我国当前对中小企业经营管理专门人才的需要而设置的，在总体上与全日制普通高等院校相关专业的水平相一致。同时，为体现高等教育自学考试开放、灵活的特点，在课程设置上突出了较强的针对性和实用性，并注重考核应考者对基本理论、基本知识和基本技能的掌握以及分析、解决实际问题的能力。

二、学历层次与规格

高等教育自学考试中小企业经营管理专业分为专科和独立本科段两个层次。

凡取得本专业（专科）考试计划所规定的15门或以上课程的合格成绩，学分累计在73学分以上，思想品德经鉴定符合要求者，颁发高等教育自学考试中小企业经营管理专业专科毕业证书。

凡取得本专业（独立本科段）考试计划所规定的13门或以上课程的合格成绩，学分累计在70学分以上，思想品德经鉴定符合要求者，颁发高等教育自学考试中小企业经营管理专业本科毕业证书。

本科毕业生的学业水平达到国家规定的学位标准，按《中华人民共和国高等教育法》和《中华人民共和国学位条例》的规定，由主考院校授予管理学学士学位。

三、培养目标与基本要求

高等教育自学考试中小企业经营管理专业（专科）培养适应社会主义市场经济需要的，能从事中小企业经营管理工作的应用型人才。专业基本要求：掌握本专业必需的基础理论、基本知识和基本技能；熟悉相关经济法规、政策；具有管理工作必备的能力。

高等教育自学考试中小企业经营管理专业（独立本科段）培养适应社会主义市场经济需要的、从事中小企业经营管理工作的并具有一定实际工作能力和研究能力的专门人才。专业基本要求：系统掌握本专业的基础理论、基本知识和基本技能；熟悉我国有关法规、方针、政策；能独立分析和解决有关经营管理的实际问题。

四、课程设置与学分

高等教育自学考试中小企业经营管理专业（专科）课程设置与学分

专业代码：A020319

课程类别		序号	课程代码	课程名称	学分	备注	
必考课	公共基础课	1	03706	思想道德修养与法律基础	2		
		2	03707	毛泽东思想、邓小平理论和“三个代表”重要思想概论	4		
		3	02126	应用文写作	5		
		4	00020	高等数学（一）	6		
	专业核心课	5	11978	企业经营模拟（一）	5	专业核心课，各方向必考	
		6	11979	企业管理制度精要（一）	5		
		7	11980	企业伦理与社会责任（一）	5		
		8	11981	组织设计与招聘培训（一）	5	人力资源管理方向	相应专业方向核心课
		9	11982	薪酬管理与绩效考核（一）	5		
		10	11983	企业家精神与领导艺术（一）	5		
		8	11984	企业会计实务（一）	5	财务管理方向	
		9	11985	企业财务报表分析（一）	5		
		10	11986	中小企业投融资（一）	5		
		8	11987	销售管理（一）	5	市场营销管理方向	
		9	11988	网络营销与渠道管理（一）	5		
		10	11989	品牌管理（一）	5		
		8	11990	商务谈判与合同管理（一）	5	行政管理方向	
		9	11991	企业经营法规解读（一）	5		
		10	11992	企业文化塑造（一）	5		
		8	11993	企业经营风险管理概论（一）	5	战略管理方向	
		9	11994	企业战略跨越（一）	5		
		10	11995	企业环境经营与能源管理（一）	5		
选考课	推荐选考课	11	00147	人力资源管理（一）	6	选考学分不得低于 26 学分。考生可从推荐选考课程中选考，也可按照说明 2 的要求选考其他课程。	
		12	00148	国际企业管理	6		
		13	00177	消费心理学	5		
		14	00111	商标与广告管理	5		
		15	00182	公共关系学	4		
总学分					73		

高等教育自学考试中小企业经营管理专业（独立本科段）课程设置与学分

专业代码：B020320

<table>
<tr><th colspan="2">课程类别</th><th>序号</th><th>课程代码</th><th>课程名称</th><th>学分</th><th colspan="2">备注</th></tr>
<tr><td rowspan="21">必考课</td><td rowspan="3">公共基础课</td><td>1</td><td>03708</td><td>中国近现代史纲要</td><td>2</td><td colspan="2"></td></tr>
<tr><td>2</td><td>03709</td><td>马克思主义基本原理概论</td><td>4</td><td colspan="2"></td></tr>
<tr><td>3</td><td>00015</td><td>英语（二）</td><td>14</td><td colspan="2"></td></tr>
<tr><td rowspan="18">专业核心课</td><td>4</td><td>11996</td><td>企业经营模拟（二）</td><td>5</td><td colspan="2" rowspan="3">专业核心课，各方向必考</td></tr>
<tr><td>5</td><td>11997</td><td>企业管理制度精要（二）</td><td>5</td></tr>
<tr><td>6</td><td>11998</td><td>企业伦理与社会责任（二）</td><td>5</td></tr>
<tr><td>7</td><td>11999</td><td>组织设计与招聘培训（二）</td><td>5</td><td rowspan="3">人力资源管理方向</td><td rowspan="15">相应专业方向核心课</td></tr>
<tr><td>8</td><td>12000</td><td>薪酬管理与绩效考核（二）</td><td>5</td></tr>
<tr><td>9</td><td>12001</td><td>企业家精神与领导艺术（二）</td><td>5</td></tr>
<tr><td>7</td><td>12002</td><td>企业会计实务（二）</td><td>5</td><td rowspan="3">财务管理方向</td></tr>
<tr><td>8</td><td>12003</td><td>企业财务报表分析（二）</td><td>5</td></tr>
<tr><td>9</td><td>12004</td><td>中小企业投融资（二）</td><td>5</td></tr>
<tr><td>7</td><td>12005</td><td>销售管理（二）</td><td>5</td><td rowspan="3">市场营销管理方向</td></tr>
<tr><td>8</td><td>12006</td><td>网络营销与渠道管理（二）</td><td>5</td></tr>
<tr><td>9</td><td>12007</td><td>品牌管理（二）</td><td>5</td></tr>
<tr><td>7</td><td>12008</td><td>商务谈判与合同管理（二）</td><td>5</td><td rowspan="3">行政管理方向</td></tr>
<tr><td>8</td><td>12009</td><td>企业经营法规解读（二）</td><td>5</td></tr>
<tr><td>9</td><td>12010</td><td>企业文化塑造（二）</td><td>5</td></tr>
<tr><td>7</td><td>12011</td><td>企业经营风险管理概论（二）</td><td>5</td><td rowspan="3">战略管理方向</td></tr>
<tr><td>8</td><td>12012</td><td>企业战略跨越（二）</td><td>5</td></tr>
<tr><td>9</td><td>12013</td><td>企业环境经营与能源管理（二）</td><td>5</td></tr>
<tr><td rowspan="4">选考课</td><td rowspan="4">推荐选考课</td><td>10</td><td>00151</td><td>企业经营战略</td><td>6</td><td colspan="2" rowspan="4">选考学分不得低于20学分。考生可从推荐选考课程中选考，也可按照说明2的要求选考其他课程。</td></tr>
<tr><td>11</td><td>00153</td><td>质量管理（一）</td><td>4</td></tr>
<tr><td>12</td><td>00154</td><td>企业管理咨询</td><td>4</td></tr>
<tr><td>13</td><td>00054</td><td>管理学原理</td><td>6</td></tr>
<tr><td colspan="2"></td><td></td><td>12014</td><td>中小企业经营管理毕业论文</td><td>不计学分</td><td colspan="2"></td></tr>
<tr><td colspan="5">总学分</td><td>70</td><td colspan="2"></td></tr>
</table>

说明：1. 凡国家承认学历的国民教育系列大学专科及以上学历的毕业生均可直接报考本专业独立本科段。

2. 本专业专科要求选考不低于26学分、独立本科段要求选考不低于20学分的选考课程，考生可从推荐的选考课程中选考，也可选择本专业相同层次其他方向的不同课程；各省级考委可根据本地经济发展特点，适当增加选考课的备选课程。

3. 申请免考英语（二）的考生须从本省开考的全国统一命题课程中选择加考不少于14学分的课程，加考课程不得与本专业所设的其他课程重复。

五、课程说明（略）

关于调整通信技术专业（专科）等部分全国统一考试计划专业的通知

考委［2011］3号

各省、自治区、直辖市高等教育自学考试委员会，中国人民解放军自学考试委员会：

为贯彻落实《国家中长期教育改革和发展规划纲要（2010—2020年）》精神，改革和完善高等教育自学考试制度，推进自学考试专业和课程改革，充分体现地域特色和主考学校的学科特点，决定对以下全国统一考试计划专业进行调整：

一、通信技术专业（专科）等27个专业，自2011年10月起调整为非全国统一考试计划专业（见附件1），相关省市可根据实际需要对专业考试计划进行调整，并报全国考委审核；所涉及的全国统一命题课程（见附件2），两年过渡期内仍由全国考委统一命题考试，2013年10月起调整为省级命题课程。

二、种子专业（专科）等4个专业自2011年4月起停考（见附件3），相关课程不再安排考试。

请各地加强领导、精心组织，妥善安排此次专业停考、调整、过渡，积极做好宣传、解释工作，处理好遗留问题，确保考生权益，保证平稳过渡，并将相关调整过渡方案报全国考委备案。

附件1：调整为非全国统一考试计划专业表
附件2：调整为省级命题课程表
附件3：停考的全国统一考试计划专业表

全国高等教育自学考试指导委员会
二〇一一年三月二十八日

抄送：全国考委各专业委员会

附件1：

调整为非全国统一考试计划专业表

序号	专业委员会	专业代码	专业名称	专业类型	专业层次
1	电子类	A080706	通信技术	专科	专科
2	电子类	B080705	电子工程	独立本科段	本科
3	电子类	A080604	电力系统及其自动化	专科	专科
4	电子类	B080605	电力系统及其自动化	独立本科段	本科

续表

序号	专业委员会	专业代码	专业名称	专业类型	专业层次
5	电子类	B082211	邮电管理工程	独立本科段	本科
6	电子类	A080602	工业电气自动化技术	专科	专科
7	电子类	B080603	工业自动化	独立本科段	本科
8	电子类	A071601	信息管理与服务	专科	专科
9	经济类	A020111	证券投资与管理	专科	专科
10	经济类	A020103	财税	专科	专科
11	经济类	B020104	财税	独立本科段	本科
12	经济类	A020206	房地产经营与管理	专科	专科
13	经济类	A020107	保险	专科	专科
14	经济类	B20108	保险	独立本科段	本科
15	经济类	A020101	统计（会统）	专科	专科
16	经济类	B020102	统计	独立本科段	本科
17	经济类	B020114	农业经济管理	独立本科段	本科
18	文史类	A050103	涉外秘书	专科	专科
19	文史类	A060201	档案管理	专科	专科
20	文史类	B060202	档案学	独立本科段	本科
21	公管类	A030305	乡镇管理	专科	专科
22	公管类	A030304	市政管理	专科	专科
23	公管类	A030307	机关管理及办公自动化	专科	专科
24	法学类	C030402	刑事侦察	本科段	本科
25	法学类	C030404	刑事侦察	基础科段	专科
26	农科类	A090601	农业经济管理	专科	专科
27	土木类	A082209	建筑经济管理	专科	专科

附件 2：

调整为省级命题课程表

序号	课程代码	课 程 名 称	所属专业
1	02342	非线性电子电路	通信技术（专科）
2	02360	数字通信原理	通信技术（专科）
3	02361	通信技术基础	通信技术（专科）
4	02269	电工原理	电力系统及其自动化（专科）

续表

序号	课程代码	课 程 名 称	所属专业
5	02271	电机学	电力系统及其自动化（专科）
6	02302	电力系统继电保护	电力系统及其自动化（专科）
7	02304	电力系统自动装置	电力系统及其自动化（专科）
8	02301	发电厂电气主系统	电力系统及其自动化（专科）
9	02273	电子技术基础（二）	电力系统及其自动化（专科）
10	02305	电磁场	电力系统及其自动化（独本）
11	02306	自动控制理论（二）	电力系统及其自动化（独本）
12	02308	电力电子变流技术	电力系统及其自动化（独本）
13	02310	电力系统分析	电力系统及其自动化（独本）
14	02311	发电厂动力部分	电力系统及其自动化（独本）
15	02312	电力系统远动及调度自动化	电力系统及其自动化（独本）
16	02313	电力系统微型计算机继电保护	电力系统及其自动化（独本）
17	02653	高电压技术	电力系统及其自动化（独本）
18	02654	高电压技术（实践）	电力系统及其自动化（独本）
19	02268	电力企业经济管理	电力系统及其自动化（独本）
20	03154	通信经济理论基础	邮电管理工程（独本）
21	03155	现代电信技术概论	邮电管理工程（独本）
22	03156	现代邮政通信技术概论	邮电管理工程（独本）
23	03157	电信管理	邮电管理工程（独本）
24	03158	邮政管理	邮电管理工程（独本）
25	03159	邮电经营管理	邮电管理工程（独本）
26	03160	邮电管理信息系统	邮电管理工程（独本）
27	00061	国家税收	财税（专科）
28	00999	政府预算管理	财税（专科）
29	00062	税收管理	财税（专科）
30	00206	国民经济核算原理	统计（会统）（专科）
31	00045	企业经济统计学	统计（会统）（专科）
32	00209	社会经济调查方法与应用	统计（会统）（专科）
33	00042	社会经济统计学原理	统计（会统）（专科）
34	00251	统计法规概论	统计（会统）（专科）
35	00515	涉外秘书概论	涉外秘书（专科）
36	00516	涉外秘书实务	涉外秘书（专科）
37	00520	外事工作概论	涉外秘书（专科）

续表

序号	课程代码	课 程 名 称	所属专业
38	00519	涉外法概要	涉外秘书（专科）
39	00521	外商投资企业管理	涉外秘书（专科）
40	00518	英语文书写作	涉外秘书（专科）
41	00779	档案保护技术	档案管理（专科）
42	00511	档案管理学	档案管理（专科）
43	00778	档案文献编纂学	档案管理（专科）
44	00777	科技档案管理	档案管理（专科）
45	00785	中国档案事业史	档案学（独本）
46	00786	社科文献检索	档案学（独本）
47	00788	档案行政学	档案学（独本）
48	00789	外国档案管理	档案学（独本）
49	00791	科技档案编研	档案学（独本）
50	00792	情报学概论	档案学（独本）
51	00346	办公自动化原理及应用	机关管理及办公自动化（专科）
52	00135	农业经济与管理	农业经济管理（专科）
53	02717	植物生产概论	农业经济管理（专科）
54	02762	动物生产概论	农业经济管理（专科）
55	02541	农业资源利用与环境保护	农业经济管理（专科）
56	02554	农业政策与法规	农业经济管理（专科）

附件 3：

停考的全国统一考试计划专业表

序号	专业委员会	专业代码	专业名称	专业类型	专业层次
1	农科类	A090105	果树	专科	专科
2	电子类	A080601	供用电技术	专科	专科
3	农科类	A090103	种子	专科	专科
4	教育类	A040111	特殊教育	专科	专科

关于印发《高等教育自学考试专业和课程改革方案》的通知

考委［2011］4号

各省、自治区、直辖市高等教育自学考试委员会，中国人民解放军自学考试委员会：

为贯彻《国家中长期教育改革和发展规划纲要（2010—2020年）》精神，落实教育部《深化教育体制改革工作重点》的要求，充分发挥高等教育自学考试在建设终身教育体系和形成学习型社会中的作用，我委制订了《高等教育自学考试专业和课程改革方案》，现印发给你们，请遵照执行。

附件：高等教育自学考试专业和课程改革方案

全国高等教育自学考试指导委员会
二〇一一年七月二十八日

抄送：全国考委各专业委员会

附件：

高等教育自学考试专业和课程改革方案

为贯彻落实第四次全国教育工作会议和《国家中长期教育改革和发展规划纲要（2010—2020年）》精神，改革和完善高等教育自学考试制度（以下简称“自学考试”），进一步发挥自学考试在构建终身教育体系和形成学习型社会中的作用，特制定《高等教育自学考试专业和课程改革方案》。

一、指导思想、基本原则和改革目标

（一）指导思想

以邓小平理论和“三个代表”重要思想为指导，以科学发展观为引领，全面贯彻党和国家教育方针，按照《教育规划纲要》的部署和要求，主动适应我国经济社会发展的需要，满足广大人民群众多样化、个性化的终身学习需求，以改革创新为动力，以保证质量为核心，调整人才培养目标，创新人才培养模式，积极推进专业和课程改革，加强与其他教育形式的沟通、衔接，搭建终身学习“立交桥”，促进自学考试事业科学发展，为建设全民学习、终身学习的学习型社会和人力资源强国做出更大贡献。

（二）基本原则

1. 以人为本。以促进人的发展和成才为出发点，以满足人民群众多样化、多层次的学习和发展需求为宗旨，以提高学习者的综合素质和岗位能力为目的，坚持科学的人才观和质量观，合理把握人才培养标准，为学习者提供切合实际需要的服务。

2. 创新理念。以终身教育、开放教育理念为指导，发挥自学考试专业设置灵活、学习形式多样、宽进严出的制度优势，依托各类优质教育资源，探索继续教育学分银行建设，努力搭建终身学习“立交桥”。

3. 突出重点。以专科层次专业和课程改革为重点，兼顾本科层次，以部分职业性较强的专业调整为突破口，逐步形成以职业型、应用型为主的自学考试专业和课程体系。

4. 保证质量。遵循高等教育发展规律和继续教育的基本要求，以科学质量观为指导，正确处理推进改革与规范管理的关系、发展规模和保证质量的关系、自学考试专业课程设置与高等学校专业课程设置的关系，始终坚持把教育质量放在第一位，科学制定标准，准确把握标准，确保自学考试人才培养质量。

5. 稳步推进。坚持统筹规划、分类指导、明确责任、分步实施。在全国考委的领导下，充分发挥专业委员会、省级考委、各级考试机构、主考学校的积极性，合力推进专业和课程改革。各地根据实际情况，制定改革措施，明确改革重点和内容。有条件的地区先行试点，在总结经验的基础上，逐步推广，确保改革顺利实施。

（三）改革目标

到2015年，基本形成以多元化、多层次的人才观为指导，更好适应经济社会发展要求、满足个人多样化学习需要的专业体系；基本形成以专业核心课程为主体内容、符合新时期人才培养要求的课程体系；使得自学考试更加体现终身教育体系和学习型社会的需要。

建立自学考试与其他教育形式相互沟通和衔接、课程和学分互认的机制和标准，建设自学考试国家课程学分库，为构建继续教育学分银行制度和终身学习“立交桥”奠定基础。

二、专业和课程改革主要内容

1. 调整人才培养目标。根据国家经济社会发展对多层次人才的需求，满足个人多样化的学习和发展需要，自学考试要主动面向职业、面向农村、面向社区，培养目标从以培养学科型人才为主调整为以培养应用型、职业型人才为主，同时兼顾社会文化教育的需要。

2. 加强专业管理。规范专业管理，严格审批制度，加强专业宏观调控，继续推进专业公告制度的实施。进一步强化专业设置可行性、必要性的论证，确保专业考试计划的科学、规范，提高专业管理和服务信息化水平，增进专业管理信息透明度。

3. 改革课程设置体系。根据自学考试人才培养目标的要求，将专业考试计划中的课程设置由原来的公共基础课、专业基础课和专业课调整为公共基础课、专业核心课和选考课三部分。逐步建立起以专业核心课程为主体的应用型、职业型课程体系。对不符合专业人才培养目标要求的课程考试大纲和教材进行调整和修订。

4. 加强全国统一命题课程管理。为确保自学考试教育质量，体现国家考试权威性，各专业考试计划中设置的全国统一命题课程门数，本科层次一般不少于总课程门数的60%，专科层次原则上不少于总课程门数的50%；全国统一命题课程主要设置在公共基础课和专业核心课中。对全国统一命题课程布局进行调整，适应面广、理论性强的课程为统一命题课程，实践性强、地方特色浓的课程为省级命题课程。

5. 加大选考课程比例。引导考生拓宽知识领域、提高综合素质，加大专业考试计划中选考课程比重，比例可提高到专业总学分数的30%，考生可从本省开考的同层次课程中选择。

6. 强化实践能力培养。重点培养考生职业素养和实践技能，理论以必须、够用为度，加大专业考试计划中实践性环节考核的学分比重，在专业核心课和选考课中均可设置含有实践性环节考核的课程；应用性专业中部分实践要求高的课程可以增设实践性环节考核，理论与实践的计分比例为7:3。实践性环节考核方式可以采取论文、设计、报告、实验、实习等多种形式。与各级各类职业教育合作，设立一批实验实习基地，在符合条件的职业院校所获得的职业技能培养、考核成绩，可折算成相应的自学考试实践性环节考核学分。

7. 积极面向社区教育。为满足社区全体成员更新知识、提高技能、提升自我素质的需要，自学考试应主动与社区教育开展合作，开设一批服务社区建设和发展需要的专业，为社区教育发展提供国家考试服务。

8. 积极推进“双证书”教育的改革。加强与部门、行业的合作，为行业系统或岗位群体积极开设非学历教育证书考试，并以证书考试项目为基础，设置、衔接相应的学历教育专业，证书考试课程为专业核心课。自学考试已开设的学历教育专业也可认可权威性高、影响面大的证书考试课程。

9. 大力推进专科层次专业改革。充分发挥省级考办、主考学校积极性，经全国考办审批，可开设适应当地经济社会发展需要和新兴行业、企业、岗位需要的专科层次专业；课程设置可贴近岗位需要，重点提高考生的职业能力与岗位技能；专业考试计划中实践性环节考核可占总学分的40%。

10. 稳步发展本科专业。坚持大力发展本科，重点是积极开设独立本科段专业，主动服务于专科毕业生接受继续教育、进行终身学习的需要；专科及以上学历的毕业生可直接报考本科层次专业，原则上不再加考课程；专业考试计划中实践性环节考核可占总学分的30%。

11. 积极开展“二学历”教育。鼓励其他高等教育形式（包括全日制普通高等学校、高职院校）学有余力的学习者在自愿的前提下参加自学考试，取得规定的学分，获得第二学历；凡相同层次专业中与自学考试课程名称、内容和要求基本相同的课程，按规定可以免考并获得相应学分，但不能超过该专业总学分数的50%。

12. 建立自学考试国家课程学分库，积极推进与其他继续教育形式学分互认。依托自学考试专业和课程体系，制定课程建设规范，遴选和打造一批有质量、有特色的国家考试课程，为建立继续教育学分银行，实现各种继续教育形式之间学习成果互认奠定基础。

三、实施方案

（一）成立高等教育自学考试专业和课程改革工作领导小组。加强领导，统一思想，统筹协调，分工合作。

（二）明确职责。全国考办负责全面实施工作，重点是现行全国统一专业考试计划的调整、大纲教材的修订、新专业的开设和制定有关专业管理办法，以及推进学分银行的建设；各专业委员会按照要求，负责调整或论证相关的专业考试计划，修订或编写课程考试大纲和教材；各省考办负责全国统一专业考试计划的过渡实施，并负责本省专业的调整，探索有地方特色的新专业，确定当地开展“二学历”和推进本科教育的政策，以及制定学分互认的实施细则；各级考试机构负责落实相关工作，并做好宣传，确保考生顺利报考；主考学校参与相应工作。

（三）实施步骤

1. 全国统一考试计划专业的调整。目前，全国统一考试计划专业为147个，在3年内完成63个专业调整的组织工作，停考13个专业，下放22个专业，49个专业暂不调整。4个省拟专业考试计划调整为全国统一专业考试计划。调整后为116个专业。

2. 统一命题课程的布局调整。根据专业调整情况以及工作需要，对全国统一命题考试课程布局进行梳理，由命题中心提出调整方案。

3. 课程考试大纲和教材的修订。由全国考委专业委员会和全国考办相关部门共同论证，提出修订计划，3 年内初步计划完成 300 门课程的大纲和教材的修订。

4. 省拟专业考试计划的开设和调整。按照本方案精神，各省组织专家对省拟专业考试计划进行论证，必要时对课程体系进行调整，并报全国考办审核批准。3 年内完成梳理、论证和调整工作。专业点 2 个以上的专业，由全国考办统筹协调专业的调整工作。

5. 国家课程学分库建设。2012 年完成“国家课程学分库建设方案”的制订，2013 年建成国家课程学分库。

6. 建立继续教育学分互认机制。2011 年完成调研，2012 年论证、制定学分互认的办法，开发学分互认管理系统，2013 年部署落实。

（四）保障措施

各级考试机构要加强领导，高度重视，统一思想，把自学考试专业和课程改革列为工作重点；要调动各方面积极性，充分发挥专业委员会和主考学校的作用；要确定专门部门负责改革工作，保证经费投入；要进行广泛宣传，为自学考试专业和课程的改革营造良好的舆论环境；要以人为本，确保考生的切身利益；要制定完善的配套措施，确保改革积极、稳妥、顺利进行。

（五）检查评估

2014 年年底前基本实现改革目标。2015 年起开展评估检查工作。

关于修订高等教育自学考试物流管理专业（专科、独立本科段）考试计划的通知

考委［2011］5号

各省、自治区、直辖市高等教育自学考试委员会：

为发挥高等教育自学考试的优势，解决我国物流管理人才短缺的矛盾，2004年年底，全国高等教育自学考试指导委员会（以下简称“全国考委”）与中国交通运输协会合作开考了物流管理专业（专科、独立本科段）和中国物流职业经理资格证书项目。自开考以来，这种学历教育与职业认证相结合的专业得到了社会认可和考生欢迎，为国家培养了大批物流管理方面的人才。

随着国际经贸和我国经济的迅猛发展，社会对物流管理人才提出了多层次、多方面的需求。针对物流管理专业学科特点和行业背景，同时为落实《高等教育自学考试专业和课程改革方案》精神，使物流管理专业考试计划设置更贴近社会需求，经与中国交通运输协会协商，并组织全国考委经济管理专业委员会论证，全国考委决定对现有物流管理专业考试计划进行修订。此次对物流管理专业计划的调整，更明确了应用型人才培养要求，在课程设置上，加大了选考课和实践性环节考核，以满足多样化、个性化的学习需求，并注重培养考生掌握物流管理基本技能和解决实际问题的能力。

现将修订后的物流管理专业（专科、独立本科段）考试计划印发给你们，并将有关事项通知如下：

一、全国考委制定的《高等教育自学考试物流管理专业（专科、独立本科段）考试计划》，规定了高等教育自学考试物流管理专业（专科、独立本科段）的课程设置标准（见附件），各地必须遵照执行。

二、修订后的物流管理专业考试计划仍由专科和独立本科段两个层次组成。所有课程均为全国统一命题考试课程。课程设置由公共基础课、专业核心课和选考课构成。专业核心课为证书课程，考试时间将按期提前通知。其余课程的考试安排以当年的全国统考课程考试时间安排表为准。

三、修订后的物流管理专业（专科、独立本科段）考试计划自发布之日起执行（专业名称和专业代码不变）。请开考本专业的省（自治区、直辖市）及时向社会公布，尽快安排好调整的相关工作。

附件：高等教育自学考试物流管理专业（专科、独立本科段）考试计划（2011年修订）

全国高等教育自学考试指导委员会
二〇一一年十一月二十三日

抄送：中国交通运输协会
全国考委经济管理类专业委员会

附件：

高等教育自学考试物流管理专业（专科、独立本科段）考试计划（2011年修订）

一、指导思想

高等教育自学考试是个人自学、社会助学、国家考试相结合的高等教育形式，是我国高等教育体系的重要组成部分。

高等教育自学考试物流管理专业在总体上与一般全日制普通高等学校相应专业的水平一致。根据高等教育自学考试开放、灵活的特点，针对物流管理工作特点和行业背景，在专业设置上，突出了较强的针对性和实用性，并注重考核考生对基本理论、基本知识和基本技能的掌握以及解决实际问题的能力。

二、学历层次和规格

高等教育自学考试物流管理专业分为专科和独立本科段两个层次；本专业课程考试采取学分制，每门课程考试合格后，获得该课程学分。

凡取得本专业（专科）考试计划所规定的14门课程（公共基础课4门，专业核心课7门，选考课不少于3门）的合格成绩，累计学分不少于70学分，思想品德经鉴定符合要求者，颁发高等教育自学考试物流管理专业专科毕业证书。

凡取得本专业（独立本科段）考试计划所规定的13门课程（公共基础课4门，专业核心课7门，选考课不少于2门），累计学分不少于70学分，并完成规定的毕业论文及其他实践性环节的考核，思想品德经鉴定符合要求者，颁发高等教育自学考试物流管理专业本科毕业证书。

本科毕业生的学业水平达到国家规定的学位条件，按《中华人民共和国高等教育法》和《中华人民共和国学位条例》的相关规定，由主考院校授予管理学学士学位。

三、培养目标与基本要求

本专业是为适应社会主义市场经济发展的需要，为物流企业和企业物流部门的各类管理岗位培养获得物流职业认证且符合现代物流业需要的管理人才。培养目标坚持以理论够用为度，突出实践能力和应用能力的培养，增加实践性环节的学习内容和考核比重，以满足社会经济和行业发展对物流管理人才的需要。

高等教育自学考试物流管理专业（专科），培养从事物流基层管理的应用型专业人才，要求应考者具有坚定正确的政治方向，热爱祖国，遵纪守法。基本掌握现代物流管理的基础知识和基本的管理技能，能将所学知识和技能应用到物流管理的工作实践中。

高等教育自学考试物流管理专业（独立本科段），培养能够在各个层面上从事物流运作管理、系统优化、运营决策方面的应用型管理人才。要求应考者具有坚定正确的政治方向，具有职业操守和敬业精神，掌握现代物流管理理论和管理技能，能够运用所学的知识和技能，具有分析和解决实际问题的能力。

四、课程设置与学分

1. 高等教育自学考试物流管理专业（专科）课程设置与学分

专业代码：A020228

课程类别		序号	课程代码	课程名称	学分	备注
必考课	公共基础课	1	03706	思想道德修养与法律基础	2	
		2	03707	毛泽东思想、邓小平理论和“三个代表”重要思想概论	4	
		3	00012	英语（一）	7	
		4	00018	计算机应用基础	2	
			00019	计算机应用基础（实践）	2	
	专业核心课	5	05363	物流基础	5	初级证书课程
		6	05365	物流信息技术	4	
			05366	物流信息技术（实践）	3	
		7	05367	物流案例与实践（一）	4	
		8	05368	库存管理（一）	5	
		9	05369	采购与供应管理（一）	5	
		10	05370	运输管理（一）	5	
		11	05371	仓储管理（一）	5	
选考课		12	05361	物流数学	6	选考学分不得低于17学分，课程门数不少于3门课程
		13	05362	物流英语	7	
		14	05364	物流企业会计	5	
		15	05372	国际物流导论	4	
		16	00020	高等数学（一）	6	
		17	00041	基础会计学	5	
		18	00089	国际贸易	4	
		19	00144	企业管理概论	5	
		20	00148	国际企业管理	6	
		21	00182	公共关系学	4	
总学分					70	

2．高等教育自学考试物流管理专业（独立本科段）课程设置与学分

专业代码：B020229

<table>
<tr><th colspan="2">课程类别</th><th>序号</th><th>课程代码</th><th>课程名称</th><th>学分</th><th>备注</th></tr>
<tr><td rowspan="11">必考课</td><td rowspan="4">公共基础课</td><td>1</td><td>03708</td><td>中国近代史纲要</td><td>2</td><td></td></tr>
<tr><td>2</td><td>03709</td><td>马克思主义基本原理概论</td><td>4</td><td></td></tr>
<tr><td>3</td><td>00009</td><td>政治经济学（财经类）</td><td>6</td><td></td></tr>
<tr><td>4</td><td>00015</td><td>英语（二）</td><td>14</td><td></td></tr>
<tr><td rowspan="7">专业核心课</td><td>5</td><td>05373</td><td>物流企业管理</td><td>5</td><td>中/高级证书课程</td></tr>
<tr><td>6</td><td>05375</td><td>物流案例与实践（二）</td><td>4</td><td rowspan="5">中级证书课程</td></tr>
<tr><td>7</td><td>05376</td><td>库存管理（二）</td><td>5</td></tr>
<tr><td>8</td><td>05377</td><td>采购与供应管理（二）</td><td>5</td></tr>
<tr><td>9</td><td>05378</td><td>运输管理（二）</td><td>5</td></tr>
<tr><td>10</td><td>05379</td><td>仓储管理（二）</td><td>5</td></tr>
<tr><td>11</td><td>05380</td><td>供应链管理</td><td>4</td><td>高级证书课程</td></tr>
<tr><td colspan="2" rowspan="12">选考课</td><td>12</td><td>00043</td><td>经济法概论（财经类）</td><td>4</td><td rowspan="12">选考学分不得低于 11 学分，课程门数不少于 2 门课程</td></tr>
<tr><td>13</td><td>05374</td><td>物流企业财务管理</td><td>5</td></tr>
<tr><td>14</td><td>01574</td><td>物流管理软件操作（实践）</td><td>4</td></tr>
<tr><td>15</td><td>00055</td><td>企业会计学</td><td>6</td></tr>
<tr><td>16</td><td>00098</td><td>国际市场营销学</td><td>5</td></tr>
<tr><td>17</td><td>00101</td><td>外经贸经营与管理</td><td>4</td></tr>
<tr><td>18</td><td>00147</td><td>人力资源管理（一）</td><td>6</td></tr>
<tr><td>19</td><td>00151</td><td>企业经营战略</td><td>6</td></tr>
<tr><td>20</td><td>00152</td><td>组织行为学</td><td>4</td></tr>
<tr><td>21</td><td>02628</td><td>管理经济学</td><td>5</td></tr>
<tr><td>22</td><td>04183</td><td>概率论与数理统计（经管类）</td><td>5</td></tr>
<tr><td>23</td><td>04184</td><td>线性代数（经管类）</td><td>4</td></tr>
<tr><td colspan="3"></td><td>10294</td><td>物流管理毕业论文</td><td></td><td>不计学分</td></tr>
<tr><td colspan="5">总学分</td><td>70</td><td></td></tr>
</table>

说明：1. 申请免考英语（一）的考生须从物流管理专业（专科）所列选考课中另选择加考课程，学分不低于 7 分。加考课程不得与本专业所设的其他课程重复。

2. 申请免考英语（二）的考生须从物流管理专业（独立本科段）所列选考课中另选择加考课程，学分不低于 14 分。加考课程不得与本专业所设的其他课程重复。

3. 初级证书领取条件不变，继续执行考委［2004］10 号文件精神。

五、课程说明（略）

关于表彰第四届全国自学成才奖励基金优秀自考生的决定

考委［2011］6号

各省、自治区、直辖市高等教育自学考试委员会，中国人民解放军自学考试委员会：

为大力宣传高等教育自学考试考生自强不息、努力进取的先进事迹，鼓励自学成才，为构建“学习型”社会、建设人力资源强国做出贡献，全国高等教育自学考试指导委员会（以下简称“全国自考委”）会同全国自学成才奖励基金管理委员会组织开展了第四届全国自学成才奖励基金优秀自考生的评选活动。活动开展以来，各级自学考试机构精心组织，有关单位大力支持，广大考生积极参与。经过认真、细致、严格的工作，评选出“全国十佳自考生”10名（附件1）、“全国单项优秀自考生”35名（附件2）、“全国优秀自考生”165名（附件3）。全国自考委决定对他们予以表彰。

评选出的210名优秀自考生是千百万自考生的杰出代表，他们的感人事迹展现了中华民族发奋图强、勤奋创新、拼搏进取的精神风采，是广大自考生、自考工作者和社会各界学习的榜样。希望受到表彰的自考生珍惜荣誉、不懈努力，在工作、学习中取得更大的成绩，为建设小康社会和社会主义现代化国家做出贡献。

各级自学考试机构和社会助学组织应以此次评选表彰为契机，开展多种形式的学习、宣传活动，激励广大自考生勤奋学习、积极进取，激发自考工作者努力工作的动力和热情，推动高等教育自学考试事业在新形势下不断发展。

附件1：第四届全国自学成才奖励基金“全国十佳自考生”名单（共10人）

附件2：第四届全国自学成才奖励基金“全国单项优秀自考生”名单（共35人）

附件3：第四届全国自学成才奖励基金“全国优秀自考生”名单（共165人）

全国高等教育自学考试指导委员会

二〇一一年十二月十九日

附件1：

第四届全国自学成才奖励基金“全国十佳自考生”名单（共10人）

马金林（天津）　吴杰（黑龙江）　庄木弟（上海）　王卫军（江苏）　肖潭水（浙江）

王茂华（江西）　陈芳（女，湖北）　江蓉秋（女，四川）　蒋春林（甘肃）　刘现军（解放军）

附件2：

第四届全国自学成才奖励基金“全国单项优秀自考生”名单（共35人）

1．学以致用单项奖

苏娅丽（女，北京）、聂殿昌（安徽）、张迎涛（河南）、顾峰（女，广东）、蔡天超（甘肃）、华小慧（女，宁夏）、宝巴特尔（新疆）

2．博学多才单项奖

周益民（江苏）、郭创立（解放军）

3．励志成才单项奖

张虎（天津）、李亚东（河北）、陶秋丰（湖北）、杨岷（重庆）

4．高尚品德单项奖

舒翠兰（女，北京）、王晓声（辽宁）、易春梅（女，广西）、徐佑燚（四川）、左鹏（陕西）、刘彦军（甘肃）

5．自强不息单项奖

郭翠玲（女，安徽）、叶再盈（浙江）、李华（福建）、汪楠钦（陕西）

6．学习创新单项奖

魏海军（天津）、许海涛（河北）、赵贵生（吉林）、赵振平（女，山东）

7．身残志坚单项奖

张国强（山东）、李小平（女，湖南）、张朝学（云南）

8．知识致富单项奖

何艳平（湖北）、肖彬（四川）

9．终身学习单项奖

李凤琴（女，江苏）、赵自云（福建）、欧阳治华（湖南）

附件3：

第四届全国自学成才奖励基金“全国优秀自考生”名单（共165人）

北京市

李涛、郭玮（女）、刘士强

天津市

朱明炯、杜全埔

河北省

梁素杰（女）、张伟、李明伟（女）、米雪然（女）、米江浩、耿标、于高峰、王忠诚

山西省

李琳（女）、郑国强、刘志英（女）、任沁艳（女）、王志国、连海明

内蒙古自治区

郭彦华（女）、李文娟（女）、杨超、原显冬

辽宁省

李晶（女）、刘爽（女）、王云鹏、卢茂清

吉林省

付一含（女）、周雯（女）、丁会涛、张利红（女）

黑龙江省

齐岩（女）、于键、金丽萍（女）、宫佰谊

上海市

盛秋燕（女）、陈金祥、徐丽嘉（女）、郏春花（女）

江苏省

范玉娥（女）、谭兴鲲、仇理、崔强、徐瑞竹、纪苏原（女）

浙江省

马狄、缪霜霜（女）、杨立宏、姜道柏、

周军

安徽省

金德庆、孙时送、邢思允

福建省

陈丽娟（女）、卓露云（女）、范莉华（女）、陈文勇

江西省

刘界红（女）、郑经智、王丹凤（女）、张筱迪（女）、袁群（女）、杨丽梅（女）、黄华亮、彭珍（女）、徐进贵

山东省

闫吉虎、杨秀岐、付冬梅（女）、郭金军、赵慧（女）、赵润平、王学敏、仲开（女）

河南省

张远开（女）、王中联、冯宝红（女）、张慧（女）、徐松、段东波、孔维娜（女）、张舵

湖北省

姚金阶、向延平、王昌杰、饶学军、齐宝昌、王晓龙、薛俊珍（女）、李姚笛（女）、邓铃翰、谢家亮、郭峰

湖南省

李世云、伍树松、周利（女）、陈放民、蔡玲（女）、李鸾（女）、罗邵荣（女）、杨莉莉（女）

广东省

朱颜、黄声涛、刘瑜（女）、黎丽开（女）、廖燕玉（女）、许则变（女）、韩国清、张贵茂

广西壮族自治区

向敏（女）、谭永前、叶宇、邓国泉、黄尚璋、周福明、卢俊欢

海南省

张园林（女）、阎中正、陈晨（女）

重庆市

陈建、游朝辉（女）、余洋、周渝

四川省

白朝城、李明阳、田静（女）、田竹（女）

贵州省

林英（女）、张国星、胡伟、龙薇（女）、陈颖（女）

云南省

陈庆丽（女）、杨丽荣、杨双代、胡发辉

西藏自治区

贵曲、贾艳鹏（女）、杨志勇

陕西省

李志、党淑尽（女）、郑慧洁（女）、刘璞、刘冉（女）、李林鹏、腾兑现、李旭辉（女）

甘肃省

冯正睿、李翠玲（女）、赵娅红（女）

青海省

聂圣青、才仁多杰、袁超明

宁夏回族自治区

张士华（女）、刘丹（女）、高瑞玉

新疆维吾尔自治区

贾依娜西·合德尔拜（女）、穆合塔尔·再丁、张晓燕（女）、张学章、热子万古丽·亚森（女）

解放军

张建星、杜宏书、刘凤林、李振

关于表彰全国高等教育自学考试先进集体和先进工作者的决定

考委［2011］7号

各省、自治区、直辖市高等教育自学考试委员会，中国人民解放军高等教育自学考试委员会：

高等教育自学考试是我国高等教育的一项基本制度。经过30年的发展，自学考试为改革开放和现代化建设培养了大批人才，为加快我国高等教育大众化进程，构建我国终身教育体系、建设“学习型”社会发挥了重要作用。30年的发展历程中，涌现出一大批先进集体和优秀工作者，他们认真贯彻执行党的教育方针、在自学考试战线上勇于探索，改革创新，锐意进取，为我国高等教育自学考试事业的发展做出了突出贡献。

为纪念高等教育自学考试制度建立30周年，全国高等教育自学考试指导委员会决定对全国高等教育自学考试工作的先进集体和先进工作者予以表彰。获得表彰的有：全国高等教育自学考试单项工作优秀奖（附件1），全国高等教育自学考试先进集体（附件2），全国高等教育自学考试先进工作者（附件3）。

希望受表彰的集体和个人珍惜荣誉，谦虚谨慎，继续发扬无私奉献、开拓创新的精神。希望各级自学考试管理机构和自学考试工作者，以受表彰的先进集体、先进工作者为榜样，认真努力，积极进取，为自学考试事业的不断发展壮大做出更大的贡献。

附件1：全国高等教育自学考试单项工作优秀奖名单
附件2：全国高等教育自学考试先进集体名单
附件3：全国高等教育自学考试先进工作者名单

全国高等教育自学考试指导委员会
二〇一一年十二月十九日

附件1：

全国高等教育自学考试单项工作优秀奖名单

一、专业建设工作优秀奖

北京、天津、河北、辽宁、吉林、江苏、浙江、湖北、湖南、海南、四川、重庆、新疆

二、命题工作优秀奖

北京、辽宁、黑龙江、上海、江苏、福建、湖北、四川、重庆、甘肃、新疆

三、考务考籍工作优秀奖

北京、天津、山西、辽宁、吉林、江苏、浙江、山东、河南、湖南、广东、四川、贵州、甘肃

四、科研工作优秀奖

天津、上海、江西、甘肃

五、教材媒体建设工作优秀奖

北京、河北、安徽、江西、山东、湖南

六、社会助学工作优秀奖

天津、河北、辽宁、浙江、江西、山东、湖北、湖南、四川、重庆、陕西

七、网站建设工作优秀奖

内蒙古、吉林、浙江、安徽

八、宣传工作优秀奖

北京、江苏、福建

九、非学历证书考试工作优秀奖

江苏、浙江、江西、广东、四川、青海

十、财务工作优秀奖

吉林、安徽、福建、江西、湖南、云南、甘肃

十一、特殊贡献奖

校园文化建设特殊贡献奖：湖北

地区经济建设特殊贡献奖：广东

西部地区特殊贡献奖：广西

民族地区特殊贡献奖：西藏、宁夏

附件2：

全国高等教育自学考试先进集体名单

北京市

东城区教育考试中心自考办

西城区教育考试中心自考办

朝阳区招生考试中心自考办

海淀区招生考试中心自考办

北京大学

中国人民大学

北京师范大学

北京联合大学

北京美国英语语言学院

天津市

和平区自考办

武清区自考办

天津大学

天津师范大学

天津职业技术师范大学

天铁集团第一中学

河北省

保定市教育考试院

唐山市教育考试院

承德市自学考试办公室

秦皇岛市高等教育自学考试办公室

石家庄市教育考试院

河北政法职业学院

河北外国语职业学院继续教育中心

河北师范大学

山西省

太原市招生考试管理中心

长治市招生考试管理中心自考办

晋中市招生考试办公室

山西大学继续教育学院

山西师范大学继续教育学院

内蒙古自治区

呼和浩特市招生考试管理中心

兴安盟招生考试中心自考办

锡林郭勒盟招生考试中心自考办

鄂尔多斯市考试中心

内蒙古师范大学

辽宁省

大连市教育局考试中心

沈阳大学

辽宁医学院

大连海事大学继续教育学院

盘锦高等教育自学考试辅导站

吉林省

长春市自学考试办公室

吉林市招生考试办公室

长春市朝阳区招生考试办公室

东北师范大学

吉林大学

延吉市招生考试办公室

黑龙江省

哈尔滨市南岗区招生考试办公室

佳木斯市招生考试委员会办公室

黑龙江大学继续教育学院

哈尔滨师范大学继续教育学院

齐齐哈尔第十八中学

上海市

华东理工大学继续教育学院

上海工程技术大学自考办

复旦大学自考办

上海市黄浦区业余大学

上海市交通运输行业协会职业教育考试工作办公室

上海自力进修学院

江苏省

南京市高等教育自学考试工作委员会办公室

无锡市教育考试服务中心

徐州市自学考试指导委员会办公室

常州市高等教育自学考试工作委员会办公室

苏州市自学考试指导委员会办公室

南通市高等教育自学考试工作委员会办公室

连云港市高等教育自学考试委员会办公室

扬州教育考试院

南京大学

南京师范大学

苏州大学成人教育学院

南京财经大学

浙江省

嘉兴市教育考试院

临安市高等教育自学考试办公室

慈溪市高等教育自学考试办公室

龙游县高等教育自学考试办公室

浙江大学

浙江工业大学

浙江工商大学

浙江师范大学

浙江三联专修学院

杭州市中策职业学校

安徽省

合肥市教育考试院

亳州市招生考试中心

马鞍山市高等教育自学考试委员会办公室

宣城市教育招生考试院

六安市教育招生考试中心

安庆市教育招生考试院

安徽师范大学继续教育学院

福建省

福州市高等教育自学考试办公室

三明市沙县高等教育自学考试办公室

集美大学

福建师范大学

福州西岸高等教育培训中心

全国计算机等级考试厦门大学中心考试点

泉州市第六中学

江西省

南昌市招生考试委员会办公室

赣州市招生考试委员会办公室

新余市招生考试委员会办公室

南昌大学

江西师范大学

江西财经大学

江西蓝天学院
新余学院
江西财经职业学院
江西服装学院

山东省

济南市高等教育自学考试办公室
青岛招生考试办公室
烟台教育招生考试中心
山东大学
山东师范大学
曲阜师范大学
山东英才学院
山东铝业职业学院

河南省

安阳市招生办公室
平顶山市招生办公室
郑州市招生办公室
商丘市招生办公室
濮阳市招生办公室
河南科技大学
河南教育学院

湖北省

武汉市招生考试办公室
武汉市武昌区招生考试办公室
黄石市教育考试院
荆州市高等教育自学考试工作委员会办公室
宜昌市教育招生和考试办公室
武汉大学
华中师范大学
中南财经政法大学
华中农业大学
湖北大学
三峡大学

湖南省

长沙市教育考试院
郴州市教育招生考试院
中南大学高等教育自学考试办公室
长沙理工大学
湖南农业大学
株洲市第一中学

广东省

广州市招生考试委员会办公室
深圳市招生考试办公室
东莞市自学考试办公室
华南师范大学
广东外语外贸大学
华南理工大学
中山市华侨中学
广东省韶关监狱
广州市博导自学考试辅导中心
深圳柏泰培训中心
佛山市达德自学考试辅导学校

海南省

三亚市考试中心
海南大学自考办
海南医学院自考办
广西壮族自治区
南宁市自考办
柳州市招生考试院
广西大学
广西财经学院

四川省

成都市招生考试委员会办公室
南充市大学中专招生委员会办公室
乐山市招生考试委员会办公室
宜宾市宜宾县自考办
四川大学
西南交通大学
西南科技大学
西华师范大学
电子科技大学
中国民航飞行学院

重庆市

重庆市九龙坡区自考办

重庆市沙坪坝区教育考试中心
重庆市渝北区教育考试中心
重庆大学高等教育自学考试办公室
重庆工商大学高等教育自学考试办公室
西南大学高等教育自学考试办公室

贵州省

铜仁市招生考试中心
贵州大学
贵州师大继续教育学院
贵阳市学院继续教育学院

云南省

昆明市自学考试工作委员会办公室
昆明市五华区招生办公室
曲靖市教育局考试中心
丽江市古城区教育局招考办

西藏自治区

拉萨市招生委员会办公室
昌都地区自学考试办公室
阿里地区教育体育局招办

陕西省

西安市教育考试中心
咸阳市考试管理中心
延安市宝塔区第一中学
宝鸡市新建路中学
西安交通大学
西安建筑科技大学
西安科技大学
西京学院

甘肃省

兰州市招生考试办公室
武威市高等教育自学考试办公室
舟曲县自学考试办公室
西北师范大学
甘肃农业大学
嘉峪关市实验中学

青海省

西宁市招生办公室
海东地区招生办公室
青海师范大学
宁夏回族自治区
银川市教育考试中心
宁夏大学
宁夏律函辅导总站

新疆维吾尔自治区

新疆喀什地区招生考试办公室
伊犁州高等教育自学考试办公室
阿勒泰地区教育局自学考试办公室
新疆师范大学自学考试办公室

解放军

总参谋部政治部宣传部
兰州军区政治部宣传部科学文化教育办公室
南京政治学院
装备学院昌平士官学校
武警工程大学
海军大连舰艇学院

全国考委

法学类专业委员会
医药学类专业委员会
公共课课程指导委员会
电子、电工与信息类专业委员会
教育类专业委员会

附件3：

全国高等教育自学考试先进工作者名单

姓　名	工作单位
北京市	
张占国	北京教育考试院
刘　芳（女）	北京教育考试院
周金元	北京教育考试院
刘志刚	北京市东城区招生考试中心（南区）
欧阳丽（女）	北京市西城区教育考试中心（南区）
刘蓉萍（女）	北京市丰台区招生考试中心
张　燕（女）	北京市石景山区自学考试办公室
任玉梅（女）	北京市密云县考试中心
刘新华	北京市大兴区教育考试中心
宋桂云（女）	北京建筑工程学院
季京玲（女）	对外经济贸易大学
陈淑玉（女）	北京外国语大学
蒋爱勇	清华大学美术学院
张本卿（女）	北京邮电大学
冯燕（女）	北京大学信息科学技术学院
高云鹏	北京大学心理学系
刘德华	北京师范大学教育学部
李　敏（女）	北京吉利大学商学院
天津市	
孔庆来	天津教育招生考试院
陈培增	天津教育招生考试院
张晓峰	天津教育招生考试院
甘长军	北辰区教育招生考试中心
刘建和	静海县教育招生考试中心
黄伟明	河东区教育招生考试中心
戴路路	河西区教育招生考试中心
宋兆良	天津城市建设学院
欧阳天	天津师范大学
褚振东	天津财经大学
潘淑英（女）	天津农学院成人教育学院
刁建国	天津职业技术师范大学
王春梅（女）	天津医科大学护理学院

河北省

范瑞起	河北省教育考试院
费扬洁	河北省教育考试院
彭瑞珍（女）	河北省教育考试院
申　力（女）	河北省教育考试院
张英敏（女）	河北省教育考试院
张立山	河北省教育考试院
骆俊华	河北省教育考试院
郭炳章	廊坊市自学考试办公室
郝永泽	邯郸市教育考试院
李军辉	石家庄教育考试院
路立新	衡水市招生办公室
王永占	保定市教育考试院
冯永军	河北农业大学成人教育学院
温夫成	河北大学成人教育学院

山西省

赵廷燕	山西省招生考试管理中心
马光升	大同市高等教育自学考试办公室
郭海英（女）	晋城市招生考试管理中心
李荣升	朔州市招生考试管理中心
王道红（女）	运城市自学考试办公室
温高明	忻州市自学考试办公室
贾睿智	临汾市招生考试办公室
任家琰	山西农业大学成人教育学院
田云花（女）	山西财经大学继续教育学院

内蒙古自治区

刘亚平	内蒙古自治区教育招生考试中心
曲　晓	内蒙古自治区教育招生考试中心
阿拉塔	内蒙古自治区教育招生考试中心
包世恩	内蒙古自治区教育招生考试中心
郝英豪	内蒙古工业大学继续教育学院
慕金萍（女）	包头市教育考试中心
张　斌	阿拉善盟招生考试中心
韩丽敏（女）	赤峰市招生考试中心
莫日根	呼伦贝尔市教育招生考试中心

辽宁省

夏　青（女）	辽宁省招生考试委员会办公室
王新春	辽宁省招生考试委员会办公室

姜宝平	辽宁省招生考试委员会办公室
姜纯丰	大连市教育局考试中心
贾向东	辽宁师范大学
姜文龙	大连外国语学院
陆晓明	辽宁工程技术大学
徐　镝	辽宁经济管理干部学院
徐　玲（女）	大连科技进修学院业余培训中心
李丽华（女）	辽宁省教育研究院

吉林省

孙大文	吉林省高等教育自学考试办公室
王伟东	吉林省高等教育自学考试办公室
韩　登	吉林省高等教育自学考试办公室
姜秀芳（女）	吉林省高等教育自学考试办公室
曹春雨	吉林省高等教育自学考试办公室
杜　杰	通化市自学考试办公室
杨海滨	四平市自学考试办公室
张　玮（女）	长春市朝阳区招生考试办公室
叶静杰（女）	白城市招生考试办公室
张志奎	长春市自学考试办公室
卢彦华	吉林市招生考试办公室
袁　景（女）	北华大学成教院
潘玉书	东北师范大学成教院

黑龙江省

崔志勇	黑龙江省招生考试委员会办公室
方　坤	黑龙江省招生考试委员会办公室
吕　圻	黑龙江省招生考试委员会办公室
张恒柱	鸡西市招生考试委员会办公室
蒋玉宏	黑龙江省农垦总局招考办
刘景祥	双鸭山市招生考试委员会办公室
叶　琳（女）	哈尔滨工业大学继续教育学院
王启芳（女）	东北石油大学继续教育学院
教军章	黑龙江大学政府管理学院
吕福生	牡丹江阳光外国语学院

上海市

陈治平	上海市教育考试院自考办
徐小莲（女）	上海市教育考试院自考办
朱　波	上海中博专修学院
朱晓枫	华东理工大学

李　军（女）	上海财经大学
李　晨	上海对外贸易学院
乔皓洁（女）	上海黄浦区业余大学
缪　学	上海政法学院
徐　蓉（女）	同济大学
杨爱珍（女）	上海财经大学
曹静云	上海市金山区招考办公室
邓铁军	上海复旦求是进修学院
江苏省	
刘炳贵	江苏省教育考试院
杨从意	江苏省教育考试院
沈根龙	江苏省教育考试院
李汉东	江苏省教育考试院
戚宁平	南京市高等教育自学考试工作委员会办公室
王亚铭	无锡市锡山区招生考试办公室
郭凤清	徐州市自学考试指导委员会办公室
季小伟	常州市高等教育自学考试工作委员会办公室
吴建中	苏州市自学考试指导委员会办公室
卢鸿杰	南通市高等教育自学考试工作委员会办公室
张春成	连云港市高等教育自学考试委员会办公室
戈卫营	淮安市教育考试院
薛国梅（女）	盐城市招生考试中心
唐荣刚	扬州教育考试院
严家康	镇江市教育考试院
奚爱国	泰州市教育局
张　忠	宿迁市高等教育自学考试工作委员会办公室
任正臣	南京大学
董庆宁	南京师范大学
杨同标	南京理工大学
单正丰	南京农业大学
刘　咸	南京工业大学
郑春泉	南京艺术学院成人教育学院
宁正法	苏州大学成人教育学院
杨大明	昆山市科高人才技术培训中心
浙江省	
钱伟真	浙江省教育考试院
王　强	浙江省教育考试院
李吾龙	杭州市萧山区高等教育自学考试办公室

陈伟军	宁波市教育考试中心
郑鹏翥	苍南县教育考试中心
程　艳（女）	嘉兴市教育考试院
王　凯	湖州市教育考试中心
周建平	绍兴县招生自考办
陈文深	金华市高等教育自学考试办公室
余锡明	衢州市自考办
王和平	舟山市教育局考试中心
林　耀（女）	台州市教育考试院
谢小美（女）	丽水市招生考试中心
杨海红（女）	浙江大学
陈瑞海	浙江工商大学
戎念丰	浙江中医药大学
徐绪卿	浙江树人大学
安徽省	
丁　颖（女）	安徽省教育招生考试院
李金柱	安徽省教育招生考试院
杨成华	安徽省教育招生考试院
焦能全	铜陵市高等教育自学考试委员会办公室
余　强	亳州市招生考试中心
张　军	六安市教育招生考试中心
韩　勇	马鞍山市高等教育自学考试委员会办公室
陆昌云	合肥市教育考试院
孔　波	合肥市教育考试院
高瑞华	安庆市教育招生考试院
赵晓华	淮南市高等教育自学考试委员会办公室
周长征	阜阳市考试管理中心
周丽琴（女）	宣城市郎溪县教育体育局
程晓东	安徽大学继续教育学院
李　勇	安徽新华学院继续教育学院
福建省	
卢兆亮	福州市仓山区高等教育自学考试办公室
张聪慧	厦门市招生考试委员会办公室
吴若萱	泉州市教育局
廖海侦	漳州市教育局
陈元富	莆田市高等教育自学考试办公室
刘富森	三明市高等教育自学考试办公室
吴金水	龙岩市教育局高等教育自学考试办公室

卓　羽（女）	南平市教育局高等教育自学考试办公室
陆道栓	宁德市屏南县高等教育自学考试办公室
赖浩风（女）	福建教育学院
黄庆东	福建工程学院
沈鲁云	漳州师范学院
陈汉章	闽西职业技术学院继续教育部
潘海红（女）	厦门市松柏中学
江西省	
刘海涛	江西省教育考试院
傅惠群	江西省教育考试院
彭　莉（女）	江西省教育考试院
张志谦	抚州市招生考试委员会办公室
李大雪	萍乡市招生考试委员会办公室
占火金	景德镇招生考试委员会办公室
蔡锦光	九江市招生考试委员会办公室
黄志诚	吉安市招生考试委员会办公室
汪金元	上饶市招生考试委员会办公室
易新生	宜春市袁州区文化教育局
钱振林	南昌航空大学继续教育学院
钟　天（女）	江西中医学院继续教育学院
姚卫国	南昌理工学院自考办
胡　敏	江西现代职业技术学院
邱模吉	上饶师范学院继续教育学院
沈　良	江西渝州科技职业学院
李茂旺	江西冶金职业技术学院
叶　茂	江西电力职业技术学院继续教育部
山东省	
刘宗宽	山东省教育招生考试院
王美俊	山东省教育招生考试院
陈海涛	山东省教育招生考试院
何　刚	山东省教育招生考试院
窦明东	潍坊市招生考试办公室
刘　青（女）	济宁市招生考试中心
姜昌营	泰安市自学考试办公室
赵宏亮	枣庄市自学考试办公室
杨秀峰	德州市招生考试办公室
车占江	威海市招生考试办公室
邢　冕	临沂市教育考试中心

张希星	东营市自学考试办公室
薄其龙	滨州市招生考试办公室
申景明	菏泽市自学考试办公室
王飞舟	山东财经大学
薛永先	青岛大学
苏德胜	青岛科技大学
河南省	
胡世和	河南省招生办公室
蔡春元	河南省招生办公室
张治彦	河南省招生办公室
周火明	河南省招生办公室
宋　杰	河南省招生办公室
廖　伟	新乡市招生办公室
胡现周	漯河市招生办公室
鲁军池	郑州市招生办公室
李　鹏（女）	济源市招生办公室
王松岭	郑州大学自考办
王海涛	河南大学自考办
冀延卿	河南财经政法大学
湖北省	
李世伟（女）	湖北省教育考试院
向　兵	湖北省教育考试院
张良宏	湖北省教育考试院
赵乘兰（女）	湖北省教育考试院
聂　峭	湖北省教育考试院
冯　冰	湖北省教育考试院
程建中	十堰市招生考试院
刘朝志	襄阳市教育考试院
张　涛	荆门市招生考试局
张　波	随州市教育考试中心
赵国顺	恩施自治州招生委员会办公室
余小平（女）	孝感市教育考试院
夏启年	武汉大学继续教育学院
金苏孙	武汉理工大学职业技术学院
彭晓霞（女）	中南财经政法大学继续教育学院
饶季满	中国地质大学（武汉）
谢　鉴（女）	湖北大学继续教育学院
蒋冠斌	湖北中医药大学

刘　晖	湖北经济学院
秦礼文	江汉大学继续教育学院
陈　萍（女）	湖北师范学院
叶　聪	孝感学院成人教育学院
段院生	黄冈职业技术学院
高金英（女）	武汉震旦法商专修学院
湖南省	
李亦嘉	长沙市开福区自考办
龙湘辉（女）	湘潭大学继续教育学院
蔡志善	株洲市教育考试院
何岳东	衡东县教育局
彭　勃	张家界市教育局招生办
阳晓萍（女）	永州市冷水滩区招生考试中心
程　遥（女）	常德市招考办
陈宝刚	湖南师范大学自考办
邹如春	湖南省赤山监狱教育科
黄巧玲（女）	湖南中医药大学
丁志强	湖南商贸经济管理专修学院
广东省	
韩兆洲	暨南大学
何勇斌	广东外语外贸大学
张坚雄	华南理工大学
王付昌	中山大学
林　勇	华南师范大学
代永华	广东商学院
章勇军	广东省教育考试院
谭伟标	广州市招生考试委员会办公室
麦胜祥	深圳市招生考试办公室
潘　琳（女）	珠海市招生委员会办公室
邹伟荣	梅州市招生考试办公室
陈果权	茂名市考试中心
李　倩（女）	江门市招生考试办公室
曹晓勤	惠州市教育考试中心
谭幸桃（女）	阳江市考试中心
肖业恒	中山市招生委员会办公室
苏海波	肇庆市招生办公室
刘初晓	揭阳市考试中心
蓝德林	韶关市招生考试中心

麦　昶	广州市番禺区高等、中等学校招生委员会办公室
梁小燕（女）	湛江市霞山区教育局
胡　龙	深圳市宝安职业技术学校
邓任涛	东莞市东城职业技术学校
海南省	
周章忠	海南省考试局自考办
唐振珠（女）	海南省考试局自考办
陈　鹏	海口市考试中心
张延梅（女）	海南大学继续教育学院
林伟智	海口经济学院继续教育学院
虞海光	海南师范大学继续教育学院
广西壮族自治区	
陶　慧	桂林市招生考试院
冯　涛	南宁市招生考试院
刘　勇	柳州市招生考试院
廖声国	广西财经学院继续教育学院
谢仕坤	玉林市自考办
苏小梅（女）	广西招生考试院
郭力民	广西师范大学文学院
王　燕（女）	桂林电子科技大学继续教育学院
四川省	
张　莉（女）	四川省教育考试院
杨小平	四川省教育考试院
刘雪艳（女）	四川省教育考试院
岳荣军	射洪县高等教育自学考试办公室
何明兴	旺苍县高等教育自学考试委员会办公室
张飞桥	中国民航飞行学院继续教育学院
杨　蓉（女）	电子科技大学
吴　园（女）	西南交通大学继续教育考试办公室
柴　进	宜宾市高等教育自学考试办公室
谷　勇	西南财经大学成人（网络）教育学院
张静琦（女）	西南财经大学金融学院
蒋　华	四川师范大学继续教育学院
景小松	德阳市自学考试办公室
杨　军	凉山州国家教育招生考试委员会办公室
程一平	绵阳市高等教育自学考试委员会办公室
重庆市	
凌继红	重庆市永川区自考办

刘会兴	重庆市万州区自考办
王国鸣	重庆市南岸区教委招考科
吴龙强	重庆市江津区自考办
何　雷	重庆市江北区教育考试院
余三红	重庆市涪陵区自考办
邓建伟	重庆市北碚区教育考试中心
范长明	重庆市巴南区教育考试中心
马　勇	重庆市师范大学继续教育学院
赖小静（女）	四川美术学院
张智明	重庆城市管理职业学院
唐大庆	重庆市高等教育自学考试委员会办公室
贵州省	
张　琳（女）	贵州省招生考试院
包昌贵	铜仁市招生考试管理中心
吕玉民	黔南州招生考试中心
杨永昌	黔西南州招生委员会办公室
杨建新	贵州大学继续教育学院
谢佳芳（女）	贵州师范大学继续教育学院
李　宁（女）	贵阳医学院成人继续教育学院
严建跃（女）	贵州财经学院继续教育学院
云南省	
张国政	楚雄州招生考试办公室
蔡玉芬（女）	玉溪市教育局招生考试办公室
刘建新	红河州教育局招考办
孙永乾	文山州招生考试办公室
郭莲芳（女）	西双版纳州教育局招生办
李雄基	大理州教育局招生考试院
周自芹（女）	保山市教育局招考办
杨绍春	临沧市临翔区教育局
李瑞海	迪庆州招生考试办公室
西藏自治区	
陈　立	拉萨市招生委员会办公室
军　民	那曲地区教育局招生办
张　英（女）	日喀则地区教育考试中心
格桑曲珍（女）	林芝地区教育局自考办
格桑卓嘎（女）	山南教育局招生办
陕西省	
谢　非	陕西省考试管理中心

李　沛　　陕西省考试管理中心
王树根　　渭南市考试管理中心
张伯平　　延安市考试管理中心
戴　战　　铜川市考试管理中心
李茂权　　榆林市考试管理中心
范拉岐　　宝鸡市考试管理中心
赵克文　　汉中市考试管理中心
邓　军　　安康市考试管理中心
杜世平　　西北农林科技大学
刘西元　　陕西师范大学
康　璐（女）　　西北美术学院
赵春林　　西北大学
温晓霞（女）　　西北农林科技大学
张　羽　　西北大学
戴时勋　　陕西师范大学

甘肃省

魏和平　　甘肃省高等教育自学考试办公室
赵　俊　　甘肃省高等教育自学考试办公室
孙其零（女）　　甘肃省高等教育自学考试办公室
杜刘家　　甘肃省高等教育自学考试办公室
马竞竞　　甘肃省高等教育自学考试办公室
杨　菁（女）　　甘肃省高等教育自学考试办公室
贺雯雯（女）　　张掖市教育局
刘　涛（女）　　定西市自学考试办公室
赵东林　　陇南市招生考试办公室
周正荣　　兰州大学继续教育学院
李洪萍（女）　　甘肃政法学院继续教育学院

青海省

蔡　瑾（女）　　青海省考试管理中心
李明林　　青海省考试管理中心
郜　庆　　西宁市招生办公室
张庆武　　青海省考试管理中心
三知布　　青海省考试管理中心

宁夏回族自治区

张文国　　宁夏教育考试院
刘晋涛　　宁夏教育考试院
贾新华　　石嘴山市教育考试中心
玉怀柱　　宁夏大学教学与计算机学院

田　刚	固原市教育考试中心
新疆维吾尔族自治区	
马辉霞（女）	乌鲁木齐市教育招生考试中心
阿不都艾尼·萨迪克	喀什地区招生考试办公室
王广斌	哈密地区招生考试中心
冷　箭	石河子教育局自考办
娜菲莎·马合木提（女）	伊犁州教育局自学考试办公室
努尔阿力·吐尔森	阿勒泰地区教育局自学考试办公室
阿布都拉·买提库尔班	新疆大学人文学院
郁洪斌	新疆维吾尔自治区自学考试办公室
卡哈尔·吐尔尼亚孜	新疆维吾尔自治区自学考试办公室
解放军	
曲新家	65182 部队电教室
李青峰	空军第一航空学院训练部
田荣彬	石家庄陆军指挥学院军队政工系
韩　胜	第二炮兵政治部文化工作站
张海亮	电子工程学院政治理论教研室
刘洪军	总政治部机关俱乐部
牛洪顺	空军航空大学飞行基础训练基地社会科学系
郑传志	国防信息学院训练部
张永康	军事经济学院军需系
纪书桂	军事交通学院政治部
王家宏	陆军军官学院学生军训教研室
任风云	徐州空军学院航空弹药系
周爱群	北京军区政治部文化工作站电影发行室
杨玉修	信息工程大学理学院人文社会科学系
张　萍（女）	总参谋部政治部宣传部
全国考委	
齐森华	文史类专业委员会
束鹏程	机械及轻纺化工类专业委员会
张成兰（女）	医药学类专业委员会
邹超英	土木水利矿业环境类专业委员会
梁书华（女）	农科类专业委员会
高德步	经济管理类专业委员会
陈　强	教育类专业委员会
孙亚忠	公共管理类专业委员会
匡文波	新闻类专业委员会
韩宝成	外国语言文学类专业委员会

朱晓宁　交通类专业委员会
宋　谨　艺术类专业委员会

全国考委专家

周山芙　中国人民大学
张迎新（女）　北京工商大学
张建民　北京理工大学
左　鹏　北京科技大学
宋国兴　北京大学
宋炳辉　上海外国语大学
朱宝清　首都师范大学
包玉娥（女）　南京大学
赵凤敏（女）　中国青年政治学院
孙洪祥　北京邮电大学
王立忠　北京建筑工程学院
杨　甦　北京交通大学
张　平（女）　北京大学
刘金华（女）　中国政法大学
陈建华（女）　南昌大学
涂光晋（女）　中国人民大学
陈彦玲（女）　北京石油化工学院
刘文辉（女）　首都经济贸易大学
殷召良　中国矿业大学
侯　峰　北方工业大学
李明子（女）　北京大学医学院
何　仲（女）　北京协和医学院
刑永富　首都师范大学
李国庆　陕西师范大学

教育部办公厅文件

教育部办公厅关于2011年普通高等学校招生全国统一考试科目时间安排的通知

教考试厅［2011］1号

各省、自治区、直辖市高等学校招生委员会、教育厅（教委）：

现将2011年普通高等学校招生全国统一考试科目时间安排通知如下：

日期／科目／时间	6月7日	6月8日
9:00—11:30	语 文	文科综合/理科综合
15:00—17:00	数 学	外 语

请做好考试的各项准备工作。外语选择含听力测试的省（区、市），听力测试部分应安排在外语笔试考试开始时进行。

各省（区、市）科目名称与全国统一考试科目名称相同的必须与全国考试时间安排一致，并将2011年普通高等学校招生考试时间安排报教育部（考试中心）备案后向社会公布。

教育部办公厅

二〇一一年二月二十一日

抄送：各省、自治区、直辖市教育考试院（中心、局）、高等学校招生办公室

教育部办公厅关于2011年国家公派留学人员全国外语水平考试时间安排的通知

教考试厅函［2011］1号

各省、自治区、直辖市教育厅（教委）、有关部门（单位）教育（人事）司（局），解放军总政治部干部部，部属各高等学校：

现将2011年国家公派留学人员全国外语水平考试（WSK）的有关安排通知如下：

一、考试日期和语种

第一次考试时间定于2011年6月4日，开考英语（PETS－5）、法语（TNF）和德语（NTD），口试从笔试当日下午开始；第二次考试时间定于2011年12月10日，开考英语（PETS－5）、日语（NNS）和俄语（ТПРЯ），口试从笔试当日下午开始。

二、报名日期和办法

（一）报名日期：第一次考试报名时间定于2011年4月11日至15日，第二次考试报名时间定于2011年10月10日至14日，考点可根据当地情况提前报名。考生可以函报，但必须提前与考点联系。

（二）报名办法：采取集体报名和个人报名两种办法。集体报名须持单位介绍信和有考生亲笔签名的身份证复印件；个人报名须持本人的居民身份证或护照（军人凭相应的身份证件）。报名时，考生须交近期一寸正面免冠照片一张。函报考生，还应向考点提供有考生亲笔签名的身份证复印件。考生考试时所持身份证件必须与报名时所持身份证件一致，身份证件不一致者不得参加考试。

三、报名考试地点

英语（PETS－5）考点：

北京市教育考试指导中心（电话：010－64269988）

北京语言大学（电话：010－82303550）

北京外国语大学（电话：010－88817840）

天津外国语学院（电话：022－23245567）

河北师范大学（电话：0311－80788519）

山西大学（电话：0351－7011732）

内蒙古工业大学（电话：0471－6575727）

辽宁省留学服务中心（电话：024－86909660）

大连外国语学院（电话：0411－82592944）

吉林省自学考试办公室（电话：0431－84658704）

吉林大学（电话：0431－88499358）

黑龙江大学（电话：0451－86609153）

上海外国语大学（电话：021－35372584）

南京大学（电话：025－83593330）

浙江教育考试服务中心（电话：0571－88907628）

中国科学技术大学（地点：合肥）

（电话：0551－3601917）

福州大学（电话：0591－22866857）

厦门大学（电话：0592－2185305）

江西师范大学（电话：0791－8506254）

山东师范大学（电话：0531－86180084）

中国海洋大学（地点：青岛）

（电话：0532－66787010）

郑州大学（电话：0371－63887548）

解放军外国语学院（地点：洛阳）

（电话：0379－69843766）

武汉大学（电话：027－68752843）

湖南大学（电话：0731－88823272）

湖南师范大学（电话：0731－88872294）

广东外语外贸大学（电话：020－36207153）

广西大学（电话：0771－3237226）

海南省考试局（电话：0898－65851886）

四川外国语学院（地点：重庆）

（电话：023－65385446）

四川大学（电话：028－85407413）

贵州师范大学（电话：0851－6702143）

云南师范大学（电话：0871－5516408）

西安外国语大学（电话：029－85309384）

兰州大学（电话：0931－8912115）

青海省小岛文化教育发展基地

（电话：0971－6306946）

宁夏大学（电话：0951－2061069）

新疆大学（电话：0991－8582938）

日语（NNS）和俄语（ТПРЯ）考点：大连外国语学院、北京语言大学、西安外国语大学、上海外国语大学、武汉大学、四川外国语学院、广东外语外贸大学、吉林大学、新疆大学。

法语（TNF）考点：北京语言大学、上海外国语大学和广东外语外贸大学。

德语（NTD）考点：北京语言大学、上海外国语大学、四川大学和广东外语外贸大学。

四、考试成绩及发送办法

（一）教育部考试中心负责阅卷和将成绩通知各考点。

（二）成绩通知单在考试后两个月左右由各考点转发给有关单位或个人。

（三）考试成绩对于申请国家公派留学有效期为两年，如作其他用途的，由各成绩使用单位自行决定。

请尽快将本文转发至有关单位，通知拟申请公派留学及已获公派留学资格但外语未达标人员按时报名。

教育部办公厅

二○一一年二月二十一日

抄送：各省、自治区、直辖市人力资源和社会保障（人事、劳动保障）厅（局）

教育部办公厅关于2012年国家公派留学人员全国外语水平考试时间安排的通知

教考试厅函［2011］5号

各省、自治区、直辖市教育厅（教委），有关部门（单位）教育（人事）司（局），解放军总政治部干部部，部属各高等学校：

现将2012年国家公派留学人员全国外语水平考试（WSK）的有关安排通知如下：

一、考试日期和语种

第一次考试时间定于2012年6月2日，开考英语（PETS－5）、法语（TNF）和德语（NTD），口试从笔试当日下午开始；第二次考试时间定于2012年12月8日，开考英语（PETS－5）、日语（NNS）和俄语（ТПРЯ），口试从笔试当日下午开始。

二、报名日期和办法

1．报名日期：第一次考试报名时间定于2012年4月9日至13日，第二次考试报名时间定于2012年10月15日至19日，考点可根据当地情况提前报名。考生可以函报，但必须提前与考点联系。

2．报名办法：采取集体报名和个人报名两种办法。集体报名须持单位介绍信和有考生亲笔签名的身份证复印件；个人报名须持本人的居民身份证或护照（军人凭相应的身份证件）。报名时，考生须交近期一寸正面免冠照片一张。函报考生，还应向考点提供有考生亲笔签名的身份证复印件。考生考试时所持身份证件必须与报名时所持身份证件一致，身份证件不一致者不得参加考试。

三、报名考试地点

英语（PETS－5）考点：

北京市教育考试指导中心
　　电话：010－64269988

北京语言大学
　　电话：010－82303550

北京外国语大学
　　电话：010－88817840

天津外国语学院
　　电话：022－23245567

河北师范大学
　　电话：0311－80788519

山西大学
　　电话：0351－7011732

内蒙古工业大学
　　电话：0471－6575727

辽宁教育国际交流服务中心
　　电话：024－86909660

大连外国语学院
　　电话：0411－82592944

东北师范大学
　　电话：0431－84524500

吉林大学
　　电话：0431－88499358

黑龙江大学
　　电话：0451－86609153

上海外国语大学

电话：021－35372584

南京大学

电话：025－83593330

浙江教育考试服务中心

电话：0571－88907628

中国科学技术大学（地点：合肥）

电话：0551－3601917

福州大学

电话：0591－22866857

厦门大学

电话：0592－2185305

江西师范大学

电话：0791－88506254

山东师范大学

电话：0531－86180084

中国海洋大学（地点：青岛）

电话：0532－66787010

郑州大学

电话：0371－63887548

解放军外国语学院（地点：洛阳）

电话：0379－69843766

武汉大学

电话：027－68752843

湖南大学

电话：0731－88823272

湖南师范大学

电话：0731－88872294

广东外语外贸大学

电话：020－36207153

广西大学

电话：0771－3237226

海南省考试局

电话：0898－65986606

四川外国语学院（地点：重庆）

电话：023－65385446

四川大学

电话：028－85407413

贵州师范大学

电话：0851－6702143

云南师范大学

电话：0871－5516408

西安外国语大学

电话：029－85309384

兰州大学

电话：0931－8912115

青海省小岛文化教育发展基地

电话：0971－6306946

宁夏大学

电话：0951－2061513

新疆大学

电话：0991－8582938

日语（NNS）和俄语（ТПРЯ）考点：大连外国语学院、北京语言大学、西安外国语大学、上海外国语大学、武汉大学、四川外国语学院、广东外语外贸大学、吉林大学、新疆大学。

法语（TNF）考点：北京语言大学、上海外国语大学和广东外语外贸大学。

德语（NTD）考点：北京语言大学、上海外国语大学、四川大学和广东外语外贸大学。

四、考试成绩及发送办法

1．教育部考试中心负责评卷并将成绩通知各考点。

2．成绩通知单（合格证书）将在考试后两个月左右由各考点转发给有关单位或个人。

3．考试成绩对于申请国家公派留学有效期为两年，如作其他用途的，由各成绩使用单位自行决定。

请尽快将本通知转发至有关单位，通知拟申请公派留学及已获公派留学资格但外语未达标人员按时报名。

教育部办公厅

二〇一一年十二月三十一日

抄送：各省、自治区、直辖市人力资源和社会保障（人事、劳动保障）厅（局）

教育部考试中心文件

关于有效应对恶劣天气做好国家教育考试工作的紧急通知

教试中心函［2011］1号

湖南省教育考试院、广西壮族自治区招生考试院、贵州省招生考试中心：

2011年研究生考试和自学考试在即。目前，国内部分地区连续多日出现冻雨等恶劣天气情况，给试卷运送、考试实施、考生应考、应急通信等带来了不利因素。为确保2011年1月国家教育考试的平稳实施，现要求你省区要进一步加强与气象、交通、公安、通信等部门的联系，完善各类突发事件的应急处置预案，做好各项准备工作。

教育部考试中心

二〇一一年一月五日

关于2011年全国中小学教师教育技术水平考试考务工作的通知

教试中心函［2011］5号

各省、自治区、直辖市教育考试院（中心、局），高等教育自学考试办公室：

自从教育部“全国中小学教师教育技术能力建设计划”启动实施以来，15个省市逾100万名教师参加了全国中小学教师教育技术水平考试（NTET），考试平稳顺利，考风考纪良好，考试内容和方式受到来自教育行政部门、培训机构、教师等方面积极评价。教育部考试中心在能力考核案例化、工作方式网络化、命题工作题库化、评价工作系统化等方面积极探索，各省市考试机构积极与当地教育行政部门密切配合，精心组织，为NTET向全国大规模推开打下了坚实基础。

为进一步配合教育部“全国中小学教师教育技术能力建设计划”的推广实施，做好2011年NTET考试各项工作，现将2011年考试工作有关事项通知如下：

一、考试日期和开考科目

考试日期：

5月21日至25日、9月10日至12日、11月19日至23日

开考科目：

教学人员·初级（5月、9月、11月三次考试均开设）

教学人员·中级（5月、11月两次考试开设）

二、考试方式和考场安排

上机考试。教学人员初级和中级的考试时间均为120分钟。考试场次必须从第1场开始连续编排，不得超过全国统一结束日期。各场次考试时间安排如下：

上午：9:00—11:00。下午：13:00—15:00，16:00—18:00。

三、考务工作日程安排

本考试考务工作采用全国统一的网络平台进行管理，请严格按照日程表（见附件一）完成各项工作，以免影响全国工作的进度。

四、工作要求

1. 培训与考试的衔接。请与本省（自治区、直辖市）教育厅（教委）有关部门沟通，做好考点布局、审批设置、报名、宣传等工作。

2. 报名工作。采用网上报名，具体报名的流程、手续、日期见“2011年全国中小学教师教育技术水平考试网上报名流程图”（附件二）。报名资格审查，请继续按照《关于2006年全国中小学教师教育技术水平考试有关问题的函》（教试中心函［2006］140号）的规定执行。

由于考试合格证书上要打印照片，各省级教育考试机构要制定具体措施，对考生照片质量严格把关，杜绝照片尺寸、头像大小等方面不符合规定、模糊不清的照片。摄像头标准应遵照《全国中小学教师教育技术水平考试考务工作手册》

的相关规定，拍照环境及照片规格见附件四。

3．考点审批与备案。新设立的考点必须报我中心进行书面备案和电子备案，其中电子备案格式采用新格式。备案表格与上述文件可登录NTET考试专用FTP服务器下载。考点机器设备标准要严格按照《全国中小学教师教育技术水平考试考务工作手册》的相关规定执行，其中软件Microsoft Office升级为2003版本。

4．技术培训与考核。新开考省由我中心统一组织进行技术培训与考核。已开考省新设考点的系统管理员（包括原考点新更换的系统管理员）必须经过省级考试机构组织的技术培训与考核，持证上岗。需要NTET技术组提供现场培训的，有关人员的差旅、食宿费由申请单位承担。

5．全网测试。新设立的考点以及更换了系统管理员的原考点，由省级考试机构统一组织，参加全国统一的全网测试工作。目的是让相关工作人员熟悉考试业务、测试系统在本考点的运行情况。具体流程和要求届时由考试网站提前发布。

6．考前自检。各省级考试机构要组织考点严格对照“全国中小学教师教育技术水平考试考前自检表（2011年版）”（见附件三）进行考前自查，把潜在问题解决在考前，尤其注意杜绝成片死机的情况出现。

7．安全保密。各省级考试机构要严格按照《全国中小学教师教育技术水平考试考务工作手册》的规定，做好安全保密和值班工作。针对教师监考教师的情况，加强监考组织和巡视，防止出现群体性舞弊事件。

8．考试期间异常情况的处理。按照《全国中小学教师教育技术水平考试常见问题及异常情况处理规范》（教试中心函［2006］158号）的规定执行。

9．考后成绩处理。除每场次考试结束后及时将考试数据上传到服务器外，当次考试全部结束后，考点应将全部考生答题的原始数据集中刻成光盘上交省级承办机构（具体备份要求于考前一周公布于考试网站 www. ntet. cn）。

五、新开考省上报考试计划

请与本省（自治区、直辖市）教育厅（教委）师范处（师资处）或师资培训管理部门沟通，了解培训进度计划，确定开考时间。准备2011年5月、9月、11月首次开考的省，分别在2011年2月21日、4月1日、6月1日前将开考回执（附件五）传真给教育部考试中心，以便统一安排考务培训。

六、教学人员·中级考试

去年教学人员·中级考试已经正式开考。教学人员·中级仍采用完全无纸化考试。报考与考试时间、下设学科、考场硬件设备标准、网上报名系统等均与教学人员·初级考试相同。软件运行环境相同，但应用软件的种类有所增加，具体要求见本考试网站 www. ntet. cn 首页。教学人员·中级考试因含有部分人工评卷试题，为此我中心开设了统一的网上阅卷平台，今年将由各省市直接负责组织实施教学人员中级考试网上阅卷工作。

联系人：（略）

附件：一、2011年全国中小学教师教育技术水平考试日程安排

二、2011年全国中小学教师教育技术水平考试网上报名流程图

三、全国中小学教师教育技术水平考试考前自检表（2011年版）

四、拍照环境及照片规格

五、全国中小学教师教育技术水平考试首次开考回执

教育部考试中心

二〇一一年一月十一日

附件一：

2011年全国中小学教师教育技术水平考试日程安排

5月考试日程安排

1月，教育部考试中心下发2011年考务工作有关文件

2月底，各省完成新考点的审批、备案工作

3月20日前，各省完成新考点技术培训、考核，准备参加全网测试

（注：更换了系统管理员的考点，需重新参加培训与考核及全网测试）

3月20日前，教育部考试中心发布全网测试工作流程

3月21日—25日，全网测试（新考点、省、教育部考试中心、ATA参加）

3月底，网上报名之前的准备工作（各省、考点参数设置）

4月6日—26日，考生网上报名，4月30日全国缴费结束

5月5日，教育部考试中心下发各省考试题库

5月上旬，各考点按统一下发的考点自检表进行检查，排查隐患

5月6日，网上统一编排考场、准考证号

5月11日—18日，准考证打印

5月19日前，各省按要求复制题库，下发题库到所属考点

5月19日—20日，各考点安装、调试正式考试题库，完成考前自检、考场环境检查、封闭机房

5月21日—25日，正式考试

9月考试日程安排

6月底，各省完成新考点的审批、备案工作

7月16日前，各省完成新考点技术培训、考核，准备参加全网测试

（注：更换了系统管理员的考点，需重新参加培训与考核及全网测试）

7月16日前，教育部考试中心发布全网测试工作流程

7月18日—22日，全网测试（新考点、省、教育部考试中心、ATA参加）

7月底，完成网上报名之前的准备工作（各省、考点参数设置）

8月8日—21日，考生网上报名，8月26日全国缴费结束

8月25日，教育部考试中心下发各省考试题库

8月29日，网上统一编排考场、准考证号

9月1日—7日，准考证打印

9月7日前，各省按要求复制题库，下发题库到所属考点

9月8日—9日，各考点安装、调试正式考试题库，完成考前自检、考场环境检查、封闭机房

9月10日—12日，正式考试

11月考试日程安排

7月底前，教育部考试中心对下半年新开考的省级考试机构进行考务培训、讲解文件及工作部署，完成技术培训、考核

8月底，各省完成新考点的审批、备案工作

9月17日前，各省完成新考点技术培训、考核，准备参加全网测试

（注：更换了系统管理员的考点，需重新参加培训与考核及全网测试）

9月17日前，教育部考试中心发布全网测试工作流程

9月19日—23日，全网测试（新考点、省、教育部考试中心、ATA参加）

9月底，网上报名之前的准备工作（各省、考点完成相关参数设置）

10月8日—28日，考生网上报名，11月2日全国缴费结束

11 月 4 日，教育部考试中心下发各省考试题库

11 月上旬，各考点按统一下发的考点自检表进行检查，排查隐患

11 月 7 日，网上统一编排考场、准考证号

11 月 10 日—16 日，准考证打印

11 月 17 日前，各省按要求复制题库，下发题库到所属考点

11 月 17 日—18 日，各考点安装、调试正式考试题库，完成考前自检、考场环境检查、封闭机房

11 月 19 日—23 日，正式考试

附件二：

2011 年全国中小学教师教育技术水平考试网上报名流程图

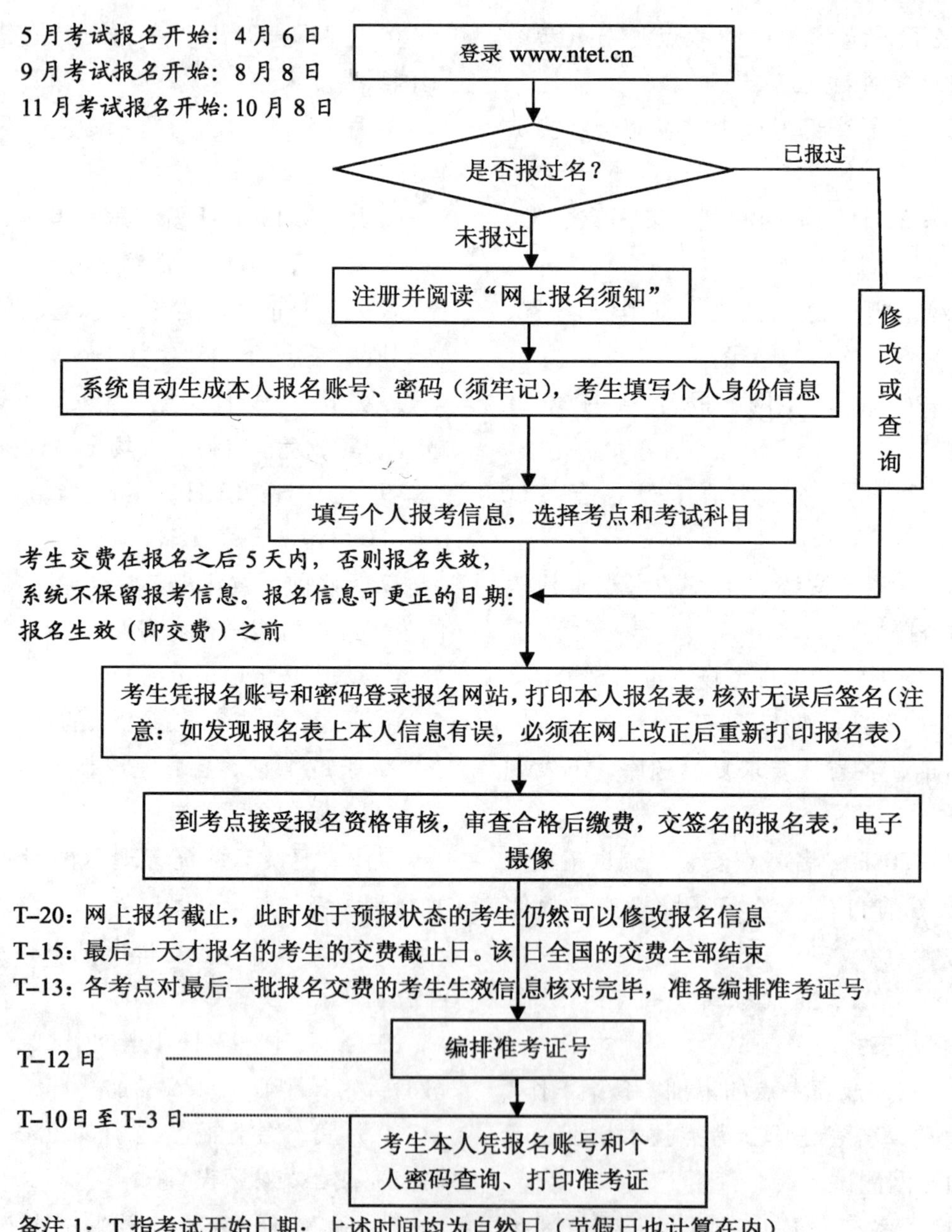

备注 1：T 指考试开始日期；上述时间均为自然日（节假日也计算在内）。

备注 2：具体时间规定如果有变化，以 www.ntet.cn 网站上公布的为准。

附件三：

全国中小学教师教育技术水平考试考前自检表（2011年版）

序号	大纲	具体内容
一	试考检查内容	1. 是否通过系统提供的“更新功能”更新完考场系统
		2. 是否通过系统提供的“环境检查功能”检查考场环境是否安装和配置正确
		3. 考场管理机是否可以正常地上传与下载考试数据
		4. 在试考中是否检查过每个考场的每台考试机都能够正常打开每一道试题
		5. 试考中是否检查过每一台考试机都能够正确观看视频与声音
		6. 试考中试题打开的数据是否过慢（正常切换试题的时间在1~3秒左右）
		7. 考场中每一台考试机上是否已安装了拼音与五笔两种输入法，中英文输入法之间是否可以自如切换
		8. 考试机上是否已经安装了 Microsoft Office 2003
		9. 考试机已安装的 Word 2003 中是否可以正确插入公式，“插入”菜单中“对象”里选择 Microsoft 3.0 公式
		10. 考试机的 IE 版本是否为 IE6.0 以上，且 IE 高级选项中是否设置了“允许在网页中播放动画”
		11. 考场使用的杀毒软件品牌是否为使用手册中允许的
二	考试数据下载	1. 正式考试数据完整下载
		2. 正式考试数据是否导入考场系统，是否与 XLS 表格核对无误
		3. 工作人员首场到场时间（8点）是否明确
三	考点环境	1. 考点当天能否正常供电
		2. 考场当天能否正常上网
		3. 考区近期是否有重大灾害
四	考场准备	1. 考场分布图和指路标牌是否准备好、是否放置在明显的位置、何时张贴
		2. 考场门帖是否已经准备好
		3. 考试机机号是否已经贴好
		4. 考试机的还原卡是否已经关闭或卸载
		5. 所有机器的系统是否都均已检查并确认无误
		6. 对于考试系统是否还有不明确的地方
		7. 对考务时间安排是否还有不明确的地方

附件四：

拍照环境及照片规格

考点在接受考生拍照时，需提前准备拍照环境，首先一定注意要提前将摄像头驱动程序安装好，保证摄像头工作正常。考场拍照要求如下：

1. 摄像头到人脸的距离：1.5 米至 1.7 米；
2. 背景：统一用浅蓝色背景（使用亚光面，防止拍照反光）；
3. 考生正对摄像头；
4. 拍照环境光线充足；
5. 焦距要调准；
6. 拍照时注意调整人像在照片中的位置，高个子头顶留白，矮个子注意留取上半身；
7. 照片像素为宽 240 × 高 320，大小不超过 15KB，文件格式为 . jpg；
8. 样张如下（头部高度大体占照片高度的一半）。

附件五：

全国中小学教师教育技术水平考试首次开考回执

<table>
<tr><td colspan="3">单位名称：</td></tr>
<tr><td colspan="2">通信地址：</td><td>邮政编码：</td></tr>
<tr><td>分管领导</td><td>姓名：</td><td>电话：</td></tr>
<tr><td rowspan="4">业务科室</td><td colspan="2">名称：</td></tr>
<tr><td>负责人姓名：</td><td>电话：</td></tr>
<tr><td>联系人姓名：</td><td>电话：</td></tr>
<tr><td>传真：</td><td>电子邮件：</td></tr>
<tr><td>机要通信收件人、地址</td><td colspan="2"></td></tr>
<tr><td colspan="3">单位意见：
经与有关部门协商，我省确定组织开考科目为
1. 教学人员·初级　2. 教学人员·中级
首次组织开考时间为
1. 2011 年 5 月　2. 2011 年 9 月　3. 2011 年 11 月
单位公章
年　月　日</td></tr>
</table>

教育部考试中心制

关于首都师范大学等五校（院、办）申请设立日本语能力测试考点的复函

教试中心函［2011］6号

首都师范大学、南通大学、无锡科技职业学院、福建省高等教育自学考试委员会办公室、青海省小岛文化教育发展基地：

经我中心研究审核，同意你校（院、办）设立日本语能力测试考点的申请。

请你校（院、办）严格按照《教育部考试中心举办境外考试委托协议》（以下简称《协议》）和该协议的《日本语能力测试项目附件》（以下简称《附件》）以及《合作举办境外教育考试考务安全保密工作规则》和《日本语能力测试实施细则》的有关规定进行各项准备工作并签署《教育部考试中心举办境外考试委托协议》和该协议的《日本语能力测试项目附件》（已经承担教育部考试中心委托的其他境外考试的只签署《日本语能力测试项目附件》）。

请从速完成上述工作并将如下材料寄回我中心：你校（院、办）法人或授权代表签署的《协议》和《附件》，考点主管和主考（可由一人兼任）以及联络员名单，联系方式（办公电话号码、手机号码、电子邮件地址和传真号码）和详细地址。

今后你校（院、办）日本语能力测试考点的考务工作直接由教育部考试中心管理。凡教育部考试中心下发的考务文件及材料由你校（院、办）考点留存。希望你校（院、办）加强对考点的领导，确保此项考试的顺利实施。

联系方式：（略）。

附件：一、教育部考试中心举办境外考试委托协议

二、日本语能力测试项目附件

三、合作举办境外教育考试考务安全保密工作规则

教育部考试中心

二〇一一年一月十一日

（附件略）

关于加强2011年上半年全国计算机等级考试考务管理工作的通知

教试中心函［2011］14号

各省级全国计算机等级考试承办机构：

在各级考试承办机构的共同努力下，全国计算机等级考试（以下简称NCRE）2010年发展顺利，全年两次考试组织平稳，报考规模首次突破500万人次。2011年上半年全国计算机等级考试的考试时间为3月26日至30日。为进一步加强NCRE考务管理和考试安全，严肃考风考纪，切实抓好各项安全保密规章制度和责任制度的落实，确保考试平稳实施，现将2011年上半年全国计算机等级考试有关考务工作强调如下：

一、加强领导，周密部署

各省级NCRE承办机构要周密部署，精心组织，积极争取教育行政部门的支持，发挥各地考委和联席会议的作用，主动加强与公安、武警、信息、保密、无线电、卫生防疫、气象等部门的协调配合，继续加强考试综合环境治理工作，做到标本兼治、综合治理、惩防并举、注重实效。

二、切实加强安全保密工作

安全保密是考试的生命线，试卷安全始终是考试的第一要务。各级承办机构一要把试卷安全和考场安全作为“一把手工程”，主要负责同志要亲自抓，对考试安全负总责，按照“分级管理、逐级负责”的原则，切实做到任务到岗，责任到人；二要严格执行四部局发布的《国家教育考试考务安全保密工作规定》（教考试［2004］2号）的各项要求，对于不达标或存在安全隐患的保密室或工作节点，必须限期逐项整改，确保不留安全隐患和工作死角。不符合规定的保密室，绝不能过夜存放试卷；三要继续完善内部工作制约机制，加强对涉密人员的监督管理，完善监考教师的相互监督制约机制；四要加强考务工作人员的警示教育和业务培训，尤其是对涉密人员的安全保密教育和培训，增强其法律和责任意识。

三、严格考风考纪管理

各省级承办机构要认真总结2010年考试有关情况，严格考风考纪管理。一是要启动标准化考点建设工作，加强考点、考场建设，加大监督、检查、评估的力度。建立合格的考试工作人员队伍，落实考核聘任制度，未经培训或培训不合格的人员不能上岗；二是要加强对考试工作人员、考生的道德教育、考风考纪教育和诚信教育，逐步建立和完善考试诚信档案系统；三是要采取切实有效的措施和现代化技术手段，对各种考场违规行为进行防控，特别是对管理薄弱地区，做到预防有力、发现及时、处理得当。坚决防范、打击有组织的集体舞弊行为，特别是要杜绝有考试工作人员参与的舞弊行为；四是要求各级考试机构设立举报箱和举报电话，并向社会公布。对于实名举报，要认真查处，及时汇报，处理得当。

四、加强评卷管理工作

各省级承办机构要加强笔试评卷工作的组织管理，严格评卷工作纪律，确保评卷工作平稳进行。评卷工作要在省级承办机构批准的评卷点集中、封闭评卷。要加强对评卷专家和教师的集中培训，严格根据我中心提供的答案及评分参考在符合安全保密要求的评卷场所集中评阅试卷。在评卷过程中，若对评分标准产生质疑，要通过省级承办机构及时与我中心取得联系，不得擅自调整评分标准。各省级承办机构笔试试卷评阅应在考后15个工作日内完成。

五、做好应对自然灾害和卫生防疫工作

各地要加强安全教育，采取有效的安全防范措施，进一步细化应急预案，配合有关权威部门开展安全防范措施，特别是要做好对自然灾害应急处置准备，并根据当地实际情况和考生规模，准备好数量充足的备用考点（考场），一旦出现极端自然灾害时，可以迅速做出转移安置部署，提高应急处置的能力。同时，进一步加强考点、评卷等考试场所卫生防疫与食品卫生安全工作，预防传染病流行、食品中毒等事件的发生，切实保障考生、考试及评卷工作人员的人身安全和身体健康。

六、严格考试值班和报告制度

各省级承办机构要按照有关规定严格落实值班和报告制度（见附件）。我中心将在“国家教育考试考务管理平台”（http://www.kaowu.neea.edu.cn）上发布有关本次考试的相关信息。请各省级承办机构在考试期间注意浏览该平台，在3月23日至30日期间，指定专人每天上网浏览，每两小时至少浏览一次。我中心考务二处将在此期间开通24小时值班电话：（略）。联系人：（略）。

要充分发挥国家教育考试管理与服务平台的作用，实现指挥畅通、反馈及时，对于涉密信息不能通过该平台汇报，必须通过加密渠道上报。

七、安全工作会

我中心将在2011年3月15日上午10时召开2011年上半年全国计算机等级考试安全工作会议。会议主会场设在：教育部国家教育考试考务指挥中心；分会场设在：各省级考试机构国家教育考试考务指挥中心。请各省级承办机构注意相关通知并做好会议准备工作。

八、注意事项

1．各省级承办机构在考前三天（2011年3月23日）将本省的应急通信网络和保密室（省、地市、考点）值班电话通过国家教育考试管理与服务平台上报我中心。

2．各省级承办机构要加强上报数据信息（包括考生报名信息库、卷面信息库、违纪库、上机成绩加密库、考生照片等）的校验工作，保证上报到我中心的最终数据信息的准确性。我中心将按照各省上报的考后数据进行成绩处理和证书发放工作。

3．报名过程中未提供照片的考生不允许参加考试。省级承办机构上报的无照片考生信息，我中心将不予处理成绩。

4．按照考务手册规定，各省级承办机构考后上报有关数据信息的时间为考后15个工作日。请按照规定时间（4月20日之前）及时上报有关考后数据，其中违纪库随考后数据同时上报。

5．本次考试信息数据除照片数据之外，其他信息数据全部上报到国家教育考试考务管理与服务平台指定位置（考前三天通知具体上报位置）。

照片数据光盘寄送地址：北京市海淀区清华科技园立业大厦，教育部考试中心考务二处，收件人及联系电话：（略）。

附件：2011年上半年全国计算机等级考试安全保密工作报告要求

教育部考试中心
二〇一一年一月十九日

（附件略）

关于2011年5月全国外语翻译证书考试工作安排的通知

教试中心函［2011］17号

各有关考点：

2011年上半年全国外语翻译证书考试时间定为：5月7日和8日，现将有关事项通知如下：

一、考试时间与语种：5月7日开考英语一级、二级、三级和四级的笔译，英语四级的口译；日语一级、二级和三级的笔译。5月8日开考英语一级、二级和三级的口译；日语一级、二级和三级的口译。

二、网上报名时间：3月1日至27日，考点确认时间：3月24日至31日。

三、考场编排与订卷：考试考场编排时间4月1日，订卷截止时间4月6日；网络关闭时间4月7日24点。请各考点严格执行上述时间安排，在网络关闭前打印准考证、考生花名册等材料。考点要使用网上报名系统统一提供的试卷申报表格式，打印前准确、清楚地填写各项内容，按5%的比例留出备用卷和磁带，通过传真报我中心社会考试处。

联系方式：（略）

四、2010年5月英语四级应补发的《英语四级口译证书》、《英语四级笔译证书》和《成绩单》已经和下半年考试的成绩同时发到各考点，这部分考生证书上载明的考试时间和网络查询时间为2010年11月，准考证号使用2010年5月考试时的准考证号。

五、使用数字录音的考点在口译考生录音时，交替传译考试时题目的声音和考生的声音都录制，不要专门屏蔽掉题目的声音而只录制考生的声音。同声传译考试时，不要将题目的声音和考生翻译的声音混录在一起，否则难以阅卷。

六、收费标准和考点留成见“教试中心函［2007］215号”，在报名工作结束后，请各考点认真填写《全国外语翻译证书考试（NAETI）财务报告》（附件二），五个工作日内，寄送教育部考试中心财务处并将应上缴的报考费通过银行信汇方式汇至如下账户：（略）

各考点要加强领导，规范管理，严格执行主监考手册的规定，加强对考试工作人员的业务培训。试卷安全始终是考试工作的生命线，考试工作人员要充分认识到试卷安全的重要性。考点必须明确试卷等各种考试材料的运送、分发、保管以及答卷回收、保管的工作职责，并且责任到人，按照国家机密材料管理办法及我中心的保管要求妥善处理，确实保证试卷的绝对安全。

附件：一、全国外语翻译证书考试（NAETI）主考报告

二、全国外语翻译证书考试（NAETI）财务报告

教育部考试中心

二〇一一年一月十五日

（附件略）

关于加强2011年3月全国英语等级考试（PETS）考务工作的通知

教试中心函［2011］18号

各省级全国英语等级考试承办机构：

2011年上半年全国英语等级考试（PETS）将于3月19日至20日举行，开考级别为一级B、一级、二级和三级。为进一步加强考务管理和考试安全，严肃考风考纪，确保考试平稳实施。现将有关考务工作要求通知如下：

一、加强领导，周密部署

考试期间，各省级PETS承办机构要从维护稳定大局出发，在做好各项突发事件应急预案基础上，周密部署，精心组织，特别是在PETS与高考听力、口语成绩挂钩的地区，各承办机构务必积极、主动协调公安、保密、宣传、通信、纪检监察等有关部门，发挥合作与联动机制，采取切实有效措施，确保听力及口语机试部分考试平稳进行。同时，为进一步部署考务工作细节，我中心拟于2011年3月15日召开2011年上半年全国英语等级考试安全工作会议，会议主会场设在教育部国家教育考试考务指挥中心；分会场设在各省级国家教育考试考务指挥中心，请注意相关通知并做好准备工作。

二、增强安全保密意识，做好安全保密工作

各地要认真贯彻执行《国家教育考试考务安全保密工作规定》（教考试［2004］2号）中的相关规定，不符合规定的保密室，绝不能过夜存放试卷，要集中对保密工作人员进行警示教育和业务培训，落实内部工作制度，采取昼夜值班、定时巡查、实时监控等措施，切实做好考试安全保密工作，确保各环节不出问题。我中心将从3月16日开始，对各地保密室值班情况进行抽查，并将抽查结果进行通报。各省级承办机构务必于3月11日前将各级考试机构（省、地市、考点）的“全国英语等级考试保密室应急通信表”（附件二）以电子邮件或传真形式发至我中心考务二处。

三、严格执行管理规定，加强考风考纪建设

各省级承办机构必须严格执行《全国英语等级考试考务管理规则和考务手册》的相关规定和操作规程，规范考试管理，加强考风考纪建设，坚决防范并打击违纪舞弊行为，确保考试的权威性，维护考试社会声誉。

四、充分利用考务管理平台，科学高效实施考务管理

考试实施期间，PETS各项考务工作安排及值班电话将在平台上公布，各承办机构务必派专人每半天浏览一次“国家教育考试考务管理平台”（以下简称“中心考务平台”）http://www.kaowu.neea.edu.cn。同时，在试卷到达之日起，各省级承办机构务必在每日19:00前通过中心考务平台或传真的方式报告当天试卷保管情况。考试期间，必须在当天13:00和18:00之前通过中心考务平台报告当次考试情况，对于涉及泄密、集体舞弊等事件务必在第一时间上报至我中心。

五、加强数据校验，及时、准确上报考试数据

各省级承办机构应进一步做好对考生信息的核对工作，要求考生在认真核对报名表上各项内容后签字确认，以确保数据准确无误。各省级承办机构应于3月11日前，将上半年的全国英语等级考试报名人数统计表（附件一）以电子邮件或传真形式发至考务二处，考试结束之日起20个工作日内，将结果数据发送到中心考务平台。如在数据上报过程中出现问题，可与我中心考务二处联系。各省数据负责人应在上报数据后及时浏览中心考务平台，以了解数据处理工作进展并及时反馈。开考PETS听力单项考试和采用计算机辅助口语考试的承办机构，在上报考试数据的同时，应将本省考生信息及答案数据全部刻成光盘，寄送到我中心考务二处。

六、及时认真总结经验，做好考试善后工作

考试工作结束之日起30个工作日内，各省级承办机构应对本次考试工作进行总结，针对工作中存在的问题认真研究，并提出意见和改进建议，形成文字报告，报送至中心考务平台。考生如提出补办合格证明书，可告知其自行登录http://chaxun. neea. edu. cn网站完成补办申请。如考生对我中心发放的单项合格证、合格证书有疑问，应通过省级承办机构同意上报我中心。我中心在考试结束之日起6个月内处理当次考试的遗留问题，过期概不受理。

考务二处联系方式：（略）

附件：一、全国英语等级考试报名人数统计表

二、全国英语等级考试保密室应急通信表

教育部考试中心

二〇一一年一月二十一日

（附件略）

关于中英合作商务管理、金融管理专业合作课程考试有关事项的通知

教试中心函［2011］21号

各省、自治区、直辖市教育考试院（局、中心），高等教育自学考试办公室：

为了培养符合新时期社会需求的复合型人才，加强自学考试与国际证书考试的沟通，教育部考试中心与英国剑桥大学考试委员会推出了中英合作商务管理与金融管理证书管理段课程（见教试中心函［2010］97号），并与中英合作商务管理、金融管理专业（本科）课程衔接（见考委［2011］1号文）。此外，英国剑桥大学考试委员会更新了商务管理与金融管理证书体系。更新后的证书体系分为基础段和管理段两个不同层次，基础段证书对应中英合作商务管理、金融管理专业（基础科段）合作课程；管理段证书对应本科段合作课程。

现就中英合作商务管理、金融管理专业合作课程考试有关事项通知如下：

为便于区分、识记，中英合作商务管理、金融管理专业（基础科段）的合作课程称为中英合作商务管理与金融管理专业基础段证书课程，本科段的合作课程称为中英合作商务管理与金融管理专业管理段证书课程。

一、基础段证书课程有关事项

1. 变更中英合作商务管理、金融管理专业（基础科段）合作课程颁发的证书名称："剑桥商务管理证书"名称变更为"剑桥商务管理证书（基础段）"；"剑桥高级商务管理证书"名称变更为"剑桥高级商务管理证书（基础段）"；"剑桥高级金融管理证书"名称变更为"剑桥高级金融管理证书（基础段）"。此项变更自2011年7月起执行。

2. 中英合作商务管理、金融管理专业（基础科段）合作课程的其他实施办法不变，按现行办法执行（见考委［1999］1号文、考委［1999］15号文）。

二、管理段证书课程有关事项

1. 管理段证书颁发条件

（1）通过5门商务管理与金融管理证书共同课考试的考生，可申领"剑桥商务管理证书（管理段）"；通过5门证书共同课以及4门商务管理或金融管理证书专业课考试的考生，可申领"剑桥高级商务管理证书（管理段）"或"剑桥高级金融管理证书（管理段）"。（详见附件一）

（2）参加原中英合作商务管理、金融管理专业本科段课程考试的考生如需申领"剑桥高级商务管理证书（管理段）"或"剑桥高级金融管理证书（管理段）"，可凭原中英合作商务管理、金融管理专业本科段专业课考试合格证免考部分证书课程，最多可免考4门。不得重复使用同一课程申请免考。

（3）高等教育自学考试其他经管类本科专业考生，如需申领"剑桥高级商务管理证书（管理段）"或"剑桥高级金融管理证书（管理段）"，

可凭本专业的专业核心课考试合格证免考部分证书课程，最多可免考3门。不得重复使用同一课程申请免考。

（4）高等教育自学考试非经管类本科专业考生，如需申领“剑桥高级商务管理证书（管理段）”或“剑桥高级金融管理证书（管理段）”，可凭本专业的专业核心课考试合格证免考部分证书课程，最多可免考2门。不得重复使用同一课程申请免考。

（5）“剑桥商务管理证书（管理段）”不向上文（2）、（3）、（4）涉及的考生群体发放。

（6）管理段证书申领办法另行通知。

2．证书课程考试安排

管理段证书课程考试全部实行全国统一命题和组织考试，考试时间暂定为每年的5月和11月。2011年考试时间计划见附件二。

3．证书课程考试用书

管理段证书课程考试用书由剑桥大学国际考试部与教育部考试中心共同编写，由国试书业公司负责发行。考试用书目录见附件三。

4．证书课程考试费

管理段证书课程考试作为中英合作商务管理、金融管理专业的一部分，考试费按发改价格［2003］2161号文件规定的“中英合作商务管理和金融管理专业自学考试费”收取，取消教试中心函［2010］97号文件中对收费事宜的说明。

附件：一、中英合作商务管理、金融管理专业（本科段）合作课程与管理段证书对应表

二、2011年管理段证书课程考试时间

三、管理段证书课程考试自学用书目录

教育部考试中心

二〇一一年三月四日

附件一：

中英合作商务管理、金融管理专业（本科段）合作课程与管理段证书对应表

表1　中英合作商务管理专业（本科段）合作课程与管理段证书对应表

<table>
<tr><th>序号</th><th>合作课程名称</th><th colspan="2">颁发证书条件及证书名称</th></tr>
<tr><td>1</td><td>市场与市场营销</td><td rowspan="5">获得序号1～5证书共同课考试合格证的，颁发“剑桥商务管理证书（管理段）”</td><td rowspan="9">获得序号1～9课程考试合格证的，颁发“剑桥高级商务管理证书（管理段）”</td></tr>
<tr><td>2</td><td>商务沟通方法与技能</td></tr>
<tr><td>3</td><td>企业组织与经营环境</td></tr>
<tr><td>4</td><td>会计原理与实务</td></tr>
<tr><td>5</td><td>战略管理与伦理</td></tr>
<tr><td>6</td><td>国际商务与国际营销</td><td rowspan="4"></td></tr>
<tr><td>7</td><td>管理学与人力资源管理</td></tr>
<tr><td>8</td><td>商务运营管理</td></tr>
<tr><td>9</td><td>商务管理综合应用</td></tr>
</table>

表2　中英合作金融管理专业（本科段）合作课程与管理段证书对应表

<table>
<tr><th>序号</th><th>合作课程名称</th><th colspan="2">颁发证书条件及证书名称</th></tr>
<tr><td>1</td><td>市场与市场营销</td><td rowspan="5">获得序号1～5证书共同课考试合格证的，颁发“剑桥商务管理证书（管理段）”</td><td rowspan="9">获得序号1～9课程考试合格证的，颁发“剑桥高级金融管理证书（管理段）”</td></tr>
<tr><td>2</td><td>商务沟通方法与技能</td></tr>
<tr><td>3</td><td>企业组织与经营环境</td></tr>
<tr><td>4</td><td>会计原理与实务</td></tr>
<tr><td>5</td><td>战略管理与伦理</td></tr>
<tr><td>6</td><td>国际商务金融</td><td rowspan="4"></td></tr>
<tr><td>7</td><td>企业成本管理会计</td></tr>
<tr><td>8</td><td>管理数量方法与分析</td></tr>
<tr><td>9</td><td>金融管理综合应用</td></tr>
</table>

附件二：

2011年管理段证书课程考试时间

<table>
<tr><th>考试日期</th><th>考试时间</th><th>考试科目</th><th>备注</th></tr>
<tr><td rowspan="2">5月21日</td><td>上午9:00—11:45</td><td>市场与市场营销</td><td>证书共同课</td></tr>
<tr><td>下午14:00—16:45</td><td>企业组织与经营环境</td><td>证书共同课</td></tr>
<tr><td>5月22日</td><td>上午9:00—11:45</td><td>会计原理与实务</td><td>证书共同课</td></tr>
<tr><td rowspan="2">11月19日</td><td>上午9:00—11:45</td><td>商务沟通方法与技能</td><td>证书共同课</td></tr>
<tr><td>下午14:00—16:45</td><td>战略管理与伦理</td><td>证书共同课</td></tr>
<tr><td rowspan="4">11月20日</td><td rowspan="2">上午9:00—11:45</td><td>管理学与人力资源管理</td><td>商务管理证书专业课</td></tr>
<tr><td>企业成本管理会计</td><td>金融管理证书专业课</td></tr>
<tr><td rowspan="2">下午14:00—16:45</td><td>国际商务与国际营销</td><td>商务管理证书专业课</td></tr>
<tr><td>国际商务金融</td><td>金融管理证书专业课</td></tr>
</table>

附件三：

管理段证书课程考试自学用书目录

合作课程名称	考试自学用书名称	出版日期
市场与市场营销	《市场与市场营销》	2010 年 7 月
商务沟通方法与技能	《商务沟通方法与技能》	2011 年
企业组织与经营环境	《企业组织与经营环境》	2010 年 7 月
会计原理与实务	《会计原理与实务》	2010 年 7 月
战略管理与伦理	《战略管理与伦理》	2011 年
国际商务与国际营销	《国际商务与国际营销》	2010 年 9 月
管理学与人力资源管理	《管理学与人力资源管理》	2010 年 11 月
商务运营管理	《商务运营管理》	2010 年 10 月
商务管理综合应用	《商务管理综合应用》	2011 年
国际商务金融	《国际商务金融》	2011 年
企业成本管理会计	《企业成本管理会计》	2010 年 9 月
管理数量方法与分析	《管理数量方法与分析》	2011 年
金融管理综合应用	《金融管理综合应用》	2011 年

说明：以上用书由中国财政经济出版社出版。

关于合作开考中小企业经理人证书考试项目的通知

教试中心函［2011］24号

各省、自治区、直辖市教育考试院（中心、局）、高等教育自学考试办公室，解放军自学考试办公室，各地中小企业管理部门、服务机构（中心、协会、院校）：

为贯彻落实《中小企业促进法》和《国务院关于进一步促进中小企业发展的若干意见》（国发［2009］36号）文件精神，进一步提高中小企业经营管理者素质，加快复合实用型人才的培养，全面提升中小企业整体竞争力，教育部考试中心（以下简称“考试中心”）与工业和信息化部中小企业发展促进中心（以下简称“中小企业中心”）研究决定，在全国合作推出中小企业经理人证书考试（KSSME）项目。现将中小企业经理人证书考试项目考试计划（见附件一）印发给你们，并就有关事项通知如下：

一、中小企业经理人证书考试计划由考试中心和中小企业中心共同制订。各门课程考试均实行全国统一命题、统一考试，使用全国统一课程考试大纲和教材。凡开考上述考试项目的省、自治区、直辖市应严格按统一考试计划执行。

二、考试中心负责设立省级考试承办机构，负责组织编写考试大纲和试题命制工作，负责考试的组织、实施和证书考试单科合格证的印制和发放。同时，负责考务管理软件、网上报名收费系统、评价体系的开发和维护等。

三、中小企业中心根据考试中心制定的课程考试大纲，负责组织编写、出版、发行中小企业经理人证书考试课程教材，负责中小企业经理人证书的发放。同时，负责项目培训助学网络建立和省级培训承办机构审批等工作。

四、为加强对中小企业经理人证书考试项目的协调、组织和领导，由考试中心与中小企业中心共同设立项目领导小组、专家组和项目办公室。项目办公室承担日常管理与协调工作，负责项目政策、制度和管理办法的制定、发布和执行，督促落实领导小组议定和交办的事项。

五、考生参加该项目考试，单科课程考试合格，由考试中心颁发“课程合格证”。全部课程考试合格，由考试中心和中小企业中心共同颁发“中小企业经理人证书”。

六、考生报名考试费统一由中小企业中心认定的各地培训助学机构收取。其中一定比例的费用用于省级教育考试机构（含考点）考务组织和安排（具体标准见附件二）。

七、各省级教育考试机构若承办该项目考试工作，请填报省级考试承办机构申请表（附件二），于2011年5月1日前报考试中心。

八、各省中小企业服务机构作为省级区域管理中心，负责具体组织开展助学工作，若承办该项目，请填写省级培训承办机构申请表（附件三），于2011年5月1日前报项目办公室（有关助学服务体系建设要求及实施办法另行通知）。

九、中小企业经理人证书考试有关考生报名、考务工作实施办法、课程设置、开考日期及考试时间等事宜另行通知。

十、中小企业经理人证书考试项目是与高等教育自学考试中小企业经营管理专业（专科、独立本科段）相互结合的双证书考试项目，专业考试计划另行通知。

十一、中小企业经理人证书考试项目申报、实施等工作按本文件执行。考试中心与中小企业中心于2010年6月18日联合下发的《关于合作开考中小企业经理人证书考试项目的通知》（教试中心函［2010］75号）文件停止执行。

十二、联系方式（略）

附件：一、中小企业经理人证书考试计划

二、中小企业经理人证书考试省级考试承办机构申请表

三、中小企业经理人证书考试省级培训承办机构申请表

二〇一一年二月十八日

抄送：国务院促进中小企业发展工作领导小组办公室、工业和信息化部中小企业司、全国考委经济管理类专业委员会

附件一：

中小企业经理人证书考试计划

一、指导思想

中小企业经理人证书项目是根据《中小企业促进法》、《中共中央国务院关于深化教育改革全面推进素质教育的决定》和《国务院关于进一步促进中小企业发展的若干意见》（国发［2009］36号）文件精神而设立的。以国家标准为要求，面向数以千万计的中小企业需求，实行学历教育与职业培训相结合，培养理论知识够用、职业技能实用的中小企业管理人才，促进我国中小企业的健康发展。

二、培养目标

中小企业经理人证书考试旨在培养适应我国中小企业改革和发展需要，具有良好的知识结构、较高的管理素质和较强的创新精神，能独立从事中小企业管理工作的管理人才。

三、证书名称

（一）证书名称：中小企业经理人证书

（二）类别名称

1. 按企业发展阶段划分

（1）中小企业经理人（一、二级）证书－创业管理

（2）中小企业经理人（一、二级）证书－成长管理

（3）中小企业经理人（一、二级）证书－卓越管理

2. 按企业管理职能划分

（1）中小企业经理人（一、二级）证书－财务管理

（2）中小企业经理人（一、二级）证书－人力资源管理

（3）中小企业经理人（一、二级）证书－战略管理

（4）中小企业经理人（一、二级）证书－市场营销管理

（5）中小企业经理人（一、二级）证书－行政管理

（三）项目证书课程共计三十六门。课程通过组合学习可申请16种中小企业经理人证书，其中按照企业发展阶段划分有6种类型证书，按照管理职能划分有10种类型证书。

四、类别描述

（一）中小企业经理人（一、二级）证书－创业管理

1. 面向人群：处于创业阶段的中小企业从业人员及经营管理者、即将毕业的大中专院校学生、军队和武警部队中的军地两用人才。

2. 主要培训中小企业管理基础理论，突出中小企业的管理重点。通过创业阶段证书课程的学习，考生应基本掌握现代中小企业管理的基础理论知识和基本技能，如关于企业创业初期薪酬设计与绩效管理、会计实务、销售管理、商务谈判、企业管理制度的相关知识，达到中小企业创业阶段管理者的要求。

3. 通过全部6门证书课程考试以及实践环节考试合格者，获得中小企业经理人一级或二级证书－创业管理。

（二）中小企业经理人（一、二级）证书－成长管理

1. 面向人群：处于成长期的中小企业经营管理者，在中小企业工作三年以上的资深员工、普通高校即将毕业的大学生、军队和武警部队中的军地两用人才。

2. 主要培训相对全面的中小企业管理理论，不断完善管理者的知识与能力体系，不断提升企业的品牌化管理能力。通过成长阶段证书课程的学习，考生应掌握中小企业管理的理论与技术，系统掌握组织设计、招聘培训、中小企业财务报表、渠道管理及创新、中小企业经营法规、风险管理等相关知识，具备运用所学的理论和方法分析和解决实际问题的能力，提高参与国内、国际市场工商企业管理的基本能力，能够达到中小企业成长阶段管理者的要求。

3. 通过全部6门证书课程考试以及实践环节考试合格者，获得中小企业经理人一级或二级证书-成长管理。

（三）中小企业经理人（一、二级）证书-卓越管理

1. 面向人群：具有处于扩张阶段、拥有一定规模、发展相对成熟、急需培育核心竞争力等特点（其中的一个或几个特点）的中小企业的经营管理者。

2. 主要培训高级的中小企业管理理论，不断提升企业品牌化和全球化管理能力，不断提高企业在国内外的扩张能力。通过卓越阶段证书课程的学习，考生能够了解企业经营管理全过程以及企业发展的战略方向，具备解决企业日常工作问题和应急问题的能力和企业家应具备的基本素质。

3. 通过全部6门证书课程考试以及实践环节考试合格者，获得中小企业经理人一级或二级证书-卓越管理。

（四）中小企业经理人（一、二级）证书-财务管理

1. 要求考生了解与掌握企业日常财务经营活动中相关的报表分析、资本运营等基本知识和技能，能够妥善解决企业经营活动中可能碰到的各种财务关系。

2. 通过全部6门证书课程考试以及实践环节考试合格者，获得中小企业经理人一级或二级证书-财务管理。

（五）中小企业经理人（一、二级）证书-人力资源管理

1. 要求考生了解与掌握人力资源的招聘、培训、薪酬设计与绩效管理、奖惩制度、人员调配以及企业家精神培养相关知识和技能。

2. 通过全部6门证书课程考试以及实践环节考试合格者，获得中小企业经理人一级或二级证书-人力资源管理。

（六）中小企业经理人（一、二级）证书-战略管理

1. 要求考生了解与掌握企业经营风险管理、节能减排及与企业发展战略相关的知识和技能。

2. 通过全部6门证书课程考试以及实践环节考试合格者，获得中小企业经理人一级或二级证书-战略管理。

（七）中小企业经理人（一、二级）证书-市场营销管理

1. 要求考生了解与掌握市场调查、渠道管理、品牌建设、客户服务及各种营销模式创新的相关知识和技能。

2. 通过全部6门证书课程考试以及实践环节考试合格者，获得中小企业经理人一级或二级证书-市场营销管理。

（八）中小企业经理人（一、二级）证书-行政管理

1. 要求考生了解与掌握企业经营管理中涉及的行政事务及企业文化建设相关的知识和技能。

2. 通过全部6门证书课程考试以及实践环节考试合格者，获得中小企业经理人一级或二级证书-行政管理。

五、方案特点

（一）无门槛：证书类别设置不具递进关系，

考生可根据自身水平和需求直接参加任意类别的证书考试。

（二）达标制：任何人只要考试达到规定标准，即可通过。

（三）开放式：考生可按需求同时学习一门或几门课程。凡课程考试达标，即可获单科合格证书。任一类别全部课程考试达标，即可获得该类别证书。

六、证书课程设置

序号	一级证书课程与自考专科衔接	序号	二级证书课程与自考本科衔接
1	企业经营模拟（一）	19	企业经营模拟（二）
2	企业管理制度精要（一）	20	企业管理制度精要（二）
3	企业伦理与社会责任（一）	21	企业伦理与社会责任（二）
4	组织设计与招聘培训（一）	22	组织设计与招聘培训（二）
5	薪酬管理与绩效考核（一）	23	薪酬管理与绩效考核（二）
6	企业家精神与领导艺术（一）	24	企业家精神与领导艺术（二）
7	企业会计实务（一）	25	企业会计实务（二）
8	企业财务报表分析（一）	26	企业财务报表分析（二）
9	中小企业投融资（一）	27	中小企业投融资（二）
10	销售管理（一）	28	销售管理（二）
11	网络营销与渠道管理（一）	29	网络营销与渠道管理（二）
12	品牌管理（一）	30	品牌管理（二）
13	商务谈判与合同管理（一）	31	商务谈判与合同管理（二）
14	企业经营法规解读（一）	32	企业经营法规解读（二）
15	企业文化塑造（一）	33	企业文化塑造（二）
16	企业经营风险管理概论（一）	34	企业经营风险管理概论（二）
17	企业战略跨越（一）	35	企业战略跨越（二）
18	企业环境经营与能源管理（一）	36	企业环境经营与能源管理（二）

（一）按企业发展阶段组合

序号	创业管理阶段一级证书课程	成长管理阶段一级证书课程	卓越管理阶段一级证书课程
1	薪酬管理与绩效考核（一）	组织设计与招聘培训（一）	企业家精神与领导艺术（一）
2	企业会计实务（一）	企业财务报表分析（一）	中小企业投融资（一）
3	销售管理（一）	网络营销与渠道管理（一）	品牌管理（一）
4	商务谈判与合同管理（一）	企业经营法规解读（一）	企业文化塑造（一）
5	企业伦理与社会责任（一）	企业经营模拟（一）	企业战略跨越（一）
6	企业管理制度精要（一）	企业经营风险管理概论（一）	企业环境经营与能源管理（一）
序号	创业管理阶段二级证书课程	成长管理阶段二级证书课程	卓越管理阶段二级证书课程
1	薪酬管理与绩效考核（二）	组织设计与招聘培训（二）	企业家精神与领导艺术（二）
2	企业会计实务（二）	企业财务报表分析（二）	中小企业投融资（二）
3	销售管理（二）	网络营销与渠道管理（二）	品牌管理（二）
4	商务谈判与合同管理（二）	企业经营法规解读（二）	企业文化塑造（二）
5	企业伦理与社会责任（二）	企业经营模拟（二）	企业战略跨越（二）
6	企业管理制度精要（二）	企业经营风险管理概论（二）	企业环境经营与能源管理（二）

说明：考生通过相应阶段证书全部课程的考核，并获得该阶段课程规定的30学分后，可申请获得工业和信息化部中小企业发展促进中心和教育部考试中心共同签发的相应阶段（创业管理、成长管理、卓越管理）的中小企业经理人一级或二级证书。

（二）按管理职能组合

序号	人力资源管理一级证书课程	财务管理一级证书课程	市场营销管理一级证书课程	行政管理一级证书课程	战略管理一级证书课程
1	企业经营模拟（一）	企业经营模拟（一）	企业经营模拟（一）	企业经营模拟（一）	企业经营模拟（一）
2	企业管理制度精要（一）	企业管理制度精要（一）	企业管理制度精要（一）	企业管理制度精要（一）	企业管理制度精要（一）
3	企业伦理与社会责任（一）	企业伦理与社会责任（一）	企业伦理与社会责任（一）	企业伦理与社会责任（一）	企业伦理与社会责任（一）
4	薪酬管理与绩效考核（一）	企业会计实务（一）	销售管理（一）	商务谈判与合同管理（一）	企业经营风险管理概论（一）
5	组织设计与招聘培训（一）	企业财务报表分析（一）	网络营销与渠道管理（一）	企业经营法规解读（一）	企业战略跨越（一）
6	企业家精神与领导艺术（一）	中小企业投融资（一）	品牌管理（一）	企业文化塑造（一）	企业环境经营与能源管理（一）

续表

序号	人力资源管理二级证书课程	财务管理二级证书课程	市场营销管理二级证书课程	行政管理二级证书课程	战略管理二级证书课程
1	企业经营模拟（二）	企业经营模拟（二）	企业经营模拟（二）	企业经营模拟（二）	企业经营模拟（二）
2	企业管理制度精要（二）	企业管理制度精要（二）	企业管理制度精要（二）	企业管理制度精要（二）	企业管理制度精要（二）
3	企业伦理与社会责任（二）	企业伦理与社会责任（二）	企业伦理与社会责任（二）	企业伦理与社会责任（二）	企业伦理与社会责任（二）
4	薪酬管理与绩效考核（二）	企业会计实务（二）	销售管理（二）	商务谈判与合同管理（二）	企业经营风险管理概论（二）
5	组织设计与招聘培训（二）	企业财务报表分析（二）	网络营销与渠道管理（二）	企业经营法规解读（二）	企业战略跨越（二）
6	企业家精神与领导艺术（二）	中小企业投融资（二）	品牌管理（二）	企业文化塑造（二）	企业环境经营与能源管理（二）

说明：考生通过相应管理职能证书全部课程的考核，并获得该管理职能课程规定的30学分后，可申请获得工业和信息化部中小企业发展促进中心和教育部考试中心共同签发的相应管理职能（人力资源管理、财务管理、市场营销管理、战略管理、行政管理）的中小企业经理人一级或二级证书。

七、课程说明

（一）《企业管理制度精要》

《企业管理制度精要》是中小企业管理者提升自身理论水平、提高运行实践能力的必修课程。课程主要围绕企业日常经营管理中涉及的关键管理制度和支持职能管理制度展开。关键管理制度如采购管理、库存管理、生产运作管理和运输管理等；支持职能如行政管理、人力资源管理、财务管理等制度。同时课程还介绍经营企划管理、组织管理和战略管理等企业基础理论。

（二）《企业伦理与社会责任》

《企业伦理与社会责任》是中小企业经理人证书考试和全国高等教育自学考试中小企业经营管理专业的核心课程之一，是为培养中小企业经理人的企业伦理管理素质和承担社会责任的企业家精神而专门设置的课程。该课程从实际出发，针对我国中小企业在成长期所遇到的问题和伦理矛盾，从理论上阐述企业伦理、道德、法律的关系，揭示企业对社会、对环境所应承担的社会责任。同时，分析了企业与利益相关者之间客观存在的利益关系和所形成冲突，指出了企业正确处理这些关系所应采用的调节手段。

通过该课程的学习，希望可以帮助我国的中小企业经营管理者借助该课程讲授的调节手段和管理工具，切实解决企业在经营管理上遇到的问题和伦理矛盾，提升中小企业经营管理者的伦理素质，实现我国中小企业诚信经营和信誉管理，完成由传统的经验管理向现代科学管理和伦理管理的升级。

（三）《企业经营模拟》

《企业经营模拟》是企业管理知识综合应用和模拟实战演练的课程。教学中学生分成多个组，组成虚拟公司的经营团队，在基于网络的计算机软件模拟的竞争环境里，分期做出生产、营销、财务、人力资源、战略管理等决策，以达到企业经营综合绩效的提升。

本课程贯彻“教师为主导，学生为主体，理论联系实际”的原则，旨在培养学生对管理学知识的综合运用能力、对经营环境进行分析并做出正确决策的能力、组织协调能力和团队合作精神。

（四）《薪酬管理与绩效考核》

《薪酬管理与绩效考核》课程在系统介绍薪酬目标设定、薪酬体系构成、薪酬结构设计、薪酬成本控制等薪酬管理核心知识的基础上，重点突出方法流程、实施步骤、组织方式和应用技巧等薪酬管理实操技能的展示，并兼顾企业战略管理和绩效管理理念的引入，积极构建薪酬管理与岗位职能评估、员工绩效考核、企业权益分配、组织文化创立之间的逻辑纽带，与《组织设计与招聘培训》课程共同涵盖中小企业人力资源管理的全部实用技能。

（五）《企业会计实务》

《企业会计实务》课程具有较强的实用性和可操作性。通过本课程的学习，希望考生能熟悉企业会计流程的特点，掌握会计核算的基本理论与方法，系统地理解企业基本经济业务的处理方法以及财务报表的编制与分析方法，同时具备一定的分析和解决实际问题的能力。

本课程的重点内容是企业会计的基本理论；企业日常经济业务的会计核算；财务会计报告的编制与分析。本课程的难点在于如何准确地理解和掌握企业资产、负债、所有者权益、收入、费用和利润会计要素的确认与计量问题以及财务报告的具体分析方法。

（六）《企业财务报表分析》

《企业财务报表分析》课程旨在帮助管理人员、创业人员等从公司的财务报表中发现企业运营的问题、潜在的风险，并根据相应的问题和风险进行规避和防范。

课程全部从中小企业的角度出发，更加贴近企业实际运作，能够在很大程度上帮助企业进行数字化管理。同时，该课程摒弃了传统的纯数字分析，融合了分析系统和数字化管理相结合的方式进行财务报表的解读，不仅仅帮助财务管理人员建立财务分析体系，更重要的是帮助非财务管理人员读懂、看懂、听懂财务报表，预知资产、利润、现金流等相关的财务问题。

（七）《销售管理》

《销售管理》课程主要讲述企业销售及其管理活动过程的规律和策略，内容包括制定销售计划、划分销售区域、建立销售渠道、设计促销方案、建设销售团队、指导人员销售、管理销售末端、提供客户服务、维系客户关系以及评估销售绩效等。本课程建立了独特的销售管理体系，理论联系实际，以销售管理的职能为主线，对销售管理工作的各环节进行详细阐述，对中小企业经理人提高销售管理水平，改善客户关系有着十分重要的作用。

（八）《品牌管理》

《品牌管理》课程内容包括六个主要部分，系统介绍与品牌树立、品牌推广、品牌价值评估、品牌价值提升及维护等相关的基础知识与基本概念，着重强化对涉及品牌管理各环节的实际操作技能和实施步骤的介绍。课程以严谨的逻辑顺序整合大量实际事例与案例分析，在提供基础而完整的分析框架的前提下，为中小企业经理人进行切实有效的品牌管理提供兼具针对性和可操作性的指导。

（九）《企业环境经营与能源管理》

作为循环经济、低碳经济的具体实现途径，环境经营、能源管理在企业战略和经营管理中，将有着越来越重要的地位，也是企业和国家实现可持续发展的必由之路。

本课程由三部分构成：1. 在阐明对环境经营理念认识的基础上，就污染治理、环境效率、环境管理体系、环境会计、环境友好型产品设计、生产、营销等问题，分章展开论述。2. 紧紧围绕节能减排，就企业能源管理体系、节能机制、能源审计、能源平衡与节能诊断、通用节能技术等问题，分章展开论述。3. 从管理学、经济学的角度，从价值链整体分析环境经营与能源管理对企业竞争力、企业价值创造的促进作用。

（十）《组织设计与招聘培训》

《组织设计与招聘培训》课程着眼于中小企业组织结构设计与权力安排、岗位分析与员工招聘、员工培训组织与实施三大板块，重点突出计划制订、流程安排、实施保障、制度设计等岗位和人员管理方面的实操技能和方法。课程既强调组织设计和招聘培训本身的管理方法和实施手段，又重视组织设计与产业属性、企业规模、企业战略、企业文化等要求的协同以及招聘培训与工作分析、岗位说明、员工考核、薪酬激励等并行工作的衔接，与《薪酬管理与绩效考核》课程共同涵盖中小企业人力资源管理的全部实用技能。

（十一）《中小企业投融资》

中国的中小企业数量众多，中小企业融资和投资一直是中小企业生存和发展的两大主题。本课程将结合中小企业管理现状、国内的政策法律环境和特征，主要探讨中小企业融资、投资的特点，中小企业融资、投资过程中常见的问题以及中小企业投融资管理的一些基本内容，阐释中小企业投融资的一些基本操作性问题，如主要融资模式、融资方法和融资操作技巧、投资项目策划、市场调查、投资商业计划书的编制以及风险投资等内容。

（十二）《网络营销与渠道管理》

《网络营销与渠道管理》是中小企业经理人证书考试的专业课程，在整个课程体系中处于重要地位。本课程主要讲授网络营销与渠道管理的基本知识与基本技能，包括网络营销总论、网络营销平台、网上市场选择、网上产品策略、网上价格策略、网上促销策略、营销渠道战略、营销渠道设计、渠道成员选择、营销渠道管理等内容。通过本课程学习，能够培养学员的网络营销与渠道管理能力，为成为合格的经理人奠定基础。

（十三）《商务谈判与合同管理》

《商务谈判与合同管理》把商务谈判和合同管理有机地结合起来，力图把合同管理放到商务谈判的环境中，结合商务谈判知识和技能解决合同谈判和管理中存在的实际问题。本课程既注重基础知识和技能的介绍，更注重实践运用和可操作性。因此，学员除了对商务谈判和合同管理的理论、知识和技能进行学习外，还可以通过大量的商务谈判案例讨论、模拟谈判以及对各种合同要素的分析和合同实际写作训练，提高对所学知识的实际运用能力和解决问题的能力。

（十四）《企业经营法规解读》

《企业经营法规解读》是中小企业经理人证书考试和全国高等教育自学考试中小企业经营管理专业的核心课程之一，本课程选择与企业经营密切相关的一些法律法规进行讲解，主要包括与企业工商登记和内部治理、企业日常经营及科技创新、企业人力资源及社会保障、企业财务及税收管理、企业产品质量及市场监督相关的法律法规。同时，还包括消费者权益保护法和反不正当竞争法以及企业经营中常用的救济与处理纠纷的仲裁法、民事诉讼法和行政复议法。

设置本课程的目的在于使学习者能全面掌握与企业经营有关的基本法律知识，并将之运用到企业具体的经营管理工作中去，增强企业运用法律的自我保护能力，提高企业依法经营的意识和依法管理企业的水平。

（十五）《企业经营风险管理概论》

《企业经营风险管理概论》课程从中国中小企业经营、发展的现实出发，针对中小企业在经营中面临的国内外宏观环境风险、行业竞争演化风险、企业内部经营管理风险等进行全面、深入的分析、探讨，特别是在企业内部经营风险的研究领域，本课程突破了传统的企业经营风险理念。除对企业业务经营风险、财务管理风险进行分析和阐述外，还对企业信息管理风险、人力资源管理风险、企业文化建设风险、企业法律风险、企业伦理风险进行分析和探索。

（十六）《企业家精神与领导艺术》

《企业家精神与领导艺术》课程主要是帮助学生全面正确地认识作为企业的高层管理者，拥有的宏伟目标、特殊的信心和社会责任感。管理是一门科学，领导是一门艺术，用人是一种谋略。企业家的领导精神与领导艺术，其最大的区别在于统帅的魄力、风格与领导技巧。对组织的管理者来说，除了具备精湛的专业知识外，还需要拥有培育、激励、授权、管理艺术等领导力方面的技能。只有拥有了卓越的领导艺术，才能确保自己成为团队独一无二的核心，也才能保证企业在激烈的市场竞争中始终保持竞争优势。

（十七）《企业文化塑造》

《企业文化塑造》是中小企业经理人证书考试和全国高等教育自学考试中小企业经营管理专业的核心课程之一，是为培养和检验学习者在无形资产运营与管理特别是企业文化管理领域的基本理论知识和应用能力而设置的一门专业课程。本课程以企业文化管理理论与实务为核心，系统介绍企业文化塑造的核心知识和技能，从企业文化的筹备、实施和维护的全过程，力求将企业文化管理在企业价值链中的地位和作用充分地展示给学习者，涵盖中小企业文化塑造的全部实用型技能。

设置本课程的目的在于使学习者能全面了解企业文化管理对中小企业成长的重要价值，系统认识和初步掌握中小企业文化塑造过程中可能涉及的方法流程、实施步骤、组织方式和应用技巧，并借助课程教授的常用技术手段和管理工具实际开展企业文化塑造。

（十八）《企业战略跨越》

《企业战略跨越》是中小企业经理人证书考试和全国高等教育自学考试中小企业经营管理专业的核心课程之一，是为培养和检验学习者在企业战略管理方面的基本理论知识和应用能力而设置的一门专业课程。本课程以战略制定的要素——战略的形成过程——战略的执行与评估为主线，讲述战略管理的过程。在理论层面，本课程把战略管理理论置于工业经济时代和信息经济时代演进的背景下，深入分析战略管理各个理论流派的主要观点和演进过程，从本质上揭示理论随着时代发展而动态发展的规律。在实践层面，企业战略决策是“惊险的一跃”，战略执行是实现跨越的关键，本课程将为企业如何实现战略跨越提供一系列理论、方法和工具的范例。

设置本课程的目的在于使学习者能全面了解战略管理对中小企业实现跨越的重要价值，系统认识和初步掌握中小企业开展战略管理可能涉及理论和方法，并能够借助课程教授的工具实际开展企业战略管理。

附件二：

中小企业经理人证书考试省级考试承办机构申请表

<table>
<tr><td colspan="2">承办机构编号</td><td colspan="5">（由考试中心填写）</td></tr>
<tr><td rowspan="11">申办单位情况</td><td>单位名称</td><td colspan="5"></td></tr>
<tr><td>通信地址</td><td colspan="3"></td><td>邮编</td><td></td></tr>
<tr><td>上级主管部门</td><td colspan="5"></td></tr>
<tr><td rowspan="2">负责人姓名</td><td rowspan="2"></td><td rowspan="2">职务</td><td rowspan="2"></td><td rowspan="2">电 话</td><td>（办公）</td></tr>
<tr><td>（手机）</td></tr>
<tr><td>项目实施部门</td><td colspan="5"></td></tr>
<tr><td rowspan="2">负责人姓名</td><td rowspan="2"></td><td rowspan="2">职务</td><td rowspan="2"></td><td rowspan="2">电 话</td><td>（办公）</td></tr>
<tr><td>（手机）</td></tr>
<tr><td rowspan="2">联系人</td><td colspan="3" rowspan="2"></td><td rowspan="2">电 话</td><td>（办公）</td></tr>
<tr><td>（手机）</td></tr>
<tr><td>传　　真</td><td colspan="3"></td><td>E-mail</td><td></td></tr>
<tr><td rowspan="4">项目推广情况</td><td rowspan="2">预计考点数量</td><td colspan="3">少于5 □</td><td colspan="2">5～10□</td></tr>
<tr><td colspan="3">10～30□</td><td colspan="2">大于30 □</td></tr>
<tr><td>预计年考生人数</td><td colspan="5"></td></tr>
<tr><td>其他</td><td colspan="5"></td></tr>
<tr><td colspan="4">负责人签字：

（承办机构公章）

年　月　日</td><td colspan="3">负责人签字：

（上级主管部门公章）

年　月　日</td></tr>
<tr><td colspan="7">注：
一、省级教育考试机构（含考点）考务费用为60元/科次。
二、本表一式两份，一份申办单位存档，一份报教育部考试中心审批、备案。
三、教育部考试中心
电话：010－82520206，82520202；传真：010－82520204
地址：北京市海淀区清华科技园区立业大厦603（邮编：100084）</td></tr>
</table>

附件三：

中小企业经理人证书考试省级培训承办机构申请表

承办机构编号		（由项目办公室填写）				
申办单位情况	单位名称					
	通信地址				邮编	
	上级主管部门					
	负责人姓名		职务		电　话	（办公） （手机）
	项目实施部门					
	负责人姓名		职务		电　话	（办公） （手机）
	联系人				电　话	（办公） （手机）
	传　　真				E-mail	
项目推广情况	预计培训点数量	少于10 □			10～20 □	
		20～50 □			大于50 □	
	预计年培训人数					
	其他					

负责人签字： （承办机构公章） 年　月　日	负责人签字： （上级主管部门公章） 年　月　日

注：

一、本表一式二份，一份申办单位存档，一份报项目办公室审批、备案。

二、同时报送：助学方案、单位执照、办学许可证及法定代表人身份证复印件。

三、中小企业经理人证书考试项目办公室

电话：010－82038174/75/92 传真：010－82038192－809

地址：北京市海淀区花园东路10号高德大厦516（邮编：100191）

关于做好2011年非学历证书考试工作的通知

教试中心函［2011］28号

各省、自治区、直辖市教育考试院（局、中心）、高等教育自学考试办公室：

在各级考试承办机构的共同努力下，2010年全国非学历证书考试组织平稳，各项工作顺利完成。为进一步做好2011年全国非学历证书考试各环节工作，确保各项考试顺利实施，现将本年度工作要点及考务工作要求通知如下：

1. 精心组织，严格管理，做好2011年两次考试的实施工作。各级考试承办机构要针对本地区考试工作中存在的薄弱环节和可能发生的问题，制定有效的防范措施，重大问题及时报告；加强对考点、考场的规范化管理，加大监督检查、考试巡查力度；加强对考生的考风考纪教育以及对考试工作人员的业务培训，严密防范和制止各种形式的违纪舞弊事件的发生，确保考试安全、顺利实施。

2. 切实做好试卷安全保密工作。做好试卷运送、保管、使用、评卷等各环节的安全保密工作。严格执行国家教育考试保密有关规定，抓好各项安全保密规章制度的落实工作。

3. 加强评卷管理工作。要求各省级考试承办机构制定评卷工作实施细则，选聘从事相关课程教学工作、业务水平较高、责任心较强的教师集中阅卷。正式评卷前要组织试评，按照《答案及评分参考》掌握评分标准，减小评卷误差，做好抽查检验工作，确保评卷质量。做好自查工作，如发现成绩异常，应采取有效措施及时解决。

4. 加强联系，统筹安排，解决考点设置问题。省级考试承办机构应加强同各考试项目合作单位（省级管理机构）的联系，及时掌握各项目报考信息，整合已有考点、考场资源，统筹安排各项目的考试课程。进一步完善考点布局，着力解决非省会城市考点设置问题。

5. 加强宣传，服务考生。充分利用“社会证书考试网”（http://sk.neea.edu.cn）做好考试宣传和考试服务工作。在实现成绩及证书查询功能基础上，逐步拓展服务功能。

附件：一、2011年上半年非学历证书考试工作安排

二、2011年上半年非学历证书考试开考课程及时间安排表

三、考务信息发布平台登录网址、用户名及密码

四、非学历行业证书考试考务材料申领单

五、中国物流职业经理资格证书考试高级证书课程《业务考评》2011年上半年考试工作安排

六、中国物流职业经理资格证书考试《业务考评》报名表

七、中国物流职业经理资格证书考试《业务考评》考生报考须知

八、中国物流职业经理资格证书考试《业务考评》报名汇总表

九、非学历证书考试评卷反馈意见表

教育部考试中心
二〇一一年二月二十三日

附件一：

2011年上半年非学历证书考试工作安排

2011年上半年非学历证书考试定于5月21日、22日开考。请各省级考试机构按照我中心《非学历证书考试考务工作规定》（教试中心函［2004］109号）要求，认真做好非学历证书考试考务工作，确保安全保密和考场管理不发生问题。考试中违规行为的记录及处理方式严格按照《国家教育考试违规处理办法》中的规定执行。2011年上半年非学历证书考试相关工作安排如下：

（一）开考项目

2011年上半年非学历证书考试开考6个考试项目：

1. 中国餐饮业职业经理人资格证书考试（01）

2. 劳动和社会保障岗位资格证书考试（02）

3. 调查分析师证书考试（03）

4. 中国物流职业经理资格证书考试（05）

5. 中英合作采购与供应管理职业资格证书考试（08）

6. 中国销售管理专业水平证书考试（09）

（二）考试时间及课程

2011年上半年非学历证书考试时间及开考课程安排见附件二。新开考课程代码请在考务信息交换平台下载。

1. 中国物流职业经理资格证书考试项目高级证书课程《业务考评》（课程代码：05383）已于2010年下半年开考，2011年上半年将继续组织考试，考试的相关要求见附件五。

2. 中国餐饮业职业经理人资格证书考试项目大纲、教材已经进行了调整（考委办函［2010］47号），2011年上半年新旧课程同时开考。原有课程：餐饮管理与实务（09001）、餐饮市场营销（09002）、餐饮企业信息管理（09008）以及餐饮企业人力资源管理（09006）本次将安排最后一次考试，2012年停考。为区分餐饮企业人力资源管理（09006）新旧课程，新课程本次使用临时代码（00000），旧课程代码为（09006），请各省级考试承办机构注意区分。

（三）考务信息发布

要充分利用考务信息发布平台功能。非学历证书考试最新信息在考务信息发布平台及时发布，请关注、下载。各省有关情况可通过考务信息发布平台及时上报。

平台登录地址、用户名及密码见附件三。

（四）评卷工作

1. 中英合作采购与供应管理职业资格证书考试结束后要对阅卷情况进行抽样分析，抽样具体要求另行通知。

2. 中国销售管理专业水平证书考试采取集中阅卷方式。考试结束后三个工作日之内，请将考生答卷经邮政机要渠道寄送至教育部考试中心社考处。

3. 因数据统计工作需要，中英合作采购与供

应管理职业资格证书考试登分时，请各省级考试承办机构严格按照试卷上的登分框进行登分、上报成绩数据（包括各小题得分）。选答题中，考生答题数量多于规定的，只按选答的前两题计分，其余题目（包括考生未选答的题目）按“0”分登记、上报。

4. 中国餐饮业职业经理人资格证书考试登分时，请各省级考试承办机构严格按照试卷上的登分框进行登分、上报成绩数据（包括各小题得分）。

5. 评卷结束后，评卷单位填写评卷反馈意见表（见附件九），由省级考试承办机构签署意见并加盖公章后于6月8日前上报我中心。

（五）成绩数据上报及下发

非学历证书考试必须使用全国统一的考务管理系统。为及时下发考生成绩，请各省级考试机构务必在考试结束之日起20日之内，利用考务信息交换平台或数据信箱上报成绩数据，我中心将利用考务信息交换平台下发各省成绩数据。

1. 考务信息交换平台地址为 ftp://ftp. neea. edu. cn;用户名：fxl + 省代码；密码：（略）。请各省级考试机构登录考务信息交换平台后及时修改密码。考试中心信息处联系人：（略）。

2. 数据信箱：fxldata@ mail. neea. edu. cn。

（六）考务材料申领

各省级考试承办机构需填写书面申领单上报领取考务材料（申领单见附件四）。

（七）其他事项

1. 教育部考试中心综合查询网已经正式启用，考生和用人单位可以自行查询成绩及证书（网址：http://chaxun. neea. edu. cn）。

2. 自2009年下半年起，自学考试课程代码由4位升至5位，现有非学历证书考试报名软件系统不能接收5位课程代码。考生报名时，请仍按4位课程代码（即新的5位课程代码的后4位）填报，考试报名软件系统升级（或改版）之后将统一下发。从2010年5月考试开始，考生领取的课程合格证上已打印新的5位课程代码。

考务联系人：（略）

联系地址：北京市海淀区清华科技园立业大厦社考处

邮编：100084

附件二：

2011年上半年非学历证书考试开考课程及时间安排表

考试名称及代码	考次	日期	时间	课程代码	课程名称	备注
中国餐饮业职业经理人资格证书考试（01）	上半年	星期六 5月21日	上午 9:00—11:30	09001	餐饮管理与实务	中级
				09539	餐饮企业流程管理	中级★
			下午 14:00—16:30	09002	餐饮市场营销	中级
				09540	餐饮成本核算与控制	中级★
		星期日 5月22日	上午 9:00—11:30	09006	餐饮企业人力资源管理	高级
				00000	餐饮企业人力资源管理	高级（新版教材）★
			下午 14:00—16:30	09008	餐饮企业信息管理	高级
				09544	餐饮企业信息管理应用实务	高级★

续表

考试名称及代码	考次	日期	时间	课程代码	课程名称	备注
劳动和社会保障岗位资格证书考试（02）	上半年	星期六 5月21日	上午9:00—11:30	03316	养老保险	
			下午14:00—16:30	03314	培训与就业	
		星期日 5月22日	上午9:00—11:30	03319	工伤保险	
调查分析师证书考试（03）	上半年	星期六 5月21日	上午9:00—11:30	07159	市场分析方法	高级【计算器】
				07146	消费者行为学	中级
			下午14:00—16:30	07160	预测与决策	高级【计算器】
				07150	抽样技术（二）	中级【计算器】
		星期日 5月22日	上午9:00—11:30	07154	调查数据分析	中级【计算器】
				07156	社会经济调查方法与实务	初级【计算器】
			下午14:00—16:30	07158	调查报告写作	初级【计算器】
中国物流职业经理资格证书考试（05）	上半年	星期六 5月21日	上午9:00—11:30	05365	物流信息技术	初级
				05378	运输管理（二）	中级带计算器
				05382	物流战略管理	高级
			下午14:00—16:30	05370	运输管理（一）	初级带计算器
				05373	物流企业管理	中、高级
		星期日 5月22日	上午9:00—11:30	05363	物流基础	初级
				05367	物流案例与实践（一）	初级带计算器
				05379	仓储管理（二）	中级带计算器
			下午14:00—16:30	05371	仓储管理（一）	初级带计算器
				05375	物流案例与实践（二）	中级带计算器
				05380	供应链管理	高级
中英合作采购与供应管理职业资格证书考试（08）	上半年	5月21日 星期六	上午9:00—12:00	05730	采购环境与供应市场分析	初级/CIPS三级
				03612	采购环境	中级/CIPS四级
			下午14:00—17:00	05731	采购绩效测量与商业分析	初级/CIPS三级
				03614	采购法务与合同管理	中级/CIPS四级
		5月22日 星期日	上午9:00—12:00	05732	采购过程与合同管理	初级/CIPS三级
				03615	采购绩效管理	中级/CIPS四级
			下午14:00—17:00	03617	采购与供应链案例	高级

续表

考试名称及代码	考次	日期	时 间	课程代码	课程名称	备 注
中国销售管理专业水平证书考试（09）	上半年	5月21日星期六	上午 9:00—11:30	10492	销售管理学	销售经理助理★
				10500	市场调研与销售预测	销售经理★
			下午 14:00—16:30	10501	销售渠道管理	销售经理★
				10503	组织间销售	销售总监★
		5月22日星期日	上午 9:00—11:30	10494	促销管理	销售经理助理★
				10516	销售客户管理	销售经理★
			下午 14:00—16:30	10507	物流与供应链管理	销售总监★

注：1. 计算器为非编程计算器。
2. 标注★是新开考课程。

（附件三、四略）

附件五：

中国物流职业经理资格证书考试高级证书课程《业务考评》2011年上半年考试工作安排

《业务考评》（课程代码：05383）是中国物流职业经理资格高级证书考试必修课程，也是最后一门课程，考生通过《业务考评》后，即可申请获得高级证书。

2011年上半年《业务考评》考试的相关安排如下：

一、报名

1. 报考条件

考生必须符合下列条件之一：

（1）具有5年以上的物流管理工作经验，并且已经通过《物流企业管理》（课程代码：05373）、《供应链管理》（课程代码：05380）、《物流战略管理》（课程代码：05382）三门课程的考试。

（2）获得国家承认的大学本科及上学历，具有5年以上的物流管理工作经验，并已经通过《物流战略管理》（课程代码：05382）的考试。

说明：考虑到《物流企业管理》和《供应链管理》是高等教育自学考试物流管理专业（独立本科段）的考试课程，教育部考试中心（以下简称“考试中心”）与中国交通运输协会（以下简称“中国交协”）经研究商定，如果考生已经具有国家承认的大学本科学历，并具有5年以上的物流管理工作经验，在报考高级证书考试时可免考《物流企业管理》和《供应链管理》两门课程。

2. 时间：本次报考的报名截止时间为2011年3月25日。

3. 地点：中国物流职业经理资格证书考试的报名地点。

4. 提交材料：《业务考评》报名表原件一份；考生本人2张2寸彩色证件照。

考生可自行下载报名表、考生报考须知和“业务考评”课程考试大纲等相关资料。下载网址：http://www.cplm.org.cn。

5．费用

（1）报名时考生须缴纳评审费（1 200 元/人·次）。

（2）补考考生只需缴纳补考费用（600 元/人·次）。（考生只有一次补考机会）

二、资格审查及交费流程

1．各省级物流项目管理机构（以下简称“省管机构”）负责通知考生报名及初审考生报考资格工作。省管机构于4月1日前将考生报名汇总表以电子邮件方式发评审组秘书处（以下简称“秘书处”），同时将考生报名表原件快递至秘书处（复印件无效），并按报送名单将评审费汇入中国交协指定账户。

2．秘书处于4月10日前复审考生报考资格，并有最终审定权。考生资格复审结果由秘书处负责通知省管机构。未通过复审的考生由省管机构通知考生本人并将评审费全额退给考生，不得截留。

三、案例报告提交

1．报考资格审查通过的考生在4月25日之前提交案例报告。

2．考生按照《中国物流职业经理资格证书考试〈业务考评〉课程考试大纲》的要求撰写案例报告。

3．考生提交案例报告文档名称为：05383－省（直辖市）－准考证号码；提交格式为PDF；提交秘书处邮件地址：inquiry@cplm.org.cn，同时抄送 wuliu@mail.neea.edu.cn 备案。

4．案例报告中不得出现考生姓名、单位等个人信息，否则取消考生本期参评资格；提交案例报告的邮件地址与考生报名时提供的邮件地址须一致。

5．4月25日至5月25日由评审专家组专家初审案例报告。

6．对初审不合格的案例报告，秘书处将于5月31日之前以电子邮件方式通知考生。考生重新修改后的报告于6月15日之前提交评审组秘书处，专家重审通过后进入答辩程序。

7．报名后不能按时提交案例报告或不能按时参加答辩的考生，将视为自动放弃当期报考资格，评审费不退还。

四、答辩

1．参加案例报告初审（复审）并通过的考生将进入答辩程序。答辩时间为6月15日至7月30日。

2．答辩未通过的考生须重新参加新一轮报考并按要求交纳考试费用。

3．答辩将由考试中心（全国考办）、中国交协、省级考试承办机构和省管机构共同组织实施。具体安排将另行通知。

五、成绩发布

本期答辩全部结束一个月之内公布考生成绩。

各省级考试机构和省管机构要紧密配合，做好报考各环节的衔接工作。为规范管理，方便考生，报考中涉及的《报名表》、《考生报考须知》、《报名汇总表》等资料均可在网站下载。各省管机构可以依此制订本省的报考流程并及时通知考生。报考资料下载及成绩查询网址如下：

教育部考试中心社会证书考试网 http://sk.neea.edu.cn

中国交协物流职业经理认证网 http://www.cplm.org.cn

附件六：

中国物流职业经理资格证书考试《业务考评》报名表

<table>
<tr><td>姓　　名</td><td></td><td>准考证号</td><td></td><td>身份证号</td><td></td><td rowspan="4">贴照片处
（2寸近照）</td></tr>
<tr><td>最高学历</td><td></td><td>职称</td><td></td><td>手　　机</td><td></td></tr>
<tr><td>参加工作日期</td><td colspan="2"></td><td>邮箱地址</td><td colspan="2"></td></tr>
<tr><td>05373 成绩</td><td></td><td>05380 成绩</td><td></td><td>05382 成绩</td><td></td></tr>
<tr><td rowspan="4">现所在工作单位信息</td><td>单位全称</td><td colspan="5"></td></tr>
<tr><td>单位网址</td><td colspan="5"></td></tr>
<tr><td>单位法定地址</td><td colspan="5"></td></tr>
<tr><td>单位电话</td><td colspan="2"></td><td>传　真</td><td colspan="2"></td></tr>
<tr><td colspan="7">个人简历（包括：时间、工作单位、所在部门及职务、工作描述、工作业绩等）</td></tr>
<tr><td colspan="3">报名人签字：

年　　月　　日</td><td colspan="4">现所在工作单位审查意见（公章）：
申请人所述简历属实。

经办人：
年　　月　　日</td></tr>
</table>

注：1. 栏目内所列工作单位信息必须填写完整，缺少信息将不能通过资格审查。

2. 申请人填写的个人简历必须真实，内容写不下可以增加附页。

3. 具备免考条件的考生，须在免考课程成绩处填入“免考”。

4. 本表须加盖公章，报名时须提交原件，提交复印件无效。

附件七：

中国物流职业经理资格证书考试《业务考评》考生报考须知

一、报考条件

考生必须符合下列条件之一：

（1）具有5年以上的物流管理工作经验，并且已经通过《物流企业管理》（课程代码：05373）、《供应链管理》（课程代码：05380）、《物流战略管理》（课程代码：05382）三门课程的考试。

（2）获得国家承认的大学本科及上学历，具有5年以上的物流管理工作经验，并已经通过《物流战略管理》（课程代码：05382）的考试。

说明：考虑到《物流企业管理》和《供应链管理》是高等教育自学考试物流管理专业（独立本科段）的考试课程，教育部考试中心（以下简称考试中心）与中国交通运输协会（以下简称中国交协）经研究商定，如果考生已经具有国家承认的大学本科学历，并具有5年以上的物流管理工作经验，在报考高级证书考试时可免考《物流企业管理》和《供应链管理》两门课程。

二、报名时间：本次报考的报名截止时间为2011年3月25日。

三、报名地点：中国物流职业经理资格证书考试的报名地点。

四、提交材料：《业务考评》报名表原件一份；考生本人2张2寸彩色证件照。

考生可自行下载报名表、考生须知和《业务考评》课程考试大纲等相关资料。下载网址：http://www.cplm.org.cn。

五、费用

1. 报名时考生须缴纳评审费（1 200元/人·次）。

2. 补考考生只需缴纳补考费（600元/人·次）。（考生只有一次补考机会）

六、资格审查：4月10日之前，由报名点通知考生资格审查情况。未通过资格审查的考生可以办理相关退费手续。

七、提交案例报告：报考资格审查通过的考生在2011年4月25日之前提交案例报告。

八、考生按照《中国物流职业经理资格证书考试，《业务考评》课程考试大纲》的要求撰写案例报告。

九、考生提交案例报告文档名称为：05383－省（直辖市）－准考证号码；提交格式为PDF；提交秘书处邮件地址：inquiry@cplm.org.cn，同时抄送wuliu@mail.neea.edu.cn备案。

十、案例报告中不得出现考生姓名、单位等个人信息，否则取消考生本期参审资格；提交案例报告的邮件地址与考生报名时提供的邮件地址一致。

十一、对初审不合格的案例报告，评审组秘书处将于2011年5月31日之前以电子邮件方式通知考生；考生重新修改后的报告于2011年6月15日之前提交评审组秘书处，专家重审通过后进入答辩程序。

十二、报考后不能按时提交案例报告或不能按时参加答辩的考生，将视为自动放弃当期报考资格，评审费不退还。

十三、参加案例报告初审（复审）并通过的考生将进入答辩程序，答辩时间为6月15日至7月30日。请考生等候通知，根据统一安排准时参加答辩。

十四、本期答辩全部结束一个月之内考生成绩可以得到确认并公布。成绩查询地址：

教育部考试中心社会证书考试网 http://sk.neea.edu.cn

中国交协物流职业经理认证网 http://www.cplm.org.cn

十五、答辩未通过的考生需重新参加新一轮报考并按要求交纳考试费用。

（附件八、九略）

关于部分省级承办机构申请设立全国英语等级考试考点的复函

教试中心函［2011］34 号

天津、河北、山东、湖南、四川、海南省（市）全国英语等级考试承办机构：

你单位报送的《全国英语等级考试考点审批表》收悉，经研究，同意以下机构成为全国英语等级考试（PETS）考点：

天津财经大学珠江学院、廊坊东方职业技术学院、河北文理专修学院、山东省农业管理干部学院、吉首大学师范学院、四川文理学院、四川达州市高级技工学校、四川省南充卫生学校、四川省南充中等专业学校、四川省孝泉师范学校、德阳城市职业学校、海南科技职业学院。

请你们按照全国英语等级考试《考务管理规则》、《考务手册》及相关文件规定，做好本地区新设考点有关人员的组织、管理及培训、考核工作，确保考试的顺利进行。

教育部考试中心
二〇一一年三月八日

关于在江南大学等四校设立剑桥商务英语证书（BEC）考试考点的函

教试中心函［2011］36号

江南大学、西南科技大学、湖南工程学院、石家庄信息工程职业学院：

你校关于申请设立剑桥商务英语证书（BEC）考试考点的函收悉。经研究审核，同意在你校设立剑桥商务英语证书（BEC）考试考点，从2011年11月开始举办BEC考试。

请你校与我中心签署《教育部考试中心举办境外考试委托协议》及BEC考试项目协议附件（一式两份），如你校与我中心已签署《教育部考试中心举办境外考试委托协议》，则此次只需签署BEC考试项目协议附件。协议及附件应由你校法人代表或法人代表授权人签署并加盖公章后寄回我中心。请你校根据协议附件的相关要求将考点主任、联络员名单及联络方式上报我中心，并做好开考的各项准备工作。

附件：《教育部考试中心举办境外考试委托协议》及BEC考试项目附件

教育部考试中心
二〇一一年三月十日

（附件略）

关于2011年国际计算机使用执照证书考试有关工作的通知

教试中心函［2011］38号

各国际计算机使用执照证书考试省级承办机构：

2011年国际计算机使用执照证书考试（ICDL）将于5月、7月、9月、11月举行，考试级别及模块见附件一。具体考试时间由各省级承办机构根据本省的具体情况来安排。为确保四次考试的顺利实施，现将有关工作通知如下：

一、2010年我中心批复了全国18个省（市、区）有关机构成为ICDL省级承办机构或直属考点，希望各机构在2011年积极组织开考。

二、在现有考试体系中增加了补考模块（单模块）。考生在报考达标证书、全能证书或专家证书考试后，可以补考未通过的模块，补考期限分别为考后半年（达标证书）和一年（全能证书和专家证书），具体收费标准见附件二。请各省级承办机构根据调整后的考试方案，做好考试宣传和报名工作。

此外，原补充考试A更名为达标证书补充考试，原补充考试B更名为全能证书补充考试。

三、新版《ICDL考务管理规则》、《ICDL考务工作手册》和《ICDL考试系统使用说明》将于今年4月下发，请各省级承办机构严格执行相关规定和操作规程，规范考试管理，加强考风考纪建设。

四、各省级承办机构需根据《ICDL考务管理规则》和《ICDL考务工作手册》对新申报的考点严格审核、加强管理，并将《省级承办机构—考点—考场信息登记表》上报我中心。

五、我中心计划在今年上半年组织一次考务工作会，具体内容将另行通知。

六、日常考务工作联系人：（略）

七、为推动ICDL项目的健康发展，增加项目知名度，请各省级承办机构及考点积极配合做好有关推广与宣传工作，认真研究并制定2011年相关工作计划，并于每次开考前30天上报ICDL省级承办机构考试申请表，见附件三。

附件：一、2011年ICDL考试计划表
　　　二、ICDL项目收费标准
　　　三、ICDL省级承办机构考试申请表

教育部考试中心
二〇一一年三月十日

附件一：

2011年ICDL考试计划表

代码	模块名称	考试软件或内容	开考说明	考试形式（时间）
一、核心级别				
CM1	IT基本概念	Windows XP	开考	软件（45分钟）
CM2	电脑使用与文件管理	Windows XP	开考	软件（45分钟）
CM3	文字处理	Word 2003	开考	软件（45分钟）
CM4	电子表格	Excel 2003	开考	软件（45分钟）
CM5	演示文稿	PowerPoint 2003	开考	软件（45分钟）
CM6	数据库	Access 2003	开考	软件（45分钟）
CM7	信息与通信	Windows XP	开考	软件（45分钟）
说明： 1. 参加任意4个模块考试合格可获得达标证书。 2. 参加全部7个模块考试合格可获得全能证书。 3. 考生可以对达标证书和全能证书考试进行补考。				
二、专家级别				
AM3	文字处理	Word 2003	开考	软件（60分钟）
AM4	电子表格	Excel 2003	开考	软件（60分钟）
AM5	演示文稿	PowerPoint 2003	开考	软件（60分钟）
AM6	数据库	Access 2003	开考	软件（60分钟）
说明： 1. 参加任意1个模块考试合格可获得高级证书。 2. 参加全部4个模块考试合格可获得专家证书。 3. 考生可以对专家证书考试进行补考。				
三、补充级别				
EM1	达标证书补充考试	Windows XP、Office 2003	开考	软件（45分钟）
EM2	全能证书补充考试	Windows XP、Office 2003	开考	软件（60分钟）
说明： 1. 参加该级别考试条件为已获得NCRE和NIT合格证书。				

（附件二、三略）

关于加强2011年上半年全国大学英语四、六级考试考务管理工作的通知

教试中心函［2011］44号

各省级全国大学英语四、六级考试承办机构：

2011年上半年全国大学英语四、六级考试（以下简称CET）定于6月18日举行。为进一步加强考务管理和考试安全工作，严肃考试纪律，切实抓好各项安全保密规章制度和责任制度的建设和落实，确保考试平稳实施，现将有关考务工作强调如下：

一、加强领导，周密部署

各省级CET承办机构要以科学发展观为指导，深入学习、全面贯彻落实全国教育工作会议和教育规划纲要精神，切实加强领导，增强忧患意识，周密安排，精心组织。一要积极争取教育行政管理部门的支持，充分发挥省级联席会议的作用，主动加强与公安、武警、纪检监察、保密、信息产业、无线电、卫生防疫、交通、气象、地震等有关部门的协调配合，继续加强考试环境的综合整治工作，做到标本兼治、综合治理、惩防并举、注重实效；二要加强对互联网不良信息的监控和打击力度，防范利用信息技术手段非法传播考试信息；三要加强与新闻宣传部门的联系，落实新闻发言人制度；四要对考前各项工作尤其是涉及安全方面的工作进行深入细致地检查和落实，制订切实可行的工作方案，要把“安全第一”放在最突出的位置；五要针对本地区考务工作中存在的薄弱环节和考试中可能发生的自然灾害，制订切实有效的防范措施和重大突发事件应急处置预案，确保考试和评卷工作的平稳实施。

二、强化安全，确保安全保密工作万无一失

安全保密是CET考试的生命线，试卷安全始终是CET考试的第一要务，任何时候都不能有松懈麻痹思想。各级CET承办机构一要把试卷安全和考场安全作为“一把手工程”，主要负责同志要亲自抓，对考试安全负总责，按照“分级管理、逐级负责”的原则，切实做到任务到岗，责任到人；二要严格执行四部局发布的《国家教育考试考务安全保密工作规定》（教考试［2004］2号）的各项要求，对于不达标或存在安全隐患的保密室或工作节点，必须限期逐项整改，确保不留安全隐患和工作死角。不符合规定的保密室，绝不能过夜存放试卷；三要建立并完善强有力的内部工作制约机制，加强对涉密人员的监督管理，完善监考教师的相互监督制约机制；四要加强考务工作人员的警示教育和业务培训，尤其是对涉密人员的安全保密教育和培训，增强其法律和责任意识；五要逐步完成试卷保密室网上巡查系统建设，在本次考试中，我中心将对地市级考试机构保密室进行巡查，下半年考试中每个省（区、市）都必须有2个以上（含2个）保密室能够进行网上巡查，2015年前完成CET全部保密室网上巡查系统建设工作。

三、惩防并重，严肃考风考纪

各省级 CET 承办机构要结合 2010 年考试有关情况，一要加强对各报名点及考点的考核力度，对为不符合报名资格考生报名及未严格执行考务规定，造成恶劣影响的，要严肃处理，直至取消其报名点或考点资格；二要加强对考生进行道德教育和考风考纪教育，设立举报箱和举报电话并在考前向社会公布，对于未按要求提供电子照片的考生不允许其参加考试；三要加强对考试工作人员的选聘、培训、考核和管理工作，尤其是对监考教师考务规定及反作弊技能的培训，经考核合格的工作人员方可持证上岗；四要采取人防和技防并举，加强对替考、高科技及通信工具作弊的防范和查处力度，加大对考风考纪薄弱地区的巡视检查力度，坚决防止和打击有组织的集体作弊行为，特别是有考试工作人员参与的作弊行为。

四、统筹兼顾，积极推进标准化考点建设

标准化考点建设是提升 CET 考务管理质量和水平的重要手段。我中心今年已启动 CET 标准化考点建设工作，各地要提高认识，按照积极稳妥的原则，尽快研究制定工作方案，在今年底，建设完成 2 个以上（含 2 个）示范性标准化考点，力争在 2015 年前完成全面建设。

五、严格管理，做好本次考试网上评卷工作

本次 CET 评卷工作仍采取全国集中网上评卷方式，各省级 CET 承办机构要按要求通过机要方式，在规定时间内将答卷寄送到指定地点。各评卷点高校所在地的省级 CET 承办机构要充分发挥省级教育考试机构的优势，加强对评卷工作的组织管理，严格评卷工作纪律，确保评卷工作平稳进行。

六、细化预案，做好防范自然灾害和卫生防疫工作

CET 考试期间，正值雨季，易发生洪涝及泥石流等灾害，为保证考试的顺利实施，各地要加强安全教育，采取有效的安全防范措施，进一步细化应急预案，配合有关权威部门开展安全防范措施，特别是要做好对自然灾害应急处置准备，并根据当地实际情况和考生规模，准备好数量充足的备用考点（考场），一旦出现极端自然灾害时，可以迅速做出转移安置部署，提高应急处置的能力。同时，进一步加强考点、评卷等考试场所卫生防疫与食品卫生安全工作，预防传染病流行、食品中毒等事件的发生，切实保障考生、考试及评卷工作人员的人身安全和身体健康。

七、加强宣传，优化服务

各省级承办机构要在当地有关部门的支持下，研究部署 CET 宣传工作。要大力开展形式多样、注重实效的正面宣传引导，防止炒作误导，营造和谐、积极、宽松的 CET 舆论氛围。

八、考试时间

日期（6 月 18 日）	考试种类	考试代码	考试时间
上午	英语四级考试（CET4）	1	9:00—11:20
	日语四级考试（CJT4）	3	9:00—11:20
	德语四级考试（CGT4）	5	9:00—11:15
	俄语四级考试（CRT4）	7	9:00—11:15
	法语四级考试（CFT4）	9	9:00—11:15
下午	英语六级考试（CET6）	2	15:00—17:20
	日语六级考试（CJT6）	4	15:00—17:20
	德语六级考试（CGT6）	6	15:00—17:15

九、严格考试值班和报告制度

各省级 CET 承办机构要按照有关规定严格落

实值班和报告制度，具体内容请见附件一。有关本次考试的相关信息我中心将在“国家教育考试考务管理平台”上发布。请各省级 CET 承办机构注意浏览该平台，并在 6 月 13 日至 19 日期间，指定专人每天上网浏览，每半天最少浏览一次。我中心考务二处也将在此期间开通 24 小时值班电话：（略）。联系人：（略）。

十、考试数据上报要求

各省级 CET 承办机构应按要求上报以下考试数据：

1. 4 月 15 日前将本省（区、市）试卷申报表及分级别报名人数统计表以书面方式报送我中心，报送后请电话确认。试卷接收人必须是各省级 CET 承办机构的正式在编人员。具体要求按照《关于 2011 年上半年大学英语四、六级考试试卷申报有关事项的通知》（教试中心函［2011］37 号）执行。

2. 5 月 16 日前通过光盘方式上报本省报考数据及相片数据，数据一旦上报，不得修改。光盘寄送地址：北京市海淀区清华科技园立业大厦，教育部考试中心考务二处，收件人：（略）。

3. 6 月 19 日 14 时前通过国家教育考试考务管理平台分别上报违纪、作弊考生的总数及有关部门抓获涉嫌在考试期间传递有害信息的不法分子，上报位置为“考务信息” - “考场违规数据上报”。

4. 6 月 24 日前通过国家教育考试考务管理平台报送缺考违纪数据，上报位置为“考务信息” - “工作请示”。

5. 自本次考试起，试卷保管单位通信录要按统一格式上报，具体格式请见附件二。

附件：一、2011 年上半年全国大学英语四、六级考试安全保密工作报告要求

二、2011 年上半年全国大学英语四、六级考试试卷保管单位通信录样式

三、2011 年上半年 CET 各语种考试考务工作要点

四、2011 年上半年全国大学英语四、六级考试网上有害信息监控工作要求

教育部考试中心

二〇一一年三月十八日

抄送：教育部高等教育司

全国大学英语四、六级考试委员会办公室

（附件略）

关于下发移动商务技术、嵌入式技术工程师证书考试大纲及2011年考试计划的通知

教试中心函［2011］45号

全国移动商务技术、嵌入式技术各承办机构、直属考试点：

为解决目前国内在移动商务技术与嵌入式技术领域中专业人才不足的矛盾，多渠道、多层次、多方面加快复合实用型人才的培养，我中心决定在2011年开考移动商务技术、嵌入式技术工程师证书考试。移动商务技术、嵌入式技术工程师证书考试课程与高等教育自学考试移动商务技术专业（专科、独立本科段）和嵌入式技术专业（专科、独立本科段）衔接，是高等教育自学考试的“双证项目”（详见考委［2010］2号文件《关于印发高等教育自学考试移动商务技术专业（专科、独立本科段）和嵌入式技术专业（专科、独立本科段）考试计划的通知》）。现将移动商务技术、嵌入式技术工程师证书考试大纲及考试计划予以公布，并请严格按照《全国信息技术高级人才水平考试考务管理规则》的有关规定，加强考务人员培训和考点、报名点的组织工作。具体事项通知如下：

一、考试大纲

考试大纲在教育部考试中心社会证书考试网（http://sk.neea.edu.cn）上公布，请根据考试计划下载相应考试大纲。

二、开考说明

参照教育部考试中心《关于开考全国信息技术高级人才水平考试“移动商务工程师”和“嵌入式工程师”证书的通知》（教试中心函［2010］24号）和相关文件精神，2011年开考2个证书共6个级别科目（详见附件一），全国统考时间为6月、10月和12月。请你们据此制订本地考试计划并于2011年4月10日上报考试计划申报表（详见附件二）。

三、考试费用

各承办机构、直属考试点最高可按280元/生·科次（初级工程师）、380元/生·科次（工程师）、480元/生·科次（高级工程师）标准向考生统一收取考试费（含证书费），并在开考前确定收费标准并书面报告我中心。

四、日常考务工作联系人：（略）

附件：一、2011年移动商务技术、嵌入式技术工程师专业证书考试计划

二、2011年承办机构考试计划申报表

教育部考试中心

二〇一一年三月十四日

附件一：

2011年移动商务技术、嵌入式技术工程师专业证书考试计划

专业名称	开考说明	考试时间
一、移动商务技术工程师专业		
初级移动商务技术工程师	已开考	90分钟
中级移动商务技术工程师	已开考	90分钟
高级移动商务技术工程师	已开考	90分钟
二、嵌入式技术工程师专业		
初级嵌入式技术工程师	已开考	90分钟
中级嵌入式技术工程师	已开考	90分钟
高级嵌入式技术工程师	已开考	90分钟

注：日常性考试时间安排

日期	时间
2011年6月18日—26日	08:00—18:00
2011年10月22日—30日	08:00—18:00
2011年12月17日—23日	08:00—18:00

（附件二略）

关于做好2011年上半年中英合作商务管理与金融管理专业管理段证书课程考试考务工作的通知

教试中心函［2011］47号

各省、自治区、直辖市教育考试院（局、中心），高等教育自学考试办公室：

2011年上半年中英合作商务管理与金融管理专业管理段证书课程考试定于5月21日、22日开考。管理段证书课程与中英合作商务管理与金融管理专业（本科）衔接（详见考委［2011］1号文）。证书课程考试的考务管理工作按照我中心《非学历证书考试考务工作规定》（教试中心函［2004］109号）的要求执行，请各省级考试机构认真做好考务工作，确保安全保密和考场管理不出问题。考试中违规行为的记录及处理方式严格按照《国家教育考试违规处理办法》中的规定执行。

为保证考试工作的顺利实施，现将有关事项通知如下：

一、开考课程、考试形式及时间

此次开考课程均为证书共同课，考试形式为纸笔考试，每个课程考试时间均为165分钟。详细开考课程安排见附件。

二、考试报名

该项考试报名软件系统同其他非学历证书考试项目。自2009年下半年起，自学考试课程代码由4位升至5位，但现有非学历证书考试报名软件系统不能接收5位课程代码。考生报名时，请仍按4位课程代码（即新的5位课程代码的后4位）填报，考试报名软件系统升级（或改版）之后将统一下发。

各省自行安排考试报名时段。试卷申报要求及截止日期另行通知。

三、答卷、《非学历证书考试缺考违规登记卡》填写要求

开考课程均包含客观题和主观题。客观题和主观题全部在指定的答题卡上作答。客观题答案要求用2B铅笔填涂在答题卡相应位置上，主观题要求用黑色字迹的签字笔作答。

监考人员必须按要求认真填写《缺考违规登记卡》，避免错漏。

四、评卷工作

该考试由我中心组织集中阅卷、登分。请各省考试承办机构在考试结束后三个工作日内务必将考生答题卡和《缺考违规登记卡》经邮政机要渠道寄送我中心社考处。

五、考生数据上报

非学历证书考试必须使用全国统一的考务管理系统。为保证阅卷工作的顺利进行，各省级考试承办机构务必在考试结束后三个工作日内将考生报名和编排数据通过全国统一的考务信息交换平台按时上报。

六、成绩数据下发

我中心将利用考务信息交换平台下发各省成

绩数据。

考务信息交换平台地址为 ftp://ftp. neea. edu. cn；用户名：fxt + 省代码；登录原始密码：kw3718。请各省级考试机构登录考务信息交换平台后及时修改密码。信息处联系人：（略）。

其他未尽事宜，参见《关于做好 2011 年非学历证书考试工作的通知》（教试中心函［2011］28 号）。

考务联系人：（略）

联系地址：北京市海淀区清华科技园立业大厦

邮编：100084

附件：2011 年上半年中英合作商务管理与金融管理专业管理段证书课程考试开考课程及时间安排表

教育部考试中心

二〇一一年三月十八日

附件：

2011 年上半年中英合作商务管理与金融管理专业管理段证书课程考试开考课程及时间安排表

考试名称及代码	考次	日期	时　间	课程代码	课程名称	备　注
中英合作商务管理与金融管理专业管理段证书课程考试（10）	上半年	5 月 21 日（星期六）	上午 9:00—11:45	11741	市场与市场营销	可携带非编程计算器
			下午 14:00—16:45	11743	企业组织与经营环境	
		5 月 22 日（星期日）	上午 9:00—11:45	11744	会计原理与实务	

关于做好2011年6月全国外语水平考试考务管理工作的通知

教试中心函［2011］54号

全国外语水平考试各考点：

2011年6月全国外语水平考试（以下简称WSK）报名工作即将开始，为进一步加强考务管理，严肃考试纪律，确保考试平稳进行，现将有关考务工作要求及相关工作通知如下：

一、报名及考试时间安排

2011年6月的WSK考试定于6月4日至5日举行，报名时间为4月11日至15日。具体开考英语（PETS－5）、德语（NTD）和法语（TNF）三个语种。三个语种的笔试统一安排在6月4日上午进行。英语（PETS－5）口试分2个时间单元进行，第1单元在6月4日下午，使用试卷的编号为“511”；第2单元在6月5日上午，使用试卷的编号为“512”。德语（NTD）和法语（TNF）的口试只设一个单元，均安排在笔试的当日下午进行（具体工作日程详见附件一）。

考点可根据当地情况适当提前报名开始时间，但报名的结束时间不能推迟，报名结束后不接受补报名。

二、考试数据上报

各考点编排考场结束后，于4月22日前将上报的数据发到：wsk@mail.neea.edu.cn。上报我中心的数据文件有：“考生报名报考数据99××.txt”及“考生编排数据99××.txt”；承担德语和法语考试项目的考点，还应报送德语和法语数据文件“Q××1106.dbf”。上述文件中的“××”表示考点代码中的数字部分。考后各考点上报我中心的考生花名册必须有考生亲笔签名。

三、试卷申报

各考点在报名结束后，于4月22日前向我中心申报试卷，试卷申报表见附件二。考点在填写试卷申报表时，务必加上足够的备用试卷及磁带。我中心将提前两周左右时间通过机要方式向考点寄发试卷，考点收到试卷后，必须立即对照寄送清单进行清点核对，如发现不符，应立即向我中心报告。清点无误后，封存于保密室的保险柜中，填写试卷清单回执，并及时寄回我中心。上述工作必须同时有两人以上在现场。

四、考试值班及报告制度

在考试期间，我中心考务二处开通24小时值班电话：（略）。同时为更加方便快捷地与考点保持工作联系，我中心开设短信指挥平台，短信接入号码为（略），当收到由此号码发出的短信后须立即署名回复。

考点必须严格落实考试值班及报告制度，要求在6月1日15时前将本考点的考试组织及值班情况（详见附件三）通过传真上报我中心考务二处，并注明考试期间短信接收人及手机号码。6月4日13时前通过短信方式报送笔试总体情况，在口试全部结束后上报口试总体情况。对于涉及泄密、集体舞弊等事件务必在第一时间上报我中心。

五、答题卡回寄及考试材料销毁

考试结束后，考点必须通过机要方式将答卷寄回我中心。启用后的试卷及磁带应就地销毁，并填妥《全国外语水平考试（WSK）试卷销毁报告》（附件四），并寄回我中心。销毁磁带时须双面消磁，如果无消磁设备，可采用焚化的方式；纸质试卷可在造纸厂监督化浆，或者焚化。

六、需强调的问题

1. 各考点必须要求考生在报名前上网阅读考生须知，我中心的网址是：www.neea.edu.cn。

2. 考生考试时所持身份证件必须与报名时所持身份证件一致，身份证件不一致者不得参加考试。

3. 各考点必须严格按照考务手册组织实施考试，不得擅自提前或推后考试起止时间。

4. 各考点须加强口试考官的业务培训和责任心教育，对于在评卷中发现因口试考官漏填涂考生口试卡得分项造成成绩无法处理的，所造成后果由考点承担，我们还将有关情况通报考点。

附件：一、2011年6月全国外语水平考试（WSK）工作安排
二、2011年6月全国外语水平考试（WSK）试卷申报表
三、2011年6月WSK考试组织及值班情况上报表
四、全国外语水平考试（WSK）主考报告
五、全国外语水平考试（WSK）试卷销毁报告

教育部考试中心
二〇一一年三月二十五日

（附件略）

关于调整2011年下半年全国英语等级考试时间的通知

教试中心函［2011］61号

各省级全国英语等级考试承办机构：

经征求所有省级承办机构意见，现决定，将原定于2011年9月10日—11日举行的2011年下半年全国英语等级考试调整至2011年9月24日—25日举行。

各省级承办机构要高度重视，认真组织落实，迅速将本通知传达至各相关单位，积极做好对考生的宣传工作，确保考试平稳进行。

教育部考试中心
二〇一一年三月三十一日

关于做好改进高考分数报告建立综合评价体系试点工作的通知

教试中心函［2011］62号

云南省招生考试院、海南省考试局：

改进高考分数报告建立综合评价体系试点工作是贯彻落实《纲要》精神，进一步推动高考改革的积极尝试，是在高考中探索从单一考试向综合评价跃升，促进考试机构专业化建设的重要举措。这项改革旨在通过引入教育评价的新理念、新方法和新技术，完善现有的高考分数报告方式，使其内涵更充实、信息更丰富、更具有评价意义。在此基础上，为考生、高校、中学和教育行政部门等提供全方位、多层面、发展性、个性化的综合评价报告。

面向不同对象提供综合评价报告是此项试点工作的主要内容。其中，面向考生的成绩报告主要包括考生的得分、百分等级、在不同考查内容和能力上的分项得分、升学指导测验结果等内容，以帮助考生全面、清晰地认识自己，更加科学地选择高校和专业。面向高校的成绩报告包括详细的考生成绩、综合素质评价、学业水平测试和中学校内考试成绩等内容，为高校招生部门提供丰富的考生信息和多维度的评价信息，以便于录取参考。面向中学的成绩报告包括考生报名信息、各科的试题分析、考生得分情况、校内考试成绩与高考的关联、高考成绩的趋势分析等内容，以促进中学利用高考数据及有关的评价报告来分析、改进教学工作。并且，将进一步分析考生的个人背景、中学教学、高考成绩之间的关系，向教育行政部门提供若干份评价报告。

此项试点工作涉及面广、工作内容复杂、技术性较强、衔接环节较多，请你单位高度重视，建立健全工作机制，精心设计、精心组织、精心施工，成立专项工作的领导小组和工作小组，加大投入，严格任务、严格质量、严格时间、严格责任，保证试点工作顺利实施。

教育部考试中心
二〇一一年三月三十一日

关于印发《国家教育考试制卷监印工作实施办法（试行）》的通知

教试中心函［2011］68号

各省、自治区、直辖市教育考试院（中心、局）、普通高校招生办公室、高等教育自学考试办公室，解放军自学考试办公室：

制卷监印是国家教育考试中十分重要的工作环节。为进一步规范和加强国家教育考试制卷监印工作管理，明确原则，落实责任，确保制卷监印工作安全、保密、准确、按时，根据教育部、中宣部、公安部、国家保密局《国家教育考试考务安全保密工作规定》及有关规定，特制定《国家教育考试制卷监印工作实施办法（试行）》，现印发给你们，请遵照执行。我们将根据工作实践和新的法律、法规出台的情况，适时修改、完善。

附件：国家教育考试制卷监印工作实施办法（试行）

教育部考试中心
二〇一一年四月十一日

附件：

国家教育考试制卷监印工作实施办法（试　行）

第一章　总　则

第一条　制卷监印是国家教育考试中十分重要的工作环节，关系到考试安全和社会稳定。为规范国家教育考试制卷监印工作，加强管理，根据教育部、中宣部、公安部、国家保密局《国家教育考试考务安全保密工作规定》及有关规定，制订本办法。

第二条　本办法所称国家教育考试，指普通高等学校招生全国统一考试、成人高等学校招生全国统一考试、硕士学位研究生入学全国统一考试、高等教育自学考试等。

本办法所称制卷，指在入闱封闭条件下，试卷定点印制单位复制、印刷含有国家教育考试试题内容（包括副题、答案及评分参考等，下同）的纸介质、光介质和电磁介质。

本办法所称监印，指在入闱封闭条件下，教育考试机构派出的人员（含特聘人员），监督检查试卷定点印制单位复制、印刷含有国家教育考试试题内容的纸介质、光介质和电磁介质的全过程。

第三条 国家教育考试制卷监印工作的管理原则是：分级管理、逐级负责，谁使用、谁主管、谁负责。

国家教育考试机构指导、监督、检查全国的国家教育考试制卷监印工作。省级教育考试机构管理、实施职责范围内的国家教育考试制卷监印工作。

第四条 国家教育考试制卷监印的工作原则是：安全、保密、准确、按时。

教育考试机构应当会同有关部门、单位，采取切实有力的措施，为制卷监印工作的安全、有序提供保障。

第五条 任何危害国家教育考试试卷安全的行为，都必须受到法律的追究。

第二章 试卷印制单位的选择

第六条 教育考试机构必须在国家保密局审核确定的试卷定点印制单位中选择试卷印制单位。

第七条 选择试卷定点印制单位时，还应当按照有关规定的要求，对印制单位的设施、设备和技术条件，以及能否保证在规定的时限内，保质保量地完成制卷任务，内部规章制度是否健全，管理是否规范，职工队伍是否稳定等方面，进行考察评估。

第八条 试卷定点印制单位一经选定，并与之签定安全保密、印制质量等方面的协议后，教育考试机构应当依照规定，将承印单位及印制项目、时间等情况，报同级国家保密局、上级教育考试机构备案。

第九条 为确保国家教育考试试卷印制工作的安全、保密、准确、按时，教育考试机构应当与试卷定点印制单位，共同做好试卷印制期间可能出现突发事件的应急处置预案。

第十条 有下列情形之一的试卷印制单位不能使用或者停止使用：

（一）未办理或者正在办理国家保密局审核手续的；

（二）不能保障制卷监印工作要求的；

（三）被国家保密局撤销试卷定点印制资质的；

（四）年度内出现泄密事件或者仍在整改期内的；

（五）出现严重灾害、疫情或者安全、保密隐患等情况，影响制卷工作正常进行的。

第十一条 教育考试机构应当定期会同同级国家保密局对试卷定点印制单位进行检查与评估。

第三章 监印人员的选派与管理

第十二条 国家教育考试试卷，由国家教育考试机构或者省级教育考试机构负责监制，并审查、选派监印人员。

第十三条 监印人员应当具备以下条件：

（一）无直系亲属参加当次考试；

（二）具有良好政治素质，遵纪守法，保密观念强；

（三）具有良好业务素质，熟悉教育考试工作，忠于职守；

（四）身体健康，适于入闱封闭工作；

（五）接受监印业务培训，取得监印资格。

第十四条 监印人员实行培训、备案制度：

（一）国家教育考试机构和省级教育考试机构分别负责对拟选聘从事监印工作的人员进行业务培训，培训应当围绕下列内容进行：

学习有关法律、法规和规章，进行安全保密教育，监印业务学习和考核；

（二）接受培训的监印人员，考核合格后须签定保密协议；取得省级教育考试机构培训合格的监印人员，由省级教育考试机构报国家教育考试机构备案。

第十五条 国家教育考试机构派出的监印人员，由国家教育考试机构监管。省级教育考试机构派出的监印人员，由省级教育考试机构监管。

第十六条 教育考试机构每年至少应当对监印人员进行一次安全保密专项教育。

第十七条　监印人员应当保持相对稳定，其待遇应当得到切实保障。

第四章　制卷监印

第十八条　教育考试机构在制卷工作开始前，应当向试卷定点印制单位通报有关情况，并根据不同考试项目的考务规定和试卷印装特点，向其提供印装说明，督促其做好必要的准备工作，并做好相应检查。

第十九条　教育考试机构应当按机要交通方式，派专车和两名以上安全保卫人员护送监印人员及试卷清样进厂。在试卷印制期间，应当确保与监印人员和试卷定点印制单位联系渠道的畅通。

第二十条　制卷生产过程的指挥调度、质量、数量和监印条件保障等责任，由试卷定点印制单位负责；安全保密由教育考试机构和试卷定点印制单位共同负责。教育考试机构及其派出的监印人员，应当尊重试卷定点印制单位管理的自主权，但对其出现不符合规定的状况，应当提出整改意见，并监督其改正。

第二十一条　入闱前，监印人员的工作职责：

（一）确认入闱时限；

（二）确认考试项目名称、课程（科目）名称、课程（科目）代码；

（三）在有摄像监控的工作区内，与承交人（命题部门或授权部门人员）检查试卷清样、工作用移动存储介质及母盘、母带等密封是否完好；

（四）确认试卷印制规格、数量、材料及封装标准（包括答题卡、光盘、磁带、试题汇编等）；

（五）确认试卷发送时间、发送方式、送达地点、联系人及联系电话；

（六）履行交接手续。

第二十二条　入闱后，监印人员的工作职责：

（一）与试卷定点印制单位交接清样时，除执行第二十条有关条款外，还应逐页检查、清点试卷清样，核对工作用移动存储介质和复制磁带（光盘）用的母盘、母带及数量，履行交接手续；

（二）如对试卷清样有疑问，应当请示，确需改动的，以书面通知为准；

（三）监督检查试卷定点印制单位安全保密等设施设备是否符合要求：

摄像监控、信号屏蔽和报警系统是否24小时正常运转，厂区四周围墙、厂房外侧窗口、通道是否安全、严密，生产区、生活区、库房区（特别是成品库、废卷库）等，是否存在安全隐患，厂区内的保密室（柜）是否完好，所有电脑是否与互联网物理隔绝（严禁各种通信、摄像、录音工具和有无线上网功能的电脑进厂），涉密电脑、移动存储介质是否专用，消防通道是否畅通，消防设施、器材是否齐全、完好；

（四）监督检查试卷定点印制单位安全保密机制是否完善、落实：

掌握试卷定点印制单位入闱领导分工管理的职责范围，入闱职工是否接受了安全保密教育并签定保密协议，队伍是否稳定，安全保卫、保密制度是否健全，应对措施是否有力，相关人员是否到位；

（五）监督并抽查试卷印制质量：

用纸、用料（包括试卷、答题卡、答题纸、及附属材料等）是否符合要求，版式规格、试题内容、页码排序是否与清样一致，油墨是否均匀，图表是否清晰，版面是否整洁；

（六）监督并抽查装订、装袋及包装质量，核对数量：

装订是否符合要求，装袋科目、规格、数量是否准确，试卷袋密封签是否完好，封章是否清楚，有无粘连破损，装箱（或捆扎帆布袋、铅封）是否严密、牢固，装箱单和接收单位、接收人标签（袋牌）是否清楚无误；

（七）核对试卷发送清单，监督试卷按规定时间和规定程序交接出厂；

（八）监督检查废卷的管理：

是否有专人负责，入库是否有记录，销毁残次品、废页是否有记录；

（九）试卷印制中，如遇突发事件，应当立即报告派出机构，并会同试卷定点印制单位迅速采取切实有效的措施，控制事态范围，保护涉密材料，确保国家秘密安全；

（十）全部试卷交接出厂后，应当及时清点、回收试卷清样，并在试卷清样上标注“已使用”等信息，密封后备查；

（十一）监督试卷定点印制单位清除电脑中存储的试题内容，对复制时产生的报废光盘和磁带，做粉碎、消磁处理，监督其将含有试题内容的上机样、PS版等材料，作销毁处理并作记录。

第二十三条　解闱后，监印人员的工作职责：

（一）将试题清样退交派出机构指定部门，并履行交接手续；

（二）向派出机构作出书面总结报告。

第五章　奖　惩

第二十四条　对入闱工作期间，发现并及时采取措施消除安全保密隐患，或者对可能出现影响考试正常进行的重大问题予以纠正的监印人员，派出机构应当给予表彰、奖励。

第二十五条　对长期从事制卷监印工作和管理，并作出优异成绩的监印人员和集体，国家教育考试机构给予表彰、奖励。

第二十六条　监印人员在履行职责中玩忽职守，造成严重后果的，派出机构应给予处分；对于监管不力的教育考试机构及其相关负责人，上级教育考试机构和教育行政部门，应当追究其监管责任。

第二十七条　入闱工作期间，监印人员如有违法行为，依法进行处理；构成犯罪的，依法追究刑事责任。

第六章　附　则

第二十八条　国家教育考试机构命题和管理的其他国家统一考试的制卷监印工作，参照本办法执行。

第二十九条　省级教育考试机构命题和管理的其他省级统一考试的制卷监印工作，可参照本办法执行。

第三十条　全军自学考试的制卷监印工作，参照本办法执行。

第三十一条　本办法自发布之日起试行。

关于协助做好升学指导测验系列研究工作的通知

教试中心函［2011］72号

四川省教育考试院：

升学指导测验是我中心研发的一项非考试评价项目，主要通过心理测量来对高中学生的兴趣、职业活动自我效能进行测评，来指导学生科学选择学科、专业，引导学生做好职业生涯规划。该测验于2002年正式推出，经过多年的实测和对测验题本的不断修改、完善，已经比较成熟，并取得了良好的社会影响。

为进一步完善测验的功能，为学生提供更科学、更全面的服务，我中心拟对升学指导测验进行深入开发，具体包括：（1）开发学科倾向测验，该测验是升学指导测验系列测试之一，通过对思维方式、学科兴趣、学科能力倾向和职业兴趣四个方面的测试，为学生在高中阶段的选修课程、文理分科，以及将来的专业选择、职业发展提供科学、合理的参考信息；（2）开展升学指导测验的效度研究，探究升学指导测验的专业推荐结果对考生的专业选择、在大学阶段学业发展以及毕业后职业发展的持续性影响，进一步验证升学指导测验的科学性；（3）以升学指导测验为基础，根据近年来我国高校专业设置的情况，扩大专业测试的范围，对原有的结果解释系统进行更新，绘制出考生专业匹配地图。

此次升学指导测验的开发工作涉及大量的抽样、测试、数据采集工作，请你单位高度重视，认真组织，按照有关实施要求（见附件）组织高中、高校学生参加测试，并将测试数据报我中心。

附件：一、学科倾向测验测试实施要求

二、升学指导测验的效度研究测试实施要求

三、考生专业匹配地图测试实施要求

教育部考试中心

二〇一一年四月二十二日

附件一：

学科倾向测验测试实施要求

1. 测试对象：依据升学人数比例、地域、教学水平等确定6所高中，每所学校200名左右的高一学生参加测试。

2. 测试时间：2011年5月—6月。

3．测试方式：网络测试，统一提供测试账号和密码。组织学生集中在60分钟内完成。

附件二：

升学指导测验的效度研究测试实施要求

1．测试对象：选择教学水平较高的6所高中，每所学校200名（尽量是成绩较好的学生）左右的高三学生参加测试。

2．测试时间：2011年5月。

3．测试方式：纸版测试，统一提供测试题本和答题卡，组织学生集中在60分钟内完成。

4．针对参加测试的每个学生，需要高中和招生考试机构提供以下信息：（1）身份证号；（2）各科高考成绩；（3）填报志愿时所报考的专业；（4）学生实际考入的大学名称和专业；（5）学生稳定的联系方式。

5．为了保证今后能够追踪到这些参加测试的学生，由学校委托有关老师（最好是班主任）与学生建立联系，以便后期能把学生集中起来，完成有关调查。

附件三：

考生专业匹配地图测试实施要求

1．测试方式：纸版测试，统一提供测试题本、问卷和答题卡，组织学生集中在70分钟内完成。

2．测试时间：2011年5月至6月或9月至10月。

3．测试对象：大三下学期或大四上学期在读学生。各高校学生数和所学专业的抽样结果见表1～表4。

表1　四川大学抽样学生

专业	人数	专业	人数	专业	人数
数学与应用数学	80	材料化学	50	生物工程	44
物理学类（物理学、应用物理学）	90	环境科学	30	预防医学	78
化学类（化学、应用化学）	200	高分子材料与工程	100	口腔医学	70

表1续表

专业	人数	专业	人数	专业	人数
生物科学类（生物科学、生物技术）	120	热能与动力工程	90	哲学	30
电子信息科学与技术	220	水文与水资源工程	90	建筑学	100
材料物理	50	环境工程	50	广告学	25
工程力学	54	汉语言文学	73	新闻学	30
广播电视新闻学	25				
总人数	1 699				

表2　西南财经大学抽样学生

专业	人数	专业	人数	专业	人数
统计学	160	工商管理	50	财务管理	90
经济学	100	市场营销	90	信息管理与信息系统	110
法学	150	会计学	80		
总人数	830				

表 3　西南交通大学抽样学生

专业	人数	专业	人数	专业	人数
数学与应用数学	30	交通运输	120	建筑学	70
信息与计算科学	30	交通工程	60	土木工程	150
统计学	30	生物工程	120	工程力学	60
材料科学与工程	100	信息管理与信息系统	30	森林资源保护与游憩	40
热能与动力工程	60	工程管理	30		
环境工程	120	工业工程	40		
总人数	1 090				

表 4　四川农业大学抽样学生

专业	人数	专业	人数	专业	人数
农业机械化及其自动化	120	植物保护	80	水土保持与荒漠化防治	40
农业电气化与自动化	120	草业科学	40	农业资源与环境	40
农业水利工程	80	林学	40	动物科学	80
木材科学与工程	40	森林资源保护与游憩	40	动物医学	80
农学	80	野生动物与自然保护区管理	40		
园艺	80	园林	120		
总人数	1 120				

关于在中国农业大学和首都师范大学设立 IELTS 考试考点的复函

教试中心函［2011］76 号

中国农业大学、首都师范大学：

你校关于申请设立 IELTS 考试考点的函已收悉。根据实地考察，我中心认为你校已具备举办 IELTS 考试的基本条件，经研究，同意在你校设立 IELTS 考试考点，从 2011 年 5 月开始举办 IELTS 考试。

请你校与我中心签署《教育部考试中心举办境外考试委托协议》及 IELTS 考试项目协议附件（一式二份），如你校与我中心已签署《教育部考试中心举办境外考试委托协议》，则此次只需签署 IELTS 考试项目协议附件。协议及附件应由你校法人代表或法人代表授权人签署并加盖公章后寄回我中心。请你校根据协议附件的相关要求将考点主任、联络员名单及联络方式上报我中心，并做好开考的各项准备工作。

此复。

附件：《教育部考试中心举办境外考试委托协议》及 IELTS 考试项目附件

教育部考试中心
二○一一年四月二十日

（附件略）

关于进一步加强全国英语等级考试（PETS）口试教师队伍建设的意见

教试中心函［2011］81号

各省级 PETS 考试承办机构：

全国英语等级考试（以下简称 PETS）自1999年9月首次开考至今，考生数量逐年稳步递增，成绩的被使用范围逐渐扩大，社会认可度越来越高，因此，在考试规模快速增长的同时，保障 PETS 考试质量，尤其是 PETS 口试教师队伍建设已成为关键环节。为进一步加强 PETS 口试教师队伍建设工作，现提出如下意见。

1. 各省级考试机构必须按照教育部考试中心的规定设置各级口试教师。根据职责分工口试教师分为：省级口试主考、考点口试主考和考点口试教师。（选择计算机辅助口语考试形式后，考点口试教师改称口试评分教师，下同。）

2. 坚持口试教师资格认定、培训、考核上岗制度。口试教师必须具备相应的任职资格条件、保证自觉履行其对应的职责并经过培训、考核（要求详见附件）合格后上岗。

3. 省级口试主考由省级考试机构按任职资格条件在本省挑选，报教育部考试中心审查和培训后聘任，聘期两年。每个省（区、市）设置1至3名省级口试主考。

4. 考点口试主考由省级考试机构会同省级口试主考按任职资格条件挑选、培训、考核合格后聘任，聘期由省级考试机构确定。每个考点设1至2名考点口试主考，同时根据考生人数设置相应数量的副主考，协助考点口试主考工作。

5. 考点口试教师由省级考试机构会同省级口试主考按任职资格条件挑选、培训、考核合格后聘任，聘期由省级考试机构确定。每个口试考场设2名口试教师，由各考点根据各级别的考生人数及考试总时间确定所需口试教师的人数；当考点选择计算机辅助口语考试形式进行集中评分阅卷时，由省级考试机构确定所需口试评分教师的人数。

6. 各省级考试机构要严格按照教育部考试中心制订的任职资格条件进行口试教师的选聘工作，加强口试教师的资格认定、培训和考核上岗制度。重视口试教师的相关待遇，稳定口试教师队伍，保证口试质量。

7. 各省级考试机构必须建立 PETS 各级别口试教师档案，并将所有考核合格的口试教师名单（包含教师编码、姓名、性别、年龄、学历、职称、职务、何时何地参加何种层次的培训及主持过哪个级别的口试等信息）以电子版定期上报教育部考试中心命题中心三处（电子邮件地址：liying@ mail. neea. edu. cn 或 petsneea@ 126. com）备案。

附件：PETS 口试教师任职资格条件、职责及培训程序

教育部考试中心

二〇一一年五月六日

附件：

PETS口试教师任职资格条件、职责及培训程序

一、PETS口试教师的任职资格条件

（一）省级口试主考

1. 具有英语专业本科（含本科）以上学历，必须具有副高（含副高）以上职称；

2. 年龄在30岁至60岁之间；

3. 具有五年以上英语教学经历；

4. 语言功底深厚，语音、语调规范，具有很强的口头英语交际能力；

5. 具有较强的协调和管理能力；

6. 熟悉本省的英语教学现状，并在本省英语教学界具有较高的知名度；

7. 时间和精力足以保证参加与省级口试主考职责有关的活动。

（二）考点口试主考

1. 具有英语专业本科（含本科）以上学历、讲师（含讲师）以上职称；

2. 年龄在30岁至60岁之间；

3. 具有五年以上英语教学经历；

4. 语言功底扎实，语音、语调规范，具有较强的口头英语交际能力；

5. 具有较强的协调和管理能力；

6. 时间和精力足以保证参加与考点口试主考职责有关的活动。

（三）考点口试教师

1. 具有英语专业本科（含本科）以上学历；

2. 年龄在23岁至55岁之间；

3. 具有一年以上英语教学经历；

4. 语言功底扎实，语音、语调规范，具有较强的口头英语交际能力；

5. 时间和精力足以保证参加与考点口试教师职责有关的活动。

二、PETS口试教师的职责

（一）省级口试主考

1. 接受教育部考试中心的培训；

2. 接受省级考试机构的管理；

3. 对考点口试主考和考点口试教师进行业务培训；

4. 对考点口试主考和考点口试教师履行职责的情况进行监督、评估；

5. 解答或及时向教育部考试中心反映口试过程中出现的各类问题；

6. 对口试实施过程进行总结。

（二）考点口试主考

1. 接受省级口试主考的业务培训；

2. 接受当地考试机构的管理；

3. 对考点口试教师进行考前集训；

4. 对考点口试教师履行职责的情况进行监督、评估；

5. 解答或及时向省级考试机构反映口试过程中出现的各类问题；

6. 对口试实施过程进行总结。

（三）考点口试教师

1. 接受考点口试主考（或省级口试主考）的业务培训及考前集训；

2. 接受当地考试机构的管理；

3. 严格按照具体标准和要求对考生进行口试及评分；

4. 在口试过程中如遇到疑难问题及时向考点口试主考反映。

（四）口试评分教师

1. 直接接受省级口试主考业务培训；

2. 接受省级考试机构的管理；

3. 严格按照具体标准和要求对考生进行评分；

4. 在口试评分过程中如遇到疑难问题及时向省级口试主考反映。

三、PETS 口试教师培训程序

口试教师培训分为业务培训和考前集训。初次参加培训的考点口试主考和考点口试教师候选人必须参加业务培训，并在考核通过后参加考前集训。已参加过培训的考点口试教师可在考核通过后仅参加考前集训。

（一）业务培训

1. 培训内容

1）《全国英语等级考试（PETS）口试教师指南》（当考点选择计算机辅助口语考试时为《PETS 口试教师指南（计算机辅助口语考试版）》）；

2）《PETS 口试教师培训人员手册》（适用于省级口试主考及考点口试主考）；

3）全国英语等级考试（PETS）各级别考生口试实录及其说明。

建议按低级别（一级 B、一级、二级）和高级别（三级、四级）的内容分别进行培训。但省级口试主考及考点口试主考必须了解并掌握所有级别的内容。

2. 培训形式

教育部考试中心负责培训省级口试主考；省级口试主考负责培训本省考点口试主考；考点口试主考培训考点口试教师候选人；口试评分教师由省级口试主考直接培训。有条件的省、区、市也可让省级口试主考直接培训考点口试教师候选人。

培训人员首先介绍 PETS 的情况，讲解各个级别（低级别或高级别）考试的形式和程序、评分标准等。然后播放培训用考生实录 VCD 及音频文件（为了给口试教师培训提供不断更新的培训材料，我中心特制作了 PETS－1 至 4 级口试教师培训用音频文件各 20 个。计划每年下发 6、7 个供培训口试教师用），讨论如何依据评分标准准确地评定考生的分数。最后通过模拟演练（可以组织愿意参加演练的考生，也可以由候选人扮演考生）考试的全过程，以使口试教师候选人熟悉、掌握考试形式和程序（此步骤非常重要）。

3. 培训时间

对口试教师候选人的培训必须按照《PETS 口试教师培训人员手册》规定的时间在正式考试前完成。

上述内容主要适用于现场口试的口试教师培训。计算机辅助口试评分教师的培训形式和时间安排请参照《PETS 口试教师指南（计算机辅助口语考试版）》相关内容进行。

（二）考前集训

1. 培训内容

1）口试监考人员工作守则、口试教师的职责（详见《全国英语等级考试考务管理手册》）；

2）《全国英语等级考试（PETS）口试教师指南》；

3）全国英语等级考试（PETS）各级别考生口试实录及其说明。

2. 培训形式

主要通过集中观看和收听考生实录 VCD 和音频文件的形式。目的是使口试教师进一步熟悉整个口试形式和程序，掌握评分标准。

3. 培训时间

必须在考试开考前一周内进行考前集训。

关于中英合作商务管理、金融管理专业（专科）《商务英语》课程考试相关事宜的通知

教试中心函［2011］87号

各省、自治区、直辖市教育考试院（局、中心），高等教育自学考试办公室：

为了更好地突出专业课程特点，体现新形势下的人才培养目标，推动中英合作商务管理、金融管理专业的发展，剑桥大学考试委员会在充分分析《商务英语》课程历年考生群体和考试成绩的基础上，对现行《商务英语》课程的试卷结构进行了调整，并于近期通知我中心将从2011年7月考试起使用新的试卷结构。

现将试卷结构调整内容通知如下：

一、考试时间：由原来的165分钟调整为50分钟。

二、考核内容：阅读技能。

三、题量及题型：40道客观题。

四、答题方式：在答题卡上作答。

试卷结构表及样卷详见附件一和附件二。

剑桥大学考试委员会对新的试卷结构进行了严格试测，试测结果显示新的试卷结构体现了该课程的设计目标，充分考查了学生在商务环境下使用英语的能力。新试题注重语言能力的考查，考生并不需要专门针对新试题进行备考。

为了做好考试实施工作，我中心对《商务英语》课程考试考务工作要求进行了相应调整（见附件三），请各省考试承办机构认真落实各项考务要求，及时通知考生，保证考试顺利进行。

附件：一、《商务英语》试卷结构表

二、《商务英语》样卷

三、《商务英语》课程考务工作要求

四、《商务英语》课程考试答题卡式样

教育部考试中心

二〇一一年五月十七日

附件一：

《商务英语》试卷结构表

部分	题号	为考生提供的信息	指导语语言	考查要点	题型	分值	考试时间（分钟）
一	1～5	5个简短的通知或标识	英语	理解主旨要义和详细信息；词汇	多项选择题（三选一）	每小题2.5分，满分100分	50分钟（含答题卡转涂时间）
二	6～10	5个不完整的会话	英语	理解会话内容并指出恰当的回答	多项选择题（三选一）		
三	11～15	5个相关的句子	英语	词汇、结构	多项选择题（三选一）		
四	16～20	5段材料，如：简短的电子邮件、备忘录、电话记录、便条、通知、标识、广告、新闻简报等	英语	理解主旨要义和详细信息；词汇	多项选择题（三选一）		
五	21～28	1篇事实性段落，摘自百科全书、报纸、杂志等	英语	语法、词汇、结构	完形填空（三选一）		
六	29～35	1篇材料，摘自报纸、杂志等	英语	理解主旨要义和详细信息	判断正误题		
七	36～40	1篇材料，如：通知、标识、宣传页、目录、广告、网页、计划书等	英语	理解主旨要义和详细信息；词汇	选择搭配题		

（附件二略）

附件三：

《商务英语》课程考务工作要求

根据中英合作商务管理、金融管理专业（专科）《商务英语》课程试卷结构调整情况，考务方面需要调整和注意的环节如下：

1. 考试时间：《商务英语》课程的考试时间由2011年7月9日14:00—16:45调整为2011年7月9日14:00—14:50。

2. 答案及评分参考：本课程考试答案及评分参考不予下发。

3. 考生答题方式：考生答题由试卷作答改为填涂《答题卡》，需提醒考生携带有关填涂工具（2B铅笔、橡皮等）。

4. 扫描答题卡：省级承办机构需组织专门人员及配置相应扫描设备，对本省的考生答题卡进行扫描并读取考生答题信息。

5. 数据上报：各省按照考试中心统一规定的数据格式上报考生答题信息（数据格式见表1），上报时间为考后15个工作日。

6. 评卷及成绩下发：考试中心收到各省上报数据后，在15个工作日内处理成绩并下发到各省。各省需要将该课程成绩库导入到考生成绩库中，按照规定流程进行成绩发布和上报工作。

7. 联系人及联系方式：（略）

表1 《商务英语》课程上报数据格式

字段名	含义	数据类型	备注
SF	省份代码	Char（2）	
ZKZ	准考证号	Char（12）	
XM	姓名	Char（50）	
kcdm	课程代码	Char（5）	
QK	缺考标记	Char（2）	1：缺考
JMXX	机码信息	Char（254）	“A，B，C，D”或“8421”，未填涂用“M”或“0”表示
CJ	成绩	number（5，2）	上报数据时此项为空

说明：上报数据库命名规则（省份代码+00796. dbf），如北京：1100796. dbf。

（附件四略）

关于做好中英合作采购与供应管理职业资格证书考试评卷相关工作的通知

教试中心函［2011］88号

各省级考试承办机构：

2011年上半年的中英合作采购与供应管理职业资格证书考试于5月21日至22日进行。为保证评卷质量，现将对评卷工作、答卷抽样及登分等工作要求通知如下：

一、评卷工作

各省级考试承办机构应按照《非学历证书考试考务工作规定》（教试中心函［2004］109号）和《高等教育自学考试考务工作规定》（教考试［2009］1号）中的相关要求，加强评卷管理、质量监控，切实做好评卷工作。要求：

1. 在正式评卷前，应组织全体评卷教师讨论、熟悉评分标准，并抽取一定数量的答卷进行试评，以使每位评卷教师熟练、正确掌握评卷标准。

2. 评卷组组长应抽取一定数量的答卷进行复评，要求涵盖每位评卷教师。发现问题应及时解决。

3. 评卷结束后，评卷单位填写评卷反馈意见表（见附件一），由省级考试承办机构签署意见并加盖公章后于6月8日前上交我中心。联系人：（略）；电话：（略）；通信地址：北京市海淀区清华科技园立业大厦社会考试处；邮编：100084。

二、答卷抽样工作

根据我中心与英国皇家采购与供应学会的协议，要求在发放考生成绩前对评分后答卷进行抽查。具体要求如下：

1. 抽样数量：依据附件二要求提交相应数量的答卷。抽样数量大于1的，要求抽取的答卷应能反映不同的分数段，如：0～25分；26～48分；49～52分；53～75分；76～100分等，且能反映不同阅卷教师的评分情况。

2. 抽样答卷扫描文件格式要求：对一份完整的样卷进行彩色扫描并单独存为一个PDF文件，按“省份（拼音）+科目代码+样卷顺序”的规则命名，如上海5730科目抽样两份，则两份答卷应分别命名为“Shanghai 5730 sample 1 of 2”和“Shanghai 5730 sample 2 of 2”。应使用能够清晰识别的像素保存文件。

3. 将符合要求的答卷文件于6月10日前通过考务信息交换平台或电子邮件发送至我中心。考务信息交换平台地址：ftp://ftp. neea. edu. cn；电子邮件：xiaoyj@ mail. neea. edu. cn。联系人：（略）。

三、登分要求

因数据统计工作需要，请各省级考试承办机构严格按照试卷上的登分框进行登分、上报成绩数据（包括各小题得分）。选答题中，考生答题数量多于规定的，只按选答的前两题计分，其余题目（包括考生未选答的题目）按“0”分登记、上报。

附件：一、评卷反馈意见表

二、各省抽样数量要求

教育部考试中心
二〇一一年五月十七日

（附件略）

关于宁波大学等单位申请建立全国外语翻译证书考试考点的复函

教试中心函［2011］93号

宁波大学、常州信息职业技术学院、山东工商学院、山东女子学院：

你校（院）关于建立全国外语翻译证书考试考点的申请收悉。经研究，同意你校（院）设立教育部考试中心直属的全国外语翻译证书考试考点。在履行完规定的手续，并接受我中心的相关培训后，从2011年下半年开始组织本项考试。现就有关事项通知如下：

一、我中心采取签订协议的方式确定双方的职责、权利和义务，你校（院）只有在与我中心签订合作协议后才能正式成为考点。按照有关法规，签订协议的主体必须是法人单位。随此函附我方已签署的协议（见附件）一式6份，请你校（院）签署后自留3份，将另3份寄回我中心。

二、考点的名称与代码

考点名称	考点代码
全国外语翻译证书考试宁波大学考点	3304
全国外语翻译证书考试山东女子学院考点	3704
全国外语翻译证书考试山东工商学院考点	3705
全国外语翻译证书考试常州信息职业技术学院考点	3201

三、开考项目

考　点	开考项目
宁波大学	英语一、二、三、四级，日语一、二、三级
山东女子学院	英语四级
山东工商学院	英语一、二、三、四级，日语一、二、三级
常州信息职业技术学院	英语四级

四、凡是口译考试准备使用数字录音的考点请上报录音设备兼容的数字文件格式，教育部考试中心将以数字音频文件形式制备有关级别的口译考试题目录音，内容以WAV音频格式刻录在光盘上。使用磁带录音（模拟录音）的考点不必专门报告。我中心鼓励有条件的考点使用数字录音方式。

五、今后考点的考务工作直接由我中心管理。凡我中心下发的考务文件及材料由你考点建档留存。希望你校（院）加强对考点的领导，确保此项考试顺利实施。请你校（院）按照《全国外语翻译证书考试主监考手册》的有关规定配置相关工作人员，并严格执行主监考手册中的各项管理规定。鉴于此项考试从报名到发送成绩的各个环节都采用计算机管理，要求你考点配备计算机以及相应的打印设备。

六、此项考试的试卷在启用前属国家机密级材料，接触试卷的人员必须严守国家秘密。试卷在考点的存放应符合有关要求，须有专人看管。请与当地机要通信部门联系收寄试卷事宜，并配置所需的密封工具及材料。

附件：教育部考试中心委托开考全国外语翻译证书考试的合作协议

教育部考试中心
二〇一一年五月二十一日

（附件略）

关于在安徽财贸职业学院设立 LCCIIQ 国际职业资格证书考试考点的复函

教试中心函［2011］105 号

安徽财贸职业学院：

你院《关于申请“LCCI”考试考点的报告》收悉。经我中心研究，同意你院设立伦敦工商会国际认证（LCCIIQ）职业资格证书考试考点的申请。

你院的 LCCIIQ 考试考点代码为：CHIN1029。

请严格按照《教育部考试中心举办境外考试委托协议》（以下简称《协议》）和该协议的《LCCIIQ 项目附件》、《合作举办境外教育考试考务安全保密工作规则》和《伦敦工商会考试局（LCCIEB）国际职业资格证书考试实施细则》的有关规定进行各项准备工作并签署《教育部考试中心举办境外考试委托协议》以及该协议的《LCCIIQ 项目附件》。

请从速完成上述工作并将如下材料寄回我中心：你院法人或授权代表签署的《协议》和《LCCIIQ 项目附件》，考点主管和主考（可由一人兼任）以及联络员名单，联系方式（办公电话号码、手机号码、电子邮件地址和传真号码）和详细地址。

今后你院 LCCIIQ 考试考点的考务工作直接由教育部考试中心管理。凡教育部考试中心下发的考务文件及材料由你院考点留存。希望你院加强对考点的领导，确保此项考试的顺利实施。

联系方式：（略）

教育部考试中心
二〇一一年五月二十三日

关于2011年下半年中英合作商务管理专业、金融管理专业管理段证书课程考试开考科目和时间安排的通知

教试中心函［2011］106号

各省、自治区、直辖市教育考试院（局、中心），高等教育自学考试办公室：

经与英国剑桥大学考试委员会商定，现将2011年下半年中英合作商务管理专业、金融管理专业管理段证书课程考试开考科目和时间安排表下发，请遵照执行。开考科目安排与此前文件如有冲突，以本文件为准。试卷申报及其他考务要求另行通知。

为了使考生能更加系统地掌握所学知识，英国剑桥大学考试委员会建议考生报考时循序渐进，完成证书共同课的考试后再报考证书专业课考试。

望各省考试承办机构积极宣传证书考试，及时将开考计划通知助学机构和考生，保证考试顺利举行。

附件：2011年下半年中英合作商务管理专业、金融管理专业管理段证书课程考试开考科目和时间安排表

教育部考试中心

二〇一一年五月二十七日

附件：

2011年下半年中英合作商务管理专业、金融管理专业管理段证书课程考试开考科目和时间安排表

考试名称及代码	考次	日期	时间	课程代码	课程名称	备注
中英合作商务管理与金融管理专业管理段证书课程考试（10）	下半年	11月19日星期六	上午9:00—11:45	11741	市场与市场营销	证书共同课
			下午14:00—16:45	11743	企业组织与经营环境	证书共同课
		11月20日星期日	上午9:00—11:45	11744	会计原理与实务	证书共同课
			下午14:00—16:45	11745	战略管理与伦理	证书共同课

备注：可携带非编程计算器。

关于在吉首大学国际交流与公共外语教育学院设立LCCIIQ国际职业资格证书考试考点的复函

教试中心函［2011］108号

吉首大学国际交流与公共外语教育学院：

你院《关于申请设立LCCI国际资格证书考点的报告》收悉。经研究，同意你院设立伦敦工商会国际认证（LCCIIQ）职业资格证书考试考点的申请。

你院的LCCIIQ考试考点代码为：CHIN1028。

请严格按照《教育部考试中心举办境外考试委托协议》（以下简称《协议》）和该协议的《LCCIIQ项目附件》、《合作举办境外教育考试考务安全保密工作规则》和《伦敦工商会考试局（LCCIEB）国际职业资格证书考试实施细则》的有关规定进行各项准备工作并签署《教育部考试中心举办境外考试委托协议》以及该协议的《LCCIIQ项目附件》。

请从速完成上述工作并将如下材料寄回我中心：你院法人或授权代表签署的《协议》和《LCCIIQ项目附件》，考点主管和主考（可由一人兼任）以及联络员名单，联系方式（办公电话号码、手机号码、电子邮件地址和传真号码）和详细地址。

今后你院LCCIIQ考试考点的考务工作直接由教育部考试中心管理。凡教育部考试中心下发的考务文件及材料由你院考点留存。希望你院加强对考点的领导，确保此项考试的顺利实施。

联系方式：（略）

教育部考试中心
二〇一一年五月二十七日

关于中英合作商务管理专业与金融管理专业基础段证书相关事宜的通知

教试中心函［2011］109号

各省、自治区、直辖市教育考试院（局、中心），高等教育自学考试办公室：

为了更好地体现中英合作商务管理专业与金融管理专业特色，推动中英合作项目的发展，我中心与英国剑桥大学国际考试部经研究决定，对“剑桥高级商务管理证书（基础段）”及“剑桥高级金融管理证书（基础段）”的颁发条件进行调整：考生申领以上证书时无须再提交毛泽东思想、邓小平理论和“三个代表”重要思想概论、政治经济学和大学语文3门课程的合格证明。（证书颁发办法详见附件）

新证书仍由英国剑桥大学国际考试部签发，证书申领办法不变。新证书将从2011年7月开始向考生发放。

望各省考试承办机构对证书进行积极宣传，鼓励考生申领，并办好证书申领工作。

附件：中英合作商务管理专业与金融管理专业基础段证书颁布办法

教育部考试中心
二〇一一年六月一日

附件：

中英合作商务管理专业与金融管理专业基础段证书颁布办法

表1　中英合作商务管理专业基础段证书颁布办法

<table>
<tr><td>序号</td><td>合作课程名称</td><td colspan="2">颁发证书条件及证书名称</td></tr>
<tr><td>1</td><td>商务英语</td><td rowspan="9">获得序号1～9证书共同课考试合格证的，颁发“剑桥商务管理证书（基础段）”</td><td rowspan="12">获得序号1～12课程考试合格证的，颁发“剑桥高级商务管理证书（基础段）”</td></tr>
<tr><td>2</td><td>企业组织与环境</td></tr>
<tr><td>3</td><td>商务交流</td></tr>
<tr><td>4</td><td>数量方法</td></tr>
<tr><td>5</td><td>经济学</td></tr>
<tr><td>6</td><td>会计学</td></tr>
<tr><td>7</td><td>管理信息技术</td></tr>
<tr><td>8</td><td>财务管理</td></tr>
<tr><td>9</td><td>商法</td></tr>
<tr><td>10</td><td>市场营销（二）</td><td rowspan="3"></td></tr>
<tr><td>11</td><td>人力资源管理（二）</td></tr>
<tr><td>12</td><td>国际贸易实务（二）</td></tr>
</table>

表2　中英合作金融管理专业基础段证书颁布办法

<table>
<tr><td>序号</td><td>合作课程名称</td><td colspan="2">颁发证书条件及证书名称</td></tr>
<tr><td>1</td><td>商务英语</td><td rowspan="9">获得序号1～9证书共同课考试合格证的，颁发“剑桥商务管理证书（基础段）”</td><td rowspan="12">获得序号1～12课程考试合格证的，颁发“剑桥高级金融管理证书（基础段）”</td></tr>
<tr><td>2</td><td>企业组织与环境</td></tr>
<tr><td>3</td><td>商务交流</td></tr>
<tr><td>4</td><td>数量方法</td></tr>
<tr><td>5</td><td>经济学</td></tr>
<tr><td>6</td><td>会计学</td></tr>
<tr><td>7</td><td>管理信息技术</td></tr>
<tr><td>8</td><td>财务管理</td></tr>
<tr><td>9</td><td>金融法（二）</td></tr>
<tr><td>10</td><td>管理会计（二）</td><td rowspan="3"></td></tr>
<tr><td>11</td><td>财务报表分析（二）</td></tr>
<tr><td>12</td><td>金融概论</td></tr>
</table>

关于在西安交通大学设立 IELTS 考试考点的复函

教试中心函［2011］110 号

西安交通大学：

你校关于申请设立 IELTS 考试考点的函已收悉。根据实地考察，我中心认为你校已具备举办 IELTS 考试的基本条件，经研究，同意在你校设立 IELTS 考试考点，从 2011 年 6 月开始举办 IELTS 考试。

鉴于你校与我中心已签署《教育部考试中心举办境外考试委托协议》，此次只需签署 IELTS 考试项目协议附件（一式两份）。该附件应由你校法人代表或法人代表授权人签署并加盖公章后寄回我中心。请你校根据协议附件的相关要求将考点主任、联络员名单及联络方式上报我中心，并做好开考的各项准备工作。

此复。

附件：《教育部考试中心举办境外考试委托协议》及 IELTS 考试项目附件

教育部考试中心
二〇一一年六月一日

（附件略）

关于中英合作商务管理与金融管理专业管理段证书免考规定及证书申领办法的通知

教试中心函［2011］117号

各省、自治区、直辖市教育考试院（局、中心），高等教育自学考试办公室：

为进一步规范中英合作商务管理与金融管理专业管理段证书颁发和申领工作，现对教试中心函［2011］21号文件中的管理段证书的免考规定和证书申领办法进行具体说明：

一、免考范围

免考课程仅限于证书共同课。考生可申请免考任意证书共同课。证书专业课不得免考。不得重复使用同一课程申请免考。

二、免考办法

1. 原商务管理专业、金融管理专业本科段的毕业生或在籍考生，可凭原专业本科毕业证书或本科段专业课的单科合格证免考“剑桥高级商务管理证书（管理段）”或“剑桥高级金融管理证书（管理段）”证书共同课。凭毕业证书可免考4门，凭专业课考试合格证最多免考4门。

2. 高等教育自学考试其他经管类本科专业考生，如需申领“剑桥高级商务管理证书（管理段）”或“剑桥高级金融管理证书（管理段）”，需凭此类专业本科毕业证书办理免考，最多免考3门。

3. 高等教育自学考试其他非经管类本科专业考生，如需申领“剑桥高级商务管理证书（管理段）”或“剑桥高级金融管理证书（管理段）”，需凭此类专业本科毕业证书办理免考，最多免考2门。

4. 免考办法不重复使用，考生只能选择以上一种办法办理免考。

三、证书申领

1. 管理段证书每年办理两次，分别是4月和10月。由各省考试承办机构对申领管理段证书的考生进行审核后，将符合证书颁发条件的考生数据通过E-mail或光盘形式提交至教育部考试中心。数据格式见附件。

2. 教育部考试中心对各省提交的数据进一步审核后，向各省发放相应证书。

3. 证书申领和数据上报联系人：（略）。

4. 管理段证书由英国剑桥大学考试委员会签发。证书的真实性可通过教育部考试中心综合查询网进行查询，网址是 http://chaxun.neea.edu.cn。

附件：申领管理段证书数据格式

教育部考试中心

二〇一一年六月二十一日

附件：

申领管理段证书数据格式

1．文件格式：在 Excel 中录入生成文件。

2．文本包含的信息依顺序为：

（1）准考证号（12 位，不得有空格，不能为空）

（2）姓名（不能为空）

（3）身份证号（不能为空）

（4）性别（1 位，不得有空格，不能为空。1 是女，0 是男）

（5）备注（多个准考证号或其他信息，可以为空。）

＊特别注意：如有课程免考的，请务必在备注中注明，如："免考 1 门" 或 "免考 4 门"。

3．证书代码：

（1）剑桥商务管理证书（管理段）是 1

（2）剑桥高级商务管理证书（管理段）是 2

（3）剑桥高级金融管理证书（管理段）是 3

4．文件命名规则：

一种证书一个文件。例如：2012 年 10 月申请剑桥商务管理证书（管理段）有 88 名考生，申请剑桥高级商务管理证书（管理段）有 100 名考生，申请剑桥高级金融管理证书（管理段）有 50 名考生，则上报数据应分三个文件，文件名分别为："2012 年 10 月 1 证书 88 人"、"2012 年 10 月 2 证书 100 人"、"2012 年 10 月 3 证书 50 人"。

关于更改全国计算机等级考试部分省级承办机构代码的通知

教试中心函［2011］119号

重庆、贵州、宁夏、新疆、云南省（自治区、直辖市）教育考试院（中心）、高等教育自学考试办公室：

目前，在全国计算机等级考试（以下简称NCRE）中，重庆、贵州、云南、宁夏、新疆等五省区市长期以来使用的省份代码不是国家标准的省份代码，给考务管理和证书查询等工作带来很大困难。为进一步规范管理，经研究，决定上述五省区市从2011年9月考试（NCRE34）开始使用国家标准的省份代码。现将有关事宜通知如下：

一、重庆市代码由55更改为50；云南省代码由52更改为53；贵州省代码由53更改为52；新疆维吾尔自治区代码由64更改为65；宁夏回族自治区代码由65更改为64。

二、上述五省区市NCRE考点（包括停考和新审批的考点）代码也全部更改（考点代码更改对应表详见附件）。

三、注意事项

1. NCRE34中，涉及部分保留成绩的考生，仍使用原准考证号码。

2. 新代码启用之后，NCRE33（含NCRE33）之前的证书查询仍然使用原准考证号码查询。

3. 新代码启用之后，上述五省区市在上报有关材料、笔试考试组织、上机考试组织及回收考试数据等工作时均要保证使用新代码。

请上述五省区市NCRE承办机构高度重视，精心组织，认真做好代码更改相关工作。同时，要加强代码校验工作，防止出现代码使用混乱的情况，确保考试平稳实施。

附件：NCRE考点代码更改对应表

教育部考试中心
二〇一一年六月二十一日

附件：

NCRE 考点代码更改对应表（重庆）

考点名称	新考点代码	原考点代码
西南师范大学	500001	550001
涪陵师范学院	500002	550002
重庆交通学院	500003	550003
重庆广播电视大学	500004	550004
重庆师范大学	500005	550005
重庆通信学院	500006	550006
重庆市万州商业学校	500007	550007
重庆工学院	500008	550008
重庆邮电学院	500009	550009
重庆工商大学	500010	550010
西南政法大学	500011	550011
四川外语学院	500012	550012
重庆大学	500013	550013
西南农业大学	500014	550014
西南师范大学育才学院	500015	550015
西南农业大学荣昌校区	500016	550016
重庆渝西学院	500017	550017
重庆电子科技职业学院	500018	550018
重庆电子职业技术学院	500019	550019
重庆科技学院	500020	550020
重庆大学（虎溪校区）	500021	550021
重庆工学院（巴南校区）	500022	550022
重庆科技学院（北校区）	500023	550023
重庆师范大学大学城校区	500024	550024
四川外国语学院重庆南方翻译学院	500025	550025
重庆师范大学涉外商贸学院	500026	550026
重庆信息技术职业学院	500027	550027
重庆财经职业学院	500028	550028
重庆三峡学院	500029	550029

NCRE 考点代码更改对应表（云南）

考点名称	新考点代码	原考点代码
云南大学	539001	520001
昆明理工大学莲华校区	539002	520002
昆明理工大学新迎校区	539003	520003
昆明理工大学白龙校区	539004	520004
云南师范大学	539005	520005
云南农业大学	539006	520006
西南林学院	539007	520007
云南财经大学	539008	520008
云南民族大学	539009	520009
云南国土资源职业学院	539011	520011
昆明陆军学院	539012	520012
解放军电子技术学院昆明分院	539013	520013
云南大学滇池学院	539014	520014
云南师范大学文理学院	539015	520015
云南师范大学成人继续教育学院	539016	520016
云南机电职业技术学院	539017	520017
云南警官学院	539018	520018
昆明学院	539019	520019
云南林业职业技术学院	539020	520020
昆明市农业学校	539021	520021
云南电子技工学校	539022	520022
保山中医药高等专科学校	539023	520023
玉溪师范学院	539025	520025
云南大学旅游文化学院	539026	520026
曲靖师范学院	539027	520027
曲靖市麒麟区职业技术学校	539028	520028
楚雄师范学院	539029	520029
楚雄民族中等专业学校	539030	520030
红河学院	539031	520031
开远市第一职业高级中学	539032	520032
红河州财经学校	539033	520033
弥勒县教师进修学校	539035	520035

续表

考点名称	新考点代码	原考点代码
红河州民族师范学校	539036	520036
蒙自职业高级中学	539038	520038
大理学院	539039	520039
保山师范高等专科学校	539040	520040
腾冲第一职业技术学校	539041	520041
德宏师范高等专科学校	539042	520042
文山师范高等专科学校	539043	520043
文山民族师范学校	539044	520044
普洱财经学校	539045	520045
西双版纳职业技术学院	539047	520047
丽江师范高等专科学校	539048	520048
昭通师范高等专科学校	539049	520049
公安边防部队昆明指挥学校	539050	520050
临沧师范高等专科学校	539051	520051
迪庆州民族中等专业学校	539052	520052
怒江州民族中等专业学校考点	539053	520053
云南爱因森软件职业学院	539054	520054
大理卫生学校	539055	520055
西双版纳州勐腊职业高中	539056	520056
云南大学洋浦校区	539057	520057
云南交通职业技术学院	539059	520059
河口县教师进修学校	539060	520060
昆明理工大学津桥学院	539061	520061
公安消防部队昆明指挥学校	539062	520062
云南中医药中等专业学校	539063	520063
大理州财贸学校	539064	520064
武警昆明指挥学院	539065	520065
云南师范大学商学院	539066	520066
昆明理工大学呈贡校区	539067	520067
云南民族大学呈贡校区	539068	520068

续表

考点名称	新考点代码	原考点代码
云南师范大学文理学院杨林校区	539069	520069
云南农业职业技术学院	539070	520070
云南广播电视大学	539071	520071
昆明冶金高等专科学校	539072	520072
云南能源职业技术学院	539073	520073
云南司法警官职业学院	539074	520074
云南农业职业技术学院（茭菱校区）	539075	520075
云南经贸外事职业学院	539076	520076
云南经济管理职业学院（安宁校区）	539077	520077

NCRE 考点代码更改对应表（贵州）

考点名称	新考点代码	原考点代码
贵州大学计算中心	529001	530001
贵州大学成教处	529002	530002
黔南民族师范学院	529003	530003
六盘水职业技术学院	529004	530004
金筑大学	529005	530005
黔西南民族师范高等专科学校	529006	530006
毕节师范高等专科学校	529007	530007
水钢职教中心	529008	530008
铜仁职业技术学院	529009	530009
遵义师范学院	529010	530010
贵州师范大学继续教育学院	529011	530011
贵州省广播电视大学	529012	530012
贵州商业高等专科学校	529013	530013
贵州民族学院	529014	530014
贵阳市经济贸易学校	529015	530015
贵州财经学院（北院）	529016	530016
贵州财经学院（南院）	529017	530017
遵义医学院	529018	530018
贵州电子信息职业技术学院	529019	530019

续表

考点名称	新考点代码	原考点代码
贵州教育学院职业教育分院	529020	530020
贵州科学院	529021	530021
贵州广播电视大学安顺市分校	529022	530022
遵义职业技术学院	529023	530023
六盘水师范高等专科学校	529024	530024
黔东南民族师范高等专科学校	529025	530025
黔东南职院	529026	530026
铜仁师范高等专科学校	529027	530027
贵州交通职业技术学院	529028	530028

NCRE 考点代码更改对应表（新疆）

考点名称	新考点代码	原考点代码
阿克苏地区职业学院	659001	640001
新疆大学继续教育学院	659002	640002
新疆和田地区信息中心	659003	640003
新疆大学成教院	659004	640004
新疆财经学院信息化中心	659005	640005
新疆科信学院（原新疆大学培训学院）	659006	640006
新疆兵团农二师华山中学	659007	640007
新疆农业大学	659008	640008
新疆石河子市第二中学	659009	640009
新希望信息技术专修学院	659010	640010
新疆师范大学成人教育学院	659011	640011
新疆职业大学	659012	640012
新疆信息技术专修学院	659013	640013
伊犁州高级技工学校	659014	640014
乌鲁木齐职业大学现代教育技术中心	659015	640015
吐鲁番地区职业技术教育培训中心	659016	640016
博州计算机应用技术社会化培训中心	659017	640017
昌吉职业技术学院	659018	640018

续表

考点名称	新考点代码	原考点代码
博州广播电视大学	659019	640019
阿勒泰地区塞北科技培训中心	659020	640020
哈密四校计算机培训中心	659021	640021
乌鲁木齐成人教育学院	659022	640022
喀什财贸学校	659023	640023
克州技工学校	659024	640024
石河子电子科技专修学校	659025	640025
克拉玛依市天友培训中心	659026	640026
石河子大学成人教育学院	659027	640027
奎屯市职业中学	659028	640028
伊犁州信息办	659029	640029
新疆教育学院	659030	640030
新疆兵团警官高等专科学校	659030	640030
新疆农业职业技术学院	659031	640031
石河子职业技术学院	659032	640032
巴音郭楞职业技术学院	659033	640033
塔里木大学	659034	640034
喀什师范学院	659035	640035
和田地区电化教育站	659036	640036
伊犁师范学院	659037	640037
兵团农十二师职业技术学院	659038	640038
武警乌鲁木齐指挥学院	659039	640039
新疆轻工职业技术学院	659040	640040

NCRE 考点代码更改对应表（宁夏）

考点名称	新考点代码	原考点代码
宁夏大学数学计算机学院	649001	650001
宁夏大学数学计算机学院南校区	649002	650002
宁夏天元计算机培训学校	649003	650003
北方民族大学电气信息工程学院	649004	650004
宁夏师范学院	649005	650005

关于2012年中英合作商务管理与金融管理专业管理段证书课程考试开考科目和时间安排的通知

教试中心函［2011］127号

各省、自治区、直辖市教育考试院（局、中心），高等教育自学考试办公室：

经与英国剑桥大学考试委员会商定，现将2012年中英合作商务管理与金融管理专业管理段证书课程考试开考科目和时间安排表下发，请遵照执行，并将有关事项说明如下：

一、为了使考生能更加系统地掌握所学知识，英国剑桥大学考试委员会建议考生报考时循序渐进，完成证书共同课的考试后再报考证书专业课考试。

二、证书专业课《商务管理综合应用》和《金融管理综合应用》的考试时间为180分钟，具体考试办法另行通知。

三、试卷申报及其他考务要求另行通知。

望各省考试承办机构积极宣传证书考试，及时将开考计划通知助学机构和考生，保证考试顺利举行。

附件：2012年中英合作商务管理与金融管理专业管理段证书课程考试开考科目和时间安排表

教育部考试中心

二〇一一年六月二十四日

附件：

2012年中英合作商务管理与金融管理专业管理段证书课程考试开考科目和时间安排表

<table>
<tr><th>考试名称及代码</th><th>考次</th><th>日期</th><th>时间</th><th>课程代码</th><th>课程名称</th><th>备注</th></tr>
<tr><td rowspan="13">中英合作商务管理与金融管理专业管理段证书课程考试（10）</td><td rowspan="6">上半年</td><td rowspan="2">5月19日
星期六</td><td>上午9:00—11:45</td><td>11741</td><td>市场与市场营销</td><td>证书共同课</td></tr>
<tr><td>下午14:00—16:45</td><td>11742</td><td>商务沟通方法与技能</td><td>证书共同课</td></tr>
<tr><td rowspan="4">5月20日
星期日</td><td rowspan="2">上午9:00—11:45</td><td>11746</td><td>国际商务与国际营销</td><td>商务管理证书专业课</td></tr>
<tr><td>11751</td><td>企业成本管理会计</td><td>金融管理证书专业课</td></tr>
<tr><td rowspan="2">下午14:00—16:45</td><td>11747</td><td>管理学与人力资源管理</td><td>商务管理证书专业课</td></tr>
<tr><td>11750</td><td>国际商务金融</td><td>金融管理证书专业课</td></tr>
<tr><td rowspan="7">下半年</td><td rowspan="4">11月17日
星期六</td><td>上午9:00—11:45</td><td>11743</td><td>企业组织与经营环境</td><td>证书共同课</td></tr>
<tr><td>上午9:00—12:00</td><td>11749</td><td>商务管理综合应用</td><td>商务管理证书专业课</td></tr>
<tr><td>下午14:00—16:45</td><td>11744</td><td>会计原理与实务</td><td>证书共同课</td></tr>
<tr><td>下午14:00—17:00</td><td>11753</td><td>金融管理综合应用</td><td>金融管理证书专业课</td></tr>
<tr><td rowspan="3">11月18日
星期日</td><td rowspan="2">上午9:00—11:45</td><td>11748</td><td>商务运营管理</td><td>商务管理证书专业课</td></tr>
<tr><td>11752</td><td>管理数量方法与分析</td><td>金融管理证书专业课</td></tr>
<tr><td>下午14:00—16:45</td><td>11745</td><td>战略管理与伦理</td><td>证书共同课</td></tr>
</table>

备注：可携带非编程计算器。

关于2011年11月全国外语翻译证书考试工作安排的通知

教试中心函［2011］128号

各有关考点：

2011年下半年全国外语翻译证书考试时间定为：11月12日和13日，现将有关事项通知如下：

一、考试时间与语种：11月12日开考英语二级、三级和四级的笔译，英语四级的口译。11月13日开考英语二级和三级的口译。

二、网上报名时间：8月1日至9月15日，考点确认时间：9月15日至9月21日。

三、考场编排与订卷：考场编排时间9月25日，订卷截止时间9月29日；网络关闭时间9月30日24点。请各考点严格执行上述时间安排，在网络关闭前打印准考证、考生花名册等材料。考点要使用网上报名系统统一提供的试卷申报表格式，打印前准确、清楚地填写各项内容，按5%的比例留出备用卷和磁带，通过传真报我中心社会考试处。

联系人及地址：（略）

四、考点在口译考生录音时应注意，交替传译考试时题目的声音和考生的声音都录制，不要专门屏蔽掉题目的声音而只录制考生的声音；同声传译时则只录制考生声音，否则都将导致难以阅卷。

五、使用磁带录音的考点可申请改为数字录音形式。但考点必须在当次考试网络报名开通前向我中心提出正式申请，并经模拟测试软硬件合格后，方可更改。

六、收费标准和考点留成见“教试中心函［2007］215号”，在报名工作结束后，请各考点认真填写《全国外语翻译证书考试（NAETI）财务报告》（附件二），五个工作日内，寄送教育部考试中心财务处并将应上缴的报考费通过银行信汇方式汇至如下账户：（略）

各考点要加强领导，规范管理，严格执行主监考手册的规定，加强对考试工作人员的业务培训。试卷安全始终是考试工作的生命线，考试工作人员要充分认识到试卷安全的重要性。考点必须明确试卷等各种考试材料的运送、分发、保管以及答卷回收、保管的工作职责，并且责任到人，按照国家机密材料管理办法及我中心的保管要求妥善处理，确实保证试卷的绝对安全。

附件：一、全国外语翻译证书考试（NAETI）主考报告

二、全国外语翻译证书考试（NAETI）财务报告

教育部考试中心

二〇一一年七月五日

（附件略）

关于做好2011年下半年非学历证书考试考务工作的通知

教试中心函［2011］129号

各省、自治区、直辖市教育考试院（局、中心）、高等教育自学考试办公室：

2011年下半年非学历证书考试项目定于11月19日、20日开考。请各省级考试机构按照我中心《非学历证书考试考务工作规定》（教试中心函［2004］109号）要求，认真做好非学历证书考试考务工作，确保安全保密和考场管理不发生问题。考试中违规行为的记录及处理方式严格按照《国家教育考试违规处理办法》中的规定执行。

为保证考试工作的顺利实施，现将有关事项通知如下：

一、开考项目

2011年下半年非学历证书开考7个考试项目：

1. 中国餐饮业职业经理人资格证书考试（01）
2. 劳动和社会保障岗位资格证书考试（02）
3. 调查分析师证书考试（03）
4. 中国物流职业经理资格证书考试（05）
5. 中英合作采购与供应管理职业资格证书考试（08）
6. 中国销售管理专业水平证书考试（09）
7. 中英合作商务管理与金融管理专业管理段证书课程考试（10）

二、考试课程安排

非学历证书考试详细开考课程安排见附件一。新开考课程代码请在考务信息交换平台下载。

三、考务信息发布

非学历证书考试信息将在考务信息发布平台发布，考试期间请各省安排专人查看相关信息，并通过考务信息发布平台及时上报相关工作情况。

考务信息发布平台登录网址：（略）。

四、评卷、登分工作

1. 省级考试机构对考试评卷工作要加强管理，应选聘从事本课程教学工作、业务水平较高、责任心较强的教师集中阅卷，并要求按照我中心下发的《答案及评分参考》掌握评分标准，以确保评卷的质量。

2. 中国餐饮业职业经理人资格证书考试、劳动和社会保障岗位资格证书考试、调查分析师证书考试、中国物流职业经理资格证书考试要求将主观题按题号进行登分（包括各小题得分）。

3. 中英合作采购与供应管理职业证书考试请严格按照试卷的登分框进行登分。要对主观题题分进行设置（选答题也要进行相应设置）并上报成绩数据。另该项目根据中英双方协议，考试结束后要对阅卷情况进行抽样分析，抽样具体要求另行通知，请各省级考试承办机构认真配合。

4. 中国销售管理专业水平证书考试和中英合作商务管理与金融管理专业管理段证书课程考试由我中心组织集中阅卷、登分，请各省考试承办机构在考试结束2日之内将考生答卷经邮政机要渠道寄送教育部考试中心社考处。

5. 评卷结束后，评卷单位填写评卷反馈意见表（见附件二），由省级考试承办机构签署意见并加盖公章后于12月8日前上报我中心。

五、成绩数据上报及下发

非学历证书考试必须使用全国统一的考务管理系统。

为及时下发考生成绩，请各省级考试机构务必在考试结束之日起20日之内，利用考务信息交换平台上报成绩数据，我中心将利用考务信息交换平台下发各省成绩数据。

考务信息交换平台地址：（略）。

请各省级考试机构及时向我中心申请开通。

信息处联系人：（略）。

六、证书打印下发

中国销售管理专业水平证书、中英合作商务管理与金融管理专业管理段证书均由我中心负责打印，请各省级考试机构按相关规定采集并提交考生照片信息，以保证工作的顺利进行。

七、考务材料申领

因非学历证书考试考务工作需要，由我中心下发考试报名登记卡、报考课程卡、成绩通知单、准考证。各省级考试机构需填写非学历证书考试考务材料申领单上报领取（见附件四）。

社考处联系人：（略）。

附件：一、2011年下半年非学历证书考试开考课程时间安排表
二、非学历证书考试评卷反馈意见表
三、考务信息发布平台登录网址、用户名及密码
四、非学历行业证书考试考务材料申领单
五、中国物流职业经理资格证书考试高级证书课程《业务考评》2011年下半年考试工作安排
六、中国物流职业经理资格证书考试《业务考评》报名表
七、中国物流职业经理资格证书考试《业务考评》考生报考须知
八、中国物流职业经理资格证书考试《业务考评》报名汇总表

教育部考试中心
二〇一一年七月五日

附件一：

2011年下半年非学历证书考试开考课程时间安排表

考试名称及代码	考次	日期	时间	课程代码	课程名称	备注
中国餐饮业职业经理人资格证书考试（01）	下半年	11月19日星期六	上午09:00—11:30	09539	餐饮企业流程管理	中级
				09543	餐饮连锁经营与管理	高级【计算器】
			下午14:00—16:30	09540	餐饮成本核算与控制	中级
				09544	餐饮企业信息管理应用实务	高级
		11月20日星期日	上午09:00—11:30	09541	现代厨政管理	中级
				09545	餐饮企业品牌经营	高级
			下午14:00—16:30	09542	餐饮食品安全	中级
				09006	餐饮企业人力资源管理	高级（新版教材）

续表

考试名称及代码	考次	日期	时 间	课程代码	课程名称	备注
劳动和社会保障岗位资格证书考试（02）	下半年	11月19日星期六	上午09:00—11:30	03318	医疗与生育保险	
			下午14:00—16:30	03315	劳动关系	
		11月20日星期日	上午09:00—11:30	03317	失业保险	
调查分析师证书考试（03）	下半年	11月19日星期六	上午9:00—11:30	07148	调查概论	中级【计算器】
				07162	商务统计	高级【计算器】
			下午14:00—16:30	07152	市场调查实务	中级【计算器】
				07161	经济计量分析	高级【计算器】
		11月20日星期日	上午09:00—11:30	07156	社会经济调查方法与实务	初级【计算器】
			下午14:00—16:30	08003	调查分析基本技能	初级【计算器】可携带三角板和圆规
中国物流职业经理资格证书考试（05）	下半年	11月19日星期六	上午09:00—11:30	05363	物流基础	初级
				05376	库存管理（二）	中级【计算器】
			下午14:00—16:30	05368	库存管理（一）	初级【计算器】
				05373	物流企业管理	中、高级
		11月20日星期日	上午09:00—11:30	05365	物流信息技术	初级
				05367	物流案例与实践（一）	初级【计算器】
				05377	采购与供应管理（二）	中级【计算器】
			下午14:00—16:30	05369	采购与供应管理（一）	初级【计算器】
				05375	物流案例与实践（二）	中级【计算器】
				05382	物流战略管理	高级
中英合作采购与供应管理职业资格证书考试（08）	下半年	11月19日星期六	上午9:00—12:00	03611	采购与供应谈判	中级/CIPS四级【计算器】
				05727	采购原理与战略	初级/CIPS三级【计算器】
			下午14:00—17:00	03612	采购环境	中级/CIPS四级【计算器】
				05729	国际物流	初级/CIPS三级【计算器】
		11月20日星期日	上午9:00—12:00	03613	采购与供应关系管理	中级/CIPS四级【计算器】
			下午14:00—17:00	03618	采购项目管理	高级【计算器】
				03619	运作管理	高级【计算器】

续表

考试名称及代码	考次	日期	时 间	课程代码	课程名称	备注
中国销售管理专业水平证书考试（09）	下半年	11月19日星期六	上午9:00—11:30	10496	零售管理	销售经理助理★
				10501	销售渠道管理	销售经理
			下午14:00—16:30	10498	网络销售	销售经理助理★
				10505	销售风险管理	销售总监★
		11月20日星期日	上午9:00—11:30	10495	销售客户沟通	销售经理助理★
				10507	物流与供应链管理	销售总监
			下午14:00—16:30	10500	市场调研与销售预测	销售经理
				10503	组织间销售	销售总监
中英合作商务管理与金融管理专业管理段证书课程考试（10）	下半年	11月19日星期六	上午 9:00—11:45	11741	市场与市场营销	证书共同课★【计算器】
			下午14:00—16:45	11743	企业组织与经营环境	证书共同课★【计算器】
		11月20日星期日	上午9:00—11:45	11744	会计原理与实务	证书共同课★【计算器】
			下午14:00—16:45	11745	战略管理与伦理	证书共同课★【计算器】

注：1. 计算器为非编程计算器。

2. 标注★是新开考课程。

（附件二、三、四略）

附件五：

中国物流职业经理资格证书考试高级证书课程《业务考评》2011年下半年考试工作安排

《业务考评》（课程代码：05383）是中国物流职业经理资格高级证书考试必修课程，也是最后一门课程，考生通过《业务考评》后，即可申请获得高级证书。

2011年下半年《业务考评》考试的相关安排如下：

一、报名

1. 报考条件

考生必须符合下列条件之一：

（1）具有5年以上的物流管理工作经验，并且已经通过《物流企业管理》（课程代码：05373）、《供应链管理》（课程代码：05380）、《物流战略管理》（课程代码：05382）3门课程的考试。

（2）获得国家承认的大学本科及上学历，具有5年以上的物流管理工作经验，并已经通过《物流战略管理》（课程代码：05382）的考试。

说明：考虑到《物流企业管理》和《供应链管理》是高等教育自学考试物流管理专业（独立本科段）的考试课程，教育部考试中心（以下简称“考试中心”）与中国交通运输协会（以下简称“中国交协”）经研究商定，如果考生已经具有国家承认的大学本科学历，并具有5年以上的物流管理工作经验，在报考高级证书考试时可免考《物流企业管理》和《供应链管理》2门课程。

2. 时间：本次报考的报名截止时间为2011年8月25日。

3. 地点：中国物流职业经理资格证书考试的报名地点。

4. 提交材料：《业务考评》报名表原件一份；考生本人2张2寸彩色证件照。

考生可自行下载报名表、考生报考须知和"业务考评"课程考试大纲等相关资料。下载网址：http://www.cplm.org.cn。

5. 费用

（1）报名时考生须缴纳评审费（1 200元/人·次）。

（2）补考考生只需缴纳补考费用（600元/人·次）。（考生只有一次补考机会）

二、资格审查及交费流程

1. 各省级物流项目管理机构（以下简称"省管机构"）负责通知考生报名及初审考生报考资格工作。省管机构于9月1日前将考生报名汇总表以电子邮件方式发评审组秘书处（以下简称"秘书处"），同时将考生报名表原件快递至秘书处（复印件无效），并按报送名单将评审费汇入中国交协指定账户。

2. 秘书处于9月10日前复审考生报考资格，并有最终审定权。考生资格复审结果由秘书处负责通知省管机构。未通过复审的考生由省管机构通知考生本人并将评审费全额退给考生，不得截留。

三、案例报告提交

1. 报考资格审查通过的考生在9月25日之前提交案例报告。

2. 考生按照《中国物流职业经理资格证书考试同〈业务考评〉课程考试大纲》的要求撰写案例报告。

3. 考生提交案例报告文档名称为：05383－省（直辖市）－准考证号码；提交格式为PDF；提交秘书处邮件地址：inquiry@cplm.org.cn，同时抄送wuliu@mail.neea.edu.cn备案。

4. 案例报告中不得出现考生姓名、单位等个人信息，否则取消考生本期参评资格；提交案例报告的邮件地址与考生报名时提供的邮件地址须一致。

5. 9月25日至10月25日由评审专家组专家初审案例报告。

6. 对初审不合格的案例报告，秘书处将于10月31日之前以电子邮件方式通知考生。考生重新修改后的报告于11月15日之前提交评审组秘书处，专家重审通过后进入答辩程序。

7. 报名后不能按时提交案例报告或不能按时参加答辩的考生，将视为自动放弃当期报考资格，评审费不退还。

四、答辩

1. 参加案例报告初审（复审）并通过的考生将进入答辩程序。答辩时间为11月15日至12月31日。

2. 答辩未通过的考生须重新参加新一轮报考并按要求交纳考试费用。

3. 答辩将由考试中心（全国考办）、中国交协、省级考试承办机构和省管机构共同组织实施。具体安排将另行通知。

五、成绩发布

本期答辩全部结束一个月之内公布考生成绩。

各省级考试机构和省管机构要紧密配合，做好报考各环节的衔接工作。为规范管理，方便考生，报考中涉及的《报名表》、《考生报考须知》、《报名汇总表》等资料均可在网站下载。各省管机构可以依此制订本省的报考流程并及时通知考生。报考资料下载及成绩查询网址如下：

教育部考试中心社会证书考试网 http://sk.neea.edu.cn

中国交协物流职业经理认证网 http://www.cplm.org.cn

（附件六略）

附件七：

中国物流职业经理资格证书考试《业务考评》考生报考须知

一、报考条件

考生必须符合下列条件之一：

（1）具有5年以上的物流管理工作经验，并且已经通过《物流企业管理》（课程代码：05373）、《供应链管理》（课程代码：05380）、《物流战略管理》（课程代码：05382）3门课程的考试。

（2）获得国家承认的大学本科及上学历，具有5年以上的物流管理工作经验，并已经通过《物流战略管理》（课程代码：05382）的考试。

说明：考虑到《物流企业管理》和《供应链管理》是高等教育自学考试物流管理专业（独立本科段）的考试课程，教育部考试中心（以下简称考试中心）与中国交通运输协会（以下简称中国交协）经研究商定，如果考生已经具有国家承认的大学本科学历，并具有5年以上的物流管理工作经验，在报考高级证书考试时可免考《物流企业管理》和《供应链管理》2门课程。

二、报名时间：本次报考的报名截止时间为2011年8月25日。

三、报名地点：中国物流职业经理资格证书考试的报名地点。

四、提交材料：《业务考评》报名表原件一份；考生本人2张2寸彩色证件照。

考生可自行下载报名表、考生须知和《业务考评》课程考试大纲等相关资料。下载网址：http://www.cplm.org.cn。

五、费用

（1）报名时考生须缴纳评审费（1 200元/人·次）。

（2）补考考生只需缴纳补考费（600元/人·次）。（考生只有一次补考机会）

六、资格审查：9月10日之前，由报名点通知考生资格审查情况。未通过资格审查的考生可以办理相关退费手续。

七、提交案例报告：报考资格审查通过的考生在2011年9月25日之前提交案例报告。

八、考生按照《中国物流职业经理资格证书考试〈业务考评〉课程考试大纲》的要求撰写案例报告。

九、考生提交案例报告文档名称为：05383－省（直辖市）－准考证号码；提交格式为PDF；提交秘书处邮件地址：inquiry@cplm.org.cn，同时抄送wuliu@mail.neea.edu.cn备案。

十、案例报告中不得出现考生姓名、单位等个人信息，否则取消考生本期参审资格；提交案例报告的邮件地址与考生报名时提供的邮件地址一致。

十一、对初审不合格的案例报告，评审组秘书处将于2011年10月31日之前以电子邮件方式通知考生；考生重新修改后的报告于2011年11月15日之前提交评审组秘书处，专家重审通过后进入答辩程序。

十二、报考后不能按时提交案例报告或不能按时参加答辩的考生，将视为自动放弃当期报考资格，评审费不退还。

十三、参加案例报告初审（复审）并通过的考生将进入答辩程序，答辩时间为11月15日至12月31日。请考生等候通知，根据统一安排准时参加答辩。

十四、本期答辩全部结束一个月之内考生成绩可以得到确认并公布。成绩查询地址：

教育部考试中心社会证书考试网 http://sk.neea.edu.cn

中国交协物流职业经理认证网 http://www.cplm.org.cn

十五、答辩未通过的考生需重新参加新一轮报考并按要求缴纳考试费用。

（附件八略）

关于中国物流职业经理资格证书考试《业务考评》远程答辩工作的通知

教试中心函［2011］132号

各省、自治区、直辖市教育考试院（局、中心），高等教育自学考试办公室：

根据2011年2月教育部考试中心（全国考办）印发的《关于做好2011年非学历证书考试工作的通知》（教试中心函［2011］28号）工作安排，2011年上半年中国物流职业经理资格证书考试《业务考评》远程答辩定于7月16日举行。现将有关事项通知如下：

一、开考课程

《业务考评》（课程代码：05383）是中国物流职业经理资格高级证书考试必修课程。该课程采用考生提交案例报告、专家评估、统一组织考生答辩的考核方式，考试成绩根据案例报告的初评成绩和考生答辩成绩综合评定。

二、答辩地点

主考场设在教育部国家教育考试考务指挥中心；

分考场设在各省级考试机构国家教育考试考务指挥中心。

三、设备调试

为保证答辩工作正常举行，我中心定于2011年7月12日至14日进行集中调试。

考试中心联系人：（略）

四、远程答辩

根据2010年6月印发的《关于中国物流职业经理资格证书考试高级证书课程〈业务考评〉报考通知》（教试中心函［2010］117号），答辩由教育部考试中心（全国考办）、中国交通运输协会、省级考试承办机构和省管机构共同组织实施。具体工作安排见附件二。各单位要紧密配合，做好远程答辩各环节的工作。

附件：一、2011年上半年《业务考评》远程答辩时间安排表

二、2011年上半年中国物流职业经理资格证书考试高级证书课程《业务考评》答辩工作实施方案

三、《业务考评》考场记录表

四、《业务考评》远程答辩省考务指挥中心地址及联系方式

教育部考试中心

二〇一一年七月十一日

（附件一略）

附件二：

2011年上半年中国物流职业经理资格证书考试 高级证书课程《业务考评》答辩工作实施方案

《业务考评》课程是中国物流职业经理资格证书考试高级证书的必考课程。报考《业务考评》的考生需按要求提交案例报告，案例报告经专家组初审（复审）合格后的考生将进入答辩程序。

一、答辩时间及形式

答辩时间：7月16日。

答辩形式：答辩采用远程视频的形式进行。每位考生的答辩时间大约20分钟，其中5～7分钟简述案例报告内容，13～15分钟回答评审专家提问。

二、答辩工作人员岗位职责

1. 教育部考试中心工作人员

（1）项目负责人

全面负责各项工作的检查、落实；

处理紧急突发事件。

（2）考务工作人员

负责答辩视频平台的测试；

布置答辩场地；

负责组织答辩的实施；

与省级考试机构相关人员协调沟通，确保各省答辩有序进行。

（3）技术支持人员

协同考务工作人员进行答辩视频平台的测试；

负责视频答辩平台的技术支持，确保答辩过程中设备正常运行；

通过视频平台备份整个答辩过程的音频、视频资料。

2. 省级考试机构工作人员

（1）考点负责人

全面负责本考点各项工作的检查落实；

处理本考点紧急突发事件。

（2）考点考务工作人员

负责答辩视频平台的测试；

负责所在考点的考场纪律的管理；

核对本考点考生身份，组织考生有序进行答辩；

处理并记录考场违纪行为；

负责填写考场记录表。

（3）考点技术支持人员

协同考务工作人员进行答辩视频平台的测试；

负责视频答辩平台的技术支持，确保答辩过程中设备正常运行。

3. 评审组秘书处工作人员

答辩前，核对《案例报告评审表》，并交至相应的评审专家；

答辩后，汇总评审意见，将《案例报告评审表》报全国考办。

三、答辩实施工作流程

答辩时间	2011年7月16日	
答辩前准备		
时间	工作重点	特别注意事项
考试前5天（7月11日）	确定相关工作人员	使有关人员了解自己的职责
考试前3天（7月13日）	答辩视频平台测试	考试中心与各省考务人员及技术支持人员沟通完成测试
考试前2天（7月14日）	设立答辩室、备考室； 制作答辩室及备考室门帖	

续表

时间	工作重点	特别注意事项
考试前1天（7月15日）	布置答辩室、备考室； 张贴答辩室及备考室门帖； 考试中心答辩场地悬挂带有考试项目名称的条幅	营造严肃、庄重的答辩氛围
正式答辩		
7月16日		
答辩前1小时	考点负责人、监考人员、技术人员到场	各省根据考生答辩时间不同自行提前准备
答辩前40分	完成与考试中心的视频连接	最后一次测试视频及语音设备，等待答辩
答辩前30分钟	组织考生入备考室	监考人员核对考生准考证、身份证 告知考生关闭手机
	答辩专家就位	秘书处工作人员将《案例报告评审表》交专家

续表

时间	工作重点	特别注意事项
答辩前5分钟	按视频答辩顺序带考生进去答辩区	每次限1名考生，陪同人员不能进入答辩区
答辩开始	每位考生的答辩时间大约20分钟； 每考生有5~7分钟简述案例报告内容； 13~15分钟回答评审专家提问	答辩完成后由监考人员带入下一位考生进入答辩区； 请各省监考人员提示考生答辩时间，保证其他考生按时参加视频答辩
答辩结束	考生离开考场	
	专家填写《案例报告评审表》	秘书处工作人员收集《案例报告评审表》并统一报全国考办
	各省考务人员填写《考场记录表》	考后发给考试中心

（附件三、四略）

关于做好2011年政法干警招录培养体制改革试点教育入学考试考务管理工作的通知

教试中心函［2011］133号

天津、河北、山西、内蒙古、辽宁、吉林、黑龙江、江苏、浙江、安徽、福建、江西、山东、河南、湖北、湖南、广西、重庆、四川、贵州、云南、西藏、陕西、甘肃、青海、宁夏、新疆自治区（省、直辖市）教育考试院（局、中心）、普通高校招生办公室、高等教育自学考试办公室，新疆生产建设兵团教育局：

按照《关于印发〈2011年政法干警招录培养体制改革试点工作实施方案〉的通知》（政法［2011］22号）规定（以下简称《通知》），2011年政法干警招录培养体制改革试点招生考试笔试（以下简称“招录考试”）将于9月17日至18日举行。笔试包括公务员公共科目考试和教育入学考试两部分，17日举行公务员公共科目考试，18日举行教育入学考试。为进一步加强考务管理和考试安全工作，严肃考试纪律，确保考试平稳实施，现将有关考务工作通知如下：

一、加强领导，周密部署

招录考试是中共中央关于政法干警招录培养体制改革试点工作的重要组成部分。对此，当地负责教育入学考试的机构要高度重视，加强领导，周密部署。要采取切实措施，做好试卷安全保密工作，严格考风考纪管理，确保考试平稳进行。

二、严格执行考务管理规定

教育入学考试的试卷运送及保管、考试实施、答卷寄送等考务管理工作参照《教育部关于印发〈2011年全国招收攻读硕士学位研究生统一入学考试考务工作规定〉的通知》（教考试［2010］1号）执行，考生违规行为的认定与处理参照《国家教育考试违规处理办法》（教育部第18号令）执行。

三、考试科目及时间安排

今年的教育入学考试包括文化综合、民法学、专业综合Ⅰ和专业综合Ⅱ共四个科目，由我中心负责该四个科目的命题、试卷印制和寄送、组织统一评卷等工作。

日期	科目名称	考试时间
9月18日上午	文化综合	9:00—11:30
	民法学	9:00—11:30
	专业综合Ⅰ	9:00—12:00
9月18日下午	专业综合Ⅱ	14:00—17:00

四、试卷申报及数据上报要求

请当地负责教育入学考试的机构务必于8月26日前上报试卷申报表，试卷申报表通过传真方式上报，申报内容及要求见附件一。我中心将于9月6日左右通过机要方式将试卷发出。试卷袋中包括如下物品：试题册、答题卡袋（内含与试题册份数相同的答题卡）、试卷袋密封签、答题卡袋密封签。

请当地负责教育入学考试的机构务必于9月5日前上报考生报名信息库，考生报名信息库采用电子邮件方式上报，接收邮箱为：zfw@ mail. neea. edu. cn。报名信息标准必须严格按照《通知》附件3《2011年政法干警招录培养体制改革试点考生信息标准》（以下简称《信息标准》）执行。特别强调：在发给考生准考证上的考生编号必须严格遵照《信息标准》采用13位编号规则。

五、严格考试值班和报告制度

考前三天至考试结束，我中心考务二处开通24小时值班电话：（略）。同时为方便快捷地与各地保持工作联系，我中心开设短信指挥平台，短信接入号码为（略），当收到由此号码发出的短信后须立即署名回复。

各地负责机构必须严格落实考试值班及报告制度，收到试卷后须安排专人值班，并于9月14日前将本次考试组织及值班情况（附件二）通过传真上报我中心考务二处，并注明考试期间短信接收人及手机号码。9月18日19时前通过短信方式报送考试实施情况。凡涉及泄密、集体舞弊等事件务必在第一时间上报我中心。

请当地负责教育入学考试的机构于2012年2月底前将本次招录考试教育入学考试工作总结报我中心。

六、答题卡回寄要求

教育入学考试四个科目全部采用网上评卷方式，由我中心指定吉林省自学考试办公室具体承担。考试结束后，请当地负责教育入学考试的机构务必于9月20日前将教育入学考试四个科目的答题卡（包括缺考考生答题卡）通过机要渠道寄出。试题册（包括缺考考生试题册）装入试卷袋，经考点考务负责人清点无误后，用试卷袋密封签密封袋口，由当地负责教育入学考试的机构保存，待考试结束三个月后销毁。

答题卡寄送地址：（略）。

七、教育部门招录工作经费

为确保2011年政法干警招录培养体制改革试点招生考试工作顺利实施，简化报名缴费手续，根据中央政法委、教育部、财政部、人力资源和社会保障部等十二部委《2011年政法干警招录培养体制改革试点工作实施方案》（政法［2011］22号）第八条“教育部门招录工作经费，按现行规定向考生收取报名费解决”规定，经研究，本次教育入学考试费按各地现行规定的普通高考、硕士研究生入学考试和成人高考相应标准收取，其中50%用于各地组织教育入学考试相关工作支出，50%上缴教育部考试中心，用于命题、制卷、评卷和统计分析等工作支出。我中心收费账户信息如下：（略）。

接到本通知后，请你们立即部署，积极联系当地人事考试部门，商定有关考试事宜。如本省（区、市）招录考试中教育入学考试由人事考试机构负责，请将此文内容转告相关负责单位，确保考试平稳进行。

附件：一、2011年政法干警招录培养体制改革试点教育入学考试试卷申报表

二、2011年政法干警招录培养体制改革试点教育入学考试考试组织及值班安排情况上报表

教育部考试中心

二〇一一年七月十一日

（附件略）

关于成立第五届全国计算机等级考试委员会的通知

教试中心函［2011］135号

为保证考试的科学和权威，全国计算机等级考试（NCRE）创建之初就成立了全国计算机等级考试委员会（以下简称考委会）。十多年来，考委会坚持对NCRE组织和实施给予精心指导和严格要求，确保考试质量不断提高，考试规模持续增长，赢得了良好的社会信誉，为普及推广计算机知识和培养人才发挥了重要作用。考委会的委员们以炽热的感情、认真负责的态度和科学的精神，无私奉献，辛勤工作，为NCRE考试设计、大纲审定、命题指导、考试组织、宣传推广等工作付出了大量心血和汗水，圆满完成了考委会的各项任务。

第四届考委会成立于2006年5月，根据《全国计算机等级考试委员会章程》规定，考委会应进行换届调整。为充分发挥考委会的作用，经研究决定在第四届考委会的基础上成立第五届全国计算机等级考试委员会。希望新一届考委会继续发扬第四届考委会的精神，以饱满的热情，为推进新时期NCRE的持续健康发展做出新的贡献。

今年年初，杨芙清院士本人提出申请，因年龄原因辞去考委会主任委员职务。经研究决定，聘请杨芙清院士担任全国计算机等级考试名誉主任委员。

附件：第五届全国计算机等级考试委员会名单

教育部考试中心

二〇一一年七月十二日

附件：

第五届全国计算机等级考试委员会名单

名誉主任委员：	杨芙清	北京大学
主任委员：	赵沁平	北京航空航天大学
副主任委员：	戴家干	教育部考试中心
	周立柱	清华大学
委员：	马殿富	北京航空航天大学
（以姓氏笔	王成骥	河北教育考试院
画为序）	石　峰	北京理工大学
	卢炎生	华中科技大学
	李茂青	厦门大学
	李德文	工业和信息化部
	吴功宜	南开大学
	吴泉源	国防科技大学
	刘炳贵	江苏教育考试院
	刘军谊	教育部考试中心（兼秘书长）
	陈向群	北京大学
	陈　冲	中国软件行业协会
	张质朴	山东教育考试院
	宋擒豹	西安交通大学
	邹　维	北京大学
	周明陶	中科希望软件公司
	赵　宏	东软集团
	郝爱民	北京航空航天大学（兼副秘书长）
	黄宜华	南京大学
	蒋宗礼	北京工业大学
副秘书长：	王　莉	教育部考试中心
	黄啸波	教育部考试中心

关于加强2011年下半年全国计算机等级考试考务管理工作的通知

教试中心函［2011］140号

各省级全国计算机等级考试承办机构：

2011年下半年全国计算机等级考试（以下简称NCRE）将于9月17日至21日举行。为进一步加强NCRE考务管理，严肃考风考纪，切实抓好各项安全保密工作，保障规章制度和责任制度的具体落实，确保考试平稳实施，现对2011年下半年全国计算机等级考试有关考务重点工作要求如下：

一、加强安全保密，落实保密室管理规章制度

安全保密是考试的生命线，试卷安全始终是考试的第一要务。各级承办机构一要把试卷安全和考场安全作为“一把手工程”，主要负责同志要亲自抓，对考试安全负总责。按照“分级管理、逐级负责”的原则，切实做到任务到岗，责任到人。二要严格执行四部局发布的《国家教育考试考务安全保密工作规定》（教考试［2004］2号）的各项要求，对于不达标或存在安全隐患的保密室或工作节点，必须限期逐项整改，确保不留安全隐患和工作死角。不符合规定的保密室，绝不能过夜存放试卷。三要继续完善内部工作制约机制，加强对涉密人员的监督管理，完善监考教师的相互监督制约机制。加强考务工作人员的警示教育和业务培训，尤其是对涉密人员的安全保密教育和培训，增强其法律和责任意识。四要认真落实保密室管理规章制度，认真填写相关表格，严格管理保密室值班记录、试卷交接记录、人员出入登记记录等。

二、严格考风考纪管理，启动标准化考点建设

各省级承办机构要认真总结2011年上半年NCRE组考情况，采取有效措施，严格考风考纪管理。一是要启动标准化考点建设工作，加强对考点的监督、检查及评估工作。本次考试中，要求各地保密室及试卷分发场所必须实现视频监控，评卷场所要启动视频监控建设工作，争取两年内完成全部建设工作。2011年年底前，各省（区市）至少要建设一个标准化考点，标准化考点建设标准参照《关于印发〈2010年国家教育考试标准化考点规范（试行）〉的通知》（2010［79］号）执行。二是要加强对考试工作人员及考生的道德教育、考风考纪教育和诚信教育，完善考试诚信档案系统。建立合格的考试工作人员队伍，落实考核聘任制度，未经培训或培训不合格的人员不能上岗。三是要采取切实有效的措施和现代化技术手段，对各种考场违规行为进行防控，特别是对管理薄弱地区，做到预防有力、发现及时、处理得当。坚决防范、打击有组织的集体舞弊行为，特别是要杜绝有考试工作人员参与的舞弊行为。四是要求各级考试机构设立举报箱和举报电话，并向社会公布。对于实名举报，要认真查处，及时汇报，处理得当。

三、协调相关部门，做好应急预案准备工作

各地要进一步细化应急预案，配合有关权威部门开展安全防范措施，特别是要做好对自然灾害应急处置准备，并根据当地实际情况和考生规模，准备好数量充足的备用考点（考场），一旦出现极端自然灾害时，可以迅速做出转移安置部署，提高应急处置的能力。同时，进一步加强考点、评卷场等考试场所卫生防疫与食品卫生安全工作，预防传染病流行、食品中毒等事件的发生，切实保障考生及考试工作人员的人身安全和身体健康。

四、加强评卷管理工作，重视雷同答卷的判定

各省级承办机构要加强笔试评卷工作的组织管理，严格评卷工作纪律，确保评卷工作平稳进行。评卷工作要在省级承办机构批准的评卷点集中、封闭评卷。要加强对评卷专家和教师的集中培训，严格根据我中心提供的答案及评分参考评阅试卷。在评卷过程中，若对评分标准产生质疑，要通过省级承办机构及时与我中心取得联系，不得擅自调整评分标准。评卷过程中，要重视对雷同答卷的判定工作，一经判定雷同，要严肃处理。如发现大规模雷同答卷，要立即上报我中心。

五、严格考试值班制度，坚持每日一报

各省级承办机构要按照有关规定严格落实值班和报告制度（见附件）。我中心将在“国家教育考试考务管理与服务平台”（http://www.kaowu.neea.edu.cn）上发布有关本次考试的相关信息。请各省级承办机构在考试期间注意浏览该平台，在9月14日至21日期间，指定专人每天上网浏览，每两个小时至少浏览一次。要充分发挥国家教育考试管理与服务平台的作用，实现指挥畅通、反馈及时，对于涉密信息不能通过该平台汇报，必须通过加密渠道上报。

六、其他重点说明的工作

1. 安全工作会：我中心将在2011年9月14日上午10时召开2011年下半年全国计算机等级考试安全工作会议。会议主会场设在：教育部国家教育考试考务指挥中心；分会场设在：各省级考试机构国家教育考试考务指挥中心。请各省级承办机构注意相关通知并做好会议准备工作。

2. 代码变更：重庆、贵州、云南、宁夏、新疆五个NCRE省级承办机构从本次考试开始NCRE省代码及有关考点代码进行了变更，将与国标代码保持一致。请按照教试中心函［2011］119号文件要求做好本次代码的变更工作。

3. 材料上报：各省级承办机构在考前三天（最后日期：9月13日）将本省的应急通信网络、保密室（省、地市、考点）值班电话和考生人数统计通过国家教育考试管理与服务平台上报我中心。

4. 数据上报：要继续加强上报数据信息的校验工作，保证上报到我中心的最终数据信息的准确性。本次考试信息数据除照片数据之外，其他信息数据全部上报到国家教育考试考务管理与服务平台指定位置（考前通知具体上报位置）。考前上报数据包括考生报名库、考生照片；考后上报数据包括考生报名库、卷面信息库、违纪库、上机成绩加密库等。我中心将按照各省上报的考后数据进行成绩处理和证书发放工作，并对考前与考后的考生报名库进行比较，考后数据较考前数据变动较大的需以省级承办机构名义提出数据变更的申请报告。

5. 考后数据上报时间：请各省级承办机构尽快组织评卷工作，保证在10月15日之前上报有关考后数据。其中违纪库随考后数据同时上报，若违纪信息有调整，请在成绩发布之前，及时通知我中心进行更正。

6. 考生照片：本次报名过程中未提供照片的考生不允许参加考试。省级承办机构上报的无照片考生信息，我中心将不予处理成绩。照片数据光盘寄送地址：（略）。

附件：2011年下半年全国计算机等级考试安全保密工作报告要求

教育部考试中心
二○一一年七月二十二日

（附件略）

关于加强2011年下半年全国英语等级考试（PETS）考务工作的通知

教试中心函［2011］141号

各省级全国英语等级考试承办机构：

2011年下半年全国英语等级考试（PETS）将于9月24日至25日举行，开考级别为一级、二级、三级和四级。为进一步加强考务管理和考试安全，严肃考风考纪，确保考试平稳实施。现将有关考务工作要求通知如下：

一、加强领导，细化预案

各省级PETS承办机构要从维护稳定大局出发，加强领导、精心准备，特别是针对PETS听力部分易出现突发事件的特点，做好听力设备测试工作，做好相关应急预案细化及培训等工作。在PETS与高考听力、口语成绩挂钩的地区，各级主管机构要积极主动协调公安、工信、保密、宣传、纪检监察等有关部门，发挥合作与联动机制，确保考试平稳进行。

二、增强安全保密意识，建设专业化管理队伍

各地要参照《国家教育考试考务安全保密工作规定》（教考试［2004］2号）中的相关规定，完善、细化各项监督与检查制度，对存放试卷的保密室要提前逐一检查，不符合规定的保密室，一律不得过夜存放试卷。同时，各省级PETS承办机构要通过集中对保密工作人员进行警示教育和业务培训，落实昼夜值班、定时巡查、实时监控等措施，确保安全保密环节不出问题。我中心将从9月22日开始，对各地保密室值班情况进行抽查，并将抽查结果进行通报。各省级承办机构务必于9月19日前将各级考试机构（省、地市、考点）的《保密室应急通信表》（附件一）以电子邮件或传真形式发至考务二处。

三、加强考风考纪，积极推进标准化考点建设

为进一步加强考风考纪，维护考试权威性，各地在本次考试中必须配备相关防高科技作弊硬件设备：如手机信号屏蔽器、金属探测器、手机探测狗等，严厉打击违纪舞弊行为。2011年年底前，各省（区市）应建成1个以上（含1个）标准化考点。

四、规范考务平台管理，严格执行上报制度

考试实施期间，PETS各项考务工作安排及值班电话将在平台上公布，各承办机构务必派专人每半天浏览一次“国家教育考试考务管理平台”（以下简称“考务平台”）http://www.kaowu.neea.edu.cn。同时，从试卷到达之日起，各省级承办机构务必在每日19:00前通过考务平台或传真的方式报告当天试卷保管情况。考试期间，听力考试结束1小时内及当天13:00和18:00之前通过考务平台报告听力考试情况及上午和下午考试情况，对于涉及泄密、集体舞弊等事件务必在第一时间上报至我中心。

我中心拟定于9月14日召开2011年下半年全国英语等级考试安全工作会议，会议主会场设在教育部国家教育考试考务指挥中心；分会场设在各省级考试机构国家教育考试考务指挥中心，请各省级承办机构注意相关通知并做好准备工作。

五、做好考试数据校验，确保上报数据准确

各省级承办机构应进一步做好对考生信息的核对工作，要求考生在认真核对报名表上各项内容后签字确认，以确保数据准确无误。各省级承办机构应于9月19日前，将下半年的考试报名人数统计表（附件二）以电子邮件或传真形式发至我中心考务二处，考试结束之日起20个工作日内，将评卷数据发送到考务平台。各省数据负责人应在上报数据后及时浏览考务平台，以了解数据处理工作进展并及时反馈。开考PETS听力单项考试和采用计算机辅助口语考试的承办机构，在上报考试数据的同时，应将本省考生信息及答案数据全部刻成光盘，寄送到我中心考务二处。

六、认真总结经验，及时完成善后工作

各省级承办机构应在考后对本次考试工作进行总结，针对工作中存在的问题认真研究，并提出意见和改进建议，形成文字报告，报送至中心考务平台。考生如提出补办合格证明书，可告知其自行登录 http://chaxun.neea.edu.cn 网站完成补办申请。如考生对我中心发放的单项合格证、合格证书有疑问，应由省级承办机构上报我中心。我中心在考试结束之日起6个月内处理当次考试的遗留问题。

考务二处联系方式：（略）

附件：一、全国英语等级考试保密室应急通信表
　　　二、全国英语等级考试报名人数统计表

教育部考试中心
二〇一一年七月二十日

（附件略）

关于做好2011年成人高校招生全国统一考试考务工作的通知

教试中心函［2011］150号

各省、自治区、直辖市教育考试院（局、中心）、普通高校招生办公室：

为做好2011年成人高等学校招生全国统一考试考务工作，现就有关要求通知如下：

一、加强领导，周密部署。成人高等学校招生全国统一考试是国家教育统一考试的重要组成部分，承担保证新生入学质量的任务，各级教育行政部门、招生考试机构要按照贯彻落实科学发展观，全面落实教育规划纲要要求，以考生为本，从构建和谐社会、维护大局稳定出发，努力提高管理和服务水平，认真做好成人高校招生全国统一考试的组织实施工作，充分发挥各级政府、招生委员会和国家教育考试工作联席会议的领导作用，主动加强与公安（武警）、宣传、卫生、交通、通信、机要保密、纪检监察等部门的配合，严格按照《教育部关于做好2011年全国成人高校招生工作的通知》（教学［2011］8号）和《高等学校招生全国统一考试考务工作规定》（教考试［2009］2号）执行。实行网上评卷的省级考试机构要切实落实有关国家教育考试网上评卷工作的各项规定。针对考试中可能发生的问题，制订切实有效的防范措施和重大突发事件应急预案，快速妥善处理重大突发事件，保证考试实施和评卷工作的顺利进行。

二、切实做好试卷清样、试卷的安全保密工作。试卷的安全保密事关考试能否正常举行和社会稳定，必须坚持“分级管理，逐级负责”的原则，省级教育行政部门和招生考试机构的一把手对本地区成人高校招生全国统一考试安全保密工作负总责，必须从政治大局出发，切实抓好各项安全保密规章制度和责任制度的落实。试卷必须在国家保密局确定的国家统一考试试卷定点印制单位印刷，试卷的运送、发放和保管以及答卷回收、运送、保管等环节都要严格按照教育部、中宣部、公安部、国家保密局发布的《国家教育考试安全保密工作规定》的要求执行。加强安全保密工作人员的业务培训，加强试卷保密室、答卷保管室值班和巡视检查工作，严格履行试卷、答卷交接手续，克服任何麻痹大意的思想，确保各项保密制度和措施落到实处，坚决杜绝任何泄密事件的发生。

三、继续加强考试环境的综合治理，严格考风考纪管理。各级教育行政部门和考试机构要按有关规定进一步规范考场的设置和管理，加大督促检查的力度，保证考点机构健全、设置规范、管理有力、措施到位。严防严打团伙舞弊、兜售作弊工具等违规违法行为，会同公安、信息、工商等部门综合治理网络环境和考点周边环境，采取有效的技术手段，加强对互联网成人高考有害信息的监控和清理，净化网络环境。各省级教育考试机构必须指定专人在考前、考试期间随时对互联网进行搜索，并指定专人作为联络员对互联网上发现的成人高考有害信息及时通报有关部门并通过考务管理与服务平台上报教育部考试中心。要采取多种切实有效的措施和现代化技术手段，对各种考场违规行为进行严密监控，着重打击有组织的利用现代化通信工具作弊、大规模群体舞弊，特别是有教师或考试工作人员参与的群体舞弊和替考行为，促进考风考纪根本好转。建立考风考纪责任人制度，强化对监考人员的培训、考核。加强对考生的诚信教育，完善省级考生诚信档案制度，签订诚信考试承诺书。坚持行之有效的管理办法，不断提高成人高校招生全国统一考试考务管理工作的质量。加强考试巡视检查的力度，对发现的违规行为按照教育部《国家教育考试违规处理办法》进行严肃处理。

四、加强监督，从严查处。各级教育行政部门和考试机构要加强对成人高校招生全国统一考试考务管理工作全过程的监督、检查，严肃查处弄虚作假和营私舞弊行为。要设立举报箱和举报电话并在考前向社会公布。

五、充分发挥国家教育考试考务管理与服务平台的作用。我中心自10月10日开通国家教育考试考务管理与服务平台，请你们指定专人每天上网浏览。为保证考试期间有关应急处置的通知、公告、要求、规定等迅速下达到各省，在平台中启用短信通知的方式与各省考试机构保持沟通通畅。请你们确定3部接收短信的手机，并于10月11日前将号码和接收人员的名单随值班安排上报。

请各省级考试机构在10月12日前和我中心完成视频会议设备的联调工作，并保证10月14日至17日期间与我中心正常联通，确保考试期间可随时通过视频系统实现应急指挥。有关视频会议联调及技术支持请与我中心路颜铭同志联系，电话：（略）。

六、严格执行值班和报告制度。各级教育招生考试机构必须按附件要求及时上报相关内容。自2011年9月27日至10月9日，我中心开通成人高考考务管理工作昼夜值班电话（略）昼夜开通。加密传真号码不变。

各省级教育考试机构务必于2011年12月31日前将违规考生信息报我中心。

附件：一、2011年成人高校招生全国统一考试安全保密工作报告要求
二、2011年成人高校招生全国统一考试网上有害信息监控工作要求
三、国家教育考试考务管理与服务平台使用说明
四、上报2011年成人高考考生违规情况要求

教育部考试中心
二〇一一年九月二日

（附件略）

关于在西北师范大学设立 IELTS 考试考点的复函

教试中心函［2011］154 号

西北师范大学：

你校关于申请设立 IELTS 考试考点的函已收悉。根据实地考察，我中心认为你校已具备举办 IELTS 考试的基本条件，经研究，同意在你校设立 IELTS 考试考点，从 2011 年 9 月开始举办 IELTS 考试。

请你校与我中心签署《教育部考试中心举办境外考试委托协议》及 IELTS 考试项目协议附件（一式两份），该协议及附件应由你校法人代表或法人代表授权人签署并加盖公章后寄回我中心。请你校根据协议附件的相关要求将考点主任、联络员名单及联络方式上报我中心，并做好开考的各项准备工作。

此复。

附件：《教育部考试中心举办境外考试委托协议》
　　及 IELTS 考试项目附件

教育部考试中心

二〇一一年九月一日

（附件略）

关于中小企业经理人证书考试首次开考有关考务工作的通知

教试中心函［2011］156号

各省、自治区、直辖市教育考试院（局、中心）、高等教育自学考试办公室：

根据2011年2月教育部考试中心（全国考办）与工业和信息化部中小企业发展促进中心联合下发的《关于合作开考中小企业经理人证书考试项目的通知》（教试中心函［2011］24号）工作要求，定于2011年下半年在河北省、福建省、江西省、湖北省、贵州省首次开考中小企业经理人证书考试。现将有关事项通知如下：

一、开考时间

中小企业经理人证书考试项目于2011年12月10日、11日开考。具体考试时间由该项目考务管理系统编排考场后生成。

二、开考课程

课程代码	课程名称	考试时间	考试形式
11980	企业伦理与社会责任（一）	120分钟	机考+实践环节考核
11998	企业伦理与社会责任（二）	120分钟	
11979	企业管理制度精要（一）	120分钟	
11997	企业管理制度精要（二）	120分钟	

中小企业经理人证书考试项目代码为（11）。

三、考试形式说明

本次开考的课程均由上机考试和实践环节考核两部分组成，上机考试成绩占总成绩的70%，组织、实施工作由省级考试承办机构负责；实践环节考核占总成绩的30%，相关实施工作及最终成绩处理由教育部考试中心负责。实践环节考核的具体要求可登录教育部考试中心社会考试网（网址：http://sk.neea.edu.cn/）查阅。

四、考务工作

本次考试采用网上集体报名方式，报名时间为2011年9月15日至10月30日；报名网址：http://sk.neea.edu.cn/。

中小企业经理人证书考试项目报名系统、考务管理系统及管理规则等考务培训工作另行通知。

五、成绩发布

本次考试全部结束八周之内公布考生成绩。

教育部考试中心
二〇一一年九月六日

关于2012年硕士生入学考试初试全国统一命题科目考试时间安排的通知

教试中心函［2011］160号

各省、自治区、直辖市教育考试院（局、中心）、普通高等学校招生办公室：

按照《关于印发2012年招收攻读硕士学位研究生管理规定实施细则和招生简章的通知》（教学司［2011］16号）规定，2012年全国招收攻读硕士学位研究生统一入学考试（以下简称硕士生入学考试）初试将于2012年1月7日、8日举行。现将由我中心统一命题的23门考试科目考试时间安排通知如下：

一、1月7日

1. 考试时间：8:30—11:30

考试科目：思想政治理论、管理类联考综合能力

2. 考试时间：14:00—17:00

考试科目：英语（一）、英语（二）、日语、俄语。

二、1月8日

1. 考试时间：8:30—11:30

考试科目：数学一、数学二、数学三、中医综合、西医综合、教育学专业基础综合、心理学专业基础综合、历史学基础、法律硕士（非法学）专业学位联考专业基础课、法律硕士（法学）专业学位联考专业基础课、农学门类联考数学、农学门类联考化学。

2. 考试时间：14:00—17:00

考试科目：法律硕士（非法学）专业学位联考综合课、法律硕士（法学）专业学位联考综合课、农学门类联考植物生理学与生物化学、农学门类联考动物生理学与生物化学、计算机科学与技术学科联考计算机学科专业基础综合。

请你们按此安排做好考试的各项准备工作。

教育部考试中心
二〇一一年九月八日

关于做好2011年12月全国外语水平考试考务管理工作的通知

教试中心函［2011］166号

全国外语水平考试各考点：

按《教育部办公厅关于2011年国家公派留学人员全国外语水平考试时间安排的通知》（教考试厅函［2011］1号）文件规定，2011年12月全国外语水平考试（以下简称WSK）报名工作即将开始，为进一步加强考务管理，严肃考试纪律，确保考试平稳进行，现将有关考务工作要求及相关工作通知如下：

一、报名及考试时间安排

2011年12月的WSK考试定于12月10日至11日举行，报名时间为10月10日至14日。具体开考英语（PETS－5）、日语（NNS）和俄语（ТПРЯ）三个语种。三个语种的笔试统一安排在12月10日上午进行。英语（PETS－5）口试分两个时间单元进行，第1单元在12月10日下午，使用试卷编号为“513”；第2单元在12月11日上午，使用试卷编号为“514”。日语（NNS）和俄语（ТПРЯ）的口试只设一个单元，均安排在笔试的当日下午进行，日语（NNS）口试试卷编号为“211”，俄语（ТПРЯ）口试试卷编号为“111”，具体工作日程详见附件一。

考点可根据当地情况适当提前报名开始时间，但报名的结束时间不能推迟，报名结束后不接受补报名。

二、考试数据上报

各考点编排考场结束后，于10月21日前将上报的数据发到：wsk@mail.neea.edu.cn。上报我中心的数据文件有：“考生报名报考数据99××.txt”及“考生编排数据99××.txt”，承担日语和俄语考试项目的考点，还应报送日语和俄语数据文件“Q××1112.dbf”。上述文件中的“××”表示考点代码中的数字部分。

三、试卷申报

各考点在报名结束后，于10月21日前向我中心申报试卷和磁带，试卷申报表见附件二。考点在填写试卷申报表时，务必加上足够的备用试卷和磁带。我中心将提前两周左右时间通过机要方式向考点寄发试卷及磁带，考点收到试卷和磁带后，必须立即对照寄送清单进行清点核对，如发现不符，应立即向我中心报告。清点无误后，封存于保密室的保险柜中，填写试卷清单回执，并及时寄回我中心。上述工作必须同时有两人以上在现场。

四、考试值班及报告制度

在考试期间，我中心考务二处开通24小时值班电话（略），联系人：（略）。同时为更加方便快捷地与考点保持工作联系，我中心开设短信指挥平台，短信接入号码为（略），当收到由此号码发出的短信后须立即署名回复［移动手机请直接回复该短信，联通和电信手机请回复到（略）］。

考点必须严格落实考试值班及报告制度，要求在12月6日17时前将本考点的考试组织及值班情况（详见附件三）通过传真上报我中心考务二处，并注明考试期间短信接收人及手机号码。12月10日13时前通过短信方式报送笔试考试总体情况，在口试考试全部结束后上报口试考试总体情况。对于涉及泄密、集体舞弊等事件务必在第一时间上报我中心。

五、答题卡回寄及考试材料销毁

考试结束后的第一个工作日，各考点必须通过机要方式将答题卡寄回我中心，同时还包括填写好的主考报告（详见附件四）及考生亲笔签名的考场签到表。

考试结束后待试卷及磁带应就地销毁，填妥《全国外语水平考试（WSK）试卷销毁报告》（附件五），并寄回我中心。销毁磁带时须双面消磁，如果无消磁设备，可采用焚化的方式，纸质试卷可在造纸厂监督化浆，或者焚化。

六、关于标准化考点建设

按照教育部相关要求及我中心工作部署，全国WSK考点应于2013年6月考试前全部建成标准化考点。为积极推进标准化考点建设工作，请各考点认真填写《全国外语水平考试（WSK）标准化考点建设情况调查表》（附件六）并于12月6日17时前上报我中心考务二处，传真：010－82520400。标准化考点相关要求参见附件七《2010年国家教育考试标准化考点规范（试行）》。

七、需强调的问题

1. 考生考试时所持身份证件必须与报名时所持身份证件一致，身份证件不一致者不得参加考试。

2. 各考点须严格按照考务手册要求组织实施考试，不得擅自提前或推后考试起止时间。

3. 各考点须加强口试考官的业务培训，提高责任心意识，对于在评卷中发现因口试考官漏填涂考生口试卡得分项造成成绩无法处理的，所造成后果由考点承担。

附件：一、2011年12月全国外语水平考试（WSK）工作安排
二、2011年12月全国外语水平考试（WSK）试卷申报表
三、2011年12月WSK考试组织及值班情况上报表
四、全国外语水平考试（WSK）主考报告
五、全国外语水平考试（WSK）试卷销毁报告
六、全国外语水平考试（WSK）标准化考点建设情况调查表
七、2010年国家教育考试标准化考点规范（试行）

教育部考试中心
二〇一一年九月二十七日

（附件略）

关于加强2011年下半年全国大学英语四、六级考试考务管理工作的通知

教试中心函［2011］167号

各省级全国大学英语四、六级考试承办机构：

2011年下半年全国大学英语四、六级考试（以下简称CET）定于12月17日举行。为进一步加强考务管理和考试安全工作，严肃考试纪律，切实抓好各项安全保密规章制度和责任制度的建设和落实，确保考试平稳实施，现将有关考务工作强调如下：

一、提高认识，加强领导，周密部署

各省级CET承办机构要深入学习、全面贯彻全国教育工作会议和教育规划纲要精神，严格按照《教育部办公厅关于做好全国大学英语四、六级考试组织与管理工作的通知》（教考试厅［2011］3号）文件要求，切实加强领导、周密部署、精心组织，将各项工作落实到位。各地要积极争取教育行政管理部门的支持，充分发挥省级联席会议的作用，主动加强与公安（武警）、纪检监察、保密、信息产业、无线电、卫生（防疫）、交通、气象、地震等有关部门的协调配合，继续加强考试环境的综合整治工作，加强对互联网不良信息的监控和打击力度，防范利用信息技术手段非法传播考试信息，做到标本兼治、综合治理、惩防并举、注重实效。

二、强化安全意识，落实安全责任，确保安全保密工作万无一失

安全保密是CET考试的生命线，试卷安全始终是CET考试的第一要务，任何时候都不能有松懈麻痹思想。各级CET承办机构一要把试卷安全和考场安全作为“一把手工程”，主要负责同志要亲自抓，对考试安全负总责，按照“分级管理、逐级负责”的原则，切实做到任务到岗，责任到人；二要严格执行四部局发布的《国家教育考试考务安全保密工作规定》（教考试［2004］2号）的各项要求，对于不达标或存在安全隐患的保密室或工作节点，必须限期逐项整改，确保不留安全隐患和工作死角。不符合规定的保密室，绝不能过夜存放试卷；三要建立并完善强有力的内部工作制约机制，加强对涉密人员的监督管理，完善监考教师的相互监督制约机制；四要加强考务工作人员的警示教育和业务培训，尤其是对涉密人员的安全保密教育和培训，增强其法律和责任意识；五要继续推进试卷保密室网上巡查系统建设，在本次考试中，我中心将继续加强对保密室的网上巡查力度，本次考试中各地必须有2个以上（含2个）保密室可进行网上巡查。

三、惩防并重，采取有效措施，严肃考风考纪

各省级CET承办机构要结合上半年考试有关情况，一要加强对各报名点及考点的考核力度，对为不符合报名资格考生报名及未严格执行考务规定，造成恶劣影响的，要严肃处理，直至取消其报名点或考点资格，对于未按要求提供电子照片的考生不允许其参加考试；二要加强对考生进行道德教育和考风考纪教育，设立举报箱和举报

电话并在考前向社会公布，同时上报我中心；三要加强对考试工作人员的选聘、培训、考核和管理工作，尤其是对监考教师考务规定及反作弊技能的培训，经考核合格的工作人员方可持证上岗。严禁监考教师在监考期间使用无线通信工具，尤其是杜绝监考教师在监考期间使用微博的现象；四要采取人防和技防并举，加强对替考、高科技及通信工具作弊的防范和查处力度，加大对考风考纪薄弱地区的巡视检查力度，坚决防止和打击有组织的集体作弊行为，特别是有考试工作人员参与的作弊行为。

四、统筹兼顾，积极推进标准化考点建设

按照《教育部办公厅关于做好全国大学英语四、六级考试组织与管理工作的通知》（教考试厅［2011］3 号）文件精神，在本次考试中各地要启用 2 个以上（含 2 个）标准化考点，请各地于 11 月 30 日之前将《2011 年下半年 CET 标准化考点登记表》上报至我中心，我中心将对这些考点的考试情况进行网上巡查。

五、严格管理，加强协作，做好本次考试网上评卷工作

本次 CET 评卷工作仍采取全国集中网上评卷方式，各省级 CET 承办机构要按要求通过机要方式，在规定时间内将答卷寄送到指定地点，及时核对并反馈在答题卡扫描和评卷期间出现的异常问题，对于缺考信息有误的情况，要将更正后的缺考违纪库在评卷结束前上报我中心。各答题卡扫描点及评卷点高校所在地的省级 CET 承办机构要充分发挥省级教育考试机构的优势，加强对答题卡扫描及评卷工作的组织管理，严格工作纪律，确保评卷各项工作平稳进行。

六、细化预案，做好考试各环节突发事件的应急准备

各省级 CET 承办机构要根据当地实际情况，在有关部门的指导下，做好应对各类突发事件的预案，制订预案实施细则，加强培训和演练，确保预案培训到位。在考前，要认真梳理各环节，做好自查和排查工作，将各种影响考试平稳进行的隐患和问题解决在萌芽状态。

七、加强宣传，净化考试环境

各省级 CET 承办机构要在当地有关部门的支持下，研究部署 CET 宣传工作，一要加强与新闻宣传部门的联系，落实新闻发言人制度；二要大力开展形式多样、注重实效的正面宣传引导，防止炒作误导；三要在考前集中清理校园内助考广告，净化考试环境。努力营造和谐、积极、宽松的舆论及考试氛围。

八、考试时间

日期 （12 月 17 日）	考试种类	考试 代码	考试时间
上午	英语四级考试 （CET4）	1	9:00— 11:20
下午	英语六级考试 （CET6）	2	15:00— 17:20

九、严格考试值班和报告制度

各省级 CET 承办机构要按照有关规定严格落实值班和报告制度，具体内容见附件一。有关本次考试的相关信息我中心将在“国家教育考试考务管理与服务平台”上发布。请各省级 CET 承办机构注意浏览该平台，并在 12 月 12 日至 18 日期间，指定专人每天上网浏览，每半天最少浏览一次。我中心也将在此期间开通 24 小时值班电话：（略）。

十、考试数据上报要求

各省级 CET 承办机构应按要求上报以下考试数据：

1. 10 月 14 日前将本省（区、市）试卷申报表及分级别报名人数统计表以书面方式报送我中心，报送后请电话确认。试卷接收人必须是各省级 CET 承办机构的正式在编人员。具体要求按照《关于 2011 年下半年大学英语四、六级考试试卷申报有关事项的通知》（教试中心函［2011］164

号）执行。

2. 11 月 15 日前通过光盘方式上报本省报考数据及相片数据，数据一旦上报，不得修改。光盘寄送地址：（略）。

3. 12 月 18 日 14 时前通过国家教育考试考务管理与服务平台分别上报违纪、作弊考生的总数及有关部门抓获涉嫌在考试期间传递有害信息的不法分子，上报位置为“考务信息” – “考场违规数据上报”。

4. 12 月 23 日前通过国家教育考试考务管理与服务平台报送缺考违纪数据，上报位置为“考务信息” – “工作请示”。

5. 试卷保管单位通信录请按统一格式上报，具体格式见附件二。

附件：一、2011 年下半年全国大学英语四、六级考试安全保密工作报告要求
二、2011 年下半年全国大学英语四、六级考试试卷保管单位通信录
三、2011 年下半年 CET 标准化考点登记表
四、2011 年下半年全国大学英语四、六级考试网上有害信息监控工作要求

教育部考试中心
二〇一一年九月二十二日

抄送：教育部高等教育司
全国大学英语四、六级考试委员会办公室

（附件略）

关于在无锡科技职业学院设立LCCIIQ国际职业资格证书考试考点的复函

教试中心函［2011］168号

无锡科技职业学院：

你院《关于设立英国伦敦工商会（LCCI）考试中心的申请报告》收悉。经我中心研究，同意你院设立伦敦工商会国际认证（LCCIIQ）职业资格证书考试考点的申请。

你院的LCCIIQ考试考点代码为：CHIN1019。

请严格按照《教育部考试中心举办境外考试委托协议》（以下简称《协议》）和该协议的《LCCIIQ项目附件》、《合作举办境外教育考试考务安全保密工作规则》和《伦敦工商会考试局（LCCIEB）国际职业资格证书考试实施细则》的有关规定进行各项准备工作并签署《教育部考试中心举办境外考试委托协议》以及该协议的《LCCIIQ项目附件》。

请从速完成上述工作并将如下材料寄回我中心：你院法人或授权代表签署的《协议》和《LCCIIQ项目附件》，考点主管和主考（可由一人兼任）以及联络员名单，联系方式（办公电话号码、手机号码、电子邮件地址和传真号码）和详细地址。

今后你院LCCIIQ考试考点的考务工作直接由教育部考试中心管理。凡教育部考试中心下发的考务文件及材料由你院考点留存。希望你院加强对考点的领导，确保此项考试的顺利实施。

教育部考试中心
二〇一一年九月二十七日

关于在云南财经大学设立 IELTS 考试考点的复函

教试中心函［2011］169 号

云南财经大学：

你校关于申请设立 IELTS 考试考点的函已收悉。根据实地考察，我中心认为你校已具备举办 IELTS 考试的基本条件，经研究，同意在你校设立 IELTS 考试考点，从 2011 年 10 月开始举办 IELTS 考试。

请你校与我中心签署《教育部考试中心举办境外考试委托协议》及 IELTS 考试项目协议附件（一式两份），该协议及附件应由你校法人代表或法人代表授权人签署并加盖公章后寄回我中心。请你校根据协议附件的相关要求将考点主任、联络员名单及联络方式上报我中心，并做好开考的各项准备工作。

此复。

附件：《教育部考试中心举办境外考试委托协议》及 IELTS 考试项目附件

教育部考试中心
二〇一一年九月二十七日

（附件略）

关于在廊坊东方职业技术学院设立LCCIIQ国际职业资格证书考试考点的复函

教试中心函［2011］175号

廊坊东方职业技术学院：

你院《关于设立英国伦敦工商会职业资格证书考试廊坊东方职业技术学院考点的申请报告》收悉。经我中心研究，同意你院设立伦敦工商会国际认证（LCCIIQ）职业资格证书考试考点的申请。

你院的LCCIIQ考试考点代码为：CHIN1016。

请严格按照《教育部考试中心举办境外考试委托协议》（以下简称《协议》）和该协议的《LCCIIQ项目附件》、《合作举办境外教育考试考务安全保密工作规则》和《伦敦工商会考试局（LCCIEB）国际职业资格证书考试实施细则》的有关规定进行各项准备工作并签署《教育部考试中心举办境外考试委托协议》以及该协议的《LCCIIQ项目附件》。

请从速完成上述工作并将如下材料寄回我中心：你院法人或授权代表签署的《协议》和《LCCIIQ项目附件》，考点主管和主考（可由一人兼任）以及联络员名单，联系方式（办公电话号码、手机号码、电子邮件地址和传真号码）和详细地址。

今后你院LCCIIQ考试考点的考务工作直接由教育部考试中心管理。凡教育部考试中心下发的考务文件及材料由你院考点留存。希望你院加强对考点的领导，确保此项考试的顺利实施。

教育部考试中心

二〇一一年九月二十八日

关于开展中小学和幼儿园教师资格考试考务有关事项的通知

教试中心函［2011］182号

浙江、湖北教育考试院：

根据教育部关于开展中小学和幼儿园教师资格考试改革试点的指导意见（教师函［2011］6号）文件精神，2011年开始在浙江、湖北开展中小学和幼儿园教师资格考试改革试点。为了做好考试组织工作，现将考务工作有关事项通知如下：

1. 考试报名

2011年笔试科目中幼儿园和小学“综合素质”科目采用机考，其余科目均采用纸笔考试。笔试报名时间为10月19日至25日，面试报名时间为12月10日至14日。考试实行网上报名，报名网站地址：http://www.ntce.cn。

2. 考试时间

2011年中小学和幼儿园教师资格考试笔试时间为2011年11月26日，具体日程安排见附件一，面试时间为12月24日至25日（视考生报名情况适当调整）。

3. 考务管理

考务管理工作使用统一的“教师资格考试考务管理信息系统”（简称“考务管理系统”）进行，考务管理系统网址：http://kaowu.ntce.cn，各试点省设立考区、考点、编排考场等项工作均在该系统上完成。考务管理系统日常维护工作由教育部考试中心统一负责，考务管理系统用户申请需经试点省教育考试院审批后报教育部考试中心建立。（考务管理系统用户申请表见附件二）

4. 考试试卷

教师资格考试试卷（含机考光盘）由教育部考试中心统一印制，试点省在10月31日前将教师资格考试保密材料接收人报表（附件三）、教师资格考试试卷申报表（附件四）报教育部考试中心。

5. 面试光盘申报

教师资格考试面试试题由教育部考试中心统一命制。试点省在2011年12月19日前将教师资格考试面试光盘申报表（附件五）报教育部考试中心。

教师资格考试试点是按照国家教育体制改革试点工作的总体部署实施的重大改革试点工作，是落实国家中长期教育改革和发展规划纲要的重大举措，各省严格按照《中小学和幼儿园教师资格考试考务工作规定》（试点期间试行）、《中小学和幼儿园教师资格考试机考考务细则》（试点期间试行）、《中小学和幼儿园教师资格考试面试工作规程）（试点期间试行）组织考试工作，制定中小学和幼儿园教师资格考试应急预案，确保教师资格考试安全、平稳实施。

附件：一、中小学和幼儿园教师资格考试时间安排表

二、中小学和幼儿园教师资格考试考务管

理系统用户申请表

三、中小学和幼儿园教师资格考试保密材料接收人报表

四、中小学和幼儿园教师资格考试试卷申报表

五、中小学和幼儿园教师资格考试面试光盘申报表

教育部考试中心

二〇一一年十月十二日

附件一：

中小学和幼儿园教师资格考试时间安排表

<table>
<tr><td rowspan="2">时　间
类　别</td><td colspan="3">11 月 26 日</td></tr>
<tr><td>上　午
9:00—11:00</td><td>下　午
13:00—15:00</td><td>下午
16:00—18:00</td></tr>
<tr><td>幼 儿 园</td><td>综合素质（幼儿园）（机考）</td><td>—</td><td>保教知识与能力</td></tr>
<tr><td>小　　学</td><td>综合素质（小学）（机考）</td><td>—</td><td>教育教学知识与能力</td></tr>
<tr><td>初级中学</td><td rowspan="5">综合素质（中学）</td><td rowspan="5">教育知识与能力</td><td>学科知识与教学能力</td></tr>
<tr><td>高级中学</td><td rowspan="2">学科知识与教学能力</td></tr>
<tr><td>中职文化课</td></tr>
<tr><td>中职专业课</td><td></td></tr>
<tr><td>中职实习指导</td><td></td></tr>
</table>

（附件二、三、四、五略）

关于开展全国社会考试先进集体（个人）评选活动的通知

教试中心函［2011］195号

各省、自治区、直辖市教育考试院（局、中心）、高等教育自学考试委员会办公室、解放军高等教育自学考试委员会办公室：

在全国各级教育考试机构的共同努力下，在各有关部门、行业的积极配合下，在各考试委员会专家的全力支持下，社会考试事业稳步发展，取得了令人鼓舞的成绩。

为增加广大社会考试工作者的荣誉感和事业心，深入总结社会考试工作经验，促进“十二五”期间社会考试持续、良好发展，我中心决定开展全国社会考试先进集体和先进个人评选活动。

一、评选原则与要求

坚持公开、民主和实事求是的评选原则。评选过程中要严格按照评选条件，充分发扬民主，广泛征求意见，坚决防止弄虚作假现象发生。凡不按规定程序和相应评选条件进行评选，或在评选过程中有其他徇私舞弊行为的，一经查实，取消被推荐者参评资格。

二、评选项目

社考综合类

1. “2009—2011年全国社会考试优秀省级承办机构奖”

2. “2009—2011年全国社会考试工作突出贡献奖”

3. “2009—2011年全国社会考试西部地区特别贡献奖”

4. “2009—2011年全国社会考试先进个人奖”

双证项目类

5. “2009—2011年社会考试双证项目优秀省级承办机构奖”

6. “2009—2011年社会考试双证项目先进个人奖”

单项考试类

7. “2009—2011年全国计算机等级考试优秀省级承办机构奖”

8. “2009—2011年全国计算机等级考试先进个人奖”

9. “2009—2011年全国英语等级考试优秀省级承办机构奖”

10. “2009—2011年全国英语等级考试先进个人奖”

11. “2009—2011年全国计算机应用技术证书考试优秀省级承办机构奖”

12. “2009—2011年全国计算机应用技术证书考试先进个人奖”

13. “2009—2011年全国青少年计算机考试优秀省级承办机构奖”

14. “2009—2011年全国青少年计算机考试先进个人奖”

15. “2009—2011年剑桥少儿英语优秀省级

承办机构奖”

16.“2009—2011 年剑桥少儿英语先进个人奖”

17.“2009—2011 年中国书画等级考试优秀省级承办机构奖”

18.“2009—2011 年中国书画等级考试先进个人奖”

三、具体评选办法及评选名额请参阅附件，相关电子文档请于社会考试证书网（http://sk.neea.edu.cn）下载。

四、时间安排

请各省（自治区、直辖市）、解放军自考办将相关提交材料于 2011 年 12 月 31 日前寄至教育部考试中心社会考试处。

联系人及联系电话：（略）

教育部考试中心
二〇一一年十月二十六日

关于调整中小企业经理人证书考试开考时间及有关考务工作的通知

教试中心函［2011］204 号

河北省教育考试院、江西省教育考试院、湖北省教育考试院、贵州省招生考试中心、福建省高等教育自学考试办公室：

因故原定于 2011 年 12 月首次开考中小企业经理人证书考试时间调整至 2012 年 4 月。有关调整如下：

一、开考时间

中小企业经理人证书考试项目于 2012 年 4 月 7 日、8 日开考。具体课程考试时间由该项目考务管理系统编排考场后生成。

二、本次考试采用网上集体报名方式，报名截止日期为 2012 年 1 月 20 日；报名网址：http://sk.neea.edu.cn/。

其他有关事项以教试中心函［2011］156 号为准。

联系人：（略）

教育部考试中心
二〇一一年十一月七日

抄送：工业和信息化部中小企业发展促进中心

关于中英合作商务管理、金融管理专业（专科）合作课程考务有关事项的通知

教试中心函［2011］205号

各省、自治区、直辖市教育考试院（局、中心），高等教育自学考试办公室：

为进一步规范中英合作商务管理、金融管理专业（专科）合作课程（以下简称中英合作课程）的考务管理工作，提高效率，经研究，我中心决定自2012年1月考试开始，中英合作课程的选择题答题采用考生填涂通用的《中英合作商务管理专业、金融管理专业（专科）合作课程考试答题卡（选择题）》（以下简称答题卡，卡样式见附件）的方式完成。现将有关事项通知如下：

一、中英合作课程共16门。其中《商务英语》课程考试的题型全部是选择题，仍采用填涂答题卡方式答题，原答题卡作废，自2012年1月考试开始使用通用的答题卡。《商务交流》课程考试的题型没有选择题，答题方式不变。其余14门合作课程的选择题部分答题均采用填涂答题卡方式。

二、选择题答题方式变更后，试卷袋样式、试卷袋内装物品等均有变化。除《商务交流》和《商务英语》2门课程外，其余14门课程的试卷袋内均装有试卷和与试卷数量相等的答题卡和答题纸，并配有试卷袋、答题卡袋、答题纸密封条各一张，答题纸包头纸一张，考场记录单一张。《商务交流》课程的试卷袋内装有试卷和与试卷数量相等的答题纸，并配有试卷袋、答题纸密封条各一张，答题纸包头纸一张，考场记录单一张。《商务英语》课程的试卷袋内装有试卷和与试卷数量相等的答题卡，并配有试卷袋、答题卡袋密封条各一张，考场记录单一张。（具体内容以考前我中心下发的试卷申报通知为准）。

请各地加强监考老师的考务培训工作，注意变更环节，避免操作错误。同时，提醒考生携带2B铅笔、橡皮等文具参加考试。

三、各地应在考后2个月内完成评卷工作并将评卷数据报到我中心，报送方式和内容不变。《商务英语》课程也按此规定统一管理，不再上报到我中心统一评卷，仍由省级承办机构组织评卷并上报有关数据。

四、考务联系人：（略）

附件：中英合作商务管理专业、金融管理专业（专科）合作课程考试答题卡（选择题）

教育部考试中心

二〇一一年十一月七日

（附件略）

关于做好2011年中小学和幼儿园教师资格考试安全保密工作的通知

教试中心函［2011］215号

浙江、湖北省教育考试院：

2011年中小学和幼儿园教师资格考试首次试点工作定于11月26日在你省举行，为加强考务管理，严肃考试纪律，确保试卷安全保密，特对此次考试考务管理中有关安全保密工作的重点环节做如下要求：

一、切实做好试卷（含答题卡、机考/面试试题光盘，下同）和加密锁的安全保密工作。试卷和加密锁的安全保密事关考试能否正常举行和社会稳定，必须从政治大局出发，坚持“分级管理，逐级负责”的原则，由省考试院的一把手对本省中小学和幼儿园教师资格考试安全保密工作负总责，切实抓好各项安全保密规章制度和责任制度的落实。试卷和加密锁的运送、发放和保管以及答卷和加密锁回收、运送、保管等环节都要严格按照《国家教育考试安全保密工作规定》的要求执行。加强安全保密工作人员的业务培训，加强试卷保密室、答卷保管室值班和巡视检查工作，严格履行试卷、答卷、加密锁交接手续，克服任何麻痹大意的思想，确保各项保密制度和措施落到实处，坚决杜绝任何泄密事件的发生。

二、做好试卷的回收工作。为了完善并加快中小学和幼儿园教师资格考试的各考试科目的题库建设，各考试科目试题在考试结束后不对社会公布，在考试结束后须全部回收至省考试院集中销毁。在考试实施过程中，要严格管理和清点，防止试卷遗留在考场内，或被考生带出考场，防止试卷信息在考试实施过程中被发布到互联网上行为的发生。

三、进一步加强考试环境的综合治理，严格考风考纪管理。要按有关规定进一步加强对考试工作人员培训和教育，规范考场的设置和管理，加大督促检查的力度，保证考点机构健全、设置规范、管理有力、措施到位。协调公安、信息部门，采取有效的技术手段，加强对互联网中小学和幼儿园教师资格考试有害信息的监控，净化网络环境。省考试院须指定专人在考前、考试期间随时对互联网进行搜索，并指定专人作为联络员对互联网上发现的中小学和幼儿园教师资格考试有害信息及时通报有关部门并通过邮件上报教育部考试中心。要采取多种切实有效的措施和现代化技术手段，对各种考场违规行为进行严密监控，着重打击有组织的利用现代化通信工具作弊、大规模群体舞弊，特别是有教师或考试工作人员参与的群体舞弊和替考行为。建立考风考纪责任人制度，加强考试巡视检查的力度，对发现的违规行为按照教育部《国家教育考试违规处理办法》进行严肃处理。

四、执行值班和报告制度。请按附件要求及时上报相关内容。自2011年11月23日至26日，我中心开通中小学和幼儿园教师资格考试考务管理工作昼夜值班电话（略），如发生考试管理相关问题，须第一时间向我中心报送情况。

附件：2011 年中小学和幼儿园教师资格考试网上有害信息监控工作要求

教育部考试中心
二〇一一年十一月十四日

（附件略）

关于在山东外事翻译职业学院设立 LCCIIQ 国际职业资格证书考试考点的复函

教试中心函［2011］220 号

山东外事翻译学院：

你院《关于设立 LCCIIQ 国际职业资格认证考试山东外事翻译职业学院考点的申请》收悉。经我中心研究，同意你院设立伦敦工商会国际认证（LCCIIQ）职业资格证书考试考点的申请。

你院的 LCCIIQ 考试考点代码为：CHINSIU。

请严格按照《教育部考试中心举办境外考试委托协议》（以下简称《协议》）和该协议的《LCCIIQ 项目附件》、《合作举办境外教育考试考务安全保密工作规则》和《伦敦工商会考试局（LCCIEB）国际职业资格证书考试实施细则》的有关规定进行各项准备工作并签署《教育部考试中心举办境外考试委托协议》以及该协议的《LCCIIQ 项目附件》。

请从速完成上述工作并将如下材料寄回我中心：你院法人或授权代表签署的《协议》和《LCCIIQ 项目附件》，考点主管和主考（可由一人兼任）以及联络员名单，联系方式（办公电话号码、手机号码、电子邮件地址和传真号码）和详细地址。

今后你院 LCCIIQ 考试考点的考务工作直接由教育部考试中心管理。凡教育部考试中心下发的考务文件及材料由你院考点留存。希望你院加强对考点的领导，确保此项考试的顺利实施。

教育部考试中心
二〇一一年十一月十七日

关于印发 PISA2012 中国试测研究项目实施办法及计划的通知

教试中心函［2011］224 号

天津、河北、吉林、江苏、浙江、湖北、海南、四川、云南、宁夏等省、自治区、直辖市教育考试院（局、中心），高校招生委员会办公室：

学生能力国际评价（PISA）是国际经济合作与发展组织（OECD）发起并组织实施的评价项目，旨在建立常规的、可靠的、与政策相关的学生成就评价指标，帮助各国或地区教育决策者评价和监控国家或地区的教育成效。为适应教育改革与发展的需要，学习国际先进的评价理念和方法，促进我国教育质量的提高和人的全面发展，在 PISA2009 中国试测研究的基础上，教育部考试中心与 OECD 签署合作协议，继续在有关省份试点参与 PISA2012 中国试测研究工作，现将有关事宜通知如下：

一、在 PISA2012 中国试测研究中，我中心负责全面实施管理工作，包括准备测试材料、设计抽样方案、抽样培训、预试、抽样、考务培训、施测、编码（阅卷）、数据录入、数据统计分析及撰写结果报告等。各试点省、自治区、直辖市在统一要求下负责本地区具体的组织实施工作，包括培训实施工作人员、施测及问卷调查实施管理等。

二、各试点省、自治区、直辖市依据所附“学生能力国际评价 PISA2012 中国试测研究项目抽样实施办法”（附件一）报送 PISA2012 试测研究所需学校样本信息表，并按照“各试点省、自治区、直辖市参与 PISA 项目实施计划”（附件二）具体负责 PISA2012 试测研究在本地区的实施并支付相关费用。请各单位加强领导，精心组织，切实做好各项工作，并做好试题和数据的保密工作。

三、联系人及电话、邮箱：（略）

附件：一、学生能力国际评价 PISA2012 中国试测研究项目抽样实施办法
　　　二、各试点省、自治区、直辖市参与 PISA 项目实施计划

教育部考试中心
二○一一年十二月一日

附件一：

学生能力国际评价 PISA2012 中国试测研究项目抽样实施办法

根据学生能力国际评价 PISA2012 中国试测研究的目的，参照 PISA2012 国际抽样标准要求，制定本实施办法，PISA2012 中国试测研究各试点省、自治区、直辖市的抽样工作均据此执行。

1. 测试时间及目标群体的界定

学生能力国际评价 PISA2012 中国试测测试时间定于 2012 年 12 月 1 日至 8 日。根据 PISA2012 国际标准抽样要求，所抽取的学生样本应为测试进行期间年龄在 15 岁 3 个月到 16 岁 2 个月之间的在校学生，结合本次测试实施的时间，PISA2012 中国试测研究的目标群体应为出生日期在 1996 年 9 月 1 日至 1997 年 8 月 1 日之间的初中或高中在校学生（7 年级及以上）。

2. 抽样方法

PISA2012 中国试测研究采用三阶段分层抽样方法，这三个阶段分别是：省、自治区、直辖市；学校；学生。

阶段一：省、自治区、直辖市的选择。为保持 PISA2012 和 PISA2009 两轮测试数据的延续性，PISA2012 中国试测研究仍延续 PISA2009 试测的 10 个试点地区。

阶段二：学校样本的抽取。采用 PPS 的抽样方法在各个试点省、自治区、直辖市抽取 60 所学校。抽取学校样本时使用的分层变量是学校的地理位置（城市、县镇和农村）、学校性质（公办和民办）和学段（初中、高中和完全中学）。

在抽取的 60 所样本学校之外，各个试点省、自治区、直辖市自行选取 1 所示范学校，作为 PISA 学校评价的样本数据，探索面向学校的评价服务。

阶段三：学生样本的抽取。按照在各个学校样本中等概率抽取的原则获取学生样本。在每个学校样本中随机抽取 35 名符合 PISA 年龄界定的 15 岁学生，15 岁学生总数不足 35 人的学校样本中所有 15 岁学生全部参加测试，参加 PISA 学校评价的 1 所示范学校中，从高一年级随机抽取 210 名学生参加 PISA 测试。这样，每个试点省、自治区、直辖市的样本量共为 2 310 名左右。此阶段抽样均由教育部考试中心完成。

3. 抽样信息的收集

为了严格按照 PISA 项目的要求进行抽样，在样本抽取之前需要收集相关信息，为此制定了信息统计表（以 Excel 电子表格格式发放和提交）。

3.1 关于附表 1 学校信息统计表的填写说明

（1）省市代码及区县代码一律按照标准代码填写。

（2）“学校位置”按学校所在地分为城市、县镇、农村三类（关于各类别划分标准参见文后备注）。

（3）对于初中和高中一体的学校（即在一个校区的完全中学），按一所学校记录。对于使用同一学校名称，但地处不同校区的学校，根据校区所处的位置按不同的学校记录，如 * * 学校（A 校区）和 * * 学校（B 校区）。

（4）“特殊教育学校”是指专门对残疾儿童、少年实施义务教育的机构。

3.2 关于附表 2 学生信息统计表的填写说明

（1）学校代码必须与教育部考试中心所返回的试点省、自治区、直辖市学校样本名单中的信息完全一致。

（2）请填写所有出生日期在 1996 年 9 月 1 日至 1997 年 8 月 1 日之间的全体学生的信息（7 年级及以上）。

（3）请不要跳行填写，行数应与学生数量相等。

（4）学生姓名的填写不需要遵循笔画或字母

顺序。

（5）学生年级：要求必须是7年级及以上，包括7年级。

初中六三制的学校初一填写“7”，初二填写“8”，初三填写“9”；

初中五四制的学校初二填写“7”，初三填写“8”，初四填写“9”。

高一填写“10”，高二填写“11”，高三填写“12”。

高中不分年级填写“000”，初中不分年级填写“333”。

（6）性别：女生填写“1”，男生填写“2”，请勿出现汉字。

（7）出生年：请将1996年填写为“96”，1997年填写为“97”，“96”与“97”以外的其他数字无效。

（8）出生月：必须是“01”至“12”之间的双位数字，文本格式输入，缺位补“0”，例如，“6月”应表示为“06”。

（9）所学课程类型：普通初中填写“1”，普通高中填写“2”。“1”、“2”以外的其他数字无效。

4. 抽样过程的时间安排

本次抽样中学校样本和学生样本的抽取均由教育部考试中心完成。

各试点省、自治区、直辖市尽快确定负责此项工作的具体联系人，并于2012年1月10日之前将填写完整后签字盖章的《PISA2012中国试测研究项目试点省、自治区、直辖市信息统计表》邮寄至教育部考试中心。

所有试点省、自治区、直辖市需于10月15日之前将最新的学校信息（参见附表1：学校信息统计表）提交教育部考试中心，教育部考试中心于10月20日之前将被抽取到的60所学校样本名称信息返回各试点省、自治区、直辖市。

各试点省、自治区、直辖市考试机构于10月30日之前将被抽取到的60所学校样本中符合15岁年龄要求的每所学校的全校学生信息及所选取的1所参加学校评价的示范学校的高一全体学生信息（参见附表2：学生信息统计表）提交教育部考试中心，教育部考试中心于11月15日之前完成对每所学校样本中35名学生样本及示范校高一年级210名学生样本的抽取工作。

获取学生样本名单后，各试点省、自治区、直辖市即刻联系60所抽样学校及1所示范校，根据实际情况协商确定12月正式测试的实施时间（12月1日至8日），并报教育部考试中心备案。正式测试实施完毕后，所有试点省、自治区、直辖市的试卷必须于12月17日之前寄至指定地点。

抽样工作中所有信息表均以电子版文档（Excel格式）发放和提交。

备注：关于城市、县镇和农村的划分标准

城市、县镇、农村的划分以国务院关于市镇建制的规定和我国的行政区划为基础，以民政部门确认的居民委员会和村民委员会为最小划分单元。

城市是指在市辖区和不设区（包括不设区的地级市和县级市）的市中，街道办事处所辖的居民委员会地域；城市公共设施、居住设施等连接到的其他居民委员会地域和村民委员会地域。

县镇是指在城市以外的镇和其他区域中，镇所辖的居民委员会地域；镇的公共设施、居住设施等连接到的村民委员会地域；常住人口在3 000人以上的独立的工矿区、开发区、科研单位、大专院校、农场、林场等特殊区域。

农村是指城市、县镇以外的其他区域。

PISA2012中国试测研究项目试点省、自治区、直辖市信息统计表

<table>
<tr><td colspan="2">试点省、自治区、直辖市代码</td><td colspan="6"></td></tr>
<tr><td colspan="2">试点省、自治区、直辖市名称</td><td colspan="6"></td></tr>
<tr><td colspan="2">主办机构名称</td><td colspan="6"></td></tr>
<tr><td colspan="2">主办机构通信地址</td><td colspan="3"></td><td>邮政编码</td><td colspan="2"></td></tr>
<tr><td>网址</td><td colspan="4"></td><td>传真</td><td colspan="2"></td></tr>
<tr><td>负责人</td><td></td><td>职务</td><td></td><td>联系电话</td><td></td><td>E - mail</td><td></td></tr>
<tr><td>联系人</td><td></td><td>职务</td><td></td><td>联系电话</td><td></td><td>E - mail</td><td></td></tr>
<tr><td colspan="8">试点省、自治区、直辖市基本情况</td></tr>
<tr><td colspan="8">区/县总数＿＿＿＿＿＿个</td></tr>
<tr><td rowspan="3">初、高中学校及学生人数统计</td><td></td><td>合计</td><td colspan="2">完全中学</td><td colspan="2">初级中学</td><td>高级中学</td></tr>
<tr><td>学校总数</td><td></td><td colspan="2"></td><td colspan="2"></td><td></td></tr>
<tr><td>学生总数</td><td></td><td colspan="2"></td><td colspan="2"></td><td></td></tr>
<tr><td colspan="8">主办机构负责人签字：

（单位公章）
年　　月　　日</td></tr>
<tr><td colspan="8">说明：
本表另附有附表1和附表2，用于统计学校和学生的具体信息，所有附表均以电子版文档发放和提交，请确保按照教育部考试中心规定的日期提交。</td></tr>
</table>

附表 1：

PISA2012 中国试测研究试点省、自治区、直辖市学校信息统计表

省、自治区、直辖市代码：__________ 省、自治区、直辖市名称：__________

区县名称	区县代码	学校名称	学校代码	学校地址	联系人姓名	电话	电子邮件	学生人数			学校位置	学校性质	学段	是否特殊教育学校	是否非汉语教学学校	备注
								在校生总数	初三年级学生人数	高一年级学生人数	1 城市 2 县镇 3 农村	1 公办 2 民办	1 初中 2 高中 3 完中	1 是 2 否	1 是 2 否	

附表 2：

PISA2012 中国试测研究样本学校学生信息统计表

学校名称（请在学校名称前注明省市、区县名称，例如：北京市房山区良乡三中）	学校代码（应与教育部考试中心所返回的抽样学校名单中的学校编号完全一致）	学生代码（每所学校的学生代码都应是五位，请按顺序从 00001 开始编排）	学生姓名	年级	性别	出生年（两位数）	出生月（两位数）	所学课程类型	备注（外籍学生及非汉语教学学生请注明）

附件二：

各试点省、自治区、直辖市参与 PISA 项目实施计划

截止日期	任务
1 月 10 日	将填写完整、签字盖章后的《PISA2012 中国试测研究项目试点省、自治区、直辖市信息统计表》邮寄至教育部考试中心。
10 月 15 日	将全省、自治区、直辖市学校信息（附表 1：学校信息统计表）以电子表格形式提交教育部考试中心。
10 月 20 日	接收并最终确认教育部考试中心所抽取的 60 所学校样本信息，同时将这 60 所抽样学校名单信息逐级反馈到抽样学校，并落实各市、县/区和测试学校的负责人、联系人与联系方式并登记备案。
10 月 21 日	与教育部考试中心协商选取用于参加 PISA 学校评价的 1 所示范学校。
10 月 30 日	将被抽取到的 60 所学校样本中符合 15 岁年龄要求（出生日期在 1996 年 9 月 1 日至 1997 年 8 月 1 日期间）的全校学生信息（附表 2：学生信息统计表）提交教育部考试中心。
10 月 30 日	将参加 PISA 学校评价的 1 所示范学校的高一全体学生信息（附表 2：学生信息统计表）提交教育部考试中心。
11 月 15 日	将教育部考试中心所返回的每所学校样本 35 名学生样本信息名单及参加学校评价的 1 所示范校的 210 名学生名单尽快通知到抽样学校，以核实名单无误，如存在任何问题，及时通报教育部考试中心协调解决。
11 月 23 日至试测实施前	与教育部考试中心协商考务实施培训会的组织召开。
	接收并核对教育部考试中心寄送的 66 个“PISA2012 中国试测研究材料箱”（每所测试学校一个箱子，参加学校评价的 1 所示范校 6 个箱子）。
	召集测试主任（每所学校一名）、测试学校联系人及县/区招办工作人员进行考务实施培训，确定 PISA 测试在本省的实施时间确保测试主任及测试学校联系人明确测试实施流程，保证所有环节无误。（如果需要，可联系教育部考试中心通过视频方式协助进行“PISA2012 中国试测研究考务实施培训”。）
	确保各测试学校做好考试实施相关布置工作，如安排考场，确定监考教师（监考教师原则上由测试主任、学校协调主任组成），并通知参测学生测试时间、地点、需要携带的物品等。
测试实施期间（12 月 1 日至 8 日）	测试主任于测试实施前一天携带“PISA2012 中国试测研究材料箱”抵达县/区招办，由县/区招办负责联系测试学校，协调理顺 35 名学生的测试和问卷实施环节无误以及明确学校（校长）问卷的填写安排。
	测试当天，测试主任提前一小时到场，在学校协调主任和县区招办工作人员的协助下，按照《测试主任手册》主持测试，学校协调主任负责联系校长问卷的填写工作，测试完成后，测试主任按照清单清点核对所有测试材料均已填写和回收完毕，核对数量无误后将测试资料装箱并密封。（视缺考人数来确定是否需要补测）
	测试实施完毕后，测试主任即刻带测试材料返回试点省、自治区、直辖市考试机构。省级考试机构在接收测试材料时需核对无误。
12 月 17 日	将汇总完毕并核对无误的所有（66 个）“PISA2012 中国试测研究材料箱”向指定地点寄出，并确保整个流程中所有测试卷的安全、保密和完整。

关于中国物流职业经理资格证书考试《业务考评》远程答辩工作的通知

教试中心函［2011］225号

各省、自治区、直辖市教育考试院（局、中心），高等教育自学考试办公室：

根据2011年7月教育部考试中心（全国考办）印发的《关于做好2011年下半年非学历证书考试考务工作的通知》（教试中心函［2011］129号）工作安排，2011年下半年中国物流职业经理资格证书考试高级证书课程《业务考评》远程答辩定于12月10日举行。现将有关事项通知如下：

一、开考课程

《业务考评》（课程代码：05383）是中国物流职业经理资格高级证书考试必修课程。该课程采用考生提交案例报告、专家评估、统一组织考生答辩的考核方式，考试成绩根据案例报告的初评成绩和考生答辩成绩综合评定。

二、答辩地点

主考场设在教育部国家教育考试考务指挥中心；

分考场设在各省级考试机构国家教育考试考务指挥中心。

三、设备调试

为保证答辩工作正常举行，我中心定于2011年12月7日至9日进行集中调试。

四、远程答辩

根据2011年7月印发的《关于做好2011年下半年非学历证书考试考务工作的通知》（教试中心函［2011］129号），答辩由教育部考试中心（全国考办）、中国交通运输协会、省级考试承办机构和省管机构共同组织实施。具体工作安排见附件二。各单位要紧密配合，做好远程答辩各环节的工作。

附件：一、2011年下半年《业务考评》远程答辩时间安排表

二、2011年下半年中国物流职业经理资格证书考试高级证书课程《业务考评》答辩工作实施方案

三、《业务考评》考场记录表

四、《业务考评》远程答辩省考务指挥中心地址及联系方式

教育部考试中心

二〇一一年十一月三十日

（附件略）

关于印发汉语能力测试考务工作安排和管理规则（试行）的通知

教试中心函［2011］231 号

有关省、自治区、直辖市汉语能力测试承办机构：

汉语能力测试是教育部和国家语委推出的测试生活、学习和工作中以汉语为基本用语人群汉语综合应用能力的水平考试。举办汉语能力测试的目的是：为社会提供衡量国民汉语综合应用能力的客观标准和工具；促进国民汉语应用水平的提高；推进素质教育，在引导学生由知识体系向能力体系转化方面发挥示范作用。汉语能力测试的组织实施工作由我中心负责。

经过三年的积极筹备，汉语能力测试开考的准备工作已经就绪。日前，教育部语用司下发《关于开展汉语能力测试试点工作的通知（教语用司函［2011］66 号）》，决定于 2011 年 12 月 24 日进行试点。为确保试点工作的顺利进行，我们研究制定了《2011 年汉语能力测试考务工作安排》、《汉语能力测试管理规则（试行）》，现印发给你们，请遵照执行。执行中如遇到问题，请及时与我中心联系。

请你们按照汉语能力测试试点部署会的要求，认真落实相关工作安排，在试点期间及时关注与研究各方反馈意见，加强宣传，及时总结经验，为后期推广工作打下良好基础。

附件：一、2011 年汉语能力测试考务工作安排
二、汉语能力测试管理规则（试行）

教育部考试中心
二〇一一年十二月二日

附件一：

2011 年汉语能力测试考务工作安排

一、考试日期和开考科目

考试日期：12 月 24 日

开考科目：四级、五级

二、考试方式和考场安排

考试分为听力、说话、阅读、写作四个部分，其中前三部分在计算机上作答，写作部分在纸质答题卡上作答。四级考试时间为 120 分钟，

五级考试时间为150分钟。各场次考试时间安排如下：

四级：上午9:00—11:00。下午13:00—15:00。

五级：上午9:00—11:30。下午13:00—15:30。

考场编排要求：由于四级和五级考试时间长度不同，同一个考场同一时间只能安排一个级别的考试，不能混编。报名之前每一个考点应该仔细测算本考点可以容纳四级、五级考试的报名人数。如果考点仅有一个考场，则上午安排四级考试，下午安排五级考试。如果考点有两个或两个以上考场，应将四级和五级考试考场分开设置。

三、考务工作日程安排

本考试考务工作采用全国统一的网络平台进行管理，请严格按照日程表完成各项工作，以免影响全国工作进度。

12月6日前，各省级承办机构完成考点审批工作，并将审批结果报考试中心备案。

12月8日至9日，考试中心集中对所有考点进行考务工作及技术培训并进行考核。

12月10日至14日，各省、各考点进行报名之前的宣传。

12月14日，考试中心通过邮政机要渠道寄送考试题库光盘及作文答题卡。

12月15日至18日，考生网上报名。

12月19日至20日，编排考场、准考证号。

12月21日，考生打印准考证，考点设置考场指示标志。

12月22日至23日，省级考试机构将题库光盘和答题卡递交考点，各考点考前安装调试并封闭考场。考生熟悉考场。

12月24日，正式考试。

四、工作要求

1. 报名工作。采用网上报名，具体报名流程、手续、日期将在项目网站 www.hnc.org.cn 和 www.ghnc.cn 上发布。

2. 考点审批与备案。省级承办机构根据我中心提供的考点软硬件标准审批考点。并报我中心进行备案。

3. 技术培训与考核。首次技术培训由我中心统一组织进行，培训后进行考核，考核合格后需持证上岗。

4. 安全保密。各考试承办机构要严格按照《汉语能力测试考务工作手册》的规定，做好保密安排和值班工作，加强监考组织和巡视，杜绝出现群体性舞弊事件。

5. 考后成绩处理。除每场次考试结束后及时将考试数据上传到服务器外，当次考试全部结束后，考点应将全部考生答题的原始数据集中刻录成光盘，上交考试中心。

汉语能力测试项目考试中心联系人：（略）

附件二：

汉语能力测试管理规则（试行）

总　则

第一条　为保证汉语能力测试的正常实施，特制定本规则。

第二条　汉语能力测试是在教育部、国家语委领导下，由教育部考试中心实施的测试应试者汉语综合应用能力的水平考试。

第三条　举办汉语能力测试的目的是：为社会提供衡量国民汉语综合应用能力的客观标准和评测手段；以考促学，以评促学，促进国民汉语应用水平的提高；推进素质教育，在引导学生由知识体系向能力体系转化发挥示范作用。

第四条 汉语能力测试的对象是工作、学习和生活中以汉语为基本用语人群。考生不受年龄、职业、民族、种族和已受教育程度等限制，均可报考。

第五条 汉语能力测试遵循科学、公正、准确、规范的原则。

组织机构

第六条 在教育部语言文字应用管理司的指导下，教育部考试中心设立省级考试承办机构。省级考试承办机构按照教育部考试中心的要求负责本辖区考试的组织、实施，设置考点，报教育部考试中心备案后向社会公布。考点负责考试的具体实施。

第七条 教育部考试中心的主要职责是：

1. 受国家语委的委托，起草、修订国民汉语应用能力标准；

2. 设计考试方案，制定考试大纲；

3. 命制试题、制定答案和评分标准；

4. 确定考试日程，设立省级承办机构；

5. 制定考试规章制度和业务规范；

6. 组织研制考试必需的计算机软件；

7. 指导省级承办机构的工作，培训、考核相关工作人员；

8. 印制、发送考试资料到省级承办机构，负责该考试全国性的安全保密工作；

9. 对全国考试数据统计分析，确定各级别合格、优秀分数线；

10. 印制、打印、颁发考试合格证书，管理证书信息；

11. 负责考试数据的统计分析；

12. 负责考试评价；

13. 建设考试网站，利用网络进行报名、考务管理和宣传工作；

14. 开展考试研究与交流；

15. 向教育部汇报考试工作。

第八条 省级承办机构的主要职责是：

1. 根据教育部考试中心的有关规定，结合本省（自治区、直辖市）具体情况，对考点进行合理布局，在此基础上设置、审批考点。对审批合格的考点按规定编号后报教育部考试中心备案；

2. 配置考务及技术工作人员，接受教育部考试中心组织的有关培训和考核，持证上岗；

3. 结合本地情况制定考务管理实施细则，管理并指导考点工作，培训并考核考点业务工作人员；

4. 按照《汉语能力测试考务工作手册》的规定，组织管理所辖考点的考务工作。主要环节有：

报名之前的相关准备工作；按照保密要求接收、制作、发送考试资料；组织评卷、登分，审核汇总考试数据；负责本省考试数据的上报、存档；转发考试成绩、考试合格证书；

5. 负责所辖考点的考风考纪；组织考试巡视、监督工作；负责对所辖考点发生的违纪、作弊情况进行处理；

6. 负责所辖考点该项考试的安全保密；

7. 负责本省市考试收费、结算工作。

第九条 考点应具备的条件、审批程序、职责、设置和撤销原则。

（一）考点应具备的条件

1. 具有县级以上教育行政机构签发的办学许可证或相关社会力量办学资格认定，或者是经过省级考试机构认可的其他非赢利机构；

2. 单位主要负责人担任主考，成立考试领导小组；

3. 具有一定数量、业务水平较高、工作责任心强的管理人员和技术人员；

4. 具有一定数量供考生上机考试使用的计算机，机器设备满足教育部考试中心制定的设备验收标准各项要求（见《汉语能力测试考务工作手册》附录）；

5. 具有相应的机房、考生候考室、考生休息室；

6. 考试期间应成立安全保卫、医疗、后勤保障等工作小组，确保考试顺利进行；

7. 能保证试题等有关考试资料的安全、保密，具备符合省级承办机构规定条件的保密室；

8. 能够执行有关规定，按照有关要求组织考试；

9. 考试期间，至少有一部考试专用长途电话，一台专用并能上互联网的计算机。

（二）考点审批程序

1. 由申请单位向省级承办机构书面申请；

2. 省级承办机构根据合理布局的原则，按照考点应具备的上述条件，对申请单位进行初审；

3. 经省级承办机构初审合格的考点派工作人员参加省级承办机构组织的考务管理员和系统管理员培训，由省级承办机构考核，合格后发放上岗证（式样见《汉语能力测试考务工作手册》附录，由省级承办机构统一制作）。

（三）考点职责

所在单位的现职领导担任考点的主考，负责该考点的考试工作，并可设立副主考，辅助完成工作；设考务管理员一名，具体负责考务工作；设系统管理员一名，具体负责上机考试等技术工作。考点职责如下：

1. 接受考务、技术培训和考核；

2. 接受考生报名、缴费；

3. 编排考场和准考证号，打印、发放准考证；

4. 考试资料的安全、保密工作；

5. 组织考试，并在考前做好各项准备工作；

6. 遗留问题的汇总、上报；

7. 发放成绩单和转发合格证书；

8. 考试宣传工作、接受考生咨询；

9. 负责本考点考生报考资料的保存和销毁。

第十条 汉语能力测试学术委员会

成立由知名专家组成的汉语能力测试学术委员会，在教育部考试中心领导下开展工作。主要职责是：负责起草、修订国家汉语应用能力标准、设计考试方案、推荐命题专家、开展学术交流以及提高宏观咨询指导等。

考试材料的制作

第十一条 教育部考试中心制定《汉语能力测试考试大纲》，规定各个等级考试的知识范围、能力要求，确定试卷结构，公布样卷。

第十二条 教育部考试中心组织专家统一命制试题、制作考试系统安装盘、印制答题纸等考试材料。

考试的安全保密

第十三条 汉语能力测试的试卷（光盘）、参考答案和评分标准的制作、运送、交接、存放、保管、使用等各个环节，必须严格按照《中华人民共和国保守国家秘密法》、《教育工作中国家秘密及其秘级具体范围的规定》（原国家教委、国家保密局89 教密［2001］2 号）及教育部、中宣部、公安部、国家保密局关于印发《国家教育考试考务安全保密工作规定》的通知（教考试［2004］2 号）的有关规定执行，任何单位或个人不得泄露。

第十四条 未经教育部考试中心同意，任何单位和个人不得擅自向社会公布考生的成绩等考试信息。

第十五条 考试结束后，考点系统管理员负责卸载上机考试系统工作。上机考试软件和试题的知识产权受法律保护，严禁以任何形式复制，违者将取消其考点资格。

考试实施

第十六条 汉语能力测试的组织与实施工作必须做到严密、严格、严肃。各级承办机构必须严格按照本《规则》和《考务工作手册》的规定组织实施考试。

第十七条 报名与考场编排

1. 教育部考试中心统一确定当次考试的开考科目、报名时间、方式；并建设网上报名平台，公布网上报名网址和流程。

2. 省级承办机构和考点应及时做好报名的组织、宣传工作。

3. 报名及考场编排工作必须使用教育部考试中心统一编制的考务管理软件。

4. 考点在接纳考生报名时，应要求考生出示其有效身份证件，并履行相关手续；有效身份证件指居民身份证、军官证、户口本、公安户籍部门开具的身份证号码证明、护照等。

5. 考生报名时须登记正确的个人报名信息，自行核对本人的《考生报名核对表》上的信息是否正确并签字；按照要求提供本人照片信息；足额缴纳考试费用。

6. 考点应保证采集的考生信息准确无误，并核查《考生报名确认表》上考生是否签字确认。考点自报名结束之日起保存《考生报名确认表》半年。

7. 各省级考试承办机构自行决定由考点编排准考证号或者由省级考试承办机构直接编排。考生通过网络查询、打印准考证。

第十八条　组织考试

1. 汉语能力测试分为一级、二级、三级、四级、五级、六级共六个级别。

2. 汉语能力测试包括上机考试和笔试（作文在答题纸上做答，其余部分为上机考试）。

3. 考试每年组织两次。

4. 考点应按《考务工作手册》要求做好汉语能力测试上机考试的各项准备工作。

5. 考试期间省级考试承办机构应派巡视员，检查各考点的考试进行情况，并填写巡视记录。

6. 各省级考试承办机构应公布举报电话，考试期间派专人值班。在《考务工作手册》规定的时间内将值班联系人的电话上报教育部考试中心。

评卷、成绩处理与认定

第十九条　教育部考试中心统一制定阅卷的工作流程和业务规范，对省级考试机构阅卷工作进行培训、检查、指导。

第二十条　教育部考试中心研制阅卷软件，阅卷必须使用统一的软件系统进行工作。

第二十一条　省级承办机构根据《考务工作手册》相关规定，成立评卷工作领导小组，选聘评卷员，统一组织评阅工作。

第二十二条　评卷点应在规定时间内完成评卷工作。所有成绩处理完成后，应由省级考试承办机构向教育部考试中心报送考生信息和成绩，其间不得以任何名义、理由向社会公布成绩。

证　书

第二十三条　汉语能力测试合格证书由国家语言文字工作委员会监制，教育部考试中心印制、颁发。

第二十四条　教育部考试中心负责证书的管理。教育部考试中心在汉语能力测试网站上开放证书的真实性、有效性查询服务。

考试违规处理

第二十五条　对于组织管理工作中出现问题的省级考试承办机构，教育部考试中心将视其情节轻重，进行批评、警告直至撤销其承办资格。

第二十六条　具有下列情形之一的考点，省级考试承办机构暂停或取消其考点资格：

1. 发生严重考场事故、集体舞弊、试题泄密的；

2. 考场秩序混乱的；

3. 考后评估未达标的；

4. 考务管理员和系统管理员未通过培训考核的；

5. 不执行有关规定，自行其是，造成严重后果的。

第二十七条　考生出现考试违规等情况，各考点应记录情况并报告上级考试机构，由省级考试承办机构参照《国家教育考试违规处理办法》（教育部第 18 号令）及教育部考试中心有关规定处理。

第二十八条 对于违反有关规定的教育考试机构工作人员，视其情节轻重，将按照有关规定给予处分，直至追究法律责任。

第二十九条 对于违反保密规定造成泄密的，按照《中华人民共和国保守国家秘密法》、《中华人民共和国保守国家秘密法实施办法》等规定，给予处分，直至追究其法律责任。

考试工作人员

第三十条 为确保考试的正常实施，各级承办机构应按要求配备足够的考试工作人员。

第三十一条 考试工作人员必须严格遵守工作纪律，认真负责，并严格执行回避制度。应选聘责任心强、作风正派、有一定考试工作经验的人员作为考试工作人员。如有直系亲属参加考试，考试工作人员应回避接触考试试卷、答案和评分参考，并不得参与监考、评卷和登分工作。

第三十二条 省级考试承办机构

1. 各省级承办机构应成立汉语能力测试领导小组。领导小组的组长应由省级承办机构的主管领导担任，副组长由省级承办机构的主要负责人担任，小组成员中应包括考务管理人员、系统管理人员等。领导小组的组成名单及通信联络办法应报教育部考试中心备案，相关成员或联系方式有变动时应及时上报教育部考试中心。

2. 各省级承办机构要有计划地培训考点的考务管理人员与系统管理人员。

第三十三条 考点

1. 考点是考试的直接组织、实施机构。考点在考试期间必须具备所需的考试工作人员，包括考点主考1人、考务管理员1人、系统管理员1人、监考人员、安全保卫人员、医务人员、保密员等；主考可以根据需要设立副主考，协助主考工作。

2. 考试工作人员必须接受必要的培训。其中考务管理员和系统管理员必须通过省级考试承办机构的培训和考核。

3. 考试工作人员应严格遵守规章制度，认真组织考试。

考试费用

第三十四条 收费标准全国统一，由教育部考试中心测算并向有关部门申报或备案。各省级承办机构代收考试费并全额上缴教育部考试中心。教育部考试中心按国家规定统一缴税后，部分返还给各省市承办机构，用于考试组织各项开支。各省与考点的结算由省级考试机构与考点协商确定。具体标准以及试点期间特殊安排另行通知。

第三十五条 各级考试机构应该在考试结束后两个月内，按实际报名人数将报名考试费上缴教育部考试中心。具体账号如下：(略)

各级考试机构需要该项考试技术支持单位派出人员前往当地提供现场服务时，发生的人员差旅、食宿等费用由提出需求的考试机构承担。

附 则

第三十六条 考务组织管理的详细业务规范按照《汉语能力测试考务工作手册》规定执行。

第三十七条 本《规则》自发布之日起实施。

第三十八条 本《规则》由教育部考试中心负责解释。

关于在西南财经大学设立托福考试考点的复函

教试中心函［2011］235号

西南财经大学：

你校关于申请设立托福考试考点的申请函及确认书已收悉。

我中心已将设立托福网考考点的相关技术要求发给你校经贸外语学院，请你校根据该要求进行托福网考考点的筹建工作，在考试场地、技术设施、网络连接及相关人员方面予以落实，待各项条件达到要求之后，即可正式开考。

教育部考试中心

二〇一一年十二月五日

关于开展2012年“升学指导测验”宣传推广工作的通知

教试中心函［2011］239号

有关省、自治区、直辖市教育考试院（中心、局）、普通高校招生办公室：

“升学指导测验”是我中心推出的，旨在帮助高考生了解和认识自己的职业兴趣和胜任力，并根据测试结果推荐适合高考生个性特征的大学专业信息的心理测评工具。项目实施十一年来，在帮助考生全面了解自己、科学填报高考志愿的过程中发挥了重要作用。

《国家中长期教育改革和发展规划纲要（2010—2020年）》（以下简称《纲要》）指出：“建立科学的教育质量评价体系，全面实施高中学业水平考试和综合素质评价；建立学生发展指导制度，加强对学生的理想、心理和学业等多方面的指导”。在贯彻落实《纲要》有关精神及考试机构向专业化考试服务机构的转变过程中，“升学指导测验”已体现出其自身的价值，成为教育评价体系的主要非考试性评价工具之一。

2011年，我中心在云南、海南首次为高考生提供非考试评价的“升学指导测验”，两省约80%的考生参加了测试，给考生在专业选择方面提供了参考意见。新闻媒体对此进行了深入采访和广泛报道，此项服务也受到广大考生及社会的充分肯定和好评。

为进一步做好2012年的宣传推广工作，现将有关事项通知如下：

一、把做好“升学指导测验”推广工作的社会效益放在首位，扩大测试范围，以使更多的考生得到有效帮助。

二、各省级考试机构要结合自身情况，充分利用各种资源，有针对性地加强宣传；同时优化已有推广模式，拓宽思路、积极探索和尝试新型推广方式。

三、我中心为开展此项工作准备了宣传折页、试题册和网络测试卡等资料，请各省上报实际需求量，我中心将按需及时邮寄。希望各单位充分利用好以上资料，共同做好该项目的宣传和推广工作。

四、我中心与各省考试机构2012年合作方式见附件，请拟开展“升学指导测验”宣传推广工作的省级考试机构与我中心联系，签署合作协议。

附件：“升学指导测验”合作方式

教育部考试中心
二〇一一年十二月十三日

（附件略）

关于做好2011年中小学和幼儿园教师资格考试面试有关工作的通知

教试中心函［2011］242号

浙江、湖北省教育考试院：

2011年中小学和幼儿园教师资格考试面试工作定于12月24日、25日举行，为加强考试管理，保证考试平稳顺利进行，特对面试工作中有关事项通知如下：

一、面试抽题时间统一从12月24日8:00开始。考生到达考点候考室时间由试点省确定，面试其他时间按《中小学和幼儿园教师资格考试试点期间面试工作规程（试行）》（教试中心函［2011］186号）执行。

二、认真执行《关于印发中小学和幼儿园教师资格考试试点期间考务工作规定（试行）等文件的通知》（教试中心函［2011］186号）、《关于做好2011年中小学和幼儿园教师资格考试安全保密工作的通知》（教试中心函［2011］215号）文件要求，落实11月23日视频工作会议的精神，加强面试工作组织管理，确保考试安全。加强对面试试题及有关重要信息的管理，考前对面试试题光盘做好接收、保管、分发工作，实行面试试题光盘、加密锁、面试测评系统（软件）分离管理（至少分两人保管），妥善管理面试有关重要信息，包括考官信息库、考官登录密码、考生信息库、回收数据、试题清单等。

三、严格审批面试考点，做好面试环境准备工作。审批面试考点按《中小学和幼儿园教师资格考试试点期间面试工作规程（试行）》文件要求执行。面试考场及备课室要备齐面试所需物品，保证考生面试准备和试讲（或展示）的需要。

四、做好考官培训工作，实行持证上岗。按照12月7日—10日两试点省集中培训的模式，继续做好各考区考官的培训工作，做到所有考官上岗前都要参加培训，实行持证上岗。统一评判标准，规范面试程序，最大限度减小测评误差。面试考官上岗需佩戴统一式样的面试考官证。

五、精心组织，通力合作，确保面试工作平稳实施。中小学和幼儿园教师资格考试试点面试工作，具有形式新、环节多、任务重等特点，各级考试机构要在教育行政部门领导下，积极协调各方面的力量，认真组织，圆满完成面试工作，同时加强领导，妥善处理各种突发事件。

六、试点省在面试工作结束后，于12月30日前，将考试数据（光盘）上报教育部考试中心。

面试工作结束后，试点省要做好教师资格考试改革试点总结，全面总结试点工作经验，并于2012年1月10日前报教育部考试中心。

教育部考试中心
二〇一一年十二月十六日

关于全国外语翻译证书考试（NAETI）2011 年工作总结和 2012 年工作安排的通知

教试中心函［2011］245 号

各考点：

在各考点的大力支持下，2011 年 NAETI 考务工作取得了圆满成功。现将 2011 年主要工作情况和 2012 年工作安排通知如下：

一、2011 年主要工作情况

（一）报考情况

全年报考总数为 8 210 科次，再创历史新高，同比增长 28.89%。其中上半年报考 4 080 科次，下半年报考 4 130 科次。全国共有 59 个考点组织考试，其中全年报考较多的考点依次是成都理工大学、北京外国语大学、浙江省台州职业技术学院考点和中山大学，科次数分别为 770、576、544 和 459。

（二）考试组织实施情况

2011 年全年两次考试在绝大部分考点得到顺利实施，但在极个别考点中还存在由于人员交接不当延误考务工作，甚至出现口译文件命名错误等严重考务失误的现象。请各考点注意人员工作交接和加强考务培训，避免类似情况再次发生。

（三）发展新考点情况

新增宁波大学、山东女子学院和山东工商学院三个考点，并于 2011 年 7 月组织了新考点考务培训会。

（四）宣传推广情况

制作并下发了新的项目宣传折页，并及时更新项目宣传网页。

二、2012 年工作安排

2012 年全国外语翻译证书考试时间已确定：上半年考试为 5 月 12 日和 13 日，下半年考试为 11 月 10 日和 11 日。具体安排如下：

（一）考试科目安排

1. 上半年开考科目

- 5 月 12 日：

英语一级、二级、三级和四级笔译，英语四级口译；

日语一级、二级和三级笔译。

- 5 月 13 日：

英语一级、二级和三级口译；

日语一级、二级和三级口译。

2. 下半年开考科目

- 11 月 10 日：

英语二级、三级和四级笔译，英语四级口译。

- 11 月 11 日：

英语二级和三级口译。

（二）报名时间安排

1. 上半年考试

- 网上报名时间：3 月 1 日至 31 日。
- 考点确认时间：3 月 27 日至 4 月 2 日。

2. 下半年考试

- 网上报名时间：8 月 1 日至 9 月 21 日。
- 考点确认时间：9 月 17 日至 9 月 22 日。

（三）考务管理时间安排

1. 上半年考试

- 考场编排时间：4 月 3 日至 4 月 8 日。
- 订卷截止时间：4 月 9 日。
- 网络关闭时间：4 月 9 日 17 时。

2. 下半年考试

- 考场编排时间：9 月 23 日至 9 月 28 日。
- 订卷截止时间：9 月 29 日。
- 网络关闭时间：9 月 29 日 17 时。

请各考点严格执行上述时间安排，在网络关闭前完成考场编排、订卷等考务工作并打印准考证、考生花名册等材料。要求考点使用网上报名系统统一提供的试卷申报表格式，打印前准确、清楚地填写各项内容，按 5% 的比例留出备用卷和磁带，通过传真报我中心社会考试处。

联系人及电话：（略）

（四）考试费收取和上缴

收费标准和考点留成见“教试中心函［2007］215 号”。在报名工作结束后，请各考点认真填写《全国外语翻译证书考试（NAETI）财务报告》（附件一），并于五个工作日内，寄送教育部考试中心财务处并将应上缴的考试费通过银行信汇方式汇至如下账户：（略）

（五）组织口译考试注意事项

1. 光盘考点

使用数字录音的考点应确保数字录音文件按照《关于使用数字设备进行口译考试有关问题的通知》（见附件二）的要求正确命名，刻录文件数与实际参考考生数保持一致。

2. 磁带考点

使用磁带录音的考点应正确指导考生准确填写准考证号等个人信息。

所有考点在组织口译考试时应注意，交替传译考试题目的声音和考生的声音都录制。同声传译考试时，只录制考生声音。否则将导致难以阅卷。

使用磁带录音的考点可申请改为数字录音形式。但考点必须在当次考试网络报名开通前向我中心提出正式申请，并经模拟测试软硬件合格后，方可更改。

（六）安全保密要求

考点必须依据国家机密材料管理办法及《全国外语翻译证书考试（NAETI）工作手册》的保密要求，在试卷存放考点期间严格执行上述规定，确实保证试卷等考试资料的绝对安全。

考试结束后，考点必须以机要的形式将主考报告（见附件三）等规定的材料寄回我中心。

（七）人员管理与工作交接

考点要加强领导，规范管理，严格执行《全国外语翻译证书考试（NAETI）工作手册》的考务规定，在考前必须组织考试工作人员进行考务培训。

在日常联系人出现变更时，考点必须及时上报考试中心并做好相关工作交接。

（八）考试宣传

考点应积极做好项目宣传推广工作，及时向考生告知本通知相关内容以及考点现场确认的具体安排。

附件：一、全国外语翻译证书考试（NAETI）财务报告

二、关于使用数字设备进行口译考试有关问题的通知

三、全国外语翻译证书考试（NAETI）主考报告

教育部考试中心

二〇一一年十二月二十八日

（附件略）

关于实施全国音乐等级考试的通知

教试中心函［2011］251 号

各省、自治区、直辖市教育考试院（局、中心），高等教育自学考试办公室：

为全面推进我国音乐教育的发展，加强音乐教育评价工作，提高学生的音乐综合素养，教育部考试中心决定于 2012 年上半年起在全国举办全国音乐等级考试。该项考试的具体实施部门为中英教育测量交流中心。

为做好该项目的组织、实施工作，现将《全国音乐等级考试项目介绍》（附件一）和《全国音乐等级考试承办机构申办表（音乐基础知识考试）》（附件二）印发给你们。请根据本地区实际情况，填写《全国音乐等级考试承办机构申办表（音乐基础知识考试）》，于 2012 年 2 月 29 日前正式函复我中心。

有关全国音乐等级考试师资培训及考点、培训点的设立与管理办法另文通知。

联系电话（略）。

附件：一、全国音乐等级考试项目介绍

二、全国音乐等级考试承办机构申办表（音乐基础知识考试）

教育部考试中心

二〇一一年十二月三十一日

附件一：

全国音乐等级考试项目介绍

一、概述

全国音乐等级考试是由教育部考试中心推出的面向全国业余音乐学习者的培训评价体系，中央音乐学院为该项考试的合作机构。该项考试是在中央音乐学院原有的“中央音乐学院校外音乐水平考级”的基础上，开发出的一项新的考试。举办该项考试的目的是通过建立科学、规范的考试评价体系全面考察考生的音乐素养，提高考生的综合素质，推动和促进我国社会音乐教育的繁荣与发展。

二、考试管理

1．“全国音乐等级考试”分为“音乐基础知识考试”（又称为“音基考试”）和“专业技能考试”（又称为“术科考试”）两部分。

2. 管理模式

1）两级管理模式，即教育部考试中心（中央音乐学院）——承办机构——考点（培训机构）管理模式：

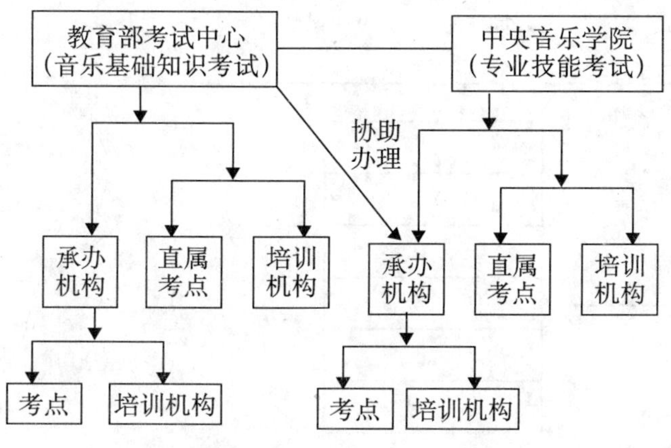

各部门职能：

教育部考试中心：负责项目宏观管理；制定相关政策；负责音乐基础知识考试的承办工作；协助中央音乐学院进行专业技能考试的承办工作；组织音乐基础知识考试的考试实施、检查和评估工作；组织编写考试大纲；负责组织出版、发行考试大纲及教材；组织命题工作；负责制定教师、考官的管理办法及备案工作；负责音乐基础知识考试的考务管理、考务培训、巡考、阅卷、成绩登录与审核、数据汇总；负责组织教师、考官的培训工作；负责印制、分发合格证书。

中央音乐学院：负责专业技能考试的承办工作；组织专业技能考试的考试实施、检查和评估工作；协助教育部考试中心完成考试大纲、教材的编写工作；负责组织出版、发行考试大纲及教材；协助教育部考试中心开展命题工作；协助教育部考试中心完成音乐基础知识考试的阅卷工作；负责组织教师和考官的培训工作；负责专业技能考试的考务管理、考务培训、成绩登录与审核、数据汇总与提交。

承办机构：负责本地区所承办考试的管理和宣传工作；负责本地区的考点设置、考场组织、考务管理与培训；负责组织评审、成绩登录与审核、数据汇总与报送等工作；负责按照全国音乐等级考试项目管理规则的要求完成其他有关工作。

考点：由承办机构审批并报上级管理机构备案；根据相关考试的考务要求接受考生报名；汇总与报送考试报名数据；组织、实施考试工作。

培训机构：由承办机构审批并报上级管理机构备案；根据全国音乐等级考试的考务管理要求，组织本地区考生的培训工作；培训课程须使用教育部考试中心和中央音乐学院指定的教材；培训教师需持证上岗。

2）一级管理模式，即教育部考试中心（中央音乐学院）——直属考点（培训机构）管理模式。在未申办全国音乐等级考试项目的省（自治区、直辖市）或省级承办机构考生人数连续两年为达标的省（自治区、直辖市），将采取此种管理模式。

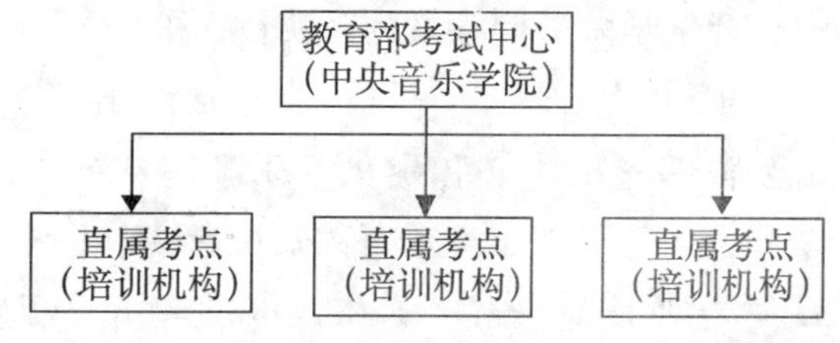

教育部考试中心将首先开展音乐基础知识考试的承办工作。具体承办要求，请填写《全国音乐等级考试承办机构申办表（音乐基础知识）》。专业技能考试的承办办法，将另行发文。

三、科目及证书说明

“音乐基础知识考试”包括初级、中级、高级三个级别；“专业技能考试”分为九个级别，个别科目同时还包括演奏级。

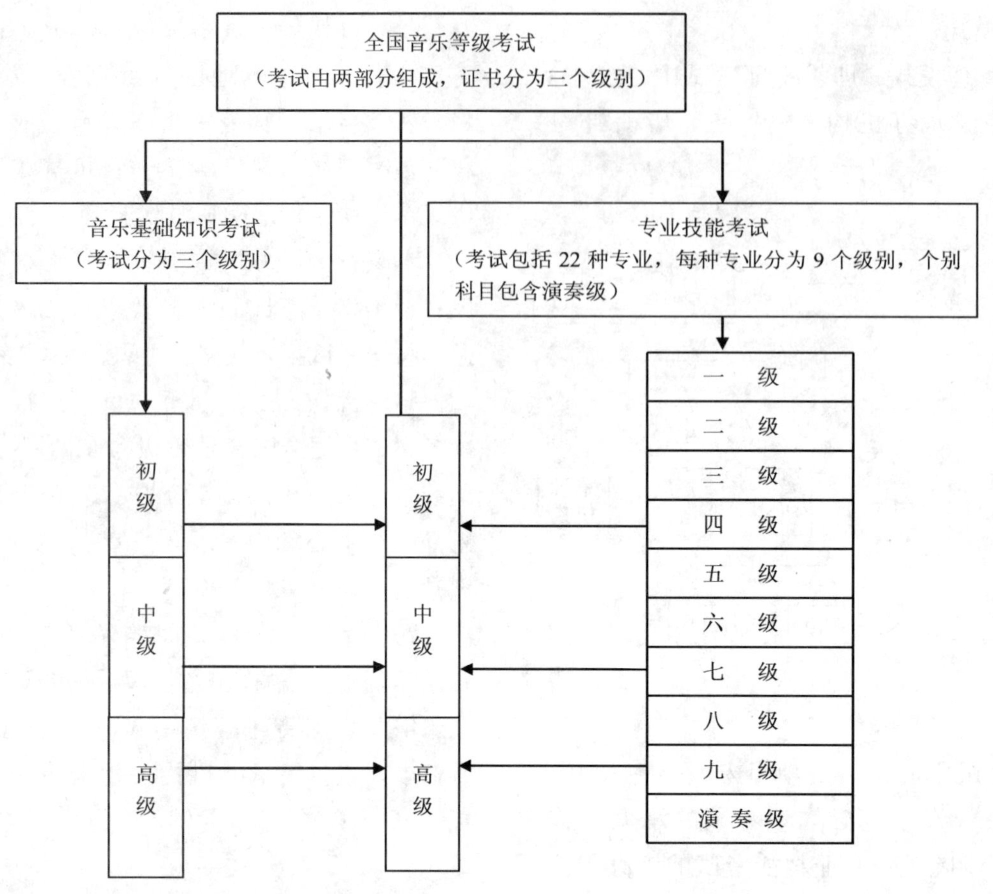

1. 全国音乐等级考试证书是由教育部考试中心和中央音乐学院共同签发的写实性证书。

2. “音乐基础知识考试”合格成绩的考生，颁发由教育部考试中心和中央音乐学院共同签发的“全国音乐等级考试音乐基础知识考试”证书。

3. “专业技能考试”合格成绩的考生，颁发由教育部考试中心和中央音乐学院共同签发的“全国音乐等级考试专业技能考试”证书。

4. 考生凭“专业技能考试”四级证书和“音乐基础知识考试”初级证书换取教育部考试中心与中央音乐学院联合签发的“全国音乐等级考试”初级证书；考生凭“专业技能考试”七级证书和“音乐基础知识考试”中级证书换取教育部考试中心与中央音乐学院联合签发的“全国音乐等级考试”中级证书；考生凭“专业技能考试”九级（含演奏级）证书和“音乐基础考试”高级证书换取教育部考试中心与中央音乐学院联合签发的“全国音乐等级考试”高级证书。

四、考试形式

1. 音乐基础知识考试

采用计算机考试的形式。音乐基础知识考试将采用计算机测试的方式，试题呈现和考生作答均通过计算机完成。

2. 专业技能考试

采用面试形式。专业技能考试将采用现场测试方式，考官与考生进行面对面测试，考官现场对考试情况进行评判。

五、考试大纲

由教育部考试中心组织专家拟定，全国音乐等级考试专家委员会审定。考试大纲是命题与测评的基本依据。

六、考试评价

参加测试的考生将获得一个评价报告，报告将对考生各部分的知识以及技能水平作定性和定量描述。

七、考务管理

1. 全国音乐等级考试实行两级管理和一级管理并举的管理模式。教育部考试中心负责全国音乐等级考试项目的宏观管理，同时教育部考试中心主要负责音乐基础知识考试的承办和考务组织工作。中央音乐学院主要负责专业技能考试的承办和考务组织工作。各承办机构负责地方性管理工作。

2. 全国音乐等级考试的承办机构，如未按规定设立考点或连续两年未达到年预计考生人数的，教育部考试中心有权终止其承办工作或缩小其承办范围并由教育部考试中心在该承办省（自治区、直辖市）设立直属考点，开展考试的有关工作。

3. 考点由各承办机构审批管理。由承办机构审批的考点须报教育部考试中心备案。

4. 考点主要负责报名、编排考场、组织实施考试等工作。

5. 考官均需持有教育部考试中心和中央音乐学院颁发的资质证明，持证上岗。

6. 考试采取全国统一考试大纲、统一命题、统一评分标准方式进行。

7. 考试合格者将得到由教育部考试中心和中央音乐学院共同签发的写实性证书。

8. 音乐基础知识考试暂定为每年寒暑假举办两次。待机考运行成熟后，将逐步实行多次开考。

9. 专业技能考试每年寒暑假举办两次考试，具体考试时间由各承办机构与中央音乐学院协商确定。

10. 考试费采取经营性收费方式。（收费细则另行发文）

11. 教育部考试中心和中央音乐学院共同负责考试结果的解释。

八、培训管理

1. 培训机构由各承办机构审批管理。由承办机构审批的培训点须报教育部考试中心备案。

2. 培训机构须使用由教育部考试中心和中央音乐学院指定的教材。

3. 培训教师均需持有教育部考试中心和中央音乐学院颁发的资质证明，持证上岗。

（附件二略）

全国高等教育自学考试指导委员会办公室文件

关于公布2010年部分省（自治区、直辖市）高等教育自学考试备案、审核和审批专业的通知

考委办函［2011］1号

各省、自治区、直辖市高等教育自学考试委员会办公室，解放军自学考试委员会办公室：

根据高等教育自学考试专业管理的有关规定，经研究，决定公布部分省（自治区、直辖市）高等教育自学考试委员会2010年备案开考专业和经我办审核、审批的开考专业（见附件）。现就有关事项通知如下。

一、开考全国统一制定考试计划的专业，各省（自治区、直辖市）考委须在开考前报我办备案，不得擅自更改考试计划。

二、开考《高等教育自学考试专业目录》内专业，应将所开考专业的考试计划报我办审核，经同意并给予专业代码、课程代码后，各省（自治区、直辖市）考委方能开考。

三、凡开考《高等教育自学考试专业目录》外专业，须按照原国家教育委员会印发的《高等教育自学考试开考专业管理办法》（教考试［1996］9号）的要求，认真组织专家论证（专家组成员一般为7人，适当吸收主考学校、高职高专、行业部门人员），在严格论证的基础上，科学确定专业名称，规范专业知识结构；有关论证材料、专业考试计划和有关课程考试大纲、教材的编写使用情况说明，须在开考前10个月提交我办，并经我办组织有关专业委员会进行审议批复后，各省（自治区、直辖市）方能开考。

四、各省（自治区、直辖市）考委按照我办批复其他省（自治区、直辖市）考委的专业考试计划开考专业的，须在开考前报我办备案。

五、各省（自治区、直辖市）考委（考办）上报我办审核和审批专业的文件一式四份，并同时上报电子文档（电子邮箱：tans@neea.edu.cn）。

六、各省级考办申报专业除按原有流程申报外，还需通过高等教育自学考试信息管理系统（网址：http://zkmis.neea.edu.cn），按照网上申

报流程进行网上申报。

七、为便于宏观管理，各省（自治区、直辖市）停考的专业须报我办备案，并做好停考专业的善后工作，同时需要通过高等教育自学考试信息管理系统进行网上申报停考。

附件：2010 年部分省（自治区、直辖市）新开考专业表

全国高等教育自学考试指导委员会办公室
二〇一一年一月四日

附件：

2010 年部分省（自治区、直辖市）新开考专业表

省份	序号	专业名称	专业类型	专业代码	申报方式	批准文号
北京	1	项目管理	专科	A020316	备案	考委办函［2010］19 号
	2	项目管理	独立本科段	B020256	备案	考委办函［2010］19 号
	3	人力资源管理	专科	A020205	备案	考委办函［2010］26 号
	4	人力资源管理	独立本科段	B020218	备案	考委办函［2010］26 号
天津	1	物业管理	独立本科段	B020222	备案	考委办函［2010］6 号
河北	1	数字媒体艺术	专科	A050420	备案	考委办函［2010］36 号
	2	销售管理	专科	A020313	备案	考委办函［2010］43 号
	3	销售管理	独立本科段	B020314	备案	考委办函［2010］43 号
	4	现代农村经济管理	专科	A090635	备案	考委办函［2010］68 号
	5	农业综合技术	专科	A090702	审核	考委办函［2010］68 号
	6	药学	独立本科段	B100805	备案	考委办函［2010］73 号
	7	化学工程	独立本科段	B081203	备案	考委办函［2010］73 号
	8	机械制造及自动化	独立本科段	B080302	备案	考委办函［2010］73 号
山西	1	采矿工程	独立本科段	B080109	备案	考委办函［2010］66 号
辽宁	1	社会工作与管理	独立本科段	B030203	备案	考委办函［2010］5 号
	2	焊接	专科	A080315	备案	考委办函［2010］25 号
	3	文秘与办公自动化	专科	A030318	备案	考委办函［2010］25 号
	4	机电设备与管理	专科	A080338	备案	考委办函［2010］25 号
	5	中药学	本科段	C100802	备案	考委办函［2010］40 号
	6	模具设计与制造	独立本科段	B080313	备案	考委办函［2010］40 号

续表

省份	序号	专业名称	专业类型	专业代码	申报方式	批准文号
吉林	1	汽车机械制造技术	基础科段	C080348	审批	考委办函［2010］50号
	2	汽车机械制造技术	本科段	C080349	审批	考委办函［2010］50号
	3	地铁运输与管理	专科	A081721	备案	考委办函［2010］50号
	4	地铁电动客车技术	专科	A080312	备案	考委办函［2010］50号
	5	商务管理	基础科段	C020214	备案	考委办函［2010］50号
	6	商务管理	本科段	C020226	备案	考委办函［2010］50号
	7	金融管理	基础科段	C020116	备案	考委办函［2010］50号
	8	金融管理	本科段	C020120	备案	考委办函［2010］50号
黑龙江	1	项目管理	独立本科段	B020256	备案	考委办函［2010］59号
	2	艺术设计	独立本科段	B050437	备案	考委办函［2010］59号
	3	游戏软件开发技术	独立本科段	B080743	备案	考委办函［2010］59号
	4	采矿工程	专科	A080108	备案	考委办函［2010］59号
	5	采矿工程	独立本科段	B080109	备案	考委办函［2010］59号
上海	1	销售管理	专科	A020313	备案	考委办函［2010］76号
	2	销售管理	独立本科段	B020314	备案	考委办函［2010］76号
江苏	1	公共管理	独立本科段	B020267	备案	考委办函［2010］53号
	2	国际旅游管理	专科	A020238	备案	考委办函［2010］53号
	3	国际旅游管理	独立本科段	B020235	备案	考委办函［2010］53号
	4	生物技术（检验检疫方向）	专科	A070408	备案	考委办函［2010］53号
	5	生物技术（检验检疫方向）	独立本科段	B070405	备案	考委办函［2010］53号
	6	商务西班牙语	专科	A050237	备案	考委办函［2010］53号
福建	1	畜牧兽医	专科	A090414	备案	考委办函［2010］58号
	2	路桥施工技术与管理	专科	A080832	备案	考委办函［2010］67号
	3	中药学	本科段	C100802	备案	考委办函［2010］82号
	4	销售管理	专科	A020313	备案	考委办函［2010］82号
	5	销售管理	独立本科段	B020314	备案	考委办函［2010］82号
	6	环境保护与管理	独立本科段	B020277	备案	考委办函［2010］82号
	7	工程管理	独立本科段	B020279	备案	考委办函［2010］82号
	8	动画	独立本科段	B080746	备案	考委办函［2010］82号
江西	1	销售管理	专科	A020313	备案	考委办函［2010］38号
	2	销售管理	独立本科段	B020314	备案	考委办函［2010］38号
	3	动画设计	独立本科段	B050438	备案	考委办函［2010］38号
山东	1	动画设计	独立本科段	B050438	备案	考委办函［2010］35号

续表

省份	序号	专业名称	专业类型	专业代码	申报方式	批准文号
河南	1	道路与桥梁工程	独立本科段	B080807	备案	考委办函［2010］29号
	2	机械制造及自动化	独立本科段	B080302	备案	考委办函［2010］29号
	3	动漫设计	独立本科段	B050451	备案	考委办函［2010］29号
	4	商务英语	独立本科段	B050218	备案	考委办函［2010］29号
	5	秘书学	独立本科段	B050104	备案	考委办函［2010］29号
	6	工程管理	独立本科段	B020279	备案	考委办函［2010］29号
	7	企业财务管理	独立本科段	B020213	备案	考委办函［2010］29号
	8	物业管理	独立本科段	B020222	备案	考委办函［2010］29号
	9	人力资源管理	独立本科段	B020218	备案	考委办函［2010］29号
	10	室内设计	独立本科段	B050432	备案	考委办函［2010］29号
	11	项目管理	独立本科段	B020256	备案	考委办函［2010］29号
	12	商务管理	独立本科段	B020226	备案	考委办函［2010］29号
	13	工业自动化	独立本科段	B080603	备案	考委办函［2010］29号
	14	动画设计	独立本科段	B050438	备案	考委办函［2010］29号
湖北	1	采购与供应管理	专科	A020265	备案	考委办函［2010］27号
	2	采购与供应管理	独立本科段	B020282	备案	考委办函［2010］27号
	3	机械设计制造与自动化	独立本科段	B080324	备案	考委办函［2010］27号
	4	音乐教育	独立本科段	B050408	备案	考委办函［2010］27号
	5	地质工程	专科	A080831	备案	考委办函［2010］30号
	6	国际旅游管理	专科	A020238	备案	考委办函［2010］71号
	7	国际旅游管理	独立本科段	B020235	备案	考委办函［2010］71号
湖南	1	航空机电工程	独立本科段	B081804	备案	考委办函［2010］42号
	2	水产养殖	独立本科段	B090503	备案	考委办函［2010］42号
	3	植物保护与检验	独立本科段	B090303	备案	考委办函［2010］42号
	4	保险	专科	A020107	备案	考委办函［2010］42号
	5	商务经纪	专科	A020317	审批	考委办函［2010］77号
	6	经纪学	独立本科段	B020318	审批	考委办函［2010］77号
	7	数字媒体艺术	专科	A050420	备案	考委办函［2010］77号
	8	数字媒体艺术	独立本科段	B050418	备案	考委办函［2010］77号
	9	轨道交通信号及控制	独立本科段	B080780	备案	考委办函［2010］77号
	10	医药商务	独立本科段	B020254	备案	考委办函［2010］77号
	11	播音与主持	独立本科段	B050310	备案	考委办函［2010］77号
	12	广播电视编导	独立本科段	B050311	备案	考委办函［2010］77号
	13	工程造价管理	独立本科段	B082231	备案	考委办函［2010］77号
	14	土木工程	独立本科段	B080825	备案	考委办函［2010］77号

续表

省份	序号	专业名称	专业类型	专业代码	申报方式	批准文号
海南	1	机械制造及自动化	专科	A100906	备案	考委办函［2010］2号
	2	计算机网络及应用	专科	A080204	备案	考委办函［2010］2号
	3	生物制药	专科	A081734	备案	考委办函［2010］2号
	4	光伏材料加工与应用技术	专科	A081732	备案	考委办函［2010］2号
	5	报关与国际货运	专科	B020279	备案	考委办函［2010］2号
	6	航海技术	专科	B020229	备案	考委办函［2010］2号
	7	工程管理	独立本科段	A100906	备案	考委办函［2010］2号
	8	物流管理	独立本科段	A080204	备案	考委办函［2010］2号
	9	数控技术	独立本科段	B080741	备案	考委办函［2010］8号
	10	模具设计与制造	独立本科段	B080313	备案	考委办函［2010］8号
	11	医药经营与管理	专科	A100908	备案	考委办函［2010］8号
	12	卫生事业管理	专科	A100901	备案	考委办函［2010］8号
	13	国际旅游管理	专科	A020238	备案	考委办函［2010］8号
	14	服装艺术设计	专科	A050402	备案	考委办函［2010］8号
	15	畜牧兽医	专科	A090414	备案	考委办函［2010］8号
	16	烹饪工艺	专科	A081305	备案	考委办函［2010］8号
	17	园艺	专科	A090104	备案	考委办函［2010］8号
	18	食品加工与检验	专科	A081312	备案	考委办函［2010］8号
	19	工业电气自动化技术	专科	A080602	备案	考委办函［2010］8号
	20	乡村管理	专科	A020153	备案	考委办函［2010］8号
	21	会展策划与管理	专科	A020166	备案	考委办函［2010］8号
	22	酒店管理	专科	A020245	备案	考委办函［2010］8号
重庆	1	日语	本科段	C050202	备案	考委办函［2010］4号
四川	1	学前教育	独立本科段	B040102	备案	考委办函［2010］41号
	2	通信信息管理	专科	A080777	备案	考委办函［2010］41号
	3	工程造价管理	专科	A082214	备案	考委办函［2010］41号
	4	对外汉语	独立本科段	B050140	备案	考委办函［2010］41号
	5	机电设备与管理	独立本科段	B080338	备案	考委办函［2010］41号
		机电设备与管理（核工程设备及管理方向）	独立本科段	B080338	备案	考委办函［2010］41号
	6	机场管理	独立本科段	B081719	备案	考委办函［2010］41号
	7	汽车服务工程	独立本科段	B082232	备案	考委办函［2010］41号
	8	检验	独立本科段	B100311	备案	考委办函［2010］41号
	9	播音与主持	独立本科段	B050310	备案	考委办函［2010］41号

续表

省份	序号	专业名称	专业类型	专业代码	申报方式	批准文号
贵州	1	畜牧兽医	独立本科段	B090403	备案	考委办函［2010］49号
	2	室内设计	专科	A050405	备案	考委办函［2010］49号
云南	1	采购与供应管理	专科	A020265	备案	考委办函［2010］22号
	2	采购与供应管理	独立本科段	B020282	备案	考委办函［2010］22号
	3	义务教育	专科	A040124	备案	考委办函［2010］22号
	4	义务教育	独立本科段	B040125	备案	考委办函［2010］22号
	5	市场营销	独立本科段	B020208	备案	考委办函［2010］22号
	6	公共关系	独立本科段	B050309	备案	考委办函［2010］22号
	7	人力资源管理	独立本科段	B020218	备案	考委办函［2010］22号
	8	农学	独立本科段	B090102	备案	考委办函［2010］22号
	9	园林	独立本科段	B090115	备案	考委办函［2010］22号
	10	电力系统及其自动化	专科	A080604	备案	考委办函［2010］54号
	11	电子商务	专科	A020215	备案	考委办函［2010］54号
	12	工业电气自动化技术	专科	A080602	备案	考委办函［2010］54号
	13	会计电算化	专科	A020242	备案	考委办函［2010］54号
	14	机械制造及自动化	专科	A080301	备案	考委办函［2010］54号
	15	计算机及应用	专科	A080701	备案	考委办函［2010］54号
	16	建筑经济管理	专科	A082209	备案	考委办函［2010］54号
	17	汽车维修与服务	专科	A080323	备案	考委办函［2010］54号
	18	信息管理与服务	专科	A071601	备案	考委办函［2010］54号
陕西	1	物业管理	专科	A020234	备案	考委办函［2010］12号
	2	物业管理	独立本科段	B020222	备案	考委办函［2010］12号
	3	日语	基础科段	C050208	备案	考委办函［2010］12号
	4	日语	本科段	C050202	备案	考委办函［2010］12号
	5	法语	基础科段	C050227	备案	考委办函［2010］12号
	6	法语	本科段	C050229	备案	考委办函［2010］12号
	7	韩国语	基础科段	C050224	备案	考委办函［2010］12号
	8	韩国语	本科段	C050223	备案	考委办函［2010］12号
甘肃	1	地理教育	独立本科段	B070702	备案	考委办函［2010］11号
	2	地理信息系统	独立本科段	B082234	备案	考委办函［2010］11号
		地理信息系统（测绘工程方向）	独立本科段	B082234	备案	考委办函［2010］11号
	3	数字媒体艺术	独立本科段	B050418	备案	考委办函［2010］11号

续表

省份	序号	专业名称	专业类型	专业代码	申报方式	批准文号
甘肃	4	建筑环境与设备工程	独立本科段	B080824	备案	考委办函［2010］11号
	5	土木工程（铁道工程方向）	独立本科段	B080825	备案	考委办函［2010］11号
	6	财税	专科	A020103	备案	考委办函［2010］11号
	7	机车车辆	独立本科段	B081737	审批	考委办函［2010］11号
宁夏	1	销售管理	独立本科段	B020314	备案	考委办函［2010］45号
	2	艺术设计	独立本科段	B050437	备案	考委办函［2010］45号
	3	艺术设计	专科	A050436	备案	考委办函［2010］45号
	4	电脑艺术设计	独立本科段	B050450	备案	考委办函［2010］74号
	5	人力资源管理	专科	A020205	备案	考委办函［2010］74号
	6	人力资源管理	独立本科段	B020218	备案	考委办函［2010］74号
	7	劳动和社会保障	专科	A020231	备案	考委办函［2010］74号
	8	劳动和社会保障	独立本科段	B020232	备案	考委办函［2010］74号

关于河北省申请备案开考高等教育自学考试会展管理专业（独立本科段）的复函

考委办函［2011］2号

河北省高等教育自学考试委员会：

你委《关于备案开考会展管理（独立本科段）专业的请示》（冀考委自［2010］28号）收悉，函复如下：

一、同意你省备案开考高等教育自学考试会展管理专业（独立本科段），请严格执行考委办函［2008］14号等文件规定。我办对报送的专业赋予了部分课程代码（见附件）。

二、为保证质量标准，开考计划中凡课程名称、学分与全国统考课程相同者（附件中序号标注“＊”号），均须使用全国考委组编的课程自学考试大纲、教材，参加全国统一命题考试。

三、同意你省遴选河北经贸大学为会展管理专业（独立本科段）的主考学校。请充分发挥主考学校的作用，切实贯彻“教考职责分离”的原则，加强省考课程的课程自学考试大纲、教材建设和实践性环节考核等工作，切实保证质量。

附件：高等教育自学考试会展管理专业（独立本科段）课程设置与学分

全国高等教育自学考试指导委员会办公室

二〇一一年一月十一日

附件：

高等教育自学考试会展管理专业（独立本科段）课程设置与学分

专业代码：B020180

序号	课程代码	课程名称	学分	备注
1*	03708	中国近现代史纲要	2	
2*	03709	马克思主义基本原理概论	4	
3*	00015	英语（二）	14	
4	03875	会展概论	6	

续表

序号	课程代码	课程名称	学分	备注
5	03872	会展营销	5	
6	03876	会展策划	6	
7	08884	会展经济学	6	
8	11942	会展运营管理	6	
9	11943	节事活动策划与管理	5	
10	08892	会展管理综合技能考核（二）	6	
11	11944	会展管理认知	5	任选三门
12	03877	会展项目管理	5	
13	08887	会展场馆经营与管理	6	
14	11945	会展服务与管理	5	
15	08888	会展企业战略管理	6	
	06999	毕业论文		不计学分
总学分			75	

关于天津市申请备案开考高等教育自学考试财务与管理专业（专科）和企业管理专业（专科）的复函

考委办函［2011］3号

天津市高等教育自学考试委员会：

你委《关于备案开考高等教育自学考试财务与管理专业（专科）和企业管理专业（专科）的请示》（津考委高发［2011］1号）收悉。函复如下：

一、根据全国考委《关于调整高等教育自学考试专科专业审批权试点工作的若干意见》（考委［2005］5号）精神，同意你市备案开考高等教育自学考试财务与管理专业（专科）、企业管理专业（专科）两个专业。

二、为保证质量标准，开考计划中凡课程名称、学分与全国统考课程相同者（附件中序号标注“*”号），均须使用全国考委组编的课程自学考试大纲、教材，参加全国统一命题考试。

三、同意你市遴选天津农学院为财务与管理专业（专科）和企业管理专业（专科）的主考学校。请充分发挥主考学校的作用，切实贯彻“教考职责分离”的原则，加强市考课程的课程自学考试大纲、教材建设和实践性环节考核等工作，切实保证质量。

附件：一、高等教育自学考试财务与管理专业（专科）课程设置与学分

二、高等教育自学考试企业管理专业（专科）课程设置与学分

全国高等教育自学考试指导委员会办公室

二〇一一年一月二十一日

附件一：

高等教育自学考试财务与管理专业（专科）课程设置与学分

专业代码：A020297

序号	课程代码	课程名称	学分	备注
1*	03706	思想道德修养与法律基础	2	
2*	03707	毛泽东思想、邓小平理论和“三个代表”重要思想概论	4	
3*	00018	计算机应用基础	2	
	00019	计算机应用基础（实践）	2	
4*	00043	经济法概论（财经类）	4	
5	07481	管理学基础	5	
6	08121	经济学基础（一）	6	
7*	00041	基础会计学	5	
8*	00155	中级财务会计	8	
9*	00067	财务管理学	6	
10*	00156	成本会计	5	
11*	00048	财政与金融	5	任选四门，不少于19学分。
12*	00058	市场营销学	5	
13*	00157	管理会计（一）	6	
14	10810	电算化会计	5	
15	05327	税务会计	4	
16	06956	经济应用数学	5	
17*	00341	公文写作与处理	6	
18	10812	会计综合实践	10	
总学分			78	

附件二：

高等教育自学考试企业管理专业（专科）课程设置与学分

专业代码：A020258

<table>
<tr><th>序号</th><th>课程代码</th><th>课程名称</th><th>学分</th><th>备注</th></tr>
<tr><td>1*</td><td>03706</td><td>思想道德修养与法律基础</td><td>2</td><td></td></tr>
<tr><td>2*</td><td>03707</td><td>毛泽东思想、邓小平理论和“三个代表”重要思想概论</td><td>4</td><td></td></tr>
<tr><td rowspan="2">3*</td><td>00018</td><td>计算机应用基础</td><td>2</td><td></td></tr>
<tr><td>00019</td><td>计算机应用基础（实践）</td><td>2</td><td></td></tr>
<tr><td>4</td><td>08121</td><td>经济学基础（一）</td><td>6</td><td></td></tr>
<tr><td>5</td><td>07481</td><td>管理学基础</td><td>5</td><td></td></tr>
<tr><td>6*</td><td>00341</td><td>公文写作与处理</td><td>6</td><td></td></tr>
<tr><td>7*</td><td>00043</td><td>经济法概论（财经类）</td><td>4</td><td></td></tr>
<tr><td>8*</td><td>00144</td><td>企业管理概论</td><td>5</td><td></td></tr>
<tr><td>9*</td><td>00058</td><td>市场营销学</td><td>5</td><td></td></tr>
<tr><td>10*</td><td>00145</td><td>生产与作业管理</td><td>6</td><td></td></tr>
<tr><td>11*</td><td>00182</td><td>公共关系学</td><td>4</td><td rowspan="6">任选四门，不少于19学分。</td></tr>
<tr><td>12*</td><td>00041</td><td>基础会计学</td><td>5</td></tr>
<tr><td>13*</td><td>00147</td><td>人力资源管理（一）</td><td>6</td></tr>
<tr><td>14</td><td>10811</td><td>股份制经济概论</td><td>5</td></tr>
<tr><td>15*</td><td>00067</td><td>财务管理学</td><td>6</td></tr>
<tr><td>16</td><td>06956</td><td>经济应用数学</td><td>5</td></tr>
<tr><td>17</td><td>10817</td><td>企业管理综合实践</td><td>10</td><td></td></tr>
<tr><td colspan="3">总学分</td><td>76</td><td></td></tr>
</table>

关于印发《高等教育自学考试义务教育专业实践类课程考核办法》的通知

考委办函［2011］5号

各省、自治区、直辖市高等教育自学考试委员会办公室，各高等教育自学考试命题中心：

全国考委于2009年下发了《关于印发高等教育自学考试义务教育专业考试计划（专科、独立本科段）的通知》（考委［2009］2号），根据该考试计划的规定，本专业（专科、独立本科段）在必修课部分设有四门实践课，分别是《小学课堂教学案例评析》、《课程与教学案例评析》、《小学综合实践活动课程开发》、《义务教育校本课程开发》。为做好实践类课程的考核，全国考办委托教育类专业委员会制定了《高等教育自学考试义务教育专业实践类课程考核办法》，考核办法从考核材料、考核标准、考核的组织与运作、考核的操作程序等方面做出了具体的规定。现将办法印发给你们，请遵照执行。

请你们认真组织，严格把关，确保考试质量，切实维护自学考试的声誉。

附件：高等教育自学考试义务教育专业实践类课程考核办法

全国高等教育自学考试指导委员会办公室
二〇一一年一月十九日

附件：

高等教育自学考试义务教育专业实践类课程考核办法

高等教育自学考试义务教育专业设置的实践类课程主要包括教育实践课程和专业理论课中的实验（实践）内容。实践类课程的考核办法如下：

一、教育实践课程的考核

教育实践类课程包含“教学案例评析”和“课程开发”两大类型。

（一）“教学案例评析”类课程

案例评析类课程含专科段开设的《小学课堂教学案例评析》和独立本科段开设的《课程与教学案例评析》两门课程。

考核办法：

1. 结合自己教学工作，进行一次示范课教学。所在学校组织有关人员听课、评课，写出评语，评定成绩。成绩评定人员至少由三人组成，当地教研员为首，并可以吸收所在学校的学科骨干教师参与。示范课教学占总成绩的70%。

2. 要求学员上示范课之前首先提交文本教案一份，说课稿一份，并在上课前有说课环节；上完示范课后，提交一份课后反思稿。教案、说课稿、课后反思稿三份文本计入考核成绩，并占总成绩的30%。

（二）“课程开发”类课程

课程开发类课程含专科的《小学综合实践活动课程开发》和独立本科的《义务教育校本课程开发》两门课程。

考核办法：

1.《小学综合实践活动课程开发》

（1）依据本人对综合实践活动的理解，从本校及本人的教学实际出发，自拟主题，设计一个综合实践活动方案。该方案占总成绩的60%。

（2）在完成该方案的教学实践后，进行反思性总结，深化对综合实践活动基本规律的理解，并提交一份教学反思报告。教学反思报告占总成绩的40%。

2.《义务教育校本课程开发》

（1）能够从当地、学校的实际情况出发，结合自己的教学实际，拟定一个校本课程主题，设计完整的校本课程方案（可以是一个单元、一个学期或者是一个年段的方案）。校本课程方案占总成绩的60%。

（2）从所设计的校本课程方案中，自选一节课的内容，进行教案设计。教案占总成绩的40%。

二、专业理论课中的实验（实践）内容的考核

专业理论课中的实验（实践）内容主要指物理、化学、生物、计算机、外语和音乐、体育、美术等专业课程中涉及的实验能力、专业技能训练及社会实践。

其中物理、化学、计算机等实践内容考核可结合理论教学过程进行，以实验报告、技能测试为成绩评定依据。外语和音、体、美等专业技能为主的实践课程考核，需单独安排考试。

考核材料、考核标准及考核的操作程序等具体内容，将在相应专业方向课程的大纲中予以规定。考核的组织与实施由各省考办负责统筹安排。

附：评分标准

1. 示范教学课评分标准

指标	评价内容	评价等级（分）				得分
		优	良	中	差	
教学目标	符合课程标准的要求，同时切合学生的实际，可操作性强	20～18	17～14	13～10	9～0	
教学内容	讲授内容清晰、正确，重点、难点适当，充分利用课程资源	20～18	17～14	13～10	9～0	
教学过程	教学方法与策略灵活多样，切合学习内容特征，注重启发引导，注重对学生多种能力的培养	20～18	17～14	13～10	9～0	
课堂气氛	课堂气氛有序、热烈，学生投入程度高；师生关系融洽；绝大多数学生积极思考，回答问题，主动交流	20～18	17～14	13～10	9～0	
教师基本素养	教态大方，语言标准流畅，板书工整、美观，掌握课堂节奏，能够合理处理课堂中生成的问题	20～18	17～14	13～10	9～0	
总分						

2．教案评分标准

指标	评价内容	评价等级（分）				得分
		优	良	中	差	
教学目标	教学目标清楚、准确，层次清晰，体现多元取向	20～18	17～14	13～10	9～0	
教学内容	教学内容科学准确，难度适当，准确把握重点，恰当利用课程资源	20～18	17～14	13～10	9～0	
教学方法	考虑学生特征，结合教学内容，恰当运用教学方法；板书设计合理、新颖并具有启发性	20～18	17～14	13～10	9～0	
时间分配	教学时间分配适当	20～18	17～14	13～10	9～0	
练习与作业	课堂练习与课后作业难度、数量适当，形式多样，具有针对性与思考性	20～18	17～14	13～10	9～0	
总分						

3．说课稿评分标准

指标	评价内容	评价等级（分）				得分
		优	良	中	差	
教学理念	教学理念具有时代性，表述清晰，清楚解释教学意图，具有可操作性	20～18	17～14	13～10	9～0	
教材分析	正确理解教材内容，知道该部分内容在整个课程体系中的位置与价值，准确把握难点重点	20～18	17～14	13～10	9～0	
学情分析	正确分析学生特征，了解学生原有知识基础、技能水平以及兴趣特征	20～18	17～14	13～10	9～0	
教学目标	教学目标清楚、准确，层次清晰，体现多元取向	20～18	17～14	13～10	9～0	
教学流程设计	教学导入、展开、总结等环节安排合理，教学方法设计恰当，体现教学目标的要求，并有创新性	20～18	17～14	13～10	9～0	
总分						

4．课后反思评分标准

指标	评价内容	评价等级（分）				得分
		优	良	中	差	
成功之处反思	准确把握课堂教学的的成功之处	20~18	17~14	13~10	9~0	
不足之处反思	正确看待教学过程的不足之处	20~18	17~14	13~10	9~0	
学生学习效果反思	对照教学目标和设计意图，对学生课堂上的表现及学习效果进行分析	20~18	17~14	13~10	9~0	
课堂关键事件的反思	对课堂上生成的教学事件进行分析，对自己的处理策略进行分析	20~18	17~14	13~10	9~0	
教学再设计的思考	结合教学中的利弊得失，对课堂分析的认识与收获，考虑再设计这个部分教学时应注意或改进的地方	20~18	17~14	13~10	9~0	
总分						

5．综合实践活动课程方案评分标准

指标	评价内容	评价等级（分）				得分
		优	良	中	差	
活动目标	目标明确，符合综合实践活动课的目标要求及学生的实际情况，表述规范	20~18	17~14	13~10	9~0	
活动内容	能够落实目标要求，内容丰富、清晰，可操作	20~18	17~14	13~10	9~0	
活动方式	符合目标要求及内容特点，体现综合实践活动课的特征	20~18	17~14	13~10	9~0	
活动指导	活动的指导要点清晰，能够从活动前、活动中、活动后三个阶段对学生进行指导	20~18	17~14	13~10	9~0	
学生评价	评价目标清楚，方法可行，能够体现评价的全面性、过程性和民主性	20~18	17~14	13~10	9~0	
总分						

6．综合实践活动课教师反思评分标准

指标	评价内容	评价等级（分）				得分
		优	良	中	差	
成功之处反思	准确把握活动过程的成功之处	20～18	17～14	13～10	9～0	
不足之处反思	正确分析活动过程的不足之处	20～18	17～14	13～10	9～0	
学生学习效果反思	以教学目标为基础，对学生在活动过程中的表现及学习效果进行分析	20～18	17～14	13～10	9～0	
教师指导活动反思	根据教学实际情况，对自己再活动前、活动中、活动后的指导行为进行分析	20～18	17～14	13～10	9～0	
活动方案再设计的思考	结合教学中的利弊得失，对进一步完善教学的思考	20～18	17～14	13～10	9～0	
总分						

7．校本课程方案评价标准

指标	评价内容	评价等级（分）				得分
		优	良	中	差	
需求评估	能采用恰当的方式对学校内、外的情境进行合理的分析	20～18	17～14	13～10	9～0	
课程目标	目标全面、具体，有操作性；表述规范	20～18	17～14	13～10	9～0	
课程内容	能根据目标和学生实际情况选择内容，并能合理地组织内容	20～18	17～14	13～10	9～0	
课程实施	学习方式与活动安排合理，能清晰阐明课程实施所需的支持条件	20～18	17～14	13～10	9～0	
课程评价	有明确的评价目标，评价内容全面，评价方法多元，体现过程性	20～18	17～14	13～10	9～0	
总分						

8. 校本课程教案评价标准

指标	评价内容	评价等级（分）				得分
		优	良	中	差	
教学目标	教学目标清楚、准确，层次清晰，体现目标的全面性。重点、难点定位准确	20 ~ 18	17 ~ 14	13 ~ 10	9 ~ 0	
教学内容	教学内容科学准确，难度适当，能合理地开发与利用课程资源	20 ~ 18	17 ~ 14	13 ~ 10	9 ~ 0	
教学方法	考虑学生特征，结合教学内容，恰当运用教学方法	20 ~ 18	17 ~ 14	13 ~ 10	9 ~ 0	
教学环节	教学环节清晰，各个环节的教学时间分配适当	20 ~ 18	17 ~ 14	13 ~ 10	9 ~ 0	
评价方式	有明确的评价目标，评价内容全面，评价方法多元，体现过程性	20 ~ 18	17 ~ 14	13 ~ 10	9 ~ 0	
总分						

关于辽宁省申请备案开考高等教育自学考试石油工程专业（独立本科段）的复函

考委办函［2011］7号

辽宁省高中等教育招生考试委员会办公室：

你办《关于辽宁省高等教育自学考试申请备案开考石油工程（独立本科段）专业的请示》（辽招考办字［2011］11号）收悉，函复如下：

一、同意你省备案开考高等教育自学考试石油工程专业（独立本科段）（见附件）。

二、为保证质量标准，开考计划中凡课程名称、学分与全国统考课程相同者（附件中序号标注“*”号），均须使用全国考委组编的课程自学考试大纲、教材，参加全国统一命题考试。

三、同意你省遴选辽宁石油化工大学为石油工程专业（独立本科段）的主考学校。请充分发挥主考学校的作用，切实贯彻“教考职责分离”的原则，加强省考课程的课程自学考试大纲、教材建设和实践性环节考核等工作，切实保证质量。

附件：高等教育自学考试石油工程专业（独立本科段）课程设置与学分

全国高等教育自学考试指导委员会办公室
二〇一一年二月二十四日

附件：

高等教育自学考试石油工程专业（独立本科段）课程设置与学分

专业代码：B080105

序号	课程代码	考试课程	学分	备注
1*	03708	中国近现代史纲要	2	
2*	03709	马克思主义基本原理概论	4	
3	00015*	英语（二）	14	三选一
	00016	日语（二）	14	
	00017	俄语（二）	14	
4	07961	工程数学（一）	5	

续表

序号	课程代码	考试课程	学分	备注
5*	00051	管理系统中计算机应用	3	
	00052	管理系统中计算机应用（实践）	1	
6	06336	油田化学	5	
7	7745	工程流体力学（一）	4	
	07746	工程流体力学（一）（实践）	2	
8	06337	石油工程	10	二组选一组
	06338	石油工程（实践）	2	
9	01133	油气开采工程	6	
	01134	油气开采工程（实践）	1	
	02167	钻井工程	6	
	01136	钻井工程（实践）	1	
10	06340	油气开发地质	5	
11	06341	提高采收率原理	5	
12	06342	油气集输	5	
13	01137	钻采机械	5	二选一
	06339	油藏数值模拟	4	
		毕业设计（论文）		
总学分			72	

关于2010年度高等教育自学考试社会助学组织登记备案情况的通报

考委办函［2011］8号

各省、自治区、直辖市高等教育自学考试办公室，解放军自学考试办公室：

为积极贯彻落实《高等教育自学考试社会助学管理试行办法》（考委［2010］1号）有关精神，按照《关于开展2010年度高等教育自学考试社会助学组织登记注册工作的通知》（考委办函［2010］62号）的要求，在各省、自治区、直辖市自考办的努力工作和各助学组织的认真参与下，2010年度自学考试社会助学组织登记备案工作按计划顺利完成。现将有关情况通报如下：

1．全国共有29个省、自治区、直辖市自考办积极开展了助学组织登记注册工作，共向我办报送了1 602个社会助学组织助学信息。经过我办认真审核，上报的1 602个助学组织全部通过登记备案标准，较2009年相比，增加了138个，增长率为9.4%。

2．在1 602个助学组织中，普通高校736所，占45.9%；成人高校44所，占2.7%；民办高等教育机构587所，占36.7%；部门委托办学49个，占3.1%；其他助学组织186个，占11.6%。从数量上统计，普通高校与民办高等教育机构数量的总和占全国总数的比例为82.6%。

3．在上述1 602个社会助学组织中，参加助学的学员共有177万多人，与2009年相比，助学学员增长了187 882人，增长率为11.8%。按助学组织的主体类型分：普通高校助学学员99.1万余人，占全部参加助学学员总数的55.7%；成人高校助学学员4.8万余人，占全部参加助学学员总数的2.7%；民办高等教育机构助学学员58.7万余人，占全部参加助学学员总数的33.1%；部门委托助学学员4.6万余人，占全部参加助学学员总数的2.6%；其他助学组织的助学学员10.5万余人，占全部参加助学学员总数的5.9%。从参加助学学员人数分布来看，在普通高校参加助学的学员仍占较大比重。

4．在所有参加自学考试社会助学的学员中，有85.8万余名学员选择全日制方式参加助学，占全部参加助学学员总数的48.3%；有92万余名学员通过业余方式参加助学，占全部参加助学学员总数的51.7%。

附件：一、2010年度高等教育自学考试社会助学组织登记备案情况统计表

二、2010年度高等教育自学考试社会助学学员人数统计表

全国高等教育自学考试指导委员会办公室
二〇一一年二月二十四日

附件一：

2010 年度高等教育自学考试社会助学组织登记备案情况统计表

省　份	普通高校	成人高校	民办高等教育机构		部门委托办学	其他	总计
			民办普校	民办非学历高教机构			
北　京	3	0	4	26	2	8	**43**
天　津	23	4	1	0	0	30	**58**
河　北	58	6	8	2	2	6	**82**
山　西	0	0	3	22	0	0	**25**
内蒙古	13	0	6	0	0	3	**22**
辽　宁	47	1	10	19	19	22	**118**
吉　林	40	2	2	0	0	7	**51**
黑龙江	30	1	7	10	0	5	**53**
上　海	12	1	7	34	0	1	**55**
江　苏	79	4	15	81	2	10	**191**
浙　江	28	4	6	37	0	0	**75**
安　徽	3	0	12	0	0	4	**19**
福　建	22	1	16	7	1	9	**56**
江　西	26	6	12	3	0	1	**48**
山　东	35	2	27	10	4	9	**87**
河　南	23	1	4	8	6	1	**43**
湖　北	36	0	12	12	1	0	**61**
湖　南	70	0	7	32	0	17	**126**
广　东	62	3	27	40	6	27	**165**
广　西	11	1	0	0	1	0	**13**
海　南	6	1	2	0	0	0	**9**
重　庆	20	1	3	16	0	3	**43**
四　川	36	2	5	2	0	0	**45**
贵　州	21	0	1	1	0	0	**23**
陕　西	2	1	11	12	1	12	**39**
甘　肃	17	0	0	0	0	5	**22**
青　海	3	1	0	0	2	0	**6**
宁　夏	3	0	3	0	0	5	**11**
新　疆	7	1	0	2	2	1	**13**
合　计	**736**	**44**	**211**	**376**	**49**	**186**	**1602**

注：云南、西藏及解放军没有报送数据。

附件二：

2010 年度高等教育自学考试社会助学学员人数统计表

省份	普通高校	成人高校	民办高等教育机构		部门委托办学	其他	总计	全日制	业余
			民办普校	民办非学历高教机构					
北京	1 512	0	15 352	45 262	6 824	9 474	**78 424**	68 302	10 122
天津	51 631	661	30	0	0	6 586	**58 908**	43 151	15 757
河北	36 005	5 480	5 681	3 878	460	1 996	**53 500**	208	53 292
山西	0	0	1 759	6 488	0	0	**8 247**	1 503	6 744
内蒙古	22 641	0	6 021	0	0	828	**29 490**	5 996	23 494
辽宁	32 582	460	2 990	6 102	2 264	7 709	**52 107**	19 351	32 756
吉林	36 691	1 358	4 219	0	0	2 891	**45 159**	0	45 159
黑龙江	30 312	645	2 898	4 329	0	3 444	**41 628**	4 358	37 270
上海	7 260	1 457	2 377	15 886	0	102	**27 082**	9 037	18 045
江苏	79 117	2 979	2 105	39 521	23 038	3 694	**150 454**	91 290	59 164
浙江	27 491	1 202	2 635	41 699	0	0	**73 027**	69 778	3 249
安徽	772	0	6 729	0	0	597	**8 098**	8 098	0
福建	18 980	27	10 888	5 935	1 005	2 275	**39 110**	23 890	15 220
江西	41 633	17 296	56 082	1 145	0	1 981	**118 137**	85 663	32 474
山东	35 047	3 986	53 933	6 693	2 706	6 100	**108 465**	81 706	26 759
河南	9 442	376	3 297	4 885	2 187	100	**20 287**	210	20 077
湖北	143 600	0	45 365	23 324	2 160	0	**214 449**	129 881	84 568
湖南	106 663	0	11 404	24 413	0	5 248	**147 728**	38 983	108 745
广东	40 971	437	18 411	35 080	1 433	11 638	**107 970**	12 902	95 068
广西	19 541	321	0	0	622	0	**20 484**	13 287	7 197
海南	20 141	2 010	2 525	0	0	0	**24 676**	10 328	14 348
重庆	36 195	3 104	2 162	13 608	0	598	**55 667**	12 443	43 224
四川	105 417	4 516	2 015	1 797	0	0	**113 745**	26 981	86 764
贵州	35 518	0	510	1 702	0	0	**37 730**	9 603	28 127
陕西	608	339	28 014	8 381	2 307	36 444	**76 093**	60 103	15 990
甘肃	36 013	0	0	0	0	2 133	**38 146**	18 668	19 478
青海	2 684	150	0	0	310	0	**3 144**	280	2 864
宁夏	3 866	0	3 662	0	0	1 202	**8 730**	2 189	6 541
新疆	8 970	1 300	0	6 530	897	18	**17 715**	10 148	7 567
合计	**991 303**	**48 104**	**291 064**	**296 658**	**46 213**	**105 058**	**1 778 400**	**858 337**	**920 063**

注：云南、西藏及解放军没有报送数据。

关于浙江省申请备案开考高等教育自学考试农产品营销等四个专业（专科）的复函

考委办函［2011］9号

浙江省高等教育自学考试委员会：

你委关于对高等教育自学考试农产品营销等专业计划准予备案的报告（浙考委［2011］2号）收悉，函复如下：

一、根据全国考委《关于调整高等教育自学考试专科专业审批权试点工作的若干意见》（考委［2005］5号）精神，同意你省备案开考高等教育自学考试农产品营销专业（专科）、农村社区管理专业（专科）、农家乐经营与管理专业（专科）、淡水养殖专业（专科）四个专业。

我办对申报的专业赋予了专业代码和课程代码，详见附件。

二、为保证质量标准，开考计划中凡课程名称、学分与全国统考课程相同者（附件中序号标注“*”号），均须使用全国考委组编的课程自学考试大纲、教材，参加全国统一命题考试。

三、同意你省遴选浙江省广播电视大学为农产品营销专业（专科）、农村社区管理专业（专科）、农家乐经营与管理专业（专科）、淡水养殖专业（专科）的主考学校。请充分发挥主考学校的作用，切实贯彻“教考职责分离”的原则，加强省考课程的课程自学考试大纲、教材建设和实践性环节考核等工作，切实保证质量。

附件：一、高等教育自学考试农产品营销专业（专科）课程设置与学分

二、高等教育自学考试农村社区管理专业（专科）课程设置与学分

三、高等教育自学考试农家乐经营与管理专业（专科）课程设置与学分

四、高等教育自学考试淡水养殖专业（专科）课程设置与学分

全国高等教育自学考试指导委员会办公室

二〇一一年二月二十四日

附件一：

高等教育自学考试农产品营销专业（专科）课程设置与学分

专业代码：A090638

课程类型	序号	课程代码	课 程 名 称	学 分	备注
公共基础课	1*	03706	思想道德修养与法律基础	2	
	2*	03707	毛泽东思想、邓小平理论和“三个代表”重要思想概论	4	
	3*	00018	计算机应用基础	2	
		00019	计算机应用基础（实践）	2	
	4	11946	新型农民文明素养	6	
核心课	5	00137	农业经济学（一）	6	
	6	11947	农产品营销理论与实务	5	
	7	11948	农产品经纪人技能	5	
	8	11949	农产品物流管理	6	
	9	11950	农产品市场调查（实践）	6	
	10	11951	农村专业合作社专题（实践）	5	
	11	11952	地方特色农产品营销策划（实践）	5	
公共基础课	12	08120	会计基础	6	
	13	17959	网络营销（一）	7	
	14	07492	农村政策法规	4	
	15	11345	文体写作	4	
	16	11953	农产品营销专科毕业考核		不计学分
总学分				75	

注：考生可在推荐的选考课程中选考，也可在浙江省自学考试现行开考的所有专科专业中自主选考与本专业不同的课程，课程门数不低于4门，学分不低于21学分。

附件二：

高等教育自学考试农村社区管理专业（专科）课程设置与学分

专业代码：A090639

课程类型	序号	课程代码	课 程 名 称	学 分	备注
公共基础课	1*	03706	思想道德修养与法律基础	2	
	2*	03707	毛泽东思想、邓小平理论与“三个代表”重要思想概论	4	
	3*	00018	计算机应用基础	2	
		00019	计算机应用基础（实践）	2	
	4	11946	新型农民文明素养	6	
核心课	5	11954	农村社会工作基本原理与实务	6	
	6	07492	农村政策法规	4	
	7	11345	文体写作	4	
	8	11955	农村社区物业管理	5	
	9	11956	农村社会调查专题（实践）	6	
	10	11957	民事调解方法与实践（实践）	5	
	11	11958	农村社区管理实务（实践）	5	
选考课（推荐）	12	00335	乡镇文化建设	6	
	13	11959	农村卫生与健康	5	
	14	11960	农村危机管理	6	
	15	04106	公共关系实务（实践）	3	
	16	11961	农村社区管理专科毕业考核		不计学分
总学分				71	

注：考生可在推荐的选考课程中选考，也可在浙江省自学考试现行开考的所有专科专业中自主选考与本专业不同的课程，课程门数不低于3门，学分不低于16学分。

附件三：

高等教育自学考试农家乐经营与管理专业（专科）课程设置与学分

专业代码：A090640

课程类型	序号	课程代码	课程名称	学分	备注
公共基础课	1*	03706	思想道德修养与法律基础	2	
	2*	03707	毛泽东思想、邓小平理论与“三个代表”重要思想概论	4	
	3*	00018	计算机应用基础	2	
		00019	计算机应用基础（实践）	2	
	4	11946	新型农民文明素养	6	
核心课	5	11962	农家乐管理实务	6	
	6	11963	地方旅游资源概况	4	
	7	11964	旅游项目策划	6	
	8	11965	顾客消费心理专题	6	
	9	11966	服务礼仪实训（实践）	4	
	10	08644	餐饮服务技能（实践）	6	
	11	11967	家庭旅馆服务实训（实践）	6	
	12	11968	农家乐旅游调研（实践）	4	
选考课（推荐）	13	11969	观光农业开发与经营	6	
	14	11947	农产品营销理论与实务	5	
	15	11952	地方特色农产品营销策划（实践）	5	
	16	11970	农家乐经营与管理专科毕业考核		不计学分
总学分				74	

注：考生可在推荐的选考课程中选考，也可在浙江省自学考试现行开考的所有专科专业中自主选考与本专业不同的课程，课程门数不低于3门，学分不低于16学分。

附件四：

高等教育自学考试淡水养殖专业（专科）课程设置与学分

专业代码：A090504

课程类型	序号	课程代码	课 程 名 称	学 分	备注
公共基础课	1*	03706	思想道德修养与法律基础	2	
	2*	03707	毛泽东思想、邓小平理论与“三个代表”重要思想概论	4	
	3*	00018	计算机应用基础	2	
		00019	计算机应用基础（实践）	2	
	4	11946	新型农民文明素养	6	
核心课	5	11962	农家乐管理实务	6	
	6	11963	地方旅游资源概况	4	
	7	11964	旅游项目策划	6	
	8	11965	顾客消费心理专题	6	
	9	11966	服务礼仪实训（实践）	4	
	10	08644	餐饮服务技能（实践）	6	
	11	11967	家庭旅馆服务实训（实践）	6	
	12	11968	农家乐旅游调研（实践）	4	
选考课（推荐）	13	11969	观光农业开发与经营	6	
	14	11947	农产品营销理论与实务	5	
	15	11952	地方特色农产品营销策划（实践）	5	
	16	11970	农家乐经营与管理专科毕业考核		不计学分
总学分				71	

注：考生可在推荐的选考课程中选考，也可在浙江省自学考试现行开考的所有专科专业中自主选考与本专业不同的课程，课程门数不低于3门，学分不低于15学分。

关于江西省申请备案开考侦查学专业（独立本科段）、冶金工程专业（专科）的复函

考委办函［2011］10号

江西省教育考试院：

你院《关于开设高等教育自学考试侦查学等专业的请示》（赣考院自［2011］1号）和《关于江西省自学考试停考部分专业的通知》（赣考院自［2011］4号）收悉，经研究，函复如下：

一、同意你省开考侦查学专业（独立本科段）、冶金工程专业（专科），请按照考委办函［2007］83号、考委办函［2005］28号等文件精神，严格执行批复的考试计划。

二、同意你省遴选江西警察学院为侦查学专业（独立本科段）、江西冶金职业技术学院为冶金工程专业（专科）的主考学校，请充分发挥主考学校的作用，贯彻“教考职责分离”的原则，认真组织主考学校做好省考课程的大纲、教材建设和助学指导等工作，切实保证质量。

三、同意你省备案停考公共关系专业（专科）、商务管理专业（基础科段、本科段）、金融管理专业（基础科段）、服装机械专业（专科）、制鞋设计专业（专科）、艺术设计专业（专科）（艺术纺织品装饰艺术设计方向）、艺术设计专业（专科）（人物形象设计方向）、工业设计专业（专科）、工业电气自动化技术专业（专科）、测控技术与仪器专业（专科、独立本科段）、农村财务会计专业（专科）、劳动和社会保障专业（专科）、果蔬栽培技术专业（专科）、信息管理与信息系统专业（专科）、农业经济管理专业（专科）、园艺专业（专科）、农学专业（专科）、林业生态环境管理专业（专科）、信息管理与服务专业（专科）、工商行政管理专业（专科）、网络工程专业（独立本科段）、社会工作与管理专业（独立本科段）等24个专业，请严格按照全国考委相关文件精神，做好停考专业的过渡、衔接工作，处理好遗留问题，确保考生利益。

全国高等教育自学考试指导委员会办公室
二〇一一年三月八日

关于推迟使用《婚姻家庭法原理与实务》新大纲和教材的通知

考委办函［2011］11号

各省、自治区、直辖市高等教育自学考试委员会办公室，各高等教育自学考试命题中心：

根据全国考办《关于2011年高等教育自学考试全国统考课程安排及相关事项的通知》（考委办函［2010］28号）规定，2011年10月考试将使用新修订的《婚姻家庭法原理与实务》大纲和教材，该书原计划2011年4月出版。目前，由于最高人民法院原定于2010年12月颁布的《关于适用〈中华人民共和国婚姻法〉若干问题的解释（三）》因种种原因尚未出台，而该司法解释又是我国婚姻家庭法的组成部分之一，是此次新修订的《婚姻家庭法原理与实务》大纲与教材中不可或缺的内容。因此，经主编申请，全国考办与法学类专业委员会协商后，决定2011年10月的考试将继续使用2002年版的《婚姻家庭法原理与实务》的大纲和教材，何时启用新修订的大纲与教材另行通知。

全国高等教育自学考试指导委员会办公室
二〇一一年三月八日

关于海南省申请备案开考高等教育自学考试国际旅游管理（独立本科段）等四个专业的复函

考委办函［2011］12号

海南省考试局：

你局《关于备案开考高等教育自学考试国际旅游管理等四个专业的请示》（琼考［2010］57号）收悉，函复如下：

一、同意你省备案开考高等教育自学考试国际旅游管理（独立本科段）、房地产开发与经营（独立本科段）、交通运输（独立本科段）和房屋建筑工程（专科）四个专业（见附件）。请按照考委办函［2010］53号、考委办函［2007］86号、考委办函［2006］62号、教考试［1999］2号等文件精神，严格执行批复的考试计划。

二、为保证质量标准，开考计划中凡课程名称、学分与全国统考课程相同者（附件中序号标注“＊”号），均须使用全国考委组编的课程自学考试大纲、教材，参加全国统一命题考试。

三、同意你省遴选海口经济学院为国际旅游管理（独立本科段）、房地产开发与经营（独立本科段）、交通运输（独立本科段）专业的主考学校，海南科技职业学院为房屋建筑工程（专科）的主考学校。请充分发挥主考学校的作用，切实贯彻“教考职责分离”的原则，加强省考课程的课程自学考试大纲、教材建设和实践性环节考核等工作，切实保证质量。

附件：一、高等教育自学考试国际旅游管理专业（独立本科段）课程设置与学分

二、高等教育自学考试房地产开发与经营专业（独立本科段）课程设置与学分

三、高等教育自学考试交通运输专业（独立本科段）课程设置与学分

四、高等教育自学考试房屋建筑工程专业（专科）课程设置与学分

全国高等教育自学考试指导委员会办公室

二〇一一年三月十五日

附件一：

高等教育自学考试国际旅游管理专业（独立本科段）课程设置与学分

专业代码：B020235

序号	课程代码	课程名称	学分	备注
1*	03708	中国近现代史纲要	2	
2*	03709	马克思主义基本原理概论	4	
3*	00015	英语（二）	14	
4	04933	酒店英语（口试）	5	
5	03531	国际旅游市场营销	4	
6	11863	国际连锁经营	5	
7	00197	旅游资源规划与开发	5	
8	11607	涉外文化与礼仪	4	
9	11864	旅游文化与民俗旅游	6	
10	03528	国际旅行社管理	6	
11	11865	国际会议服务与管理	6	
12	06125	旅游美学	4	
13	03532	旅游消费行为	4	
	06999	毕业论文		不计学分
		总学分	69	
1*	00321	中国文化概论	5	免考英语（二）的加考课程
2	00194	旅游法规	4	
3	11866	旅游电子商务	5	
4	00192	旅游市场学	4	跨专业加考的课程
5	04942	国际旅游与客源国概况	4	
6	11341	国际旅游学	5	

附件二：

高等教育自学考试房地产开发与经营专业（独立本科段）课程设置与学分

专业代码：B082241

序号	课程代码	课程名称	学分	备注
1*	03708	中国近现代史纲要	2	
2*	03709	马克思主义基本原理概论	4	
3*	00015	英语（二）	14	
4*	04183	概率论与数理统计（经管类）	5	
5*	04184	线性代数（经管类）	4	
6*	00054	管理学原理	6	
7	00329	城市规划与管理	6	
8*	02382	管理信息系统	4	
9	00972	房地产项目评估	6	
10	08264	房地产市场与营销	4	
11	06087	工程项目管理	5	
12	06569	物业管理实务	4	
13	08265	工程合同管理（一）	5	
14	08266	工程项目投资决策与管理	5	
	06999	毕业论文		不计学分
		总学分	74	
1*	00321	中国文化概论	5	不考英语（二）的加考课程
2	03409	税收学	6	
3	08119	管理会计	5	

附件三：

高等教育自学考试交通运输专业（独立本科段）课程设置与学分

专业代码：B081718

序号	课程代码	课程名称	学分	备注
1*	03708	中国近现代史纲要	2	
2*	03709	马克思主义基本原理概论	4	
3*	00015	英语（二）	14	
4*	00023	高等数学（工本）	10	
5*	00144	企业管理概论	5	
6*	02159	工程力学（一）	5	
7*	02205	微型计算机原理与接口技术	4	
8	06062	交通运输总论	6	
9	04446	汽车营销与贸易	4	
10	04911	汽车传感器技术	4	
11	04912	汽车电子控制技术	5	
12	04946	汽车发动机原理与汽车理论	6	
13	06898	汽车运用工程	5	
	06999	毕业论文		不计学分
		总学分	74	
1*	00321	中国文化概论	5	不考英语（二）的加考课程
2	07311	多媒体技术	4	
3	08274	交通工程概论	5	

附件四：

高等教育自学考试房屋建筑工程专业（专科）课程设置与学分

专业代码：A080801

序号	课程代码	课程名称	学分	备注
1*	03706	思想道德修养与法律基础	2	
2*	03707	毛泽东思想、邓小平理论和“三个代表”重要思想概论	4	
3*	04729	大学语文	4	
4*	00022	高等数学（工专）	7	
5*	00018	计算机应用基础	2	
	00019	计算机应用基础（实践）	2	
6*	02386	土木工程制图	5	
7*	02387	工程测量	2	
	02388	工程测量（实践）	3	
8*	02389	建筑材料	2	
	02390	建筑材料（实践）	1	
9*	02391	工程力学（二）	5.5	
	02392	工程力学（二）（实践）	0.5	
10*	02393	结构力学（一）	5	
11*	02394	房屋建筑学	3	
	02395	房屋建筑学（实践）	1	
12*	02396	混凝土及砌体结构	6	
	02397	混凝土及砌体结构（实践）	1	
13*	02398	土力学及地基基础	3.5	
	02399	土力学及地基基础（实践）	0.5	
14*	02400	建筑施工（一）	6	
	02401	建筑施工（一）（实践）	1	
15	00170	建筑工程定额与预算	4	
	07998	毕业考核		不计学分
总学分			71	

关于天津市申请开考高等教育自学考试销售管理（独立本科段）等专业的复函

考委办函［2011］13号

天津市高等教育自学考试委员会：

你委《关于天津市开考高等教育自学考试销售管理等专业的请示》（津考委高发［2011］2号）收悉，函复如下：

一、同意你市备案开考高等教育自学考试销售管理（独立本科段）、公司管理（独立本科段）两个专业（见附件）。请严格执行考委［2009］5号、考委办［2005］4号等文件规定。

物流管理（独立本科段）专业按考委［2004］10号文件要求，执行全国统一考试计划。

二、为保证质量标准，开考计划中凡课程名称、学分与全国统考课程相同者（附件中序号标注“*”号），均须使用全国考委组编的课程自学考试大纲、教材，参加全国统一命题考试。

三、同意你市遴选天津师范大学为销售管理（独立本科段）、天津外国语大学为公司管理（独立本科段）的主考学校。请充分发挥主考学校的作用，切实贯彻“教考职责分离”的原则，加强省考课程的课程自学考试大纲、教材建设和实践性环节考核等工作，切实保证质量。

附件：高等教育自学考试公司管理专业（独立本科段）课程设置与学分

全国高等教育自学考试指导委员会办公室

二〇一一年三月十五日

附件：

高等教育自学考试公司管理专业（独立本科段）课程设置与学分

专业代码：B020143

序号	课程代码	课程名称	学分	备注
1*	03708	中国近现代史纲要	2	
2*	03709	马克思主义基本原理概论	4	
3*	00015	英语（二）	14	
4*	00051	管理系统中计算机应用	3	
	00052	管理系统中计算机应用（实践）	1	
5	06734	财政与税收	6	
6	07519	公司管理学	6	
7	07520	经济学导论	6	
8*	00947	国际商务管理学	7	
9	07521	金融保险实务	5	
10	07522	运营管理	6	
11	07523	公司人力资源管理与开发	6	
12	07524	公司理财	6	
13	07525	公司战略管理	6	
	11533	公司管理毕业论文	0	不计学分
		总学分	78	
1*	00226	知识产权法	4	免考英语（二）可选考3门
2*	00228	环境与资源保护法学	4	
3*	03297	企业文化	6	
4*	04121	中国文化导论	6	

关于征求新闻学等25个全国统一考试计划专业调整意见的通知

考委办函［2011］14号

各省、自治区、直辖市高等教育自学考试委员会，中国人民解放军自学考试委员会：

为贯彻落实《国家中长期教育改革和发展规划纲要（2010—2020年）》精神，改革和完善高等教育自学考试制度，调整自学考试人才培养目标，改革自学考试专业和课程体系，决定组织全国考委相关专业委员会，对部分全国统一考试计划专业进行课程体系调整，第一批调整专业包括新闻学等25个专业（见附件）。

为协助做好专业考试计划调整工作，切实推进专业和课程改革，请认真总结相关专业的开考情况，并征求主考学校、助学单位、考生等方面对专业考试计划调整、修订的意见，于4月8日前形成书面材料报全国考办综合处，同时将电子文档发送至yangx@mail.neea.edu.cn。

附件：第一批调整的全国统一考试计划专业表

全国高等教育自学考试指导委员会办公室
二〇一一年三月十八日

抄送：全国考委各专业委员会

附件：

第一批调整的全国统一考试计划专业表

序号	专业委员会	专业代码	专业名称	专业类型	专业层次
1	新闻类	C050308	新闻学	基础科段	专科
2	新闻类	C050305	新闻学	本科段	本科
3	经管类	A020112	工商行政管理	专科	专科
4	经管类	A020109	国际贸易	专科	专科
5	经管类	B020110	国际贸易	独立本科段	本科
6	经管类	A020207	市场营销	专科	专科
7	经管类	B020208	市场营销	独立本科段	本科
8	公管类	A082217	电子政务	专科	专科
9	公管类	B082218	电子政务	独立本科段	本科
10	教育类	A040101	学前教育	专科	专科
11	教育类	B040102	学前教育	独立本科段	本科
12	农科类	A090101	农学	专科	专科
13	农科类	B090102	农学	独立本科段	本科
14	农科类	A090701	农业推广	专科	专科
15	医药类	C100803	中药学	基础科段	专科
16	医药类	C100802	中药学	本科段	本科
17	文史类	A050102	秘书学	专科	专科
18	文史类	B050104	秘书学	独立本科段	本科
19	电子类	A080704	电子技术	专科	专科
20	机械类	B082205	工业工程	独立本科段	本科
21	机械类	C082206	工业工程	本科	本科
22	机械类	A080306	机电一体化工程	专科	专科
23	机械类	B080307	机电一体化工程	独立本科段	本科
24	土木类	A080801	房屋建筑工程	专科	专科
25	土木类	B080806	建筑工程	独立本科段	本科

关于2010年度高等教育自学考试社会助学组织登记备案信息网上公告的通知

考委办函［2011］16号

各省、自治区、直辖市高等教育自学考试委员会办公室：

为贯彻落实《高等教育自学考试社会助学管理试行办法》（考委［2010］1号）等有关文件精神，做好对社会助学组织的社会监督，让自考学习者更好地了解自考助学信息，保证自考助学体系更加规范、健康地运行，根据对2010年度社会助学组织登记备案的审核情况，现将2010年度高等教育自学考试社会助学组织的相关信息通过中国教育考试网（http://www.neea.edu.cn）予以公告（公告内容查看请点击首页“自学考试”栏目后再点击“社会助学”栏目）。

请你办做好社会助学组织的相关公告、宣传及引导工作，为广大自考学习者合理选择助学组织提供信息服务。对于公告信息，如有变更，请及时报我办助学管理处。

助学管理处联系人：（略）

全国高等教育自学考试指导委员会办公室
二〇一一年三月二十五日

关于河南省申请备案开考高等教育自学考试会计电算化（独立本科段）等二十三个专业的复函

考委办函［2011］17号

河南省高等教育自学考试委员会：

你委《关于自学考试新开专业的请示》（豫考委［2011］1号）收悉，函复如下：

一、同意你省备案开考高等教育自学考试会计电算化（独立本科段）、现代园艺（独立本科段）、检验（独立本科段）、生物工程（专科）、交通土建工程（独立本科段）、电气工程与自动化（独立本科段）、投资管理（独立本科段）、工程造价管理（独立本科段）、社会工作与管理（独立本科段）、广播电视新闻（独立本科段）、环境工程（独立本科段）、英语翻译（独立本科段）、日语（本科段）、治安管理（本科段）、食品科学与工程（独立本科段）、汽车维修与检测（专科）、对外汉语（独立本科段）、文化产业（独立本科段）、广播电视编导（独立本科段）、采购与供应管理（专科、独立本科段）、销售管理（专科、独立本科段）二十三个专业（见附件）。请按照考委办函［2006］103号、考委办函［2007］126号、考委［2005］9号、考委［2006］8号、考委［2007］2号、考委［2009］5号等文件精神，严格执行批复的考试计划。

二、为保证质量标准，开考计划中凡课程名称、学分与全国统考课程相同者（附件中序号标注“＊”号），均须使用全国考委组编的课程自学考试大纲、教材，参加全国统一命题考试。

三、同意你省遴选河南科技大学为会计电算化（独立本科段）、食品科学与工程（独立本科段）、现代园艺（独立本科段）、检验（独立本科段）、汽车维修与检测（专科）、生物工程（专科）六个专业的主考学校，华北水利水电学院为交通土建工程专业（独立本科段）、电气工程与自动化专业（独立本科段）的主考学校，中原工学院为投资管理（独立本科段）、工程造价管理（独立本科段）、社会工作与管理（独立本科段）三个专业的主考学校，河南师范大学为对外汉语（独立本科段）、文化产业（独立本科段）、广播电视新闻（独立本科段）、环境工程（独立本科段）、英语翻译（独立本科段）、日语（本科段）六个专业的主考学校，河南工业大学为广播电视编导专业（独立本科段）、采购与供应管理专业（专科、独立本科段）的主考学校，河南警察学院为治安管理专业（本科段）的主考学校，河南财经政法大学为销售管理专业（专科、独立本科段）的主考学校。请充分发挥主考学校的作用，切实贯彻“教考职责分离”的原则，加强省考课程的课程自学考试大纲、教材建设和实践性环节考核等工作，切实保证质量。

附件：一、高等教育自学考试会计电算化专业（独立本科段）课程设置与学分

二、高等教育自学考试现代园艺专业（独立本科段）课程设置与学分

三、高等教育自学考试检验专业（独立本科段）课程设置与学分

四、高等教育自学考试生物工程专业（专科）课程设置与学分

五、高等教育自学考试交通土建工程专业（独立本科段）课程设置与学分

六、高等教育自学考试电气工程与自动化专业（独立本科段）课程设置与学分

七、高等教育自学考试生物投资管理专业（独立本科段）课程设置与学分

八、高等教育自学考试工程造价管理专业（独立本科段）课程设置与学分

九、高等教育自学考试社会工作与管理专业（独立本科段）课程设置与学分

十、高等教育自学考试广播电视新闻专业（独立本科段）课程设置与学分

十一、高等教育自学考试环境工程专业（独立本科段）课程设置与学分

十二、高等教育自学考试英语翻译专业（独立本科段）课程设置与学分

十三、高等教育自学考试日语专业（本科段）课程设置与学分

十四、高等教育自学考试治安管理专业（本科段）课程设置与学分

全国高等教育自学考试指导委员会办公室
二〇一一年三月二十九日

附件一：

高等教育自学考试会计电算化专业（独立本科段）课程设置与学分

专业代码：B020236

<table>
<tr><th>序号</th><th>课程代码</th><th>课程名称</th><th>学分</th><th>备注</th></tr>
<tr><td>1*</td><td>03708</td><td>中国近现代史纲要</td><td>2</td><td></td></tr>
<tr><td>2*</td><td>03709</td><td>马克思主义基本原理概论</td><td>4</td><td></td></tr>
<tr><td>3*</td><td>00015</td><td>英语（二）</td><td>14</td><td></td></tr>
<tr><td rowspan="2">4*</td><td>00051</td><td>管理系统中计算机应用</td><td>3</td><td></td></tr>
<tr><td>00052</td><td>管理系统中计算机应用（实践）</td><td>1</td><td></td></tr>
<tr><td>5*</td><td>04183</td><td>概率论与数理统计（经管类）</td><td>5</td><td></td></tr>
<tr><td>6*</td><td>04184</td><td>线性代数（经管类）</td><td>4</td><td></td></tr>
<tr><td>7*</td><td>00067</td><td>财务管理学</td><td>6</td><td></td></tr>
<tr><td>8*</td><td>00150</td><td>金融理论与实务</td><td>6</td><td></td></tr>
<tr><td>9*</td><td>00158</td><td>资产评估</td><td>4</td><td></td></tr>
<tr><td>10*</td><td>00159</td><td>高级财务会计</td><td>6</td><td></td></tr>
<tr><td>11*</td><td>00160</td><td>审计学</td><td>4</td><td></td></tr>
<tr><td>12*</td><td>00161</td><td>财务报表分析（一）</td><td>5</td><td></td></tr>
<tr><td>13</td><td>06481</td><td>经济应用文写作</td><td>4</td><td></td></tr>
<tr><td rowspan="2">14*</td><td>04735</td><td>数据库系统原理</td><td>4</td><td></td></tr>
<tr><td>04736</td><td>数据库系统原理（实践）</td><td>2</td><td></td></tr>
<tr><td colspan="2">06999</td><td>毕业论文</td><td></td><td>不计学分</td></tr>
<tr><td colspan="3">总学分</td><td>74</td><td></td></tr>
<tr><td>1*</td><td>00041</td><td>基础会计学</td><td>5</td><td rowspan="2">B类考生须加考</td></tr>
<tr><td>2</td><td>08310</td><td>会计电算化</td><td>6</td></tr>
</table>

说明：

A类考生：经济类管理专业专科及以上毕业生可直接报考本专业，不考加考课程。

B类考生：其他专业专科及以上毕业生报考本专业，须加考“00041 基础会计学”和“08310 会计电算化”两门课程。

附件二：

高等教育自学考试现代园艺专业（独立本科段）课程设置与学分

专业代码：B090113

序号	课程代码	课程名称	学分	备注
1*	03708	中国近现代史纲要	2	
2*	03709	马克思主义基本原理概论	4	
3*	00015	英语（二）	14	
4	00018	计算机应用基础	2	
	00052	计算机应用基础（实践）	2	
5	05978	农业微生物学（二）	5	
6	05979	生态经济学（二）	6	
7	05982	园艺学专题	7	
8	05983	园艺植物育种学（二）	6	
	05984	园艺植物育种学（二）（实践）	1	
9	05985	园艺设施工程技术（二）	7	
10	05986	园艺产品贮藏保鲜及加工学	6	
	05987	园艺产品贮藏保鲜及加工学（实践）	1	
11	06254	农村社会调查研究方法	6	
	06999	毕业论文		不计学分
		总学分	69	
1	02697	果树栽培学	5	B类考生须加考
	02698	果树栽培学（实践）	1	
2	02703	蔬菜栽培学	5	
	02704	蔬菜栽培学（实践）	1	

说明：

A类考生：园艺、园林、林学、农学、植保、茶学等种植类专业专科及以上毕业生可直接报考本专业，不考加考课程。

B类考生：非种植类专业专科及以上毕业生报考本专业，须加考“02697 果树栽培学”、“02698 果树栽培学（实践）”、“02703 蔬菜栽培学”、“02704 蔬菜栽培学（实践）”两门课程。

附件三：

高等教育自学考试检验专业（独立本科段）课程设置与学分

专业代码：B100311

序号	课程代码	课程名称	学分	备注
1*	03708	中国近现代史纲要	2	
2*	03709	马克思主义基本原理概论	4	
3*	00015	英语（二）	14	
4*	00018	计算机应用基础	2	
	00019	计算机应用基础（实践）	2	
5	03179	生物化学（三）	3	
6	01651	仪器分析、检验仪器原理及维护	5	
7	01652	卫生检验	5	
8	06869	实验室管理学	4	
	01653	实验室管理学（实践）	1	
9	01654	生物化学及生物化学检验（二）	5	
	01655	生物化学及生物化学检验（二）（实践）	1	
10	01656	病原生物学及检验	5	
	01657	病原生物学及检验（实践）	1	
11	01658	免疫学及免疫学检验（二）	5	
	01659	免疫学及免疫学检验（二）（实践）	1	
12	01660	血液学及血液学检验（二）	4	
	01661	血液学及血液学检验（二）（实践）	1	
13	01662	食品卫生学检验	5	
14	02937	诊断学（二）	5	
	06999	毕业论文		不计学分
		总学分	75	
1	01663	免疫学基础	4	B类考生须加考
2	01664	病原生物学	4	

说明：

A类考生：检验专业专科及以上毕业生可直接报考本专业，不考加考课程。

B类考生：非检验专业专科及以上毕业生报考本专业，须加考“01663免疫学基础”和“01664病原生物学”两门课程。

附件四：

高等教育自学考试生物工程专业（专科）课程设置与学分

专业代码：A070403

序号	课程代码	课程名称	学分	备注
1*	03706	思想道德修养与法律基础	2	
2*	03707	毛泽东思想、邓小平理论和“三个代表”重要思想概论	4	
3*	00012	英语（一）	7	
4*	00018	计算机应用基础	2	
	00019	计算机应用基础（实践）	2	
5*	04729	大学语文	4	
6	02070	微生物学	3	
	02071	微生物学（实践）	1	
7*	02072	生物化学（一）	4	
	02073	生物化学（一）（实践）	2	
8*	02539	化学基础	3	
	02540	化学基础（实践）	1	
9	03146	化工原理（二）	5	
	03147	化工原理（二）（实践）	1	
10	06250	生物技术概论	6	
11	06704	环境生物工程	4	
12	06705	生物工程下游技术	4	
13	06706	普通生物学	5	
14	06707	酶工程	5	
15	06708	发酵工程与设备	6	
总学分			71	

附件五：

高等教育自学考试交通土建工程专业（独立本科段）课程设置与学分

专业代码：B080809

序号	课程代码	课程名称	学分	备注
1*	03708	中国近现代史纲要	2	
2*	03709	马克思主义基本原理概论	4	
3*	00015	英语（二）	14	
4*	00023	高等数学（工本）	10	
5	02410	桥梁工程（实践）	2	
	02409	桥梁工程	8	
6	06086	工程监理	5	
7	06087	工程项目管理	5	
8	06167	工程机械	4	
9	06285	交通工程经济分析	5	
10	06287	结构设计原理（二）	5	
11	06288	公路工程 CAD	4	
12	06289	工程招标与合同管理	5	
13	06999	毕业论文		不计学分
总学分			73	
1*	02387	工程测量	3	B类考生须加考
	02388	工程测量（实践）	2	
2	06280	道路建筑材料	4	

说明：

A类考生：交通类、土木类、水利类专业专科及以上毕业生可直接报考本专业，不考加考课程。

B类考生：其他专业专科及以上毕业生报考本专业，须加考“02387 工程测量”、“02388 工程测量（实践）”、“06280 道路建筑材料”两门课程。

附件六：

高等教育自学考试电气工程与自动化专业（独立本科段）课程设置与学分

专业代码：B080612

序号	课程代码	课程名称	学分	备注
1*	03708	中国近现代史纲要	2	
2*	03709	马克思主义基本原理概论	4	
3*	00015	英语（二）	14	
4*	00023	高等数学（工本）	10	
5	02358	单片机原理及应用	4	
	02359	单片机原理及应用（实践）	2	
6	08182	自动控制原理（一）	5	
	08183	自动控制原理（一）（实践）	1	
7	08239	工业过程与过程控制	5	
	08240	工业过程与过程控制（实践）	1	
8	08241	计算机控制系统	6	
	08242	计算机控制系统（实践）	1	
9	08243	系统辨识基础	4	
10	08244	现代控制工程	5	
11	08246	运动控制系统	4	
12	07326	计算机软件技术基础	4	
	06999	毕业论文		不计学分
总学分			72	
1	03631	液压与气压传动	5	B类考生须加考
2	07844	人工智能导论	4	

说明：

A类考生：电气工程及自动化、自动化、电气自动化技术、生产过程自动化技术、电力系统自动化技术、机电一体化技术及相近专业专科及以上毕业生可直接报考本专业，不考加考课程。

B类考生：其他专业专科及以上毕业生报考本专业，须加考“03631 液压与气压传动”、“03632 液压与气压传动（实践）”、“07844 人工智能导论”两门课程。

附件七：

高等教育自学考试投资管理专业（独立本科段）课程设置与学分

专业代码：B020251

序号	课程代码	课程名称	学分	备注
1*	03708	中国近现代史纲要	2	
2*	03709	马克思主义基本原理概论	4	
3*	00015	英语（二）	14	
4*	00051	管理系统中计算机应用	3	
	00052	管理系统中计算机应用（实践）	1	
5*	04183	概率论与数理统计（经管类）	5	
6*	04184	线性代数（经管类）	4	
7*	00067	财务管理学	6	
8	00103	证券投资学	5	
9*	00158	资产评估	4	
10	07249	投资项目管理	4	
11	07748	金融衍生工具	5	
12	07749	基金管理学	5	
13	07750	国际投资学	6	
14	07751	资本预算管理	6	
	06999	毕业论文		不计学分
		总学分	74	
1	07250	投资学原理	6	B类考生须加考

说明：

A类考生：投资与理财、证券投资与管理、金融保险、国际贸易、市场营销、财政、税务、资产评估、会计、财务管理、审计、工商企业管理、旅游管理、酒店管理等专业专科及以上毕业生可直接报考本专业，不考加考课程。

B类考生：其他专业专科及以上毕业生报考本专业，须加考“07250 投资学原理”课程。

附件八：

高等教育自学考试工程造价管理专业（独立本科段）课程设置与学分

专业代码：B082231

序号	课程代码	课程名称	学分	备注
1*	03708	中国近现代史纲要	2	
2*	03709	马克思主义基本原理概论	4	
3*	00015	英语（二）	14	
4*	04183	概率论与数理统计（经管类）	5	
5*	04184	线性代数（经管类）	4	
6	01850	建筑施工技术	4	
7	04052	建筑工程制图	6	
8	04228	建设工程工程量清单计价实务	5	
9	04229	项目决策分析与评价	5	
10	04230	建设监理导论	5	
11	04231	建设工程合同（含 FIDIC）条款	6	
12	04232	综合课程设计	8	
13	06087	工程项目管理	5	
06999		毕业论文		不计学分
总学分			73	
1	04024	应用写作概论	5	B类考生须加考
2	08118	法律基础	5	

说明：

A类考生：工程造价、建筑工程管理、物业管理、建筑工程技术、市场营销、财政、资产评估、会计、财务管理、审计、物流管理、旅游管理、酒店管理、工商企业管理等专业专科及以上毕业生可直接报考本专业，不考加考课程。

B类考生：其他专业专科及以上毕业生报考本专业，须加考“04024 应用写作概论”、“08118 法律基础”两门课程。

附件九：

高等教育自学考试社会工作与管理专业（独立本科段）课程设置与学分

专业代码：B030203

序号	课程代码	课程名称	学分	备注
1*	03708	中国近现代史纲要	2	
2*	03709	马克思主义基本原理概论	4	
3*	00015	英语（二）	14	
4	00165	劳动就业概论	6	
5	00266	社会心理学（一）	4	
6	00279	团体社会工作	4	
7	00280	西方社会学理论	6	
8	00281	社区社会工作	6	
9	00282	个案社会工作	4	
10	00284	心理卫生与心理咨询	4	
11	00285	中国福利思想	4	
12	00287	发展社会学	4	
13	00288	社会调查方法	6	
14	00299	社会保险	4	
15	06999	毕业论文		不计学分
总学分			72	
1	06155	现代管理理论与方法	4	B类考生须加考
2	06183	工资管理	4	

说明：

A类考生：社会工作、社会学、社区工作、社会保障、心理学、社会心理学、公共关系、文秘类、新闻类、教育类、经济类、管理类、法学类等专业专科及以上毕业生可直接报考本专业，不考加考课程。

B类考生：其他专业专科及以上毕业生报考本专业，须加考“06155 现代管理理论与方法”、“06183 工资管理”两门课程。

附件十：

高等教育自学考试广播电视新闻专业（独立本科段）课程设置与学分

专业代码：B050318

序号	课程代码	课程名称	学分	备注
1*	03708	中国近现代史纲要	2	
2*	03709	马克思主义基本原理概论	4	
3*	00015	英语（二）	14	
4*	00642	传播学概论	6	
5	00750	摄像与录象	6	
6	04631	广播电视史	4	
7	06381	网络传播概论	6	
8	07922	广播电视节目主持	4	
9	08247	电视节目策划	4	
10	08248	广播电视编辑学	6	
11	08251	纪录片	6	
12	08252	网络新闻理论与实务	6	
13	08255	新闻伦理与法规	5	
14	06999	毕业论文		不计学分
总学分			73	
1*	00662	新闻事业管理	4	B类考生须加考
2	06391	广播电视概论	4	

说明：

A类考生：新闻学专业专科及以毕业上生可直接报考本专业，不考加考课。

B类考生：其他专业专科及以上毕业生报考本专业，须加考“00662 新闻事业管理”、“06391 广播电视概论”两门课程。

附件十一：

高等教育自学考试环境工程专业（独立本科段）课程设置与学分

专业代码：B081102

序号	课程代码	课程名称	学分	备注
1*	03708	中国近现代史纲要	2	
2*	03709	马克思主义基本原理概论	4	
3*	00015	英语（二）	14	
4	03475	环境化学	5	
5	04525	环境微生物学	6	
6	04526	环境工程导论	6	
7	04527	环境规划与管理	4	
8	06611	水污染控制工程	2	
	06612	水污染控制工程（实践）	2	
9	06613	物理污染控制技术	3	
10	07948	环境法学	7	
11	08291	环境影响评价）	4	
	08292	环境影响评价（实践	1	
12	08306	环境分析与监测	5	
	08307	环境分析与监测（实践）	1	
13	10358	工程制图（二）	4	
14	02472	环境质量评价	4	
	06999	毕业论文		不计学分
		总学分	74	
1	02469	环境监测（一）	3	B类考生须加考
	02470	环境监测（一）（实践）	1	
2	03144	环境科学基础	6	
	03145	环境科学基础（实践）	3	

说明：

A类考生：环境科学、环境工程、给水排水专业专科及以毕业上生可直接报考本专业，不考加考课。

B类考生：其他专业专科及以上毕业生报考本专业，须加考“02469 环境监测（一）”、“02470 环境监测（一）（实践）”、“03144 环境科学基础”、“03145 环境科学基础（实践）”两门课程。

附件十二：

高等教育自学考试英语翻译专业（独立本科段）课程设置与学分

专业代码：B050134

序号	课程代码	课程名称	学分	备注
1*	03708	中国近现代史纲要	2	
2*	03709	马克思主义基本原理概论	4	
3*	00600	高级英语	12	
4*	00604	英美文学选读	6	
5*	00795	综合英语（二）	10	
6	00840	第二外语（日语）	6	二选一
	00841	第二外语（法语）	6	
7	05349	英汉语言文化比较	4	
8	05351	高级英语笔译	8	
9	05352	中级英语口译	8	
10	05353	同声传译（英语）	8	
11	05354	文学英语翻译	4	三选一
	05384	科技英语翻译	4	
	05385	旅游英语翻译	4	
06999		毕业论文		不计学分
总学分			72	
1	05350	中级英语笔译	8	B类考生须加考

说明：

A类考生：英语专业专科及以上毕业生可直接报考本专业，不考加考课。

B类考生：其他专业专科及以上毕业生报考本专业，须加考“05350 中级英语笔译”一门课程。

附件十三：

高等教育自学考试日语专业（本科段）课程设置与学分

专业代码：C050202

序号	课程代码	课程名称	学分	备注
1*	03708	中国近现代史纲要	2	
2*	03709	马克思主义基本原理概论	4	
3*	00535	现代汉语	7	
4	00601	日语翻译	6	
5	00609	高级日语（一）	8	
6	00610	高级日语（二）	8	
7	00611	日语句法篇章法	4	
8	00612	日本文学选读	6	
9	00841	第二外语（法语）	6	任选一门
	00845	第二外语（英语）	6	
10	06042	日语写作	6	
11	06047	日语会话	6	
12	00606	基础日语（二）	8	
	06999	毕业论文		
总学分			71	
1	00490	日语听说	6	B类考生须加考

说明：

A类考生：日语专业专科及以上毕业生可直接报考本专业，不考加考课。

B类考生：其他专业专科及以上毕业生报考本专业，须加考“00490 日语听说”一门课程。

附件十四：

高等教育自学考试治安管理专业（本科段）课程设置与学分

专业代码：C030407

序号	课程代码	课程名称	学分	备注
1*	03708	中国近现代史纲要	2	
2*	03709	马克思主义基本原理概论	4	
3*	00015	英语（二）	14	
4*	04729	大学语文	4	
5*	00235	犯罪学（一）	6	
6*	00370	刑事证据学	6	
7*	00369	警察伦理学	6	
8*	00371	公安决策学	6	
9*	00372	公安信息学	6	
10*	00859	警察组织行为学	5	
11*	00860	公安行政诉讼	4	
12*	00861	刑事侦查情报学	5	
06999		毕业论文		不计学分
总学分			68	
1*	00373	涉外警务概论	5	B类考生须加考

说明：

A类考生：治安管理专业专科及以上毕业生可直接报考本专业，不考加考课。

B类考生：其他专业专科及以上毕业生报考本专业，须加考“00373 涉外警务概论”一门课程。

关于黑龙江省申请备案开考高等教育自学考试公司管理专业（独立本科段）的复函

考委办函［2011］18号

黑龙江省高等教育自学考试委员会：

你委《关于黑龙江省备案开考高等教育自学考试公司管理专业的请示》（黑自考委［2011］3号）收悉，函复如下：

一、同意你省备案开考高等教育自学考试公司管理专业（独立本科段）。请严格执行考委办［2005］4号文件规定。我办对报送的专业部分课程赋予了代码（见附件）。

二、为保证质量标准，开考计划中凡课程名称、学分与全国统考课程相同者（附件中序号标注“＊”号），均须使用全国考委组编的课程自学考试大纲、教材，参加全国统一命题考试。

三、同意你省遴选哈尔滨理工大学为公司管理专业（独立本科段）的主考学校。请充分发挥主考学校的作用，切实贯彻“教考职责分离”的原则，加强省考课程的课程自学考试大纲、教材建设和实践性环节考核等工作，切实保证质量。

附件：高等教育自学考试公司管理专业（独立本科段）课程设置与学分

全国高等教育自学考试指导委员会办公室
二〇一一年三月二十九日

附件：

高等教育自学考试公司管理专业（独立本科段）课程设置与学分

专业代码：B020143

序号	课程代码	课程名称	学分	备注
1*	03708	中国近现代史纲要	2	
2*	03709	马克思主义基本原理概论	4	
3	00015*	英语（二）	14	三选一
	00016	日语（二）	14	
	00017	俄语（二）	14	
4	07818	信息咨询与决策	5	
	12015	信息咨询与决策（实践）	2	
5	07519	公司管理学	6	
6	07520	经济学导论	6	
7	06734	财政与税收	6	
8*	00947	国际商务管理学	7	
9	07521	金融保险实务	5	
10	07522	运营管理	6	
11	07523	公司人力资源管理与开发	6	
12	07524	公司理财	6	
	06999	毕业论文		不计学分
总学分			75	
1	01457	企业应用文写作	5	免考外语加考课程
2	00765	中国历史文选	5	
3*	00051	管理系统中计算机应用	3	
	00052	管理系统中计算机应用（实践）	1	

关于陕西省申请开考高等教育自学考试连锁经营管理（专科）等三个专业的复函

考委办函［2011］19号

陕西省高等教育自学考试委员会办公室：

你办《关于开考高等教育自学考试连锁经营管理等专业的请示》（陕考办［2011］2号）收悉，函复如下：

一、根据全国考委《关于调整高等教育自学考试专科专业审批权试点工作的若干意见》（考委［2005］5号）精神，同意你省备案开考高等教育自学考试连锁经营管理专业（专科）、建筑工程管理专业（专科）、工程造价管理专业（专科）三个专业（见附件）。请按照考委办函［2004］96号、考委办函［2007］64号、考委办函［2007］3号文件精神，严格执行批复的考试计划。

二、为保证质量标准，开考计划中凡课程名称、学分与全国统考课程相同者（附件中序号标注“＊”号），均须使用全国考委组编的课程自学考试大纲、教材，参加全国统一命题考试。

三、同意你省遴选西京学院为连锁经营管理专业（专科）、建筑工程管理专业（专科）、工程造价管理专业（专科）的主考学校。请充分发挥主考学校的作用，切实贯彻“教考职责分离”的原则，加强省考课程的课程自学考试大纲、教材建设和实践性环节考核等工作，切实保证质量。

全国高等教育自学考试指导委员会办公室
二〇一一年三月二十九日

关于贵州省申请备案开考高等教育自学考试园林（独立本科段）等六个专业的复函

考委办函［2011］20号

贵州省高等教育自学考试委员会办公室：

你办《关于备案开考高等教育自学考试园林（独立本科段）等六个专业自学考试的请示》（黔教考办［2011］1号）收悉，函复如下：

一、同意你省备案开考高等教育自学考试园林（独立本科段）、模具设计与制造（独立本科段）、工程财务管理（独立本科段）、工程造价（路桥方向）（专科）、建筑工程（检测技术方向）（专科）、学前教育（专科）六个专业（见附件）。请严格执行考委办函［2007］125号、考委办函［2005］41号、考委办函［2006］96号、考委办函［2008］48号、教考试［1999］1号等文件规定。

二、为保证质量标准，开考计划中凡课程名称、学分与全国统考课程相同者（附件中序号标注“*”号），均须使用全国考委组编的课程自学考试大纲、教材，参加全国统一命题考试。

三、同意你省遴选贵阳学院为园林（独立本科段）专业的主考学校，贵州大学为模具设计与制造专业（独立本科段）、工程财务管理专业（独立本科段）、工程造价专业（路桥方向）（专科）、建筑工程专业（检测技术方向）（专科）的主考学校，贵州师范大学为学前教育专业（专科）的主考学校。请充分发挥主考学校的作用，切实贯彻“教考职责分离”的原则，加强省考课程的课程自学考试大纲、教材建设和实践性环节考核等工作，切实保证质量。

附件：一、高等教育自学考试工程财务管理专业（独立本科段）课程设置与学分

二、高等教育自学考试工程造价专业（路桥方向）（专科）课程设置与学分

三、高等教育自学考试建筑工程专业（检测技术方向）（专科）课程设置与学分

四、高等教育自学考试学前教育专业（专科）课程设置与学分

全国高等教育自学考试指导委员会办公室
二〇一一年三月二十九日

附件一：

高等教育自学考试工程财务管理专业（独立本科段）课程设置与学分

专业代码：B020261

序号	课程代码	课程名称	学分	备注
1*	03708	中国近现代史纲要	2	
2*	03709	马克思主义基本原理概论	4	
3*	00015	英语（二）	14	
4*	00009	政治经济学（财经类）	6	
5*	00051	管理系统中计算机应用	3	
	00052	管理系统中计算机应用（实践）	1	
6	06268	工程数学	10	
7*	00158	资产评估	4	
8*	00159	高级财务会计	6	
9*	00161	财务报表分析（一）	5	
10*	00162	会计制度设计	5	
11	05292	基本建设财务管理	5	
12	05293	国际工程与建设项目管理	4	
13	05294	税收筹划理论与实务	4	
14	06214	西方企业财务管理	5	
	06999	毕业论文		不计学分
		总学分	78	
1	06087	工程项目管理	5	免考英语（二）的加考课程
2	06270	技术经济学	4	
3	06289	工程招标与合同管理	5	

附件二：

高等教育自学考试工程造价专业（路桥方向）（专科）课程设置与学分

专业代码：A082236

<table>
<tr><th>序号</th><th>课程代码</th><th>课程名称</th><th>学分</th><th>备注</th></tr>
<tr><td>1*</td><td>03706</td><td>思想道德修养与法律基础</td><td>2</td><td></td></tr>
<tr><td>2*</td><td>03707</td><td>毛泽东思想、邓小平理论和“三个代表”重要思想概论</td><td>4</td><td></td></tr>
<tr><td rowspan="2">3*</td><td>00018</td><td>计算机应用基础</td><td>2</td><td></td></tr>
<tr><td>00019</td><td>计算机应用基础（实践）</td><td>2</td><td></td></tr>
<tr><td>4*</td><td>00022</td><td>高等数学（工专）</td><td>7</td><td></td></tr>
<tr><td rowspan="2">5</td><td>02409</td><td>桥梁工程</td><td>8</td><td></td></tr>
<tr><td>02410</td><td>桥梁工程（实践）</td><td>2</td><td></td></tr>
<tr><td rowspan="2">6*</td><td>02389</td><td>建筑材料</td><td>2</td><td></td></tr>
<tr><td>02390</td><td>建筑材料（实践）</td><td>1</td><td></td></tr>
<tr><td>7</td><td>08986</td><td>安装工程定额与预算</td><td>6</td><td></td></tr>
<tr><td>8</td><td>03828</td><td>建筑构造（一）</td><td>3</td><td></td></tr>
<tr><td>9</td><td>06279</td><td>道路工程制图</td><td>6</td><td></td></tr>
<tr><td rowspan="2">10</td><td>03937</td><td>道路工程</td><td>3</td><td></td></tr>
<tr><td>03938</td><td>道路工程（实践）</td><td>2</td><td></td></tr>
<tr><td>11</td><td>03939</td><td>工程会计</td><td>7</td><td></td></tr>
<tr><td>12</td><td>03940</td><td>工程造价原理与编制</td><td>6</td><td></td></tr>
<tr><td>13</td><td>03941</td><td>工程招投标与合同管理</td><td>5</td><td></td></tr>
<tr><td rowspan="2">14</td><td>03942</td><td>工程造价案例分析（一）</td><td>3</td><td></td></tr>
<tr><td>03943</td><td>工程造价案例分析（一）（实践）</td><td>2</td><td></td></tr>
<tr><td colspan="2">07998</td><td>毕业考核</td><td colspan="2">不计学分</td></tr>
<tr><td colspan="3">总学分</td><td>73</td><td></td></tr>
</table>

附件三：

高等教育自学考试建筑工程专业（检测技术方向）（专科）课程设置与学分

专业代码：A080828

序号	课程代码	课程名称	学分	备注
1*	03706	思想道德修养与法律基础	2	
2*	03707	毛泽东思想、邓小平理论和“三个代表”重要思想概论	4	
3*	00018	计算机应用基础	2	
	00019	计算机应用基础（实践）	2	
4*	00022	高等数学（工专）	7	
5*	04729	大学语文	4	
6	04617	房屋建筑构造与识图	5	
7	06393	土木工程概论	4	
8*	02387	工程测量	2	
	02388	工程测量（实践）	3	
9	06606	工程力学（三）	5	
10*	02396	混凝土及砌体结构	6	
	02397	混凝土及砌体结构（实践）	1	
11	08365	建筑设备施工与组织	5	
12	09060	建筑工程结构无损检测技术	3	
13	09062	混凝土及砌体结构检测技术	4	
	09063	混凝土及砌体结构检测技术（实践）	4	
14	09064	建筑材料及检测技术	4	
	09065	建筑材料及检测技术（实践）	5	
15	05394	建筑物理	4	
	07998	毕业考核		不计学分
总学分			76	

附件四：

高等教育自学考试学前教育专业（专科）课程设置与学分

专业代码：A040101

<table>
<tr><th>序号</th><th>课程代码</th><th>课程名称</th><th>学分</th><th>备注</th></tr>
<tr><td>1*</td><td>03706</td><td>思想道德修养与法律基础</td><td>2</td><td></td></tr>
<tr><td>2*</td><td>03707</td><td>毛泽东思想、邓小平理论和“三个代表”重要思想概论</td><td>4</td><td></td></tr>
<tr><td>3*</td><td>04729</td><td>大学语文</td><td>4</td><td></td></tr>
<tr><td>4*</td><td>00383</td><td>学前教育学</td><td>6</td><td></td></tr>
<tr><td>5*</td><td>00384</td><td>学前心理学</td><td>6</td><td></td></tr>
<tr><td>6*</td><td>00385</td><td>学前卫生学</td><td>4</td><td></td></tr>
<tr><td>7*</td><td>00386</td><td>幼儿文学</td><td>4</td><td></td></tr>
<tr><td>8*</td><td>00387</td><td>幼儿园组织与管理</td><td>5</td><td></td></tr>
<tr><td>9*</td><td>00388</td><td>学前儿童数学教育</td><td>4</td><td></td></tr>
<tr><td>10*</td><td>00389</td><td>学前教育科学研究</td><td>4</td><td></td></tr>
<tr><td>11*</td><td>00393</td><td>学前儿童语言教育</td><td>4</td><td></td></tr>
<tr><td>12*</td><td>00390</td><td>学前儿童科学教育</td><td>4</td><td></td></tr>
<tr><td>13*</td><td>00394</td><td>幼儿园课程</td><td>4</td><td></td></tr>
<tr><td>14*</td><td>04304</td><td>中小学教师信息技术（中级）</td><td>3</td><td></td></tr>
<tr><td rowspan="3">15*</td><td>00392</td><td>学前儿童体育</td><td>4</td><td rowspan="3">三选一</td></tr>
<tr><td>00396</td><td>学前儿童美术教育</td><td>3</td></tr>
<tr><td>00397</td><td>学前儿童音乐教育</td><td>3</td></tr>
<tr><td rowspan="2">16</td><td>00012*</td><td>英语（一）</td><td>7</td><td rowspan="2">二选一</td></tr>
<tr><td>06411</td><td>现代教育原理</td><td>6</td></tr>
<tr><td rowspan="2">17</td><td>00018</td><td>计算机应用基础</td><td>2</td><td rowspan="4">二选一</td></tr>
<tr><td>00019</td><td>计算机应用基础（实践）</td><td>2</td></tr>
<tr><td rowspan="2">18*</td><td>00413</td><td>现代教育技术</td><td>2</td></tr>
<tr><td>00414</td><td>现代教育技术（实践）</td><td>2</td></tr>
<tr><td colspan="3">总学分</td><td>71</td><td></td></tr>
</table>

关于甘肃省申请开考高等教育自学考试石油工程等八个专业的复函

考委办函［2011］21号

甘肃省高等教育自学考试办公室：

你办《关于申请开考高等教育自学考试石油工程等八个专业的备案报告》（甘考办［2010］90号）收悉，函复如下：

一、同意你省备案开考高等教育自学考试广播电视编导（独立本科段）、生物教育（独立本科段）、石油工程（独立本科段）、电气工程与自动化（独立本科段）、电气工程与自动化（专科）、通信工程（独立本科段）、通信工程（专科）、土木工程（独立本科段）八个专业（见附件）。请严格执行考委［2006］8号、考委办函［2002］94号、考委办函［2006］99号、考委办函［2008］90号、教考试［1998］9号、考委办函［2007］3号、考委办函［2007］90号等文件规定。

二、为保证质量标准，开考计划中凡课程名称、学分与全国统考课程相同者（附件中序号标注“*”号），均须使用全国考委组编的课程自学考试大纲、教材，参加全国统一命题考试。

三、同意你省遴选西北师范大学为广播电视编导专业（独立本科段）、生物教育专业（独立本科段）、兰州城市学院为石油工程专业（独立本科段）、兰州交通大学为电气工程与自动化专业（专科、独立本科段）、通信工程专业（专科、独立本科段）、土木工程专业（独立本科段）的主考学校。请充分发挥主考学校的作用，切实贯彻“教考职责分离”的原则，加强省考课程的课程自学考试大纲、教材建设和实践性环节考核等工作，切实保证质量。

附件：一、高等教育自学考试生物教育专业（独立本科段）课程设置与学分
二、高等教育自学考试石油工程专业（独立本科段）课程设置与学分
三、高等教育自学考试电气工程与自动化专业（独立本科段）课程设置与学分
四、高等教育自学考试通信工程专业（独立本科段）课程设置与学分
五、高等教育自学考试通信工程专业（专科）课程设置与学分
六、高等教育自学考试土木工程专业（独立本科段）课程设置与学分

全国高等教育自学考试指导委员会办公室
二〇一一年三月二十九日

附件一：

高等教育自学考试生物教育专业（独立本科段）课程设置与学分

专业代码：B070402

<table>
<tr><th>序号</th><th>课程代码</th><th>课程名称</th><th>学分</th><th>备注</th></tr>
<tr><td>1*</td><td>03708</td><td>中国近现代史纲要</td><td>2</td><td></td></tr>
<tr><td>2*</td><td>03709</td><td>马克思主义基本原理概论</td><td>4</td><td></td></tr>
<tr><td>3*</td><td>00015</td><td>英语（二）</td><td>14</td><td></td></tr>
<tr><td rowspan="2">4*</td><td>00018</td><td>计算机应用基础</td><td>2</td><td></td></tr>
<tr><td>00019</td><td>计算机应用基础（实践）</td><td>2</td><td></td></tr>
<tr><td>5</td><td>02533</td><td>普通生物学</td><td>5</td><td></td></tr>
<tr><td>6</td><td>02077</td><td>中学生物教学法</td><td>4</td><td></td></tr>
<tr><td rowspan="2">7</td><td>02079</td><td>生态学概论</td><td>6</td><td></td></tr>
<tr><td>02080</td><td>生态学概论（实践）</td><td>2</td><td></td></tr>
<tr><td>8</td><td>02081</td><td>进化生物学</td><td>3</td><td></td></tr>
<tr><td rowspan="2">9</td><td>02082</td><td>生物学基本实验技术</td><td>6</td><td></td></tr>
<tr><td>02083</td><td>生物学基本实验技术（实践）</td><td>3</td><td></td></tr>
<tr><td rowspan="2">10</td><td>02085</td><td>细胞生物学</td><td>6</td><td></td></tr>
<tr><td>02086</td><td>细胞生物学（实践）</td><td>2</td><td></td></tr>
<tr><td>11</td><td>02087</td><td>分子生物学</td><td>6</td><td></td></tr>
<tr><td>12</td><td>06407</td><td>教师伦理学</td><td>4</td><td></td></tr>
<tr><td>13</td><td>06445</td><td>现代生物学进展</td><td>8</td><td></td></tr>
<tr><td colspan="2">06999</td><td>毕业论文</td><td></td><td>不计学分</td></tr>
<tr><td colspan="3">总学分</td><td>79</td><td></td></tr>
<tr><td rowspan="2">1*</td><td>00031</td><td>心理学</td><td>4</td><td rowspan="4">非本专业
加考课程</td></tr>
<tr><td>00429</td><td>教育学（一）</td><td>4</td></tr>
<tr><td rowspan="2">2*</td><td>02060</td><td>植物学（一）</td><td>4</td></tr>
<tr><td>02061</td><td>植物学（一）（实践）</td><td>2</td></tr>
</table>

附件二：

高等教育自学考试石油工程专业（独立本科段）课程设置与学分

专业代码：B080105

序号	课程代码	课程名称	学分	备注
1*	03708	中国近现代史纲要	2	
2*	03709	马克思主义基本原理概论	4	
3*	00015	英语（二）	14	
4	02197	概率论与数理统计（二）	3	
5	07745	工程流体力学（一）	4	
	07746	工程流体力学（一）（实践）	2	
6	01133	油气开采工程	6	
	01134	油气开采工程（实践）	1	
7	02163	油层物理	5	
	02164	油层物理（实践）	1	
8	02167	钻井工程	6	
9	02256	热工测量及仪表	3. 5	
	02257	热工测量及仪表（实践）	0. 5	
10	06336	油田化学	5	
11	06340	油气开发地质	5	
12	06342	油气集输	5	
13	06347	渗流力学	5	
	07999	毕业设计		不计学分
		总学分	72	
1*	02185	机械设计基础	5	非本专业加考课程
	02186	机械设计基础（实践）	2	
2	07731	普通地质学	4	

附件三：

高等教育自学考试电气工程与自动化专业（独立本科段）课程设置与学分

专业代码：B080612

序号	课程代码	课程名称	学分	备注
1*	03708	中国近现代史纲要	2	
2*	03709	马克思主义基本原理概论	4	
3*	00015	英语（二）	14	
4*	00023	高等数学（工本）	10	
5*	00420	物理（工）	5	
	00421	物理（工）（实践）	1	
6	02207	电气传动与可编程控制器（PLC）	3	
	02208	电气传动与可编程控制器（PLC）（实践）	1	
7	02294	微机控制技术	3.5	
	02295	微机控制技术（实践）	0.5	
8	02358	单片机原理及应用	4	
	02359	单片机原理及应用（实践）	2	
9	03798	计算机信息管理	3	
	03799	计算机信息管理（实践）	2	
10	03800	现代电气控制技术	4	
	03801	现代电气控制技术（实践）	2	
11	03802	电力拖动控制系统	4	
	03803	电力拖动控制系统（实践）	2	
12	04108	电工电子技术基础	4	
	04109	电工电子技术基础（实践）	3	
13	08175	智能控制导论	3	
11537		自动化毕业设计		
总学分			77	

附件四：

高等教育自学考试通信工程专业（独立本科段）课程设置与学分

专业代码：B080707

<table>
<tr><th>序号</th><th>课程代码</th><th>课程名称</th><th>学分</th><th>备注</th></tr>
<tr><td>1*</td><td>03708</td><td>中国近现代史纲要</td><td>2</td><td></td></tr>
<tr><td>2*</td><td>03709</td><td>马克思主义基本原理概论</td><td>4</td><td></td></tr>
<tr><td>3*</td><td>00015</td><td>英语（二）</td><td>14</td><td></td></tr>
<tr><td>4*</td><td>00023</td><td>高等数学（工本）</td><td>10</td><td></td></tr>
<tr><td rowspan="2">5*</td><td>00420</td><td>物理（工）</td><td>5</td><td></td></tr>
<tr><td>00421</td><td>物理（工）（实践）</td><td>1</td><td></td></tr>
<tr><td>6*</td><td>02194</td><td>工程经济</td><td>4</td><td></td></tr>
<tr><td>7*</td><td>02197</td><td>概率论与数理统计（二）</td><td>3</td><td></td></tr>
<tr><td>8*</td><td>02199</td><td>复变函数与积分变换</td><td>3</td><td></td></tr>
<tr><td rowspan="2">9</td><td>02356</td><td>数字信号处理</td><td>4</td><td></td></tr>
<tr><td>02357</td><td>数字信号处理（实践）</td><td>1</td><td></td></tr>
<tr><td>10</td><td>02363</td><td>通信原理</td><td>4</td><td></td></tr>
<tr><td>11</td><td>02364</td><td>数据通信原理</td><td>5</td><td></td></tr>
<tr><td rowspan="2">12*</td><td>02365</td><td>计算机软件基础（二）</td><td>4</td><td></td></tr>
<tr><td>02366</td><td>计算机软件基础（二）（实践）</td><td>1</td><td></td></tr>
<tr><td>13</td><td>02367</td><td>微波技术与天线</td><td>4</td><td></td></tr>
<tr><td rowspan="2">14*</td><td>02373</td><td>计算机通信网</td><td>4</td><td></td></tr>
<tr><td>02374</td><td>计算机通信网（实践）</td><td>1</td><td></td></tr>
<tr><td>15</td><td>06888</td><td>铁路专用通信</td><td>3</td><td></td></tr>
<tr><td>16</td><td>07458</td><td>城市轨道交通信号与通信系统</td><td>4</td><td></td></tr>
<tr><td colspan="2">07999</td><td>毕业设计</td><td></td><td></td></tr>
<tr><td colspan="3">总学分</td><td>81</td><td></td></tr>
<tr><td rowspan="2">1*</td><td>02354</td><td>信号与系统</td><td>4</td><td rowspan="3">非本专业
加考课程</td></tr>
<tr><td>02355</td><td>信号与系统（实践）</td><td>1</td></tr>
<tr><td>2</td><td>02362</td><td>通信新技术</td><td>5</td></tr>
</table>

附件五：

高等教育自学考试通信工程专业（专科）课程设置与学分

专业代码：A080764

序号	课程代码	课程名称	学分	备注
1*	03706	思想道德修养与法律基础	2	
2*	03707	毛泽东思想、邓小平理论和“三个代表”重要思想概论	4	
3*	00012	英语（一）	7	
4*	00022	高等数学（工专）	7	
5*	00342	高级语言程序设计（一）	3	
	00343	高级语言程序设计（一）（实践）	1	
6*	02141	计算机网络技术	4	
7*	02198	线性代数	3	
8*	02277	微型计算机原理及应用	3.5	
	02278	微型计算机原理及应用（实践）	0.5	
9*	02316	计算机应用技术	2	
	02317	计算机应用技术（实践）	3	
10	02340	线性电子电路	4	
	02341	线性电子电路（实践）	1	
11	02344	数字电路	3.5	
	02345	数字电路（实践）	0.5	
12	02362	通信新技术	5	
13	03860	通信电子电路	5	
	03861	通信电子电路（实践）	2	
14	03862	现代通信网	5	
03863		现代通信网（实践）	2	
总学分			68	

附件六：

高等教育自学考试土木工程专业（独立本科段）课程设置与学分

专业代码：B080825

序号	课程代码	课程名称	学分	备注
1*	03708	中国近现代史纲要	2	
2*	03709	马克思主义基本原理概论	4	
3*	00015	英语（二）	14	
4*	02197	概率论与数理统计（二）	3	
5*	02198	线性代数	3	
6*	02275	计算机基础与程序设计	3	
	02276	计算机基础与程序设计（实践）	1	
7*	02439	结构力学（二）	6	
8*	02404	工程地质及土力学	3	
9	02407	路基路面工程	4	
	02408	路基路面工程（实践）	1	
10	02442	钢结构	4	
	02443	钢结构（实践）	1	
11*	02448	建筑结构试验	2	
	02449	建筑结构试验（实践）	1	
12	06001	高层建筑结构设计	5	
13	08459	钢筋混凝土结构设计	4	
	08460	钢筋混凝土结构设计（实践）	1	
14	08458	土木工程经济与项目管理	4	
15	05500	桥梁工程（二）	4	
	08461	桥梁工程（二）（实践）	1	
	07999	毕业设计		不计学分
		总学分	71	
1*	02396	混凝土及砌体结构	6	非本专业加考课程
	02397	混凝土及砌体结构（实践）	1	
2*	02389	建筑材料	2	
	02390	建筑材料（实践）	1	

关于吉林省申请新专业代码和申请开考新专业等的复函

考委办函［2011］22号

吉林省高等教育自学考试委员会办公室：

你办《关于新专业代码的申请》（吉考办字［2010］60号）、《关于变更主考学校的报告》（吉考办字［2010］61号）和《关于开考新专业的申请》（吉考办字［2010］62号）收悉，函复如下：

一、根据考委办［2003］102号文件精神，我办对你省汽车电子控制技术专业（本科）（专业代码：C080606），分别赋予了汽车电子控制技术专业（基础科段）和汽车电子控制技术专业（本科段）专业代码，即：将基础科段赋予新的专业代码，本科段仍使用该本科专业原有的专业代码（见附件）。

二、同意你省备案开考汽车维修与检测专业（专科）、心理学专业（独立本科段）、现代企业管理专业（独立本科段）。各专业课程设置与学分详见附件。

三、为保证质量标准，开考计划中凡课程名称、学分与全国统考课程相同者（附件中序号标注“＊”号），均须使用全国考委组编的课程自学考试大纲、教材，参加全国统一命题考试。

四、同意你省将秘书专业（专科）、秘书学专业（独立本科段）主考学校由原吉林大学变更为长春理工大学。同意你省遴选吉林大学为汽车电子控制技术专业（基础科段）、汽车电子控制技术专业（本科段）、汽车维修与检测专业（专科）的主考学校，东北师范大学为心理学专业（独立本科段）、吉林大学和吉林工商学院为现代企业管理专业（独立本科段）的主考学校。请充分发挥主考学校的作用，切实贯彻“教考职责分离”的原则，加强省考课程的课程自学考试大纲、教材建设和实践性环节考核等工作，切实保证质量。

附件：一、高等教育自学考试汽车电子控制技术专业（基础科段）课程设置与学分
二、高等教育自学考试汽车电子控制技术专业（本科段）课程设置与学分
三、高等教育自学考试汽车维修与检测专业（专科）课程设置与学分
四、高等教育自学考试心理学专业（独立本科段）课程设置与学分
五、高等教育自学考试现代企业管理专业（独立本科段）课程设置与学分

全国高等教育自学考试指导委员会办公室
二〇一一年三月三十一日

附件一：

高等教育自学考试汽车电子控制技术专业（基础科段）课程设置与学分

专业代码：C080619

序号	课程代码	课程名称	学分	备注
1*	03706	思想道德修养与法律基础	2	
2*	03707	毛泽东思想、邓小平理论和“三个代表”重要思想概论	4	
3*	00018	计算机应用基础	2	
	00019	计算机应用基础（实践）	2	
4	00420	物理（工）	5	
	00421	物理（工）（实践）	1	
5	06925	公差与测量	5	
6	06918	工程图学基础	7	
7	06919	汽车制造基础	4	
	06920	汽车制造基础（实践）	1	
8	06921	汽车机械基础	5	
	06922	汽车机械基础（实践）	1	
9	06893	汽车构造	6	
	06894	汽车构造（实践）	2	
10	02577	发动机原理	3. 5	
	02578	发动机原理（实践）	0. 5	
11	06903	汽车车身电控技术	5	
12	06923	汽车电器基础	3	
	06924	汽车电器基础（实践）	1	
13	06931	汽车电工电子技术基础	5	
	06932	汽车电工电子技术基础（实践）	1	
14	06906	汽车运行材料	3	
总学分			69	

附件二：

高等教育自学考试汽车电子控制技术专业（本科段）课程设置与学分

专业代码：C080606

序号	课程代码	课程名称	学分	备注
1*	03708	中国近现代史纲要	2	
2*	03709	马克思主义基本原理概论	4	
3	00015*	英语（二）	14	三选一
	00016	日语（二）	14	
	00017	俄语（二）	14	
4*	00023	高等数学（工本）	10	
5	06902	汽车底盘电控技术	5	
6	06926	汽车电控喷射技术	5	
	06927	汽车电控喷射技术（实验）	1	
7	02358	单片机原理及应用	4	
	02359	单片机原理及应用（实践）	2	
8	06928	汽车实验学	5	
9	06929	汽车设计	6	
10	06930	汽车制造工艺学	5	
11	06933	汽车营销管理学	5	
	07999	毕业设计		不计学分
总学分			68	
1	03977	汽车电子商务	5	免考外语加考课程
2	01323	汽车物流	5	
3	06934	汽车维修技术	5	

附件三：

高等教育自学考试汽车维修与检测专业（专科）课程设置与学分

专业代码：A081725

序号	课程代码	课程名称	学分	备注
1*	03706	思想道德修养与法律基础	2	
2*	03707	毛泽东思想、邓小平理论和“三个代表”重要思想概论	4	
3*	00018	计算机应用基础	2	
	00019	计算机应用基础（实践）	2	
4*	02185	机械设计基础	5	
	02186	机械设计基础（实践）	2	
5	02577	发动机原理	0.5	
	02578	发动机原理（实践）	3.5	
6	06893	汽车构造	6	
	06894	汽车构造（实践）	2	
7	06896	汽车常见故障诊断分析	5	
	06897	汽车常见故障诊断分析（实践）	2	
8	06898	汽车运用工程	5	
9	06903	汽车车身电控技术	5	
10	06904	汽车保险与理赔	5	
11	06918	工程图学基础	7	
12	00012*	英语（一）	7	选考不低于14学分课程
	00022*	高等数学（工专）	7	
	01042	应用数学	5	
	05869	汽车应用英语	5	
	06934	汽车维修技术	5	
总学分			75	

附件四：

高等教育自学考试心理学专业（独立本科段）课程设置与学分

专业代码：B071504

序号	课程代码	课程名称	学分	备注
1*	03708	中国近现代史纲要	2	
2*	03709	马克思主义基本原理概论	4	
3	00015*	英语（二）	14	三选一
	00016	日语（二）	14	
	00017	俄语（二）	14	
4	03378	人格心理学	4	
5	03665	认知心理学	6	
6	03372	团体心理辅导	5	
	12016	心理咨询安全分析报告（实践）	2	
7*	05624	心理治疗（一）	6	
8*	05626	变态心理学（一）	4	
9	05952	心理学史	6	
10	06057	生理心理学	6	
11	08667	心理实验设计	4	
	08668	心理实验设计（实践）	2	
12	08669	工程心理学	4	
13	08670	消费与广告心理学	4	
14	08671	人事测量	4	
15	08672	人力资源管理（四）	4	
	06999	毕业论文		不计学分
		总学分	81	
1	02106	普通心理学	6	不考外语的加考课程
2*	00405	教育原理	6	
3	02112	组织管理心理学	4	

附件五：

高等教育自学考试现代企业管理专业（独立本科段）课程设置与学分

专业代码：B020309

序号	课程代码	课程名称	学分	备注
1*	03708	中国近现代史纲要	2	
2*	03709	马克思主义基本原理概论	4	
3	00015*	英语（二）	14	三选一
	00016	日语（二）	14	
	00017	俄语（二）	14	
4	07520	经济学导论	6	
5	08815	现代企业管理理论	6	
6	08816	现代企业管理信息系统	3	
	08817	现代企业管理信息系统（实践）	2	
7	05171	中小企业战略管理	6	
8	08818	企业文化与企业形象设计	6	
9	07114	现代物流学	4	
10	08819	企业管理咨询与诊断	4	
	08820	企业管理咨询与诊断（实践）	2	
11	08821	会计程序设计	6	四选二
12	08822	计算机财务管理	6	
13	06093	人力资源开发与管理	6	
14*	00163	管理心理学	5	
	06999	毕业论文		不计学分
总学分			70	
1*	00058	市场营销学	5	跨专业加考课，二选一
2*	00055	企业会计学	6	

关于广东省申请备案开考高等教育自学考试销售管理（专科）等八个专业的复函

考委办函［2011］24号

广东省自学考试委员会：

你委《关于在我省开考高等教育自学考试销售管理（专科）等八个专业的请示》（粤考委［2011］1号）、《关于停考我省高等教育自学考试工商行政管理（专科）等十个专业的通知》（粤考委［2010］20号）和《关于停考我省高等教育自学考试网络工程（独立本科段）和网络工程（本科）两个专业的通知》（粤考委［2010］21号）收悉，经研究，函复如下：

一、同意你省备案开考高等教育自学考试销售管理专业（专科、独立本科段）、餐饮管理专业（专科、独立本科段）、移动商务技术专业（专科、独立本科段）和嵌入式技术专业（专科、独立本科段）。请严格执行考委［2009］5号、考委［2003］2号、考委［2010］2号和教考试函［2006］2号等文件规定。

二、同意你省遴选深圳大学为销售管理专业（专科、独立本科段）、广东商学院为餐饮管理专业（专科、独立本科段）、移动商务技术专业（专科、独立本科段）和嵌入式技术专业（专科、独立本科段）的主考学校。请充分发挥主考学校的作用，切实贯彻“教考职责分离”的原则，加强省考课程的课程自学考试大纲、教材建设和实践性环节考核等工作，切实保证质量。

三、同意你省备案停考工商行政管理（专科）、涉外秘书（专科）、美术教育（专科）、计算机软件及应用（专科）、计算机软件及应用（独立本科段）、哲学（基础科段）、哲学（本科段）、律师（基础科段）、公安管理（本科段）、广播电视新闻（基础科段）、网络工程（独立本科段）、网络工程（本科）12个专业。请严格按照全国考委相关文件精神，做好停考专业的过渡、衔接工作，处理好遗留问题，确保考生利益。

全国高等教育自学考试指导委员会办公室

二〇一一年四月十一日

关于高等教育自学考试销售管理专业（专科、独立本科段）两门统考课程考试安排的通知

考委办函［2011］26号

各省、自治区、直辖市高等教育自学考试办公室、解放军自学考试办公室：

根据有关文件规定和大纲编写情况，从2011年10月起安排销售管理专业（专科）的《连锁与特许经营管理》（课程代码10510），销售管理专业（独立本科段）的《销售团队管理》（课程代码10511）两门课程的考试，具体考试时间安排如下表所示：

2011年10月销售管理专业（专科、独立本科段）两门课程考试时间安排表

专　业	课程名称及代码	考试日期	考试时间
销售管理（专科）	连锁与特许经营管理（10510）	10月15日（周六）	下午（14:00—16:30）
销售管理（独立本科段）	销售团队管理（10511）	10月15日（周六）	下午（14:00—16:30）

关于两门课程所使用的考试大纲请在中国教育考试网（www.neea.edu.cn）点击下载。连锁与特许经营管理课程的指定教材为《企业连锁经营与管理》（第二版），肖怡编著，东北财经大学出版社，2009.8；销售团队管理课程的指定教材为《销售团队建设与管理》，麦肯斯特营销顾问公司编写，经济科学出版社，2005.3。

请各省根据本地情况，妥善安排有关课程的考试安排工作，并及时向社会公布。

全国高等教育自学考试指导委员会办公室
二〇一一年四月十五日

抄送：全国考委经济管理类专业委员会，中国市场协会

关于全军考办申请开考应用心理学专业（专科、独立本科段）的复函

考委办函［2011］30号

中国人民解放军自学考试委员会办公室：

你办《关于在全军和武警部队开办高等教育自学考试应用心理学专业的请示》（军考办［2011］3号）收悉，批复如下：

一、经全国考委公共管理类专业委员会审核，同意军队开考应用心理学专业（专科、独立本科段），并对报来的专业考试计划进行了调整（见附件），请遵照执行。

二、其中“实用人事测评”、“团体心理辅导”、“青少年心理辅导”、“军人心理统计基础”、“学习心理与心理辅导”、“学校心理教育与应用”、“军人心理健康测量”、“心理卫生与心理辅导”、“心理测量与评估”、“军人心理咨询与治疗”、“军人犯罪心理与预防”、“军人心理档案建立与管理”等课程中，理论与实践的计分比例为7:3。

三、为保证质量标准，开考计划中凡课程名称、学分与全国统考课程相同（附件内序号标“＊”号）者，必须使用全国考委组编的课程自学考试大纲、教材，参加全国统一命题的考试。

四、同意遴选中国人民解放军西安政治学院为应用心理学专业（专科、独立本科段）的主考学校。请充分发挥主考学校的作用，切实贯彻“教考职责分离”的原则，切实保证质量。

五、鉴于开考专业的培养目标是从事相关工作的应用型专门人才，必须注重考生实践技能的培养，请认真组织主考学校做好实践性环节考核工作。

附件：一、高等教育自学考试应用心理学专业（专科）考试课程与学分标准

二、高等教育自学考试应用心理学专业（独立本科段）考试课程与学分标准

全国高等教育自学考试指导委员会办公室

二〇一一年四月二十日

抄送：全国考委公共管理类专业委员会

附件一：

高等教育自学考试应用心理学专业（专科）考试课程与学分标准

专业代码：A071503

<table>
<tr><th colspan="2">课程类别</th><th>序号</th><th>课程代码</th><th>课程名称</th><th>学分</th><th colspan="2">备注</th></tr>
<tr><td rowspan="12">必考课</td><td rowspan="4">公共基础课</td><td>1*</td><td>03706</td><td>思想道德修养与法律基础</td><td>2</td><td></td><td></td></tr>
<tr><td>2*</td><td>03707</td><td>毛泽东思想、邓小平理论和“三个代表”重要思想概论</td><td>4</td><td></td><td></td></tr>
<tr><td>3</td><td>06049</td><td>心理学导论</td><td>5</td><td></td><td></td></tr>
<tr><td>4</td><td>02108</td><td>实验心理学</td><td>6</td><td></td><td></td></tr>
<tr><td rowspan="8">专业核心课</td><td>5</td><td>03371</td><td>实用人事测评</td><td>6</td><td>含实践</td><td></td></tr>
<tr><td>6</td><td>03372</td><td>团体心理辅导</td><td>5</td><td>含实践</td><td></td></tr>
<tr><td>7</td><td>03373</td><td>行为矫正</td><td>5</td><td></td><td></td></tr>
<tr><td>8</td><td>03376</td><td>管理心理基础</td><td>4</td><td></td><td></td></tr>
<tr><td>9</td><td>03377</td><td>青少年心理与辅导</td><td>5</td><td>含实践</td><td></td></tr>
<tr><td>10</td><td>03378</td><td>人格心理学</td><td>4</td><td></td><td></td></tr>
<tr><td>11</td><td>12017</td><td>军人心理学</td><td>5</td><td></td><td></td></tr>
<tr><td>12</td><td>12018</td><td>军人心理统计基础</td><td>5</td><td>含实践</td><td></td></tr>
<tr><td colspan="2" rowspan="10">选考课</td><td>13</td><td>02111</td><td>教育心理学</td><td>6</td><td></td><td rowspan="10">选考课程不少于3门，学分不低于14分。</td></tr>
<tr><td>14</td><td>03370</td><td>广告与消费心理学</td><td>6</td><td></td></tr>
<tr><td>15</td><td>02109</td><td>心理测量</td><td>4</td><td></td></tr>
<tr><td>16</td><td>04267</td><td>学习心理与辅导</td><td>6</td><td>含实践</td></tr>
<tr><td>17</td><td>03369</td><td>学校心理教育与应用</td><td>5</td><td>含实践</td></tr>
<tr><td>18</td><td>03666</td><td>职业心理与指导</td><td>4</td><td></td></tr>
<tr><td>19</td><td>01426</td><td>犯罪心理学</td><td>4</td><td></td></tr>
<tr><td>20</td><td>12019</td><td>军人心理健康测量</td><td>6</td><td>含实践</td></tr>
<tr><td>21</td><td>12020</td><td>军人心理卫生</td><td>4</td><td></td></tr>
<tr><td>22</td><td>12021</td><td>军人心理服务</td><td>4</td><td></td></tr>
<tr><td colspan="5">总学分</td><td>70</td><td></td><td></td></tr>
</table>

附件二：

高等教育自学考试应用心理学专业（独立本科段）考试课程与学分标准

专业代码：B071502

课程类别		序号	课程代码	课程名称	学分	备注	
必考课	公共基础课	1*	03708	中国近现代史纲要	2		
		2*	03709	马克思主义基本原理概论	4		
		3*	00015	英语（二）	14		
		4*	00034	社会学概论	6		
		5*	00031	心理学	4		
	专业核心课	6*	00465	心理卫生与心理辅导	4		
			01425	心理卫生与心理辅导（实践）	2		
		7	05616	心理测量与评估	6		
			05617	心理测量与评估（实践）	2		
		8*	00466	发展与教育心理学	6		
		9	12022	军事心理学	5		
		10	12023	军人心理咨询与治疗	5	含实践	
选考课		11*	02113	医学心理学	4		选考课程不少于2门，学分不低于11分。
		12*	00177	消费心理学	5		
		13*	00657	新闻心理学	4		
		14*	00643	公关心理学	4		
		15*	00384	学前心理学	6		
		16*	00163	管理心理学	5		
		17	06050	人际关系心理学	4		
		18	03665	认知心理学	6		
		19	00266	社会心理学（一）	4		
		20	12024	军人犯罪心理与预防	6	含实践	
		21	12025	军人心理档案建立与管理	5	含实践	
06999			毕业论文			不计学分	
总学分					71		

说明：

1. 凡国家承认学历的国民教育系列大学专科及以上学历的毕业生均可直接报考本专业独立本科段；
2. 具有国家承认学历的国民教育系列大学本科及以上学历的毕业生报考本专业独立本科段，可免试公共基础课和选考课。

关于贵州省申请调整高等教育自学考试公共关系（独立本科段）等四个专业课程设置的复函

考委办函［2011］32号

贵州省高等教育自学考试委员会办公室：

你办《关于我省调整公共关系（独立本科段）等四个专业部分课程的请示》（黔教考办［2011］2号）收悉，函复如下：

一、高等教育自学考试公共关系（独立本科段）、公共事业管理（独立本科段）已由考委办函［2008］73号，音乐教育（独立本科段）、旅游管理（专科）已由考委办［1999］29号文件批复你省开考，现同意你省对以上专业考试计划作部分调整：

1. 公共关系（独立本科段）、公共事业管理（独立本科段）两专业各调整三门选考课；

2. 音乐教育（独立本科段）专业中，增加免考英语（二）（课程代码00015，14学分）的加考课程；

3. 将旅游管理（专科）中英语（二）（课程代码00015，14学分）调整为旅游英语（一）（课程代码07365，12学分），政治经济学（财经类）（课程代码00009，6学分）调整为导游实务（课程代码01525，6学分），总学分调整为74学分。

以上各专业调整后的课程设置及学分详见附件。

二、为保证质量标准，开考计划中凡课程名称、学分与全国统考课程相同者（附件中序号标注“*”号），均须使用全国考委组编的课程自学考试大纲、教材，参加全国统一命题考试。

三、请充分发挥主考学校的作用，切实贯彻“教考职责分离”的原则，加强省考课程的课程自学考试大纲、教材建设和实践性环节考核等工作，切实保证质量。

附件：一、高等教育自学考试公共关系专业（独立本科段）课程设置与学分
二、高等教育自学考试公共事业管理专业（独立本科段）课程设置与学分
三、高等教育自学考试旅游管理专业（专科）课程设置与学分
四、高等教育自学考试音乐教育专业（独立本科段）课程设置与学分

全国高等教育自学考试指导委员会办公室
二〇一一年四月二十九日

附件一：

高等教育自学考试公共关系专业（独立本科段）课程设置与学分

专业代码：B050309

序号	课程代码	课程名称	学分	备注
1*	03708	中国近现代史纲要	2	
2*	03709	马克思主义基本原理概论	4	
3*	00015	英语（二）	14	
4*	03291	人际关系学	6	
5*	03292	公共关系口才	6	
6*	03293	现代谈判学	6	
7*	03294	公共关系案例	6	
8*	03295	国际公共关系	6	
9*	00318	公共政策	4	选考五门，免考英语（二）者再选三门。
10*	00152	组织行为学	4	
11	06089	劳动关系与劳动法	6	
12	06091	薪酬管理	6	
13	06093	人力资源开发与管理	6	
14*	00320	领导科学	4	
15*	03300	现代媒体总论	5	
16*	03297	企业文化	6	
	06669	毕业论文		不计学分
总学分			73	

附件二：

高等教育自学考试公共事业管理专业（独立本科段）课程设置与学分

专业代码：B020230

序号	课程代码	课程名称	学分	备注
1*	03708	中国近现代史纲要	2	
2*	03709	马克思主义基本原理概论	4	
3*	00015	英语（二）	14	
4	03335	公共管理学	5	
5*	00318	公共政策	4	
6	03331	公共事业管理	5	
7*	05722	公共经济学	5	
8*	05723	非政府组织管理	4	
9*	00261	行政法学	5	
10*	00147	人力资源管理（一）	6	
11*	03312	劳动和社会保障概论	6	
12*	02382	管理信息系统	4	
13*	00154	企业管理咨询	4	选考三门，免考英语（二）者再选三门。
14	05726	国土资源管理	4	
15	05724	公共卫生管理	4	
16*	00150	金融理论与实务	6	
17*	00153	质量管理（一）	4	
18	05725	文化管理	4	
	06669	毕业论文		不计学分
总学分			76	

附件三：

高等教育自学考试旅游管理专业（专科）课程设置与学分

专业代码：A020209

序号	课程代码	课程名称	学分	备注
1*	03706	思想道德修养与法律基础	2	
2*	03707	毛泽东思想、邓小平理论和“三个代表”重要思想概论	4	
3*	04729	大学语文	4	
4	00018	计算机应用基础	2	
	00019	计算机应用基础（实践）	2	
5	01525	导游实务	6	
6	07365	旅游英语（一）	12	
7	00187	旅游经济学	5	
8	00188	旅游心理学	4	
9	00189	旅游与饭店会计	6	
10	00190	中国旅游地理	5	
11	00191	旅行社经营与管理	5	
12	00192	旅游市场学	4	
13	00193	饭店管理概论	5	
14*	00182	公共关系学	4	
15	00194	旅游法规	4	
总学分			74	

附件四：

高等教育自学考试音乐教育专业（独立本科段）课程设置与学分

专业代码：B050408

序号	课程代码	课程名称	学分	备注
1*	03708	中国近现代史纲要	2	
2*	03709	马克思主义基本原理概论	4	
3*	00015	英语（二）	14	
4	00733	音乐分析与创作	8	
5	07976	音乐欣赏（二）	4	
6	00730	中外音乐史	8	
7	00731	伴奏	4	
8	06114	和声	8	
9	00735	音乐教育学	4	
10	00732	简明配器法	4	
11	00723	声乐	8	任选一门，免考英语（二）者再选一门。
12	03711	钢琴	8	
13	04404	器乐	8	
14*	00466	发展与教育心理学	6	免考英语（二）的加考课。
	06669	毕业论文		不计学分
总学分			68	

关于北京市申请备案开考高等教育自学考试电子政务专业（独立本科段）的复函

考委办函［2011］33号

北京教育考试院：

你院《关于申请开设北京市高等教育自学考试电子政务专业（独立本科段）的备案请示》（京考［2011］6号）和《关于停止北京市高等教育自学考试体育产业经营与管理专业（独立本科段）等八个专业新生注册的通知》（京考自考［2010］26号）收悉，函复如下：

一、同意你市备案开考高等教育自学考试电子政务专业（独立本科段）。请严格执行考委［2004］7号、考委办函［2007］5号等文件规定。

二、为保证质量标准，开考计划中凡课程名称、学分与全国统考课程相同者（附件中序号标注“＊”号），均须使用全国考委组编的课程自学考试大纲、教材，参加全国统一命题考试。

三、同意你市遴选北京联合大学为电子政务（独立本科段）专业的主考学校。请充分发挥主考学校的作用，切实贯彻“教考职责分离”的原则，加强市考课程的课程自学考试大纲、教材建设和实践性环节考核等工作，切实保证质量。

四、同意你市备案停考体育产业经营与管理（独立本科段）、档案管理（专科）、档案学（独立本科段）、汽车维修与检测（独立本科段）、体育产业经营与管理（专科）、电子技术（专科）、律师（基础科段）、通信信息管理（专科）共八个专业。请严格按照全国考委相关文件精神，做好停考专业的过渡、衔接工作，处理好遗留问题，确保考生利益。

附件：高等教育自学考试电子政务专业（独立本科段）课程设置与学分

全国高等教育自学考试指导委员会办公室
二〇一一年四月二十九日

附件：

高等教育自学考试电子政务专业（独立本科段）课程设置与学分

专业代码：B082218

序号	课程代码	课程名称	学分	备注
1*	03708	中国近现代史纲要	2	
2*	03709	马克思主义基本原理概论	4	
3*	00015	英语（二）	14	
4*	03328	公共管理	8	
5	03336	电子政务理论与技术	4	
	03337	电子政务理论与技术（实践）	2	
6	03338	政府经济学	5	
7	03339	信息化理论与实践	4	
8	03340	网站建设与管理	3	
	03341	网站建设与管理（实践）	2	
9*	04741	计算机网络原理	4	
10	03342	电子政务案例分析	3	
	03343	电子政务案例分析（实践）	2	
11	03344	信息与网络安全管理	3	
	03345	信息与网络安全管理（实践）	2	
12	00896	电子商务概论	4	
	00897	电子商务概论（实践）	2	
13	00281	社区社会工作	6	六选一
14	05059	项目管理学	4	
15*	00067	财务管理学	6	
16*	00139	西方经济学	6	
17*	00318	公共政策	4	
18*	00315	当代中国政治制度	6	
	06999	毕业论文		不计学分
总学分			72	

关于福建省申请开考高等教育自学考试艺术设计专业（独立本科段）的复函

考委办函［2011］34 号

福建省高等教育自学考试委员会：

你委《关于申请开考艺术设计专业（独立本科段）的报告》（闽教自考［2011］3 号）收悉，函复如下：

一、经全国考委艺术类专业委员会审核，同意你省开考高等教育自学考试艺术设计专业（视觉传达设计方向、室内设计方向、服装设计方向、公共艺术设计方向）（独立本科段）。我办对报送的专业部分课程赋予了课程代码（见附件）。

二、为保证质量标准，开考计划中凡课程名称、学分与全国统考课程相同者（附件中序号标注“*”号），均须使用全国考委组编的课程自学考试大纲、教材，参加全国统一命题考试。

三、同意你省遴选福建师范大学、集美大学为艺术设计专业（独立本科段）的主考学校。请充分发挥主考学校的作用，切实贯彻“教考职责分离”的原则，加强省考课程的课程自学考试大纲、教材建设和实践性环节考核等工作，切实保证质量。

附件：高等教育自学考试艺术设计专业（视觉传达设计方向）、（室内设计方向）、（服装设计方向）、（公共艺术设计方向）（独立本科段）课程设置与学分

全国高等教育自学考试指导委员会办公室
二〇一一年四月二十九日

附件：

高等教育自学考试艺术设计专业（视觉传达设计方向）、（室内设计方向）、（服装设计方向）、（公共艺术设计方向）（独立本科段）课程设置与学分

专业代码：B050437

序号	课程代码	课程名称	学分	备注
1*	03708	中国近现代史纲要	2	
2*	03709	马克思主义基本原理概论	4	
3*	00015	英语（二）	14	
4	05712	艺术设计基础	3	
5	05424	现代设计史	3	
6	04026	设计美学	3	
7	04462	设计心理学	6	
8	01606	综合设计应用（实践）	8	
9	01578	电脑动画设计（实践）	5	视觉传达设计方向
10	09236	编排设计	4	
11	05546	系列书籍装帧设计	5	
12	01040	网页设计（实践）	6	
13	00703	产品开发设计	8	
总学分			71	
9	01578	电脑动画设计（实践）	5	室内设计方向
10	09236	编排设计	4	
11	10091	室内陈设艺术设计	4	
12	08548	室内空间环境设计原理	10	
13	01154	公共景观艺术设计（实践）	6	
总学分			72	

续表

序号	课程代码	课程名称	学分	备注
9	03918	服饰流行分析	4	服装设计方向
10	05403	服装造型设计	6	
11	07538	立体剪裁	6	
12	01018	成衣工艺学（实践）	6	
13	05333	服装概论	4	
		总学分	69	
9	05027	壁画	5	公共艺术设计方向
10	04028	空间造型与公共雕塑设计	6	
11	00743	雕塑	6	
12	04836	环境艺术设计（实践）	5	
13	06223	公共环境艺术设计	6	
		总学分	71	
14	07999	毕业设计		不计学分

关于河北省申请备案开考高等教育自学考试制药科学与工程专业（独立本科段）的复函

考委办函［2011］36号

河北省高等教育自学考试委员会：

你委《关于备案开考制药科学与工程专业（独立本科段）的请示》（冀考委自［2011］6号）收悉，函复如下：

一、同意你省备案开考高等教育自学考试制药科学与工程专业（独立本科段）。请严格执行考委［2004］103号等文件规定。

二、为保证质量标准，开考计划中凡课程名称、学分与全国统考课程相同者（附件中序号标注“*”号），均须使用全国考委组编的课程自学考试大纲、教材，参加全国统一命题考试。

三、同意你省遴选河北科技大学为制药科学与工程专业（独立本科段）的主考学校。请充分发挥主考学校的作用，切实贯彻“教考职责分离”的原则，加强市考课程的课程自学考试大纲、教材建设和实践性环节考核等工作，切实保证质量。

附件：高等教育自学考试制药科学与工程专业（独立本科段）课程设置与学分

全国高等教育自学考试指导委员会办公室
二〇一一年五月四日

附件：

高等教育自学考试制药科学与工程专业（独立本科段）课程设置与学分

专业代码：B081204

序号	课程代码	课程名称	学分	备注
1*	03708	中国近现代史纲要	2	
2*	03709	马克思主义基本原理概论	4	
3*	00015	英语（二）	14	
4	02058	化工基础	4	
5	02911	无机化学（三）	4	
6	03026	药理学（二）	6	
7	03029	药剂学	6	
8	03031	药物分析	5	
9	03035	有机化学（四）	7	
10	03036	有机化学（四）（实践）	1	
11	07780	化学制药工艺学	6	
12	07781	药事管理学（一）	6	
13	07782	综合药物化学实验	6	
14	07957	药物化学（一）	5	
	11692	制药科学与工程毕业论文		不计学分
总学分			76	

关于2012年高等教育自学考试全国统考课程安排有关事项的通知

考委办函［2011］40号

各省、自治区、直辖市高等教育自学考试办公室、解放军自学考试办公室、各高等教育自学考试命题中心：

现将2012年全国统一命题考试（以下简称统考）工作安排发给你们，请遵照执行。有关事项说明如下：

一、统考时间和课程变化情况

与2011年相比，2012年的统考在时间和课程安排方面有以下几个变化：

1. 根据教考试办函［2011］5号文件的规定，从2012年开始，统考的考试时间调整为：上午9:00开始考试，11:30结束；下午14:30开始考试，17:00结束。

2. 根据考委［2009］2号文件的规定，2011年新开考义务教育专业（专科）的小学美术教育（课程代码09285）和小学音乐教育（课程代码09284）两门课程；义务教育专业（独立本科段）的初中语文教学实践与反思（课程代码09292）、初中数学教学实践与反思（课程代码09295）、初中英语教学实践与反思（课程代码09298）、有效教学的理论与方法（课程代码09289）、义务教育比较研究（课程代码09340）和义务教育班级管理（课程代码09335）六门课程。

3. 2011年10月开考的销售管理专业（专科、独立本科段）的连锁与特许经营管理（课程代码10510）和销售团队管理（课程代码10511）将继续安排考试。

二、大纲教材变化情况

2012年有政府与事业单位会计（课程代码00070）等28门课程考试使用新编或修订的大纲、教材，具体见附件，其他课程的大纲、教材与2011年相同，具体可登录高等教育自学考试信息管理系统查询。

使用新编或修订的大纲、教材的课程，根据考试安排在当年4月或10月首次启用，1月安排考试的课程（含单独申报课程）使用的大纲、教材与上一年10月的一致；7月安排考试的课程（含单独申报课程）使用的大纲、教材与同年4月的一致。

三、统考课程安排

2012年全国统考课程安排仍以4月、10月为主，并保持相对稳定。1月和7月的考试分别作为上一年10月和本年4月考试的补充。

四、试卷申报方式及时间

全年四次考试的统考课程试卷申报均通过高等教育自学考试命题信息管理平台（以下简称命题信息平台）在线申报，申报时间为：1月考试课程（含单独申报课程）试卷申报的起止时间为上一年的9月1日至9月30日；4月考试课程试卷申报的起止时间为上一年的12月1日至12月31日；7月考试课程（含单独申报课程）试卷申报的起止时间为当年的3月1日至3月31日；10

月考试课程试卷申报的起止时间为当年的 6 月 1 日至 6 月 30 日。

五、其他事项

1. 在本文下发后，如还有新的专业或课程实行统考，其考试安排将另行通知，涉及已有的公共课或共同课可按当年的统考课程安排予以安排考试。

2. 各省是否在 1 月和 7 月安排考试，由省考办根据本省的具体情况决定。各省考办在此期间，如安排该次统考范围内的课程考试，则必须参加统考。

3. 随着社会经济的不断发展，部分法律、法规和经济政策将会做出相应调整和改变。在命题时要将考试之日起六个月前由全国人大颁布的法律和国务院颁布的法规列入相应课程的考试范围。凡大纲、教材内容与现行法律、法规不符的，以现行法律、法规为准。

4. 统考课程单独申报的命题经费缴纳标准仍按 2011 年标准执行。

5. 请各省必须在指定时间内完成试卷申报，并在申报结束后立即将申报数据的复印件以传真或特快专递报全国考办命题中心二处。

6. 凡全国统考课程，各省考办不得自行组织命题和另行安排考试，全国考办将对此继续进行监督检查。

7. 从 2010 年起，高等教育自学考试统考课程考试安排、试卷申报及有关命题管理工作均已移植到命题信息平台中，相关工作通过该平台完成。2012 年考试安排已通过命题信息平台发布，不再下发纸质文件。平台登录地址为：http://zkmis. neea. edu. cn。

附件：2012 年高等教育自学考试全国统考课程新编或修订的考试大纲、教材目录
（本文件可在自考办公信息网下载，网址：http://ste. neea. edu. cn/）

全国高等教育自学考试指导委员会办公室
二〇一一年五月十七日

抄送：全国考委各专业委员会、各委托（合作）开考单位

附件：

2012年高等教育自学考试全国统考课程新编或修订的考试大纲、教材目录

课程名称	课程代码	大纲名称	教材名称	主编	出版社	版次
管理系统中计算机应用	00051	管理系统中计算机应用自学考试大纲	管理系统中计算机应用	周山芙、赵苹	外语教学与研究出版社	2012年版
政府与事业单位会计	00070	政府与事业单位会计自学考试大纲	政府与事业单位会计	王合喜	外语教学与研究出版社	2012年版
国际市场营销学	00098	国际市场营销学自学考试大纲	国际市场营销学	张静中	外语教学与研究出版社	2012年版
国际贸易理论与实务	00149	国际贸易理论与实务自学考试大纲	国际贸易理论与实务	冷柏军	外语教学与研究出版社	2012年版
企业管理咨询	00154	企业管理咨询自学考试大纲	企业管理咨询	丁栋虹	外语教学与研究出版社	2012年版
合同法	00230	合同法自学考试大纲	合同法	傅鼎生	外语教学与研究出版社	2012年版
行政法学	00261	行政法学自学考试大纲	行政法学	湛中乐	外语教学与研究出版社	2012年版
婚姻家庭法	05680	婚姻家庭法自学考试大纲	婚姻家庭法	马忆南	外语教学与研究出版社	2012年版
机械工程控制基础	02240	机械工程控制基础自学考试大纲	机械工程控制基础	李天石、董霞	外语教学与研究出版社	2012年版
数据结构	02331	数据结构自学考试大纲	数据结构	苏仕华	外语教学与研究出版社	2012年版
数据结构导论	02142	数据结构导论自学考试大纲	数据结构导论	郑诚	外语教学与研究出版社	2012年版
中国行政史	00322	中国行政史自学考试大纲	中国行政史	虞崇胜	外语教学与研究出版社	2012年版
自动控制系统及应用	02237	自动控制系统及应用自学考试大纲	自动控制系统及应用	孔凡才	外语教学与研究出版社	2012年版
计算机原理	02384	计算机原理自学考试大纲	计算机原理	倪继烈	外语教学与研究出版社	2012年版
中国现代文学史	00537	中国现代文学史自学考试大纲	中国现代文学史	丁帆	北京大学出版社	2011年版

续表

课程名称	课程代码	大纲名称	教材名称	主编	出版社	版次
中国古代文学史（一）	00538	中国古代文学史（一）自学考试大纲	中国古代文学史（一）	陈洪、张峰屹	北京大学出版社	2011年版
中国古代文学史（二）	00539	中国古代文学史（二）自学考试大纲	中国古代文学史（二）	陈洪、张峰屹	北京大学出版社	2011年版
劳动法	00167	劳动法自学考试大纲	劳动法	郭捷	北京大学出版社	2011年版
结构力学（一）	02393	结构力学（一）自学考试大纲	结构力学（一）	张金生	机械工业出版社	2011年版
工程力学（二）	02391	工程力学（二）自学考试大纲	工程力学（二）	周广春、王秋生	机械工业出版社	2011年版
初中数学教学实践与反思	09295	初中数学教学实践与反思自学考试大纲	初中数学教学实践与反思	李善良	东北师大出版社	2011年版
初中语文教学实践与反思	09292	初中语文教学实践与反思自学考试大纲	初中语文教学实践与反思	蔡明	东北师大出版社	2011年版
初中英语教学实践与反思	09298	初中英语教学实践与反思自学考试大纲	初中英语教学实践与反思	陈文存	东北师大出版社	2011年版
小学美术教育	09285	小学美术教育自学考试大纲	小学美术教育	杨黎明	东北师大出版社	2011年版
有效教学的理论与方法	09289	有效教学的理论与方法自学考试大纲	有效教学的理论与方法	陈晓端	东北师大出版社	2010年版
义务教育比较研究	09340	义务教育比较研究自学考试大纲	义务教育比较研究	张德伟	东北师大出版社	2011年版
小学音乐教育	09284	小学音乐教育自学考试大纲	小学音乐教育	郭声健	东北师大出版社	2011年版
义务教育班级管理	09335	义务教育班级管理自学考试大纲	义务教育班级管理	韦庆华	东北师大出版社	2011年版

关于北京市申请开考高等教育自学考试能源管理专业（专科、独立本科段）的复函

考委办函［2011］42号

北京教育考试院：

你院《关于北京市开考能源管理（专科、独立本科段）专业的请示》（京考［2011］5号）收悉，函复如下：

一、经全国考委经管类专业委员会审核，同意你市开考高等教育自学考试能源管理专业（专科、独立本科段）。我办对报送的专业赋予了专业代码和课程代码（见附件）。

二、为保证质量标准，开考计划中凡课程名称、学分与全国统考课程相同者（附件中序号标注“*”号），均须使用全国考委组编的课程自学考试大纲、教材，参加全国统一命题考试。

三、同意你市遴选对外经贸大学为能源管理专业（专科、独立本科段）的主考学校。请充分发挥主考学校的作用，切实贯彻“教考职责分离”的原则，加强市考课程的课程自学考试大纲、教材建设和实践性环节考核等工作，切实保证质量。

附件：一、高等教育自学考试能源管理专业（专科）课程设置与学分

二、高等教育自学考试能源管理专业（独立本科段）课程设置与学分

全国高等教育自学考试指导委员会办公室

二〇一一年五月二十七日

附件一：

高等教育自学考试能源管理专业（专科）课程设置与学分

专业代码：A020321

序号	课程代码	课程名称	学分	备注
1*	03706	思想道德修养与法律基础	2	
2*	03707	毛泽东思想、邓小平理论和“三个代表”重要思想概论	4	
3*	00018	计算机应用基础	2	
	00019	计算机应用基础（实践）	2	
4*	00065	国民经济统计概论	6	
5*	00144	企业管理概论	5	
6	00802	管理信息技术	4	
7	00528	管理信息的收集与处理	5	
8	00344	办公室管理	4	
9	12026	能源法律法规（一）	5	
10	12027	能源工程技术概论（一）	5	
11	12028	能源管理概论（一）	6	
12	12029	节能技术（一）	5	
13	12030	节能评估方法（一）	5	
14	12031	能源审计方法（一）	5	
15	12032	能源与环境概论（一）	5	
总学分			70	

附件二：

高等教育自学考试能源管理专业（独立本科段）课程设置与学分

专业代码：B020322

序号	课程代码	课程名称	学分	备注
1*	03708	中国近现代史纲要	2	
2*	03709	马克思主义基本原理概论	4	
3*	00015	英语（二）	14	三选一
	00016	日语（二）	14	
	00017	俄语（二）	14	
4*	00054	管理学原理	6	
5*	00800	经济学	5	
6	12033	能源工程技术概论（二）	6	
7	12034	能源法律法规（二）	6	
8	12035	能源管理概论（二）	6	
9	12036	节能技术（二）	6	
10	12037	节能评估方法（二）	6	
11	12038	能源审计方法（二）	6	
12	12039	能源与环境概论（二）	6	
12040		能源管理毕业论文		不计学分
总学分			73	
1*	00151	企业经营战略	6	免考外语的加考课
2*	00182	公共关系学	4	
3*	00341	公文写作与处理	6	

关于安徽省申请备案开考高等教育自学考试移动商务技术（专科）等四个专业的复函

考委办函［2011］43 号

安徽省教育招生考试院：

你院《关于我省备案开考高等教育自学考试移动商务技术（专科、独立本科段）等四个专业的请示》（皖招考［2011］18 号）收悉，函复如下：

一、同意你省备案开考高等教育自学考试移动商务技术专业（专科）、移动商务技术专业（独立本科段）、嵌入式技术专业（专科）、嵌入式技术专业（独立本科段）。请严格执行考委［2010］2 号文件规定。

二、为保证质量标准，开考计划中凡课程名称、学分与全国统考课程相同者（原附件中省略标注“*”号），均须使用全国考委组编的课程自学考试大纲、教材，参加全国统一命题考试。

三、同意你省遴选安徽三联学院为移动商务技术专业（专科）、移动商务技术专业（独立本科段）、嵌入式技术专业（专科）、嵌入式技术专业（独立本科段）的主考学校。请充分发挥主考学校的作用，切实贯彻“教考职责分离”的原则，加强省考课程的课程自学考试大纲、教材建设和实践性环节考核等工作，切实保证质量。

全国高等教育自学考试指导委员会办公室
二〇一一年五月二十七日

关于黑龙江省申请备案开考高等教育自学考试中小企业经营管理（专科）等三个专业的复函

考委办函［2011］44号

黑龙江省高等教育自学考试委员会：

你委《关于黑龙江省备案开考高等教育自学考试中小企业经营管理专业的请示》（黑自考委［2011］6号）和《关于黑龙江省备案开考高等教育自学考试会展管理专业的请示》（黑自考委［2011］7号）收悉，函复如下：

一、同意你省备案开考高等教育自学考试中小企业经营管理专业（专科、独立本科段）和会展管理专业（独立本科段）（见附件）。请严格执行考委［2011］2号和考委办函［2008］14号等文件规定。

二、为保证质量标准，开考计划中凡课程名称、学分与全国统考课程相同者（附件中序号标注“*”号），均须使用全国考委组编的课程自学考试大纲、教材，参加全国统一命题考试。

三、同意你省遴选哈尔滨理工大学为中小企业经营管理专业（专科、独立本科段）、哈尔滨商业大学为会展管理专业（独立本科段）的主考学校。请充分发挥主考学校的作用，切实贯彻“教考职责分离”的原则，加强省考课程的课程自学考试大纲、教材建设和实践性环节考核等工作，切实保证质量。

四、同意你省将公司管理专业的“国际商务管理学”（课程代码00947）更改为“国际贸易与国际金融”（课程代码03448）。

附件：高等教育自学考试会展管理专业（独立本科段）课程设置与学分

全国高等教育自学考试指导委员会办公室
二〇一一年五月二十七日

附件：

高等教育自学考试会展管理专业（独立本科段）课程设置与学分

专业代码：B020180

<table>
<tr><th>序号</th><th>课程代码</th><th>课程名称</th><th>学分</th><th>备注</th></tr>
<tr><td>1*</td><td>03708</td><td>中国近现代史纲要</td><td>2</td><td></td></tr>
<tr><td>2*</td><td>03709</td><td>马克思主义基本原理概论</td><td>4</td><td></td></tr>
<tr><td>3*</td><td>00015</td><td>英语（二）</td><td>14</td><td></td></tr>
<tr><td>4</td><td>08888</td><td>会展企业战略管理</td><td>6</td><td></td></tr>
<tr><td>5</td><td>08889</td><td>会议酒店管理</td><td>6</td><td></td></tr>
<tr><td rowspan="2">6</td><td>08725</td><td>会展客户关系管理</td><td>2</td><td></td></tr>
<tr><td>08726</td><td>会展客户关系管理（实践）</td><td>2</td><td></td></tr>
<tr><td rowspan="2">7</td><td>08890</td><td>会展管理信息系统</td><td>6</td><td></td></tr>
<tr><td>08891</td><td>会展管理信息系统（实践）</td><td>4</td><td></td></tr>
<tr><td>8</td><td>04758</td><td>人力资源管理（三）</td><td>5</td><td></td></tr>
<tr><td>9</td><td>03877</td><td>会展项目管理</td><td>5</td><td></td></tr>
<tr><td>10</td><td>03878</td><td>会议运营管理</td><td>5</td><td></td></tr>
<tr><td>11</td><td>08887</td><td>会展场馆经营与管理</td><td>6</td><td></td></tr>
<tr><td>12</td><td>08892</td><td>会展管理综合技能考核（二）</td><td>6</td><td></td></tr>
<tr><td colspan="2">12041</td><td>会展管理毕业论文</td><td></td><td>不计学分</td></tr>
<tr><td colspan="3">总学分</td><td>73</td><td></td></tr>
<tr><td>1</td><td>08886</td><td>会展心理学</td><td>6</td><td rowspan="3">免考英语（二）的加考课程</td></tr>
<tr><td>2</td><td>08884</td><td>会展经济学</td><td>6</td></tr>
<tr><td>3</td><td>03872</td><td>会展营销</td><td>5</td></tr>
</table>

关于广西壮族自治区 申请备案开考高等教育自学考试 通信工程（独立本科段）等八个专业的复函

考委办函［2011］45号

广西壮族自治区高等教育自学考试委员会办公室：

你办《关于我区开考高等教育自学考试通信工程（独立本科段）等八个专业的请示》（桂考委办［2011］25号）收悉，函复如下：

一、同意你区备案开考高等教育自学考试通信工程（独立本科段）、电子信息工程（独立本科段）、工程造价管理（独立本科段）、机械制造及自动化（独立本科段）、汽车维修与检测（独立本科段）、电气工程与自动化（独立本科段）、药学（独立本科段）和采购与供应管理（独立本科段）八个专业。请严格执行教考试［1998］9号、教考试［1998］5号、考委办函［2001］17号、考委办函［2010］73号、考委办函［2007］107号、考委办函［2005］87号、考委［2007］2号等文件规定。

二、为保证质量标准，开考计划中凡课程名称、学分与全国统考课程相同者（附件中序号标注“*”号），均须使用全国考委组编的课程自学考试大纲、教材，参加全国统一命题考试。

三、同意你区遴选桂林电子科技大学为通信工程专业（独立本科段）、电子信息工程专业（独立本科段），广西工学院为电气工程与自动化专业（独立本科段）、工程造价管理专业（独立本科段）、机械制造及自动化专业（独立本科段）、汽车维修与检测专业（独立本科段），广西医科大学为药学专业（独立本科段），广西大学为采购与供应管理专业（独立本科段）的主考学校。请充分发挥主考学校的作用，切实贯彻“教考职责分离”的原则，加强区考课程的课程自学考试大纲、教材建设和实践性环节考核等工作，切实保证质量。

附件：一、高等教育自学考试通信工程专业（独立本科段）课程设置与学分
二、高等教育自学考试电子信息工程专业（独立本科段）课程设置与学分
三、高等教育自学考试工程造价管理专业（独立本科段）课程设置与学分
四、高等教育自学考试机械制造及自动化专业（独立本科段）课程设置与学分
五、高等教育自学考试汽车维修与检测专业（独立本科段）课程设置与学分
六、高等教育自学考试电器工程与自动化专业（独立本科段）课程设置与学分
七、高等教育自学考试药学专业（独立本科段）课程设置与学分

全国高等教育自学考试指导委员会办公室
二〇一一年五月二十七日

附件一：

高等教育自学考试通信工程专业（独立本科段）课程设置与学分

专业代码：B080707

序号	课程代码	课程名称	学分	备注
1*	03708	中国近现代史纲要	2	
2*	03709	马克思主义基本原理概论	4	
3*	00015	英语（二）	14	
4*	00023	高等数学（工本）	10	
5*	00420	物理（工）	5	
	00421	物理（工）（实践）	1	
6*	02194	工程经济	4	
7*	02197	概率论与数理统计（二）	3	
8*	02199	复变函数与积分变换	3	
9*	02365	计算机软件基础（二）	4	
	02366	计算机软件基础（二）（实践）	1	
10*	02338	光纤通信原理	4	
11	02356	数字信号处理	4	
	02357	数字信号处理（实践）	1	
12	02363	通信原理	4	
13*	02364	数据通信原理	5	
14	02367	微波技术与天线	4	
15*	02373	计算机通信网	4	
	02374	计算机通信网（实践）	1	
16	06201	移动通信	3	
	07999	毕业设计		不计学分
总学分			81	
1*	02354	信号与系统	4	加考课程
	02355	信号与系统（实践）	1	
2*	02361	通信技术基础	4	
3*	02342	非线性电子电路	3	
	02343	非线性电子电路（实践）	1	

附件二：

高等教育自学考试电子信息工程专业（独立本科段）课程设置与学分

专业代码：B080753

序号	课程代码	课程名称	学分	备注
1*	03708	中国近现代史纲要	2	
2*	03709	马克思主义基本原理概论	4	
3*	00015	英语（二）	14	
4*	00023	高等数学（工本）	10	
5*	02194	工程经济	4	
6*	02199	复变函数与积分变换	3	
7*	02202	传感器与检测技术	4	
	02203	传感器与检测技术（实践）	1	
8	02356	数字信号处理	4	
	02357	数字信号处理（实践）	1	
9*	04742	通信概论	5	
10	07060	现代通信系统	4	
11	10781	单片机接口技术及应用	3	
	10782	单片机接口技术及应用（实践）	1	
12	10783	数字系统设计与 PLD 应用技术	4	
	10784	数字系统设计与 PLD 应用技术（实践）	1	
13	10785	微型计算机控制技术与系统	4	
	10786	微型计算机控制技术与系统（实践）	1	
14	10787	应用程序基础及设计	3	
	10788	应用程序基础及设计（实践）	1	
15	10789	智能仪器	3	
	10790	智能仪器（实践）	1	
	07999	毕业设计		不计学分
		总学分	78	
1*	02344	数字电路	3. 5	加考课程
	02345	数字电路（实践）	0. 5	
2*	02342	非线性电子电路	3	
3	02351	微型计算机原理及其应用	3. 5	
	02352	微型计算机原理及其应用（实践）	0. 5	

附件三：

高等教育自学考试工程造价管理专业（独立本科段）课程设置与学分

专业代码：B082231

序号	课程代码	课程名称	学分	备注
1*	03708	中国近现代史纲要	2	
2*	03709	马克思主义基本原理概论	4	
3*	00015	英语（二）	14	
4*	04183	概率论与数理统计（经管类）	5	
5*	04184	线性代数（经管类）	4	
6	04052	建筑工程制图	6	
7	04228	建设工程工程量清单计价实务	5	
8	04230	建设监理导论	5	
9	04231	建设工程合同（含 FIDIC）条款	6	
10	04232	综合课程设计	8	
11	06087	工程项目管理	5	
12	06962	工程造价确定与控制	8	
13	08984	房屋建筑工程概论	4	
	11937	工程造价管理毕业论文		不计学分
		总学分	76	
1	03893	工程建设法规	2	
2*	02387	工程测量	2	加考课程
	02388	工程测量（实践）	3	
3*	02389	建筑材料	2	
	02390	建筑材料（实践）	1	
4*	04037	施工技术与组织	4	
	04038	施工技术与组织（实践）	1	

附件四：

高等教育自学考试机械制造及自动化专业（独立本科段）课程设置与学分

专业代码：B080302

<table>
<tr><th>序号</th><th>课程代码</th><th>课程名称</th><th>学分</th><th>备注</th></tr>
<tr><td>1*</td><td>03708</td><td>中国近现代史纲要</td><td>2</td><td></td></tr>
<tr><td>2*</td><td>03709</td><td>马克思主义基本原理概论</td><td>4</td><td></td></tr>
<tr><td>3*</td><td>00015</td><td>英语（二）</td><td>14</td><td></td></tr>
<tr><td rowspan="2">4*</td><td>00420</td><td>物理（工）</td><td>5</td><td></td></tr>
<tr><td>00421</td><td>物理（工）（实践）</td><td>1</td><td></td></tr>
<tr><td>5*</td><td>02197</td><td>概率论与数理统计（二）</td><td>3</td><td></td></tr>
<tr><td rowspan="2">6*</td><td>02202</td><td>传感器与检测技术</td><td>4</td><td></td></tr>
<tr><td>02203</td><td>传感器与检测技术（实践）</td><td>1</td><td></td></tr>
<tr><td rowspan="2">7*</td><td>02200</td><td>现代设计方法</td><td>5</td><td></td></tr>
<tr><td>02201</td><td>现代设计方法（实践）</td><td>1</td><td></td></tr>
<tr><td>8</td><td>02204</td><td>经济管理</td><td>5</td><td></td></tr>
<tr><td rowspan="2">9</td><td>02207</td><td>电气传动与可编程控制器（PLC）</td><td>3</td><td></td></tr>
<tr><td>02208</td><td>电气传动与可编程控制器（PLC）（实践）</td><td>1</td><td></td></tr>
<tr><td rowspan="2">10*</td><td>02241</td><td>工业用微型计算机</td><td>4</td><td></td></tr>
<tr><td>02242</td><td>工业用微型计算机（实践）</td><td>1</td><td></td></tr>
<tr><td rowspan="2">11*</td><td>02365</td><td>计算机软件基础（二）</td><td>4</td><td></td></tr>
<tr><td>02366</td><td>计算机软件基础（二）（实践）</td><td>1</td><td></td></tr>
<tr><td rowspan="2">12*</td><td>02209</td><td>机械制造装备设计</td><td>5</td><td rowspan="5">机械制造
自动化方向</td></tr>
<tr><td>02210</td><td>机械制造装备设计（实践）</td><td>2</td></tr>
<tr><td rowspan="2">13</td><td>02211</td><td>自动化制造系统</td><td>5</td></tr>
<tr><td>02212</td><td>自动化制造系统（实践）</td><td>2</td></tr>
<tr><td>14</td><td>02213</td><td>精密加工与特种加工</td><td>6</td></tr>
</table>

续表

序号	课程代码	课程名称	学分	备注
12	02218	冲压工艺及模具设计	4	数控加工与模具设计方向
	02219	冲压工艺及模具设计（实践）	2	
13	03400	数控机床加工技术	3	
	03401	数控机床加工技术（实践）	3	
14	05511	现代模具制造技术	6	
	05512	现代模具制造技术（实践）	2	
总学分			79	
1	01461	机械原理与机械设计	4	加考课程
	01462	机械原理与机械设计（实践）	2	
2*	02183	机械制图（一）	6	
	02184	机械制图（一）（实践）	1	
3	02189	机械制造基础	4	
	02190	机械制造基础（实践）	1	

附件五：

高等教育自学考试汽车维修与检测专业（独立本科段）课程设置与学分

专业代码：B081726

序号	课程代码	课程名称	学分	备注
1*	03708	中国近现代史纲要	2	
2*	03709	马克思主义基本原理概论	4	
3*	00015	英语（二）	14	
4*	00420	物理（工）	5	
	00421	物理（工）（实践）	1	
5*	02159	工程力学（一）	5	
6*	02197	概率论与数理统计（二）	3	
7*	02205	微型计算机原理与接口技术	4	
	02206	微型计算机原理与接口技术（实践）	2	
8	04912	汽车电子控制技术	5	
	04913	汽车电子控制技术（实践）	3	
9	06930	汽车制造工艺学	5	
10	08574	机动车检测维修法规与技术	2	
11	08578	车用内燃机	4	
	08579	车用内燃机（实践）	2	
12	08580	汽车学	4	
	08581	汽车学（实践）	2	
13	08582	车辆技术评估与检测	5	
	08583	车辆技术评估与检测（实践）	2	
14	08584	最新自动变速器的故障诊断	3	
	08585	最新自动变速器的故障诊断（实践）	2	
	18905	汽车维修与检测毕业设计		不计学分
		总学分	79	
1	01461	机械原理与机械设计	4	加考课程
	01462	机械原理与机械设计（实践）	2	
2	11735	机械制图与计算机绘图	4	
3	04070	电工电子技术基础	4	
	04071	电工电子技术基础（实践）	3	

附件六：

高等教育自学考试电器工程与自动化专业（独立本科段）课程设置与学分

专业代码：B080612

序号	课程代码	课程名称	学分	备注
1*	03708	中国近现代史纲要	2	
2*	03709	马克思主义基本原理概论	4	
3*	00015	英语（二）	14	
4*	00023	高等数学（工本）	10	
5*	00420	物理（工）	5	
	00421	物理（工）（实践）	1	
6*	02365	计算机软件基础（二）	4	
	02366	计算机软件基础（二）（实践）	1	
7*	02187	电工与电子技术	5	
	02188	电工与电子技术（实践）	1	
8	02207	电气传动与可编程控制器（PLC）	3	
	02208	电气传动与可编程控制器（PLC）（实践）	1	
9*	02306	自动控制理论（二）	4	
	02307	自动控制理论（二）（实践）	1	
10*	02308	电力电子变流技术	3	
	02309	电力电子变流技术（实践）	1	
11	02613	单片机与接口技术	5	
12	03800	现代电气控制技术	4	
	03801	现代电气控制技术（实践）	2	
13	03802	电力拖动控制系统	4	
	03803	电力拖动控制系统（实践）	2	
	11685	电气工程与自动化毕业设计		不计学分
		总学分	77	
1	04079	工厂供电	6	加考课程
2*	00342	高级语言程序设计（一）	3	
	00343	高级语言程序设计（一）（实践）	1	
3	02225	电机与拖动基础	5	
	02226	电机与拖动基础（实践）	1	

附件七：

高等教育自学考试药学专业（独立本科段）课程设置与学分

专业代码：B100805

序号	课程代码	课程名称	学分	备注
1*	03708	中国近现代史纲要	2	
2*	03709	马克思主义基本原理概论	4	
3*	00015	英语（二）	14	
4*	00018	计算机应用基础	2	
	00019	计算机应用基础（实践）	2	
5	01757	药物分析（三）	5	
	01758	药物分析（三）（实践）	2	
6	01759	药物化学（二）	4	
	01760	药物化学（二）（实践）	1	
7	01761	药剂学（二）	6	
	01762	药剂学（二）（实践）	2	
8	01763	药事管理学（二）	3	
9	02051	物理化学（二）	6	
10	02087	分子生物学	6	
11	03049	数理统计	4	
12	05522	有机化学（五）	4	
13	05524	药用植物与生药学	4	
14	06831	药理学（四）	5	
	06832	药理学（四）（实践）	1	
	06999	毕业论文		不计学分
总学分			77	

关于四川省申请备案开考高等教育自学考试移动商务技术专业（独立本科段）等十三个专业的复函

考委办函［2011］46号

四川省教育考试院：

你院《关于我省开考高等教育自学考试移动商务技术等专业的请示》（川教考院［2011］59号）收悉，函复如下：

一、同意你省备案开考移动商务技术（独立本科段）、嵌入式技术（独立本科段）、中小企业经营管理（独立本科段）、销售管理（专科、独立本科段）、采购与供应管理（专科、独立本科段）7个专业，请严格执行考委［2010］2号、考委［2011］2号、考委［2009］5号、考委［2007］2号文件颁布的全国统一专业考试计划，使用全国考委组编的大纲与教材，参加全国统一命题考试。

二、同意你省备案开考电气工程与自动化（独立本科段）、电子信息技术（独立本科段）、信息技术教育（独立本科段）、工程管理（独立本科段）、药学（专科）、应用化学（分析技术与环境监测方向）（专科）6个专业，请严格执行考委办函［2007］86号、考委办函［2006］130号、考委办函［2005］128号等文件规定。

为保证质量标准，开考计划中凡课程名称、学分与全国统考课程相同者（附件中序号标注“*”号），均须使用全国考委组编的课程自学考试大纲、教材，参加全国统一命题考试。

三、同意你省遴选电子科技大学为移动商务技术专业（独立本科段），四川大学为嵌入式技术专业（独立本科段）、销售管理专业（专科、独立本科段）、采购与供应管理专业（专科、独立本科段）、药学专业（专科），西南财经大学为中小企业经营管理专业（独立本科段），西华大学为电气工程与自动化专业（独立本科段），西南科技大学为电子信息技术专业（独立本科段），绵阳师范学院为信息技术教育专业（独立本科段），攀枝花学院为工程管理专业（独立本科段），四川师范大学为应用化学专业（分析技术与环境监测方向）（专科）的主考学校。请充分发挥主考学校的作用，切实贯彻“教考职责分离”的原则，加强省考课程的课程自学考试大纲、教材建设和实践性环节考核等工作，切实保证质量。

附件：一、高等教育自学考试电气工程与自动化专业（独立本科段）课程设置与学分
二、高等教育自学考试电子信息技术专业（独立本科段）课程设置与学分
三、高等教育自学考试信息技术教育专业（独立本科段）课程设置与学分
四、高等教育自学考试工程管理专业（独立本科段）课程设置与学分
五、高等教育自学考试药学专业（专科）课程设置与学分
六、高等教育自学考试应用化学专业（分析技术与环境监测方向）（专科）课程设置与学分

全国高等教育自学考试指导委员会办公室
二〇一一年五月三十一日

附件一：

高等教育自学考试电气工程与自动化专业（独立本科段）课程设置与学分

专业代码：B080612

序号	课程代码	课程名称	学分	备注
1*	03708	中国近现代史纲要	2	
2*	03709	马克思主义基本原理概论	4	
3*	00015	英语（二）	14	
4	10053	工程数学（线性代数、复变函数）	6	
5	11049	计算机软件技术	4	
6	02286	电力电子技术	2.5	
	02287	电力电子技术（实践）	0.5	
7	02358	单片机原理及应用	4	
	02359	单片机原理及应用（实践）	2	
8	07844	人工智能导论	4	
9	08182	自动控制原理（一）	5	
	08183	自动控制原理（一）（实践）	1	
10	08239	工业过程与过程控制	5	
	08240	工业过程与过程控制（实践）	1	
11	08241	计算机控制系统	6	
	08242	计算机控制系统（实践）	1	
12	08243	系统辨识基础	4	
13	08244	现代控制工程	5	
14	11041	计算机仿真	4	
	06999	毕业论文		不计学分
		总学分	75	
1*	00321	中国文化概论	5	免考英语（二）的加考课程
2*	00054	管理学原理	6	
3	07311	多媒体技术	4	

附件二：

高等教育自学考试电子信息技术专业（独立本科段）课程设置与学分

专业代码：B080738

序号	课程代码	课程名称	学分	备注
1*	03708	中国近现代史纲要	2	
2*	03709	马克思主义基本原理概论	4	
3*	00015	英语（二）	14	
4*	02234	电子技术基础（一）	3	
	02235	电子技术基础（一）（实践）	1	
5	07867	信息资源管理	6	
6	07868	计算机信息处理技术	4	
7	07874	信息技术导论	4	
8	07875	信息安全工程	5	
9*	02376	信息系统开发	5	
10	06169	电子电路 EDA 技术	3	
11	07129	JAVA 语言程序设计	3	
12	07865	数据库及其应用	3	
	07866	数据库及其应用（实践）	1	
13	07871	多媒体应用技术	5	
14	07872	计算机网络管理（一）	4	
	07873	计算机网络管理（一）（实践）	2	
15	06170	电子电路 EDA 技术（实践）	1	
	06999	毕业论文		不计学分
		总学分	70	
1	02348	电子测量	4	免考英语（二）的加考课程
	09000	电子测量（实践）	1	
2	02600	C 语言程序设计	5	
3	07917	逻辑电路	4	

附件三：

高等教育自学考试信息技术教育专业（独立本科段）课程设置与学分

专业代码：B080713

序号	课程代码	课程名称	学分	备注
1*	03708	中国近现代史纲要	2	
2*	03709	马克思主义基本原理概论	4	
3*	00015	英语（二）	14	
4*	03137	计算机网络基本原理	6	
	03138	计算机网络基本原理（实践）	1	
5	06625	中学信息技术教学与实践研究	6	
6*	00441	多媒体教学系统	5	
	04346	多媒体教学系统（实践）	2	
7*	00900	网页设计与制作	2	
	00901	网页设计与制作（实践）	3	
8	01261	Pascal 语言与青少年奥林匹克赛	6	
9	01263	数据库 Visual Foxpro 及学校应用	6	
	01264	数据库 Visual Foxpro 及学校应用（实践）	2	
10	01265	Photoshop 图形处理	6	
	01266	Photoshop 图形处理（实践）	2	
11	07227	电脑动画	4	
12	02115	信息管理基础	4	
	06999	毕业论文		不计学分
		总学分	75	
1*	02326	操作系统	4	免考英语（二）的加考课程
2*	02318	计算机组成原理	4	
3	04347	信息技术与课程整合	6	

附件四：

高等教育自学考试工程管理专业（独立本科段）课程设置与学分

专业代码：B020279

序号	课程代码	课程名称	学分	备注
1*	03708	中国近现代史纲要	2	
2*	03709	马克思主义基本原理概论	4	
3*	00015	英语（二）	14	
4*	00067	财务管理学	6	
5*	04183	概率论与数理统计（经管类）	5	
6*	04184	线性代数（经管类）	4	
7	08263	工程经济学与项目融资	5	
8	01850	建筑施工技术	4	
9	06086	工程监理	5	
10	06087	工程项目管理	5	
11	06289	工程招标与合同管理	5	
12	06962	工程造价确定与控制	8	
13	08262	房地产开发与经营	3	
	07999	毕业设计		不计学分
		总学分	70	
1*	00321	中国文化概论	5	免考英语（二）的加考课程
2*	00144	企业管理概论	5	
3	06393	土木工程概论	4	

附件五：

高等教育自学考试药学专业（专科）课程设置与学分

专业代码：A100801

序号	课程代码	课程名称	学分	备注
1*	03706	思想道德修养与法律基础	2	
2*	03707	毛泽东思想、邓小平理论和“三个代表”重要思想概论	4	
3*	04729	大学语文	4	
4	02535	有机化学（三）	4	
5	03026	药理学（二）	6	
6	03027	植物化学	4	
	03028	植物化学（实践）	1	
7	03029	药剂学	6	
	03030	药剂学（实践）	2	
8	02068	人体解剖生理学	4	
	02069	人体解剖生理学（实践）	1	
9	02175	分析化学（一）	4	
	02176	分析化学（一）（实践）	1	
10	02911	无机化学（三）	4	
11	03023	药物化学	4	
12	03024	生物化学及生物化学技术	5	
	03025	生物化学及生物化学技术（实践）	1	
13	03031	药物分析	5	
	03032	药物分析（实践）	2	
14	03033	生物药剂及药物动力学	4	
15	03034	药事管理学	3	
总学分			71	

附件六：

高等教育自学考试应用化学专业（分析技术与环境监测方向）（专科）课程设置与学分

专业代码：A081208

序号	课程代码	课程名称	学分	备注
1*	03706	思想道德修养与法律基础	2	
2*	03707	毛泽东思想、邓小平理论和“三个代表”重要思想概论	4	
3*	00018	计算机应用基础	2	
	00019	计算机应用基础（实践）	2	
4*	00420	物理（工）	5	
	00421	物理（工）（实践）	1	
5	02070	微生物学	3	
	02071	微生物学（实践）	1	
6	02173	无机化学（二）	4	
	02174	无机化学（二）（实践）	1	
7	02182	文献检索	3	
8	02481	物理化学（三）	3	
	02482	物理化学（三）（实践）	1	
9	02483	工业分析	4	
	10996	工业分析（实践）	2	
10*	03164	环境科学概论	6	
11	03475	环境化学	5	
12	08006	食品理化检验	3	
	08007	食品理化检验（实践）	1	
13	08220	定量分析化学	5	
	08221	定量分析化学（实践）	1	
14	08222	分析仪器结构与维护	3	
	08223	分析仪器结构与维护（实践）	2	
15	11156	水和废气检测分析方法	5	
	11157	水和废气检测分析方法（实践）	1	
总学分			70	

关于河北省申请备案开考高等教育自学考试区域经济开发与管理（本科段）专业的复函

考委办函［2011］47号

河北省高等教育自学考试委员会：

你委《关于备案开考区域经济开发与管理（本科段）专业的请示》（冀考委自［2011］12号）收悉，函复如下：

一、同意你省备案开考高等教育自学考试区域经济开发与管理专业（本科段）。请严格执行考委办函［2004］113号等文件规定。

二、为保证质量标准，开考计划中凡课程名称、学分与全国统考课程相同者（附件中序号标注“*”号），均须使用全国考委组编的课程自学考试大纲、教材，参加全国统一命题考试。

三、同意你省遴选河北科技师范学院为区域经济开发与管理专业（本科段）的主考学校。请充分发挥主考学校的作用，切实贯彻“教考职责分离”的原则，加强省考课程的课程自学考试大纲、教材建设和实践性环节考核等工作，切实保证质量。

附件：高等教育自学考试区域经济开发与管理专业（本科段）课程设置与学分

全国高等教育自学考试指导委员会办公室

二〇一一年六月一日

附件：

高等教育自学考试区域经济开发与管理专业（本科段）课程设置与学分

专业代码：C020147

序号	课程代码	课程名称	学分	备注
1*	03708	中国近现代史纲要	2	
2*	03709	马克思主义基本原理概论	4	
3*	00015	英语（二）	14	
4*	00051	管理系统中计算机应用	3	
	00052	管理系统中计算机应用（实践）	1	
5	04762	金融学概论	5	
6	05322	产业经济学	6	
7	05037	区域分析与规划	6	
8	05160	资源管理学	6	
9	05161	区域经济政策	6	
10	05162	区域可持续发展	6	
11	05163	区域经济地理学	6	
12	05165	中国区域经济发展	5	
	06999	毕业论文		不计学分
		总学分	70	
1	03130	现代科学技术基础	5	免考英语（二）的加考课程
2	04024	应用写作概论	5	
3	08118	法律基础	5	

关于辽宁省申请备案开考高等教育自学考试汽车维修与服务（专科）等四个专业的复函

考委办函［2011］48 号

辽宁省高中等教育招生考试委员会办公室：

你办《关于辽宁省高等教育自学考试申请备案开考汽车维修与服务（专科）、连锁经营管理（专科）及数控技术应用（专科）等三个专业的请示》（辽招考办字［2011］68 号）和《关于辽宁省高等教育自学考试申请备案开考机电设备维修与管理专业（专科）的请示》（辽招考办字［2011］94 号）收悉，函复如下：

一、同意你省备案开考高等教育自学考试汽车维修与服务（专科）、连锁经营管理（专科）及数控技术应用（专科）、机电设备维修与管理（专科）等四个专业（见附件）。请严格执行考委办函［2004］96 号、考委办函［2009］62 号、考委办函［2007］69 号等文件规定。

二、为保证质量标准，开考计划中凡课程名称、学分与全国统考课程相同者（附件中序号标注“*”号），均须使用全国考委组编的课程自学考试大纲、教材，参加全国统一命题考试。

三、同意你省遴选辽宁装备制造职业技术学院为汽车维修与服务专业（专科）、连锁经营管理专业（专科）及数控技术应用专业（专科）、辽宁科技学院为机电设备维修与管理专业（专科）的主考学校。请充分发挥主考学校的作用，切实贯彻“教考职责分离”的原则，加强省考课程的课程自学考试大纲、教材建设和实践性环节考核等工作，切实保证质量。

附件：一、高等教育自学考试汽车维修与服务专业（专科）课程设置与学分
二、高等教育自学考试连锁经营管理专业（专科）课程设置与学分
三、高等教育自学考试数控技术应用专业（专科）课程设置与学分
四、高等教育自学考试机电设备维修与管理专业（专科）课程设置与学分

全国高等教育自学考试指导委员会办公室
二〇一一年六月一日

附件一：

高等教育自学考试汽车维修与服务专业（专科）课程设置与学分

专业代码：A080323

序号	课程代码	课程名称	学分	备注
1*	03706	思想道德修养与法律基础	2	
2*	03707	毛泽东思想、邓小平理论和“三个代表”重要思想概论	4	
3	03981	汽车专业英语	4	
4	06931	汽车电工电子技术基础	5	
	06932	汽车电工电子技术基础（实践）	1	
5	01810	机械制图与计算机绘图（实践）	6	
6	03982	汽车机械基础	6	
7	03980	汽车运用材料	4	
8	02215	汽车原理与结构	5	
	04160	汽车原理与结构（实践）	1	
9	03985	汽车故障诊断及检测	4	
	03986	汽车故障诊断及检测（实践）	4	
10	03987	汽车维修与保养	4	
	03988	汽车维修与保养（实践）	4	
11	03969	汽车评估	4	
	03970	汽车评估（实践）	3	
12	03989	汽车保险与理赔（一）	3	
	03990	汽车保险与理赔（一）（实践）	2	
13	03972	汽车营销与策划	6	
	03973	汽车营销与策划（实践）	1	
14	03991	汽车服务企业管理	4	
总学分			77	

附件二：

高等教育自学考试连锁经营管理专业（专科）课程设置与学分

专业代码：A020255

序号	课程代码	课程名称	学分	备注
1*	03706	思想道德修养与法律基础	2	
2*	03707	毛泽东思想、邓小平理论和“三个代表”重要思想概论	4	
3*	00018	计算机应用基础	2	
	00019	计算机应用基础（实践）	2	
4*	04729	大学语文	4	
5*	00054	管理学原理	6	
6	07024	公共财务管理	5	
7	07992	商品学基础	3	
	07993	商品学基础（实践）	2	
8	07984	商业法规	4	
9	07985	连锁经营原理与管理技术	3	
10	05472	零售业营销	4	
	05473	零售业营销（实践）	2	
11	08770	消费者行为学（一）	6	
12	05475	连锁企业人力资源管理	4	
13	07986	商业采购与配送管理	4	
	07987	商业采购与配送管理（实践）	2	
14	07990	连锁企业门店开发、营运与管理	4	
	07991	连锁企业门店开发、营运与管理（实践）	2	
15	07988	连锁企业信息系统管理	3	
	07989	连锁企业信息系统管理（实践）	2	
总学分			70	

附件三：

高等教育自学考试数控技术应用专业（专科）课程设置与学分

专业代码：A080744

序号	课程代码	课程名称	学分	备注
1*	03706	思想道德修养与法律基础	2	
2*	03707	毛泽东思想、邓小平理论和“三个代表”重要思想概论	4	
3	11152	数学基础	3	
4	11735	机械制图与计算机绘图	4	
	01810	机械制图与计算机绘图（实践）	6	
5	02189	机械制造基础	4	
	02190	机械制造基础（实践）	1	
6	05782	液压与气动	2	
	05783	液压与气动（实践）	1	
7	04077	数控技术	4	
	03634	数控技术（实践）	4	
8	02609	互换性原理与测量技术基础	4	
9	04115	数控机床（实践）	3	
10	01667	数控加工工艺及设备	5	
11	05787	数控编程	4	
	05788	数控编程（实践）	2	
12	10430	数控机床 PLC 控制与调试（实践）	7	
13	03395	数控机床故障诊断与维护	4	
	10432	数控机床故障诊断与维护（实践）	3	
14	04117	CAD/CAM（实践）	3	
总学分			70	

附件四：

高等教育自学考试机电设备维修与管理专业（专科）课程设置与学分

专业代码：A080334

序号	课程代码	课程名称	学分	备注
1*	03706	思想道德修养与法律基础	2	
2*	03707	毛泽东思想、邓小平理论和“三个代表”重要思想	4	
3	01042	应用数学	5	
4	01922	通用机械设备	5	
5	01925	计算机辅助设备管理	3	
	01926	计算机辅助设备管理（实践）	2	
6	01927	机电安装工程管理	4	
7	01928	液压与气动技术	4	
	01929	液压与气动技术（实践）	3	
8	01931	设备技术经济	4	
9	08813	机电设备故障诊断	3	
	08814	机电设备故障诊断（实践）	3	
10	11753	机械制图与计算机绘图	4	
	01801	机械制图与计算机绘图（实践）	6	
11	01099	机械制造技术基础	3	
	01140	机械制造技术基础（实践）	3	
12	01923	机械设备维修工艺	5	
	01924	机械设备维修工艺（实践）	3	
13	04108	电工电子技术基础	4	
	04109	电工电子技术基础（实践）	3	
14	01671	PLC 技术基础	4	
	01672	PLC 技术基础（实践）	2	
15	07555	综合作业（一）		不计学分
总学分			79	

关于2012年高等教育自学考试中英合作商务管理专业和金融管理专业（专科）全国统考课程考试时间安排的通知

考委办函［2011］49号

各省、自治区、直辖市高等教育自学考试委员会办公室：

现将2012年高等教育自学考试中英合作商务管理专业和金融管理专业（专科）全国统考课程考试时间安排（见附件）印发给你们，并就有关事项说明如下：

一、根据教考试办函［2011］5号文件的规定，从2012年开始，统考的考试时间调整为：上午9:00开始考试，下午14:30开始考试。

二、根据教试中心函［2011］87号文件的规定，自2011年7月考试开始，《商务英语》课程考试时间调整为50分钟。

三、试卷申报时间和申报办法另行通知。

附件：2012年高等教育自学考试中英合作商务管理专业和金融管理专业（专科）全国统考课程考试时间安排

全国高等教育自学考试指导委员会办公室

二〇一一年六月十五日

附件：

2012年高等教育自学考试中英合作商务管理专业和金融管理专业（专科）全国统考课程考试时间安排

时间 专业	1月					
	星期五（1月6日）		星期六（1月7日）		星期日（1月8日）	
	上午 （9:00—11:45）	下午 （14:30—17:15）	上午 （9:00—11:45）	下午 （14:30—17:15）	上午 （9:00—11:45）	下午 （14:30—17:15）
商务管理 （020214）	经济学 （00800）	会计学 （00801）	财务管理 （00803）	数量方法 （00799）	人力资源管理 （二）（00810）	国际贸易实务 （二）（00811）
金融管理 （020116）	经济学 （00800）	会计学 （00801）	财务管理 （00803）	数量方法 （00799）	财务报表分析 （二）（00806）	金融概论 （00807）

时间 专业	7月					
	星期五（7月6日）		星期六（7月7日）		星期日（7月8日）	
	上午 （9:00—11:45）	下午 （14:30—17:15）	上午 （9:00—11:45）	下午 （14:30—15:20）	上午 （9:00—11:45）	下午 （14:30—17:15）
商务管理 （020214）	商务交流 （00798）	企业组织与环境 （00797）	管理信息技术 （00802）	商务英语 （00796）	商法 （00808）	市场营销（二） （00809）
金融管理 （020116）	商务交流 （00798）	企业组织与环境 （00797）	管理信息技术 （00802）	商务英语 （00796）	金融法（二） （00804）	管理会计（二） （00805）

关于申报高等教育自学考试专业调整任务承接意向的函

考委办函［2011］50号

各省、自治区、直辖市高等教育自学考试办公室、解放军自学考试办公室：

为落实《国家中长期教育改革和发展规划纲要（2010—2020年）》精神，推动自学考试的改革和发展，全国考委近期工作重点之一是对高等教育自学考试现有的专业进行调整，以适应新时期人才培养定位的需要。全国统一专业考试计划由我办统筹调整，非全国统一专业考试计划的调整拟充分发挥各地积极性和主考学校的学科特长，由我办协调各省进行调整。

请各省考办按要求填写附件，并在6月30日前报我办综合处（联系人：略），同时发送电子邮件。我办将综合省考办专业管理力量和承担任务的积极性、主考学校学科专长以及专业报考规模等因素，确定承担有关专业调整任务的省份。

承担专业调整任务的省考办，应作好相关组织工作，充分发挥主考学校的积极性，广泛听取助学单位和考生的意见，征求开考相同专业的其他省考办的意见，接受相关专业委员会的指导；按照高等教育自学考试专业和课程改革方案精神，形成调整初步意见及调整后的专业考试计划初稿；调整初步意见及初稿报我办，由专业委员会审核、我办发布后，方可实施。

附件：高等教育自学考试专业调整任务承接意向表

全国高等教育自学考试指导委员会办公室
二〇一一年六月十五日

（附件略）

关于做好2011年高等教育自学考试宣传工作的通知

考委办函［2011］52号

各省、自治区、直辖市教育考试院（局、中心）、高等教育自学考试委员会办公室，解放军自学考试办公室：

2011年是全国高等教育自学考试制度建立30周年，为抓住这一契机，深入贯彻落实《国家中长期教育改革和发展规划纲要（2010—2020年）》提出的任务要求，现将2011年自学考试宣传工作安排列述如下：

一、主题

纪念全国高等教育自学考试制度建立30周年，展示自学考试制度的辉煌成就，宣传其在构建终身教育体系和建设学习型社会中发挥的重要作用，广泛开展纪念宣传活动，进一步扩大自学考试的社会影响，推动自学考试事业发展。

二、专项工作

1. 开展纪念全国高等教育自学考试制度建立30周年系列活动。全国考办将以“继往开来，改革创新，科学发展，再创辉煌”为主题，举办纪念全国高等教育自学考试制度建立30周年暨表彰大会、高层纪念座谈会、改革发展论坛以及其他系列活动。各省级自考办要积极配合、广泛发动，通过座谈会、表彰会、论坛、主题征文、宣传周等多种形式，利用各种形式宣传媒体，广泛深入地开展高等教育自学考试制度建立30周年系列活动。活动要有主题、有策划、有成效。

2. 开展全国自学考试先进集体、先进工作者和优秀自考生评选活动。全国考办将在全国考委专业委员会、命题中心以及各级自学考试机构、主考学校、助学单位中评选先进集体、先进工作者；推选从事自学考试工作20年杰出人物；在全国自考生中评选“十佳自考生”和“优秀自考生”。各省级考办要积极做好本省评选工作，对“十佳自考生”事迹材料的整理和挖掘，以纪实或报告文学的形式编写宣传材料；组织座谈会、宣讲团、在线论坛、记者采访、访谈等多种形式的宣传活动；编辑《学习改变命运》第四辑；召开表彰大会，集中展现优秀自考生和自考工作者的时代风采。

3. 举办高等教育自学考试30周年成就展览。展览主要以文字和图片形式，集中展现全国和各省自学考试的成就和贡献，突出各地自学考试特色和优势。各省级考办要积极配合，提前收集材料，准备具有本省特色、体现自学考试工作优势的展板信息，要求内容真实，亮点独特，图文并茂。

4. 组织发表自学考试系列宣传文章。全国考办将以回顾历史、分析当前改革形势与问题、发掘典型事件典型人物、探讨自考未来发展等为主题，组织记者到各地进行采访，组织各省级考办和专家学者撰写一系列高质量的宣传文章，在重要报刊媒体上发表，集中宣传自学考试制度在终身教育和学习型社会中的作用。在社会上形成一定的宣传效应和影响，让社会各界了解、关注和参与自学考试。

5. 制作自学考试宣传画册、自学考试大事记、自学考试文件汇编等。全国考办将组织力量制作自学考试宣传画册，从制度、管理、考生、成就等维度展现全国自学考试30年来改革创新、励精图治、发奋图强的精神风貌。各省级考办要积极配合，提供有重要意义的高质量图片和解说词等材料，以及2001年以来各地自学考试工作的重要事件及主要方针等。

6. 策划和制作自学考试电视宣传片或专题电视节目。全国考办将聘请专业人员共同策划和制作一部自学考试宣传片，或制作一期专家、自考工作者和考生的访谈类节目，在重要媒体播放。各省级考办要积极配合，提供有价值的素材并积极联系媒体进行播放。

7. 开设自学考试30周年宣传网页并在《中国考试》杂志设立专栏。全国考办将开设纪念宣传网页，集中公布各类活动进展和结果，同时汇总各地开展的纪念活动。《中国考试》杂志设立纪念专栏，对自学考试改革等为主要内容的理论文章进行刊登。各省应及时总结多年来办刊办报经验，广泛利用网络媒体，继续做好自学考试报刊媒体宣传工作，并对网站信息及时更新。

8. 开展“自学考试在线访谈”活动。利用知名门户网站，以“纪念全国高等教育自学考试制度建立30周年”为主题，以自学考试管理机构负责人、自学考试专家、自考生代表为访谈对象，搭建与社会互动交流的平台，宣扬自学考试制度30年的辉煌成就。各省级考办可根据本省情况，做好前期推广工作，通过网络解读自考政策、与网友在线答疑。

9. 开展自学考试宣传周活动。各省级考办要集中组织力量举办内容和形式多样、广泛深入群众的“自学考试宣传周”活动。各省可根据实际情况，结合纪念全国高等教育自学考试制度建立30周年，着重宣传自学考试教育制度的特点，宣传自学考试在满足社会多样化学习需求方面所提供的各项服务措施，可自行制定宣传周主题。

有关专项工作具体事项另行通知。

三、要求

做好2011年自学考试宣传工作，意义重大。各省级考办要高度重视，加强领导，根据全国考办的总体部署，紧紧围绕自学考试改革与发展大局，结合当地的实际情况，认真策划，精心安排，全面部署，切实做好2011年自学考试各项宣传工作，积极组织开展自学考试30周年纪念活动。并将本省开展自学考试宣传工作方案于7月20日前报全国考办自考综合处。

联系人及电话：（略）

附件：纪念高等教育自学考试制度建立30周年活动实施计划表

全国高等教育自学考试指导委员会办公室
二〇一一年六月二十日

附件：

纪念高等教育自学考试制度建立30周年活动实施计划表

序号	工作项目	拟实施时间
1	举办“高等教育自学考试发展论坛”	2011年6月
2	召开全国高等教育自学考试宣传工作会议	2011年8月
3	评选全国自学考试先进集体、先进工作者、20年杰出人物、优秀自考生	2011年3月—9月
4	编制《高等教育自学考试30周年纪念画册》、《自学考试大事记》、《学习改变命运》报告文学第四辑、整理《自学考试文件汇编》、《自考30周年名家访谈录》等系列宣传材料	2011年5月—9月
5	举办高等教育自学考试30周年展览	2011年6月—9月
6	组织记者开展专题采访活动、发表系列理论文章	2011年6月—11月
7	召开高等教育自学考试高层纪念座谈会	2011年7月
8	开展“高等教育自学考试网络在线访谈”活动	2011年6月—10月
9	召开纪念全国高等教育自学考试制度建立30周年暨表彰大会	2011年10月或11月
10	策划和制作电视宣传片或专题电视节目	2011年6月—10月
11	开通纪念专网、设立征文专栏	2011年6月—12月

注：各项工作以具体通知为准。

关于湖北省申请备案开考高等教育自学考试中小企业经营管理专业的复函

考委办函［2011］53号

湖北省高等教育自学考试委员会办公室：

你办《关于备案开考中小企业经营管理专业的请示》（鄂考委办［2011］1号）收悉，函复如下：

一、同意你省备案开考高等教育自学考试中小企业经营管理专业（专科、独立本科段）。请严格执行考委［2011］2号文件规定。

二、为保证质量标准，开考计划中凡课程名称、学分与全国统考课程相同者，均须使用全国考委组编的课程自学考试大纲、教材，参加全国统一命题考试。

三、同意你省遴选武汉科技大学为中小企业经营管理专业（专科、独立本科段）的主考学校。请充分发挥主考学校的作用，切实贯彻“教考职责分离”的原则，加强省考课程的课程自学考试大纲、教材建设和实践性环节考核等工作，切实保证质量。

全国高等教育自学考试指导委员会办公室

二〇一一年六月二十日

关于青海省申请备案开考高等教育自学考试学前教育（专科）等专业的复函

考委办函［2011］54号

青海省高等教育自学考试指导委员会办公室：

你办《关于备案开考高等教育自学考试学前教育（专科）和学前教育（独立本科段）专业自学考试的请示》（青教考办［2011］9号）收悉，函复如下：

一、同意你省备案开考高等教育自学考试学前教育专业（专科）和学前教育专业（独立本科段）。请严格执行教考试［1999］1号、考委办函［2005］164号等文件规定。

二、为保证质量标准，开考计划中凡课程名称、学分与全国统考课程相同者，均须使用全国考委组编的课程自学考试大纲、教材，参加全国统一命题考试。

三、同意你省遴选青海师范大学为学前教育专业（专科、独立本科段）的主考学校。请充分发挥主考学校的作用，切实贯彻“教考职责分离”的原则，加强省考课程的课程自学考试大纲、教材建设和实践性环节考核等工作，切实保证质量。

全国高等教育自学考试指导委员会办公室
二〇一一年七月四日

关于山西省申请备案开考高等教育自学考试机电一体化工程（独立本科段）等十一个专业的复函

考委办函［2011］55号

山西省招生考试管理中心：

你中心《关于我省备案开考高等教育自学考试机电一体化工程（独立本科段）等专业的请示》（晋招考自字［2011］12号）收悉，函复如下：

一、同意你省备案开考高等教育自学考试机电一体化工程（独立本科段）、土木工程（独立本科段）、汽车维修与检测（独立本科段）、项目管理（独立本科段）、视觉传达设计（独立本科段）、美术教育（独立本科段）、学前教育（独立本科段）、国际贸易（独立本科段）、人力资源管理（独立本科段）、公共关系（独立本科段）、计算机网络及应用（专科）11个专业（见附件）。请严格执行考委办函［2005］99号、考委［1998］9号、考委办函［2009］46号、考委办函［2004］99号、考委办函［2006］69号、考委［2000］4号、考委办函［2010］26号、教考试［1998］10号、考委［2003］5号、考委办函［2007］56号等文件规定。

二、为保证质量标准，开考计划中凡课程名称、学分与全国统考课程相同者（附件中序号标注“*”号），均须使用全国考委组编的课程自学考试大纲、教材，参加全国统一命题考试。

三、同意你省遴选太原理工大学为机电一体化工程专业（独立本科段）、土木工程专业（独立本科段）、汽车维修与检测专业（独立本科段）、项目管理专业（独立本科段）、视觉传达设计专业（独立本科段），山西师范大学为美术教育专业（独立本科段）、学前教育专业（独立本科段），山西财经大学为国际贸易专业（独立本科段）、人力资源管理专业（独立本科段），山西大学为公共关系专业（独立本科段）、计算机网络及应用专业（专科）的主考学校。请充分发挥主考学校的作用，切实贯彻“教考职责分离”的原则，加强省考课程的课程自学考试大纲、教材建设和实践性环节考核等工作，切实保证质量。

四、同意你省备案停考工商企业管理（专科）、房屋建筑工程（专科）、机电一体化工程（专科）、计算机信息管理（专科）、计算机及应用（专科）、电厂热能动力工程（专科）、电力系统及其自动化（专科）、中药学（专科）、农业经济管理（专科）、土地管理（专科）10个专业，请严格按照全国考委相关文件精神，做好停考专业的过渡、衔接工作，处理好遗留问题，确保考生利益。

附件：一、高等教育自学考试土木工程专业（独立本科段）课程设置与学分

二、高等教育自学考试汽车维修与检测专业（独立本科段）课程设置与学分

三、高等教育自学考试项目管理专业（独立本科段）课程设置与学分

四、高等教育自学考试视觉传达设计专业（独立本科段）课程设置与学分

五、高等教育自学考试美术教育专业（独立本科段）课程设置与学分

六、高等教育自学考试学前教育专业（独立本科段）课程设置与学分

七、高等教育自学考试人力资源管理专业（独立本科段）课程设置与学分

八、高等教育自学考试计算机网络及应用专业（专科）课程设置与学分

全国高等教育自学考试指导委员会办公室
二〇一一年七月四日

附件一：

高等教育自学考试土木工程专业（独立本科段）课程设置与学分

专业代码：B080825

序号	课程代码	课程名称	学分	备注
1*	03708	中国近现代史纲要	2	
2*	03709	马克思主义基本原理概论	4	
3*	00015	英语（二）	14	
4*	00420	物理（工）	5	
	00421	物理（工）（实践）	1	
5*	02439	结构力学（二）	6	
6*	02442	钢结构	4	
	02443	钢结构（实践）	1	
7*	02440	混凝土结构设计	7	
	02441	混凝土结构设计（实践）	1	
8	02446	建筑设备	3	
9	03893	工程建设法规	2	
10	05497	基础工程	4	
11	06087	工程项目管理	5	
12	08265	工程合同管理（一）	5	

续表

序号	课程代码	课程名称	学分	备注
13	11128	施工组织设计	3	
	11129	施工组织设计（实践）	1	
14	11168	土木工程计算机应用技术	2	
	11169	土木工程计算机应用技术（实践）	2	
	06999	毕业论文		不计学分
总学分			72	
1*	00144	企业管理概论	5	免考英语（二）的加考课程
2*	00321	中国文化概论	5	
3	07311	多媒体技术	4	

附件二：

高等教育自学考试汽车维修与检测专业（独立本科段）课程设置与学分

专业代码：B081726

序号	课程代码	课程名称	学分	备注
1*	03708	中国近现代史纲要	2	
2*	03709	马克思主义基本原理概论	4	
3*	00015	英语（二）	14	
4	02187	电工与电子技术	5	
	02188	电工与电子技术（实践）	1	
5	08586	汽车实用英语（一）	3	
6*	02202	传感器与检测技术	4	
	02203	传感器与检测技术（实践）	1	
7	02358	单片机原理及应用	4	
	02359	单片机原理及应用（实践）	2	
8	04912	汽车电子控制技术	5	
	04913	汽车电子控制技术（实践）	3	
9	04946	汽车发动机原理与汽车理论	6	

续表

序号	课程代码	课程名称	学分	备注
10	08582	车辆技术评估与检测	5	
	08583	车辆技术评估与检测（实践）	2	
11	08587	汽车服务工程	3	
12	08590	汽车维修企业管理	3	
13	10054	汽车检测与诊断技术	4	
	10055	汽车检测与诊断技术（实践）	2	
	06999	毕业论文		不计学分
总学分			73	
1*	00321	中国文化概论	5	免考英语（二）的加考课程
2	06367	多媒体技术与应用	5	
3	08315	控制工程基础	4	

附件三：

高等教育自学考试项目管理专业（独立本科段）课程设置与学分

专业代码：B020256

序号	课程代码	课程名称	学分	备注
1*	03708	中国近现代史纲要	2	
2*	03709	马克思主义基本原理概论	4	
3*	00015	英语（二）	14	
4*	02628	管理经济学	5	
5	05058	管理数量方法	8	
6	05059	项目管理学	6	
7	05060	项目范围管理	4	
8	05061	项目成本管理	4	
9	05062	项目质量管理	4	
10	05063	项目时间管理	4	
11	05064	项目风险管理	4	
12	05065	项目管理法规	6	

续表

序号	课程代码	课程名称	学分	备注
13	05066	项目论证与评估	5	
14	05067	项目管理案例分析	5	
15	03810	项目管理软件（实践）	2	
	06999	毕业论文		不计学分
		总学分	77	
1*	00054	管理学原理	6	文科类、艺术类考生的加考课程

附件四：

高等教育自学考试视觉传达设计专业（独立本科段）课程设置与学分

专业代码：B050433

序号	课程代码	课程名称	学分	备注
1*	03708	中国近现代史纲要	2	
2*	03709	马克思主义基本原理概论	4	
3*	00015	英语（二）	14	
4	05544	现代设计史	3	
5	05545	视觉表述	5	
6	00321	中国文化概论	5	
7	00755	广告设计与创意	4	
8	05546	系列书籍装帧设计	5	
9	05547	系列招贴设计	6	
10	05548	包装工艺与设计	6	
11	05549	视觉传达设计概论	5	
12	05550	版面设计	6	
13	05551	创意网页设计	6	
14	05552	影视广告/文案与脚本	5	
	06999	毕业论文		不计学分
		总学分	76	
1	00744	美术鉴赏	5	免考英语（二）的加考课程
2	10475	艺术美学	6	
3	10476	创作与构图（实践）	4	

附件五：

高等教育自学考试美术教育专业（独立本科段）课程设置与学分

专业代码：B050410

序号	课程代码	课程名称	学分	备注
1*	03708	中国近现代史纲要	2	
2*	03709	马克思主义基本原理概论	4	
3*	00015	英语（二）	14	
4	00737	色彩画	10	
5	00744	美术鉴赏	5	
6	00745	中国画论	5	
7	00746	美育概论	5	
8	00747	美术教育学	5	
9	00969	色彩学	5	
10	05421	图形创意（实践）	4	
11	05547	系列招贴设计	6	
12	07073	版画	6	
13	07076	油画	7	
	06999	毕业论文		不计学分
		总学分	78	
1	00967	中国画	5	免考英语（二）的加考课程
2	00742	美术技法理论	6	
3	10476	创作与构图（实践）	4	
4	00698	素描（四）	8	非相关专业毕业的考生须加考课程
5	10475	艺术美学	6	

附件六：

高等教育自学考试学前教育专业（独立本科段）课程设置与学分

专业代码：B040102

序号	课程代码	课程名称	学分	备注
1*	03708	中国近现代史纲要	2	
2*	03709	马克思主义基本原理概论	4	
3*	00015	英语（二）	14	
4*	00398	学前教育原理	6	
5	00399	学前游戏论	6	
6*	00401	学前比较教育	6	
7*	00402	学前教育史	6	
8	00403	学前儿童家庭教育	4	
9*	00467	课程与教学论	6	
10	00881	学前教育科学研究与论文写作	4	
11	00882	学前教育心理学	6	
12*	00883	学前特殊儿童教育	4	
13	00884	学前教育行政与管理	4	三选一
	00885	学前教育诊断与咨询	4	
	00886	学前儿童心理卫生与辅导	4	
	06999	毕业论文		不计学分
总学分			72	
1	02106	普通心理学	6	免考英语（二）的加考课程
2	02564	课程设计	4	
3	07119	班主任工作概论	4	
1*	00383	学前教育学	6	非师范类毕业的考生须加考
2*	00384	学前心理学	6	

附件七：

高等教育自学考试人力资源管理专业（独立本科段）课程设置与学分

专业代码：B020218

序号	课程代码	课程名称	学分	备注
1*	03708	中国近现代史纲要	2	
2*	03709	马克思主义基本原理概论	4	
3*	00015	英语（二）	14	
4*	00937	政府、政策与经济学	6	
5	05963	绩效管理	4	
6	05969	人力资源战略与规划	5	
7	06089	劳动关系与劳动法	6	
8	06090	人员素质测评理论与方法	6	
9	06091	薪酬管理	6	
10	06093	人力资源开发与管理	6	
11	11759	工作分析与评价	4	
12	11760	人力资源政策与法规	5	
13	11761	人力资源管理高级实验	6	
	06999	毕业论文		不计学分
		总学分	74	
1*	00034	社会学概论	6	免考英语（二）的加考课程
2*	00182	公共关系学	4	
3*	00277	行政管理学	6	
4*	00147	人力资源管理（一）	6	非相关专业毕业的考生须加考课程

附件八：

高等教育自学考试计算机网络及应用专业（专科）课程设置与学分

专业代码：A080759

序号	课程代码	课程名称	学分	备注
1*	03706	思想道德修养与法律基础	2	
2*	03707	毛泽东思想、邓小平理论和“三个代表”重要思想概论	4	
3*	00018	计算机应用基础	2	
	00019	计算机应用基础（实践）	2	
4	01797	数据库应用	3	
	01798	数据库应用（实践）	3	
5	01799	计算机网络原理及应用	5	
6	07983	计算机组装与维护	4	
7	01800	网络操作系统管理	4	
	01801	网络操作系统管理（实践）	4	
8	01802	网站设计与管理	4	
	01803	网站设计与管理（实践）	4	
9	01804	网络实用工具软件	4	
10	01805	网络综合布线	3	
	01806	网络综合布线（实践）	3	
11	01807	网络互联设备	3	
12	01808	局域网组建与维护	8	
13	07065	网络安全与防护	3	
	07066	网络安全与防护（实践）	1	
14	01809	多媒体制作（实践）	5	
总学分			71	

关于内蒙古自治区申请备案开考高等教育自学考试计算机应用软件专业（本科）等三个专业的复函

考委办函［2011］56号

内蒙古自治区教育招生考试中心：

你中心《关于内蒙古开考高等教育自学考试计算机应用软件等专业的请示》（内蒙教招考自发［2011］3号）收悉，函复如下：

一、同意你区备案开考销售管理（独立本科段）、文化产业（独立本科段）、计算机应用软件（本科）三个专业（见附件）。请严格执行考委［2009］5号、考委［2005］9号、考委办函［2006］130号等文件规定。

二、为保证质量标准，开考计划中凡课程名称、学分与全国统考课程相同者（附件中序号标注“*”号），均须使用全国考委组编的课程自学考试大纲、教材，参加全国统一命题考试。

三、同意你区遴选内蒙古大学为销售管理专业（独立本科段）、文化产业专业（独立本科段）、北京交通大学为计算机应用软件专业（本科）的主考学校。请充分发挥主考学校的作用，切实贯彻“教考职责分离”的原则，加强区考课程的课程自学考试大纲、教材建设和实践性环节考核等工作，切实保证质量。

附件：高等教育自学考试计算机应用软件专业（本科）课程设置与学分

全国高等教育自学考试指导委员会办公室

二〇一一年七月四日

附件：

高等教育自学考试计算机应用软件专业（本科）课程设置与学分

专业代码：C080762

序号	课程代码	课程名称	学分	备注
1*	03708	中国近现代史纲要	2	
2*	03709	马克思主义基本原理概论	4	
3*	00015	英语（二）	14	四选一
	00016	日语（二）	14	
	00017	俄语（二）	14	
	07757	计算机专业英语（一）	14	
4	01332	计算机应用数学	7	
5	01333	数据库应用开发	3	
	01334	数据库应用开发（实践）	2	
6	01341	计算机维修维护	4	
	01342	计算机维修维护（实践）	3	
7	05829	计算机文化基础	5	
	03775	计算机文化基础（实践）	2	
8	07797	电子商务	6	
9	01335	软件产品测试	6	
10	01336	软件项目管理（一）	7	
11	01337	汇编语言与微机原理	4	
	01338	汇编语言与微机原理（实践）	2	
12	01339	计算机常用算法	4	
	01340	计算机常用算法（实践）	2	
13	01343	数据结构原理与分析	6	
	01344	数据结构原理与分析（实践）	2	

续表

序号	课程代码	课程名称	学分	备注
14	01345	算法设计与分析	5	
	01346	算法设计与分析（实践）	2	
15	01347	计算机系统集成	5	
16	01348	动态网页制作技术	5	
	01349	动态网页制作技术（实践）	2	
17	01350	网络应用程序开发	4	
	01351	网络应用程序开发（实践）	2	
18	01352	计算机外围设备原理	5	
19	01353	计算机安全技术	6	
20	02651	计算机信息处理综合作业	3	
21	05708	Visual C + +	3	
	05709	Visual C + +（实践）	3	
22	05710	多媒体技术应用	3	
	05711	多媒体技术应用（实践）	3	
23	06370	编译技术	5	
24	07186	软件技术基础	5	
	06999	毕业论文		不计学分
总学分			146	

关于江西省申请备案开考高等教育自学考试中小企业经营管理等三个专业的复函

考委办函［2011］57号

江西省教育考试院：

你院《关于开设高等教育自学考试中小企业经营管理专业的请示》（赣考院自［2011］17号）收悉，函复如下：

一、同意你省备案开考高等教育自学考试中小企业经营管理（专科、独立本科段）、工程管理（独立本科段）三个专业，请严格执行考委［2011］2号、考委办函［2010］82号文件规定。

二、为保证质量标准，开考计划中凡课程名称、学分与全国统考课程相同者，均须使用全国考委组编的课程自学考试大纲、教材，参加全国统一命题考试。

三、同意你省遴选江西财经大学为中小企业经营管理专业（专科、独立本科段）、江西师范大学为工程管理专业（独立本科段）的主考学校。请充分发挥主考学校的作用，切实贯彻“教考职责分离”的原则，加强省考课程的课程自学考试大纲、教材建设和实践性环节考核等工作，切实保证质量。

附件：高等教育自学考试工程管理专业（独立本科段）课程设置与学分

全国高等教育自学考试指导委员会办公室

二〇一一年七月四日

附件：

高等教育自学考试工程管理专业（独立本科段）课程设置与学分

专业代码：B020279

序号	课程代码	课程名称	学分	备注
1*	03708	中国近现代史纲要	2	
2*	03709	马克思主义基本原理概论	4	
3*	00015	英语（二）	14	
4*	00054	管理学原理	6	
5*	00067	财务管理学	6	
6*	02197	概率论与数理统计（二）	3	
7	00122	房地产评估	4	
	00123	房地产评估（实践）	1	
8	01852	施工组织与管理	4	
9	01853	工程项目招投标与合同管理	6	
10	01854	工程质量管理	5	
11	01856	建设与房地产法规	4	
12*	02194	工程经济	4	
13	04229	项目决策分析与评价	5	
14	06393	土木工程概论	4	
	06999	毕业论文		不计学分
总学分			72	
1	07138	工程造价与管理	5	免考英语（二）的加试课程
2	07139	房地产与物业管理	5	
3	07140	土木工程合同管理	4	

关于天津市申请备案开考高等教育自学考试眼视光技术专业（专科）及有关事宜的复函

考委办函［2011］58号

天津市高等教育自学考试委员会：

你委关于备案开考高等教育自学考试眼视光技术专业（专科）的请示（津考委高发［2011］7号）收悉，函复如下：

一、根据全国考委《关于调整高等教育自学考试专科专业审批权试点工作的若干意见》（考委［2005］5号）精神，同意你市备案开考高等教育自学考试眼视光技术专业（专科）。

二、为保证质量标准，开考计划中凡课程名称、学分与全国统考课程相同者（附件中序号标注“*”号的），均须使用全国考委组编的课程自学考试大纲、教材，参加全国统一命题考试。

三、同意你市遴选天津医科大学为眼视光技术专业（专科）的主考学校。请充分发挥主考学校的作用，贯彻“教考职责分离”的原则，加强市考课程的课程自学考试大纲、教材建设和实践性环节考核等工作，切实保证质量。

四、同意你委的决定，增加天津商业大学为会计专业（独立本科段）（专业代码：B020204）、金融专业（独立本科段）（专业代码：B020106）、市场营销专业（独立本科段）（专业代码：B020208）、商务管理专业（独立本科段）（专业代码：B020226）的主考学校。

天津商业大学要认真履行主考校职责，加强专业建设，认真完成阅卷和实践环节考核等工作，切实保证质量。

附件：高等教育自学考试眼视光技术专业（专科）课程设置与学分

全国高等教育自学考试指导委员会办公室
二〇一一年七月四日

附件：

高等教育自学考试眼视光技术专业（专科）课程设置及学分

专业代码：A100310

<table>
<tr><th>序号</th><th>课程代码</th><th>课程名称</th><th>学分</th><th>备注</th></tr>
<tr><td>1*</td><td>03706</td><td>思想道德修养与法律基础</td><td>2</td><td></td></tr>
<tr><td>2*</td><td>03707</td><td>毛泽东思想、邓小平理论和“三个代表”重要思想概论</td><td>4</td><td></td></tr>
<tr><td>3</td><td>03752</td><td>几何光学</td><td>3</td><td></td></tr>
<tr><td>4</td><td>12042</td><td>眼科学基础</td><td>4</td><td></td></tr>
<tr><td rowspan="2">5</td><td>03754</td><td>眼屈光学</td><td>7</td><td></td></tr>
<tr><td>03755</td><td>眼屈光学（实践）</td><td>2</td><td></td></tr>
<tr><td rowspan="2">6</td><td>03756</td><td>眼镜学</td><td>6</td><td></td></tr>
<tr><td>03757</td><td>眼镜学（实践）</td><td>2</td><td></td></tr>
<tr><td rowspan="2">7</td><td>03758</td><td>镜片材料与眼镜造型设计学</td><td>4</td><td></td></tr>
<tr><td>03759</td><td>镜片材料与眼镜造型设计学（实践）</td><td>1</td><td></td></tr>
<tr><td rowspan="2">8</td><td>03760</td><td>眼镜片工艺学</td><td>3</td><td></td></tr>
<tr><td>03761</td><td>眼镜片工艺学（实践）</td><td>1</td><td></td></tr>
<tr><td rowspan="2">9</td><td>03762</td><td>眼镜标准及检测</td><td>3</td><td></td></tr>
<tr><td>03763</td><td>眼镜标准及检测（实践）</td><td>1</td><td></td></tr>
<tr><td rowspan="2">10</td><td>03764</td><td>眼视光器械学</td><td>3</td><td></td></tr>
<tr><td>03765</td><td>眼视光器械学（实践）</td><td>2</td><td></td></tr>
<tr><td rowspan="2">11</td><td>03766</td><td>角膜接触镜</td><td>4</td><td></td></tr>
<tr><td>03767</td><td>角膜接触镜（实践）</td><td>1</td><td></td></tr>
<tr><td>12</td><td>12043</td><td>双眼视肌能检查（实践）</td><td>5</td><td rowspan="6">任选四门</td></tr>
<tr><td>13</td><td>03771</td><td>眼镜市场营销学</td><td>3</td></tr>
<tr><td>14</td><td>03753</td><td>物理光学</td><td>3</td></tr>
<tr><td rowspan="2">15</td><td>03768</td><td>低视力康复学</td><td>5</td></tr>
<tr><td>03769</td><td>低视力康复学（实践）</td><td>1</td></tr>
<tr><td>16</td><td>12044</td><td>验光技术（实践）</td><td>6</td></tr>
<tr><td colspan="3">总学分</td><td>70</td><td></td></tr>
</table>

关于重庆市申请开考高等教育自学考试电气工程与自动化专业（独立本科段）的复函

考委办函［2011］59 号

重庆市高等教育自学考试委员会办公室：

你办《关于备案开考电气工程与自动化专业（独立本科段）的请示》（渝考办文［2011］6号）收悉，函复如下：

一、经全国考委电子、电工与信息类专业委员会审核，同意你市开考电气工程与自动化专业（独立本科段）。

二、为保证质量标准，开考计划中凡课程名称、学分与全国统考课程相同者（附件中序号标注“*”号），均须使用全国考委组编的课程自学考试大纲、教材，参加全国统一命题考试。

三、同意你市遴选重庆大学为电气工程与自动化专业（独立本科段）的主考学校。请充分发挥主考学校的作用，切实贯彻“教考职责分离”的原则，加强市考课程的课程自学考试大纲、教材建设和实践性环节考核等工作，切实保证质量。

附件：高等教育自学考试电气工程与自动化专业（独立本科段）课程设置与学分

全国高等教育自学考试指导委员会办公室
二〇一一年七月四日

抄送：全国考委电子、电工与信息类专业委员会

附件：

高等教育自学考试电气工程与自动化专业（独立本科段）课程设置与学分

专业代码：B080612

序号	课程代码	课程名称	学分	备注
1*	03708	中国近现代史纲要	2	
2*	03709	马克思主义基本原理概论	4	
3*	00015	英语（二）	14	
4*	00023	高等数学（工本）	10	
5	04665	模拟电子电路	4	
	04666	模拟电子电路（实践）	1	
6	08236	电路原理（一）	4	
	08237	电路原理（一）（实践）	1	
7	02290	C++语言设计	3	
8	02294	微机控制技术	3.5	
	02295	微机控制技术（实践）	0.5	
9	02296	控制系统数字仿真	3	
10*	02300	电力系统基础	4	
	08703	电力系统基础（实践）	1	
11*	02308	电力电子变流技术	3	
	02309	电力电子变流技术（实践）	1	
12	02587	数字电子技术基础	4	
	01670	数字电子技术基础（实践）	2	
13	04072	电机及拖动	6	
14	08182	自动控制原理（一）	5	
	08183	自动控制原理（一）（实践）	1	
15	08239	工业过程与过程控制	5	
	08240	工业过程与过程控制（实践）	1	
	11685	电气工程与自动化毕业设计		不计学分
		总学分	83	
1*	00054	管理学原理	6	免考英语（二）的加考课程
2*	04741	计算机网络原理	4	
3*	02338	光纤通信原理	4	

关于湖北省申请调整全国高等教育自学考试信息管理系统中湖北省部分开考课程信息的报告的复函

考委办函［2011］60号

湖北省教育考试院：

你院《关于申请调整全国高等教育自学考试信息管理系统中湖北省部分开考课程信息的报告》（鄂自考［2011］27号）收悉，函复如下：

同意你省将“全国高等教育自学考试信息管理系统”中，部分湖北省考专业课程信息调整为2009年3月我办赋予的新课程代码和名称，调整课程的具体名称及代码详见附件。

附件：全国高等教育自学考试信息管理系统中湖北省部分开考课程信息调整情况对照表

全国高等教育自学考试指导委员会办公室
二〇一一年七月六日

附件：

全国高等教育自学考试信息管理系统中湖北省部分开考课程信息调整情况对照表

专业代码	专业名称	调整前课程信息		调整后课程信息	
		课程代号	课程名称	课程代号	课程名称
020113	土地管理（专科）	07145	实用商务翻译基础	00172	房地产经营管理
		07206	摄影摄像技术应用	00972	房地产项目评估
030208	城乡社区建设与管理（专科）	08908	机场规划设计	18908	城乡社区毕业考核
040106	教育管理（专科）	09034	报关英语（实践）	19034	教育评价学
040201	思想政治教育（专科）	09007	餐饮企业财务管理	02098	自然辩证法

续表

专业代码	专业名称	调整前课程信息		调整后课程信息	
		课程代号	课程名称	课程代号	课程名称
050129	商务秘书（专科）	08956	20 世纪欧美文学史	18956	法律事务管理
		08957	法律逻辑	07489	应用写作
		08958	BEC 商务英语（一）	00776	档案学概论
		08959	BEC 商务英语（二）	08020	商务秘书学
		08960	旅游英语听力	18960	礼仪学
		08961	旅游英语函电写作	18961	财务管理与会计基础
		08962	高级旅游英语口语	07786	国际商务
		08963	旅游业概论	18963	商务调查报告
050226	商务英语（专科）	08998	动物生产新技术与应用	18998	商务英语专业综合考核
050420	数字媒体艺术（专科）	08608	战时军需勤务学（二）	00599	素描（三）
080701	计算机及应用（专科）	09983	策划文编	19983	计算机应用实验技术
		09984	影视语言	19984	计算机应用上机实习（一）
080704	电子技术（专科）	09056	航海雷达与 ARPA	05575	电视原理
080763	计算机应用技术（专科）	08907	钢筋混凝土结构原理	18907	计算机应用技术毕业设计
080801	房屋建筑工程（专科）	09991	色彩原理	19991	房屋建筑实验技术
		09992	数字影像常识	19992	房屋建筑课程设计
081725	汽车维修与检测（专科）	08905	土质学与土力学	18905	汽车维修与检测毕业设计
		08906	工程测量（二）	18906	汽车维修与检测毕业实习
082214	工程造价管理（专科）	09240	艺术设计毕业设计	19240	建筑力学（一）
		09241	韩国语（二）	05290	施工企业会计
		09242	对外汉语教学语法	04400	建设工程合同管理
		09243	教学实习	03942	工程造价案例分析（一）
		09244	基因工程（实践）	19244	工程招标与承包
		09245	生物工程下游技术（实践）	07138	工程造价与管理

续表

专业代码	专业名称	调整前课程信息		调整后课程信息	
		课程代号	课程名称	课程代号	课程名称
082217	电子政务（专科）	07040	物流技术（实践）	00319	行政组织理论
		07046	物流软件开发工具	04735	数据库系统原理
		07047	物流软件开发工具（实践）	04736	数据库系统原理（实践）
		07051	学习心理学	17051	行政道德概论
090104	园艺（专科）	08995	林学概论（实践）	18995	园艺生产(实践)
		09231	汽车涂装技术综合技能(实践)	04593	农业基础知识
		09236	编排设计	19236	园产品贮藏营销学
090114	园林（专科）	06631	园林苗圃学	16631	园林种苗学
		06632	园林苗圃学（实践）	16632	园林种苗学（实践）
		06635	园林植物病虫害防治	16635	园林病虫害防治
		06636	园林植物病虫害防治（实践）	16636	园林病虫害防治（实践）
090201	林学（专科）	08996	生态旅游学	18996	林学生产(实践)
		09231	汽车涂装技术综合技能(实践)	04593	农业基础知识
		09233	计算机辅助设计(AUTOCAD、3DMAX)（实践）	19233	林木种苗培育
		09234	计算机辅助设计（PHOTO-SHOP、CORELDRAW)(实践)	19234	造林学
		09235	设计原理	04051	经济林栽培
100704	社区护理学（专科）	08904	技术管理	18904	社区卫生服务实习
100801	药学（专科）	07954	医药营销（医药代表实务）	17954	药学生产实习
		07955	网络广告实务	17955	药物市场营销学
		07956	药事法规	17956	药物微生物学
		07957	药物化学（一）	01396	生物制药工艺学
		07958	药物化学（一）（实践）	17958	生物技术药物学（实践）
		08981	商务俄语谈判	07950	药学导论

续表

专业代码	专业名称	调整前课程信息		调整后课程信息	
		课程代号	课程名称	课程代号	课程名称
020104	财税（独立本科段）			00041	基础会计学
				00060	财政学
				00061	国家税收
020106	金融（独立本科段）			00041	基础会计学
				00066	货币银行学
				00073	银行信贷管理学
020108	保险（独立本科段）	09170	太阳能光伏发电技术	19170	社会保险学
				00079	保险学原理
				00080	财产保险学
				00081	保险企业经营管理学
020110	国际贸易（独立本科段）			00067	财务管理学
				00155	中级财务会计
				00156	成本会计
020115	经济学（独立本科段）			00041	基础会计学
				00043	经济法概论（财经类）
				00048	财政与金融
				00060	财政学
				00065	国民经济统计概论
020119	餐饮管理（独立本科段）	07983	计算机组装与维护	17983	餐饮管理毕业考核
				09001	餐饮管理与实务
				09003	现代厨房管理
				09005	食品卫生与安全
020120	金融管理（本科段）	08550	网络系统管理 – Windows（实践）	18550	金融管理毕业考核

续表

专业代码	专业名称	调整前课程信息		调整后课程信息	
		课程代号	课程名称	课程代号	课程名称
020121	调查与分析（独立本科段）	07966	公路工程地质	17966	调查与分析毕业考核
				07156	社会经济调查方法与实务
				08003	调查分析基本技能
				07158	调查报告写作
				00139	西方经济学
				00140	国际经济学
				00142	计量经济学
020154	涉外金融管理（独立本科段）	08945	公路工程地质	18945	涉外金融管理毕业考核
				00041	基础会计学
				00066	货币银行学
				04011	银行经营管理学
020162	涉外事务管理（独立本科段）	08580	汽车学	18580	涉外事务管理实习
		08581	汽车学（实践）	18581	涉外事务管理毕业考核
				04711	外交学概论
				04712	国际政治学概论
				04713	国际组织
020177	投资理财（独立本科段）			00009	政治经济学（财经类）
				00041	基础会计学
				00067	财务管理学
				00103	证券投资学
				00258	保险法
020183	国际金融（独立本科段）			00041	基础会计学
				00066	货币银行学
				00073	银行信贷管理学

续表

专业代码	专业名称	调整前课程信息		调整后课程信息	
		课程代号	课程名称	课程代号	课程名称
020202	工商企业管理独立本科段专业	09996	市场营销经理资格证书综合考试	19996	工商企业管理毕业考核
				00055	企业会计学
				00144	企业管理概论
				00145	生产与作业管理
020204	会计（独立本科段）	09995	市场销售经理助理资格证书综合考试	10139	会计毕业考核
				00067	财务管理学
				00155	中级财务会计
				00156	成本会计
				00157	管理会计（一）
020204	会计（注册会计师方向）（独立本科段）	07986	商业采购与配送原理书综合考试	17986	会计（注册会计师方向）毕业考核
				00067	财务管理学
				00155	中级财务会计
				00156	成本会计
				00157	管理会计（一）
020208	市场营销（独立本科段）	07975	音乐欣赏（一）	17975	市场营销毕业考核
				00058	市场营销学
				00178	市场调查与预测
				00179	谈判与推销技巧
020210	旅游管理（独立本科段）			00191	旅行社经营与管理
				00192	旅游市场学
				00193	饭店管理概论

续表

专业代码	专业名称	调整前课程信息		调整后课程信息	
		课程代号	课程名称	课程代号	课程名称
020213	企业财务管理（独立本科段）			00067	财务管理学
				00161	财务报表分析（一）
				00155	中级财务会计
020216	电子商务（独立本科段）	08516	计算机三维绘图	18516	电子商务毕业考核
				00889	经济学（二）
				00896	电子商务概论
				00900	网页设计与制作
020217	土地资源管理（独立本科段）	07136	家用电器	04646	摄影测量学
		07137	家用电器（实践）	01556	遥感技术应用
		07138	工程造价与管理	17138	地籍测量（一）
		07139	房地产与物业管理	17139	地籍测量（一）（实践）
		07140	土木工程合同管理	17140	地图设计与编绘
		07141	铁路现代企业制度基础	17141	地图设计与编绘（实践）
		07142	计算机在机车车辆中的应用	08413	数据库原理与应用
		07143	机车总体与走行部	08414	数据库原理与应用（实践）
		07144	实用商务英语基础	02103	计量地理与地理信息系统
		07989	连锁企业信息系统管理(实践)	17989	土地资源管理毕业考核
				00115	土地法学
				00116	土地经济学
				00117	土地管理概论
020218	人力资源管理（独立本科段）	08948	电路分析（实践）	18948	人力资源管理毕业考核
				00071	社会保障概论
				00147	人力资源管理（一）
				00164	劳动经济学

续表

专业代码	专业名称	调整前课程信息		调整后课程信息	
		课程代号	课程名称	课程代号	课程名称
020221	建筑经济管理（独立本科段）	08552	网络数据库技术应用（实践）	18552	建筑经济管理毕业考核
				02430	工程制图与房屋构造
				02655	建筑施工（二）
				02657	建筑工程技术经济学
020222	物业管理（独立本科段）	08057	服装生产工艺学（一）	06400	物业服务经济概论
		08058	服装工效学	05831	房地产财务管理
		08059	服装面料设计与生产	08264	房地产市场与营销
		08068	电路原理（实践）	06401	物业环境管理
		08069	EDA及VHDL设计	06402	物业管理计算机化
		08070	EDA及VHDL设计（实践）	06404	物业管理国际质量标准
				00168	房地产经济学
				00172	房地产经营管理
				00176	物业管理
020226	商务管理（独立本科段）	08615	军队后勤建设	18615	商务管理毕业考核
020229	物流管理（独立本科段）	08595	军队采购学（一）	18595	物流管理毕业考核
				05363	物流基础
020232	劳动和社会保障(独立本科段)	07965	计算机应用与辅助设计	17965	劳动和社会保障毕业考核
020257	投资决策分析（独立本科段）	08984	房屋建筑工程概论	18984	投资决策分析毕业考核
		08985	装饰工程定额与预算	18985	投资决策分析毕业实习
				00066	货币银行学
				00103	证券投资学
				00105	证券业经营管理
				00106	期货市场原理与实务
020267	公共管理（独立本科段）			00034	社会学概论
				00054	管理学原理
				07816	公共行政学

续表

专业代码	专业名称	调整前课程信息		调整后课程信息	
		课程代号	课程名称	课程代号	课程名称
020279	工程管理（独立本科段）	06089	劳动关系与劳动法	06086	工程监理
		07073	版画	17073	工程管理生产实习
		07074	外国美术史	17074	工程管理课程设计
		07996	国家赔偿法学	17996	工程管理毕业考核
				02389	建筑材料
				04617	房屋建筑构造与识图
				04618	工程施工
020282	采购与供应管理(独立本科段)			05364	物流企业会计
030105	国际经济法（独立本科段）	08518	汽车安全检测技术	18518	国际经济法毕业考核
				00242	民法学
				00246	国际经济法概论
				05677	法理学
030106	法律（本科段）	09999	综合素质与技能（第一单元）	10584	法律毕业考核
				05677	法理学
				00242	民法学
				00243	民事诉讼法学
				00245	刑法学
030107	经济法学（独立本科段）	09270	彩色数字印前技术	19270	商法概论
		09271	印后加工技术	19271	外商投资企业法
		09272	新技术知识讲座	06917	仲裁法
				00167	劳动法
				00242	民法学
				05677	法理学

续表

专业代码	专业名称	调整前课程信息		调整后课程信息	
		课程代号	课程名称	课程代号	课程名称
030108	律师（本科段）			00993	法院与检察院组织制度
				00917	民法原理与实务
				00919	刑法原理与实务（一）
				00918	民事诉讼原理与实务（一）
				05677	法理学
				00167	劳动法
				00227	公司法
				00233	税法
				05678	金融法
030109	监所管理（独立本科段）	07982	通用技术教学	17982	监所管理毕业考核
				00239	狱政管理学
				00919	刑法原理与实务（一）
				00920	刑事诉讼原理与实务（一）
				00918	民事诉讼原理与实务（一）
				00934	中国监狱史
				00935	西方监狱制度概论
030203	社会工作与管理（独立本科段）	09281	小学综合实践活动课程开发	19281	科学研究方法论
				00034	社会学概论
				00266	社会心理学（一）
				00288	社会调查方法
030302	行政管理（电子管理）（独立本科段）	08604	空军战时军需保障（一）	18604	行政管理（电子管理）毕业考核
030302	行政管理学（独立本科段）	09987	剪辑技术	19987	行政管理学毕业考核

续表

专业代码	专业名称	调整前课程信息		调整后课程信息	
		课程代号	课程名称	课程代号	课程名称
030401	公安管理（本科段）			00245	刑法学
				00354	公安学基础理论
				00356	公安管理学
				00859	警察组织行为学
				00860	公安行政诉讼
				00861	刑事侦查情报学
030402	刑事侦察（本科段）	07981	信息技术教学论	17981	刑事侦察毕业考核
				00245	刑法学
				00391	中国公安通论
				00378	国际犯罪与侦察
				00859	警察组织行为学
				00860	公安行政诉讼
				00861	刑事侦查情报学
030407	治安管理（本科段）	08605	被装管理学（二）	18605	治安管理毕业考核
				00245	刑法学
				00354	公安学基础理论
				00356	公安管理学
040102	学前教育（独立本科段）			00383	学前教育学
				00384	学前心理学
				07556	教育实习
040108	教育学（独立本科段）	05939	教育科学方法论（一）	00456	教育科学研究方法（二）
				00031	心理学
				00442	教育学（二）
				07556	教育实习

续表

专业代码	专业名称	调整前课程信息		调整后课程信息	
		课程代号	课程名称	课程代号	课程名称
040110	心理健康教育（独立本科段）	08974	商务俄语听说	18974	心理健康教育毕业考核
		08975	俄罗斯社会与文化	18975	教育发展与心理健康
		08976	高级商务俄语口语	04271	心理统计学
				00031	心理学
				05619	心理咨询与辅导（一）
040120	基础教育（中文方向）（独立本科段）	05939	教育科学方法论（一）	00456	教育科学研究方法（二）
				00321	中国文化概论
				00506	写作（一）
				07824	语文教育学导论
040202	思想政治教育（独立本科段）	09997	市场营销总监资格证书综合考试	19997	思想政治教育毕业考核
				00442	教育学（二）
				00474	科学社会主义
				00476	思想政治教育原理
040302	体育教育（独立本科段）	05939	教育科学方法论（一）	00456	教育科学研究方法（二）
				00484	学校体育学
				00405	教育原理
				02111	教育心理学
050104	秘书学（独立本科段）	09993	平面图像编辑	19993	秘书学毕业考核
				00341	公文写作与处理
				00345	秘书学概论
				00509	机关管理
050104	秘书学（文秘与办公自动化方向）（独立本科段）	08941	家畜育种学	18941	秘书学（文秘与办公自动化方向）毕业考核
				00341	公文写作与处理
				00345	秘书学概论
				00509	机关管理

续表

专业代码	专业名称	调整前课程信息		调整后课程信息	
		课程代号	课程名称	课程代号	课程名称
050112	涉外秘书（独立本科段）			00515	涉外秘书概论
				00516	涉外秘书实务
				00517	英语听说
050105	汉语言文学（本科段）	09994	图形基础	10165	汉语言文学毕业考核
				00530	中国现代文学作品选
				00532	中国古代文学作品选（一）
				00536	古代汉语
050113	汉语言文学教育（独立本科段）	05939	教育科学方法论（一）	00456	教育科学研究方法（二）
		09256	国际商务谈判（日语）	04579	中学语文教学法
				00405	教育原理
				00530	中国现代文学作品选
				00534	外国文学作品选
050125	商务秘书（本科段）	04102	商务谈判	03874	商务谈判
		08967	国际旅游业务模拟	08018	历代应用文选读
		08968	俄语基础写作	18968	客户服务
		08969	商务俄语阅读（一）	18969	沟通与项目管理
		08970	初级商务俄语口语	08021	传播与广告
		08971	商务俄语翻译	08022	秘书外事管理实务
		08973	商务俄语国际贸易基础	18973	商务秘书毕业考核
				00182	公共关系学
				00345	秘书学概论
				07489	应用写作
050201	英语（本科段）	09998	综合素质与技能（第二单元）	10586	英语毕业考核
				00593	听力
				00594	口语
				00795	综合英语（二）

续表

专业代码	专业名称	调整前课程信息		调整后课程信息	
		课程代号	课程名称	课程代号	课程名称
050201	英语（外贸英语）（本科段）	08583	车辆技术评估与检测（实践）	18583	外贸英语毕业考核
050206	英语教育（独立本科段）	05939	教育科学方法论（一）	00456	教育科学研究方法（二）
		09291	初中语文课程与教学	19291	普通语言学
				00405	教育原理
				00596	英语阅读（二）
				00795	综合英语（二）
050218	商务英语（独立本科段）	08946	非常规 NDT 技术	18946	商务英语毕业考核
				00593	听力
				00594	口语
				00794	综合英语（一）
050234	外贸英语（本科段）	08583	车辆技术评估与检测（实践）	18583	外贸英语毕业考核
				00593	听力
				00594	口语
				00794	综合英语（一）
050302	广告学（独立本科段）	08001	动物生物化学	18001	CI 原理与实务
		08002	家畜解剖生理学（实践）	18002	广告经营管理学
				00058	市场营销学
				00182	公共关系学
				00633	新闻学概论
050305	新闻学（本科段）	09985	特效合成	19985	新闻学毕业考核
				00633	新闻学概论
				00653	中国新闻事业史
				00654	新闻采访写作
050307	网络传播（独立本科段）	08584	最新自动变速器的故障诊断	18584	网络传播毕业考核
				00018	计算机应用基础
				06381	网络传播概论

续表

专业代码	专业名称	调整前课程信息		调整后课程信息	
		课程代号	课程名称	课程代号	课程名称
050309	公共关系（独立本科段）	08982	商务俄语谈判（实践）	18982	公共关系毕业考核
				00182	公共关系学
				00643	公关心理学
				00646	公共关系写作
050320	大众传播（独立本科段）			00037	美学
				00656	广播新闻与电视新闻
				00657	新闻心理学
050412	环境艺术设计（独立本科段）	08022	秘书外事管理实务	06216	中外建筑史
		08023	成本管理会计	06918	工程图学基础
		08024	超市经营与管理	06217	人机工程学
		08026	企业策划理论与实务	06225	规划设计基础
		08027	侦查措施与策略	01466	计算机辅助设计基础
		08060	服装生产工艺学（二）	06220	形态与空间造型
		08061	服装心理学	03820	室内环境设计初步（实践）
		08062	服饰图案设计	06222	建筑环境艺术设计
		08063	工业样板设计	06223	公共环境艺术设计
		08064	外贸实务	06224	园林艺术学
				00599	素描（三）
				00674	色彩
050412	环境艺术设计（室内设计方向）（独立本科段）			00599	素描（三）
				00674	色彩
050418	数字媒体艺术（独立本科段）	07952	营销心理学	17952	数字媒体艺术毕业考核
				00504	艺术概论
				00693	绘画基础
				07233	摄影基础

续表

专业代码	专业名称	调整前课程信息		调整后课程信息	
		课程代号	课程名称	课程代号	课程名称
050419	服装艺术设计（独立本科段）	08939	珠宝市场调查与研究	18939	服装艺术设计毕业考核
				00679	服装工艺
				00680	服装结构设计
				00684	服装纸样放缩
050431	中国书法（本科段）	08937	珠宝广告与展示	18937	中国书法毕业考核
		08938	珠宝市场营销学	18938	中国书法毕业创作
				05446	书学导论
				05451	楷书基础
				05452	历代法书赏析
050433	视觉传达设计（装潢设计方向）（独立本科段）	08942	电工电路	18942	视觉传达设计（装潢设计方向）毕业考核
				00599	素描（三）
				00688	设计概论
				00692	计算机辅助图形设计
050437	艺术设计（独立本科段）	07988	连锁企业信息系统管理	17988	艺术设计毕业考核
				00599	素描（三）
				04690	色彩写生
050438	动画设计（独立本科段）	08944	无损检测技术	18944	动画设计毕业考核
				00018	计算机应用基础
				04315	色彩（实践）
				04317	素描（实践）
070102	数学教育（独立本科段）	05939	教育科学方法论（一）	00456	教育科学研究方法（二）
		09290	初中语文学科基础	19290	数学课件的制作和使用
				02002	数学分析（二）
				01865	高等代数（二）
				00405	教育原理

续表

专业代码	专业名称	调整前课程信息		调整后课程信息	
		课程代号	课程名称	课程代号	课程名称
070404	生物工程（独立本科段）	08564	中国历史文化	18564	生物工程综合实验（一）
		08565	旅游医学常识	18565	生物工程综合实习（一）
		08566	汉语言文学基础知识	18566	生物工程毕业考核
				02070	微生物学
				06646	现代生命科学概论
				06708	发酵工程与设备
070406	生物科学（独立本科段）	08567	北京概况与导游基础	18567	生物科学毕业考核
				02060	植物学（一）
				02062	动物学
				02064	无机及分析化学
071602	信息管理与服务（独立本科段）	08597	海军军需勤务学	18597	信息管理与服务毕业考核
				02115	信息管理基础
				02116	信息揭示
				02117	信息组织
080105	石油工程（独立本科段）	08903	数据库技术基础及应用	18903	石油工程毕业考核
				02163	油层物理
				06346	石油地球物理测井
				06347	渗流力学
080110	珠宝及材料工艺学（独立本科段）	08902	装备管理工程	18902	珠宝及材料工艺学毕业考核
				08651	应用宝石学
				08926	结晶学和矿物学
				08929	首饰设计
080302	机械制造及自动化（独立本科段）	08983	国际商务虚拟运行（俄语）	18983	机械制造及自动化毕业考核
				02183	机械制图（一）
				02191	机械制造技术
				02195	数控技术及应用

续表

专业代码	专业名称	调整前课程信息		调整后课程信息	
		课程代号	课程名称	课程代号	课程名称
080307	机电一体化工程（独立本科段）			02159	工程力学（一）
				02185	机械设计基础
				02232	电工技术基础
080308	光机电一体化工程（独立本科段）	07079	计算机辅助设计	17079	光机电一体化工程专业课程设计
		07995	行政复议法学	17995	光机电一体化工程毕业考核
				06025	机械制图（二）
				06026	精密机械设计基础
				06027	精密机械设计基础（实践）
				06028	精密机械制造基础
				07756	控制理论
080313	模具设计与制造（独立本科段）			02159	工程力学（一）
				02185	机械设计基础
				02232	电工技术基础
080319	光信息科学与技术（独立本科段）	07086	当代物理学发展	04673	认识实习
		07087	植物资源学	17087	光信息科学与技术生产实习
		07088	普通生物学实验	04674	光信息科学与技术课程设计
		07994	行政处罚法学	17994	光信息科学与技术毕业考核
				04664	激光原理与技术
				04665	模拟电子电路
				04667	数学物理方程
080325	船舶与海洋工程（独立本科段）	08901	计算机网络对抗技术	18901	船舶海洋工程毕业考核
				03849	船体结构
				03853	船舶设备
				03855	船舶建造工艺

续表

专业代码	专业名称	调整前课程信息		调整后课程信息	
		课程代号	课程名称	课程代号	课程名称
080702	计算机及应用（独立本科段）			04730	电子技术基础（三）
				02318	计算机组成原理
				00342	高级语言程序设计（一）
				02142	数据结构导论
080705	电子工程（独立本科段）	09280	小学课堂教学案例评析	19280	智能仪器原理及应用
				02340	线性电子电路
				02344	数子电路
				02351	微型计算机原理及其应用
080707	通信工程（独立本科段）	08988	农产品营销学	18988	通信工程毕业考核
		08989	茶学概论	18989	通信工程实践
		09126	网页广告设计	19126	光纤通信工程
		09128	临床药物治疗学	19128	分组交换工程
				02342	非线性电子电路
				02354	信号与系统
				02361	通信技术基础
				02269	电工原理
				02340	线性电子电路
080708	计算机通信工程（独立本科段）	08551	网络数据库技术应用	18551	计算机通信工程毕业考核
				02342	非线性电子电路
				02354	信号与系统
				02361	通信技术基础
080709	计算机网络（独立本科段）			00342	高级语言程序设计（一）
				02316	计算机应用技术
				02318	计算机组成原理
080709	计算机网络（计算机网络技术方向）（独立本科段）	08943	电工电路（实践）	18943	计算机网络技术毕业考核
				00342	高级语言程序设计（一）
				02142	数据结构导论
				02384	计算机原理

续表

专业代码	专业名称	调整前课程信息		调整后课程信息	
		课程代号	课程名称	课程代号	课程名称
080719	计算机软件（本科段）	08011	动植物检疫	04737	C++程序设计
		08012	食品感官评价技术	08674	计算机网络基础
		08013	农产品包装学	08762	可视化程序设计
		08014	畜牧兽医微生物学	01048	计算机操作系统
		08015	畜牧兽医微生物学（实践）	07013	算法与数据结构
		08016	兽医临床诊断与治疗学	18016	软件开发方法
		08017	猪禽养殖与疾病防治学	07844	人工智能导论
		08018	历代应用文选读	08896	实用数据库技术
		09047	航海气象与海洋学	07016	编译原理
		09123	电气控制及PLC技术（实践）	07311	多媒体技术
				04738	C++程序设计（实践）
				08675	计算机网络基础（实践）
				08763	可视化程序设计（实践）
				01049	计算机操作系统（实践）
				07014	算法与数据结构（实践）
				09341	实用数据库技术（实践）
				09342	编译原理（实践）
				04709	多媒体技术（实践）
				00342	高级语言程序设计（一）
				04730	电子技术基础（三）
				02318	计算机组成原理
				02142	数据结构导论
080743	游戏软件开发技术（独立本科段）	08940	西方现代派文学	18940	游戏软件开发技术毕业考核
				02141	计算机网络技术
				05698	计算机多媒体基础
				05700	C++编程基础

续表

专业代码	专业名称	调整前课程信息		调整后课程信息	
		课程代号	课程名称	课程代号	课程名称
080749	计算机科学与技术（独立本科段）	07133	卫生管理学	04616	专业实践
		07991	连锁企业门店开发、营运与管理（实践）	17991	计算机科学与技术毕业考核
				00342	高级语言程序设计（一）
				02316	计算机应用技术
				02318	计算机组成原理
080753	电子信息工程（独立本科段）	08517	计算机三维绘图（实践）	18517	电子信息工程毕业考核
				02198	线性代数
				02358	单片机原理及应用
				04705	模拟电路
080806	建筑工程（独立本科段）	09988	三维图形制作	19988	建筑工程实验
		09990	动画基础	19990	建筑工程毕业考核
				02393	结构力学（一）
				02394	房屋建筑学
				02396	混凝土及砌体结构
080902	水利水电建筑工程（独立本科段）			02450	水工钢筋混凝土结构
				02451	水工钢筋混凝土结构（实践）
				02452	工程水文
				02453	水利工程施工与定额管理
				02454	水利工程施工与定额管理（实践）
				02455	水工结构与水电站
				02456	水工结构与水电站（实践）

续表

专业代码	专业名称	调整前课程信息		调整后课程信息	
		课程代号	课程名称	课程代号	课程名称
081103	环境工程与管理（独立本科段）	07093	城市地理学	07023	环境管理学
		07096	版画	02475	大气污染控制工程
		07097	民族美术概论	02476	大气污染控制工程（实践）
		07098	中国画（山水、花鸟）	17098	固体废物处理利用工程
		07099	中国画（人物）	17099	固体废物处理利用工程（实践）
		07100	油画（静物、风景）	04527	环境规划与管理
		07103	现代企业管理方法	04523	水污染控制工程（一）
		07104	铁路运输安全	04524	水污染控制技术（一）（实践）
		08544	建筑装饰构造与施工	18544	化工原理及设备
		08545	装饰装修工程预算	06613	物理污染控制技术
		08546	装饰装修设备	07847	环境经济学
		08547	装饰工程施工组织与管理	07948	环境法学
		08548	室内空间环境设计原理	08291	环境影响评价
		08549	网络系统管理－Windows	18549	环境工程与管理毕业考核
				02066	有机化学（二）
				04675	环境微生物学
081308	食品科学与工程（独立本科段）	08648	宝石矿床及资源	18648	食品科学与工程毕业考核
				02517	食品微生物学
				03146	化工原理（二）
				03264	食品化学与分析
081316	包装艺术设计（独立本科段）	08950	射线检测技术	18950	包装艺术设计毕业考核
		08951	表面检测技术	18951	包装艺术设计毕业设计
				00599	素描（三）
				01507	平面与立体构成
				01508	色彩构成与色彩写生

续表

专业代码	专业名称	调整前课程信息		调整后课程信息	
		课程代号	课程名称	课程代号	课程名称
081726	汽车维修与检测（独立本科段）	08900	计算机病毒防护技术	18900	汽车维修与检测毕业考核
				02183	机械制图（一）
				02187	电工与电子技术
				06921	汽车机械基础
082208	计算机信息管理（独立本科段）	04757	信息系统开发与管理	02376	信息系统开发
				00342	高级语言程序设计（一）
				02382	管理信息系统
				02384	计算机原理
082218	电子政务（独立本科段）	07041	物流中心规划设计	17041	网络基础与网络技术
		07042	物流中心规划设计（实践）	17042	网络基础与网络技术（实践）
		07043	供应链管理	00346	办公自动化原理及应用
		07044	物流系统分析与设计	17044	电子政务的理论与实践
		07045	物流系统分析与设计（实践）	17045	电子政务的理论与实践（实践）
		07048	心理诊断	08561	网络安全管理
		07049	心理咨询原理与技术	08562	网络安全管理（实践）
		07192	广播电视节目编导	06093	人力资源开发与管理
		07997	道路建筑材料（实践）	17997	电子政务毕业考核
				00316	西方政治制度
				00923	行政法与行政诉讼法（一）
				04735	数据库系统原理

续表

专业代码	专业名称	调整前课程信息		调整后课程信息	
		课程代号	课程名称	课程代号	课程名称
090102	农学（独立本科段）			02662	植物生理学
				02665	农业生态基础
				02670	作物栽培学（二）
				02660	植物学（二）
				02668	土壤肥料学
				00135	农业经济与管理
				02539	化学基础
				02666	普通遗传学
090115	园林（独立本科段）			02660	植物学（二）
				03259	花卉学（一）
				05601	园林艺术原理及设计
				07427	园林生态学
090122	植物科学技术（本科段）	08977	商务俄语阅读（二）	18977	植物科学毕业考核
		08978	商务俄语应用写作	18978	植物科学技术毕业实习
				02660	植物学（二）
				05144	特用植物栽培学
				06719	植物生态学
090412	动植物检疫（本科段）	08979	商务俄语国际贸易实务	18979	动植物检疫毕业考核
		08980	商务俄语合同实务	18980	动植物检疫毕业实习
				02660	植物学（二）
				05127	普通昆虫学
				06663	动物生理学

续表

专业代码	专业名称	调整前课程信息		调整后课程信息	
		课程代号	课程名称	课程代号	课程名称
090419	动物科学与动物医学（独立本科段）	08502	3DSMAX 三维动画制作技术	18502	动物科学与动物医学毕业考核
		08503	3DSMAX 三维动画制作技术（实践）	18503	动物科学与动物医学毕业实习
		08504	图形图像处理技术	18504	畜牧生产实践
		08505	图形图像处理技术（实践）	18505	兽医临床诊疗学
				02765	家畜解剖及组织胚胎学
				06306	普通动物学
				02776	兽医概论
				02775	畜牧企业经营管理学
				06497	动物营养学
				06305	农家经营管理
				06712	养猪学
				06713	养禽学
100702	护理学独立（本科段）	08999	动物生产新技术与应用（实践）	18999	护理学本科临床实习
				02997	护理学基础
				03000	营养学
				00488	健康教育学
				02113	医学心理学
				02903	药理学（一）
				03010	妇产科护理学（二）
				03011	儿科护理学（二）
				03004	社区护理学（一）

续表

专业代码	专业名称	调整前课程信息		调整后课程信息	
		课程代号	课程名称	课程代号	课程名称
100705	社区护理学（独立本科段）	08999	动物生产新技术与应用（实践）	18899	社区护理学毕业考核
				03621	社区护理学导论
				03622	社区健康评估
100802	中药学（本科段）	08631	求职择业与创业指导（实践）	18631	中药鉴定实习
				03035	有机化学（四）
				03038	中药化学
100805	药学（独立本科段）	07953	OTC 药品营销技巧	17953	药学毕业考核
				02911	无机化学（三）
				02535	有机化学（三）
				07950	药学导论
100904	药学与药品营销（独立本科段）	07959	生物技术药物学	17959	网络营销（一）
		08986	安装工程定额与预算	18986	药学与药品营销毕业考核
		08987	农业信息技术	18987	药学与药品营销毕业设计
				07950	药学导论
				07954	医药营销（医药代表实务）
				00353	现代科学技术概论
				06779	应用写作学
				08118	法律基础

关于新疆维吾尔自治区申请备案开考高等教育自学考试汽车维修与检测专业（专科）等的复函

考委办函［2011］61号

新疆维吾尔自治区高等教育自学考试委员会办公室：

你办《关于我区备案开考高等教育自学考试汽车维修与检测专业（专科）的请示》（新考办58号）及《关于我区调整道路与桥梁工程专业（专科）部分课程的请示》（新考办59号）收悉，函复如下：

一、同意你区备案开考汽车维修与检测专业（专科）（见附件）。请严格执行考委［2011］22号文件规定。

二、同意你区调整道路与桥梁工程专业（专科）部分课程设置，调整后的课程及学分见附件。

三、为保证质量标准，开考计划中凡课程名称、学分与全国统考课程相同者（附件中序号标注“*”号），均须使用全国考委组编的课程自学考试大纲、教材，参加全国统一命题考试。

四、同意你区遴选新疆交通职业技术学院为汽车维修与检测专业（专科）、道路与桥梁工程专业（专科）的主考学校。请充分发挥主考学校的作用，切实贯彻“教考职责分离”的原则，加强区考课程的课程自学考试大纲、教材建设和实践性环节考核等工作，切实保证质量。

附件：一、高等教育自学考试汽车维修与检测专业（专科）课程设置与学分

二、高等教育自学考试道路与桥梁专业（专科）课程设置与学分

全国高等教育自学考试指导委员会办公室

二〇一一年七月十一日

附件一：

高等教育自学考试汽车维修与检测专业（专科）课程设置与学分

专业代码：A081725

序号	课程代码	课程名称	学分	备注
1*	03706	思想道德修养与法律基础	2	
2*	03707	毛泽东思想、邓小平理论和“三个代表”重要思想概论	4	
3*	00018	计算机应用基础	2	
	00019	计算机应用基础（实践）	2	
4*	02185	机械设计基础	5	
	02186	机械设计基础（实践）	2	
5	05463	机械制图基础	2	
6	02577	发动机原理	3.5	
	02578	发动机原理（实践）	0.5	
7	05871	汽车营销技术	4	
8	05877	汽车底盘构造与维修	6	
	05878	汽车底盘构造与维修（实践）	3	
9	06896	汽车常见故障诊断分析	5	
	06897	汽车常见故障诊断分析（实践）	2	
10	06898	汽车运用工程	5	
11	06903	汽车车身电控技术	5	
12	06904	汽车保险与理赔	5	
13*	00012	英语（一）	7	选考课学分不低于12学分
14	01042	应用数学	5	
15	08574	机动车检测维修法规与技术	2	
16	08575	机动车检测维修实务	2	
17	08576	汽车碰撞分析与估损	3	
18	08577	汽车零配件供应与经销	3	
总学分			70	

附件二：

高等教育自学考试道路与桥梁工程专业（专科）课程设置与学分

专业代码：A080802

序号	课程代码	课程名称	学分	备注
1*	03706	思想道德修养与法律基础	2	
2*	03707	毛泽东思想、邓小平理论和“三个代表”重要思想概论	4	
3*	00018	计算机应用基础	2	
	00019	计算机应用基础（实践）	2	
4	01042	应用数学	5	
5*	02387	工程测量	2	
	02388	工程测量（实践）	3	
6*	02389	建筑材料	2	
	02390	建筑材料（实践）	1	
7*	02391	工程力学（二）	5. 5	
	02392	工程力学（二）（实践）	0. 5	
8	06279	道路工程制图	6	
9*	02404	工程地质及土力学	3	
10	02405	道路勘测设计	4	
	02406	道路勘测设计（实践）	2	
11	02407	路基路面工程	4	
	02408	路基路面工程（实践）	1	
12	02409	桥梁工程	8	
	02410	桥梁工程（实践）	2	
13	02411	道路施工与管理	5	
14	06083	公路小桥涵勘测设计	4	
	12054	公路小桥涵勘测设计（实践）	2	
15	06283	公路工程监理概论	4	
总学分			74	

关于北京市申请备案开考高等教育自学考试连锁经营管理专业（专科）的复函

考委办函［2011］62号

北京教育考试院：

你院《关于北京市开考高等教育自学考试连锁经营管理专业（专科）备案的请示》（京考［2011］18号）收悉，函复如下：

一、根据全国考委《关于调整高等教育自学考试专科专业审批权试点工作的若干意见》（考委［2005］5号）精神，同意你市备案开考高等教育自学考试连锁经营管理专业（专科）。

我办对申报的连锁经营管理专业（专科）专门赋予了专业代码和课程代码，详见附件。

二、连锁经营管理专业（专科）以下六门课程的考核方式均为笔试加实践：财贸素养、连锁企业采购与配送管理、商业票据与核算、卖场营销策划、门店运营与管理、门店开发与选址，笔试与实践的计分比例为7∶3。该专业中卖场设计、连锁管理信息系统课程的考核方式均为上机考试，理货业务、连锁企业创办课程均为实践环节考核方式。

三、为保证质量标准，开考计划中凡课程名称、学分与全国统考课程相同者（附件中序号标注“*”号的），均须使用全国考委组编的课程自学考试大纲、教材，参加全国统一命题考试。

四、同意你市遴选北京财贸职业学院为连锁经营管理专业（专科）的主考学校。请充分发挥主考学校的作用，切实贯彻“教考职责分离”的原则，加强市考课程的课程自学考试大纲、教材建设和实践性环节考核等工作，切实保证质量。

附件：高等教育自学考试连锁经营管理专业（专科）课程设置与学分

全国高等教育自学考试指导委员会办公室
二○一一年七月十二日

附件：

高等教育自学考试连锁经营管理专业（专科）课程设置与学分

专业代码：A020255

序号	课程代码	课程名称	学分	备注
1*	03706	思想道德修养与法律基础	2	
2*	03707	毛泽东思想、邓小平理论和“三个代表”重要思想概论	4	
3	07992	商品学基础	3	
4	05474	连锁企业经营管理	4	
5	05475	连锁企业人力资源管理	4	
6	12045	财贸素养	6	
7	12046	连锁企业采购与配送管理	6	
8	12047	理货业务	6	
9	12048	商业票据与核算	5	二选一
10*	00041	基础会计学	5	
11	12049	卖场设计	5	
12	12050	卖场营销策划	6	
13	07988	连锁企业信息系统管理	3	
14	12051	门店运营与管理	6	
15	12052	连锁企业创办	5	
16	12053	门店开发与选址	5	
总学分			70	

关于江西省申请备案开考高等教育自学考试移动商务技术等五个专业的复函

考委办函［2011］64号

江西省教育考试院：

你院《关于开设高等教育自学考试移动商务技术等专业的请示》（赣考院自［2011］20号）收悉，函复如下：

一、同意你省备案开考高等教育自学考试移动商务技术（专科、独立本科段）、嵌入式技术（专科、独立本科段）、采矿工程（独立本科段）五个专业，请严格执行考委［2010］2号、考委办函［2010］59号文件规定。

二、为保证质量标准，开考计划中凡课程名称、学分与全国统考课程相同者，均须使用全国考委组编的课程自学考试大纲、教材，参加全国统一命题考试。

三、同意你省遴选南昌大学为移动商务技术专业（专科、独立本科段）、嵌入式技术专业（专科、独立本科段），江西理工大学为采矿工程专业（独立本科段）的主考学校。请充分发挥主考学校的作用，切实贯彻“教考职责分离”的原则，加强省考课程的课程自学考试大纲、教材建设和实践性环节考核等工作，切实保证质量。

附件：高等教育自学考试采矿工程专业（独立本科段）课程设置与学分

全国高等教育自学考试指导委员会办公室

二〇一一年七月二十二日

附件：

高等教育自学考试采矿工程专业（独立本科段）课程设置与学分

专业代码：B080109

序号	课程代码	课程名称	学分	备注
1*	03708	中国近现代史纲要	2	
2*	03709	马克思主义基本原理概论	4	
3*	00015	英语（二）	14	
4*	00051	管理系统中计算机应用	3	
	00052	管理系统中计算机应用（实践）	1	
5	03095	系统工程	6	
6	10053	工程数学（线性代数、复变函数）	6	
7	08143	非煤开采技术	3	
8	08147	矿井通风与安全（二）	5	
	08148	矿井通风与安全（二）（实践）	1	
9	08149	矿山压力及其控制	5	
10	11887	采矿优化设计	4	
	11888	采矿优化设计（实践）	1	
11	11939	采矿学（二）	8	
	11940	采矿学（二）（实践）	3	
12	11889	采矿工程毕业实习（二）	4	
	11890	采矿工程毕业论文		不计学分
总学分			70	
1	08146	矿井提升运输	4	免考英语（二）的加考课程
2	11891	煤炭工业经济	5	
3	11892	液压传动及采掘机械	5	

关于第四届全国自学成才奖励基金优秀自考生评选情况的通报

考委办函［2011］65号

各省、自治区、直辖市高等教育自学考试委员会办公室、解放军自学考试办公室：

根据我办“关于开展第四届全国自学成才奖励基金优秀自考生评选活动的通知”（考委办函［2010］70号）要求，各地积极响应，认真组织，共上报212名优秀自考生候选人名单。我办组织有关省（自治区、直辖市）相关负责同志对候选人材料进行了评审，评出“全国十佳自考生”10人（附件一）、“全国优秀自考生”165人（附件三）。根据各地所报情况，考虑部分优秀自考生的学习、工作、思想等某一方面事迹较为突出，决定评选“全国单项优秀自考生”35人（附件二）。

请将各省获奖自考生名单核实后上网公示，于8月22日前将公示情况以书面形式报送我办。我办将根据公示情况把名单报全国考委批准，并择时予以表彰。我办将根据获奖自考生的感人事迹组织编撰《学习改变命运》（第四辑），请各地组织力量重点对“全国十佳自考生”、“全国单项优秀自考生”事迹材料进行整理和挖掘（具体要求见附件四），同时开展对获奖自考生的宣传活动。

全国考办助学管理处联系方式：（略）。

附件：一、第四届全国自学成才奖励基金“全国十佳自考生”名单（10人）
二、第四届全国自学成才奖励基金“全国单项优秀自考生”名单（35人）
三、第四届全国自学成才奖励基金“全国优秀自考生”名单（165人）
四、《学习改变命运》（第四辑）征稿函

全国高等教育自学考试指导委员会办公室
二〇一一年七月二十七日

附件一：

第四届全国自学成才奖励基金“全国十佳自考生”名单（10人）

马金林（男，天津）、吴杰（男，黑龙江）、庄木弟（男，上海）、王卫军（男，江苏）、肖潭水（男，浙江）、王茂华（男，江西）、陈芳（女，湖北）、江蓉秋（女，四川）、蒋春林（男、甘肃）、刘现军（男，解放军）

附件二：

第四届全国自学成才奖励基金“全国单项优秀自考生”名单（35人）

1. 学以致用单项奖（7人）

苏娅丽（女，北京）、聂殿昌（男，安徽）、张迎涛（男，河南）、顾峰（女，广东）、蔡天超（男，甘肃）、华小慧（女，宁夏）、宝巴特尔（男，新疆）

2. 博学多才单项奖（2人）

周益民（男，江苏）、郭创立（男，解放军）

3. 励志成才单项奖（4人）

张虎（男，天津）、李亚东（男，河北）、陶秋丰（男，湖北）、杨岷（男，重庆）

4. 高尚品德单项奖（6人）

舒翠兰（女，北京）、王晓生（男，辽宁）、易春梅（女，广西）、徐佑焱（男，四川）、左鹏（男，陕西）、刘彦军（男，甘肃）

5. 自强不息单项奖（4人）

郭翠玲（女，安徽）、叶再盈（男，浙江）、李华（男，福建）、汪楠钦（男，陕西）

6. 学习创新单项奖（4人）

魏海军（男，天津）、许海涛（男，河北）、赵贵生（男，吉林）、赵振平（女，山东）

7. 身残志坚单项奖（3人）

张国强（男，山东）、李小平（女，湖南）、张朝学（男，云南）

8. 知识致富单项奖（2人）

何艳平（男，湖北）、肖彬（男，四川）

9. 终身学习单项奖（3人）

李凤琴（女，江苏）、赵自云（男，福建）、欧阳治华（男，湖南）

附件三：

第四届全国自学成才奖励基金“全国优秀自考生”名单（165人）

北京市　　3人

李涛（男）、郭玮（女）、刘士强（男）

天津市　　2人

朱明炯（男）、杜全埔（男）、

河北省　　8人

梁素杰（女）、张伟（男）、李明伟（女）、

米雪然（女）、米江浩（男）、耿标（男）、于高峰（男）、王忠诚（男）

山西省　6人

李琳（女）、郑国强（男）、刘志英（女）、任沁艳（女）、王志国（男）、连海明（男）

内蒙古　4人

郭彦华（女）、李文娟（女）、杨超（男）、原显冬（男）

辽宁　4人

李晶（女）、刘爽（女）、王云鹏（男）、卢茂清（男）

吉林　4人

付一含（女）、周雯（女）、丁会涛（男）、张利红（女）

黑龙江　4人

齐岩（女）、于键（男）、金丽萍（女）、宫佰谊（男）

上海　4人

盛秋燕（女）、陈金祥（男）、徐丽嘉（女）、郏春花（女）

江苏　6人

范玉娥（女）、谭兴鲲（男）、仇理（男）、崔强（男）、徐瑞竹（男）、纪苏原（女）

浙江　5人

马狄（男）、缪霜霜（女）、杨立宏（男）、姜道柏（男）、周军（男）

安徽　3人

金德庆（男）、孙时保（男）、邢思允（男）

福建　4人

陈丽娟（女）、卓露云（女）、范莉华（女）、陈文勇（男）

江西　9人

刘界红（女）、郑经智（男）、王丹凤（女）、张筱迪（女）、袁群（女）杨丽梅（女）、黄华亮（男）、彭珍（女）、徐进贵（男）

山东　8人

闫吉虎（男）、杨秀岐（男）、付冬梅（女）、郭金军（男）、赵慧（女）、赵润平（男）、王学敏（男）、仲开（女）

河南　8人

张远开（女）、王中联（男）、冯宝红（女）、张慧（女）、徐松（男）、段东波（男）、孔维娜（女）、张舵（男）

湖北　11人

姚金阶（男）、向延平（男）、王昌杰（男）、饶学军（男）、齐宝昌（男）、王晓龙（男）、薛俊珍（女）、李姚笛（女）、邓铃翰（男）、谢家亮（男）、郭峰（男）

湖南　8人

李世云（男）、伍树松（男）、周刊（女）、陈放民（男）、蔡玲（女）、李鸾（女）、罗绍荣（女）、杨莉莉（女）

广东　8人

朱颜（男）、黄声涛（男）、刘瑜（女）、黎丽开（女）、廖燕玉（女）许则变（女）、韩国清（男）、张贵茂（男）

广西　7人

向敏（女）、谭永前（男）、叶宇（男）、邓国泉（男）、黄尚璋（男）、周福明（男）、卢俊欢（男）

海南　3人

张园林（女）、阎中正（男）、陈晨（女）

重庆　4人

陈建（男）、游朝辉（女）、余洋（男）、周渝（男）

四川　4人

白朝城（男）、李明阳（男）、田静（女）、田竹（女）

贵州　5人

林英（女）、张国星（男）、胡伟（男）、龙薇（女）、陈颖（女）

云南　4人

陈庆丽（女）、杨丽荣（男）、杨双代（男）、胡发辉（男）

西藏　　3人

贵曲（男）、贾艳鹏（女）、杨志勇（男）

陕西　　8人

李志（男）、党淑尽（女）、郑慧洁（女）、刘璞（男）、刘冉（女）、李林鹏（男）、腾兑现（男）、李旭辉（女）

甘肃　　3人

冯正睿（男）、李翠玲（女）、赵娅红（女）

青海　　3人

聂圣青（男）、才仁多杰（男）、袁超明（男）

宁夏　　3人

张士华（女）、刘丹（女）、高瑞玉（男）

新疆　　5人

贾依娜西·合德尔拜（女）、穆合塔尔·再丁（男）、张晓燕（女）、张学章（男）、热子万古丽·亚森（女）

解放军　　4人

张建星（男）、杜宏书（男）、刘凤林（男）、李振（男）

附件四：

《学习改变命运》（第四辑）征稿函

报告文学集《学习改变命运》业已出版三辑，她以自考生的平凡故事，展现广大自考生的精神风采；她是自学成才标兵的典型报告，更是中国高等教育自学考试的壮丽篇章；她以或细腻或恢宏的笔触，展现千百万自考生的自学精神，成为全国自考生的励志读本。

为了进一步挖掘典型，全国考办拟编辑出版《学习改变命运》（第四辑）。希望各省（自治区、直辖市）考办及解放军自考办以“全国十佳自考生”、“全国单项优秀自考生”为原型，整理获奖者先进事迹材料按以下要求报送：

一、来稿要求

1. 撰写体例为报告文学；2. 事例典型，形象生动，语言活泼；3. 字数在5 000字左右；4. 文章要求纸质与电子版各一份；5. 随文附生活照、工作照各一张；6. 交稿时间截止为2011年9月20日。

二、联系方式

地址：湖北省武汉市武昌东湖路147号《学习改变命运》编辑部

邮　编：430077

电子邮箱：（略）

联系电话：（略）

联 系 人：（略）

关于开展高等教育自学考试先进集体和先进工作者评选活动的通知

考委办函［2011］66号

各省、自治区、直辖市高等教育自学考试委员会办公室、解放军自学考试办公室、全国考委各专业委员会：

今年是高等教育自学考试制度建立三十周年。三十年来，自学考试取得了巨大成就，其中凝聚了几代自学考试工作者的青春热血，凝结了广大基层自学考试管理团队的集体智慧。三十年来，自学考试战线中涌现出众多的先进人物和感人事迹，激励和鞭策着一批批加入到自学考试队伍中的同志们。为增强广大自考工作者的荣誉感和事业心，总结高等教育自学考试工作经验，促进我国自学考试事业持续发展，我办决定在自学考试制度建立三十周年之际，开展高等教育自学考试先进集体和先进工作者评选活动。

一、评选原则与要求

坚持公开、民主和实事求是的评选原则，注意向基层倾斜。评选过程中要严格按照评选条件，充分发扬民主，广泛征求意见，坚决防止弄虚作假现象发生。凡不按规定程序和相应评选条件进行评选，或在评选过程中有其他徇私舞弊行为的，一经查实，取消被推荐者参评资格。

二、评选项目、对象和条件

评选项目1：高等教育自学考试先进集体

评选对象：地、（市）县两级自学考试办公室、主考学校、助学组织、考点、全国考委专业委员会

评选条件：见附件一

评选项目2：高等教育自学考试先进工作者

评选对象：省、地（市）、县三级自学考试办公室工作人员；主考学校参与自学考试工作的管理人员及组织人员；参与自学考试专业计划、考试大纲、命题、教材、考务考籍、考试研究等项工作的人员。

评选条件：见附件一

评选项目3：高等教育自学考试单项工作优秀奖

评选对象：省级自学考试办公室

1. 专业建设工作优秀奖
2. 命题工作优秀奖
3. 社会助学工作优秀奖
4. 考务考籍工作优秀奖
5. 教材媒体建设工作优秀奖
6. 科研工作优秀奖
7. 网站建设工作优秀奖
8. 宣传工作优秀奖
9. 非学历证书考试工作优秀奖
10. 财务工作优秀奖
11. 特殊贡献奖

评选条件：在符合“高等教育自学考试先进集体”评选条件的基础上，在以上11个工作领域中有特别贡献的先进集体。（详见附件一）

三、评选办法

1. 各省级考办负责组织本省的评选活动，根据评选办法和评选推荐名额（见附件二）进行初评，如实填写评选登记表，并按照要求报送全国考办。

解放军自考办负责组织军队系统的初评，并按照要求将初评结果报送全国考办。

全国考委各专业委员会负责组织本委员会先进集体、先进工作者的初评，并按照要求将初评结果报送全国考办，由全国考办组织评审。参加全国考办命题工作的命题教师先进工作者的评选由全国考办负责组织评选。

2. 全国考办成立评选委员会，审核各省（自治区、直辖市）、解放军自考办以及全国考委各专业委员会推荐的先进集体和先进工作者名单及材料，评审出获奖人员、集体。

3. 全国考办依据各省（自治区、直辖市）自学考试工作开展情况、近年考生规模等因素，综合确定各省（自治区、直辖市）先进集体和先进工作者的推荐名额。遵照评选原则，通过自荐、集体评议等形式，听取各方面意见和建议。

省级自考办申报单项工作优秀奖，每个省（自治区、直辖市）最多可申报5个单项奖。单项工作优秀奖不占各省（自治区、直辖市）先进集体名额。

四、时间安排

请各省（自治区、直辖市）、解放军自考办及全国考委各专业委员会将初评结果（登记表、汇总表及翔实资料）于2011年9月30日前寄至全国考办。

联系人及电话：（略）

附件：一、高等教育自学考试先进集体、先进工作者、单项工作优秀奖评选条件

二、推荐名额分配表

1. 高等教育自学考试先进集体、先进工作者推荐名额分配表

2. 高等教育自学考试单项工作优秀奖名额分配表

三、评选表格

1. 高等教育自学考试先进集体评选登记表

2. 高等教育自学考试先进工作者评选登记表

3. 高等教育自学考试单项工作优秀奖评选登记表

4. 高等教育自学考试先进集体初评结果汇总表

5. 高等教育自学考试先进工作者初评结果汇总表

全国高等教育自学考试指导委员会办公室

二〇一一年七月二十七日

附件一：

高等教育自学考试先进集体、先进工作者、单项工作优秀奖评选条件

一、“高等教育自学考试先进集体”评选条件

（一）地、（市）县两级自学考试办公室

1. 坚持党的教育方针和政策，认真贯彻执行国家有关高等教育自学考试的规章、制度和业务规范。

2. 自学考试（工作）委员会有健全的工作制度，定期研究、及时解决当地自学考试的重大问题，认真落实全国考办部署的各项工作。规章制度完善，组织机构健全，人员落实到位，岗位设置合理。

3. 在工作中锐意进取，富有开拓精神，成效卓著。自2006年以来，历次考试工作中，没有出现安全保密和重大考场集体舞弊事件和重大责任事故发生。

4. 主动承担各项考试任务，积极有效地对社会助学工作进行指导与监督；在自考的宣传研究工作方面取得突出的成绩。

（二）主考学校

1. 认真贯彻执行国家有关高等教育自学考试的方针政策。

2. 严格履行主考学校的职责，较好地完成省（自治区、直辖市）考委交办的任务。

3. 校内有专门的组织机构和专人负责自学考试工作，有健全的规章制度，管理严格，工作人员及教师严格遵守各项规章制度，严格执行“教考职责分离”的原则。

4. 在参与命题、实践考核、评卷工作、毕业审核、学位评审等工作中认真负责，严格贯彻落实各项工作要求。

5. 承担主考任务达5年以上。

（三）助学组织

1. 坚持党的教育方针，认真贯彻执行国家关于社会力量办学和高等教育自学考试社会助学的法律、政策，执行自学考试社会助学的规定。

2. 经教育行政部门审批通过，具有有效办学资质和助学资质，并在省级考办登记注册和全国考办登记备案。

3. 具有一定助学规模，且自最近招生当年起计算，连续举办5年以上的助学活动。诚信守法，规范助学，近5年内未发生重大教学（服务）质量、安全卫生、考试违纪等事故，未受到行政部门的通报。

4. 通过自学考试主渠道征订正版教材，并及时向考生供应教材。没有使用盗版教材或翻印学习媒体等违法行为。

5. 有健全的管理机构和规章制度，管理严格，职责分明，社会信誉良好。

6. 具有相对稳定的专兼职师资队伍。其任职资格和人数应与专业设置、在校生人数相适应。

7. 具有与助学规模、服务内容和助学形式相适应的场所、教学、实验设备及图书资料。有稳定可靠的助学经费来源。

8. 能够按照高等教育自学考试专业计划、课程及课程自学考试大纲认真开展助学，加强对考生的思想品德教育、心理健康教育和学风考纪教育。考生考试违纪率低，在校生流失率低，考生自学考试课程考试及格率高。

9. 能够在自学考试政策宣传、信息咨询、学习资料供应和考试报名等方面为考生提供较好的服务和帮助。

（四）考点

1. 严格执行自学考试的规章制度及考务管理规定；

2. 由考区委员会评估合格，经省级自考办审核、备案的国家教育考试标准化考点；

3. 考点负责人、监考教师及工作人员忠于职

守，善于发现并敢于纠正违规、舞弊现象；在历次考试中无考场集体舞弊和管理责任事件发生。

4. 在确保考试安全保密、考风考纪和服务考生方面积累经验、积极探索，在工作中有创新举措。

5. 连续承担5年以上考点任务。

（五）全国考委专业委员会

1. 积极研究高等教育的改革和发展趋势，提出符合自学考试特点的专业建设意见。

2. 根据经济建设、社会发展需要和国家高等教育发展要求，积极拟订、修订、审议自学考试专业考试计划、课程自学考试大纲和实践环节培训与考核基本要求。

3. 根据全国考委要求，积极组织编写、修订和推荐适合自学的高等教育教材，审定适合自学的教材及其他自学媒体。

4. 配合完成自学考试专业和课程改革、命题质量评估、精品教材建设等工作。

5. 完成全国考委委托的审核各省（自治区、直辖市）申报开考专业等其他工作。

6. 按时召开专业委员会委员全体会议，提出年度工作计划和经费预算，提交年度工作总结报告和经费结算报告。

二、"高等教育自学考试先进工作者"评选条件

1. 坚持党的教育方针和政策，认真贯彻执行国家关于高等教育自学考试的规章、制度。

2. 热爱本职工作，努力研究和探索自学考试的规律，勇于创新，善于总结经验，坚持学习，在工作中做出突出成绩。

3. 对当地自学考试的改革与发展做出突出贡献，出色完成考试机构交办的工作。

4. 遵纪守法，不以权谋私，在工作中，无个人责任事故发生；热心为助学组织和考生服务，事迹突出。

5. 从事或参与自学考试工作10年以上。

三、"高等教育自学考试单项工作优秀奖"评选条件

（一）专业建设工作优秀奖

1. 认真贯彻教育部、全国考委有关专业建设和管理工作的方针、政策及文件规定，专业建设和管理规范有序、卓有成效。

2. 按照教育部和全国考委要求，严格执行专业开考审批制度。

3. 严格执行全国统一专业考试计划，参加全国统一命题考试，使用全国统编教材。

4. 专业建设和管理机构健全、队伍稳定、制度完善，有科学规范的专业设置、论证、开考制度和管理办法。

5. 根据当地经济、社会发展需要，积极论证、开考专业，积极推进专业建设和管理工作各项改革试点。

6. 按照全国考委、全国考办要求，及时上报专业建设和管理各项数据、材料。

7. 近5年来，专业建设和管理工作没有擅自开考、调整专业等违规现象。

（二）命题工作优秀奖

1. 领导高度重视命题工作。

2. 硬件设施建设和人员配备能较好地满足命题工作需要。

3. 制度建设和命题管理工作成效显著。

4. 积极承担各项命题任务，组织命题管理人员参加业务培训，认真完成统考课程试题及考试情况调查反馈工作。

5. 近5年来命题工作没有重大错误或失误，所命制的试卷、试题没有重大质量问题。

6. 按照全国考办的有关规定组织命题工作，没有擅自组织全国统考课程命题考试的情况。

（三）考务考籍工作优秀奖

1. 高度重视考务考籍工作，认真贯彻执行《高等教育自学考试考务工作规定》、《高等教育自学考试考籍管理工作规则》和《国家教育考试考务安全保密工作规定》，严格执行教育部、全

国考委的业务规范和工作部署。

2. 根据国家有关规定制定完善的实施细则，建立了完整的考务考籍规章制度。工作过程制度严明、规范有序，近5年来没有发生过任何原因的失泄密和重大考场集体舞弊事件。

3. 根据国家标准建立国家教育考试管理与服务平台，按照要求利用平台系统进行考务指挥。积极推进标准化考点建设，成果显著。

4. 高度重视考试安全，根据本地实际情况，制定应对各类突发事件的预案和实施细则，开展培训和演练，及时稳妥处置各类突发事件。

5. 重视统计及毕业生电子注册工作，上报数据及时、准确。

（四）科研工作优秀奖

1. 重视科研工作，科研意识强，在自学考试的改革与发展中，牢固树立科研先行思想。

2. 结合实际工作开展科研，注重科研成果的转化工作。积极承担全国教育考试科研课题，按时完成科研课题并通过结题鉴定，取得的成果具有一定的推广、应用价值。

3. 注重对工作人员科研能力的培养，支持和鼓励工作人员参加各种类型的学术交流、撰写科研论文，举办科研讨论会。

（五）教材媒体建设工作优秀奖

1. 有专门的教材管理部门，地市县各级发行网络健全，能及时申报和下发各类自考教材。

2. 重视全国统编教材的发行工作，确保自考教材主渠道供应和教材的及时到位，并采取一系列措施打击盗版、搭售现象。

3. 在本省开考的专业课程中，凡全国统考课程，使用统编教材的比例不低于70%；并及时结算书款。

4. 重视教学媒体的研制和开发工作，有计划地投入研制有助于考生学习的多种媒体资料，并确保高质量。

5. 对本省的教材进行定期评估和修订，避免教材内容的过时、陈旧。

（六）社会助学工作优秀奖

1. 领导重视社会助学工作，认真研究工作面临的新情况、新问题，积极探讨加强工作的新措施。

2. 近5年以来，按照全国考办的要求，认真开展社会助学组织登记备案工作，工作质量较高。

3. 在自学考试报名、考试、转考、教材、政策等方面，能够较好为助学组织和考生提供服务。

（七）网站建设工作优秀奖

1. 网站的技术先进，功能丰富、实用，信息安全，访问速度快，导航明确，便于使用。

2. 网站设计新颖美观，网页界面友好，设计创意独特，布局结构合理，图文并茂。

3. 网站栏目分类清晰，信息归类科学；内容准确、详实、丰富，更新及时，能够体现出本地区、单位的特点。

4. 网站信息资源丰富，具有较强的全文检索功能、信息查询功能和交互功能。

5. 网站点击率高，社会影响大，能够充分发挥媒体宣传的作用。

（八）宣传工作优秀奖

1. 认真落实年度工作总结和汇报制度。

2. 配合考试工作的开展，通过广播、电视、报刊等新闻媒介向社会宣传介绍自学考试制度及取得的成就，宣传典型优秀考生的先进事迹。

3. 按照全国考办的部署，认真筹备和做好自考宣传活动周。

4. 积极主动地面向社会、有关部门及考生个人宣传自学考试的方针、政策。

5. 通过自学考试报刊，及时向社会和考生发布考试信息，公布专业考试计划，介绍考试有关的具体政策，解答考生关心的带有普遍性的问题。

（九）非学历证书考试工作优秀奖

1. 思想上高度重视，锐意进取，富有开拓精神，将发展非学历证书考试作为工作重点。

2. 主动研究市场对非学历证书的需求，积极承担和开发非学历证书考试，机构设置健全，管理制度完善，宣传推广工作到位。

3. 非学历证书考试工作效果显著，参加非学历证书考试的人数多，万人参考率高。

4. 能按照相关规定做好非学历证书考试各环节工作。考试数据上报及时、准确。近5年来没有发生过试题试卷失泄密事件，没有出现考务上的重大事故。

（十）财务工作优秀奖

1. 认真贯彻执行国家和上级主管部门有关财经法规的规定，财会工作规范，资金安全，未出现违反财经法规事项。

2. 积极履行工作职责、任务，为领导、职工提供良好财会服务。

3. 正确处理各项财务关系，积极筹集资金，保障考试事业顺利发展。

4. 按照规定及时、足额向教育部考试中心上缴各项考试费，积极协助地区、县级考试机构协调有关经费问题，取得积极成效。

5. 积极参加教育部考试中心（全国考办）、中国教育会计学会考试分会的各项活动，及时按照要求提供有关财会资料。

6. 注意学习，廉洁自律，不断提高政治、业务素质。能结合工作实际，积极开展科研活动，撰写文章。

7. 单位领导重视、支持财会工作。赋予恰当、明确的职责任务，设置健全的财会机构，配备合理的财会人员（符合国家有关规定），配备称职、专业的财务负责人。

（十一）特殊贡献奖

符合下列条件之一者：

1. 在自学考试制度创新、体制创新、科研创新等方面取得突出贡献。

2. 自学考试面向职业、面向基层、面向农村、面向社区工作取得突出成绩。

3. 在发展本地的文化、经济方面取得比较大的成绩。

4. 服务社会、服务考生制度完善，措施得力，事迹突出。

附件二：

推荐名额分配表

1. 高等教育自学考试先进集体、先进工作者推荐名额分配表

省份	先进集体名额	先进工作者名额
北京	8	16
天津	6	13
河北	7	14
山西	5	9
内蒙古	5	9
辽宁	5	10
吉林	5	11
黑龙江	5	9
上海	6	12
江苏	12	25
浙江	9	17
安徽	7	15
福建	7	14
江西	9	18
山东	8	17
河南	7	12
湖北	11	24
湖南	6	11
广东	11	23
海南	3	6
广西	4	8
四川	7	14
重庆	6	12
贵州	4	8

续表

省份	先进集体名额	先进工作者名额
云南	4	8
西藏	3	5
陕西	8	16
甘肃	5	9
青海	3	5
宁夏	3	5
新疆	4	9
解放军	6	12
全国考委专业委员会	3	4
全国考委专家	—	24
总计	202	424

2. 高等教育自学考试单项工作优秀奖名额分配表

奖项	名额
专业建设工作优秀奖	10
命题工作优秀奖	10
社会助学工作优秀奖	10
考务考籍工作优秀奖	10
教材媒体建设工作优秀奖	5
科研工作优秀奖	5
网站建设工作优秀奖	5
宣传工作优秀奖	5
非学历证书考试工作优秀奖	5
财务工作优秀奖	5
特殊贡献奖	5

（附件三略）

关于重庆市调整视觉传达设计（专科）等专业课程设置及有关事宜的复函

考委办函［2011］67号

重庆市高等教育自学考试委员会办公室：

你办《关于调整视觉传达设计（专科）等专业课程设置的请示》（渝考办文［2011］16号）收悉。现函复如下：

为更好地适应专业培养的执业需要，区分绘画类专业在素描、色彩方面的要求，突出基础知识和基本技能对具体的设计造型能力要求，同意该两个专业课程设置的调整方案。

一、取消视觉传达设计、室内设计两个专业课程设置中的00599素描（三）（3学分）、00674色彩（3学分）两门课程，调整为00694设计素描（3学分）、00695设计色彩（3学分）两门课程。课程设置调整后，课程门数及总学分均保持不变。

二、凡已考试通过00599素描（三）（3学分）、00674色彩（3学分）课程的，可替代00694设计素描（3学分）、00695设计色彩（3学分）课程。上述课程调整从2012年1月开始实行。

三、同意你市备案停考工业自动化（独立本科段）专业。请严格按照全国考委有关文件精神，做好停考专业的善后事宜，处理好遗留问题，确保考生利益和考试质量。

全国高等教育自学考试指导委员会办公室

二〇一一年七月二十七日

关于人力资源和社会保障部人事司调整劳动和社会保障专业及证书项目有关工作的复函

考委办函［2011］68号

人力资源和社会保障部人事司：

你司《关于调整劳动保障岗位资格证书及劳动保障专业自学考试项目有关工作的函》收悉，经研究，原则同意调整劳动和社会保障专业（独立本科段）专业名称及部分课程设置，对新增设证书课程选编优质适用教材。

以上事项，待双方组织专家共同论证后再予确定。

此复。

全国高等教育自学考试指导委员会办公室
二〇一一年七月二十八日

关于全军考办申请开考高等教育自学考试国防动员与国防教育（专科）等两个专业的复函

考委办函［2011］69号

中国人民解放军自学考试委员会办公室：

你办《关于在全军和武警部队开办高等教育自学考试国防动员与教育专业的请示》（军考办［2011］6号）收悉，函复如下：

一、经全国考委组织专家审核，同意你办开考高等教育自学考试国防动员与国防教育专业（专科、独立本科段）两个专业，我办对报送的专业赋予了专业代码和课程代码（见附件）。

二、国防动员与国防教育专业（专科、独立本科段）以下课程的考核方式均为笔试加实践：新时期人民武装工作、兵役工作、城市人民防空、参战支前概论、动员战例研究、国防教育案例研究、民兵预备役思想政治工作、国防动员组织与实施、国防教育理论与实践、国防后备力量建设与动员、现代局部战争动员研究、边海防建设研究、战例研究、案例研究，笔试与实践的计分比例为7:3。

三、为保证质量标准，开考计划中凡课程名称、学分与全国统考课程相同者，均须使用全国考委组编的课程自学考试大纲、教材，参加全国统一命题考试。

四、同意你办遴选中国人民解放军南京陆军指挥学院为国防动员与国防教育专业（专科、独立本科段）的主考学校。请充分发挥主考学校的作用，切实贯彻“教考职责分离”的原则，加强军队统考课程的课程自学考试大纲、教材建设和实践性环节考核等工作，切实保证质量。

附件：一、高等教育自学考试国防动员与国防教育专业（专科）课程设置与学分

二、高等教育自学考试国防动员与国防教育专业（独立本科段）课程设置与学分

全国高等教育自学考试指导委员会办公室

二〇一一年七月二十七日

附件一：

高等教育自学考试国防动员与国防教育专业（专科）课程设置与学分

专业代码：A110115

序号	课程代码	课程名称	学分	备注
1*	03706	思想道德修养与法律基础	2	公共基础课
2*	03707	毛泽东思想、邓小平理论和“三个代表”重要思想概论	4	
3*	04729	大学语文	4	
4*	05679	宪法学	4	
5*	00034	社会学概论	6	
6	12072	国防动员概论	6	专业核心课
7	12073	国防教育概论	6	
8	12074	中国特色国防后备力量建设	6	
9	12075	新时期人民武装工作	6	
10	12076	兵役工作	6	
11	12077	城市人民防空	5	
12	12078	参战支前概论	5	
13	12079	国防法律法规选读	4	选考课（6门选3门）
14	12080	动员战例研究	4	
15	12081	国防教育案例研究	4	
16	06323	军事法学	5	
17	12082	民兵预备役思想政治工作	4	
18	12083	国防法学	4	
总学分			72	

附件二：

高等教育自学考试国防动员与国防教育专业（独立本科段）课程设置与学分

专业代码：B110116

序号	课程代码	课程名称	学分	备注
1*	03708	中国近现代史纲要	2	公共基础课
2*	03709	马克思主义基本原理概论	4	
3*	00015	英语（二）	14	
4*	00107	现代管理学	6	
5*	00315	当代中国政治制度	6	
6	12084	国防动员组织与实施	6	专业核心课
7	12085	国防教育理论与实践	6	
8	12086	兵役学	4	
9	12087	民防学	4	
10	12088	国防后备力量建设与动员	5	
11	12089	现代局部战争动员研究	5	
12	12090	当代中国国防与军队建设思想	4	选考课（8门选4门）
13	12091	地缘战略与国家安全	4	
14	12092	国防动员法概论	4	
15	12093	国防教育法概论	4	
16	12094	边海防建设研究	4	
17	06321	国民经济动员学	5	
18	12095	战例研究	3	
19	12096	案例研究	3	
	06999	毕业论文		不计学分
总学分			76	

关于福建省申请开考高等教育自学考试建筑设计（基础科段、本科段）等十二个专业的复函

考委办函［2011］70号

福建省高等教育自学考试委员会：

你委《关于申请开考高等教育自学考试建筑设计专业（基础科段与本科段）和移动通信技术（专科段与独立本科段）的报告》（闽教自考［2011］7号）、《关于申请备案开考人力资源管理（专科、独立本科段）、旅游管理（独立本科段）专业的报告》（闽教自考［2011］10号）、《关于申请备案开考服装设计与工程专业（独立本科段）的报告》（闽教自考［2011］16号）和《关于申请备案开考中小企业经营管理、应用心理学和零售管理等三个专业的报告》（闽教自考［2011］25号）收悉，函复如下：

一、同意你省备案开考高等教育自学考试建筑设计专业（基础科段、本科段）、人力资源管理专业（专科、独立本科段）、旅游管理专业（独立本科段）、服装设计与工程专业（独立本科段）、中小企业经营管理专业（专科、独立本科段）、应用心理学专业（独立本科段）9个专业，请严格执行考委办函［2004］168号、考委办函［2010］26号、考委办函［2006］61号、考委办函［2007］3号、考委办函［2006］82号、考委［2011］2号等文件规定。

经全国考委电子、电工与信息类专业委员会审核，同意你省开考移动通信技术专业（专科、独立本科段）；根据全国考委《关于调整高等教育自学考试专科专业审批权试点工作的若干意见》（考委［2005］5号）精神，同意你省开考高等教育自学考试零售管理专业（专科）。我办对报送的专业分别赋予了专业代码和课程代码（见附件）。

二、为保证质量标准，开考计划中凡课程名称、学分与全国统考课程相同者，均须使用全国考委组编的课程自学考试大纲、教材，参加全国统一命题考试。

三、同意你省遴选集美大学为人力资源管理专业（专科、独立本科段）、中小企业经营管理专业（专科、独立本科段）、零售管理专业（专科），福建师范大学为旅游管理专业（独立本科段），福州大学为建筑设计专业（基础科段、本科段）、移动通信技术（专科、独立本科段）、应用心理学专业（独立本科段），泉州师范大学为服装设计与工程专业（独立本科段）的主考学校。请充分发挥主考学校的作用，切实贯彻“教考职责分离”的原则，加强省考课程的课程自学考试大纲、教材建设和实践性环节考核等工作，切实保证质量。

附件：一、高等教育自学考试建筑设计专业（基础科段）课程设置与学分

二、高等教育自学考试建筑设计专业（本科段）课程设置与学分

三、高等教育自学考试移动通信技术专业

（专科）课程设置与学分

四、高等教育自学考试移动通信技术专业（独立本科段）课程设置与学分

五、高等教育自学考试人力资源管理专业（专科）课程设置与学分

六、高等教育自学考试人力资源管理专业（独立本科段）课程设置与学分

七、高等教育自学考试旅游管理专业（独立本科段）课程设置与学分

八、高等教育自学考试服装设计与工程专业（独立本科段）课程设置与学分

九、高等教育自学考试应用心理学专业（独立本科段）课程设置与学分

十、高等教育自学考试零售管理专业（专科）课程设置与学分

全国高等教育自学考试指导委员会办公室
二〇一一年七月二十七日

附件一：

高等教育自学考试建筑设计专业（基础科段）课程设置与学分

专业代码：C050422

序号	课程代码	课程名称	学分	备注
1*	03706	思想道德修养与法律基础	2	
2*	03707	毛泽东思想、邓小平理论和“三个代表”重要思想概论	4	
3*	04729	大学语文	4	
4	00599	素描（三）	3	
5	05026	水彩	5	
6	05394	建筑物理	4	
7	00707	建筑设计基础	4	
8	02446	建筑设备	3	
9	05391	建筑学原理	4	
10	05393	计算机绘图设计（一）	6	
11	05395	小型建筑设计	4	
12	05396	中小型建筑设计（一）	4	
13	05397	中小型建筑设计（二）	4	
14	05398	住宅建筑与居住小区规划设计	4	
15	06216	中外建筑史	5	
16	06564	画法几何与阴影透视	3	
	05390	画法几何与阴影透视（实践）	3	
17	08513	设计表现技法（实践）	4	
18	09065	建筑材料及检测技术（实践）	5	
总学分			75	

附件二：

高等教育自学考试建筑设计专业（本科段）课程设置与学分

专业代码：C050429

序号	课程代码	课程名称	学分	备注
1*	03708	中国近现代史纲要	2	
2*	03709	马克思主义基本原理概论	4	
3	05429	计算机绘图设计（二）	5	
4	05203	城市规划原理（二）	4	
5	05428	建筑施工图实习	4	
6	05430	建筑测量与建筑施工	4	
	10695	建筑测量与建筑施工（实践）	2	
7	05431	建筑结构方案及选型	3	
8	05432	建筑节能与太阳房设计	3	
9	05433	居住区环境设计	3	
10	05434	中型建筑设计	4	
11	05435	中大型建筑设计	4	
12	05436	大型建筑设计	4	
13	05437	大跨型建筑设计	4	
14	06563	建筑构造	3	
15	09238	室内设计（实践）	5	
16*	00015	英语（二）	14	二选一
17	05033	专业英语（一）	14	
	07999	毕业设计		不计学分
总学分			72	

附件三：

高等教育自学考试移动通信技术专业（专科）课程设置与学分

专业代码：A080790

序号	课程代码	课程名称	学分	备注
1*	03706	思想道德修养与法律基础	2	
2*	03707	毛泽东思想、邓小平理论和“三个代表”重要思想概论	4	
3*	00022	高等数学（工专）	7	
4*	00018	计算机应用基础	2	
	00019	计算机应用基础（实践）	2	
5*	02361	通信技术基础	4	
6	12055	天线与电波传播	5	
7	12056	2G 网络技术	6	
8	12057	WCDMA 网络技术	6	
9	12058	TD 网络技术维护	5	
10	12059	基站工程	5	
11	02314	模拟电路与数字电路	6	
	02315	模拟电路与数字电路（实践）	2	
12	06036	电信市场营销	6	
13	06887	移动通信原理	4	
14	07460	数字通信	5	
15	12060	3G 网络测试（实践）	4	
总学分			75	

附件四：

高等教育自学考试移动通信技术专业（独立本科段）课程设置与学分

专业代码：B080791

序号	课程代码	课程名称	学分	备注
1*	03708	中国近现代史纲要	2	
2*	03709	马克思主义基本原理概论	4	
3*	00015	英语（二）	14	
4*	00023	高等数学（工本）	10	
5*	02354	信号与系统	4	
	02355	信号与系统（实践）	1	
6	08947	电路分析	3	
	08948	电路分析（实践）	1	
7*	02141	计算机网络技术	4	
8	12061	移动通信网络基础	6	
9	02356	数字信号处理	4	
	02357	数字信号处理（实践）	1	
10	12062	2G 网络系统	5	
11	12063	3G 网络系统	5	
12	12064	3G 移动通信网络优化	6	
	06999	毕业论文		不计学分
总学分			70	

附件五：

高等教育自学考试人力资源管理专业（专科）课程设置与学分

专业代码：A020205

序号	课程代码	课程名称	学分	备注
1*	03706	思想道德修养与法律基础	2	
2*	03707	毛泽东思想、邓小平理论和“三个代表”重要思想概论	4	
3*	00043	经济法概论（财经类）	4	
4*	00018	计算机应用基础	2	
	00019	计算机应用基础（实践）	2	
5*	00341	公文写作与处理	6	
6*	03312	劳动和社会保障概论	6	
7*	00042	社会经济统计学原理	7	
8	04758	人力资源管理（三）	5	
9	06092	工作分析	4	
10	10096	劳动关系与争议处理	6	
11	11754	人力资源开发	4	
12	11755	人员测评技术	4	
13	11756	绩效考评技术	4	
14	11757	人力资源管理初级实验	6	
15	11758	人力资源管理案例分析（实践）	5	
总学分			71	

注：通过全国计算机等级一级B以上（含一级B）考试的考生可免考00018、00019课程。

附件六：

高等教育自学考试人力资源管理专业（独立本科段）课程设置与学分

专业代码：B020218

序号	课程代码	课程名称	学分	备注
1*	03708	中国近现代史纲要	2	
2*	03709	马克思主义基本原理概论	4	
3*	00015	英语（二）	14	
4*	00937	政府、政策与经济学	6	
5	05969	人力资源战略与规划	5	
6	06089	劳动关系与劳动法	6	
7	06093	人力资源开发与管理	6	
8	11760	人力资源政策与法规	5	
9	05963	绩效管理	4	
10	06090	人员素质测评理论与方法	6	
11	06091	薪酬管理	6	
12	11759	工作分析与评价	4	
13	11761	人力资源管理高级实验	6	
	10222	人力资源管理毕业论文		不计学分
总学分			74	

附件七：

高等教育自学考试旅游管理专业（独立本科段）课程设置与学分

专业代码：B020210

序号	课程代码	课程名称	学分	备注
1*	03708	中国近现代史纲要	2	
2*	03709	马克思主义基本原理概论	4	
3*	00051	管理系统中计算机应用	3	
	00052	管理系统中计算机应用（实践）	1	
4*	00053	对外经济管理概论	5	
5*	00058	市场营销学	5	
6*	00152	组织行为学	4	
7	06011	旅游学概论	4	
8	06120	旅游专业英语	12	
9	06123	导游学概论	5	
10	00197	旅游资源规划与开发	5	
11	00199	中外民俗	4	
12	00200	客源国概况	4	
13	05034	旅游地理学	5	
14	06153	旅游景区管理	4	
15	06944	中国旅游文化	4	
	06999	毕业论文		不计学分
总学分			71	

附件八：

高等教育自学考试服装设计与工程专业（独立本科段）课程设置与学分

专业代码：B081321

序号	课程代码	课程名称	学分	备注
1*	03708	中国近现代史纲要	2	
2*	03709	马克思主义基本原理概论	4	
3*	00015	英语（二）	14	
4	01011	服装 CAD/CAM 设计与应用（实践）	6	
5	01018	成衣工艺学（实践）	6	
6	05407	男装结构设计	4	
	01015	男装结构设计（实践）	3	
7	01014	针织服装设计	6	
8	01017	品牌服装设计	6	
9	05337	服饰品设计	6	
10	05408	服装商品企划	4	
11	07538	立体裁剪	6	
12	01016	女装结构设计（实践）	3	
	07999	毕业设计		不计学分
总学分			70	

附件九：

高等教育自学考试应用心理学专业（独立本科段）课程设置与学分

专业代码：B071502

序号	课程代码	课程名称	学分	备注
1*	03708	中国近现代史纲要	2	
2*	03709	马克思主义基本原理概论	4	
3*	00015	英语（二）	14	
4	07052	行为改变技术	5	
	07053	行为改变技术（实践）	1	
5	06056	心理学史	6	
6	00471	认知心理	4	
7	02106	普通心理学	6	
	02107	普通心理学（实践）	2	
8	06053	变态心理学	6	
9	06059	心理学研究方法	7	
10	07048	心理诊断	5	
11	07049	心理咨询原理与技术	5	
	07050	心理咨询原理与技术（实践）	1	
12	07051	学习心理学	5	
	06999	毕业论文		不计学分
总学分			73	

附件十：

高等教育自学考试零售管理专业（专科）课程设置与学分

专业代码：A020323

序号	课程代码	课程名称	学分	备注
1*	03706	思想道德修养与法律基础	2	
2*	03707	毛泽东思想、邓小平理论和“三个代表”重要思想概论	4	
3*	00018	计算机应用基础	2	
	00019	计算机应用基础（实践）	2	
4*	00177	消费心理学	5	
5	00147	人力资源管理（一）	6	
6	12065	零售业务概论	4	
7	12066	零售业法律法规	4	
8	12067	连锁企业会计实务	5	
9	12068	物流仓储与配送管理	5	
10	12069	零售管理实务	6	
11	12070	零售战略与管理	6	
12*	00908	网络营销与策划	3	
	00909	网络营销与策划（实践）	2	
13	04008	客户关系管理	6	
14	05478	连锁企业商品采购管理	4	
15	12071	零售管理案例分析（实践）	5	
总学分			71	

关于印发《高等教育自学考试学习服务中心试行办法》的通知

考委办函［2011］71 号

各省、自治区、直辖市高等教育自学考试委员会办公室：

现将《高等教育自学考试学习服务中心试行办法》印发给你们。请结合当地实际情况及“试点开展意见”，做好贯彻落实工作。

附件：一、高等教育自学考试学习服务中心试行办法

二、“省、自治区、直辖市学习服务中心”试点开展意见

全国高等教育自学考试指导委员会办公室

二〇一一年七月二十七日

附件一：

高等教育自学考试学习服务中心试行办法

第一章　总　则

第一条　为建立和完善高等教育自学考试（以下简称“自学考试”）学习支持服务体系，规范和引导自学考试社会助学健康有序地发展。依据《高等教育自学考试暂行条例》和《高等教育自学考试社会助学管理试行办法》的相关规定，制定本办法。

第二条　高等教育自学考试学习服务中心（以下简称“学习服务中心”）是在省、自治区、直辖市高等教育自学考试委员会办公室（以下简称“省考办”）登记注册、全国高等教育自学考试指导委员会办公室（以下简称“全国考办”）登记备案的社会助学组织中遴选出优秀社会助学组织，经省考办或全国考办认证，履行自学考试教育职能、具有开放性的示范社会助学组织。

学习服务中心分“全国示范学习服务中心”、“省、自治区、直辖市学习服务中心”两类。

第三条　设立学习服务中心的目的和指导思想：完善自学考试教育制度，履行并强化自学考试教育功能，重视自学考试学习者（以下简称“学习者”）学习过程，优化学习环境，提高学习者综合素质，引导社会助学规范发展，为学习者提供优质个性化、多样化学习支持服务。

第四条　学习服务中心须在全国考办的统一指导下，由各省考办进行指导、监督与管理。

第二章　学习服务中心的职责

第五条　学习服务中心根据自学考试培养目标的总体要求，依据自学考试学历和非学历教育的要求，培育和服务学习者，通过注册学习的方式，提供政策咨询、学习资源、考试服务、学习活动指导、就业指导等学习支持服务。主要职责是：

1. 贯彻国家教育方针和自学考试政策规定，践行以学习者为中心的教育与服务理念，与自学考试机构、主考学校共同致力培养各种社会有用人才。

2. 依照自学考试学历和非学历教育的要求，有效开展多种形式助学活动，为学习者提供个性化、多样化、针对性的学习培训与服务。

3. 向学习者开放教育资源，为学习者提供实验实习设备、场所及图书资料等学习资源，培养学习者实践能力、职业能力、自学能力。协助自学考试机构做好实践性环节考核工作。

4. 对学习者进行思想品德教育、心理健康教育、学风考纪教育。

5. 发挥学习者与自学考试机构、社会用人单位之间的桥梁作用，提供政策咨询指导、学习材料供应、就业指导等服务。

6. 承担自学考试改革试点的相关工作。

第三章　学习服务中心设置标准

第六条　学习服务中心的设立须符合以下标准：

1. 经国家行政部门批准设立，具有有效办学资质和助学资质，在省考办登记注册和全国考办登记备案的社会助学组织。

2. 具有一定助学规模，且自最近招生当年起计算，连续举办三年以上的助学活动。诚信守法，规范助学、近三年内未发生重大教学（服务）质量、安全卫生、考试违纪等事故，未受到行政部门的通报批评、处分。

3. 认真贯彻执行国家有关办学规定，法人治理结构与办学机制合法合规，坚持国家教育方针和政策，助学思想端正，社会信誉良好。

4. 严格贯彻自学考试有关社会助学的政策和规定，严格遵守“教考职责分离”原则，招生宣传内容真实合法，无使用盗版教材、乱收费等违法违规行为。

5. 具有与助学规模、助学服务内容和助学形式相适应的办学资金、助学场所、教学实验设施、图书资料以及生活文卫等设施设备，有稳定、可靠的助学经费来源。

6. 有健全的教务管理、学习者管理、后勤管理、安全管理、财务管理等管理制度、管理机构和专职管理人员，保证各项规章制度得到有效执行。

7. 具有相对稳定的与助学专业和学习者人数相适应的师资队伍，任课教师具有国家规定的任教资格。

8. 遵循自学考试教育规律，有健全的助学计划，助学效果良好。

9. 注重提高学习者综合素质，能够有计划、有组织地对学习者进行思想品德教育、心理健康教育、学风考纪教育，积极开展丰富多彩的文体活动。

10. 配合省考办做好考试管理和服务工作。设有专门的服务指导部门及其工作人员，为学习者提供自学考试咨询、学习材料供应、考试报名等服务支持。

11. 重视学习者职业技能与职业素养的培养，积极为学习者广泛开辟就业渠道，做好自学考试毕业生就业指导工作。

12. 有整洁安全的助学环境和健康优良的学习氛围。

第七条　设立以网络助学为主体的学习服务中心，其设置标准参照第六条。

第八条　为科学有效地设立学习服务中心，本着科学、合理、可行的原则，对学习服务中心制定资格认证指标体系。“全国示范学习服务中心”资格认证指标体系由全国考办制定。“省、自治区、直辖市学习服务中心”资格认证指标体系由省考办结合当地实际情况制定。

第四章　学习服务中心设置程序

第九条　学习服务中心通过认证方可设立。认证工作，原则上每年进行一次。符合条件的社会助学组织，须向所属省考办申请，填写学习服务中心申请审批表（参见附1），交验有关材料，并提交自评报告。

第十条　“省、自治区、直辖市学习服务中心”由省考办审核和认证，报全国考办备案。“全国示范学习服务中心”由省考办负责初审及推荐，由全国考办最终批准和认证。

第十一条　省考办或全国考办组织专家评估组对申请单位进行考察和评核。

第十二条　对符合条件的助学组织，分别由省考办或全国考办予以命名，授予统一证书和牌匾，并向社会公布。（证书和牌匾内容请参照附2）

第五章　学习服务中心的管理

第十三条　在全国考办的指导下，省考办每年对学习服务中心实施年度审核和检查（以下简称“年审”）。学习服务中心年审不通过或发生违法违规现象，省考办视情节给予限期整改或取消学习服务中心资格并及时向社会公布。

第十四条　“全国示范学习服务中心”的年审内容和办法由全国考办制定。“省、自治区、直辖市学习服务中心”的年审内容和办法由省考办制定。

第十五条　各省考办要重视学习服务中心的建设，加强对学习服务中心各项工作的指导、监督与管理，落实人员，明确职责，采取切实有效的支持措施，为学习服务中心的发展创造条件。

第六章　附　则

第十六条　各省考办可根据本办法，制定适合本地实际情况的实施细则。

第十七条　本办法自发布之日起实施。

第十八条　本办法的解释权属全国考办。

附1：

“省、自治区、直辖市学习服务中心”申请审批表

<table>
<tr><td colspan="3">学习服务中心编号</td><td></td><td></td><td></td><td></td><td></td><td></td><td></td><td></td></tr>
<tr><td>单位名称</td><td colspan="10"></td></tr>
<tr><td>详细地址</td><td colspan="6"></td><td>邮编</td><td colspan="3"></td></tr>
<tr><td>传真号码</td><td colspan="2"></td><td>E－mail</td><td colspan="7"></td></tr>
<tr><td>法人（负责人）
姓名</td><td></td><td>电话</td><td></td><td>联系人</td><td></td><td>电话</td><td colspan="4"></td></tr>
<tr><td>助学主体
类型</td><td colspan="10">□ 普通高校　□ 成人高校　□ 民办普通高校
□ 民办非学历高教机构　□ 部门委托办学　□ 其他</td></tr>
</table>

续表

<table>
<tr><td>助学方式</td><td colspan="4">□ 全日制　　□ 业余制</td></tr>
<tr><td>助学手段</td><td colspan="4">□ 面授　　□ 函授　　□ 网络助学　　□ 其他</td></tr>
<tr><td>学习者人数</td><td colspan="4">总数______人（全日制____人；业余____人）</td></tr>
<tr><td rowspan="4">助学专业名称及人数</td><td>1.</td><td>人数</td><td>2.</td><td>人数</td></tr>
<tr><td>3.</td><td>人数</td><td>4.</td><td>人数</td></tr>
<tr><td>5.</td><td>人数</td><td>6.</td><td>人数</td></tr>
<tr><td>7.</td><td>人数</td><td>8.</td><td>人数</td></tr>
<tr><td>上级主管部门</td><td colspan="2"></td><td>电话</td><td></td></tr>
<tr><td>办学许可证编号</td><td colspan="4"></td></tr>
<tr><td>助学许可证编号</td><td colspan="2"></td><td>收费许可证编号</td><td></td></tr>
<tr><td>管理人员情况</td><td colspan="4">总数______人（专职____人；兼职____人）</td></tr>
<tr><td>师资状况</td><td colspan="2">专职教师：
高级职称________人
中级职称________人
初级职称________人</td><td colspan="2">兼职教师：
高级职称________人
中级职称________人
初级职称________人</td></tr>
<tr><td>教学实践实训场所情况</td><td colspan="2">校内实践实训场所________个
（专业：________ ________ ________
________ ________ ________）</td><td colspan="2">校外实践实训场所________个
（专业：________ ________ ________
________ ________________）</td></tr>
<tr><td>单位介绍</td><td colspan="4"></td></tr>
<tr><td>办学经费情况</td><td colspan="4"></td></tr>
<tr><td>使用教材情况</td><td colspan="4"></td></tr>
</table>

续表

省级自考办审批意见：（公章）负责人： 年 月 日
全国考办备案情况：（公章）负责人： 年 月 日

注：本表一式三份，分别由申请单位、省考办及全国考办存档。

1. 单位介绍栏填写：（1）本单位的性质、历年办学情况等；企业助学须注明本单位注册资金；（2）本单位设备情况；（3）场地情况，本单位使用场地的性质，社会租用、自有还是借用；本单位可用于教学的教室数量、学习者住宿条件等。
2. 办学经费栏填写：办学经费的主要来源、助学费用收取情况。
3. 教材情况，主要是说明购买教材的途径、教材的来源以及教材的使用等情况。

附 2：

“省、自治区、直辖市学习服务中心”证书和牌匾内容样板

证书内容样本（参照）

*****************（助学组织名称）：

经****省（自治区、直辖市）高等教育自学考试委员会办公室审核评定，特授予“学习服务中心”称号

****省（自治区、直辖市）自考办

（公章）

年　　月　　日

牌匾内容样本（参照）

附件二：

“省、自治区、直辖市学习服务中心”试点开展意见

为有效构建自学考试面向社会、服务考生、开放性的学习支持服务体系，根据《高等教育自学考试学习服务中心试行办法》的有关规定，各省、自治区、直辖市可先行开展“省、自治区、直辖市学习服务中心”（以下简称“学习服务中心”）的试点工作（以下简称“试点工作”）。

1. 各省考办要在充分调研和科学论证的基础上遴选出综合发展优秀的社会助学组织作为试点单位。

2. 试点单位的选择要综合考虑以下因素：（1）助学指导思想明确，依法办学、诚信助学、开放服务，切实依照自学考试学历和非学历教育的要求，为学习者提供优质的教育培训和服务指导；（2）助学基础良好，办学资金充足，设施、机构完善，助学质量和管理水平高，助学效果良好，近三年内未发生重大教学（服务）质量、安全卫生、考试违纪等事故，未受到行政部门的通报批评、处分。

3. 省考办要充分重视试点工作，成立工作指导小组，合理制定本地区学习服务中心实施细则和资格认证体系，严格标准，规范流程，积极稳妥地推进试点工作。

4. 省考办要制订具体详尽的年审方案，实施年审制。要强化监督、提升服务，坚决防止试点单位利用试点名义进行虚假宣传和乱收费等违规行为。

5. 分阶段推动试点工作。2011 年 8 月，省考办结合实际情况制订本地区试点工作方案，报全国考办备案；2011 年 9 月开始，省考办根据工作方案遴选试点单位开展试点工作；2012 年 4 月，对试点工作进行阶段性总结。

请省考办将工作指导小组成员名单表及试点工作方案于 2011 年 8 月 31 日之前报全国考办助学管理处。

联系人：（略）

学习服务中心工作指导小组成员名单表（模板）

省（自治区、直辖市）考办名称：

序号	姓名	性别	职务	办公电话	手机	邮箱
1						
2						
3						
…						

注：1. 此表请如实准确填写，与试点工作方案同时提交，若有变更请及时与全国考办助学管理处联系。

2. 此表可复印，填写完毕后加盖单位公章。

单位公章

年 月 日

关于上海市申请调整高等教育自学考试毕业考核环节部分课程代码请示的复函

考委办函［2011］72 号

上海市高等教育自学考试委员会办公室：

你办《关于上海市高等教育自学考试毕业考核环节部分课程申请全国统一代码的请示》（沪自考委办［2011］12 号）收悉，函复如下：

为加强你市高等教育自学考试专业建设工作的科学、规范化管理，确保毕业考核环节的每门课程在计算机管理系统中的唯一性，同意你市对68 个专业的毕业考核环节的课程代码作调整，我办对动画（独立本科段）等 11 个专业毕业考核环节课程赋予了新代码，详见附件。

附件：上海市高等教育自学考试毕业考核环节部分课程代码调整对照表

全国高等教育自学考试指导委员会办公室
二〇一一年八月二十四日

附件：

上海市高等教育自学考试毕业考核环节部分课程代码调整对照表

序号	专业代码	专业名称	专业类型	原课程代码	原课程名称	调整后课程代码	调整后课程名称
1	C050105	汉语言文学	本科段	06999	毕业论文	10196	汉语言文学（本科）毕业论文
2	A050303	公共关系	专科	07998	毕业考核	18982	公共关系毕业考核
3	B050309	公共关系	独立本科段	06999	毕业论文	10171	公共关系毕业论文
4	B020115	经济学	独立本科段	06999	毕业论文	10206	经济学毕业论文
5	B040110	心理健康教育	独立本科段	06999	毕业论文	10215	心理健康教育毕业论文
6	B020216	电子商务	独立本科段	07999	毕业设计	11670	电子商务毕业论文
7	B040102	学前教育	独立本科段	06999	毕业论文	10224	学前教育毕业论文
8	B020155	文化产业	独立本科段	06999	毕业论文	10286	文化产业毕业论文
9	C050201	英语	本科段	07998	毕业考核	10233	英语（本科）毕业论文

续表

序号	专业代码	专业名称	专业类型	原课程代码	原课程名称	调整后课程代码	调整后课程名称
10	C050202	日语	本科段	06999	毕业论文	10243	日语（本科）毕业论文
11	B020204	会计	独立本科段	06999	毕业论文	10199	会计毕业论文
12	B020121	调查与分析	独立本科段	07999	毕业设计	10238	调查与分析毕业设计（论文）
13	B020208	市场营销	独立本科段	06999	毕业论文	10211	市场营销毕业论文
14	B020282	采购与供应管理	独立本科段	06999	毕业论文	10574	采购与供应管理毕业论文
15	C030106	法律	本科段	06999	毕业论文	10232	法律（本科）毕业论文
16	B030117	法律	独立本科段	06999	毕业论文	10200	法律毕业论文
17	C030108	律师	本科段	06999	毕业论文	10210	律师（本科）毕业论文
18	C020120	中英合作金融管理	本科段	06999	毕业论文	10251	金融管理毕业论文
19	C030401	公安管理	本科段	06999	毕业论文	10202	公安管理（本科）毕业论文
20	B030302	行政管理学	独立本科段	06999	毕业论文	10304	行政管理学毕业论文
21	C050305	新闻学	本科段	06999	毕业论文	10209	新闻学（本科）毕业论文
22	B082208	计算机信息管理	独立本科段	07999	毕业设计	10214	计算机信息管理毕业设计
23	B080709	计算机网络	独立本科段	07999	毕业设计	10229	计算机网络毕业设计
24	B080711	计算机软件	独立本科段	07999	毕业设计	11706	计算机软件毕业设计
25	B100702	护理学	独立本科段	07276	临床实习	18999	护理学本科临床实习
26	B100702	护理学	独立本科段	06999	毕业论文	10226	护理学毕业论文
27	B080603	工业自动化	独立本科段	07999	毕业设计	10346	工业自动化毕业设计
28	B080702	计算机及应用	独立本科段	07999	毕业设计	10203	计算机及应用毕业设计
29	A020211	饭店管理	专科	06998	毕业实习	11697	饭店管理毕业实习
30	B050104	秘书学	独立本科段	06999	毕业论文	10223	秘书学毕业论文
31	B080302	机械制造及自动化	独立本科段	07999	毕业设计	10598	机械制造及自动化毕业设计
32	B060202	档案学	独立本科段	06999	毕业论文	10335	档案学毕业论文
33	B020106	金融	独立本科段	06999	毕业论文	10914	金融毕业论文
34	B020256	项目管理	独立本科段	06999	毕业论文	11732	项目管理毕业论文
35	A020201	工商企业管理	专科	07998	毕业考核	19996	工商企业管理毕业考核
36	B020202	工商企业管理	独立本科段	06999	毕业论文	10212	工商企业管理毕业论文
37	A081702	汽车运用技术	专科	06998	毕业实习	10127	汽车运用技术毕业实习

续表

序号	专业代码	专业名称	专业类型	原课程代码	原课程名称	调整后课程代码	调整后课程名称
38	B020229	物流管理	独立本科段	06999	毕业论文	10294	物流管理毕业论文
39	B020314	销售管理	独立本科段	10512	销售管理毕业论文	10512	销售管理毕业论文
40	B050218	商务英语	独立本科段	07998	毕业考核	11677	商务英语毕业论文
41	C100802	中药学	本科段	06999	毕业论文	10254	中药学毕业论文
42	B050302	广告学	独立本科段	06999	毕业论文	10318	广告学毕业论文
43	A050406	视觉传达设计	专科	07999	毕业设计	10587	视觉传达设计毕业考核
44	A020209	旅游管理(导游方向)	专科	06998	毕业实习	11696	旅游管理毕业实习
45	B020210	旅游管理	独立本科段	06999	毕业论文	10227	旅游管理毕业论文
46	B020218	人力资源管理	独立本科段	06999	毕业论文	10222	人力资源管理毕业论文
47	B082218	电子政务	独立本科段	06999	毕业论文	10255	电子政务毕业论文
48	B040112	小学教育	独立本科段	06999	毕业论文	10242	小学教育毕业论文
49	B050437	艺术设计	独立本科段	07999	毕业设计	09240	艺术设计毕业设计
50	A020207	市场营销	专科	07998	毕业考核	17975	市场营销毕业考核
51	A020206	房地产经营与管理	专科	06998	毕业实习	10593	房地产经营与管理毕业实习
52	A080801	房屋建筑工程	专科	07998	毕业考核	10272	房屋建筑工程毕业考核
53	B080806	建筑工程	独立本科段	07998	毕业考核	10208	建筑工程毕业设计（论文）
54	C020226	中英合作商务管理	本科段	06999	毕业论文	10250	商务管理毕业论文
55	A050405	室内设计	专科	07999	毕业设计	10104	室内设计毕业考核
56	A020211	饭店管理	专科	06999	毕业论文	10583	饭店管理毕业考核
57	B020232	劳动和社会保障	独立本科段	06999	毕业论文	10257	劳动和社会保障毕业论文
58	B080746	动画	独立本科段	07999	毕业设计	12097	动画毕业设计
59	C050308	新闻学	基础科段	06998	毕业实习	12098	新闻学毕业实习
60	A050301	广告	专科	07998	毕业考核	12099	广告毕业考核
61	B050302	广告学	独立本科段	05974	综合实习	12100	广告学综合实习
62	A050406	视觉传达设计	专科	04643	专业实习	12101	视觉传达设计毕业实习
63	B040112	小学教育	独立本科段	06998	毕业实习	12102	小学教育综合实习
64	A082239	建筑工程管理	专科	07999	毕业设计	12103	建筑工程管理毕业考核
65	B020279	工程管理	独立本科段	06999	毕业论文	12104	工程管理毕业设计
66	A030202	社会工作与管理	专科	04643	专业实习	12105	社会工作与管理毕业实习
67	B050432	室内设计	独立本科段	07999	毕业设计	12106	室内设计（本科）毕业设计
68	A020166	会展策划与管理	专科	06998	毕业实习	12107	会展策划与管理毕业实习

关于内蒙古自治区申请备案开考高等教育自学考试采购与供应管理（独立本科段）专业的复函

考委办函［2011］73号

内蒙古自治区教育招生考试中心：

你中心《关于内蒙古备案开考高等教育自学考试采购与供应管理（独立本科段）专业的请示》（内蒙教招考自发［2011］33号）收悉，函复如下：

一、同意你区备案开考采购与供应管理专业（独立本科段）。请严格执行考委［2007］2号文件规定。

二、为保证质量标准，开考计划中凡课程名称、学分与全国统考课程相同者（附件中序号标注“*”号），均须使用全国考委组编的课程自学考试大纲、教材，参加全国统一命题考试。

三、同意你区遴选北京交通大学为采购与供应管理专业（独立本科段）的主考学校。请充分发挥主考学校的作用，切实贯彻“教考职责分离”的原则，加强区考课程的课程自学考试大纲、教材建设和实践性环节考核等工作，切实保证质量。

全国高等教育自学考试指导委员会办公室
二〇一一年八月二十四日

关于做好“全国示范学习服务中心”申报评审工作的通知

考委办函［2011］74 号

各省、自治区、直辖市高等教育自学考试委员会办公室：

为贯彻落实《高等教育自学考试学习服务中心试行办法》的精神，通过重点建设“全国示范学习服务中心”，带动助学组织深化改革，加强内涵建设，提高助学质量，增强服务考生、服务社会的能力，促进高等教育自学考试与社会发展紧密结合。现将“全国示范学习服务中心”申报评审工作的有关事项通知如下：

一、入选条件

拟入选的“全国示范学习服务中心”首先已被评为“省、自治区、直辖市学习服务中心”，达到综合水平领先、助学服务质量领先、社会服务领先的入选标准。

二、申报评审程序

申报评审程序包括初审、推荐、评核、公布结果、颁发证书和牌匾五个环节。

1．各省、自治区、直辖市高等教育自学考试委员会办公室（以下简称“省考办”）组织申报，并对申报的助学组织进行严格初审。

2．省考办对通过初审的助学组织，填写推荐书并报送全国高等教育自学考试指导委员会办公室（以下简称“全国考办”）。

3．全国考办组织评核工作。

4．全国考办最后确定并公布“全国示范学习服务中心”名单。

5．全国考办向获评的助学组织颁发“全国示范学习服务中心”证书和牌匾。

三、申报要求

省考办负责启动申报工作，组织专家进行初审后将推荐材料（盖章原件 2 份）报送至全国考办。推荐材料除以纸质形式、按要求份数上报外，其电子文档还需通过邮件方式一并报送。

联系人及电话：（略）。

附件：一、“全国示范学习服务中心”资格认证指标体系（试行）

二、“全国示范学习服务中心”推荐书

全国高等教育自学考试指导委员会办公室

二〇一一年九月八日

附件一：

“全国示范学习服务中心”资格认证指标体系（试行）

按照《高等教育自学考试学习服务中心试行办法》的要求，各省考办要对拟推荐的助学组织进行初审，全国考办要对各省考办推荐的助学组织进行评核。此指标体系可作为初审和评核的参考。

近三年内，经查实有下列情况之一且情节严重的助学组织不列为评审对象：

- 招生中有虚假宣传、虚假承诺或其他违规行为；
- 集体采购、使用盗版教材；
- 乱收费用或侵犯师生权益，引发大量投诉；
- 国家考试中有大规模学生违纪或群体性舞弊情况；
- 因管理不善、措施不力，引发师生伤亡或重大安全责任事故；
- 助学场所具有突出安全隐患又未切实整改；
- 由助学组织本身各种原因，导致发生影响社会稳定的事件；
- 受到行政部门严重处罚的；
- 其他违法违规行为。

一级指标	二级指标	三级指标	主要观测点	考查办法
助学条件	助学资质	助学单位资质	• 具备独立法人资格； • 具有行政部门规定的有效办学资质； • 相关管理部门评估或年审合格。	• 交验办学许可证副本； • 交验相关档案资料。
		登记备案情况	• 自学考试管理机构登记备案记录。	• 查验登记备案记录。
		助学规模与历史	• 助学学员总数达到一定规模（含全日制和业余）； • 自最近招生当年起计算，有连续开展三年以上的助学活动（含面授和网络）。	• 查验注册学习者花名册； • 参考自考管理机构考务考籍数据。
	场所设施	助学场所	• 办学地点明确，场所固定； • 具有与助学规模、助学方式相适应的教学场地、场所； • 助学环境整洁、卫生、安全，有浓厚的文化、学习氛围。	• 查验校舍产权证或租赁合同，检查房屋安全验收合格证等； • 实地考察。
		助学设施	• 具有与助学规模和专业相适应的图书阅览室、计算机房等教学设施、设备； • 具有符合开考专业和课程所要求的实训与考核条件； • 具备适应网络教学和信息化管理的条件。	• 核查图书资料统计数据；教学仪器设备清单；审计报告等； • 实地考察。
		服务设施	• 具有能够满足学习者需要的、齐备的、安全的生活设施； • 具有开展学习者文体及其他课余活动的场地、设施、设备。	• 实地考察。
	机构设施	管理机构设置	• 法人治理结构与办学体制合法合规； • 行政、教学、生活、安全、财务等管理机构及人员健全，设置合理。	• 检查相关文件资料，查看管理机构设置与职责，核查相关管理记录； • 实地考察。
		管理人员配备	• 学校主要负责人员符合有关规定，依法行使职权； • 各级各部门管理人员符合任职条件，职责明确； • 主要管理岗位人员具有相关工作经验，业务熟悉，工作稳定。	• 检查有关文件资料，查看学校助学负责人员和管理部门主要人员名单、资质简历及管理执行记录。
	师资队伍	教师资格	• 理论课教师具备高等教育教师任职资格； • 实训课教师具备相应资质。	• 核查教师花名册、教师劳动合同及教师学历证书、资格证书、专业技术职称证书等相关证明。
		教师配备	• 具有相对稳定、与助学规模、层次相适应的专兼职师资队伍； • 教师数量与专业设置及学习者人数相适应。	• 核查教师花名册、教师劳动合同及教师学历证书、资格证书、专业技术职称证书等相关证明； • 核查全职及兼职教师统计资料。

续表

助学管理	制度建设	管理制度	• 具有明确可行的学校发展规划和年度工作计划；学校行政管理、教职工管理、学习者管理、教学教务管理、安全管理、财务管理等制度健全； • 各项制度符合国家有关规定，能有效保障教职工和学习者权益。 • 有应对各种突发事件的应急预案。	• 核查发展规划和工作计划； • 核查学校制定的全部管理制度或文件。
		制度执行	• 按照制定的各项制度有效开展助学。	• 核查相关执行记录； • 听取汇报。
	教学管理	过程管理	• 按照教学规律和教学计划开展助学； • 对学习者听课、作业、测验、实训等的各个环节有相应的检查制度； • 助学中贯彻“教考职责分离”原则。	• 查看教学计划、教师教案、教学日志等文件资料。
		质量监控	• 具有监控和保障教学质量的制度和队伍； • 开展相应的教学质量检查和评价活动。	• 查看相关检查记录、听课记录，文件资料等。
	学习者管理	助学秩序	• 学生管理措施得力，管理到位； • 建立健全畅通的学生申诉渠道，依法保障其合法权益； • 无影响社会稳定的群发事件； • 无人身安全事故。	• 核查学生管理制度及执行记录。
		流失率	• 近三年平均流失率低。	• 检查相关统计数据。
	招生宣传	宣传内容	• 宣传内容真实、准确，无虚假承诺； • 助学机构名称、类型、学历层次、专业设置、收费标准、证书类别、助学地点、颁证方式等均逐一明确； • 发布内容与备案内容一致。	• 检查招生简章、招生广告等招生宣传资料； • 实地考察。
		招生行为	• 严格执行助学招生广告审批、备案制度； • 招生方式和渠道合法规范； • 招生主体与办学助学主体一致； • 招生计划与现有办学条件和管理力量相适应。	• 查看招生计划等相关资料。
	考风考纪	考风考纪教育	• 有计划、有组织的开展考风考纪教育，效果明显。	• 查看有关资料。
		考生违纪舞弊率	• 无群体性舞弊现象发生。	• 查看统计数据。

续表

<table>
<tr><td rowspan="12">助学指导</td><td rowspan="2">指导思想</td><td>助学方针</td><td>• 坚持党的教育方针和政策；
• 严格遵守《高等教育自学考试暂行条例》及自学考试有关规章制度；
• 认真贯彻自学考试有关社会助学的政策和规定。</td><td>• 听取汇报；
• 检查相关材料。</td></tr>
<tr><td>助学理念</td><td>• 坚持以构建终身教育体系，建设学习型社会为目标；
• 坚持“以学习者为本”，促进学习者全面发展；
• 坚持社会效益为主。</td><td>• 听取汇报；
• 检查相关材料。</td></tr>
<tr><td rowspan="3">内容方法</td><td>教学计划</td><td>• 按照自学考试专业计划、课程考试大纲安排教学；
• 制定的教学计划科学、合理、详细。</td><td>• 检查教学计划、教学安排；
• 检查相关材料。</td></tr>
<tr><td>助学方式</td><td>• 具备为学习者提供面授或网络助学的条件；
• 能够提供全日制、业余形式的助学；
• 能够向学习者提供个性化的助学指导。</td><td>• 查看相关统计资料；
• 实地考察。</td></tr>
<tr><td>实践技能训练</td><td>• 提供和专业、课程想适应的实践技能训练场所、设备、师资等条件。</td><td>• 查看相关师资档案；
• 实地考察。</td></tr>
<tr><td rowspan="3">自考文化</td><td>思想教育</td><td>• 有计划、有组织地对学习者进行思想道德、心理健康、遵纪守法等教育。</td><td>• 检查相关材料。</td></tr>
<tr><td>文化讲座</td><td>• 定期或不定期组织各种类型的讲座。</td><td>• 检查相关记录。</td></tr>
<tr><td>文体活动</td><td>• 积极开展文体活动，积极组织学习者参加社会公益活动。</td><td>• 检查相关材料。</td></tr>
<tr><td rowspan="2">助学特色</td><td>助学特色</td><td>• 在助学、教学组织、管理及服务等工作中具有特色，并富有成效。</td><td>• 检查相关文件材料。</td></tr>
<tr><td>创新研究与实践</td><td>• 在助学方式、手段上有创新，实践上卓有成效。</td><td>• 检查相关文件材料。</td></tr>
</table>

续表

助学服务	服务内容	学程规划	• 有专人指导学习者设定学习目标，科学安排学习内容和时间； • 跟踪学习者的学习进度、记录学习成绩、关注学习习惯，提出有效的建议。	• 检查指导记录等文件材料。
		政策指导	• 熟悉自考相关政策与规定； • 及时为学习者提供自考相关政策指导。	• 考察网站； • 检查相关文件材料。
		信息咨询	• 加强与自考管理机构联系，及时了解掌握考试动态、考试安排等各种信息； • 采取措施确保学习者信息的完整性和安全性； • 具有及时向学习者发布信息的平台和渠道。	• 检查相关文件材料； • 考察网站。
		考务考籍服务	• 具有为学习者提供考试报名、成绩领取、考籍转移、课程免考、毕业申请等服务的部门和人员。	• 核查部门设置及人员名单等资料； • 访问学习者。
		教材供应	• 为学习者及时提供正版教材； • 不使用盗版教材。	• 实地调查。
		就业指导	• 主动为学习者提供就业（再就业）信息和指导，指导其自主创业； • 积极组织各种供需见面会，为学习者创造就业机会； • 跟踪学习者就业状况； • 建立用人单位信息反馈制度。	• 查阅毕业生就业跟踪调查资料； • 实地考察。
	服务质量	学习者评价	• 调查学习者对助学服务质量的反映。	• 问卷调查； • 访问学习者。
		考试机构评价	• 考试管理机构对助学机构的客观评价。	• 分析评价。
助学效果	学习者评价	学习者满意度	• 调查学习者对助学效果的反映。	• 问卷调查； • 访问学习者。
	学习成效	助学课程通过率	• 自学考试课程平均合格率高于省（市）平均合格率。	• 查看考试数据。

（附件二略）

关于新疆维吾尔自治区申请备案开考高等教育自学考试采购与供应管理（专科）等专业的复函

考委办函［2011］75号

新疆维吾尔自治区高等教育自学考试委员会办公室：

你办《关于我区备案开考高等教育自学考试采购与供应管理等四个专业（专科、独立本科段）的请示》（新考办［2011］68号）收悉，函复如下：

一、同意你区备案开考采购与供应管理（专科、独立本科段）、销售管理（专科、独立本科段）、中小企业经营管理（专科、独立本科段）、义务教育（专科、独立本科段）八个专业。请严格执行考委［2007］2号、考委［2009］5号、考委［2011］2号、考委［2009］2号文件规定。

二、为保证质量标准，开考计划中凡课程名称、学分与全国统考课程相同者，均须使用全国考委组编的课程自学考试大纲、教材，参加全国统一命题考试。

三、同意你区遴选新疆财经大学为采购与供应管理专业（专科、独立本科段）、销售管理专业（专科、独立本科段）、中小企业经营管理专业（专科、独立本科段），新疆师范大学为义务教育专业（专科、独立本科段）的主考学校。请充分发挥主考学校的作用，切实贯彻“教考职责分离”的原则，加强区考课程的课程自学考试大纲、教材建设和实践性环节考核等工作，切实保证质量。

全国高等教育自学考试指导委员会办公室

二〇一一年九月八日

关于确定2011年高等教育自学考试专业调整任务的函

考委办函［2011］77号

各省、自治区、直辖市高等教育自学考试办公室、解放军自学考试办公室：

《高等教育自学考试专业和课程改革方案》发布后，各省积极开展专业改革的工作，截至8月底，有13个省申报了专业调整任务承接意向。按照全国考委专业改革工作的总体安排，根据各地申报专业调整任务承接意向，并兼顾各地主考学校的学科优势和专业开考的具体情况等因素，我办对2011年高等教育自学考试有关专业调整任务进行了协调，具体任务安排见附件一。

为确保此次专业调整工作顺利进行，切实推进专业和课程改革，特提出如下几点要求：

1. 实施原则：按照《高等教育自学考试专业和课程改革方案》的精神和《关于申报高等教育自学考试专业调整任务承接意向的函》的工作要求，承接任务单位应切实担负起相关专业调整的组织工作，其他省级考办应积极配合。

调整后的专业考试计划须体现高等教育自学考试新时期人才培养的定位，课程体系应以核心课为主体，确保必要的公共基础课，选考课应列出推荐选考的备选课程。

2. 工作步骤：承担专业调整任务的省考办，应尽快启动专业调整组织工作；在半个月内，确定省考办负责人及相关专业的专家组名单，并发邮件（邮箱：zhangh@ mail. neea. edu. cn）报全国考办备案（见附件二）；两个月内，结合其他省专业考试计划和开考情况，召开专业调整论证会；三个月内提交调整后的专业考试计划（初稿），同时附论证专家名单、论证报告以及相关省的调整意见。

必要时应邀请其他已开考的省级考办（主考学校）参加专业调整论证会。

3. 按时保质完成：我办将对有关省承接的专业调整任务进行跟踪管理和检查评估，并将专业调整工作完成情况作为相关评选活动的重要考核指标之一。

附件：一、2011年高等教育自学考试专业调整任务分工表

二、2011年高等教育自学考试专业调整任务省级考办负责人及专家组名单

全国高等教育自学考试指导委员会办公室
二〇一一年九月八日

抄送：全国考委各专业委员会

（附件略）

关于北京市申请开考高等教育自学考试影视美术设计专业（独立本科段）的复函

考委办函［2011］79号

北京教育考试院：

你院《关于北京市开考影视美术设计专业（独立本科段）的备案请示》（京考［2011］24号）收悉，函复如下：

一、经全国考委艺术类专业委员会审核，同意你市开考高等教育自学考试影视美术设计专业（独立本科段）。我办对报送的专业赋予了专业代码和课程代码（见附件）。

二、以下5门课程考核方式为笔试加实践，笔试与实践的计分比例为7∶3：导演艺术基础、影视人物造型、影视画面设计、影视服饰设计基础、影视美术赏析。

三、为保证质量标准，开考计划中凡课程名称、学分与全国统考课程相同者（附件中序号标注“*”号），均须使用全国考委组编的课程自学考试大纲、教材，参加全国统一命题考试。

四、同意你市遴选北京电影学院为影视美术设计专业（独立本科段）的主考学校。请充分发挥主考学校的作用，切实贯彻“教考职责分离”的原则，加强市考课程的课程自学考试大纲、教材建设和实践性环节考核等工作，切实保证质量。

附件：高等教育自学考试影视美术设计专业（独立本科段）课程设置与学分

全国高等教育自学考试指导委员会办公室
二〇一一年九月二十一日

附件：

高等教育自学考试影视美术设计专业（独立本科段）课程设置与学分

专业代码：B050461

课程类别	序号	课程代码	课程名称	学分	备注
公共基础课	1*	03708	中国近现代史纲要	2	
	2*	03709	马克思主义基本原理概论	4	
	3*	00015	英语（二）	14	
专业基础课	4	00504	艺术概论	4	
	5	09165	导演艺术基础	6	
专业课（任选一组）	6	12167	影视人物造型	6	美术设计方向
	7	12168	影视色彩设计（实践）	6	
	8	12169	影视数字设计基础（实践）	6	
	9	03837	场景设计（实践）	4	
	10	12170	影视画面设计	6	
	11	12171	影视特技美术设计（实践）	6	
	12	12172	影视总体造型设计（实践）	6	
	6	12168	影视色彩设计（实践）	6	数码影像方向
	7	12173	数码影像制作方案策划	5	
	8	12174	数字影视平面制作（实践）	5	
	9	12175	影视三维制作（实践）	6	
	10	12176	影视特技合成（实践）	6	
	11	12177	影视剪辑（一）（实践）	6	
	12	12178	数字影视习作（实践）	6	
	6	12167	影视人物造型	6	人物造型方向
	7	12179	服装色彩（实践）	4	
	8	03902	服装发展简史	4	
	9	10412	计算机辅助设计（Photoshop）（实践）	6	
	10	12180	影视服饰设计基础	5	
	11	04359	化妆设计原理与技巧（实践）	4	
	12	12181	毛发制作与工艺（实践）	6	
	13	12182	影视服饰制作工艺（实践）	5	
		12183	影视美术设计毕业设计		不计学分
免考英语（二）的加考课	1	07189	视听语言	6	
	2	03511	中外电影史	4	
	3	12184	影视美术赏析	4	
			总学分	70	

关于贵州省申请调整高等教育自学考试电子工程（独立本科段）等两个专业课程设置的复函

考委办函［2011］81号

贵州省高等教育自学考试委员会办公室：

你办《关于我省调整自学考试电子工程、药学两个独立本科段专业考试计划的请示》（黔教考办［2011］3号）收悉，函复如下：

一、同意你省电子工程（独立本科段）、药学（独立本科段）两个专业课程调整设置方案。

1. 药学专业（独立本科段）增加两门选考课；仪器分析（一）（理论课代码02056，6学分；实践课代码02057，2学分）、植物学与植物生理学（课程代码08444，7学分），凡免考英语（二）（课程代码00015，14学分）的考生须加考这两门课程。

2. 电子工程专业（独立本科段）备案江苏相同专业考试计划。调整后的课程设置及学分见附件。

二、为保证质量标准，开考计划中凡课程名称、学分与全国统考课程相同者（附件中序号标注“*”号），均须使用全国考委组编的课程自学考试大纲、教材，参加全国统一命题考试。

三、请充分发挥主考学校的作用，切实贯彻“教考职责分离”的原则，加强省考课程的课程自学考试大纲、教材建设和实践性环节考核等工作，切实保证质量。

附件：一、高等教育自学考试电子工程专业（独立本科段）课程设置与学分

二、高等教育自学考试药学专业（独立本科段）课程设置与学分

全国高等教育自学考试指导委员会办公室

二〇一一年九月二十一日

附件一：

高等教育自学考试电子工程专业（独立本科段）课程设置与学分

专业代码：B080705

序号	课程代码	课程名称	学分	备注
1*	03708	中国近现代史纲要	2	
2*	03709	马克思主义基本原理概论	4	
3*	00015	英语（二）	14	
4*	00420	物理（工）	5	
	00421	物理（工）（实践）	1	
5*	02194	工程经济	4	
6*	02354	信号与系统	4	
	02355	信号与系统（实践）	1	
7	02356	数字信号处理	4	
	02357	数字信号处理（实践）	1	
8	02358	单片机原理及应用	4	
	02359	单片机原理及应用（实践）	2	
9*	02365	计算机软件基础（二）	4	
	02366	计算机软件基础（二）（实践）	1	
10	08315	控制工程基础	4	
11	10993	工程数学（线性代数、概率论与数理统计）	6	
12	11162	锁相与频率合成技术	3	
13	11165	通信原理与系统	5	
14	11214	语音与图像信号处理	5	
	07999	毕业设计		不计学分
总学分			74	
1*	00144	企业管理概论	5	免考英语的加考课程
2*	00321	中国文化概论	5	
3	07311	多媒体技术	4	

附件二：

高等教育自学考试药学专业（独立本科段）课程设置与学分

专业代码：B100805

序号	课程代码	课程名称	学分	备注
1*	03708	中国近现代史纲要	2	
2*	03709	马克思主义基本原理概论	4	
3*	00015	英语（二）	14	
4*	00018	计算机应用基础	2	
	00019	计算机应用基础（实践）	2	
5	01757	药物分析（三）	5	
	01758	药物分析（三）（实践）	2	
6	01759	药物化学（二）	4	
	01760	药物化学（二）（实践）	1	
7	01761	药剂学（二）	6	
	01762	药剂学（二）（实践）	2	
8	01763	药事管理学（二）	3	
9	02051	物理化学（二）	6	
10	02087	分子生物学	6	
11	03049	数理统计	4	
12	05522	有机化学（五）	4	
13	05524	药用植物与生药学	4	
14	06831	药理学（四）	5	
	06832	药理学（四）（实践）	1	
	06999	毕业论文		不计学分
		总学分	77	
1	02056	仪器分析（一）	6	
2	02057	仪器分析（一）（实践）	2	
3	08444	植物学与植物生理学	7	

关于高等教育自学考试《管理系统中计算机应用》《计算机原理》两门课程新版大纲教材启用时间的通知

考委办函［2011］85号

各省、自治区、直辖市高等教育自学考试办公室：

根据全国考办《关于2012年高等教育自学考试全国统考课程安排有关事项的通知》（考委办函［2011］40号）通知精神，有28种教材于2012年4月或10月首次启用。由于《管理系统中计算机应用》课程每年4月、7月、10月安排考试，《计算机原理》课程每年4月、10月安排考试，根据修订工作进度，经研究决定，该两门课程的新版考试大纲和教材于2012年10月考试首次启用。

请你们做好新旧大纲和教材的过渡和衔接工作。

特此通知。

全国高等教育自学考试指导委员会办公室
二〇一一年十月十五日

关于开展高等教育自学考试机电一体化工程专业教材和大纲编写主编招标工作的通知

考委办函［2011］86号

各省、自治区、直辖市高等教育自学考试办公室，全国考委机械类专业委员会、相关高校院系、有关专家：

为贯彻《关于印发〈高等教育自学考试专业和课程改革方案〉的通知》（考委［2011］4号）文件精神，落实自学考试统编教材（含考试大纲，以下同）编写的目标和任务，编写好符合机电一体化工程专业培养目标要求的系列教材，经研究决定，在全国范围内以招标方式组织编写《电工技术基础》、《电子技术基础》及《模拟、数字及电力电子技术》三门教材。

请积极推荐合适人选，欢迎符合条件的专家和学者踊跃申报。现将本次招标工作的有关事项通知如下。

一、编写原则及教材目录

自学考试全国统编教材，是由全国高等教育自学考试指导委员会办公室（以下简称全国考办）负责组织编写、出版系统内发行的重要学习媒体。现拟招标的三门教材均为旧版年久、需要重新编写的教材，教材相关详细信息参见附件一。

自学考试教材的编写应坚持以下基本原则：（1）科学性原则。内容应反映学科自身规律，符合学科的基本要求。以学科的基本理论、基本知识为核心内容，反映本学科的新近成果。（2）实用性原则。以培养应用型、职业型人才为目标的定位，注重培养学生的基本技能，强调学为所用，突出基本理论的运用。（3）适于自学原则。教材编写体现自学特点，适于个人自学，内容选择和编排应符合自主学习规律，难易程度和文字量适度。

二、申报条件

教材编写采取主编负责制，由主编组织编写人员。主编应符合如下基本条件：

1. 具有本专业高级专业技术职称，5年以上从事本专业课程教学及科研经验，无学术不良记录，身体健康，年龄原则上不超过65岁；

2. 曾出版过本专业领域（尤其是同类课程）的教材，使用效果良好；

3. 熟悉并热爱高等教育自学考试工作，有足够时间和精力用于教材的编写工作，能够在规定时间内完成编写任务；

4. 每位申请人同一年度批次只能申报编写一门课程教材，未完成先前编写任务的不得申报新编教材。

三、申报材料

申请者按自愿原则填报申请评审书（见附件二），向全国考办提交申请材料。申请表中包含主编个人及编写组成员的相关背景信息，对原旧版教材的认识，对拟编新教材内容和体例的构想等。申请人还可提供本人出版过的专业课程教材1～2本（获奖情况证明），作为申请辅助材料。

请申请人将打印好的申请评审书一式四份，加盖本单位公章，于截止日之前寄送至我办联系人，同时将申报表的电子版发送到我办电子邮箱。申请资料以书面材料为准，请自留底稿，材料恕不退还。

四、评标及酬劳

全国考办将组织同行专家按照客观公正的原则和规范化程序，对申请标书进行集中评审。评审结果随后在我办网站上进行公示，公示期为10天。公示结束后，全国考办将向中标者下发书面正式通知。公示期间及编写过程中如发现虚假材料，将取消其主编资格并通知所在单位。

主编承担自考教材编写工作，获得的名誉及酬劳包括：（1）主编享有该教材署名权；（2）编写启动费为5000元/门，用于收集资料及编写稿件的日常经费；（3）稿费在教材正式出版后支付，其中基本稿酬为100元/千字；对于教材年度印数累计超过2万册的，还有印数稿酬部分。此外，教材主编信息将列入我办的专家智库系统，作为自考命题、评阅卷和编写其他教材的推荐人选。

五、时间安排

各位申请人从全国考办网站上下载申报表格及相关材料，按照要求规范填写，并加盖单位公章，于2011年11月30日前寄至我办。逾期不予受理，以寄出当日邮戳为准。

我办将于2011年12月初在网站上公示评审结果，请留意查看。

公示结束后，我办将召开由教材主编、有关专业委员会及专家参加的教材编写培训研讨会，会上签订《委托编撰大纲和教材合同》，发放主编编写启动费。

自考教材的编写周期为6～12个月，具体时间及要求以《委托编撰大纲和教材合同》中相关条款为准。

六、联系方式

主编招标工作的通知及材料的下载及评标结果公示的网址为：http://www.neea.edu.cn。

通信地址：北京市海淀区清华科技园立业大厦303室，全国考办（教育部考试中心）教材研究所，邮编：100084。

联系人及电话：（略）。

附件：一、高等教育自学考试全国统考课程教材（含大纲）编写招标目录

二、高等教育自学考试全国统考课程教材（含大纲）编写申请评审书

全国高等教育自学考试指导委员会办公室
二〇一一年十月十五日

附件一：

高等教育自学考试全国统考课程教材（含大纲）编写招标目录

序号	课程代码	教材名称	学分	适用专业及所属专业类别	专业层次
1	02232	电工技术基础	3	机电一体化工程（机械类）	专科
2	02234	电子技术基础	3	机电一体化工程（机械类）	专科
3	02238	模拟、数字及电力电子技术	8	机电一体化工程（机械类）	本科

（附件二略）

关于开展2011年度高等教育自学考试社会助学组织登记注册和备案工作的通知

考委办函［2011］88号

各省、自治区、直辖市高等教育自学考试委员会办公室：

高等教育自学考试社会助学组织年度登记注册和备案工作，不仅是贯彻执行“高等教育自学考试暂行条例”和“高等教育自学考试社会助学管理试行办法”的有关要求，更是对社会助学组织提供服务与指导，对社会助学行为进行引导和规范，有效保障自学考试学习者权益的基础、核心与前提。现将2011年度的社会助学组织登记注册和备案工作有关要求通知如下：

一、请各省级考办于2011年11月1日至12月15日期间，通过“高等教育自学考试信息管理系统”报送本省（自治区、直辖市）2011年度社会助学组织信息。

二、各省级考办要以此为契机，全面梳理本省（自治区、直辖市）的社会助学工作，加强与社会助学组织的沟通与联系，采取有效措施强化监督管理和服务指导，进一步促进助学质量和服务水平的提升。

三、各省级考办要结合本地区2010年度登记注册和备案工作总结，确保本年度上报信息的真实性、准确性和规范性。

四、“高等教育自学考试信息管理系统”网址及联系人

1. 系统用户登录网址：

http://zkmis. neea. edu. cn

2. 业务联系人（助学管理处）：（略）

3. 技术支持联系人（信息处）：（略）

附件：高等教育自学考试社会助学组织登记注册和备案信息上报标准

全国高等教育自学考试指导委员会办公室
二〇一一年十月二十五日

附件：

高等教育自学考试社会助学组织登记注册和备案信息上报标准

<table>
<tr><th>序号</th><th colspan="2">字段名称</th><th>是否必填</th><th>填写说明</th></tr>
<tr><td>1</td><td rowspan="18">组织基本信息</td><td>助学组织名称</td><td>必填</td><td>最大长度：50 个字符</td></tr>
<tr><td>2</td><td>办学许可证编号</td><td>必填</td><td>最大长度：30 个字符</td></tr>
<tr><td>3</td><td>办学许可证发放单位</td><td>必填</td><td>最大长度：30 个字符</td></tr>
<tr><td>4</td><td>办学许可证发放日期</td><td>必填</td><td>日期格式：YYYY－MM－DD（例：2010－01－01）</td></tr>
<tr><td>5</td><td>助学许可证编号</td><td></td><td>最大长度：30 个字符</td></tr>
<tr><td>6</td><td>助学许可证发放单位</td><td></td><td>最大长度：50 个字符</td></tr>
<tr><td>7</td><td>助学许可证发放日期</td><td></td><td>日期格式：YYYY－MM－DD（例：2010－01－01）</td></tr>
<tr><td>8</td><td>助学主体类型</td><td>必填</td><td>助学主题类型分类：部门委托办学；成人高校；普通高校；民办非学历高教机构；民办普校；其他</td></tr>
<tr><td>9</td><td>法人姓名</td><td>必填</td><td>最大长度：20 个字符</td></tr>
<tr><td>10</td><td>法人职务</td><td></td><td>最大长度：30 个字符</td></tr>
<tr><td>11</td><td>全日制学员数</td><td>必填</td><td>正整数；范围：0～99999</td></tr>
<tr><td>12</td><td>兼职教学人数</td><td>必填</td><td>正整数；范围：0～99999</td></tr>
<tr><td>13</td><td>专职教学人数</td><td>必填</td><td>正整数；范围：0～99999</td></tr>
<tr><td>14</td><td>业余学员数</td><td>必填</td><td>正整数；范围：0～99999</td></tr>
<tr><td>15</td><td>学员总数</td><td>必填</td><td>正整数；范围：0～99999</td></tr>
<tr><td>16</td><td>当年学员总数</td><td>必填</td><td>正整数；范围：0～99999</td></tr>
<tr><td>17</td><td>管理人员总数</td><td>必填</td><td>正整数；范围：0～99999</td></tr>
<tr><td>18</td><td>教学和管理人员数</td><td>必填</td><td>正整数；范围：0～99999</td></tr>
<tr><td>19</td><td rowspan="5">负责人信息</td><td>负责人</td><td>必填</td><td>最大长度：30 个字符</td></tr>
<tr><td>20</td><td>联系地址</td><td></td><td>最大长度：100 个字符</td></tr>
<tr><td>21</td><td>邮政编码</td><td></td><td>数字；长度为 6 个字符</td></tr>
<tr><td>22</td><td>联系电话</td><td>必填</td><td>最大长度：50 个字符</td></tr>
<tr><td>23</td><td>传真</td><td></td><td>最大长度：50 个字符</td></tr>
<tr><td>24</td><td rowspan="5">辅导专业</td><td>专业代码</td><td>必填</td><td>最大长度：7 个字符</td></tr>
<tr><td>25</td><td>专业名称</td><td>必填</td><td>最大长度：50 个字符</td></tr>
<tr><td>26</td><td>助学方式</td><td>必填</td><td>助学方式分类：业余；全日制；业余、全日制</td></tr>
<tr><td>27</td><td>助学手段</td><td>必填</td><td>助学手段分类：网络；面授；网络和面授</td></tr>
<tr><td>28</td><td>学员数</td><td>必填</td><td>正整数；范围：0～99999</td></tr>
</table>

注：1. 助学方式分类中添加“业余、全日制”选项；

2. 助学手段分类中添加“网络和面授”选项；

3. 请各省级考办严格按照此标准全面、准确地采集本地区助学组织信息，通过“高等教育自学考试信息管理系统”向我办登记备案。

关于全军考办申请高等教育自学考试通信与信息系统管理专业更名与课程设置调整的复函

考委办函［2011］90号

中国人民解放军自学考试委员会办公室：

你办《关于高等教育自学考试“通信与信息系统管理”专业更名与课程设置调整的请示》（军考办［2011］8号）收悉，函复如下：

一、经全国考委电子、电工与信息类专业委员会审核，同意你办将高等教育自学考试“通信与信息系统管理”专业（专科、独立本科段）更名为“信息系统管理”专业（专科、独立本科段），并同意你办对该专业课程设置调整的方案。我办对报送的专业赋予了专业代码和课程代码（见附件）。

二、为保证质量标准，开考计划中凡课程名称、学分与全国统考课程相同者（附件中序号标注“*”号），均须使用全国考委组编的课程自学考试大纲、教材，参加全国统一命题考试。

三、专业更名后，主考学校继续由中国人民解放军国防信息学院承担，请妥善做好专业调整相关工作。

四、鉴于开考专业的培养目标是从事信息系统管理工作的应用型专门人才，必须注重考生实践技能的培养，请认真组织主考学校做好实践性环节考核工作。

附件：一、高等教育自学考试信息系统管理专业（专科）课程设置与学分

二、高等教育自学考试信息系统管理专业（独立本科段）课程设置与学分

全国高等教育自学考试指导委员会办公室
二〇一一年十月二十二日

抄送：全国考委电子、电工与信息类专业委员会

附件一：

高等教育自学考试信息系统管理专业（专科）课程设置与学分

专业代码：A080792

类别	序号	课程代码	课程名称	学分	备注
公共基础课	1*	03706	思想道德修养与法律基础	2	
	2*	03707	毛泽东思想、邓小平理论和“三个代表”重要思想概论	4	
	3	00012*	英语（一）	7	二选一
		01739	通信与计算机英语（一）	7	
专业核心课	4	02363	通信原理	4	
	5	12185	军事信息技术概论	6	
	6	07056	信息作战概论	6	
	7	12186	军事信息系统管理	5	
		12187	军事信息系统管理（实践）	2	
	8	01742	计算机网络与应用	5	
		01743	计算机网络与应用（实践）	2	
	9	12188	信息安全保密	5	
		12189	信息安全保密（实践）	3	

续表

类别	序号	课程代码	课程名称	学分	备注
选考课	10	12190	党的创新理论	4	任选6门且学分不少于20分的课程
	11*	00020	高等数学（一）	6	
	12	01740	电路基础与电子技术	5	
		01741	电路基础与电子技术（实践）	3	
	13*	02384*	计算机原理	4	
	14	07054	军事高技术与军兵种知识	4	
	15	12191	战场电磁环境	5	
	16	02316*	计算机应用技术	2	
		02317*	计算机应用技术（实践）	3	
	17	02120*	数据库及其应用	3	
		02121*	数据库及其应用（实践）	1	
	18	01744	程控交换原理及设备	5	
	19	01745	光纤通信原理及设备	5	
	20	01746	无线电台通信原理及设备	5	
	21	01747	无线电接力通信原理及设备	5	
	22	01748	移动通信技术及设备	5	
	23	01749	卫星通信技术及设备	5	
	24	06367	多媒体技术与应用	5	
	25	12192	战术通信系统及应用	5	
	26	12193	部队信息化工作	5	
	27	12194	通信与指挥控制系统技术保障	5	
总学分				70	

附件二：

高等教育自学考试信息系统管理专业（独立本科段）课程设置与学分

专业代码：B080793

类别	序号	课程代码	课程名称	学分	备注
公共基础课	1	03708*	中国近现代史纲要	2	
	2	03709*	马克思主义基本原理概论	4	
	3	00015*	英语（二）	14	二选一
		01750	通信与计算机英语（二）	14	
专业核心课	4	12195	现代信息技术	5	
	5	12196	指挥信息系统	6	
	6	12197	军事信息网建设与管理	5	
		12198	军事信息网建设与管理（实践）	2	
	7	12199	军事信息系统管理与运用	6	
	8	06973	信息作战技术	4	
	9	12200	信息系统安全与防护	5	
		12201	信息系统安全与防护（实践）	3	

续表

类别	序号	课程代码	课程名称	学分	备注
选考课程	10	12090	当代中国国防与军队建设思想	4	任选14分以上
	11	02197*	概率论与数理统计（二）	3	
	12	02198*	线性代数	3	
	13	07060	现代通信系统	4	
	14	02326*	操作系统	4	
		02327*	操作系统（实践）	1	
	15	02331*	数据结构	3	
		02332*	数据结构（实践）	1	
	16	06978	军事运筹学	6	
	17	07061	军事通信网	4	
	20	01751	军用公文写作	4	
	21	02378*	信息资源管理	4	
	22	12202	军事电磁频谱管理	5	
	23	07069	信息作战指挥控制（二）	7	
		07070	信息作战指挥控制（二）（实践）	2	
	24	07057	战术通信	4	
		07058	战术通信（实践）	2	
	25	12203	外军信息系统	4	
	26	12204	军队信息化建设与管理	5	
	27	12205	信息化条件下部队训练与管理	5	
	28	12206	国防通信网作战运用	5	
		06999	毕业论文		不计学分
总学分				70	

关于云南省申请备案开考高等教育自学考试销售管理（专科）等五个专业和调整体育教育（专科）等两个专业课程设置的复函

考委办函［2011］91号

云南省招生考试院：

你院《关于备案开考高等教育自学考试销售管理（专科、独立本科段）等专业的请示》（云招考院［2011］101号）、《关于调整自学考试体育教育（专科）、法律（本科）两个专业考试计划的请示》（云招考院［2011］102号）和《关于增加高等教育自学考试市场营销（独立本科段）等5个专业主考院校的请示》（云招考院［2011］131号）收悉，函复如下：

一、同意你省备案开考高等教育自学考试销售管理（专科、独立本科段）、中小企业经营管理（专科、独立本科段）四个专业。请严格执行考委［2009］5号、考委［2011］2号文件颁布的全国统一专业考试计划，使用全国考委组编的大纲与教材，参加全国统一命题考试。

同意你省备案开考商务英语专业（独立本科段）（见附件）。为保证质量标准，开考计划中凡课程名称、学分与全国统考课程相同者（附件中序号标注“*”号），均须使用全国考委组编的课程自学考试大纲、教材，参加全国统一命题考试。

二、同意你省按以下方案进行课程调整设置：

1. 体育教育专业（专科）增加一门选考课程《运动竞赛学》，我办对此门课程赋予了代码（见附件）。

2. 法律专业（本科）增加选考课程《外国法制史》（课程代码：00263，4学分），取消选考课程《市场竞争法概论》（课程代码：00231）。

三、同意你省遴选云南财经大学为销售管理专业（专科、独立本科段）、中小企业经营管理专业（专科、独立本科段）的主考学校，西南科技大学为商务英语专业（独立本科段）的主考学校。

同意你省增加重庆工商大学为你省会计专业（独立本科段）、工商企业管理专业（独立本科段），西南大学为市场营销专业（独立本科段）、公共关系专业（独立本科段）和人力资源管理专业（独立本科段）的主考学校。

请充分发挥主考学校的作用，切实贯彻“教考职责分离”的原则，加强省考课程的课程自学考试大纲、教材建设和实践性环节考核等工作，切实保证质量。

附件：一、高等教育自学考试商务英语专业（独立本科段）课程设置与学分

二、高等教育自学考试体育教育专业（专科）课程设置与学分

全国高等教育自学考试指导委员会办公室

二〇一一年十一月十四日

附件一：

高等教育自学考试商务英语专业（独立本科段）课程设置与学分

专业代码：B050218

序号	课程代码	课程名称	学分	备注
1*	03708	中国近现代史纲要	2	
2*	03709	马克思主义基本原理概论	4	
3	00840	第二外语（日语）	6	
	00841	第二外语（法语）	6	
4*	00087	英语翻译	6	
5	07970	国际商务合同	4	
6*	05844	国际商务英语	6	
7*	00097	外贸英语写作	8	
8*	00186	国际商务谈判	5	
9	05957	进出口英语函电	8	
10	05958	外贸英语会话	4	
11	05959	外经贸应用文	4	
12	05960	商务英语口译	8	
13*	00058	市场营销学	5	四选一
14*	00090	国际贸易实务（一）	6	
15	05439	商务英语阅读	4	
16	05961	会展英语	2	
	06999	毕业论文		不计学分
总学分			71	

附件二：

高等教育自学考试体育教育专业（专科）课程设置与学分

专业代码：A040301

<table>
<tr><th>序号</th><th>课程代码</th><th>课程名称</th><th>学分</th><th>备注</th></tr>
<tr><td>1*</td><td>03706</td><td>思想道德修养与法律基础</td><td>2</td><td></td></tr>
<tr><td>2*</td><td>03707</td><td>毛泽东思想、邓小平理论和“三个代表”重要思想概论</td><td>4</td><td></td></tr>
<tr><td>3*</td><td>04729</td><td>大学语文</td><td>4</td><td></td></tr>
<tr><td>4*</td><td>00429</td><td>教育学（一）</td><td>4</td><td></td></tr>
<tr><td>5</td><td>00494</td><td>中学体育教学法</td><td>4</td><td></td></tr>
<tr><td>6</td><td>08388</td><td>运动心理学</td><td>3</td><td></td></tr>
<tr><td>7</td><td>00484</td><td>学校体育学</td><td>5</td><td></td></tr>
<tr><td>8</td><td>00485</td><td>运动解剖学</td><td>5</td><td></td></tr>
<tr><td>9</td><td>00486</td><td>运动生理学</td><td>5</td><td></td></tr>
<tr><td>10</td><td>00488</td><td>健康教育学</td><td>3</td><td></td></tr>
<tr><td>11</td><td>00489</td><td>田径</td><td>8</td><td></td></tr>
<tr><td>12</td><td>00491</td><td>球类</td><td>10</td><td></td></tr>
<tr><td>13</td><td>00492</td><td>武术</td><td>5</td><td></td></tr>
<tr><td>14</td><td>00493</td><td>体操</td><td>6</td><td></td></tr>
<tr><td>15</td><td>12207</td><td>运动竞赛学</td><td>4</td><td></td></tr>
<tr><td rowspan="6">16</td><td>05068</td><td>田径（一）</td><td>4</td><td rowspan="6">任选三门</td></tr>
<tr><td>05069</td><td>篮球</td><td>3</td></tr>
<tr><td>05070</td><td>排球</td><td>2</td></tr>
<tr><td>05071</td><td>足球</td><td>2</td></tr>
<tr><td>05072</td><td>体操（一）</td><td>2</td></tr>
<tr><td>05073</td><td>武术（一）</td><td>2</td></tr>
<tr><td colspan="2">04616</td><td>专业实践</td><td></td><td>不计学分</td></tr>
<tr><td colspan="3">总学分</td><td>72</td><td></td></tr>
</table>

关于北京市申请备案开考高等教育自学考试网络传媒设计专业（专科）的复函

考委办函［2011］92 号

北京教育考试院：

你院《关于北京市开考高等教育自学考试网络传媒设计专业（专科）的备案请示》（京考［2011］34 号）收悉，函复如下：

一、根据全国考委《关于调整高等教育自学考试专科专业审批权试点工作的若干意见》（考委［2005］5 号）精神，同意你市备案开考高等教育自学考试网络传媒设计专业（专科）。我办对申报的网络传媒设计专业（专科）专门赋予了专业代码和课程代码，详见附件。

二、网络传媒设计专业（专科）以下四门课程的考核方式均为笔试加实践：视频编辑技术基础、网络广告设计、商务报告设计与制作、方正飞腾创意设计，笔试与实践的计分比例为 7∶3。

附件中凡课程名称中含实践的课程，均为实践环节考核方式。

三、为保证质量标准，开考计划中凡课程名称、学分与全国统考课程相同者（附件中序号标注“*”号的），均须使用全国考委组编的课程自学考试大纲、教材，参加全国统一命题考试。

四、同意你市遴选北大方正软件技术学院为网络传媒设计专业（专科）的主考学校。请充分发挥主考学校的作用，切实贯彻“教考职责分离”的原则，加强市考课程的课程自学考试大纲、教材建设和实践性环节考核等工作，切实保证质量。

附件：高等教育自学考试网络传媒设计专业（专科）课程设置与学分

全国高等教育自学考试指导委员会办公室
二〇一一年十一月十七日

附件：

高等教育自学考试网络传媒设计专业（专科）课程设置与学分

专业代码：080794

课程类别		序号	课程代码	课程名称	学分	备注
必考课	公共基础课	1*	03707	思想道德修养与法律基础	2	
		2*	03706	毛泽东思想、邓小平理论和“三个代表”重要思想概论	4	
		3*	00012	英语（一）	7	
		4*	00018	计算机应用基础	2	
			00019	计算机应用基础（实践）	2	
	专业核心课	5	12208	数字艺术设计基础（实践）	5	
		6	01265	Photoshop 图形处理	6	
		7	01782	视频编辑技术基础	5	
		8	00900	网页设计与制作	2	
			00901	网页设计与制作（实践）	3	
		9	01127	网络广告设计	3	
		10	12209	触控界面 UI 设计（实践）	5	
		11	09537	动态网站编程基础	6	
		12	12210	网络传媒案例分析与实践（实践）	6	
选考课		13	00851	广告文案写作	4	
		14	00718	标志设计	3	
		15	12211	商务报告设计与制作	4	
		16	12212	方正飞腾创意设计	5	
		17	12213	网络运营与推广	4	
		18*	00894	计算机与网络技术基础	3	
		19*	00896	电子商务概论	4	
		20	00688	设计概论	4	
总学分					70	

备注：选考课程 8 门选 3 门，选考学分不低于 12 学分；免考英语（一）的考生须另加选不低于 7 学分的课程。

关于辽宁省申请开考高等教育自学考试交通运输（独立本科段）等三个专业的复函

考委办函［2011］93号

辽宁省高中等教育招生考试委员会办公室：

你办《关于辽宁省高等教育自学考试申请开考交通运输（独立本科段）、土木工程（独立本科段）等两个专业的请示》（辽招考办字［2011］67号）和《关于辽宁省高等教育自学考试申请备案开考项目管理（独立本科段）专业的请示》（辽招考办字［2011］201号）收悉，函复如下：

一、经全国考委交通类专业委员会审核，同意你省开考高等教育自学考试交通运输专业（独立本科段），我办对报送的专业赋予了专业代码和课程代码（见附件）。

经全国考委土木水利矿业环境类专业委员会审核，建议你省对土木工程专业（独立本科段）计划进一步论证完善后再重新申报。

同意你省备案开考高等教育自学考试项目管理专业（独立本科段）。请严格执行考委办函［2007］124号文件规定

二、为保证质量标准，开考计划中凡课程名称、学分与全国统考课程相同者（附件中序号标注“*”号），均须使用全国考委组编的课程自学考试大纲、教材，参加全国统一命题考试。

三、同意你省遴选大连交通大学为交通运输专业（独立本科段），大连东软信息学院为项目管理专业（独立本科段）的主考学校。请充分发挥主考学校的作用，切实贯彻“教考职责分离”的原则，加强省考课程的课程自学考试大纲、教材建设和实践性环节考核等工作，切实保证质量。

附件：一、高等教育自学考试交通运输专业（独立本科段）课程设置与学分

二、高等教育自学考试项目管理专业（独立本科段）课程设置与学分

全国高等教育自学考试指导委员会办公室

二〇一一年十一月二十九日

附件一：

高等教育自学考试交通运输专业（独立本科段）课程设置与学分

专业代码：B081718

序号	课程代码	课程名称	学分	备注
1*	03708	中国近现代史纲要	2	
2*	03709	马克思主义基本原理概论	4	
3*	00015	英语（二）	14	三选一
	00016	日语（二）	14	
	00017	俄语（二）	14	
4	12214	交通运输设备	3	
	12215	交通运输设备（实践）	1	
5	01042	应用数学	5	
6	02568	交通运输经济	6	
7	06996	物流学导论	4	
8	07107	铁路行车组织	6	
9	07264	交通运输安全管理	5	
	12216	交通运输安全管理（实践）	1	
10	11453	交通管理与控制	4	
	12217	交通管理与控制（实践）	2	
11	12218	城市轨道交通运营管理	3	六组选三组
	12219	城市轨道交通运营管理（实践）	2	
12	12220	集装箱运输与多式联运	4	
	12221	集装箱运输与多式联运（实践）	1	
13	02573	旅客运输组织	4	
	12222	旅客运输组织（实践）	1	
14	02575	货物运输组织	4	
	12223	货物运输组织（实践）	1	
15	09051	海上货物运输	5	
	12224	海上货物运输（实践）	1	
16	11473	城市交通规划	5	
	12225	城市交通规划（实践）	1	
	12226	交通运输专业毕业设计		不计学分
总学分			72	

附件二：

高等教育自学考试项目管理专业（独立本科段）课程设置与学分

专业代码：B020256

序号	课程代码	课程名称	学分	备注
1*	03708	中国近现代史纲要	2	
2*	03709	马克思主义基本原理概论	4	
3*	00015	英语（二）	14	三选一
	00016	日语（二）	14	
	00017	俄语（二）	14	
4	05058	管理数量方法	8	
5	05059	项目管理学	6	
6	05060	项目范围管理	4	
7	05061	项目成本管理	4	
8	05062	项目质量管理	4	
9	05063	项目时间管理	4	
10	05064	项目风险管理	4	
11	05065	项目管理法规	6	
12	03807	项目论证与评估（实践）	2	
13	05067	项目管理案例分析	5	
14	07171	项目管理软件	4	
	06999	毕业论文		不计学分
总学分			71	

关于河南省申请备案开考高等教育自学考试运输工程与物流管理（独立本科段）等十九个专业的复函

考委办函［2011］94号

河南省高等教育自学考试委员会：

你委《关于自学考试新开专业的请示》（豫考委［2011］6号）收悉，函复如下：

一、同意你省备案开考高等教育自学考试运输工程与物流管理（独立本科段）、水利水电建筑工程（独立本科段）、机械电子工程（独立本科段）、经贸英语（本科段）、旅游英语（独立本科段）、播音与主持（独立本科段）、社区护理学（独立本科段）、工商行政管理（独立本科段）、建筑环境与设备工程（独立本科段）、审计学（独立本科段）、财务会计与审计（独立本科段）、模具设计与制造（独立本科段）、财税（独立本科段）、统计（独立本科段）、酒店管理（独立本科段）、会计（独立本科段）（注册会计师方向）、工业设计（独立本科段）、管理工程（独立本科段）、建筑经济管理（独立本科段）19个专业。其中财税（独立本科段）、统计（独立本科段）、经贸英语（本科段）、旅游英语（独立本科段）4个专业，请严格执行教考试［1998］10号、考委办函［2006］62号、考委办函［2007］86号等文件颁布、批复的考试计划。

二、为保证质量标准，开考计划中凡课程名称、学分与全国统考课程相同者（附件中序号标注“＊”号），均须使用全国考委组编的课程自学考试大纲、教材，参加全国统一命题考试。

三、同意你省遴选郑州大学为运输工程与物流管理专业（独立本科段），中原工学院为播音与主持专业（独立本科段），河南大学为酒店管理专业（独立本科段）的主考学校，华北水利水电学院为水利水电建筑工程（独立本科段）、机械电子工程（独立本科段）、经贸英语（本科段）、旅游英语（独立本科段）4个专业的主考学校，河南科技大学为社区护理学（独立本科段）、工商行政管理（独立本科段）、建筑环境与设备工程（独立本科段）3个专业的主考学校，河南工业大学为审计学（独立本科段）、财务会计与审计（独立本科段）、模具设计与制造（独立本科段）、财税（独立本科段）、统计（独立本科段）5个专业的主考学校，郑州航空工业管理学院为会计（独立本科段）（注册会计师方向）、工业设计（独立本科段）、管理工程（独立本科段）、建筑经济管理（独立本科段）4个专业的主考学校。请充分发挥主考学校的作用，切实贯彻“教考职责分离”的原则，加强省考课程的课程自学考试大纲、教材建设和实践性环节考核等工作，切实保证质量。

附件：一、高等教育自学考试运输工程与物流管理专业（独立本科段）课程设置与学分

二、高等教育自学考试水利水电建筑工程专业（独立本科段）课程设置与学分

三、高等教育自学考试机械电子工程专业（独立本科段）课程设置与学分

四、高等教育自学考试播音与主持专业（独立本科段）课程设置与学分

五、高等教育自学考试社区护理学专业（独立本科段）课程设置与学分

六、高等教育自学考试工商行政管理专业（独立本科段）课程设置与学分

七、高等教育自学考试建筑环境与设备工程专业（独立本科段）课程设置与学分

八、高等教育自学考试审计学专业（独立本科段）课程设置与学分

九、高等教育自学考试财务会计与审计专业（独立本科段）课程设置与学分

十、高等教育自学考试模具设计与制造专业（独立本科段）课程设置与学分

十一、高等教育自学考试酒店管理专业（独立本科段）课程设置与学分

十二、高等教育自学考试会计专业（独立本科段）（注册会计师方向）课程设置与学分

十三、高等教育自学考试工业设计专业（独立本科段）课程设置与学分

十四、高等教育自学考试管理工程专业（独立本科段）课程设置与学分

十五、高等教育自学考试建筑经济管理专业（独立本科段）课程设置与学分

全国高等教育自学考试指导委员会办公室
二〇一一年十一月二十九日

附件一：

高等教育自学考试运输工程与物流管理专业（独立本科段）课程设置与学分

专业代码：B081731

序号	课程代码	课程名称	学分	备注
1*	03708	中国近现代史纲要	2	
2*	03709	马克思主义基本原理概论	4	
3*	00015	英语（二）	14	
4*	00067	财务管理学	6	
5*	02375	运筹学基础	4	
6*	00896	电子商务概论	4	
7	03346	项目管理	4	
8	03366	现代物流技术与装备	4	
9*	05380	供应链管理	4	
10	06272	运输工程学	4	
11	08282	运输经济学	6	
12	08283	国际贸易运输学	6	
13	08285	物流案例分析	4	
14	01574	物流管理软件操作（实践）	4	
	06999	毕业论文		不计学分
总学分			70	

说明：凡国家承认学历的专科及以上毕业生均可报考本专业。

附件二：

高等教育自学考试水利水电建筑工程专业（独立本科段）课程设置与学分

专业代码：B080902

序号	课程代码	课程名称	学分	备注
1*	03708	中国近现代史纲要	2	
2*	03709	马克思主义基本原理概论	4	
3*	00015	英语（二）	14	
4*	00420	物理（工）	5	
	00421	物理（工）（实践）	1	
5*	02197	概率论与数理统计（二）	3	
6*	02198	线性代数	3	
7*	02275	计算机基础与程序设计	3	教材太旧
	02276	计算机基础与程序设计（实践）	1	
8	02459	水利工程经济与经营管理	4	
9	02460	工程质量与进度控制	4	
10	02457	弹性力学及有限元分析	4	
	02458	弹性力学及有限元分析（实践）	2	
11	02461	水工钢结构	4	
	02462	水工钢结构（实践）	1	
12	02463	水利规划	4	
13	02464	水工建筑物	6	
14	09885	水电工程实践	7	
	06999	毕业论文		不计学分
总学分			72	

说明：凡国家承认学历的专科及以上毕业生均可报考本专业。

附件三：

高等教育自学考试机械电子工程专业（独立本科段）课程设置与学分

专业代码：B080339

序号	课程代码	课程名称	学分	备注
1*	03708	中国近现代史纲要	2	
2*	03709	马克思主义基本原理概论	4	
3*	00015	英语（二）	14	
4*	02198	线性代数	3	
5*	02205	微型计算机原理与接口技术	4	
	02206	微型计算机原理与接口技术（实践）	2	
6*	02245	机电一体化系统设计	5	
7	06217	人机工程学	3	
8	08300	机电设备管理	5	
	08323	机电设备管理（实践）	1	
9	08301	机械制造工程学	5	
	08302	机械制造工程学（实践）	2	
10	08319	机床与数控技术	5	
	08320	机床与数控技术（实践）	1	
11	08321	机电控制及自动化	5	
	08322	机电控制及自动化（实践）	1	
12	08324	现代设计理论	4	
13	01665	计算机绘图（实践）	5	
	06999	毕业论文		不计学分
总学分			71	

说明：凡国家承认学历的专科及以上毕业生均可报考本专业。

附件四：

高等教育自学考试播音与主持专业（独立本科段）课程设置与学分

专业代码：B050310

序号	课程代码	课程名称	学分	备注
1*	03708	中国近现代史纲要	2	
2*	03709	马克思主义基本原理概论	4	
3*	00015	英语（二）	14	
4*	00532	中国古代文学作品选（一）	6	
5*	00537	中国现代文学史	6	
6*	00642	传播学概论	6	
7	07184	形象造型与形体	4	
8*	00654	新闻采访写作	10	
9*	00658	新闻评论写作	6	
10	07173	播音与主持创作基础	2	
	07174	播音与主持创作基础（实践）	6	
11	07175	节目主持人文案写作	4	
12	07176	即兴口语表达	1	
	07177	即兴口语表达（实践）	3	
	06999	毕业论文		不计学分
总学分			74	

说明：凡国家承认学历的专科及以上毕业生可直接报考本专业。

附件五：

高等教育自学考试社区护理学专业（独立本科段）课程设置与学分

专业代码：B100705

序号	课程代码	课程名称	学分	备注
1*	03708	中国近现代史纲要	2	
2*	03709	马克思主义基本原理概论	4	
3*	00015	英语（二）	14	
4*	00018	计算机应用基础	2	
	00019	计算机应用基础（实践）	2	
5*	00182	公共关系学	4	
6*	03005	护理教育导论	5	
7*	03699	护理学研究（二）	8	
8*	03700	护理社会学概论	7	
9*	03006	护理管理学	5	
10*	03626	社区康复护理	5	
11*	03628	社区精神卫生护理	8	
12*	04435	老年护理学	5	
	06999	毕业论文		不计学分
总学分			71	

说明：社区护理、临床医学、护理学和中医护理学专业专科及以上毕业生且目前在岗的护理专业人员、护理教师及护理干部可以报考本专业。

附件六：

高等教育自学考试工商行政管理专业（独立本科段）课程设置与学分

专业代码：B020123

序号	课程代码	课程名称	学分	备注
1*	03708	中国近现代史纲要	2	
2*	03709	马克思主义基本原理概论	4	
3*	00015	英语（二）	14	
4*	00054	管理学原理	6	
5	01299	市场主体登记管理	6	
6*	04183	概率论与数理统计（经管类）	5	
7*	04184	线性代数（经管类）	4	
8*	00230	合同法	5	
9*	00277	行政管理学	6	
10	01298	工商行政管理概论	5	
11	01300	市场运行管理	5	
12	01301	公平交易执法	6	
13	06621	知识产权保护实务	4	
	06999	毕业论文		不计学分
总学分			72	

说明：凡国家承认学历的专科及以上毕业生可直接报考本专业。

附件七：

高等教育自学考试建筑环境与设备工程专业（独立本科段）课程设置与学分

专业代码：B080824

序号	课程代码	课程名称	学分	备注
1*	03708	中国近现代史纲要	2	
2*	03709	马克思主义基本原理概论	4	
3*	00015	英语（二）	14	
4*	02197	概率论与数理统计（二）	3	
5*	02198	线性代数	3	
6	02425	供热工程	3	
	02426	供热工程（实践）	1	
7	08363	计算机辅助设计（一）	2	
	08364	计算机辅助设计（一）（实践）	1	
8	02412	建筑给水排水工程	3	
9	03834	建筑电气	5	
10	08365	建筑设备施工与组织	5	
11	08366	冷热源工程	4	
	08367	冷热源工程（实践）	2	
12	08368	热工测量与自动控制	6	
13	08369	通风与空气调节	6	
	08370	通风与空气调节（实践）	3	
14	08734	热工基础	6	
	11102	热工基础（实践）	1	
	06999	毕业论文		不计学分
总学分			74	

说明：凡国家承认学历的专科及以上毕业生可直接报考本专业。

附件八：

高等教育自学考试审计学专业（独立本科段）课程设置与学分

专业代码：B020117

序号	课程代码	课程名称	学分	备注
1*	03708	中国近现代史纲要	2	
2*	03709	马克思主义基本原理概论	4	
3*	00015	英语（二）	14	
4*	00051	管理系统中计算机应用	3	
	00052	管理系统中计算机应用（实践）	1	
5*	00159	高级财务会计	6	
6*	04183	概率论与数理统计（经管类）	5	
7*	04184	线性代数（经管类）	4	
8*	00160	审计学	4	
9	06070	审计技术方法	4	
10	06071	内部控制制度设计	4	
11	06072	企业财务审计	6	
12	06073	财政审计	5	
13	06074	固定资产投资审计	5	
14	06075	经济效益审计	5	
	06999	毕业论文		不计学分
总学分			72	

说明：凡国家承认学历的专科及以上毕业生可直接报考本专业。

附件九：

高等教育自学考试财务会计与审计专业（独立本科段）课程设置与学分

专业代码：B020157

序号	课程代码	课程名称	学分	备注
1*	03708	中国近现代史纲要	2	
2*	03709	马克思主义基本原理概论	4	
3*	00015	英语（二）	14	
4*	00158	资产评估	4	
5*	00159	高级财务会计	6	
6*	00233	税法	3	
7*	04183	概率论与数理统计（经管类）	5	
8*	04184	线性代数（经管类）	4	
9	06072	企业财务审计	6	
10	06194	内部审计	4	
11	08119	管理会计	5	
12	08130	现代公司理财	4	
13	08131	财务分析与案例研究	4	
14	10622	国际会计	5	
15	11240	证券投资理论与实务	4	
	06999	毕业论文		不计学分
总学分			74	

说明：凡国家承认学历的专科及以上毕业生可直接报考本专业。

附件十：

高等教育自学考试模具设计与制造专业（独立本科段）课程设置与学分

专业代码：B080313

序号	课程代码	课程名称	学分	备注
1*	03708	中国近现代史纲要	2	
2*	03709	马克思主义基本原理概论	4	
3*	00015	英语（二）	14	
4*	02198	线性代数	3	
5*	00420	物理（工）	5	
	00421	物理（工）（实践）	1	
6*	02187	电工与电子技术	5	
	02188	电工与电子技术（实践）	1	
7*	02195	数控技术及应用	3	
	02196	数控技术及应用（实践）	1	
8*	02197	概率论与数理统计（二）	3	
9	02204	经济管理	5	
10	02205	微型计算机原理与接口技术	4	
	02206	微型计算机原理与接口技术（实践）	2	
11	02207	电气传动与可编程控制器（PLC）	3	
	02208	电气传动与可编程控制器（PLC）（实践）	1	
12	02220	塑料成型工艺与模具设计	4	
	02221	塑料成型工艺与模具设计（实践）	2	
13	03485	特种加工技术	2	
	03486	特种加工技术（实践）	2	
14	11091	模具 CAD/CAM 应用	4	
	11092	模具 CAD/CAM 应用（实践）	1	
	06999	毕业论文		不计学分
		总学分	72	

说明：凡国家承认学历的专科及以上毕业生可直接报考本专业。

附件十一：

高等教育自学考试酒店管理专业（独立本科段）课程设置与学分

专业代码：B020302

序号	课程代码	课程名称	学分	备注
1*	03708	中国近现代史纲要	2	
2*	03709	马克思主义基本原理概论	4	
3*	00015	英语（二）	14	
4*	00054	管理学原理	6	
5	00192	旅游市场学	4	
6	04930	酒店财务管理	4	
7	04933	酒店英语（口试）	5	
8	06126	旅游人力资源管理	5	
9	06944	中国旅游文化	4	
10	00193	饭店管理概论	5	
11	02528	烹饪营养学	4	
12	04931	酒店工程技术管理	4	
13	04932	酒店客房管理	5	
14	04934	现代酒店礼貌礼仪	3	
15	04935	现代酒店礼貌礼仪（实践）	1	
	06999	毕业论文		不计学分
总学分			70	

说明：凡国家承认学历的专科及以上毕业生可直接报考本专业。

附件十二：

高等教育自学考试会计专业（独立本科段）（注册会计师方向）课程设置与学分

专业代码：B020204

序号	课程代码	课程名称	学分	备注
1*	03708	中国近现代史纲要	2	
2*	03709	马克思主义基本原理概论	4	
3*	00015	英语（二）	14	
4*	00051	管理系统中计算机应用	3	
	00052	管理系统中计算机应用（实践）	1	
5*	04183	概率论与数理统计（经管类）	5	
6*	04184	线性代数（经管类）	4	
7*	00077	金融市场学	5	
8*	00150	金融理论与实务	6	
9*	00159	高级财务会计	6	
10*	00160	审计学	4	
11*	00158	资产评估	4	
12*	00162	会计制度设计	5	
13	04609	审计准则	5	
14	04610	注册会计师审计实例	6	
	06999	毕业论文		不计学分
总学分			74	

说明：凡国家承认学历的专科及以上毕业生均可报考本专业。

附件十三：

高等教育自学考试工业设计专业（独立本科段）课程设置与学分

专业代码：B050421

序号	课程代码	课程名称	学分	备注
1*	03708	中国近现代史纲要	2	
2*	03709	马克思主义基本原理概论	4	
3*	00015	英语（二）	14	
4*	04729	大学语文	4	
5	04844	工业设计史	3	
6	04847	设计管理	4	
7*	04837	PRO/ENGINEER	4	
	04838	PRO/ENGINEER（实践）	3	
8	04839	材料成型工艺	5	
9	04840	产品设计研究	2	
	04841	产品设计研究（实践）	3	
10	04842	产品系统化设计	2	
	04843	产品系统化设计（实践）	3	
11	04845	互动媒体设计	3	
	04846	互动媒体设计（实践）	2	
12	04848	设计心理学	4	
13	07072	企业形象设计（CIS）	7	
	07999	毕业设计		不计学分
总学分			69	

说明：凡国家承认学历的专科及以上毕业生均可报考本专业。

附件十四：

高等教育自学考试管理工程专业（独立本科段）课程设置与学分

专业代码：B082202

序号	课程代码	课程名称	学分	备注
1*	03708	中国近现代史纲要	2	
2*	03709	马克思主义基本原理概论	4	
3*	00015	英语（二）	14	
4*	00054	管理学原理	6	
5*	00058	市场营销学	5	
6*	00144	企业管理概论	5	
7*	00149	国际贸易理论与实务	6	
8*	00182	公共关系学	4	
9*	00800	经济学	5	
10	02382	管理信息系统	4	
	02383	管理信息系统（实践）	1	
11	08113	财务分析	6	
12	08281	生产与运作管理	6	
13	10992	工程数学（概率论与数理统计、复变函数与积分变换）	6	
	06999	毕业论文		不计学分
总学分			74	

说明：凡国家承认学历的专科及以上毕业生均可报考本专业。

附件十五：

高等教育自学考试建筑经济管理专业（独立本科段）课程设置与学分

专业代码：B020221

序号	课程代码	课程名称	学分	备注
1*	03708	中国近现代史纲要	2	
2*	03709	马克思主义基本原理概论	4	
3*	00015	英语（二）	14	
4*	02197	概率论与数理统计（二）	3	
5*	00139	西方经济学	6	
6*	02198	线性代数	3	
7*	02382	管理信息系统	4	
	02383	管理信息系统（实践）	1	
8*	02447	建筑经济与企业管理	4	
9	06393	土木工程概论	4	
10	06087	工程项目管理	5	
11	06219	建筑工程管理与法规	4	
12	06289	工程招标与合同管理	5	
13	06394	建筑投资经济学	6	
14	06395	建筑企业统计	4	
15	06397	工程造价管理与案例分析	5	
	06398	工程造价管理与案例分析（实践）	1	
	06999	毕业论文		不计学分
总学分			75	

说明：凡国家承认学历的专科及以上毕业生均可报考本专业。

关于吉林省申请开考高等教育自学考试销售管理（专科）等两个专业的复函

考委办函［2011］95号

吉林省高等教育自学考试委员会办公室：

你办《关于备案开考高等教育自学考试销售管理专业和开考中国销售管理专业水平证书的请示》（吉考办［2011］44号）收悉，函复如下：

一、同意你省备案开考高等教育自学考试销售管理（专科、独立本科段）两个专业。请严格执行考委［2009］5号文件颁布的全国统一专业考试计划，使用全国考委组编的大纲与教材，参加全国统一命题考试。

二、同意你省遴选吉林财经大学为销售管理专业（专科、独立本科段）的主考学校。请充分发挥主考学校的作用，切实贯彻“教考职责分离”的原则，加强省考课程的课程自学考试大纲、教材建设和实践性环节考核等工作，切实保证质量。

全国高等教育自学考试指导委员会办公室

二〇一一年十二月十二日

关于河北省申请备案开考高等教育自学考试中小企业经营管理专业（专科、独立本科段）的复函

考委办函［2011］96号

河北省高等教育自学考试委员会：

你委《关于备案开考中小企业经营管理专业（专科、独立本科段）的请示》（冀考委自［2011］19号）收悉，函复如下：

一、同意你省备案开考高等教育自学考试中小企业经营管理专业（专科、独立本科段）。请严格执行考委［2011］2号文件颁布的全国统一专业考试计划，使用全国考委组编的大纲与教材，参加全国统一命题考试。

二、同意你省遴选对外经济贸易大学为中小企业经营管理专业（专科、独立本科段）的主考学校。请充分发挥主考学校的作用，切实贯彻“教考职责分离”的原则，加强省考课程的课程自学考试大纲、教材建设和实践性环节考核等工作，切实保证质量。

全国高等教育自学考试指导委员会办公室
二〇一一年十二月十二日

关于召开全国继续教育工作会议暨高等教育自学考试制度建立30周年纪念大会的通知

考委办函［2011］98号

各省、自治区、直辖市高等教育自学考试委员会办公室，解放军高等教育自学考试委员会办公室：

教育部将于近期在北京召开全国继续教育工作会议暨高等教育自学考试制度建立30周年纪念大会，现将有关事项通知如下：

一、会议时间和地点

会议定于12月23日上午9点在北京国家会议中心召开，外地代表12月22日报到。23日中午我办举行纪念高等教育自学考试制度建立30周年招待宴会。23日晚代表可离会。

二、参会代表

自学考试系统参加会议的代表为全国高等教育自学考试指导委员会委员；各省、自治区、直辖市考办、解放军考办主要负责人代表各1人；第四届全国自学成才奖励基金“全国十佳自考生”。

接教育部办公厅紧急通知，要求各省级考委（办）主要负责同志1人参加下午的会议讨论。

三、会议报到地点

自学考试系统的会议代表统一报到地点为北京金码大酒店（地址：北京海淀区学清路甲38号金码大厦A座，电话：010－62328899），北京代表请务必于23日上午8：30前到金码大酒店报到，并搭乘会议班车一起前往国家会议中心参会。

四、午宴地点

23日上午会议结束后，全国考办在金码大酒店设午宴宴请代表，请与会代表会后搭班车统一回到金码大酒店。

五、报名及接站安排等事项

为便于会议统筹安排，请各单位务必于2011年12月20日前将参会代表名单用电子邮件和传真（加盖印章）发来，报名表见附件。如需接、送站，请在备注栏注明乘坐的航班号/车次号、返程日期及航班号/车次号。

请各省级考办协调本省代表，尽量集中安排同次航班或车次到京，以便会议安排接站。

六、会议联系人及联系方式（略）

附件：全国继续教育工作会议暨高等教育自学考试制度建立30周年纪念大会报名表

全国高等教育自学考试指导委员会办公室
二〇一一年十二月二十日

抄送：全国高等教育自学考试指导委员会委员

（附件略）

关于召开全国继续教育工作会议暨高等教育自学考试制度建立30周年纪念大会的补充通知

考委办函［2011］99号

各省、自治区、直辖市高等教育自学考试委员会办公室，解放军自学考试委员会办公室：

接教育部紧急通知，全国继续教育工作会议暨高等教育自学考试制度建立30周年纪念大会日程有所调整。现将有关事项补充通知如下：

一、会议安排

1. 12月23日上午10点，会议组织参观“2011继续教育数字化学习资源共享与服务成果展览会”、“高等教育自学考试制度建立30周年成就展（1981—2011年）”。23日中午在金码大酒店（北京海淀区学清路甲38号金码大厦A座，010－62328899）举行纪念高等教育自学考试制度建立30周年招待宴会，同时举办颁奖仪式。晚上7点观看“一生伴随我”——全国部分省市继续教育教学成果汇报演出。

2. 12月24日上午10点在北京国家会议中心召开全体大会，会议代表8:30统一从金码大酒店出发入场。24日下午，各省级考委（办）主要负责同志1人继续参加会议，24晚大会结束后可离会。其他代表24日午餐后可离会。

二、会议报到时间和地点

1. 住会代表请于12月22日到北京金码大酒店报到。

2. 参加23日活动的不住会代表，请于当日上午9:30前到金码大酒店报到。

3. 参加24日大会的不住会代表，请于当日早上8:00前到金码大酒店报到。

全国高等教育自学考试指导委员会办公室
二〇一一年十二月二十一日

抄送：全国高等教育自学考试指导委员会委员

教育部高等教育自学考试办公室文件

关于调整高等教育自学考试开考时间的通知

教考试办函［2011］5号

各省、自治区、直辖市高等教育自学考试办公室，解放军自学考试办公室：

为方便各地的考务组织工作，进一步规范国家教育考试的各项要求，经征求所有省级自考办的意见，现决定，自2012年开始，高等教育自学考试（包括中英合作商务管理专业和金融管理专业）上午的开考时间由现行的8点30分（北京时间，下同）调整为9点，下午考试的开考时间由14点调整为14点30分。

请各省级自考办高度重视，认真组织落实，适时展开宣传，做好考务管理的平稳过渡，确保调整工作的顺利实施。

教育部高等教育自学考试办公室
二〇一一年三月十一日

关于做好2011年4月全国高等教育自学考试考务工作的通知

教考试办函［2011］6号

各省、自治区、直辖市高等教育自学考试办公室，解放军自学考试办公室：

为全面贯彻落实第四次全国教育工作会议和《国家中长期教育改革和发展规划纲要（2010—2020年）》的精神，做好2011年4月的全国高等教育自学考试考务管理工作，现就有关要求通知如下：

一、加强领导，周密部署，强化部门协调

各级教育考试机构要切实加强领导，增强忧患意识，周密安排，精心组织，积极争取教育行政管理部门的支持，充分发挥省考委和联席会议的作用，主动加强与公安、武警、纪检监察、保密、信息产业、无线电、卫生防疫、交通、气象、地震等有关部门的协调配合，继续加强考试环境的综合整治工作，做到标本兼治、综合治理、惩防并举、注重实效。加强对互联网不良信息的监控和打击力度，防止利用信息技术手段非法传播考试信息。加强与新闻宣传部门的联系，落实新闻发言人制度。对考前各项工作尤其是涉及考试安全方面的工作要进行深入细致的检查和落实，制订切实可行的工作方案，要把“安全第一”放在最突出的位置，务求把各项工作抓好抓实，确保本次考试安全、平稳实施。

二、切实做好考试安全管理工作

安全保密是国家教育考试的生命线，试题试卷安全始终是自学考试的第一要务，任何时候都不能有松懈麻痹思想。各级教育行政部门和考试机构，要把试题安全和考场安全作为“一把手工程”，主要负责同志要亲自抓，对当地的自学考试安全负总责。按照“分级管理、逐级负责”、“谁使用、谁负责”、“谁主管、谁负责”的原则，切实做到任务到岗，责任到人。各级教育考试机构主要负责同志亲自挂帅，在考前对试题命制及试卷印刷、运送、分发、保管等每一个环节进行全面梳理，查漏补缺，对于不达标或存在安全隐患的保密室或工作节点，必须限期逐项整改，确保不留安全隐患和工作死角。严格执行四部局发布的《国家教育考试考务安全保密工作规定》的各项要求，结合当地实际，不断完善保密室规章，规范工作流程。加大监督检查力度，确保保密工作各项规章制度落到实处。考前，要联合当地公安和保密部门严格检查所有存放试卷的保密室，对不达标的保密室严禁存放试卷。要安排专人提前对监控设备进行检修维护，试卷保密室、试卷分发回收场所和评卷场所在使用期间必须进行没有死角、无遗漏的实时监控，并保留全程的监控录像，采取定时定点回放检查与临时抽查相结合的方式，防范和及时查处可能出现的问题。建立并完善内部工作制约机制，加强对涉密人员的监督管理，完善监考教师的相互监督制约机制。加强考务工作人员的警示教育和业务培训，尤其是对涉密人员的安全保密教育和培训，增强其法律意识和责任意识，切实保证考试工作人员的职业道德素养和水平。

三、积极推进标准化考点建设

党中央、国务院对国家教育考试的安全保密和考场管理历来都十分重视。为更好地加强考点的基础性建设，提高综合管理水平和科技含量，规范考试行为，打击“考场腐败”，为优秀人才选拔战略提供支持和保障，满足建设人力资源强国发展战略需要，国家决定推进“国家教育考试标准化考点建设计划”。对此，各级教育考试机构要充分认识到标准化考点建设的重要性和紧迫性，积极推进国家教育考试标准化考点建设工作，严格按照教育部考试中心印发的《2010年国家教育考试标准化考点规范（试行）》（教试中心函［2010］79号）要求，紧密依靠各地政府，加大投入、加快建设，尤其是对考风考纪薄弱地区，要克服困难，尽快建成标准化考点。

四、严格考风考纪管理

加大对考点、考场的规范化管理，保持高压态势，严肃考风考纪；加强对考生进行道德教育和考风考纪教育；加强对自学考试考务规定及国家教育考试诚信电子档案查询系统的宣传，增强对违规考生的威慑力和约束力；加强对考试工作人员的选聘、培训、考核和管理工作，尤其是对监考教师考务规定及反作弊技能的培训，经考核合格的工作人员方可持证上岗；采取人防和技防并举，既要加强监考教师对考场的管控，又要加大资金和技术投入，提高反作弊的能力，特别是要加强对替考、高科技通信工具作弊的防范和查处力度；加大对考风考纪薄弱地区的巡视检查力度，坚决防范和打击有组织的集体舞弊行为，特别是有考试工作人员参与的舞弊行为。

严格落实“教考职责分离”原则，考点原则上不得设置在自学考试的助学、办学单位。对因特殊情况需要在自考的助学、办学单位组考的，必须符合《国家教育考试标准化考点规范（试行）》（教试中心函［2010］79号）的要求，试卷（备用卷）领取、运送、在考点临时存放、管理等严格按照有关规定执行，省级考办或地市考办人员负责全程管理。考试期间，考点主考由省级考办或地市考办人员担任，监考人员由省级考办或地市级考办统一调配，其中每个考场的主监考由省级考办或地市级考办选派。考点不得私自设立分考点或在备案考点地址外组织考试。

为全面掌握全国各地的情况，请各省于4月8日前，将所设考区、考点详细情况（见附件三）通过国家教育考试管理与服务平台报我办。

五、加强安全防范，做好应急预案

为确保本次考试的顺利实施，各级教育考试机构要加强安全教育，采取有效的安全防范措施，做好应对各项突发事件的预案工作，制订预案实施细则，加强培训和演练。特别是要做好应对自然灾害应急处置准备，并根据当地实际情况和考生规模，在现有备用考点（考场）的基础上，准备好数量充足的备用考点（考场），一旦出现极端自然灾害时，可以迅速做出转移安置部署，提高应急处置的能力。同时，进一步加强考点、评卷等场所卫生防疫与食品卫生安全工作，预防传染病流行、食品中毒等事件的发生，切实保障考生、考试工作人员及评卷教师的人身安全和身体健康。

六、建立健全责任追究制度，渎职必究，失职必查

各级教育考试机构要明确安全保密各个环节责任人和考风考纪责任人，逐级签订责任书，确保任务到岗，责任到人。对安全保密和考场纪律环节实行有效监督和管理，确保安全管理制度和考务规定执行到位。因涉嫌腐败或失职、渎职导致失泄密事件、集体违纪舞弊事件的发生，要对有关人员依法依纪处理，同时，对有关负责同志还要追究其领导责任。

七、实行考试值班和报告制度

各级教育考试机构要按照有关规定（详见附件一）严格落实值班和报告制度。4月有加考的省（自治区、直辖市）请将考试时间和值班安排加盖公章传真至我办。考前4天，我办考务一处开通24小时值班电话，号码为：(略)。

考试期间，我办将通过国家教育考试管理与服务平台下发通知、公告和要求等，同时通过三个手机号码（略）发送短信，请各省指定专人负责上网浏览（具体使用见附件二）和接收短信。

附件：一、2011年4月高等教育自学考试考务安全保密工作报告要求

二、国家教育考试管理与服务平台使用说明

三、2011年4月高等教育自学考试考点信息上报要求

四、2011年4月高等教育自学考试网上有害信息监控工作要求

教育部高等教育自学考试办公室

二〇一一年三月十八日

（附件略）

关于打击自考教材盗版及侵权行为的通知

教考试办函［2011］12号

各省、自治区、直辖市高等教育自学考试办公室：

近年来，随着国家自考事业的进一步发展，对自考教材的盗版现象日益严重，并为一些教学、助学单位订购、使用非法自考出版物提供了滋生腐败的温床。同时，一些不法书商还大肆对自考教材进行多方面的侵权，并出版、发行了一系列侵权、非法自考教辅，侵害了著作权人的知识产权，并严重误导、混淆了考生与消费者的视听。

针对上述侵权行为，教育部考试中心（自考办）委托律师事务所，对所涉教辅进行了证据保全与法律界定，并向相关出版单位人民日报出版社、光明日报出版社、学苑出版社、海南出版社等四家出版单位发出律师函。经过协调与沟通，上述出版单位全部出具承诺书（见附件一），承诺不再出版、发行未经教育部考试中心（自考办）授权的自考教辅，并承诺采取措施停止涉嫌侵权自考教辅在市场上的流通。但是，在利益的驱动下，个别不法书商仍然铤而走险，无视考试中心的正告，继续以一号多书、变相侵权的方式，不仅继续策划、制作、贩卖新的非法自考教辅用书，并对已被相关出版单位明文承诺停止流通的侵权教辅采取隐匿或重印的手段，在图书批发市场、助学单位、零售门店、连锁门店、高校书店、考试书店等区域内大肆流通。如近期由中国言实出版社出版的《自考通　全国高等教育自学考试考纲解读与全真模拟演练》系列和国家行政学院出版社出版的《一考通题库》系列丛书均属此列。教育部考试中心（自考办）正拟采取法律措施予以解决。

为深入贯彻国务院《打击侵犯知识产权和制售假冒伪劣商品专项行动方案》（国办发［2010］50号）的精神和要求，维护广大自考学生的切身利益，并结合上述教材盗版、侵权具体情况，现就严禁自学考试助学机构（学校）采买使用盗版自学考试教材及侵权教辅问题通知如下：

1. 要求各类自学考试助学机构（学校）要对今年以来由学校统一采购（包括由校内各院系采购或班主任采购等）的自学考试教材、教辅进行查验，凡是盗版自学考试教材及侵权教辅（见附件二）的要全部收回销毁。

2. 要规范购书渠道，要加强对自考教材指定销售书店的监督管理，杜绝盗版自学考试教材及侵权教辅在相关书店的销售，建立严格的教材采买使用管理制度。

3. 要加强宣传，在自学考试助学机构（学校）内营造知识产权保护氛围，提高广大自学考试考生知识产权和依法维权意识，引导大家自觉抵制盗版教材及侵权教辅，积极揭露各种盗版、侵权行为。

4. 各级自学考试管理机构要加强对自学考试助学机构（学校）及指定书店的指导监督，学校、书店采购并使用盗版教材、侵权教辅的，应当依法承担相应的责任。

附件：一、光明日报出版社等五家出版单位承诺书

二、侵权教辅目录

教育部高等教育自学考试办公室
二〇一一年四月二十日

（附件略）

关于做好2011年7月高等教育自学考试考务工作的通知

教考试办函［2011］16号

有关省、自治区、直辖市高等教育自学考试办公室：

为做好2011年7月高等教育自学考试安全保密和考务管理工作，现就有关要求通知如下：

一、加强组织领导，强化部门协调

各级教育考试机构要周密安排，精心组织，积极争取教育行政管理部门的支持，充分发挥省考委和联席会议的作用，主动加强与公安、武警、纪检监察、保密、信息产业、无线电、卫生防疫、交通、气象、地震等有关部门的联系，建立部门联动机制，开展考试综合整治，妥善应对突发事件。加强对互联网不良信息的监控和打击力度，净化考试环境，防止利用信息技术手段非法传播考试信息。对考前各项工作尤其是涉及安全方面的工作要进行深入细致的检查和落实，要把“安全第一”放在最突出的位置，务求把各项工作抓好抓实，确保考试安全、平稳实施。

二、逐级落实责任，确保考试安全

试题试卷安全始终是自学考试的第一要务，各级教育行政部门和考试机构的主要负责同志要亲自挂帅，对当地的自学考试安全负总责。按照“分级管理、逐级负责”的原则，切实做到任务到岗，责任到人，严格执行四部局发布的《国家教育考试考务安全保密工作规定》的各项要求，不留安全隐患和工作死角。

三、保持高压态势，严肃考风考纪

继续加强对考点、考场的规范化管理，严格落实“教考职责分离”原则；对考生进行道德教育和考风考纪教育；加强对考试工作人员的选聘、培训、考核和管理工作，尤其是对监考教师进行考务规定及反作弊技能的培训，考核合格后持证上岗；采取人防和技防并举，既要加强监考教师对考场的管控，又要加大资金和技术投入，提高反作弊的能力，特别是要加强对替考、高科

技通信工具作弊的防范和查处力度；加大对考风考纪薄弱地区的巡视检查力度，坚决防范和打击有组织的集体舞弊行为，特别是有考试工作人员参与的舞弊行为。对参与、组织、纵容考生作弊的教育系统工作人员，要依照有关法规严惩不贷。

为全面掌握全国各地的情况，请各省（区、市）于7月1日前，将所设考区、考点详细情况（见附件三）通过国家教育考试管理与服务平台报我办。

四、加强安全防范，做好应急预案

为保证考试顺利实施，各级教育考试机构要加强安全教育，采取有效的安全防范措施，根据当地实际情况，在有关部门的指导下，做好应对各类突发事件的预案，制订预案实施细则，加强培训和演练。在考前，要认真梳理各环节，做好自查和排查工作，将各种影响考试平稳进行的隐患和问题解决在初发期和萌芽状态。

五、实行考试值班和报告制度

各级教育考试机构要按照有关规定（详见附件一）严格落实值班和报告制度。考前4天，我办考务一处开通24小时值班电话，号码为：（略）。

考试期间，我办将通过国家教育考试管理与服务平台下发通知、公告和要求等，同时通过三个手机号码（略）发送短信，请各省指定专人负责上网浏览（具体使用见附件二）和接收短信，按照文件要求及时报送信息。

附件：一、2011年7月高等教育自学考试考务安全保密工作报告要求

二、国家教育考试管理与服务平台使用说明

三、2011年7月高等教育自学考试考点信息上报要求

四、2011年7月高等教育自学考试网上有害信息监控工作要求

教育部高等教育自学考试办公室

二〇一一年六月十五日

（附件略）

关于印发《高等教育自学考试省际委托组考工作暂行规定》的通知

教考试办函［2011］18号

各省、自治区、直辖市高等教育自学考试办公室，解放军自学考试办公室：

现将《高等教育自学考试省际委托组考工作暂行规定》印发给你们，请遵照执行。

附件：高等教育自学考试省际委托组考工作暂行规定

教育部高等教育自学考试办公室
二〇一一年七月二十七日

附件：

高等教育自学考试省际委托组考工作暂行规定

第一条　为进一步规范高等教育自学考试省际委托组考（以下简称委托组考）工作，维护高等教育自学考试的权威性、严肃性、公平性，确保考试质量，根据《高等教育自学考试暂行条例》，特制定本规定。

第二条　委托组考是指委托省（区、市）的省（区、市）高等教育自学考试办公室（以下简称省级自考办）与受委托省（区、市）的省级自考办进行合作，由受委托省（区、市）的省级自考办在受委托省（区、市）行政区域内组织委托省（区、市）开考专业考试的行为。

第三条　委托组考的专业必须是委托省（区、市）已开设并报经教育部高等教育自学考试办公室（全国高等教育自学考试指导委员会办公室）同意开考的、有特色的专业，且受委托省（区、市）急需而尚不具备开考条件的专业。

第四条　委托组考只能在省级自考办之间组织开展，其他任何组织机构不得开展。开展委托组考须先经双方省级自考办协商同意，再由委托省（区、市）的省级自考办报我办备案，备案材料需说明委托组考的原因、规模、时限、工作安排等情况并附协议草案，经我办审核同意，委托组考双方签署正式协议后方可实施。

原则上各省级自考办与解放军自学考试办公室之间不得开展委托组考工作。

第五条　委托考试的规模应当严格控制，委托组考专业的单次报考人数超过200人时，委托双方应停止该专业的委托关系并做好善后工作。

受委托省（区、市）的省级自考办可按有关规定申请在本省（区、市）开考该专业。

第六条　委托双方必须明确责任，职责分工要在协议中明确约定。受委托方对考务工作中的考试组织与实施、违规考生的违规行为告知及记录、试卷（答卷）在本地期间的保管以及安全保密环节负责，其中承担委托组考的考点必须是国家教育考试标准化考点。委托方对考试组考工作以外的所有环节负责。双方应按照《高等教育自学考试考务工作规定》（教考试［2009］1号）和《高等教育自学考试考籍管理工作规定》（教考试［2006］3号）等文件和有关规定的要求，密切配合，保证考试安全平稳实施。

第七条　受委托的省级自考办指定经过审核备案的自学考试社会助学组织开展委托组考的助学工作，其他组织或个人不得参与委托组考相关工作。

第八条　对于违反本规定，违规开展委托组考的，将责令停考委托组考的相关专业，我办不予办理相关专业的毕业证书电子注册、备案等认定工作，并予通报。情节严重的，在2至3年内不予审批委托组考双方准备新开的专业。

第九条　本规定自发布之日起实施。

关于加强高等教育自学考试委托组考工作管理的通知

教考试办函［2011］19号

各省、自治区、直辖市高等教育自学考试办公室，解放军自学考试办公室：

高等教育自学考试是我国高等教育的重要组成部分，是具有高度权威性和严肃性的国家教育考试。30年的实践表明，质量是自学考试的生命线，任何忽视、消弱质量的行为都会给自学考试的发展和社会信誉带来严重的影响。为贯彻落实第四次全国教育工作会议和《国家中长期教育改革和发展规划纲要（2010—2020年）》精神，改革和完善高等教育自学考试制度，充分发挥自学考试在构建终身教育体系和学习型社会中的作用，进一步规范自学考试委托组考工作，我办在广泛征求意见的基础上，制订并印发了《高等教育自学考试省际委托组考工作暂行规定》（教考试办函［2011］18号）（以下简称《规定》），请各地切实担负起自学考试机构的责任，立即按照《规定》的要求加强对委托组考工作的管理。

自学考试的委托组考工作，限于在省级自考办之间开展，各省级自考办应立即对本省（区、市）内各级、各类机构的委托组考进行梳理，停止所有不符合要求的委托组考行为。对于已经开展的省际委托组考工作，应按《规定》的要求，于11月30日前将相关材料报我办，经审核同意备案后，才能继续开展委托组考工作，否则我办将不予办理相关专业的毕业证书电子注册、备案等认定工作，并予以通报。对于停止的委托组考工作，委托双方要充分协商、妥善处理遗留问题，确保考试平稳过渡。

教育部高等教育自学考试办公室
二〇一一年八月二十四日

关于做好2011年10月高等教育自学考试考务工作的通知

教考试办函［2011］21号

各省、自治区、直辖市高等教育自学考试办公室，解放军自学考试办公室：

为加强2011年10月高等教育自学考试考务管理工作，确保考试安全，严肃考试纪律，保证考试的公平、公正，现将有关考务工作强调如下：

一、加强领导，周密部署

各级教育考试机构要切实加强领导，周密安排，精心组织，积极争取教育行政部门的支持，充分发挥省级考委和联席会议的作用，主动加强与公安、武警、纪检监察、保密、信息产业、无线电、卫生防疫、交通、气象、地震等有关部门的协调配合，继续加强考试环境的综合整治工作。加强对互联网不良信息的监控和打击力度，防止利用信息技术手段非法传播考试信息。加强与新闻宣传部门的联系，落实新闻发言人制度。针对在本地区考务工作中存在的薄弱环节和考试中可能发生的问题，要制订切实可行的工作方案，要把“安全第一”放在最突出的位置，务求把各项工作抓好抓实，确保本次考试安全、平稳实施。

二、切实做好考试安全管理工作

安全保密是国家教育考试的生命线，试题试卷安全始终是自学考试的第一要务，任何时候都不能有松懈麻痹思想。各级教育行政部门和考试机构，要把试题安全和考场安全作为“一把手工程”，主要负责同志要亲自抓，对当地的自学考试安全负总责。按照“分级管理、逐级负责”、“谁使用、谁负责”、“谁主管、谁负责”的原则，切实做到任务到岗，责任到人。严格执行《国家教育考试考务安全保密工作规定》的各项要求，结合当地实际，不断完善保密室规章，规范工作流程。加大监督检查力度，确保保密工作各项规章制度落到实处，做到试卷保密室、试卷分发场所和评卷场所实时监控、录像，采取定时定点回放检查与临时抽查相结合的方式，防范和及时查处可能出现的问题。考前，要联合当地公安和保密部门严格检查所有存放试卷的保密室，对不达标的保密室严禁存放试卷。建立并完善内部工作制约机制，加强对涉密人员的监督管理和教育培训。

三、积极推进标准化考点建设

根据《教育部、财政部关于大力推进国家教育考试标准化考点建设工作的通知》（教学［2011］1号）文件要求，按照“统一规划、统一标准、统筹协调、分布实施、高效务实”的原则，充分考虑各类国家教育考试业务需求，有机整合现有资源，紧密依靠各地政府，加大投入、加快建设，尤其是对考风考纪薄弱地区，要克服困难，尽快建成标准化考点。实行多考统筹，在考点安排上，最大限度地使用已经建成的标准化考点。

四、严格考风考纪管理

加大对考点、考场的规范化管理，保持高压态势，严肃考风考纪。加强对考生进行道德教育和考风考纪教育。加强对自学考试考务规定及国家教育考试诚信电子档案查询系统的宣传，按照《关于进一步加强国家教育考试诚信档案管理工作的通知》（教试中心函［2010］209号）文件要求报送诚信档案数据，增强对违规考生的威慑力和约束力。加强对考试工作人员的选聘、培训、考核和管理工作，经考核合格的工作人员方可持证上岗。采取人防和技防并举，加强考生入场时的身份识别以及考生携带物品的核验，并会同联席会议单位加强考场周边环境治理，动用无线信号探测、屏蔽等手段，严查严打团伙作弊行为。加大考试巡视检查力度，切实防范和制止各种形式的违纪舞弊事件的发生。

严格落实“教考职责分离”原则，考点原则上不得设置在自学考试的助学、办学单位。考点不得私自设立分考点或在备案考点地址外组织考试。为全面掌握全国各地的情况，请各省（区、市）于10月17日前，将所设考区、考点详细情况（见附件三）通过国家教育考试管理与服务平台报我办。

五、加强安全防范，做好应急预案

为保证考试顺利实施，各级教育考试机构要加强安全教育，采取有效的安全防范措施，根据当地实际情况，在有关部门的指导下，做好应对各类突发事件的预案，制订预案实施细则，加强培训和演练。在考前，要认真梳理各环节，做好自查和排查工作，将各种影响考试平稳进行的隐患和问题解决在初发期和萌芽状态。

六、实行考试值班和报告制度

要按照有关规定（详见附件一）严格落实值班和报告制度。考前四天，我办考务一处开通24小时值班电话，号码为：(略)。

考试期间，我办将通过国家教育考试管理与服务平台下发通知、公告和要求等，同时通过三个手机号码（略）发送短信，请各省（区、市）指定专人负责上网浏览（具体使用见附件二）和接收短信，按照文件要求及时报送信息。

七、建立健全责任追究制度，渎职必究，失职必查

各级教育考试机构要明确安全保密各个环节责任人和考风考纪责任人，逐级签订责任书，确保任务到岗，责任到人。对安全保密和考场纪律环节实行有效监督和管理，确保安全管理制度和考务规定执行到位。因涉嫌腐败或失职、渎职导致失泄密事件、集体违纪舞弊事件的发生，要对有关人员依法依纪处理，同时，对相关负责人要追究其领导责任。

附件：一、2011年10月高等教育自学考试考务安全保密工作报告要求

二、国家教育考试管理与服务平台使用说明

三、2011年10月高等教育自学考试考点信息上报要求

四、2011年10月高等教育自学考试网上有害信息监控工作要求

教育部高等教育自学考试办公室

二〇一一年九月八日

（附件略）

教育部考试中心

高校入学考试命题

普通高等学校招生全国统一考试

【概况】　2011年，全国普通高考各学科试题符合《考试大纲》和《考试说明》的规定，突出能力考查；在试卷结构、组卷策略和试题形式等方面有所创新；试题在保持稳定的基础上，体现新课程的理念，为高校选拔新生提供有效的依据，对中学实施素质教育具有良好的导向作用。

2011年有山东、广东、海南、宁夏、江苏、天津、辽宁、浙江、福建、安徽、北京、黑龙江、吉林、湖南、陕西、河南、新疆、山西、江西19省（区、市）使用课程标准试卷，其中河南、新疆、山西、江西4省（区）首次使用课程标准试卷。首次实施新高考的省份实现平稳过渡。

【分省命题管理】　2011年，全国高考分省命题省市继续保持为16个，其中，北京、天津、浙江、福建、安徽、山东、广东、重庆、四川9省（市）命制语文、数学（文/理）、英语、文科综合、理科综合（山东还命制基本技能），上海、江苏2省（市）命制语文、数学（文/理）、英语、政治、历史、地理、物理、化学、生物（上海还命制文科基础和理科基础），辽宁、江西、湖北、湖南4省命制语文、英语、数学（文/理），陕西省命制数学（文/理）和英语，其他考试科目使用教育部考试中心命制的试题。所有小语种考试仍由教育部考试中心命题。继续加强对分省命题的指导、业务培训、监督和评价工作，重视对实行高中课程改革后高考命题省份的命题指导。

【试题评价与分析】　7月，在北京召开高考试题评价会议，对全国高考试题从政治性、科学性、公平性、规范性四方面进行分析和评价，形成《2011年全国普通高考试题专家评价报告》。12月，在云南省昆明市召开2011年全国高考命题工作总结会议，对命题组织管理、命题标准建设、试卷评阅、试题评价等内容进行探讨，明确2012年及今后一段时间的高考命题工作思路。

全国硕士研究生入学统一考试

【考试改革调研】　2011年，在国家教育咨询委员会考试招生制度改革组专题研究小组领导下，开展研究生考试改革调研工作。在广泛征求意见的基础上，形成30余万字的《硕士研究生入学统一考试制度改革专题报告》，为进一步推动研究生考试招生制度改革提供决策依据。

全国各类成人高等学校招生统一考试

【概况】 2011 年，根据《全国各类成人高等学校招生复习考试大纲（2011 年版）》命制或修订成人高考国家题库，提供 2011 年成人高考正式考试用试卷 19 科。考后统计数据显示，试卷难度稳定，试题区分度较好。

政法干警招录培养体制改革试点教育入学考试

【概况】 根据中央政法委等 12 家中央主管部门下发的《关于印发〈2011 年政法干警招录培养体制改革试点工作实施方案〉的通知》（政法［2011］22 号）文件精神，政法干警招录培养体制改革试点工作在总结过去三年试点经验的基础上，2011 年继续深入推进。

2011 年教育入学考试笔试于 9 月 18 日举行，全国共有 235 665 人报名参加考试，其中，参加专科层次文化综合考试的有 87 497 人，参加本科层次民法学考试的有 144 391 人，参加法律硕士专业学位层次专业综合 I（包括刑法学、民法学）、专业综合 II（包括法理学、中国宪法学、中国法制史）考试的有 3 777 人。全国共设考点 214 个，考场 8 623 个。

教育部考试中心命制上述 4 门考试科目的试题。考后数据统计分析显示，试题难易适中，区分度较好，符合预期设计目标，满足招生要求。

教育考试国家题库

【题库建设取得阶段性成果】 2011 年，教育考试国家题库（以下简称题库）建设成效显著，建立科学的题库命题工作机制；通过进一步扩大命题队伍、增加命题组别，促进了试题、试卷的快速积累；利用最新防伪技术定制新型密封签和试卷袋；国家题库软件系统的各项功能基本实现，全面投入使用。题库提供正式考试用试卷 200 余套。

【涉密信息系统通过国家保密局测评】 12 月，国家教育考试命题基地召开“教育部考试中心命题业务基地 5 号楼涉密信息系统现场测评会”。命题基地 5 号楼涉密信息系统达到安全保护能力，通过国家保密局的测评。

供稿：教育部考试中心命题中心
教育部考试中心社会考试处
撰稿：任子朝　李　勇　胡传勇　关丹丹
刘丽芳　谢建国　刘海诗
审稿：李光明　张为舟　刘　芃　柳　博
高　升　王　伟

高等教育自学考试

综　述

【概况】　2011 年，全国高等教育自学考试学历教育共计报考 923 万人次、2 160 万科次。其中，本科报考 639.6 万人次、1 517 万科次，专科报考 280.2 万人次、638 万科次，其他层次报考 2.9 万人次、5 万科次。首次报考自学考试的考生（不含解放军）147 万余人，全年毕业生 62.7 万人。

【高等教育自学考试制度建立 30 周年纪念大会召开】　12 月 24 日，全国继续教育工作会议暨高等教育自学考试制度建立 30 周年纪念大会在北京召开。会议由教育部部长、全国考委主任袁贵仁主持，中共中央政治局委员、国务委员刘延东出席会议，并做重要讲话。刘延东强调了自学考试制度在我国继续教育领域的重要地位和作用，并指出新时期自学考试制度改革发展的方向。会议同期，还组织举办了纪念高等教育自学考试制度建立 30 周年成就展览。

【第七届全国考委成立】　2011 年上半年，启动全国高等教育自学考试指导委员会（以下简称全国考委）的换届调整工作。11 月 11 日，下发《教育部关于成立第七届全国高等教育自学考试指导委员会的通知》，宣布第七届全国考委成立，袁贵仁任主任委员，副主任委员 12 人，委员 43 人。

【在“2011 年继续教育数字化学习资源共享与服务成果展览会”设展位】　在 12 月 23 日至 25 日教育部举办的 2011 继续教育数字化学习资源共享与服务成果展览会上，教育部考试中心以“改造我们的考试”为主题，通过 8 块展板、4 个电脑体验区和 4 块 LED 显示屏集中展示网络考试报名、网络考试系统、网络阅卷系统、数字化命题和考务管理、数字化评价系统、数字化助学平台建设等方面的成果，其中突出展示教育部考试中心服务广大考生和学习者，为考生搭建终身学习“立交桥”和建设学习型社会所作出的成绩。中共中央政治局委员、国务委员刘延东 24 日莅临展会，视察教育部考试中心展位时，对取得的成绩和所做的工作表示充分肯定。

专业管理

【概况】 2011年，全国高等教育自学考试开考专业822个，其中专科层次428个，本科层次394个。开考专业中，全国统一计划专业108个。新设中小企业经营管理（专科、独立本科段）2个“双证书”专业，停考种子（专科）等4个专业，调整中英合作商务管理和金融管理（本科）及物流管理（专科、独立本科段）4个专业，通信技术（专科）等27个专业调整为非全国统一计划专业。

2011年，全国考委批复27个省级考委（含解放军）申请开考的212个专业，同时各地停考84个专业。

【制定高等教育自学考试专业和课程改革方案】

为贯彻《国家中长期教育改革和发展规划纲要（2010—2020年）》精神，完成教育部教育体制改革工作重点项目，经多个省市实地调研和广泛征求意见，全国考委于7月28日印发《高等教育自学考试专业和课程改革方案》，明确自学考试定位于继续教育、终身教育，确定改革的重点包括调整人才培养目标，形成以多样化的教育质量观和多层次的人才观为指导的专业体系，以专业核心课程为主体的职业型和应用型课程体系，建立与其他教育形式相互沟通和衔接的课程学分互认机制、建设国家课程学分库等内容。

社会助学

【概况】 2011年，在各级政府、教育行政部门和自学考试机构的监督管理和指导支持下，各类社会助学组织积极参与，自学考试社会助学更加规范有序。各省、自治区、直辖市认真贯彻落实社会助学组织登记注册和备案制度，全国参加社会助学的学员人数稳步增长。全国31个省、自治区、直辖市自考办通过优化渠道、系统升级等措施，积极开展社会助学组织登记注册和备案，经审核，1 606个社会助学组织通过登记备案。其中，普通高校741个，占46.14%；成人高校46个，占2.86%；民办高等教育机构592个，占36.86%；部门委托办学55个，占3.42%；其他社会助学组织172个，占10.71 %。参加助学的学员共有181.1万余人，其中，普通高校助学学员107.5万余人，占参加助学学员总数的59.39%；成人高校助学学员4.3万余人，占2.42%；民办高等教育机构助学学员56.1万余人，占30.98%；部门委托助学学员3.2万余人，占1.81%；其他助学组织助学学员9.7万余人，占5.40%。在所有参加社会助学的学员中，有68.4万余名学员通过全日制方式参加助学，占学员总数的37.77%；有112.7万余名学员通过业余方式参加助学，占62.23%。

截至2011年年底，高等教育自学考试省级学习服务中心已建成39所，其中浙江省11所，江西省2所，湖北省7所，四川省19所；浙江、湖北、陕西、江苏等省正在筹备申报全国示范学习服务中心。

【第四届全国自学成才奖励基金优秀自考生评选】

2011年，举办第四届全国自学成才奖励基金优秀自考生评选活动，在各省自考办推荐的基础上，评选出210位优秀自考生，其中“全国十佳自考生”10人、“全国单项优秀自考生”35人和“全国优秀自考生”165人。

【全国自学考试先进集体、先进个人、单项工作优秀奖评选】 2011年，全国考委评选出“高等教育自学考试先进集体”400多个、“高等教育自学考试先进工作者”200余名和“专业建设工作优秀奖”等9类“单项工作优秀奖”约80个，下发《关于表彰全国高等教育自学考试工作先进集体、先进工作者的决定》。

【出版《学习改变命运（第四辑）》报告文学集】

通过筛选、组稿、编辑、审定收录45位第四届自学成才奖励基金优秀自考生的先进事迹，全国考委主任委员、教育部部长袁贵仁为此书作序。

自学考试命题

【全国统考课程命题概况】　2011年，高等教育自学考试全国统考课程共计649门，其中，全国考办负责命题课程115门，16个命题中心负责命题课程534门。全年共安排1 224科次课程进行全国统一考试。

【全国高等教育自学考试命题工作会议召开】

12月，全国考办在广西召开全国高等教育自学考试命题工作会。会议总结近年来自学考试命题工作，交流各地在推进自学考试题库建设、加强命题管理、提高命题质量、确保命题安全等方面的经验，并就如何进一步改善命题管理以及更好地推动命题业务进行讨论。来自16个命题中心、各省级考办以及解放军自考办的代表共100余人参加会议。

【改革考试内容与形式】　2011年，全国考办配合相关专业委员会，对法律、经济、中文、教育等专业的35门课程《自学考试大纲》进行修订。对部分全国统考课程的考试内容和形式进行改革。

【利用自学考试信息管理平台做好命题管理】

2011年，全国考办利用自学考试命题信息管理平台完成自学考试的考试安排发布、试卷清样申报、统考试卷抽取、试卷评价信息上报与反馈、题库信息管理、命题任务查询、命题专家管理、命题经费统计等工作。

【统考课程命题质量与考试情况调查反馈】

2011年，全国考办对2010年10月自学考试的334门全国统考课程和2011年4月考试的330门全国统考课程进行命题质量评估，形成评估意见，并及时将评估意见和试卷评价信息反馈至相关命题中心，供命题专家参考，以进一步提高自考命题质量。

【南昌命题中心获准筹建】　2011年，全国考办批准江西省筹建“高等教育自学考试南昌命题中心”。

中国高等教育学会自学考试分会

【概况】　2011年，中国高等教育学会自学考试分会围绕纪念高等教育自学考试制度建立30周年，组织征文活动，并于5月举办纪念高等教育自学考试制度建立30周年论坛及2012年年会。组织纪念高等教育自学考试制度建立30周年专项科研课题研究，主题涉及自学考试制度的发展历程、充分发挥自学考试制度在建设学习型社会中的重要作用、自学考试各环节的改进与提高等。经专家评审，立项重点课题5个，一般课题26个。

教材建设

【概况】　2011年，扎实做好自学考试全国统编教材的修订工作，组织36种教材的修订，完成31本教材的审稿，全年累计出版新教材23本。加强教材编写流程的规范化管理，进一步完善《高等教育自学考试统编教材编写原则和要求》，完善教材主编招标制度和工作流程，对新任主编进行系统培训。积极探索“高质量、有特色的学习媒体”研发新机制，对774种统编教材基本情况进行摸底，开展统编教材和医药类教材建设的基础调研和专项调研，形成数万字的调研报告。

供稿：教育部考试中心自考综合处
教育部考试中心自考助学管理处
教育部考试中心命题中心
教育部考试中心教材研究所

撰稿：张　薇　王海东　沈　漪　董　琳
李　颖　杨　榭　陈　卫　刘丽芳
高　升　刘素娟

审稿：刘军谊　李光明　王建民　王和军

非学历教育考试

【全国大学英语四、六级考试（CET）】 2011年，全国大学英语四、六级考试报考1 836万人，比2010年增加53万人，增幅2.97%。采用网上集中评卷方式。

【全国计算机等级考试（NCRE）】 2011年，全国计算机等级考试报考528.4万人次，比2010年增加20.8万人次，增幅4.1%，有214.8万人取得证书。截至2011年年底，累计报考达4 384.1万人次，累计获得合格证书者达1 663.7万人。

【全国英语等级考试（PETS）】 2011年，全国英语等级考试（PETS五级除外）报考179.11万人次，比2010年增加21.56万人次，增幅13.69%。

【全国外语水平考试（WSK）】 2011年，全国外语水平考试（包括英语、法语、德语、日语和俄语）在全国设考点38个，共计报考25 589人次，比2010年增加1 837人次，增幅7.73%。

【全国外语翻译证书考试（NAETI）】 2011年，全国外语翻译证书考试报考8 210人次，比2010年增加1 840人次，增幅28.89%。

【全国计算机应用技术证书考试（NIT）】 2011年，全国计算机应用技术证书考试在全国20个省（自治区、直辖市）开考，报名总人数约31万人次，与2010年基本持平。有26.3万人获得合格证书。

【全国青少年计算机考试（YNIT）】 2011年，全国青少年计算机考试在全国6个省（自治区、直辖市）开考，报考总人数约2.4万人次。有2万人获得合格证书。

【中国餐饮业职业经理人资格证书考试（CMEP）】

2011年，中国餐饮业职业经理人资格证书考试在全国22个省（自治区、直辖市）开考，报考总规模15 344科次。

【劳动和社会保障岗位资格证书考试（LSSEP）】

2011年，劳动和社会保障岗位资格证书考试在全国12个省（自治区、直辖市）开考，报考总规模17 816科次。

【调查分析师证书考试】 2011年，调查分析师证书考试在全国23个省（自治区、直辖市）开考，报考总规模8 048科次。

【中国物流职业经理资格证书考试（CPLM）】

2011年，中国物流职业经理资格证书考试在全国28个省（自治区、直辖市）开考，报考总规模131 959科次。

【中国市场营销经理助理资格证书考试（CMAT）】

2011 年，中国市场营销经理助理资格证书考试开考 2 次，报考总规模 21 708 科次。

【中国销售管理专业水平证书考试（SMAT）】

2011 年，中国销售管理专业水平证书考试在全国 18 个省（自治区、直辖市）开考，报考总规模 31 934 科次。

【全国中小学教师教育技术水平考试（NIT-NTET）】

2011 年，全国中小学教师教育技术水平考试在全国 14 个省（自治区、直辖市）开考，报考总规模 281 581 人。有 244 139 人取得合格证书。研制成功国内首个基于广域网的具有全国统一调度监控、分省阅卷管理的工作平台，并在教学人员中级考试评卷中使用。该平台可以实现对试卷的跨省市调度、对各省阅卷员水平的统一岗前监测、对分省阅卷中每一个阅卷点工作进度的实时监控、阅卷质量的宏观监控和抽查等功能。编撰《2006—2010 年度全国中小学教师教育技术水平考试数据分析与评价报告》，为教育行政管理部门提供决策参考。

【汉语能力测试（HNC）】　12 月 24 日，汉语能力测试首次考试在北京、天津、内蒙古、江苏、上海、湖南和云南 7 个省（自治区、直辖市）的 11 个考点举行。开考四级和五级，2 442 人参加考试。

汉语能力测试在 2008 年由国家语言文字工作委员会提出，教育部考试中心经过三年的研发，于 2011 年正式推出。该测试旨在评估以汉语作为生活、学习、工作基本用语人群的语言应用能力，涵盖听、说、读、写，采用音频、视频等多媒体技术，通过再现考查母语水平所必需的文化活动情境，有效地评估考生的语言应用能力。

【中国少数民族汉语水平等级考试（MHK）】

2011 年，中国少数民族汉语水平等级考试开考 10 次，共有 143 742 名少数民族考生参加考试，考生人数较 2010 年增加 158.9%。成立中国少数民族汉语水平等级考试专家委员会，修订并印发《中国少数民族汉语水平等级考试考务管理手册（试行）》，启动《中国少数民族汉语水平等级考试考务平台》升级工作。在新疆首次开展对小学高年级双语教学的监测并撰写监测报告。

【中国书画等级考试（CCPT）】　2011 年，中国书画等级考试在全国 18 个省（自治区、直辖市）开考，报考总规模 52 446 人次。该项考试从 2007 年开考至 2011 年年底，累计参加考试的人数已达 25 万人次。

【中英合作商务管理与金融管理专业基础段证书课程考试】　2011 年，中英合作商务管理与金融管理专业基础段证书课程考试在全国 13 个省（自治区、直辖市）开考，报考总规模 8.2 万科次。该项考试自 2000 年开考至 2011 年年底，累计报考达 113.2 万科次。

【中英合作商务管理与金融管理专业管理段证书课程考试】　11 月，中英合作商务管理与金融管理专业管理段证书课程考试首次在上海和吉林开考，共计报考 8 216 科次。

【中英合作采购与供应管理职业资格证书考试】

2011 年，中英合作采购与供应管理职业资格证书考试在全国 20 个省（自治区、直辖市）开考，报考总规模 32 973 人、79 362 科次。

【全国音乐等级考试】　2011 年，全国音乐等级考试音乐基础知识（初级）报考 13 255 人次。

【剑桥通用英语 KET/PET 考试】　2011 年，剑桥通用英语 KET（Key English Test）、PET（Preliminary English Test）、KET 青少版、PET 青少版总计报考 12 177 人次，共设 13 个考点。

【AP 考试】　2011 年，美国 AP（Advanced Placement Program）考试在全国设考点 25 个，报考总规模 4 080 人次、13 098 科次。

【剑桥少儿英语】　2011 年，剑桥少儿英语报考总规模 160 893 人次。5 月至 12 月，举办第二届剑桥少儿英语大赛，全国 28 个省（自治区、直辖市）万余名剑桥少儿英语考生报名参赛。大赛评选出个人一等奖 3 名、个人二等奖 6 名、个人三等奖 9 名、个人单项奖 73 名、个人鼓励奖若干名。17 家省级考试机构获得大赛的优秀组织奖，60 家培训机构获得大赛的优秀选送奖。

【剑桥儿童英语测评】　2011 年，剑桥儿童英语测评（高级）在全国 26 个省（市、自治区）开考，报考 18 911 人次。截至 2011 年年底，剑桥儿童英语测评（高级）（原剑桥少儿英语预备级）累计报考近 16 万人次。剑桥儿童英语测评（中级）于 2011 年已在全国部分城市进行样本测试，预计 2012 年正式开考。

供稿：教育部考试中心社会考试处
教育部考试中心中外考试合作处
教育部考试中心教育部专项考试工作管理处
撰稿：朱　洁　姜春红　杨　英　赵英华
赵　强　李盛丹　王连晓　仲　华
孙宏业　汤新国　鱼　杰　张宝发
孙显福　邱静远　巴依尔　刘国华
吴　莎　赵　卉　臧　林　韩　雁
审稿：张为舟　刘立国　余仁胜　王　莉
王　伟

海外考试

【概况】　2011年，海外考试考生达到120余万人，比2010年增加8%。严格执行教育部的有关方针政策，根据境外考试管理暂行办法的规定，在涉及国家主权利益的问题上严格把关，承办境外考试方面争取更多的控制权和相关经济利益。完成与西班牙塞万提斯学院关于西班牙语考试（DELE）合作协议的起草及法律审核工作。要求现有考点逐步向标准化考点改进，新建考点按照标准化考点的标准建设及管理。继续严格落实执行境外考试保密管理规则，重点打击利用伪造证件替考和高科技手段作弊行为。加强考试的巡查力度。继续加强考点视频监控的建设工作。加强与国外考试机构的沟通，了解国外考试机构的最新动向，探讨引进国外优质考试项目。与国外合作伙伴就建立合作开发模式进行探讨。

【美国托福（TOEFL）】　2011年，TOEFL网考举行41次，总计报考249 987人次，比2010年增加14.4%。全国设考点96个，考场214个，考位总数达9 000多个。为满足2011年下半年考生快速增长的需求，增加3次考试。

针对托福考试中出现的利用时差作弊的情况，协调美方统一考试开始时间，彻底杜绝利用时差作弊的情况。要求所有托福网考考点安装视频监控设备。

【美国研究生入学考试（GRE）】　2011年，GRE一般能力测试考生总计69 038人，比2010年减少2.2%。其中，参加纸笔考试41 741人，参加网考27 297人。GRE专业测验考生总计2 945人，比2010年增加19%。

GRE考试从2011年8月开始全部实施网考，设立网考考点92个，网上报名系统成功运行。

【美国工商管理研究生入学考试（GMAT）】

2011年，GMAT举行3 255次考试，考生37 982人，比2010年增加44.9%。全国设考场12个。

【美国法学院入学考试（LSAT）】　2011年，LSAT举行2次，考生911人，比2010年增加25.3%。全国设LSAT考点3个。

【美国信息技术证书考试（IT）】　2011年，IT考试考生13 885人，比2010年减少3.2%。

【英国剑桥商务英语证书考试（BEC）】　2011年，BEC举行3次纸笔、4次计算机化考试，全年考生123 849人，比2010年增加6.4%。增设4个考点，全国考点数增至75个。

【英国剑桥通用英语系列（MSE）第一证书考试（FCE）】　2011年，FCE举行2次，考生927人，比2010年增加32.8%。

【英国雅思考试（IELTS）】 2011年，IELTS举行48次，考生总计402 241人，比2010年增加20.5%。为满足考生需求，增设5个考点。

【英国伦敦工商会国际认证考试（LCCIIQ）】

2011年，LCCIIQ举行3次定期考试，13次即期考试，共计报考1 118人次、1 657科次。增设5个考点，自然终止2个考点，全国共有32个考点承担LCCIIQ的考试工作。

【日本语能力测试（JLPT）】 2011年，JLPT举行2次，考生280 893人，比2010年增加8.7%。增设4个考点，对报名网站进行优化。

【商务日语能力考试（BJT）】 2011年，BJT仅实施1次考试，考生1 202人。

【德国德福（TestDaf）】 2011年，TestDaf举行3次，考生5 810人，比2010年增加18.3%。全国设8个考点。

【德国德适（TestAS）】 2011年，TestAS举行2次，考生363人，比2010增加48%。全国设3个考点。

【韩国语能力考试（TOPIK）】 2011年，TOPIK的主办单位由韩国教育课程评价院变更为韩国国立国际教育院，取消实务级别TOPIK考试。全年报考一般级别的考生37 845人，比2010年减少62.4%。

【巴西葡萄牙语水平测试（Celpe－Bras）】 2011年，Celpe－Bras举行2次，考生65人，比2010年增加7.5%。

【意大利语言水平等级考试（CELI）】 2011年，CELI举行2次，报考31人，全国设1个考点。该项考试自2010年起在中国开考。

供稿：教育部考试中心海外考试处
撰稿：陈　可
审稿：刘立国　张　进

中小学和幼儿园教师资格考试

【概况】 2011年，中小学和幼儿园教师资格考试颁布考试标准和考试大纲，建设笔试和面试题库，首次笔试考生28 909人，首次面试考生9 432人。

【考试标准和考试大纲颁布】 1月9日至11日，召开中小学和幼儿园教师资格考试标准与考试大纲审定会，教育部教师教育专家委员会组成评审组，专家委员会主任顾明远任评审组组长。10月18日，教育部公布《中小学和幼儿园教师资格考试标准》和《中小学和幼儿园教师资格考试大纲》。

【试点工作研讨】 1月22日至23日，召开中小学和幼儿园教师资格考试改革和定期注册制度试点工作研讨会。会议研究讨论《教师资格考试改革试点方案》和《中小学教师资格定期注册暂行办法》。河北、上海、浙江、湖北、广西和海南6个试点省（自治区、直辖市）和教育部教师资格认定指导中心有关负责人参加会议。

【题库建设】 2011年，召开多次命题会，命制涵盖笔试和面试的中小学和幼儿园教师资格考试各科试题，题库试题积累达到一定数量。

【部长批示启动改革】 7月，向教育部提交《教师资格考试试测工作情况汇报》。7月14日，教育部部长袁贵仁批示："同意尽快启动教师资格考试改革试点工作。"8月9日，教育部党组研究同意启动改革试点工作。

【试点工作方案审议】 9月19日，教育部副部长刘利民主持召开中小学和幼儿园教师资格考试改革和定期注册制度试点工作审议会。会议审议《教师资格考试改革试点指导意见》、《中小学教师资格定期注册试行办法》以及河北、上海、浙江、湖北、广西、海南6省（自治区、直辖市）试点工作实施方案，确定2011年中小学和幼儿园教师资格考试改革和定期注册制度试点工作在浙江和湖北进行。

【试点启动会召开】 9月29日，在教育部召开中小学和幼儿园教师资格考试改革和定期注册制度试点工作启动会。会议由师范教育司司长许涛主持，教育部考试中心、教育部教师资格认定中心、浙江省教育厅、浙江省教育考试院、湖北省教育厅、湖北省教育考试院负责人与会。会议研究决定，中小学和幼儿园教师资格考试首次试点于11月26日在浙江和湖北两省开展。会后，教育部下发《教育部关于开展中小学和幼儿园教师资格考试改革试点的指导意见》(教师函［2011］6号)、《教育部办公厅关于开展中小学教师资格定期注册制度试点工作的通知》(教师厅［2011］3号)。

【试点工作筹备】 10月13日至14日，10月17日至18日，中小学和幼儿园教师资格考试试点考务工作培训会分别在杭州和武汉召开。11月23日，教育部师范教育司和教育部考试中心共同召开2011年中小学和幼儿园教师资格考试安全保密工作视频会议。12月7日至10日，中小学和幼儿园教师资格考试试点面试考官培训会先后在湖北、浙江召开。

【首次试点考试】 11月26日，中小学和幼儿园教师资格考试首次笔试在浙江、湖北两省举行，浙江考生12 996人，湖北考生15 913人。两省共有10 910人通过笔试，其中浙江5 302人，湖北5 608人。12月24日至25日，首次面试举行，浙江考生4 944人，湖北考生4 488人。两省共有7 818人面试合格，其中浙江4 021人，湖北3 797人。

供稿：教育部考试中心教育部专项考试工作管理处

撰稿：汤新国　冯加根　鱼　杰　张宝发　孙显福　邱静远

审稿：刘立国　余仁胜

考务管理与监察

【综述】 2011 年，教育部考试中心考务管理与监察工作认真贯彻落实教育部党组的整体部署，在各级党委、政府和国务院有关部门、教育部有关司局强有力的支持下，采取多项措施，充分发挥部际联席会议作用，积极应对和妥善处置突发事件，坚持以人为本，从维护社会稳定和考生利益出发，部署并开展各项工作。各级考试机构加强考务组织管理，狠抓各项规章制度落实，在有关部门的配合下，重点做好安全保密和考场管理工作，加强对考试工作人员培训，及时查处考试违规行为。在 2011 年各项国家教育考试考务工作中，充分发挥国家教育考试考务管理平台等高科技手段的作用，指挥、部署有序，效果良好。总体看，2011 年国家教育考试考务工作实施平稳。

【完善规章，确保业务环节有章可循】 根据国家教育考试面临的新形势和新情况，在充分总结近年工作经验、教训并征求、吸收各地意见的基础上，2011 年出台《关于做好 2011 年高考考务工作的通知》、《关于做好 2011 年成人高考考务工作的通知》、《关于做好 2011 年高等教育自学考试考务工作的通知》、《关于做好 2012 年硕士研究生入学考试考务工作的通知》、《高等教育自学考试省际委托组考工作暂行规定》、《国家教育考试标准化考点规范》、《国家教育考试制卷监印管理办法》等规范战线开展考务工作的文件。完成《国家教育考试违规处理办法》、《国家教育考试网上评卷暂行实施办法》、《技术规范》、《统计测量规范》的修订。

【完善应急预案，妥善处置突发事件】 在国家教育考试总体预案基础上，不断补充、完善专项预案，2011 年组织编写《国家教育考试突发事件应急处置预案——地震专项预案（暂行）》、《国家教育考试突发事件应急处置预案——听力专项预案（暂行）》等。2011 年高考期间，在新疆托克逊地震、部分省外语听力等突发事件中，及时启动相应的专项预案，妥善解决问题，顺利完成组考工作。

【突出抓好安全保密和考风考纪】 为确保考试平稳实施，各项国家教育考试考务工作始终围绕安全保密和考风考纪这两个主线进行部署和要求。2011 年发出部署各类考务工作的文件 33 个，其中普通高考 8 个，成人高考 4 个，硕士研究生考试 9 个，自学考试 12 个；组织召开考务工作视频会议 7 次。各级教育行政部门、考试机构按照教育部和教育部考试中心的要求，加强对所属单位的工作检查，对试卷保密室，做到“逐一检查，不留空白”；加强对考试工作人员的培训教育，明确职责，层层签署考风考纪责任状；开展对考生诚信考试教育，人防技防并举狠抓作弊行为；加强对薄弱地区的巡视检查力度，确保规章制度落实到位。

【加强检查，确保各项规章制度落实到位】

2011年，教育部考试中心在普通高考、成人高考、硕士研究生考试、自学考试期间，共派出22个检查组，巡视检查人员57人，对部分省（自治区、直辖市）及解放军系统、157个地（市、军区）考试组织管理工作、99个保密室的安全保密工作、98个考点的考风考纪情况进行巡视检查。对检查发现的问题及时指出，要求及时整改并反馈书面报告。在试卷印制、运送、保管、值班、考试实施、答卷回收、评卷等各考务环节上，严格检查各地报告制度的执行情况，并通报检查结果。各项考试期间，利用国家教育考试考务管理平台巡查视频系统对试卷保密室、考试过程进行实时监控和巡视检查。

供稿：教育部考试中心考务管理与监察处
撰稿：陈景才　马炳勋　蔡武越　刘　勇
审稿：张为舟

教育考试评价

【深化 PISA2009 后续评价研究】　利用 PISA2009 中国试测研究的数据，全面评价试测地区教育质量和公平、均衡发展状况以及学生、学校、家庭社会经济背景等因素对学生成绩的影响，通过与其他国家和地区的比较，为试测地区提高义务教育质量提供政策性建议。

深入挖掘 PISA2009 中国试测研究的数据，形成 PISA 中国试测研究国际和国内比较的系列研究报告，同时结合教育领域多个热点、难点问题将科研成果进行转化。2011 年，从 PISA2009 中国试测研究对中国教育公平现况的监测及评价、促进学前教育的发展、切实减轻学生课业负担、促进教师发展、提高教师质量、营造有序、合作的学习环境等角度，共撰写 7 期《教育考试政策领导参考》，报送国家教育咨询委员会、教育部领导、相关司局和研究机构。教育部部长袁贵仁对 PISA2009 中国试测研究报告进行专门批示并予以高度评价。

【开展高考等值研究和中考链接高考的增值评价试点】　采用国际考试评价领域最新技术和研究成果，结合我国国情提出可行的高考年度间等值设计，以海南省为试点进行等值增值试测，充分利用试测数据和现有的中考和高考大规模考试数据，完成 2010 年和 2011 年海南省中考年度间等值、高考年度间等值分析。初步结果显示，通过等值固定年度间试题难度变化后，高考结果能更科学地用于教育质量评价，及时发现和反馈教育教学中存在的问题。

利用海南省特有的全省统一考试统一评卷的中考机制，建立语文、数学、英语 3 个核心学科的增值基准量表，实现普通高中从中考入口到高考出口的增值评价，完成海南省高考 9 个学科的测量学分析以及中考到高考的增值评价和 2010—2011 年的增值趋势分析，为教育管理和研究提供全新的视角和可能性。开发“一键式”软件，为用户提供评价图表，使复杂的测量统计技术大众化，具备面向教育行政部门提供个性化服务的能力。

供稿：教育部考试中心评价中心
撰稿：王　蕾　焦丽亚
审稿：李光明　韩　宁

教育考试科研发展

【综述】 2011年，编制完成《教育部考试中心"十二五"事业发展规划》，确定"基本建成专业化教育考试评价服务机构，基本建成中国特色现代教育考试与评价体系"的总目标。完成高考内容和形式改革、分类考试、一年多次考试、硕士研究生入学考试改革、考试机构专业化建设等六项改革任务的研究并撰写研究专题报告，提交教育体制改革咨询委员会。《从考试到评价》一书获得教育部第四届全国教育科学研究优秀成果三等奖。评审立项30项教育考试研究专项教育部重点课题，完成"十一五"教育考试研究课题结题20项。编发《教育考试科研要报》3期，编审出版介绍英、美教育考试评价的《走近剑桥评价》和《美国的教育考试制度与技术》。完成与北京师范大学合作的第三期教育管理专业研究生《中国考试简史》、《教育考试理论与实践》、《教育考试和教育改革专题研究》三门课程共计25课时的组织工作。

【纪念高等教育自学考试创立卅周年展览】 根据全国继续教育工作会议的要求，设计、实施纪念高等教育自学考试创立卅周年展览，完成100张有关照片、图表、图片等的整理、汇总，并起草展览文字说明，完成243平方米的布展任务。

【教育考试图录编录工作】 2011年，开展教育考试图录收集工作，赴陕西、江苏、中央档案馆、故宫博物院等处收集和拍摄考试史相关图片，筹备召开中国考试图录编委会会议。

【《中国考试》杂志】 2011年，《中国考试》杂志以繁荣考试研究，推进考试评价制度改革，促进考试事业发展为宗旨，理论联系实际，关注国内外考试科学研究的新成果，探讨考试改革和发展的新问题，兼顾期刊的权威性、科学性、学术性和可读性。全年编辑出版杂志12期，刊载文章127篇，共计100余万字。杂志发行以邮政报刊系统为主，继续坚持行业内发行，并向有关图书馆、高校赠阅。杂志总体质量进一步提升，学术影响力有所增强。

供稿：教育部考试中心科研处
《中国考试》杂志社
撰稿：张志刚　石建华
审稿：刘军谊　韩家勋　杨　跃

教育考试信息化

【国家教育考试标准化考点建设全面启动】 2月，教育部、财政部联合印发《关于大力推进国家教育考试标准化考点建设工作的通知》，明确提出了建设的总体目标和主要任务。财政部计划在2011—2012年安排专项奖励资金25亿元支持各地标准化考点建设，10月拨付9.8亿元；12月，教育部、财政部联合召开标准化考点建设工作视频会，教育部副部长杜玉波出席并讲话，标准化考点建设全面启动。

【命题基地涉密信息系统通过测评】 2011年，国家保密局测试中心对国家教育考试命题涉密信息系统从物理环境、电磁泄漏发射防护、安全保密产品、网络系统安全、应用系统、安全保密规章制度六个方面近1 000多个测评项目进行了现场测评并以高分顺利通过。

【国家教育考试“一题多卷”计算机辅助软件系统研发】 为防范考试舞弊行为，研发国家教育考试“一题多卷”计算机辅助软件系统，该系统具有试题录入、组卷管理和系统管理三大功能。该系统已用于2012年硕士研究生入学考试英语和综合能力的组卷中。

【网上有害信息监控】 在2011年普通高考、成人高考、硕士研究生入学考试、自学考试、全国大学英语四、六级考试期间，发现并举报不良信息17 761条，有害QQ群及QQ号10 686个，封杀助考网、代考网等508个具有独立域名的网站，净化了国家教育考试期间互联网的网络环境，有效地防止了利用高科技手段进行大规模舞弊行为的发生。

供稿：教育部考试中心信息处

撰稿：孙惠丽

审稿：罗　民　褚庆军

地方教育考试

北 京 市

综 述

【概况】 2011 年，北京市共组织各级各类考试 570 次，涉及考生 184.2 万人次；全年共命制试题 1 144 套；为各级各类招生单位录取新生 30.3 万人；通过考试发放各种证书 36.4 万份。

【坚持管理创新】 坚持把考试安全作为生命线，确保考试公平，促进招生公正，实现了平安考试、阳光招生工作目标。考试招生工作得到各级领导高度重视。中共中央政治局委员、国务委员刘延东在高考前到北京市视察考试准备情况。市长郭金龙检查高考实施情况。市委、市政府、市人大、市政协以及市委教育工委、市教委领导多次检查指导考试招生工作。不断完善协作机制，市招考委和国家考试局际联席会议作用得到充分发挥，与公安、交通、保密、无线电等部门通力协作，制定考试组织方案和突发事件应急预案，保证预警机制良好运行。精心组织，全力确保安全。加强宣传教育培训，严格规范程序操作；加强统筹协调，落实保密安全职责；加大巡查力度，强化纪检监察部门全程参与监督检查作用。各区县领导挂帅，指挥协调考试工作，保证人力、物力、财力投入，为招考工作平稳实施提供坚强保障。

【稳步推进招考改革】 平稳实施首次中考现场体育考试。调整语文科目试卷结构和英语科目听力试题播放方式。开展中考改革调研并对改革思路进行初步论证。拟订北京市高考加分政策调整方案。平稳实施首次等级运动员和高中体育竞赛优胜者统一测试。推进综合业务管理平台开发应用。启动高考英语科目考试改革研究。实现研究生招生考试全市考点保密室全部达标。推进研究生考试考点、保密室远程电子巡查系统建设并投入使用。启用新研制的无线信号屏蔽器。推进《改革成人高等教育招生考试制度》国家教育改革试点项目研究。拟定北京市成人高等教育考试制度改革方案。改进北京地区学位英语考试组织管理工作。积极推进自学考试综合改革试点工作。拓展行业部门合作空间。探索开展考试模式、考试内容调整试点工作，继续搭建高等教育“立交桥”。社会考试开展汉语能力测试试点工作。实施英语类考试项目 IC 卡信息化管理。加强英语水平考试口试教官网上定标培训。推进标准化口语考场管理系统建设。

【加强题库建设】 加快推进“高考试题资源库”和“自考标准化题库”建设。完成年度资源库题目命制和审查任务。进行试题录入编辑软件调试，实施试题参数标定和入库工作，推进高考试题资源库信息系统建设，制定相关运行使用办法。开发完成“自学考试命题管理信息系统”、

“计算机题库管理系统”，并投入试运行。进一步完善《标准化题库建设规范》，组建包括15门课程、1.1万道试题的自考题卡库。

【加大考务统筹管理力度】 修订《北京教育考试管理文献选编》，完善《北京教育考试考务管理规定》、《北京教育考试标准化考点规范》等文件，加强考试安全保密制度建设。加强与保密局、无线电管理局、城管执法局等部门联系，完善机制，形成合力，确保考试安全与试卷保密。

稳步推进标准化评卷点建设。北京工业大学评卷点投入使用，使示范性评卷点数量达到5个。建立评卷教师信息库，继续推进教师信息采集系统的应用。加强统筹管理，不断提高评卷质量和效率，有力保证评卷安全公平。

加强远程电子巡查系统的维护与更新，进一步完善系统功能，提高系统利用效益。优化试卷运送GPS定位及视频监控系统，确保试卷运送、分发的安全保密。加强对利用无线电等高科技技术手段作弊、特别是群体舞弊行为的防范对策研究，加大巡视检查力度，扩大手机屏蔽仪、隐形耳机探测器等技术设备应用范围。

【积极推进考试评价研究】 完成中考、高中会考和高考23个学科的全样本统计数据分析。组织考试评价研究专家，完成三类考试的试题评价研究报告与考生水平评价报告49篇。与北京师范大学等高校合作，加强教育测量理论的实践应用研究，稳步推进诊断性评价工作。开发分数报告自动生成系统，提供诊断性分数评价报告7 600余份。

【切实提高招考服务水平】 充分发挥北京教育考试院网站和北京考试报宣传主阵地作用，及时准确发布招考信息。高度重视咨询信访工作，保证咨询举报渠道畅通，咨询信访反馈准确及时，积极稳妥化解矛盾，保护考生知情权，有力维护社会和谐稳定。2011年北京教育考试院网站静态页面点击量达5.6亿次，各处室发布各类信息总计5 264条。北京考试报社全年完成主报发行96期，436万份，专刊（包括中等学校招生、普通高校招生、研究生招生、成人高等学校招生、自学考试）发行20期，合计174万份。组织新闻通气会3次，发布新闻通稿20余次。完成大型网上咨询活动4次，回答各类问题30 287个，回复意见箱留言6 738条。通过广播电台组织专题咨询节目100余期。

总　类

【召开北京教育考试评价研究10年总结会】 1月18日，召开北京教育考试评价研究10年总结会。会议的主题是：以《大规模教育考试评价研究与实践》项目获得教育部基础教育课程改革教学研究成果一等奖为契机，全面总结和梳理教育考试评价研究工作，推进北京教育考试评价研究进一步向前发展。

【召开北京市招生考试委员会2011年第一次全体会议】 3月30日，召开北京市招生考试委员会2011年第一次全体会议。会议听取了2010年高考招生工作汇报，审议并通过了《北京市2011年普通高校招生工作规定》。市招考委主任委员、副市长洪峰出席会议并讲话，对2011北京市高招工作提出了“安全、公正、和谐、创新”的工作要求。市招考委副主任委员、市政府副秘书长马林主持会议。

【召开高考北京市自主命题10周年总结会】 12月2日，召开高考北京市自主命题10周年总结会。北京市委教育工委副书记、市政府教育督导室主任线联平，教育部考试中心副主任张为舟，教育部社科中心原主任田心铭，北京教育考试院院长王健、副院长臧铁军、党委副书记张泉利等出席会议。北京大学、北京外国语大学等8所高校的领导或代表应邀出席会议。会议由北京教育考试院党委副书记张泉利主持，参与高考北京卷命题工作的80位教师参加了会议。

【召开全市区县考试评价座谈会】 12月13日，为进一步推动全市考试评价研究工作的开展，北京教育考试院科研办主任丁秀涛和副主任周欣共同主持召开了全市区县考试评价座谈会。北京教育考试院臧铁军副院长出席会议并讲话。各区县教研部门的负责人分别介绍了本区县考试评价研究的开展情况，并对北京教育考试院如何更好地为区县开展评价服务提出了需求和建议。

【开展中考、高考、高中毕业会考考试评价研究】

2011年，北京教育考试院开展北京市中考、高考、高中毕业会考23科试题质量、考生水平评价研究，完成三类考试全样本考试数据统计分析报告49份，评价研究报告49篇。受有关区县委托，完成对东城区、西城区、朝阳区、海淀区、丰台区、石景山区、门头沟、房山区、通州区、顺义区、昌平区、大兴区、平谷区、密云县、延庆县15个区县和两所学校的高考全样本数据统计分析，形成统计报告221份，并组织各学科有关专家结合统计数据对各区县进行分学科的讲解分析与教育教学指导。尝试开展高考、中考试题难度预估，并与实测数据进行对比分析；首次将语文、外语两个学科的文理科数据进行分别统计；首次针对评价报告开展逐学科的研讨交流。

【研究生招生制度改革科研课题结题】 6月29日，北京教育考试院与北京建筑工程学院承担北京市研究生招生制度改革与促进首都高端人才培养的实证研究（二期）课题通过专家组评审。

【无线电作弊网络化防控系统通过专家验收】

11月10日，在北京教育考试院召开了无线电作弊网络化防控系统专家评审会。评审专家听取了课题的总结汇报，并现场观看系统演示。经讨论，评审专家一致同意该系统的验收。

普通高考

【概况】 2011年是《国家中长期教育改革和发展规划纲要（2010—2020年）》颁布后举行的首次高考。北京市认真贯彻教育部的各项政策规定，深入实施“阳光工程”，按照“安全、公正、和谐、创新”的工作要求，全面规划、严格管理、精心实施、优化服务，平稳顺利地完成了2011年的普通高校招生工作。2011年实施的五项改革是：（1）首次在全市范围内实施了高中体育竞赛优胜者和等级运动员统一测试工作；（2）首次将艺术特长生统测、体育专业考试的报名工作纳入高考报名管理，与高考网上报名同步进行；（3）继续推进高考标准化评卷点建设，新增北京第二外国语学院、北京工业大学两个高考标准化评卷点；（4）在将ISO 9001质量管理理念引入招生管理的基础上，启动了高招综合业务管理平台开发工作；（5）根据教育部文件精神，拟定了北京市高考加分政策调整方案。

2011年，全国共有811所高等学校在京招生，全市高考报名共计76 007人，实际录取62 994人。其中统招报名70 857人，招生计划为58 906人，实际录取60 442人（文史类20 848人，理工类39 594人），较计划增加1 536人；高职单独招生报名5 150人，计划招生3 153人，实际录取2 552人，较计划减少601人。

【完成美术类专业统一测试工作】 1月8日，北京市2011年美术类专业统一考试在北京工业大学、首都师范大学和北京城市学院3个考点进行，共有5 622人报名，实际参加考试5 339人，缺考率9.50%。考试依照《北京市2011年美术类专业统一考试实施办法》和《北京市2011年美术类专业统一考试考试大纲》等文件实施，由于各考点校周密筹划，精心施考，确保了考试顺利举行。1月9日至12日，评卷工作在首都师范大学和北京服装学院进行。经评定，共有5 267名考生取得美术统考合格资格，合格率为93.69%。其中取得本科合格资格的有3 968人，占取得合格资格考生的75.34%。

【完成高水平运动员体育测试工作】 3月26日，北京市2011年高水平运动员体育测试在北京体育大学进行，测试包括田径、篮球、排球、足球、乒乓球、游泳、健美操、武术、羽毛球、跆拳道、网球、棒球、垒球13个项目，317人报名参加考试，实际参加测试281人。经认定，达到测试A级标准123人、B级147人、C级11人。

【完成报考体育专业考生体育测试工作】 4月9日，北京市2011年普通高等学校体育教育、社会体育专业体育测试工作在首都体育学院举行，测试项目为田径、篮球、排球、足球、体操、艺术体操（女）、武术、游泳和乒乓球，1 366名考生参加考试。经测试，成绩90分以上53人，80分以上182人，70分以上394人，70分以下737人。

【完成高职升本科试点工作】 4月，北京市完成选拔高等职业教育（专科层次）优秀应届毕业生进入本科阶段继续学习的试点工作。41所高校推荐5 594名专科毕业生参加高职升本科考试；12所高校参加招生，计划招生3 196人，实际录取3 203人。

【组织完成外语口试工作】 4月23日至24日，北京市2011年普通高校招生外语口试工作在北京外国语大学、北京语言大学、中国传媒大学、对外经济贸易大学、首都师范大学、外交学院、北京第二外国语学院7个考点进行，44 058名考生顺利参加外语口试。

【完成高职自主招生考试试点工作】 5月，北京市完成2011年度高职自主招生考试试点工作。根据《2011年北京市试行高等职业教育自主招生实施办法》规定，各试点院校的自主招生考试可自主采取不同形式的入学考试评价办法，采用笔试和面试考试形式，考试内容以综合能力测试为主。录取中各试点院校按照德智体全面衡量、择优录取的原则，结合考生高中阶段的学习情况及综合测试成绩，自主确定录取方案。本年全市共有14所高职院校参加自主招生试点工作，计划招生3 345人，实际录取3 594人，较计划增加249人。

【举办高招广播电台咨询系列活动】 4月1日至29日、6月27日至7月10日，北京教育考试院、北京城市服务管理广播、北京考试报社分两个阶段联合举办高考招生本科、专科院校广播电台咨询系列活动，咨询节目通过北京城市服务管理广播“教育面对面”栏目播出，每天播出1小时。其间，共有74所本科高校、30所高职院校参加，介绍学校办学情况和本年度招生信息。

【举办高招网上咨询活动】 4月17日至21日、6月25日，北京教育考试院分别举办了在京招生的本科、专科院校高考网上咨询活动。该活动通过北京教育考试院网站（www. bjeea. edu. cn）回答考生提出的问题。共有92所本、专科招生院校参加咨询活动。咨询期间，网站点击数近315万次，访问人数24 308人，提出问题18 112个，回答问题17 276个，问题回复率95.38%。

【首次实施全市高中体育竞赛优胜者及等级运动员统一测试】 4月23日，北京市首次高中体育竞赛优胜者及等级运动员测试在首都体育学院进行，测试项目有田径、游泳、足球、篮球、排球、手球、棒球、垒球、乒乓球、羽毛球、网球、武术、跆拳道、健美操和定向越野15项。有585人报名参加测试，实际测试514人，实测率87.9%。经测试，363人合格，合格率为70.06%。

【召开电视电话会议】 5月12日，召开2011年北京市高等学校招生考试工作电视电话会议，洪峰副市长出席会议并讲话。会议全面部署2011年高等学校招生考试工作，提出“安全、公正、创新、和谐”的工作要求。来自公安、交管、保密、供电、卫生、城建、城管、宣传等部门人员，区县考试中心负责人和有关人员，在京高校领导和招生办主任共计300余人参加会议。

【洪峰视察2011年高考命题入闱现场】 5月23日，北京市副市长洪峰视察2011年高考命题入闱现场，并慰问全体入闱命题教师。洪峰强调，高考命题要保持稳定，不能出偏题怪题，要对今后的教学具有良好的导向。

【刘延东检查高考准备工作】 6月4日，中共中央政治局委员、国务委员刘延东检查北京市2011年高考准备工作。在实地检查了北京密云二中考点后，刘延东对北京市高考准备工作给予充分肯定，并做出重要指示。教育部部长袁贵仁、市长郭金龙、市委教育工委书记赵凤桐、副市长洪峰等陪同检查。

【2011年高考顺利举行】 6月7日至8日，北京市2011年高考在19个考区进行，共设立考点113个，考场2 507个。考试期间，市长郭金龙巡视检查高考实施情况。由于考试组织严密，措施到位，服务细致周到，各考点、考场秩序井然，7万余名考生顺利参加考试。

【顺利完成高考全科目网上评卷】 6月9日至23日，北京市2011年高考评卷工作在北京大学、清华大学、北京师范大学、首都师范大学、北京第二外国语学院和北京工业大学6个评卷点进行，共评阅考生答卷283 573份，1 233名教师参加评卷工作。

【确定普通高校最低录取控制分数线】 6月23日，北京市招生考试委员会第二次全体会议确定北京市普通高校招生各批次录取最低控制分数线。具体为：

类别	文科	理科
本科一批	524	484
本科二批	481	435
本科三批	443	396
艺术类本科	312	282
专科（三科总分）	150	150
体育教育、社会体育、休闲体育专业（体育成绩65分）	350	300
高职单招	150	
艺术类高职	105	

【台湾高校首次在京招生】 7月，台湾高校在北京首次招生，录取49人。这是台湾高校首次在大陆6个省市（包括北京、上海、浙江、江苏、广东和福建）招生。

【召开8省市招生工作协作会】 9月26日至27日，华北、东北地区普通高等学校招生工作协作会在北京召开。来自天津、河北、黑龙江、辽宁、吉林、内蒙古、山西和北京8省（自治区、直辖市）的教育考试机构负责人以及从事招生的工作人员约100人参加会议，会议对有关改革事项进行了研讨。

【召开2011年招生工作总结研讨会】 11月22日至23日，2011年北京市普通高校招生工作总结研讨会在昌平区召开。会议总结了北京市2011年普通高校招生工作，对获得2011年北京市普通高校招生考试区县工作目标管理一等奖的19个考区进行了表彰，并就进一步做好2012年北京市普通高校考试招生工作进行了深入研讨。市教委、教育考试院有关职能部门负责人，各在京高校主管校长、招生办主任，各区县考试中心主管主任、高招办主任近300人参加会议。

【完成2012年高考报名工作】 12月1日至20日，完成2012年高考报名工作。本次报名采用网上填报个人信息、网上支付报名费、现场资格确认的方式进行。经确认，北京市2012年高考报名73 460人，比2011年减少2 547人，减幅为3.35%。其中，全国统考报名人数68 349人，比2011年减少2 508人，减幅3.54%；高职单考单招报名5 111人，较2011年减少39人，减幅0.76%。

【完成2012年艺术特长生统一测试】 12月17日、18日、24日、25日，北京市2012年艺术特长生统一测试在清华大学举行。测试设置声乐、管乐、弦乐、键盘、民乐、舞蹈、书画、戏剧8大类60个小项，报名参加测试的考生共计2 642人次，实测2 368人次，缺考274人次，缺考率10.37%。经测试，2 198名考生取得合格成绩，通过率92.82%。其中取得合格一级的考生931人，占实考人数的39.32%；取得合格二级的考生811人，占实考人数的34.25%；取得合格三级的考生456人，占实考人数的19.26%。不合格考生170人，占实考人数的7.18%。

研究生招生考试

【概况】 2011年，北京市研究生（含博士、硕士）招生总计划（不含解放军在京单位）86 113人，比2010年增加4 057人，增幅4.9%，其中，国家计划69 230人，比2010年增加3 220人，增幅4.94%。

硕士研究生招生计划67 636人，比2010年增加3 644人，增幅5.69%。其中国家计划52 046人，比2010年增加3 295人，增幅6.76%。

博士研究生招生计划18 477人，比2010年增加413人，增幅2.3%。其中国家计划17 184人，比2010年减少75人，减幅0.43%。

全国报考北京138个硕士生招生单位的考生263 734人，比2010年增加5 080人，增幅1.96%。报考75家博士生招生单位（不含解放军在京单位）的考生57 541人，比2010年增加721人，增幅1.3%。

北京研究生招生单位（不含解放军在京单位）共录取硕士生66 211人，比2010年增加1 625人，增幅2.52%；录取博士生19 054人，比2010年增加754人，增幅4.12%。

2011年，北京地区非全日制攻读硕士学位全国统一考试报名37 862人，比2010年增加3 381人。

【各考点保密室启用远程电子巡查指挥系统】

1月12日，全国硕士研究生入学统一考试试卷到达考点保密室，各考点24小时开启新建成的保密室远程巡查系统，北京教育考试院对考点保密室试卷保管情况进行远程实时巡查。这是首次在硕士研究生统一考试中应用远程电子巡查指挥系统。

【硕士研究生入学统一考试举行】 1月15日至

16 日，2011 年全国硕士研究生统一入学考试举行。北京地区共设置 59 个考点，2 724 个考场，应试考生 103 748 人，比 2010 年增加 431 人。

【硕士生初试科目统一评卷】 2 月 12 日至 3 月 4 日，北京教育考试院组织硕士生入学考试全国统考科目统一评卷工作，5 个评卷点共评阅试卷约 60 万份。

【同等学力申请硕士学位全国统考报名】 3 月 11 日至 20 日，组织完成 2010 年同等学力人员申请硕士学位外国语水平和综合水平全国统一考试报名工作。3 月 25 日至 28 日，北京 4 个报名点组织考生现场确认，经确认报考外国语水平考试的考生 14 845 人，比 2010 年增加 1 289 人，增幅 9.5%；报考 27 个学科综合水平考试的考生13 896 人，比 2010 年增加 2 174 人，增幅 18.5%。

【同等学力申请硕士学位全国统考举行】 5 月 29 日，2010 年同等学力人员申请硕士学位外国语水平和学科综合水平全国统一考试举行。全市共设 5 个考点，499 个考场，约 2.9 万人次考生分别参加了外国语和学科综合水平考试。

【在职攻读硕士学位全国联考报名】 7 月 1 日至 14 日，组织北京地区 2011 年在职人员攻读硕士学位全国联考报名。全国首次采取网上报名。7 月 16 日至 18 日，全市 5 个报考点组织考生进行现场确认，共确认考生 19 093 人，比 2010 年增加 1 231 人，增幅 6.9%。

【在职攻读硕士学位全国联考举行】 10 月 29 日至 30 日，2011 年在职人员攻读硕士学位全国联考举行。北京市共设 6 个考点，617 个考场，1.9 万余名考生参加考试。

【2012 年硕士生报名工作完成】 10 月 10 日至 31 日，2012 年全国招收攻读硕士学位研究生统一入学考试进行网上报名。11 月 10 日至 14 日，北京 58 个报考点组织考生进行现场确认，共确认考生 119 324 人，比 2011 年增加 4 565 人，增幅 4.0%。其中，报考京内招生单位的考生 109 533 人，占京内报名总人数的 91.8%；报考外埠 501 个招生单位的考生 9 791 人，占 8.2%。

2012 年全国报考北京招生单位的考生为 269 555 人，比 2011 年增加 5 821 人，增幅 2.2%。其中，报考学术型专业的考生 197 594 人，占 73.3%；报考专业学位的考生 71 961 人，占 26.7%。

成人高考

【概况】 2011 年，全国共有 94 所成人高等学校在京招生，其中，市属院校 47 所，部（委）及外埠院校 47 所，招生计划 89 768 人，比 2010 年增加 3 733 人，增幅 4.3%。招生专业 1 622 个，比 2010 年增加 27 个。其中，高中起点升本科计划招生 8 121 人，高中起点升专科计划招生 38 002人，专科起点升本科计划招生 43 645 人。

网上报名交费 109 431 人，比 2010 年减少 9 158 人，减幅 7.72%。全市共有 102 785 人确认参加考试，占网上缴费人数的 93.92%，其中，高中起点升本科 11 099 人，比 2010 年减少 2 868 人，减幅 20.52%；高中起点升专科 42 718 人，比 2010 年减少 4 018 人，减幅 8.64%；专科起点升本科 48 968 人，比 2010 年减少 2 171 人，减幅 4.25%。

北京市共录取新生 83 246 人（不含单考单招），其中，高中起点升本专科艺术、体育类共录取 6 954 人，高中起点升本科、专科起点升本科共录取 45 396 人，非艺术体育类专科共录取 30 896 人。

【上半年成人本科学士学位英语考试举行】 5 月

7日，上半年北京地区成人本科学士学位英语考试举行，共有82 775人报考，其中，北京地区考生54 368人，外地考生28 407人。京内外共设考点164个，考场2 840个，其中北京市考点59个，考场1 842个；外埠考点105个，考场998个。实考考生60 619人，缺考考生22 156人，缺考率26%。

【招生计划汇总】 8月4日，北京市成人高校招生计划核对及汇总工作结束。2011年共有94所高校在京招生，比2010年减少1所。招生专业1 622个，比2010年增加27个。招生计划总数89 768人，比2010年增加3 733人，增幅4.3%。其中，市属高校招生专业数766个，招生计划32 960人，部属高校招生专业数856个，在京招生计划为56 808人。脱产计划4 330人，业余计划80 507人，函授计划4 931人。高中起点升专科计划38 002人，高中起点升本科计划8 121人，专科起点升本科计划43 645人。2011年招生计划的主要特点是：招生计划总数有所上升，增幅6.6%；专科起点升本科层次计划上升幅度较大，提高7.4%；函授计划继续减少，下降幅度较大，降低16.2%；单考单招规模保持稳定。

【网上咨询活动】 8月7日至8日，北京教育考试院举办成人高校招生网上咨询活动。共有82所在京成人高校参加，考生共提出各类有关问题10 020个，访问11 434人次。咨询平台上各类页面浏览量超过100万次。考生关注的问题主要集中在：招生照顾政策；外地考生报考是否需要暂住证；具体报名办法；网上交费；各招生学校专业设置等。

【考试报名】 8月15日至28日，北京市成人高校招生考试网上报名工作举行。参加网上报名141 876人（次），其中，网上报名交费考生数为109 431人，比2010年减少9 158人，减幅7.72%；9月2日至6日，组织考生现场确认。确认考生102 785人，占整个网上缴费人数的93.92%。其中，报考高中起点升本科11 099人，比2010年减少2 867人，减幅20.52%；报考高中起点升专科42 718人，比2010年减少4 037人，减幅8.64%；报考专科起点升本科48 968人，比2010年减少2 115人，减幅4.14%。

【全国统一考试举行】 10月15日至16日，北京市成人高校招生全国统一考试举行。共设19个考区，149个考点，3 547个考场，102 785人参加考试。发现违规考生191人，违纪率0.18%。依照教育部《国家教育考试违规处理办法》，对违规考生给予取消当科考试成绩和取消全部考试成绩的处理。

【评卷工作】 10月17日至28日，进行成人高考阅卷工作，共评阅20科共计35.6万余份试卷。11月4日，考试成绩通过北京教育考试院网站发布。

【下半年成人本科学士学位英语考试举行】 11月5日，下半年北京地区成人本科学士学位英语考试举行。本次考试共有97 290人报考，实考考生70 574人，缺考考生26 716人，缺考率27%。其中，北京市考生68 960人，占全部考生的70.9%；外埠考生28 330人，占全部考生的29.1%。京内外共设考点103个，考场3 287个，其中，北京市考点54个，考场2 320个；外埠考点49个，考场967个。

【录取最低控制分数线】 11月8日，经报请北京市招生考试委员会批准，北京市成人高校招生录取的最低控制分数线划定。高中起点升专科，文史外语类：125分；艺术类：72分；理工类：125分；体育类：80分。高中起点升本科，文史外语类：210 分；艺术类：165 分；理工类：138 分；体育类：106 分。专科起点升本科，文史中医类：110 分；艺术类：92 分；理工类：107 分；经济管理类：110 分；法学类：125 分；教育学类：110 分；农学类：110 分；医学类：206 分。

【招生录取】　11 月 23 日至 12 月 12 日，进行北京市成人高校招生录取，共录取 83 246 人（不含单考单招计划），完成计划的 94.5%。其中，高中起点艺术、体育类专业录取 6 954 人，完成计划的 83.8%；高中起点升本科非艺术、体育类专业和专科起点升本科录取 45 396 人，完成计划的 91.7%；高中起点升专科非艺术、体育类录取 30 896 人，完成计划的 102.1%。

高级中等学校招生考试

【概况】　2011 年，北京市共有 9.78 万初三年级学生通过登录北京教育考试院网站进行网上报名，其中 88 974 人参加了网上报考。实际参加考试 88 739 人，其中盲残考生 11 人、视力障碍考生 10 人。全市共有 393 所高级中等学校计划招生 88 913 人。其中，普通高中 270 所，中等师范 1 所，中等专业学校 36 所，技工学校 22 所，职业高中 56 所，五年高职院校 8 所。实际录取 73 107 人，其中，普通高中录取 55 310 人，中等专业学校（含师范）录取 8 111 人，技工学校录取 3 616 人，职业高中录取 2 889 人，五年制高职学院录取 3 181 人。录取率为 86%。另外，14 所中职学校录取未升学高中毕业生 87 人。

【举办中招网络、电话咨询活动】　5 月 8 日，北京教育考试院举办 2011 年北京市高级中等学校招生网上咨询。咨询活动主会场设在北京考试院，分会场设在各区县中招办和 278 所咨询学校。咨询系统点击数为 144 万余次，访问人数 6 947 人，注册考生 2 837 人。市教委、市人力资源和社会保障局、市体检中心和市区县中招办以及咨询学校共计 900 余名工作人员参加咨询活动。

【初中毕业升学体育考试】　经市委教育工委、市教委研究决定，自 2011 年起北京教育考试院中招办承担北京市中考体育考试现场考试的组织管理工作。5 月 4 日至 30 日，北京市 89 188 名初中毕业生在 19 个考点参加了体育现场考试。

【初中升高中体育特长生统一测试】　5 月 14 日，北京市教委、北京市体育局、北京教育考试院共同主办 2011 年初中升高中体育特长生统一测试工作。测试包括田径、足球、篮球、排球、棒球、垒球、游泳、乒乓球、跆拳道、武术、手球、健美操、艺术体操、射击、射箭 15 个项目。748 名体育特长生进行测试，702 人合格、46 人不合格。测试在首都体育学院举行，各考务组严格按测试标准组织测试，管理到位，考场秩序良好。

【文化课考试举行】　6 月 24 日至 26 日，2011 年北京市高级中等学校招生文化课考试举行。考试采用全市统一命题、统一考试、分区县网上评卷的方式进行。考试科目为语文（120 分）、数学（120 分）、外语（120 分）、物理（100 分）、化学（80 分），考试时间分别为语文 150 分钟，数学、外语、物理各 120 分钟，化学 100 分钟。全市共设考点 194 个，考场 3 041 个，8.9 万考生参加考试。

【残疾学生试卷评阅】　6 月 27 日，北京教育考试院组织 2011 年北京市高级中等学校招生考试残疾学生试卷评阅工作。试卷面向盲残、视障考生，分为盲文和大字试卷两种，共计 21 份。全市共有 11 名盲残和 10 名视障考生参加语文、数学、外语、物理和化学 5 科文化课考试。来自北京市盲人学校的 9 名教师参加试卷评阅工作。

【提前招生录取审批】 7 月 14 日，北京教育考试院完成本年度高级中等学校提前招生录取审批工作。全市 123 所提前招生学校共录取考生 7 930 人。其中普通高中录取 1 561 人，职技类学校录取 6 369 人。

【特殊学生录取资格审核】 7 月 19 日，北京教育考试院进行 2011 年高级中等学校统一招生录取特殊学生资格审核。全市 112 所有招收特殊学生任务的普通高中学校，共录取特殊考生 4 314 人。其中，市级三好生 362 人，金银帆奖学生 16 人，文艺特长生 705 人，体育特长生 616 人，科技特长生 64 人，大学教工子女 257 人，集训队员 17 人，直升实验班 545 人，特色实验班 149 人，外交人员子女 94 人，“名额分配” 1 409 人，异校推荐 80 人。

【统一招生录取审批】 7 月 28 日至 31 日，北京教育考试院进行高级中等学校统一招生录取审批工作。统一招生录取按照考生招生考试总成绩从高分到低分，依照考生的志愿顺序择优录取。参加统一招生学校共 393 所，招生计划 88 913 人，录取 73 107 人。

【补录工作】 8 月 6 日，北京教育考试院完成部分高级中等学校招生补录工作，未完成招生计划的职技类学校补录未被录取的考生 512 人。

【调剂录取工作】 9 月 15 日，北京教育考试院完成部分高级中等学校调剂录取工作，共调剂录取考生 1 021 人。

【未升学高中毕业生录取审核】 10 月 13 日，北京教育考试院完成部分高级中等学校录取未升学高中毕业生审核备案工作。根据北京市教委关于“在部分中等职业学校中开展面向未升学高中毕业生进行中等职业教育的试点工作”的要求，共有 14 所中等职业学校录取未升学高中毕业生 86 人，完成计划的 2.4%。

高中毕业会考

【概况】 2011 年，北京教育考试院组织完成春季和夏季两次高中毕业会考。两次会考分别开设语文、数学、外语、地理、历史、政治、物理、化学、生物 9 科文化课。全年参加高中会考（含自行组考及替代科目）的考生总计 216 247 人，比 2010 年减少 6 682 人，降幅 3.0%；报考 664 377科次，比 2010 年减少 18 194 科次，降幅 2.7%。颁发《北京市高中会考合格证》58 909 份。

【春季会考】 1 月 11 日至 13 日，北京市 2011 年春季高中毕业会考进行。报考 126 196 人，446 097 科次，其中，124 524 名在校学生和 1 672 名职技类及非在校公民参加 9 科会考。全市共安排考点 118 个。与 2010 年春季相比，报考人数减少 4.9%，报考科次下降 5.7%。此外，经市教委批准的自行组考学校也同期进行了考试，考生人数为 10 295 人，39 054 科次。考试期间，发现并处理违规考生 123 人。

【春季会考评卷】 1 月 20 日至 26 日，进行春季高中毕业会考评卷，全市共选聘评卷教师 392 人，评阅试卷 45 万份。

【夏季会考】 7 月 5 日至 7 日，北京市 2011 年夏季高中毕业会考举行。报考 72 281 人，154 929 科次。全市共安排考点 108 个。与 2010

年夏季相比，报考人数减少2.9%，报考科次下降3.1%。此外，自行组考学校考试人数为11 405人，31 160科次。考试期间，发现并处理违规考生143人。

【夏季会考评卷】 7月14日至19日，进行夏季高中毕业会考评卷。全市共选聘评卷教师166人，评阅试卷15万份。

【颁发高中会考合格证】 2011年，北京教育考试院颁发《北京市高中会考合格证》55 154份。其中，颁发普通高中类合格证55 152份、职技类合格证2份。全市应届高中毕业生70 167人参加会考，54 295人取得合格证书，占毕业生总数的77.4%。

自学考试

【概况】 2011年，组织高等教育自学考试28次，共有26.6万人次报考73.8万科次，注册新生3.3万人。全年开设专业总计111个，其中专科层次专业61个，本科层次专业50个。学历非学历结合的“双证书”专业20个，行业或部门委托开考专业32个。全年共评阅试卷42.5万份。毕业生10 864人，其中本科毕业生4 580人，专科毕业生6 284人，3 667人获取学士学位。

【1月自学考试举行】 1月7日至9日，北京市高等教育自学考试在全市13个考区、59个考点、1 158个考场进行，开考107个专业、42门课程，有70 776名考生报考143 668科次。

【4月自学考试举行】 4月9日至10日、16日至17日，北京市高等教育自学考试在全市19个考区、103个考点、1 593个考场进行，开考111个专业、380门课程，有87 699名考生报考256 528科次，发现并处理违规考生292人。

【上半年计算机应用基础考试举行】 5月8日至9日，北京市自学考试“计算机应用基础考试”在全市16个考区进行，有5 515人报名参加考试。

【上半年自学考试非学历证书考试举行】 5月21日至22日，北京市上半年高等教育自学考试非学历证书考试举行。共开考32门课程，涉及6个证书，6 941名考生报考16 264科次。

【7月自学考试举行】 7月8日至10日，北京市高等教育自学考试在全市2个考区、18个考点、301个考场进行，开考6个专业、21门课程，有16 652名考生报考笔试课程43 832科次。

【10月自学考试举行】 10月22日至23日、29日至30日，北京市高等教育自学考试在全市19个考区、111个考点、1 594个考场举行，开考109个专业、399门课程，有80 421名考生报考笔试课程246 984科次，发现并处理违规考生174人。

【下半年计算机应用基础考试举行】 11月13日至14日，北京市自学考试“计算机应用基础考试”在全市15个考区进行，有5 153人报名参加考试。

【下半年自学考试非学历证书考试举行】 11月19日至20日，北京市下半年高等教育自学考试非学历证书考试举行。共开考34门课程，涉及5个证书，4 712名考生报考10 958科次。

【毕业审定】 6月和12月，组织两次毕业审定。北京市高等教育自学考试全年共有毕业生10 864人，其中，本科4 580人，专科6 193人，应用技术考试毕业生91人。3 667人获得学士学位。

非学历教育考试

【剑桥少儿英语考试】 3月、9月和12月，三次剑桥少儿英语全国统一考试北京市共计报考31 354人次，比2010年减少17%。其中，参加一级考试的考生11 027人，二级10 433人，三级7 954人，预备级1 940人。

【北京英语水平考试】 5月、10月，北京教育考试院举办两次北京英语水平考试，报考8 754人次，比2010年减少3.6%。其中，参加一级考试的考生4 000人，二级4 285人，三级469人。

【北京英语口语证书考试】 4月、5月和11月，北京教育考试院举办三次北京英语口语证书考试，报考21 342人次，比2010年减少6.5%。其中，参加初级考试的考生12 706人，中级6 672人，高级1 890人，未成年犯管教所初级考试74人。

【全国计算机等级考试】 3月和9月，两次全国计算机等级考试北京市共计报考119 207人次，比2010年减少3.8%。49 738人获得合格证书。

【中国书画等级考试】 5月和11月，两次中国书画等级考试北京市共有1 518人报名，比2010年增加14%。

【全国计算机应用技术证书考试】 6月和12月，两次全国计算机应用技术证书考试北京市共计报考4 504人，比2010年减少29%。

【全国青少年计算机考试举行】 6月和12月，两次全国青少年计算机考试北京市共有1 646人报名，比2010年减少49.7%。

【全国大学英语四、六级考试】 6月，全国大学英语四、六级考试北京市设73个考点和18个分考点，9 333个考场，考生共计274 618人。12月，北京市设70个考点和15个分考点，7 856个考场，考生共计233 510人。

【大、中专院校会计类专业应届毕业生会计从业资格考试】 12月，大、中专院校会计类专业应届毕业生会计从业资格考试举行，北京市设52个考点和30个分考点，考场1 522个，共计44 103人次参加考试，发放证书17 515份。

【全国英语等级考试】 3月、9月和12月，三次全国英语等级考试北京市共计12 668人次报名参加考试，其中，笔试12 163人次，口试7 937人次。发放成绩（证书）4 865份。

【全国执业兽医资格考试】 10月，全国执业兽医资格考试北京市共计2 449人次参加考试。

【全国报检员资格考试】 11月，全国报检员资格统一考试北京市共有1 646人报名参加考试。

中外合作考试

【概况】 2011年，举办中英合作英语口语等级考试（GESE）324场，英国剑桥通用英语证书考试（MSE）6场，英国剑桥英语教学能力证书考试（TKT）6场。共有45 907名考生参加考试。全年举办中英合作英语口语等级考试（GESE）考前培训、英国剑桥少儿英语教师培训、英国剑桥英语教学能力（TKT）考前培训、北京地区成人学士学位英语考试考前培训共12期，886人参加培训。

【英国剑桥通用英语证书（MSE）考试】 2011年，北京市共有10 256名考生参加英国剑桥通用英语证书（MSE）考试，其中，一级（KET）3 843人，二级（PET）5 790人，三级（FCE）623人。

【中英合作英语口语等级考试（GESE）】 2011年，北京市共有34 348名考生参加中英合作英语口语等级考试，总体通过率72%。

【英国剑桥英语教学能力证书考试（TKT）】

2011年，北京市共有484名考生参加英国剑桥英语教学能力证书考试。其中，证书一163人，证书二112人，证书三138人，证书五71人，所有考生均获得成绩证书。

供稿：北京教育考试院

撰稿：蒋　来　周　欣　卢　杰　赵海燕
纪　畅　段绍晖　李青文　陈进生
郭振铎　金　辉　姜树昕　徐卫红
伍亚娜　丁炜航　姜树森　庞　博
胡　海

审稿：张泉利

天津市

总　类

【深化数据分析服务，加强报告使用培训】

2011年，天津市教育招生考试院秉持“深化评价服务，促进基层发展”的理念，深化中考、高考和高中学业水平考试数据统计分析服务，全年为市、区、校等各级教育行政部门、教研部门和教学部门提供12个版本量化数据统计分析报告2 000余册。先后赴河北区、南开区和东丽区等区县，面向各级教员开展报告的解读和使用指导，受众共600余人。

【《考试研究》杂志改版】　2011年，天津市教育招生考试院主办的《考试研究》从季刊改版为双月刊。改版后，栏目定位明确，着力凸显学术性与普及型相结合的特点，采用组织专稿和专题讨论以及专题连载等形式，海外稿件数量增加。全年发行6期，稿件79篇，人大复印资料全文转载4篇，32篇列入人大复印资料索引目录。

【标准化考点建设规划及实施方案编制完成】

2011年，天津市编制完成《天津市国家教育考试标准化考点建设规划及实施方案》，并报送上级行政主管部门，为天津市普通高考身份识别验证系统和作弊防控系统的建设及研究生考试、自学考试、成人高考电子监控巡查系统工程的建设做好规划。

【学生能力国际评价（PISA）2009天津学生测评报告】　天津市教育招生考试院完成《2009年天津学生能力国际评价报告》。报告从学生阅读、数学和科学素养测评总体成绩，学习参与度和学习策略，学校组织管理和学习环境，校际差异和社会经济背景对学生成绩影响等方面分析和解读了天津市15岁在校学生的学习状况。报告还通过与其他参与PISA2009国家和地区测评结果的横向比较，与PISA2006天津市学生测评结果的纵向比较，较为全面地分析了天津市义务教育的总体水平和发展状况，为天津市教育行政部门进行教育改革与发展决策提供数据支持。

【初中生入学水平基线测试项目平稳实施】　天津市教育招生考试院根据区县需求，自主研发的初中生入学水平基线测试项目于9月23日和10月9日先后在天津市东丽区、开发区和河北区实施，共计35所中学的7 195名7年级学生参加测试。测试设语文、数学、英语三科，并附设学习情况问卷，以调查了解学生的家庭状况、学习态度、学习策略等与学生学习紧密相关的背景因素。通过对测试数据的科学分析，12月向测试区县正式发布区级、校级、班级、学生等不同版本的监测报告。

普通高考

【概况】　2011 年，天津市普通高考报名 64 698 人（含新疆班、西藏班、高水平运动员），比 2010 年减少 6 339 人，减幅 8.9%。按科类统计，文史类报名 18 088 人，减幅 4.5%；理工类报名 42 526 人，减幅 12.1%；艺术类报名 3 060 人，增幅 10.2%；体育类报名 1 024 人，增幅 9.1%。按类别统计，应届毕业生报名 59 437 人，减幅 7.8%；往届毕业生报名 5 261 人，减幅 19.6%。按户口类别统计，城镇户口考生 39 069 人，减幅 9.4%，占报名总数的 60.4%；农业户口考生 25 629 人，减幅 8.1%，占报名总数的 39.6%。考试设 20 个考区、65 个考点、2 189 个考场，违规考生 7 人，违规率万分之 1.08，低于 2010 年。

2011 年，天津市本科院校提前录取 1 287 人，本科一批院校录取 15 123 人，本科二批院校录取 19 407 人，本科三批院校录取 9 900 人，高职高专批次院校录取 12 855 人，艺术类院校录取 1 687 人，体育类院校录取 174 人。此外，保送生提前录取 181 人，单考备案 643 人。高考录取率超过 93%，本科录取数占总录取人数的 75%，录取率和本科录取比例为历年来最高。

2011 年，天津市理工类本科一批录取控制分数线 515 分，本科二批录取控制分数线 429 分，本科三批录取控制分数线 302 分，高职高专录取控制分数线 210 分；文史类本科一批录取控制分数线 519 分，本科二批录取控制分数线 460 分，本科三批录取控制分数线 365 分，高职高专录取控制分数线 230 分。

【自主命题】　2011 年，天津市普通高考命题工作的指导思想是："以促进人的全面发展为目标，遵循'有助于高校选拔新生，有助于中学实施素质教育，有助于推进课程标准实施'的原则；着力体现新课程理念和课程标准所要求的'知识与能力、过程与方法、情感态度价值观'的三维目标；突出能力立意；坚持稳中有变，稳中有新；使试题内容更加注重基础性，突出综合性，把握时代性，反映地方性。"加强命题教师和学科秘书两支队伍建设，增强命题工作合力。高考命题采用全程入闱方式，完成 5 个科目 10 个学科试卷的命制任务。考后，各学科对试卷开展定性和定量分析与评价。试卷设计满足考试大纲和天津卷考试说明的要求，具有较高的信度、效度，适当的难度，良好的区分功能，社会反应良好。

【香港、澳门高校在津招生】　2011 年，香港地区 12 所高校在天津录取 44 人，澳门地区 5 所高校在天津录取 19 人。

【高考电子监控巡查系统建成】　4 月底，天津市完成全市高考 20 个考区、64 个考点、2 311 个考场（含备用考场）的电子监控巡查系统工程。高考期间，实现了覆盖考区试卷保密室、考点全部考场、考点试卷保管室、考点考务办公室的国家、市、区、考点四级电子监控巡查平台。该平台在确保试卷安全、维护考试公平、应对突发事件等方面发挥了重要作用。

【实行公布成绩后填报志愿的办法】　2011 年，天津市贯彻落实国家、天津市中长期教育改革和发展规划纲要精神，满足人民群众对招生考试的新期待和新要求，在总结以往经验、特别是本科一批 A 类成功试行平行志愿的基础上，实行公布高考成绩后填报志愿的办法。这是天津市恢复高考以来，在填报志愿方式上的一项重大调整。6 月下旬，高考成绩公布后，天津市在分科类划定本科一批和本科二批录取控制分数线的基础上，又划定了本科二批填报志愿工作线。从填报志愿和录取看，考生在"知道分数"和"知道分数线"的前提下，填报各批次高校志愿，降低了以往因估分因素而影响填报志愿的风险。

【细化本科三批和高职批次设置】 2011年，天津市将本科三批和高职批次原两个录取阶段调整为三个录取阶段。第一阶段为天津市高校录取，第二阶段为其他坐落在省会及计划单列城市的高校，第三阶段为其他高校。从录取情况看，天津市独立学院都在第一志愿完成了招生计划，录取分数普遍提升，生源质量和数量均好于2010年。

【进一步推进高职自主招生】 2011年，天津市高职自主招生报名4 611人；招生学校14所，比2010年增加2所；招生计划2 800人，比2010年增加800人；实际录取2 990人，录取率64.8%。为积极探索高校招生综合评价体系建设，首次将考生的高中学业水平考试成绩等第换算成分数，计入录取总分。

【调整部分照顾政策】 2011年，天津市将体育特长生、三侨生、台籍青年、烈士子女的照顾政策，由降分投档调整为加分投档。对于少数民族考生，报考天津市高校时，增加分数投档；报考部委属和外省市高校时，降分投档。同时，按照国家规定，协同市体育局，对规定的10个项目内获得国家二级运动员证书的考生进行了全市统一专项测试，测试合格者，实行加分照顾政策。

【全部科目实行网上评卷】 2011年，天津市高考全部科目实行网上评卷。全市加大信息安全管理、网络和设备管理的力度，加强评卷过程中的人员管理，严格执行信息校验和备份制度，高考各科目网上评卷安全、高质量完成。高考成绩公布后，2 100多科次考生提出复核分数申请，经复核，没有任何问题。

【春季高考和高职升本科招生】 2011年，天津市春季高考报名6 770人，比2010年减少886人，减幅11.6%；其中，中职学校应届毕业生报名6 468人，各类高级中等学校往届毕业生报名302人。全市有29所高校计划招生7 656人，比2010年减少684人，减幅8.2%，实际录取6 365人，录取率94%，比2010年提高9%。

2011年，天津市高职升本科报名5 292人，比2010年增加998人，增幅23.2%；9所高校计划招生1 667人，比2010年增加545人，增幅48.6%；实际录取1 865人，录取率35.2%，比2010年提高7%。经天津市教育委员会批准，天津工业大学、天津师范大学、天津理工大学首次进行高职升本科“软件工程”专业试点招生工作，计划招生600人，实际录取637人。

考试设18个考区、24个考点、426个考场。在天津市相关职能部门的支持配合下，各考点精心组织，规范操作，加强考点周边环境的综合治理，考试中使用反作弊仪器，并由天津市无线电管理委员会派出无线信号检测车进行重点考点周边巡查，严厉打击使用无线手段进行考试作弊的行为。考试中查处各类违纪作弊考生20人，其中，取消各科成绩18人，取消单科成绩2人。

【命题与评价反馈会召开】 12月21日，举办2011年高考命题与评价反馈会。来自21个区县的教研室负责人、学科教研员及市直属中学教师代表近百人与会。会议介绍了新课程背景下的高考命题总结和未来命题工作思路；汇报了2011年高考评价工作的发展创新和2011年高考考生水平评价结果；做了探究能力及其在高考中的考查的专题报告。学科组分会上，生物、化学、物理三个学科评价组的教师代表分别反馈了2011年高考考生水平评价和教学质量分析成果。

研究生招生考试

【概况】 2011年，全国报考天津市硕士研究生招生单位的考生共49 810人，比2010年增加4 843人，增幅10.77%。天津市报名参加考试的考生35 617人，比2010年增加1 336人，增幅3.9%。天津市25个硕士研究生招生单位计划招生14 193人，比2010年增加794人，增幅6%；实际录取14 160人。天津市8个博士研究生招生单位计划招生2 019人，比2010年增加114人，增幅为6%；实际录取1 984人。

硕士研究生考试期间，教育部检查组赴天津市巡视指导，随机抽检了考前培训、考试组织、保密室等情况，对天津市研究生考试工作给予了高度评价和充分肯定。

成人高考

【概况】 2011年，天津市成人高考报名36 288人，其中，专科起点升本科18 429人，高中起点升本科280人，高中起点升专科17 579人。实际录取30 254人，其中，专科起点升本科15 204人，高中起点升本科132人，高中起点升专科14 918人。

按照教育部有关文件精神，2011年天津市首次实施了普通高职（专科）毕业生服义务兵役退役和“下基层”服务期满后接受本科教育招生工作，录取4人。

中等学校招生考试

【概况】 2011年，天津市初中毕业生学业考试人数为89 494人，学业考查人数为179 280人。普通高中录取55 088人，中职学校（含五年一贯制高职、外省生源）录取36 141人。

【初中毕业生学业考试举行】 6月25日至26日，天津市初中毕业生学业考试举行。考试科目为语文、数学、外语（英语、日语、德语、法语、韩语）、物理、化学、体育与健康。其中，语文、数学、外语满分各为120分，物理、化学满分各为100分，体育与健康满分30分。考试时间语文为120分钟，数学、外语考试时间各为100分钟，物理、化学考试时间各为70分钟。命题本着“有利于初中学校全面推进素质教育；有利于全面提高教育质量；有利于基础教育课程改革”的指导思想，依据九年义务教育课程标准、教材和天津市教委有关文件精神，严格控制试卷难度，坚持面向所有初中学校和所有学生，发挥学业考试正确的导向作用。

【初中毕业生学业考查举行】 5月21日，天津市初中毕业生学业考查举行。考查科目为思想品德（开卷）、历史（开卷）、地理、生物。成绩评定为优秀、良好、合格、不合格四个等级。

【落实优质高中指标分配制度改革】 2011年，天津市教育招生考试院开始实施优质高中招生指标分配制度改革。将参加改革的高中学校的部分招生计划，按生源比例分配到区域内的所有初中学校，具有指标生资格的考生降20分参加该高中学校的录取。2011年指标生录取2 241人。

【普通高中学业水平考试】 2011年，天津市普通高中学业水平考试于1月15日至16日、6月19日分两次举行。1月15日至16日有高二年级62 690人、高三年级59 446人报名参加考试；6月19日有高一年级63 659人、高二年级62 181人报名参加考试。两次考试在20个考区、62个考点，共计8 319个考场进行。各考区、考点精心组织，严格执行保密保管规定，严格执行考试工作程序。两次考试查处违规考生43人。各科全部采取网上评卷。

自学考试

【概况】 2011年，天津市自学考试共有231 749

人次报考，其中，本科161 418人次，专科70 331人次；累计报考491 622科次，其中，本科364 721科次，专科126 901科次。网络助学“朝升培训”网站全年新增报考19 961科次，目前注册参加网络助学规模已超过4.2万人。

全年共审核批准13 265人毕业，其中，本科6 688人，专科6 577人。上半年毕业5 473人，其中本科3 332人，专科2 141人；下半年毕业7 792人，其中本科3 356人，专科4 436人。

【推进学习服务中心建设】 2011年，天津市自学考试学习服务中心新增2所主考学校和6个社会助学机构，目前已有13个单位加入学习服务中心。天津市通过普通高校建立自学考试学习服务中心，同时积极吸纳规范的社会助学机构加入，正在逐步建立起主考学校和社会助学机构之间优势互补、合作共赢的新型合作关系。

推出新生注册制度，出台《学习服务中心注册管理办法》。注册结果显示达到了有效进行助学管理的初衷，同时还促使社会助学机构流失学生的回归和非法助学机构学生向学习服务中心的流动。

2011年暑期，开辟《天津教育报 自考专刊》“学习服务中心建设工作专版”，全面解读《天津市高等教育自学考试学习服务中心管理试行办法》，集中刊登学习服务中心13个单位的招生简章。这种指定媒介规范招生宣传的办法得到了助学单位和考生的认可。

【高等教育自学考试天津命题中心工作】 2011年，高等教育自学考试天津命题中心共组织命制30门全国统考课程试题，增补题库60套；并向全国31个省市提供46门课程共计1 724套试卷、试题答案及评分参考清样。全年为天津市高等教育自学考试提供1 451套课程试卷、试题答案及评分参考清样，其中，市考课程902套，实践考核课程20套，全国统考课程529套。2011年命制市考课程试题345门，增补题库1 075套。

【农民大专学历证书教育工程培训任务提前超额完成】 2011年，是为期4年的农民大专学历证书教育工程的最后一年。截至9月底，共计12 674人报名报考，完成总任务的124.3%，提前超额完成总培训任务（1万人）的目标。天津市农民素质提高工程领导小组授予天津市自考办“天津市农民素质提高工程先进集体”称号。

【纪念高等教育自学考试制度建立30周年大会召开】 12月16日，隆重召开天津市纪念高等教育自学考试制度建立30周年大会。大会表彰了自学考试先进集体、先进工作者和优秀自考生。总结、回顾了自学考试改革与发展的成绩和经验，提出今后一个时期自学考试深入贯彻落实《国家中长期教育改革和发展规划纲要（2010—2020年）》精神，进一步改革和完善自学考试制度的思路和举措。教育部考试中心主任姜钢到会并作重要讲话。

【天津市自考工作荣获多项殊荣】 12月23日至24日，全国继续教育工作会议暨高等教育自学考试制度建立30周年纪念大会在北京召开。中共中央政治局委员、国务委员刘延东出席大会并做重要讲话。天津市教育招生考试院院长张静受聘第七届全国高等教育自学考试指导委员会委员。天津市自考办荣获专业建设工作优秀奖、社会助学工作优秀奖、考务考籍工作优秀奖、科研工作优秀奖。天津市教育考试院孔庆来、陈培增、张晓峰三人荣获全国高等教育自学考试先进工作者称号。天津市自考生马金林当选第四届全国十佳自考生。

非学历教育考试

【概况】 2011年，天津市教育招生考试院承办非学历教育考试项目14个，组织考试22次，全年报名考试总规模达到 703 912 人，比 2010 年增加 3 048 人，再创历史新高。自主开发的考试项目取得进展，初等英语水平考试报考 82 917 人，比 2010 年增加 6 950 人，增幅 9.1%；学科基本能力测试报考 10 080 人，比 2010 年增加 1 663 人，增幅 19.7%。

【为海河教育园区建设助力】　2011 年，为服务海河教育园的建设和园区内职业院校“一书多证”技能型人才培养，满足职业院校学生就业的需要，天津市教育招生考试院主动深入海河教育园，积极向海河教育园区院校推介适合的非学历教育考试项目，并及时建设恢复首批迁入园区院校的考点，为考生报考提供便利。6 月 27 日，与首批入驻园区的 7 所职业院校负责同志座谈调研，了解职业院校对证书考试的需求，并为海河教育园区首个新设立的全国英语等级考试考点挂牌。

【获“剑桥少儿英语大奖赛”优秀组织奖】　第二届全国剑桥少儿英语大奖赛中，天津市共有 4 名选手进入全国总决赛。经过综合评比，天津市教育招生考试院获得优秀组织奖；天津市红桥教育培训中心、天津阳光教育培训中心、天津市和平区雅思培训中心三家培训机构获得优秀选送奖。

供稿：天津市教育招生考试院

撰稿：安国义　李　方　林　杰　肖玉宇

王松岭　黄　涛　王　彤　钟　君

李　勇　许志勇　葛洪贵　孔庆来

审稿：张　静

河 北 省

综 述

【概况】 2011 年，河北省教育考试院在河北省委、省政府和河北省教育厅的领导下，以科学发展观为指导，紧紧围绕“阳光招考、依法招考、和谐招考、科学招考和办人民满意的招生考试”的工作方向和建设“学习型、服务型、专业化、信息化招生考试机构”的工作目标，以对考生、对院校、对社会高度负责的工作精神和求真务实的工作作风，深入实施阳光工程；坚持一切从考生出发，扎实、稳步推进关键环节改革，着力解决好人民群众关注的热点、难点问题；深入开展干部作风建设，努力加强机关建设和干部队伍建设，推进河北省教育考试招生事业科学发展。

【加大考风考纪治理和考务管理力度】 充分发挥考试环境综合整治联席会议平台的作用，在公安、保密、信产、电力、电信等部门的积极配合下，严防狠打各种违纪舞弊行为；加大网上巡查监控力度，2011 年河北省 96% 的普通高考考场实现了“两级监考、三级监控”；实行制度预防、人员管理预防和设备技术预防相结合的方式，提升考务细节防范能力，建立健全各类应急事件防控预案，及时排除各类隐患，确保考试顺利进行。

【下大力度做好安全保密工作】 认真贯彻落实《河北省国家教育考试考务安全保密工作实施细则（暂行）》等规章制度，强化考试工作人员的安全保密意识，严格执行各项保密措施，安全保密常抓不懈；实行试卷印刷、交接、押运、入库保管等各个环节无缝隙对接，加强保密室管理，通过视频监控系统巡查、多部门联查、检查组督查等方式对保密室进行监察，试卷和答卷存放期间实行 24 小时值班制和零报告制度，确保试卷和答卷的绝对安全；加强考前网上有害信息监控，全年共搜索、研判并及时上报网上有害信息 2 450 条，做到预防在前，为各项考试安全平稳进行打下良好基础。

【加大招考信息公开力度】 本着“对社会负责、让考生放心”的原则，凡是对考生有帮助、应该让考生知道的各类招考信息，全部主动、及时地通过印发资料、网站发布、新闻媒体等多种途径进行公开，方便考生查询和社会监督；进一步完善河北省教育考试院网站和河北招生考试服务网，增设“咨询意见台”、“网上咨询大厅”等栏目，安排专人在线解答考生、家长关心的各类招考热点问题；录取期间，邀请多家媒体记者进驻录取现场，全程跟踪报道，招考信息通过电视、广播、报刊、网络等多种途径及时得以公布；进一步完善省、市、县三级“信息咨询服务站”建设，畅通信息查询和信访咨询渠道，充分利用新闻通报会、咨询接待业务大厅、招考咨询热线、手机短信服务平台等多种渠道，全方位公开招考信息。2011年高考期间，河北省共设立221个信访咨询服务站，现场接待考生和家长咨询2 200多人次，通过电话解疑答惑2 600多次，有39.7万人享受了手机短信平台即时免费发送录取信息服务。全年通过网站提供招考信息查询服务1 530万人次。

【努力完善监督机制】 邀请省人大代表、政协委员、中学教师和家长、考生代表进入录取现场，实地考察监督招生录取过程；充分发挥广播、电视、报刊、网络、移动通信等多种媒介的宣传优势，建立多方位、立体化的信息公开体系，及时准确地公开招考信息，接受社会各界的监督。

【扎实推进考务管理信息化进程】 加大教育考试管理服务平台建设的资金和技术投入力度，全力推进标准化考点建设进程。截至2011年年底，建成联通河北省176个保密室、349个考点、18 465个考场的网上巡查系统和省市两级指挥中心，基本实现对高考考场视频监控的全覆盖。自主研发《河北省普通高校艺术类专业管理系统》、《河北省远程网体检信息采集系统》、《成人高考网上报名在线支付系统和现场确认辅助管理系统》等软件管理系统，进一步完善自学考试网上信息管理服务平台系统、社会助学体系与咨询服务系统等，为考生和院校提供了更为优质、高效的服务，为各类招生考试安全平稳实施提供了强有力的技术保障。

【积极开展考试评价，稳步推进科研工作】 以高考数据统计分析为重点，多角度挖掘和利用考试数据。编制并完善了《年度普通高考数据统计分析报告》系列，先后为河北省各市和几十所中学提供了高考数据统计分析报告和报告的解读与咨询服务，为积极反馈和指导中学教学提供量化参考；完善《河北省教育考试院科研管理与促进办法（试行）》，科学规划招生考试科研工作，加强招生考试的科研管理，推动科研工作的有序开展；缜密筹划招生考试信息专刊的编印工作，深入调研并多次召开讨论会，协商专刊的内容与形式、板块结构、稿件来源、编辑方法、工作流程等要素，以期借助刊物载体，汇集、加工、运用和共享招考信息资源，为领导决策提供参考，为招生考试工作提供支持，为推进招考机构职能转变奠定基础；组织申报国家级教育考试与招生专项研究课题1项，省级课题3项；参与并启动PISA 2012研究项目，组织各市开展基础数据收集工作，为2012年PISA测试做好准备。

普通高考

【概况】 2011年，河北省报名参加普通高校招生考试的考生共有48.5万人，设考区171个、考点359个、考场16 961个，安排监考及考务工作人员5万余名。未发现失泄密事件和大规模的群体性舞弊案件。全国有1 729所院校在河北省招生，招生计划356 453人。包括保送生、各种单独招生备案在内，实际录取40.5万人，占报名人数的83%。

【加强考试环境综合整治】 完善试卷印制、交接、值班管理制度和省总值班室视频监控系统巡查制度，对试卷管理各工作环节实施全过程规范控制；考前对全省保密室进行了四次检查，确保全省177个试卷保密室全部达标；与公安、工信、保密、卫生等部门密切配合，完善协调联动机制，加强考点及周围环境综合整治工作，防范和治理利用高科技手段作弊行为；推广使用指纹识别设备、金属探测设备、身份证识别设备全力防范替考和利用无线电通信工具作弊；在考场门口张贴《准考证存根》，便于监考人员和考生相互监督；加强考场监控录像回放核查。

【平稳推进招生考试改革】 （1）改变艺术类专业的投档办法。在本科提前批，对报考使用河北省联考成绩录取的艺术专业的考生，在专业和文化考试成绩均达到河北省控制分数线的基础上，依据各高校向河北省报送的录取原则，按考生志愿和招生计划的一定比例分专业投档，由院校择优录取；对报考使用院校校考成绩录取的考生，将院校校考合格且经河北省备案、文化考试成绩达到河北省相应批次控制分数线的考生，依据各高校向河北省报送的录取原则，按考生志愿和招生计划的一定比例分专业投档，由院校择优录取。（2）在本科二批实行三次模拟投档方式。（3）新增本科工程教育试点班和免费师范生教育试点。（4）取消了专科三批。原安排在专科三批招生的院校招生计划，分别安排在专科提前批、专科一批和专科二批招生。（5）调整高考优惠加分政策。根据《教育部、国家民委、公安部、国家体育总局、中国科技协会关于调整部分高考加分项目和进一步加强管理工作的通知》精神，取消了省级三好学生、优秀学生和优秀学生干部高考加分项目。

研究生招生考试

【概况】 2011 年，河北省共有 74 778 人报名参加全国硕士研究生入学统一考试，全省设考点 51 个，考场 2 450 个，聘用监考教师 5 223 人。全国报考河北省硕士生招生单位的考生共计 37 894 人，实际录取 12 622 人，比国家计划增加 134 人，其中录取学术型硕士研究生 9 139 人，全日制硕士专业学位研究生录取 3 483 人。报考河北省 6 所博士研究生招生单位的考生共 1 618 人，实际录取 594 人。

【加强试卷保密管理】 第一，做好工作部署，加强督促检查。考前对试卷安全保密工作进行认真部署，组织专门力量进行保密检查。考前半月开始每天通过国家教育考试考务平台网上巡查系统，对各市试卷保密室及值班情况进行检查。第二，加强重点环节管理，实现无缝隙交接。规范备用卷在领取、运送、拆封、回收、清点、封装等环节的操作要求，做到每一份备用卷出库记录清楚、启用符合规定、回收与备用份数匹配。第三，加强对招生单位自命题科目试卷管理。严格落实责任制，明确招生单位的主管领导为本单位招生考试工作的第一责任人，研究生招生考试部门的负责人为直接责任人，认真贯彻“分级管理，逐级负责”制度，建立责任追究制，确保试卷安全保密。

【采取措施预防和打击各种作弊行为】 制定《河北省硕士研究生诚信考试管理暂行办法及流程》，对考前教育、考前预防、考场监控、考后核查、违规处罚及责任追究等各项工作进行细化，实行全过程监控管理。全省各考点所有考场均配备了手机屏蔽器，配备无线耳机探测器 294 台、身份证鉴别仪 52 台、金属探测仪 80 部、指纹鉴别仪 49 台，各考点还专门设立巡考组。会同公安、保密、无线电管理局等部门，共派出公安人员 253 人，无线电管理人员 138 人。无线电管理部门出动无线电监测车 24 台，指挥车 13 台，启用 30 个固定监测站，22 部大型干扰机，57 部通信电台和 54 部监测接收机等设备，开展打击团伙作弊的联合整治行动。

【推进精细化管理，提高评卷质量】 总结 2010 年网上评卷经验，实施学科组质检、学校质检和省质检的三级质检制度，充分利用统计数据对评卷质量进行监督和控制，对满分卷、零分卷、问题卷等进行检查。

【全力做好全日制专业学位研究生招生工作】 通过河北省教育考试院网站对全日制专业学位的培养目标、培养特点、入学条件、招生人数、生源范围、复试办法、收费标准、资助体系、在校待遇、授予证书类型等进行宣传，鼓励和引导考生选报专业学位研究生；要求各招生单位在确定复试分数线后，合理安排招生计划，做好分专业、分领域招生计划的安排和落实；鼓励专业学位生源较好的招生单位将学术型计划调整到专业学位。

【加强硕士研究生资格审核和复试工作】 要求各招生单位在复试和录取环节做好对考生资格的审核工作，切实维护研究生招生考试的严肃性和公信力。各招生单位在复试期间对考生初试的所有科目试卷笔迹进行认真核对，对有疑义的，在复试后再次审查其复试答卷笔迹与初试答卷笔迹是否一致。

成人高考

【概况】 2011 年，河北省成人高校招生考试报名总数 152 299 人，比 2010 年增加 13 260 人。全国在河北省招生的成人高校 138 所，录取 117 104 人，录取率为 76.89%，其中专科起点升本科录取 56 643 人，高中起点升本科录取 4 446 人，高中起点升专科录取 56 015 人。

【推进报名缴费方式改革】 2011 年，河北省实行网上支付改革，有 8.4 万名考生通过第三方支付平台支付报名费，占报名考生总数的 55.5%。“网上支付”的实施，适应了招生工作的信息化需求，拓宽了考生报名考务费支付渠道，提高了考生现场信息确认效率。报名过程中，网上支付系统软、硬件运转正常，未发现因系统问题导致的考生支付不成功或支付信息错误等情况。

【深化志愿填报方式、征集志愿和计划编制改革】 2011 年，河北省继续推进志愿填报方式改革，实行考前意向志愿和考后正式志愿两次填报；在调剂录取阶段全面施行网上征集志愿，以尊重考生报考意愿；深化计划编制方式改革，采取先公布招生院校及专业，后根据报名情况确定分省、分专业招生规模的方式，有效提高计划编制工作的准确性。2011 年，65% 的院校在一志愿就足额完成招生计划，一志愿计划完成率超过 90% 的院校占院校总数的 85%。

【规范管理，确保考试平稳顺利】 实行报名数据分析前移，重点防范打击代考替考、传播试题信息等违纪行为，加强对监考教师、考点考务人员等的管理；通过“国家教育考试考务管理与服务平台网上巡查系统”实时监控考场和保密室情况，严格执行应急预案和情况报告制度，确保考试安全。

中师、中专招生考试

【概况】 2011 年，河北省中考考生 533 594 人，共设 201 个考区，582 个考点，18 031 个考场。251 所中、高职院校招生计划 97 209 人，实际录取考生 49 064 人，其中中等职业学校录取 34 342 人，五年制、“3 + 2” 高职院校录取 14 722 人。

【进一步规范招生计划编制工作】 完善网上报送招生来源计划系统，在系统中导入国家专业目录库，解决了招生计划中存在的专业名称、学制不规范的问题。对于经河北省教育厅批准开设，具有本省办学特色，但国家专业目录库中没有的专业给予保留和规范。市属学校五年制、“3 + 2” 高职专业和医药卫生类、师范类专业无论是否跨市招生，均上报并列入省招生来源计划。增加科类、隶属关系、学校办学性质等特征信息，特别是体育、艺术类专业，明确专业性质后，对后续录取工作提供依据。对招收高中起点的中专学校及专业进行统一编码，与初中起点的招生计划一起印制下发。规范招收师范类专业的招生计划，除教育厅审批通过的学校，其他学校不得招收学前教育专业学生。

【完善信息管理系统，提高科技招考水平】　修改完善中考报名、招生计划及中招录取信息标准；完善网上报送招生来源计划和网上公布招生计划系统，招生计划汇总完成后，在省教育考试院网站上公布，考生只要登陆网站就可以查询到中职学校详细的招生来源计划；修订完善了自主招生信息采集系统、自主招生录取核查系统，结合新系统重新制定了《自主招生工作方案》，细化了各组工作流程，加强人员培训，确保自主招生录取工作顺利完成。

自学考试

【概况】　2011 年，河北省自学考试报考 263 780 人、609 404 科次，比 2010 年增加 13 649 人、16 163 科次。

【深化在校生考试方式改革】　为促进成人高等教育的发展，在解决电大教育与自学考试互通的基础上，从 2011 年 4 月起，将面向全日制普通院校高职高专的考试改革政策拓展到全日制成人高等教育领域，实现了成人高等教育与自学考试的互通立交。为鼓励中等职业学校在校生参加专科阶段自考课程学习，帮助中等职业学校学生适应社会多岗位需求，增强专业技能和就业能力，在《河北省高职高专院校在校生自学考试考核改革试行办法》政策的基础上，结合中等职业教育特点与实际，4 月出台《河北省中等职业学校在校生自学考试课程考试考核改革试行办法》，并开始在部分中等职业学校进行试点。为增强高等学校毕业生适应能力，拓宽就业与深造渠道，加大文理兼备复合型人才的培养力度，5 月又推出在高等学校在校生中开展“双专”、“双本”自学考试的政策，积极鼓励高等学校学有余力的学生在原本科或专科基础上参加相同层次不同专业的自学考试，可与在校所学专业同时获得自学考试的专科或本科毕业证书。

【开展自考学习服务中心建设】　为发展和完善社会助学体系和咨询服务系统，批准河北文理专修学院和石家庄连邦外国语学院为河北省自学考试学习服务中心试点。其主要目的是开展规范高校的全日制助学，集中强化面授辅导和网络助学，向社会考生开放教育资源，开展考生职业技能和职业资格证书等非学历考试的培训。

【规范自考助学工作】　先后 6 次对河北省各市自考办、高职高专助学院校、主考院校、中职中专试点院校管理干部及微机操作人员进行了分类培训和政策解析。对全省 12 个市级考试机构和助学院校逐一进行督导检查，广泛听取各方意见和建议；审核批准第四批 14 个自考助学单位，并协调省物价部门制定助学收费标准，加大了助学院校报名费留成比例，有效调动助学院校的积极性。

【合理调整专业和课程设置】　以“大方向、宽领域、厚基础”为目标方向，开考化学工程、制药科学与工程、药学三个应用性、实践性、技能性较强的本科专业。

【推进自学考试信息化进程】　对河北省自学考试网上管理系统进行了升级改造，对报名、网上支付、申请免考、申请毕业等流程进行了更为人性化的设计，增加了很多“温馨提示”版块。

非学历教育考试

【概况】 2011 年，河北省各项社会考试共报考 1 308 462 人次，其中，大学英语四、六级考试 938 632 人次，全国计算机等级考试 338 957 人次，全国英语等级考试 17 295 人次，剑桥少儿英语考试 3 437 人次。

【改革报名和缴费方式】 研发大学英语四、六级考试、全国英语等级考试和全国计算机等级考试网上报名与支付系统，在全省推广使用，保证了报名信息的准确、查询信息的快捷，同时也为考生及工作人员提供方便，提高了工作效率。

【推进标准化考点建设】 督促相关高校按照国家教育考试标准化考点建设规范的标准，投入必要的人力、物力和财力，抓紧建设配备有符合要求的电子监控巡查系统以及可以阻断各种有害信息传递的技术设备。到 2011 年年底，河北省已建成两个标准化考点。

【加强各级考试机构与管理人员的培训】 2011 年，组织非学历教育考试项目培训与总结会 6 次，力求建立和建设一支业务熟练、责任心强的考务管理队伍、技术服务管理队伍及考官管理队伍。

供稿：河北省教育考试院
撰稿：王建峰　徐　新　单文宾
审稿：李　石

山　西　省

综　述

【概况】 2011年，山西省招生考试工作以贯彻落实国家和省中长期教育改革和发展规划纲要为主线，以办人民满意的招生考试为目标，坚持改革创新，强化考务管理，深入实施“阳光工程”，着力推进现代化、信息化建设，进一步提高招生考试管理工作的质量和水平，顺利完成各类招生考试工作。

【大力开展环境综合整治工作】 2011年，山西省进一步发挥教育考试环境综合整治联席会议职能，主动协调和联合多部门集中办公，形成了整体联动、齐抓共管、灵敏畅通、快速反应的综合整治机制。实施了统一的安全保密制度，严格执行安全保密工作责任制和责任追究制，“分级管理、逐级负责”。多部门联合开展对试卷印制、运送等各个环节的安全保密监督检查。加快教育考试标准化考点建设，实现了131个高考试卷保密室和试卷分发场所省、市、县三级联网监控。研究生考试各考点保密室首次实现了与教育部考试中心联网。加强了涉密人员的考前培训，严格执行保密安全工作24小时值班、零报告和重大事件即时报告制度。完善了各类考试突发事件应急处置预案。积极采用新技术封堵有害网络信息，净化网络环境，保证了考试、录取等相关信息的安全可靠。

【深入实施招生考试“阳光工程”】 2011年，山西省招生考试工作进一步推进信息公开，加强考试招生信息管理与服务平台建设，保证考生在考试各阶段了解到相关信息。全年向社会发布信息260条，向考生提供23项查询服务，完成网上征报志愿40多次，向省政府报送公开信息412条。严格执行享受照顾考生的公示制度。积极发挥人大、政协、纪检监察部门、舆论和社会的监督作用。

【进一步加大考务管理力度】 2011年，山西省招生考试进一步完善考务工作制度与规程，提高考务管理队伍建设水平。严格执行省、市、县三级考风考纪责任制度，加强招生考试工作中关键环节、主要岗位和重点时段的监督检查。强化监考人员培训与考核。加强对考生的诚信教育，与200余万考生签订个人诚信考试承诺书。运用现代技术手段，重点防范、严厉打击利用高科技手段的舞弊行为。全年共抽调各类工作人员4万余人，启用各类防控舞弊设备近2.3万件套。

【稳步推进各类招生考试改革】 2011年，山西省招生战线统筹兼顾、突出重点，深入推进各项招生考试改革，坚持以改革为动力、靠改革增活力、向改革要效力。第一，适应素质教育要求推进改革，建立健全符合高中新课程实验和实施素质教育要求的高校招生制度。第二，注重规模与结构的协调推进改革，促进山西省教育结构进一步优化，使不同层次的考生有了合理的流向，为更多考生创造了就学深造的机会。第三，围绕促进招考工作内涵发展推进改革。积极拓展和充分利用现代信息技术，完成工作方式的不断转变，实现普通高校招生考试、成人高校招生考试、研究生考试、自学考试、对口升学、专升本招生考试网上报名、网上填报志愿，以及院校信息查询、招生实时动态查询、网上志愿补报、高考成绩查询等多项功能。第四，满足社会需求推进改革。在充分调研论证并请示省招委、教育厅同意情况下，决定从2012年起实施网上填报志愿、网上评卷、平行志愿投档录取模式、扩大高职院校自主招生规模四项高考改革。制定《山西省2012年普通高等学校招生部分院校实行平行志愿投档录取办法》和《山西省2012年部分高职院校实行自主招生试行办法》等有关政策规定，多次召开新闻发布会就有关政策向社会公布与解读。

【加强信息化建设】　2011年，研发考务管理软件161个，改进招生计划网上核对、查询系统，提高了生源计划编制和执行的规范化管理水平。加强山西省招生考试管理中心网站建设，为社会提供可查询信息23项、可供采集信息7项；开通院校直通车和院校频道，为招生院校和考生搭建便捷的沟通桥梁。山西省招生考试管理中心网站日均页面访问量达到4.4万次，全年累计访问量超过1.5亿次。

【强化服务意识，提高服务质量】　在招考系统深入牢固树立以人为本、执政为民理念，最大限度地为院校、考生和社会提供优质化服务。切实加强招考队伍建设，促进队伍整体素质不断提高。扎实开展以“实施教育规划纲要、推动招生考试科学发展”为主题的创先争优活动，深入开展理想信念、廉洁自律、职业道德、作风养成教育、“纪律作风集中教育整顿月”、争创文明单位、处室等一系列活动，使干部宗旨意识明显增强，工作作风明显转变。通过多种渠道、多样形式，为服务对象提供信息帮助，满足他们的招考知情权。及时发布招生考试方面的诈骗预警，曝光诈骗伎俩，提醒考生和家长避免受骗上当。继续为特殊考生提供个性化服务。认真解决群众反映强烈的突出问题，主动接受社会监督。2011年，共接待来信来访500余人件次，查处违纪考生2 576人次，办结率达到100%。为积极探索以科技为支撑的招生考试领域预防腐败体系，申请开展了“基于现代信息技术构建招生考试领域预防腐败体系研究与实践”科研项目研究。

普通高考

【概况】　2011年，山西省报名参加普通高校招生考试的考生339 595人，比2010年减少6 162人。考生人数近十年来首次出现负增长。全省共设359个考点，12 723个考场。

2011年，全国在山西省招生的高等院校2 104所，其中本科院校1 027所，专科院校1 077所。招生计划244 103人。实际录取242 963人，其中本科134 228人，专科108 735人。本科录取率39.53%，本、专科录取率71.55%，比2010年增加5.35%。

此外，提前单独招生录取运动训练及民族传统体育1 421人，职教师资131人；残疾考生单招40人；全国高职高专示范院校及省属高职高专试点院校单招1 468人；高校少年班2人；保送生278人；香港、澳门高校录取54人；高水平运动员录取48人；空军、民航飞行员录取88人。

【确保新旧高考方案平稳过渡】 2011年是山西省实施高中新课程改革后的首次高考，在考试内容、录取办法和选拔模式上都有新变化。依照《新高考方案》制定的原则，继续完善工作方案，稳步推进新高考方案要求的各项改革，加大了宣传力度，并在全省进行了两次适应性训练，为应考学生顺利参加高考奠定了基础，确保了新旧高考方案的平稳过渡。

【进一步扩大示范高职院校单独招生范围】 为突出高职教育特色，积极探索普通高级中等教育毕业生向优质高等职业学院合理分流，不断完善与高职院校办学特色和人才培养目标相适应的多元化选拔录取机制。在山西省财政税务专科学校、山西工程职业技术学院、山西煤炭职业技术学院和长沙民政职业学院试行提前单独招生取得成功的基础上，增加山西建筑职业技术学院、山西职业技术学院两所高职院校，在其部分专业实行提前单独招生。2011年单独招生的高职院校达到6所，共录取1 468名新生。

【多渠道引导学生正确填报志愿】 通过开展做客《山西晚报·新闻会客室》、接听热线电话等多种形式的咨询活动，为考生、家长提供政策导读服务和志愿填报指导。

【调整高考志愿设置】 2011年，山西省将本科独立学院、民办高校志愿栏并入第二批次本科院校志愿，设为第二批本科C类，设一个第一志愿、两个平行志愿，单独划定录取分数线。

研究生招生考试

【概况】 2011年，山西省报名参加硕士研究生考试的考生共50 629人，比2010年增加5 021人，增幅11%。全省共设12个考区，21个考点，1 662个考场。实际录取硕士研究生8 403人，比2010年增加571人。

【规范考点设置】 2011年，山西省硕士研究生考试规定往届生只能在三个地市考点以及大同大学、山西师范大学考点报考，应届本科毕业生只能选择太原招考中心报考点。三个地市考点使用标准化考场，考试期间全部实现视频监控。

【加大保密室硬件投入】 为加强研究生考试安全管理工作，山西省招生考试管理中心拨专款，要求各考点按照《山西省国家教育考试网上巡查系统技术规范及相关要求》，建成与省招生考试管理中心保密室联网的网上巡查系统，实现网上巡查，视频监控各考点试题（卷）保密室。

【严格程序，确保评卷质量】 制定《山西省2011年硕士研究生评卷工作实施细则》，并与评卷点签订《山西省硕士研究生统一入学考试统考科目评卷协议书》。制定有效的监督制约机制，确保登分录入工作安全有序进行。

成人高考

【概况】 2011年，山西省成人高考网上报名165 287人，现场确认128 561人，比2010年增加18 465人。全省设19个考区，129个考点，4 266个考场。

2011年，全国有141所成人高校计划在山西省招生100 659人，实际录取83 451人，完成招生计划的84%。其中，专科起点升本科录取33 594人，高中起点升本科录取2 420人，高中起点升专科录取47 437人。

【率先在全国实行考生学历网报系统实时审核验证】 2011年，山西省成人高校招生网上报名系统与中国高等教育学生信息网学历查询系统联网，实时对考生专科或本科学历证书进行审核验证。在通过网上报名的65 509名专科起点升本科考生中，有59 305名考生通过了验证。

【继续做好成人本专科第二专业学历免试入学试点工作】 根据院校申请，经审核，批准山西大同大学等17所本专科院校从2011年开始具备招收第二专业学历免试生资格。加上2010年开始招收此类考生的山西大学等8所院校，山西省共有25所院校具备招收第二专业学历免试生资格，2011年有2 624人报名。

【大力开展“山西省职工学历提升教育”工作】

根据山西省总工会和山西省教育厅《关于开展全省职工本（专）科学历提升教育工作的通知》（晋工发［2011］38号）精神，在教育部成人高校招生政策范围内精心制定工作方案，实行网上报名、统一考试、单独编号、单独统计、按照全国成人高校招生办法统一录取。报考“山西省职工学历提升教育”的考生，只能报考指定的招生院校和专业，2011年有8 878人报考。

普通中专招生考试

【概况】 2011年，山西省报名参加中考的考生共有461 751人，比2010年减少26 978人。全省共设465个考点，15 444个考场。普通中专共有254所院校在山西省招生，实际录取73 503人，其中五年制高职录取5 564人，普通中专录取67 939人。

【开发报名软件新系统】 针对原报名软件系统数码照像比较复杂、安全级别低、逻辑校验不适应等情况，开发新的报名软件系统，确保信息的全面、准确、安全、规范。

【加强注册入学管理】 采取交叉审核的办法，加强对注册入学学生的审核管理，有效防止了个别学校套取、骗取国家助学金现象的发生。

【进一步完善网上录取办法】 根据五年制高职院校生源情况的不同，进一步完善了计算机远程网上录取、五年制高职院校缺额计划网上征报志愿的办法，对顺利完成2011年五年制高职院校招生任务发挥了积极的作用。

自学考试

【概况】 2011年，山西省组织两次自学考试，报考134 041人次、386 416科次，比2010年增加25 403人次。全省共设11个考区，62个考点，1 856个考场。

【稳步推进自学考试专业开考和调整工作】 经全国自考办批准，2011年新开考机电一体化工程、土木工程、汽车维修与检测、项目管理、视觉传达设计、美术教育、学前教育、国际贸易、人力资源管理、公共关系10个独立本科段专业和计算机网络及应用专科段专业，为培养实用技能型劳动者提供了新的平台。

【继续推进高职高专在校生实行本科教育试点工作】 2011年，制定了《高等教育自学考试实践性环节考核管理办法》和《高等教育自学考试免考课程管理办法》，继续推进高职高专在校生本科教育试点工作。

【完善修订考务工作细则】 进一步完善修订《山西高等教育自学考试考务工作细则》，对试卷运送、保管，考区、考点的设置，考试实施程序等内容都进行了实事求是、切实可行的修改，强化了规范性和可操作性。

【做好社会助学组织登记注册和备案工作】 按全国自考办《关于开展2011年度高等教育自学考试社会助学组织登记注册和备案工作的通知》精神，对符合条件的27个助学组织进行了注册和备案，强化了监督管理和服务指导。

非学历教育考试

【概况】 2011年，组织实施全国计算机等级考试、全国英语等级考试、剑桥少儿英语考试、全国大学英语四六级考试、中国餐饮业职业经理人资格证书考试、机械工程师资格证书考试、调查分析师考试、中国物流经理资格证书考试、成人NIT计算机考试9个项目21次考试，报考人数达到498 571人次，处理违纪考生1 019人。全年获得证书的考生222 307人。

【完善规章制度，提高考务管理水平】 2011年，修订《全国计算机等级考试考务手册》、《全国英语等级考试考务手册》、《全国大学英语四六级考试考务手册》等有关规章，编印《全国大学英语四六级考试培训手册》、《全国英语等级考试口试考官培训手册》等考务文件，组织考点主考和有关人员进行了学习培训。

供稿：山西省招生考试管理中心
撰稿：张　莉
审稿：王　云

辽　宁　省

总　类

【表彰先进】　3月14日，辽宁省招生考试委员会印发《关于表彰2009—2010年度“人民满意的招生考试机构”创建活动模范单位的决定》（辽招考委字［2011］7号）、《关于颁发2010年度辽宁省招生考试工作创新奖的决定》（辽招考委字［2011］8号）、《关于表彰辽宁省国家教育招生考试优秀考务工作者的决定》（辽招考委字［2011］9号）。沈阳市招生考试办公室等15个单位被评为2009—2010年度“人民满意的招生考试机构”创建活动模范单位。沈阳市招生考试办公室申报的“身份证读卡器在高考报名中的应用”、“中考网上填报志愿系统”，大连市招生办公室申报的“中考网上评卷”三个项目被评为辽宁省招生考试工作创新奖。授予宋维维等218名同志“辽宁省国家教育招生考试优秀考务工作者”荣誉称号。

【推进国家教育考试标准化考点建设】　辽宁省招生考试办公室认真落实《教育部 财政部关于大力推进国家教育考试标准化考点建设工作的通知》的文件精神和“国家教育考试标准化考点建设规划及实施方案编制培训会”会议精神，于4月21日和11月8日先后两次召开国家教育考试标准化考点建设工作会议，各市汇报标准化考点建设情况，研究2012年各市建设规划内容和辽宁省国家教育考试标准化考点建设规划及实施方案，布置近期标准化考点建设工作。截至2011年年底，辽宁省已建成360个标准化考点。

【增设安全处，强化考试安全管理】　10月26日，辽宁省机构编制委员会批准辽宁省招生考试办公室增设考试安全处，配备专职干部主抓考试安全工作。加强保密室和保密部位的建设，完成辽宁省14个市102个试卷保密室联网监控系统设备升级改造。与辽宁省国家保密局配合，为命题用计算机安装“涉密计算机违规外联监控系统”。召开招生考试技术人员计算机技术培训会。

【建设招生考试信息网络系统】　2011年，通过升级网络出口宽带、更新网络设备，建成辽宁省招生考试办公室到各市招生考试办公室的招生考试网络专线。

【建立健全网上有害信息监控制度】　2011年，辽宁省招生考试办公室要求各市建立健全网上有害信息监控制度，指定专人采取有效技术手段进行网上有害信息监控。根据每次考试下发的关键词搜索各网站的有害信息，并对有害信息进行研判，根据信息的危害程度采取不同的措施，并通过“辽宁省国家教育考试网上指挥系统”将网上有害信息及研判意见迅速上报辽宁省招生考试办公室。

【使用高科技设备防范考试舞弊】 2011年，辽宁省所有考场全部安装和全程使用电子监控录像系统，配备手柄式金属探测器和手机信号屏蔽器，实施考生入场安检和考试期间电子通信信号屏蔽，配备无线电监控设备对考点考场周围可疑无线电信号进行监控，实现全省考场、保密室的联网监控和联动报警。考试期间，全省14个市和设置考点县区全部启用“教育部国家教育考试考务管理平台网上巡查指挥系统”，进行网上实时巡查监控和应急指挥。考试结束后，省、市招生考试办公室分别对考场、保密室监控录像进行回放审查，形成审查报告，对有违规行为的考生和考试工作人员进行处理。

【开展诚信考试教育】 各级招生考试办公室采取列举有关案例、印制宣传手册和致考生家长的公开信、参观电子监控录像主控室等办法，考前对考生进行专题的诚信考试教育活动。通过省内各新闻媒体宣传辽宁省加强考风考纪采取的具体措施，所有考生签订诚信考试承诺书，并提醒所有考生如违纪将记入考生诚信档案。

【获得的荣誉】 2011年，辽宁省招生考试办公室获得的荣誉有：全国高等教育自学考试指导委员会颁发的“专业建设工作优秀奖”、“命题工作优秀奖”、“考务考籍工作优秀奖”、“社会助学工作优秀奖”。全国高等学校英语应用能力考试委员会授予的2010—2011年度“先进集体”荣誉称号。中国高教学会招生考试分会颁发的“2010—2011学年度《高校招生》杂志宣传发行工作先进集体”一等奖。辽宁省直属机关工会工作委员会授予的2010—2011年度辽宁省直属机关“模范职工之家”称号。

普通高考

【概况】 2011年，辽宁省有25.8万人报名参加普通高校招生考试。全国共有1 464所普通高等学校在辽宁省招生，计划招收211 077人，其中本科118 345人，专科92 732人；普通文史类53 105人，普通理工类139 155人，体育文史类790人，体育理工类1 927人，艺术文史类13 394人，艺术理工类2 706人。实际录取232 073人，录取率为89.86%。

2011年，辽宁省有28所普通高等学校招收应届高职高专毕业生升入本科学校继续学习，招生计划4 065人，其中普通类2 525人，定向类310人，计算机软件类1 230人。有11 638人参加考试，实际录取4 042人，完成招生计划的99.43%。其中，普通类录取2 534人，定向类录取310人，计算机软件类录取1 198人。

2011年，辽宁省中职升高职招生计划6 009人，其中，本科164人，专科5 845人。有7 407人报名参加考试，实际录取5 517人。

2011年，辽宁省高等师范院校培养本科层次小学（学前）教师招生考试计划596人。有1 299人报名参加考试，实际录取596人。

【综合整治招生考试环境】 高考期间，省市主要领导亲自挂帅，听取工作汇报，提出目标要求，现场检查指导，协调解决难题。以政府名义下发文件，出台严管高考工作的举措，层层签订责任状。省市高考指挥部相关部门各司其职、通力协作、齐抓共管。各级公安、交通部门对考点周边进行必要的交通管制，消除外部因素对考试的干扰；各级公安、工商等部门加强对电子市场出售高科技舞弊器材的监管，及时侦破、严厉打击高科技舞弊团伙；公安、通信管理等部门加强对利用手机、互联网等传播涉嫌泄密或诈骗等有害信息的防范和封堵；卫生部门加强高考期间卫生应急服务保障工作，及时做好应对突发公共卫生事件的医疗卫生救援；电力部门做好高考期间的电力供应保障工作；宣传部门做好高考宣传管理工作，把握好舆论导向，引导新闻媒体采取多种形式进行正面宣传；教育部门和招生考试机构做好考试工作人员的选派、培训和对考生的诚信考试教育工作，制定行之有效的奖惩措施，建立严格的监督制约机制；纪检监察部门加大对考试工作人员违法违规行为的查处力度，维护国家考试的严肃性。

【加大督察指导力度】 2011 年高考期间，辽宁省政府组织由厅级领导带队的 14 个督察组分赴 14 个市进行督察；同时在省内高校抽调精干队伍组成 80 个飞行检查组，对考风考纪较薄弱地区和有群众举报的考点加大督察力度，有效防控考场内外高科技舞弊行为，确保普通高校招生考试安全顺利。

【通过信息比对，严查报考资格】 实行户籍、学籍双认定，居民身份证核查，报名资格公示，报名数据与户籍和学籍管理部门进行核查等报名资格审查办法，加大对徇私舞弊、弄虚作假行为的查处力度，有效遏制了高考移民和非应届在校生报考。2011 年有 67 名不符合高考报名条件的考生被取消报考资格，较 2010 年减少 240 人。

【制定《辽宁省普通高等学校体育专业招生测试内容和标准（试行）》】 辽宁省招生考试办公室组织有关体育教育专家，制定了新的《辽宁省普通高等学校体育专业招生测试内容和标准（试行）》。2002 年制定的辽宁省普通高等学校体育专业招生测试内容和标准同时废止。

【评卷场所安装录像监控】 所有评卷场所一律实行封闭管理，并按照教育部要求安装了监控录像系统，辽宁省招生考试办公室指派专人实时监控。用于网上评卷的网络严格实行物理隔断，对用于评卷的所有电脑全面杀毒，评卷信息每半天备份一次，并进行妥善管理。

【重新制定《分数复核实施细则》】 为加强普通高校招生分数复核管理，重新制定《辽宁省普通高等学校招生考试分数复核工作实施细则》，从 2011 年起实行。2008 年印发的《辽宁省普通高等学校招生考试查分工作实施细则（试行）》同时废止。

【加强招生计划和录取信息安全管理】 所有招生计划的调整和调入、调出都严格遵照教育部的规定，在全国普通高校招生来源计划管理系统上进行，录取现场设立网监，即时监控录取网络系统的安全和保密。

【调整高考录取照顾办法】 经辽宁省招生考试委员会研究决定，从 2011 年秋季进入高中阶段一年级的学生开始，对普通高考加分项目进行调整。取消下列加分项目：全国中学生奥林匹克竞赛获奖学生，全国青少年科技创新大赛（含全国青少年生物和环境科学实践活动）、“明天小小科学家”、中小学电脑制作活动获奖学生，参加国际科学与工程大奖赛、国际环境科研项目奥林匹克竞赛获奖学生。更改加分项目为同等条件下优先录取项目：高级中等教育阶段被评为省级优秀学生干部和优秀团干部称号者。体育特长生加分项目调整为国家规定的 8 个项目，即田径、篮球、足球、排球、乒乓球、武术、游泳、羽毛球，不增设其他项目。

【高中学生学业水平考试启动】 1 月 8 日，辽宁省教育厅印发了《辽宁省高中学生学业水平考试实施方案》。从 2010 年秋季入学的新生开始，辽宁省实施普通高中学生学业水平考试制度。自

2012年起，学业水平考试时间定为每年3月。考试科目为语文（包括民族语文、汉语文）、数学、外语、思想政治、历史、地理、物理、化学、生物、信息技术。测试科目为体育与健康。考查科目为通用技术、艺术（或音乐、美术）、综合实践活动（包括研究性学习、社区服务、社会实践）以及物理、化学、生物的实验操作。

研究生招生考试

【概况】 2011年，全国报考辽宁省招生单位的准考人数63 441人，其中统考生55 413人，推免生2 812人，单考生319人，MBA、MPA考生3 591人，法律硕士专业学位考生1 186人，强军计划考生120人。辽宁省硕士生招生计划26 964人，实际录取27 184人，完成招生计划的100.8%。其中，学术型录取18 487人，完成计划的99.9%；全日制专业学位录取8 697人，完成计划的100.9%。

2011年，辽宁省博士生报考人数4 298人，16个博士研究生招生单位计划招生2 563人（不含中科院所属招生单位），实际录取2 532人。

2011年，辽宁省有3 027人参加了同等学力人员申请硕士学位考试，共计报考4 255科次。有11 605人参加了14个学位类别的在职人员攻读硕士学位全国联考，共计报考19 159科次。

【首创博士研究生招生考试管理系统】 2011年，经过研发，辽宁省启用博士研究生招生管理系统，从考生报名即开始全省统一采集信息，为后期录取审核、备案、上报提供了便利条件。

成人高考

【概况】 2011年，全国有140所成人高校在辽宁省招生，招生计划77 711人。其中，专科起点升本科28 925人，高中起点升本科3 064人，高中起点升专科45 722人。

2011年，辽宁省报名参加全国成人高等学校招生考试的考生121 776人，报名人数创近年来新高。其中，专科起点升本科报考35 337人，占报名总数的29.02%；高中起点升本科报考10 847人，占报名总数的8.91%；高中起点升专科报考75 592人，占报名总数的62.07%。

2011年，辽宁省成人高等学校实际录取77 412人，其中统考生76 400人，免试生1 012人。专科起点升本科录取22 079人，其中统考生21 255人，免试生824人；高中起点升本科3 145人；高中起点升专科52 188人，其中统考生52 000人，免试生188人。

【继续在部分成人高等医学院校举办乡医班】

2011年，辽宁省继续在部分成人高等医学院校举办乡医班，在临床医学专科层次、专升本层次和预防医学专升本层次共录取1 887人。

【继续开展乡镇兽医大专学历教育】 2011年，辽宁省乡镇兽医大专学历教育录取396人。

【继续开展农民工免费学历教育】 2011年，辽宁省有321名农民工被大连工人大学录取，在机械制造与自动化、数控技术、焊接技术及自动化、模具设计与制造、建筑工程和企业管理专业学习。

【继续面向煤炭企业职工进行定向培养】 2011年，辽宁省录取煤炭企业职工294人，在辽宁工程大学采矿专业、机械工程及自动化、煤矿开采技术和矿山机电等专业学习。

【高考落榜生免试入学】 2011年，辽宁省继续推进高考落榜生免试进入成人高校学习试点工作。全省34所成人高校201个专业共录取免试生

1 012 人。

【成人高校为辽宁老工业基地和新农村建设服务】

2011 年，辽宁省有 74 所成人高校举办符合政策支持的专业 363 个，受惠于各项政策照顾的考生达 19 118 人。

普通中等专业教育招生考试

【概况】　2011 年，全国共有 212 所学校在辽宁省招生，招生计划为 60 969 人，其中普通中专 54 833 人，“3 + 2”模式 6 136 人。实际录取 46 991 人，其中，普通中专录取 42 966 人，“3 +2”模式录取 4 025 人。

自学考试

【概况】　2011 年，辽宁省共有 210 079 人次参加自学考试，总计报考 504 413 科次。完成 16 896 名毕业生审查和毕业证书的发放工作。

【专业调整，注重考生实践能力培养】　探索以核心课程为主体内容的专业和课程体系建设，加大实践课、选修课比重，注重考生实践能力培养，形成具有自考特色的专业及课程体系。在对现有专业进行全面清理的基础上，论证开考了 6 个社会需求多的新专业，停考了 11 个社会需求不足的专业。

【纪念辽宁省高等教育自学考试开考 30 周年】

12 月 29 日，辽宁省招生考试委员会和辽宁省教育厅在沈阳召开纪念高等教育自学考试制度建立 30 周年座谈会。会议代表围绕自学考试在辽宁省 30 年的历史发展，总结经验，展望未来。会议表彰了 50 个先进集体、165 名先进个人、17 个单项工作优秀奖。

非学历教育考试

【概况】　2011 年，辽宁省招生考试办公室完成 15 项非学历教育考试任务。全国计算机等级考试 239 610 人次；全国英语等级考试 20 692 人次；大学英语四、六级考试 755 115 人次；英语应用能力考试 208 563 人次；辽宁省成人本科生学士学位外语考试 58 986 人次；全国高校计算机考试 12 300 人次；剑桥少儿英语考试 797 人次；全国中小学教师教育技术水平考试 70 468 人次；全国计算机应用技术证书考试 4 349 人次；中国书画等级考试 957 人次；资格证书考试（包括中国餐饮职业经理人资格证书考试、劳动和社会保障岗位资格证书考试、调查分析师资格证书考试、中国物流职业经理资格证书考试和中英合作采购与供应认证考试）4 430 人次、10 225 科次。

【全国计算机等级考试标准化考点建设】　10 月 9 日，辽宁省招生考试办公室印发《关于建设辽宁省全国计算机等级考试标准化考点的通知》（辽招考办字［2011］183 号），要求各考点在 2013 年 9 月前完成全国计算机等级考试标准化考点建设工作。

【成人本科生学士学位考试英语科增加 C 卷】

从 2011 年下半年进行的成人本科生学士学位外语考试开始，英语科试卷由原来的 A、B 卷改为 A、B、C 卷。

【全国计算机应用技术证书考试进行量化评估】

为加强对全国计算机应用技术证书考试的管理，辽宁省招生考试办公室出台《关于对全国计算机应用技术证书考试进行量化评估的通知》（辽招考办字［2011］102 号），同时出台了考试量化评估系统，依据现场评估表和考后录像，按考试流程，逐项评分，不及格的机构停考整顿。

【提高考试科学化管理水平】 为加强科学化管理，建设了社会考试网上服务平台；对自主开发的“网上评卷系统”做了进一步修正完善；完善了网上考务管理系统，网上报名、网上指挥试点运行。

供稿：辽宁省高中等教育招生考试委员会办公室

撰稿：高庆福

审稿：李荣希

吉 林 省

综 述

【概况】 2011年，吉林省招生委员会办公室在省委、省政府和省教育厅的正确领导下，认真贯彻落实教育部有关要求，以办人民满意招生考试为目标，进一步规范工作管理，加大综合治理考试环境力度，深入实施“阳光工程”，稳步推进招生制度改革，取得了考生高兴、家长赞许、领导认可、社会满意的良好效果。

【坚持深入推进“阳光工程”】 吉林省始终把深入推进“阳光工程”摆在招生考试工作的突出位置，不断完善公开透明的招生工作机制，进一步细化招生考试有关信息公开的基本内容，坚持招生政策公开、计划使用公开、录取程序结果公开、收费项目公开。对保送生、艺术特长生、体育优胜者、自主招生等特殊类型考生录取名单，少数民族等有照顾加分的考生名单，除国家规定的公示范围外，还在省教育信息网上公示，并在省内主流媒体上公布。不断完善招生工作新闻通报制度，及时把招生录取工作的有关情况向新闻媒体通报，自觉接受社会监督，提高了工作的透明度和公信力。进一步完善了招生信访体系，在考试期间集中向社会公布举报电话和信箱，接受群众、考生和家长的举报和投诉，切实维护考生和家长的知情权和申诉权，保障考生的合法权益。

【完善制度措施】 吉林省委办公厅、省政府办公厅转发了吉林省教育厅、省监察厅等13个部门《关于进一步加强国家教育统一考试考风考纪工作的意见》，明确了各级党委、政府和有关部门主要领导是国家教育统一考试的第一责任人，分管领导是直接责任人，强调实行“一把手”工程，实行“部门联动”的工作机制，填补了我省教育考试规章制度建设的空白。完善国家教育统一考试部门联系会议制度，强化组织领导和部门联动机制。省政府下发文件，增补工商局、政府应急办、食品药品监督局、交通运输厅、互联网办公室、政府纠风办为部门联席会议成员单位。制定《普通高校录取工作实施细则》，完善招生录取“十公开”制度。在《关于普通高等学校招生考试工作违纪行为责任追究暂行办法》基础上，进一步明确“五个一律”和“六个严禁”的要求，加大对国家教育考试中违规违纪人员的处罚力度。

【电子监控巡查系统全面建成】 2011年，吉林省电子监控巡查系统全面建成，设省级指挥中心1个，市（州）级指挥中心10个，县级指挥中心和考点指挥中心252个，保密室55个，标准化考场8 163个，实现了国家、省、市、县、考点五级联网，可以对省内所有考场和保密室进行远程在线全时监控和录像备份。该系统已在普通高考、成人高考、研究生入学考试以及艺术专业统考和汉语水平考试中投入使用。

【安全保密日教育活动】 4月11日，吉林省集中开展了安全保密日教育活动。省、市、县三级教育行政部门及考点、招生考试机构、招生办工作人员签订了保密责任书。

【多措并举确保试题安全】 2011年，吉林省招生办公室会同省保密局对全省所有试题（卷）保密室进行检查，由省保密局对检查合格的保密室颁发新的《合格证》。严格执行试题（卷）印刷、运送、分发、保管等环节安全保密规定，协调公安、机要、保密等部门加大对试题（卷）安全保密工作管理力度，所有涉密环节都制定周密的应急预案，做到安全保密工作环环相扣、无缝链接。试卷印制厂安装了能够屏蔽包括3G手机在内的无线信号屏蔽仪，增设2处执勤瞭望塔，围墙设置了红外线报警装置，围墙外设置30米隔离区，夜视摄像头直接连接到110指挥中心。公安、通信和互联网办公室提前介入，及时过滤、封堵和删除涉及考试安全的不良信息。

【开展打击售卖考试作弊器材专项整治行动】

省公安厅、省教育厅、省工业和信息化厅、省工商管理局等部门在考试前联合开展为期一个月的打击售卖考试作弊器材专项整治行动，对无线器材集散地进行持续清理整顿，从源头上防范作弊器材流向考场。2011年高考前，共收缴各类作弊器材900件（套）。

【三级巡查】 在各类考试期间，采取三级巡查方式，加强对考试的管理。省教育厅领导带队组成督察组，深入考区现场指挥；教育厅纪检组、高校纪工委组成流动巡查组，随机检查；抽调教育厅机关干部和高校有关人员组成省派巡视组，深入考点定人、定岗监督检查。

【考场视频回放审查，严查违规违纪行为】 每项考试结束后，教育、纪检和招生部门组织人员对考场视频录像进行全程回放审查，严肃处理违纪人员。2011年通过录像回放审查，高考处理17名违纪考生，3名违规教师；成人高考处理36名考生，2名教师；硕士研究生入学考试处理4名学生，2名教师。

普通高考

【概 况】 2011年，吉林省高考报名人数165 761人，比2010年减少3 190人。其中，普通高校招生报名161 545人（其中统考159 367人，非统考2 178人），比2010年减少2 557人；职业对口招生报名4 216人，比2010年减少633人。文科报考50 431人，理科报考115 330人。全省共设59个考区，189个考点，5 864个考场。监考、巡考、监督和服务保障人员3万余人。查处违纪考生75人。

2011年，吉林省普通高校招生计划为135 053人，实际录取146 545人。

【各部门联动】 2011年高考期间，公安部门在考点设立警戒区域，并对考点周边车辆、人员和附近居民楼进行不间断的清查；工信部门调集所有无线电探测设备和警示压制设备，对考场及考点周边作弊信号进行全程监测、跟踪、同频率干扰。公安部门为每个考点配备了3名警力，以保证考生和考试工作人员的人身安全；公共交通部门增加运力，为考生顺利达到考点提供便利；卫生部门为每个考点配备医护人员；环保部门监督考场周边施工单位一律停工，并加强了对考场周边噪音的管控；通信管理部门为确保电子监控巡查系统图像传输的信号清晰调整了网络流量，并在6月3日和6日以公益短信方式提醒考生远离作弊，诚信高考；供电部门全力保障考点供电；广电部门精心调试听力设备；宣传部门正确把握舆论导向。由于各部门主动配合，齐抓共管，强化高考责任的落实，使部门联席会议工作机制取得明显收效。

【严格考场管理】　2011年，吉林省省所有高考考场统一配置石英钟，统一配发考试用具，有效防止了伪装成手表、格尺、橡皮的高科技作弊器材进入考场。要求考生不得携带手机进入考场，一经发现，无论使用与否一律按违纪处理。考试过程全时录像和在线监控，考场全部安装使用无线电屏蔽仪和金属探测仪；考生在各科考试结束前不得离开考场。违规考生在考点统一设置的休息室内休息，待考试结束后方可离开。

【强化监督过程透明】　2011年高考期间，省、市两级招生办邀请部分考生家长和新闻媒体到指挥中心电子监控平台参观了考试组织情况，拓宽了社会监督渠道，进一步增加了考试工作的透明度，中央电视台、新华社、中央人民广播电台等中央和省内媒体给予正面报道。同时，统一向社会公布了59个考区高考咨询举报电话。

省纪委监察部门全程介入高考工作。高考期间，每个考点设立一个由4至5名纪检监察干部组成的监督组实行现场全程监督，把好入口关、监考关、巡查关、打压关、查处关。同时，成立违规违纪案件联合调查组，对违纪舞弊行为从严查处。

【高职院校单独招生试点】　2011年，吉林省在长春职业技术学院、长春汽车工业高等专科学校和吉林工业职业技术学院3所国家示范性高职院校进行了单独招生试点改革，3所学校联合命题、联合考试、联合评卷、联合录取，共录取考生679人。

【外语听力成绩分阶段记入高考总分】　2011年，吉林省高考外语听力成绩按卷面听力成绩乘以10/30记入考生总分，笔试成绩按卷面成绩乘以140/120记入考生总分。高考期间，成立了外语听力播放效果鉴定小组，并制定了外语听力考试应急预案。

【扩大网上征集志愿范围】　在2010年高考录取相关批次网上征集志愿的基础上，2011年，扩大到包括重点本科批次B段文理科、普通本科批次B段文理科、普通专科（高职）批次B段文理科、民办专科（高职）等批次。高考录取期间，先后12次在网上征集志愿，既为考生提供了更多选择空间，也给招生院校提供了更充足的生源。

研究生招生考试

【概况】　2011年，吉林省共有43 193人报名参加全国硕士研究生统一入学考试，全国报考吉林省硕士研究生招生单位的考生40 938人。吉林省硕士研究生招生计划15 515人，实际录取15 663人，录取率38.26%。博士研究生考试报名2 777人，招生计划2 134人，实际录取2 166人。

【加强保密工作，确保考试安全】　2011年，吉林省对研究生报名点和招生单位工作人员进行了两次安全保密专题培训，组织各招生考试机构对所有涉题（卷）人员进行全面的政治审查和业务考核，层层签订《安全保密责任书》。省公安厅、省国家保密局、省招生办公室联合对全省所有试题（卷）保密室及研究生招生单位保密室进行了两次检查，检查合格后核发新的《合格证》。省招生办公室保密室与全省所有县（市、区）保密室的监控联网，全时检查试题（卷）保管情况。两次对试题印制厂所进行了检查，签订了安全保密和制卷质量协议。

成人高考

【概况】 2011 年，吉林省成人高考报名 82 805 人，比 2010 年增加 10 337 人。其中，专科起点升本科 25 051 人，比 2010 年增加 5 810 人；高中起点升本科 5 394 人，比 2010 年减少 815 人；高中起点升专科 52 360 人，比 2010 年增加 5 341 人。全省设 39 个考区，95 个考点，3 217 个考场。实考 77 661 人，查处违纪违规考生 216 人。考试期间，选派监考人员 6 539 人，省派巡视员 186 人，各市（州）选派巡视员 201 人。实际录取 52 707 人，100% 完成招生计划。

【首次实行网上报名】 2011 年，吉林省启用“成人高校招生全国统一考试网上报名系统”。为保证网上报名工作有效开展，在对工作人员进行培训的同时，针对网上报名可能出现的问题制订了应急预案，并建立岗位责任制度，确保了网上报名及现场确认工作圆满完成。

普通中专招生考试

【概况】 2011 年，吉林省普通中专招生总计划 54 322 人，实际录取 27 240 人。其中，高职“3 + 2”小学教育专科招生计划 5 045 人，实际录取 3 271 人；中专招生计划 49 277 人，实际录取 23 969 人。

【高职和中专进行分段录取】 2011 年，对高职学校和中专学校进行分段录取，避免了过去两个层次相互争抢生源及报考高职的考生提前被中专学校预录等问题。同时，在录取时间安排上，减少了录取次数，延长了录取时间。

供稿：吉林省招生委员会办公室
撰稿：于　武
审稿：岳　强

黑龙江省

综　述

2011 年，黑龙江省招生考试委员会办公室共组织考试 30 多次，报考总规模达 160 多万人次。其中，普通高考报考 20.8 万人次，成人高校招生报考 9.6 万人次，研究生招生报考 5.8 万余人次，自学考试全年报考 10.3 万余人次，非学历教育考试全年报考近 93 万人次，学业水平考试报考达 21 万人次。全年累计命题 1 814 套。

普通高考

【概况】　2011 年，黑龙江省普通高考报名 20.8 万人，比 2010 年增加 1.3 万人，增幅 6.25%。全国有 1 300 多所普通高校在黑龙江省计划招生 181 368 人，比 2010 年增加 4 318 人，增幅 2.4%。整个录取工作历时 40 多天，共进行 7 个录取批次，2 次网上填报志愿，20 次网上征集志愿，实际录取 18.1 万人。

【严格制度管理，确保考试安全】　明确各级政府对高考工作负有组织领导和实施监管责任，教育行政部门主要管安全，招考办主要管保密、考务，完善各部门联动工作机制，全面实行责任制和责任追究制；落实各项制度和规定，对全省保密室硬件设施进行全面检查验收，试题全部采用机要运送到考点，实行省保密局、省招考办对全省保密室进行 24 小时不间断的双重监控，开考一科运送一科，试卷在考点不过；严格备用试题启用审批和考后验封制度，备用试题使用必须经省招考办批准。充分利用好省市县校四级考试指挥系统，实现网上培训专职队伍、网上监控保密室、网上指挥考试；完善应急预案，坚持第一时间报告制度，实行备用考场、备用考点、备用试题、备用监考四备用制度。由各高级中学负责对考生进行诚信考试教育，强化对县级考点、体育艺术考点的巡视管理。坚持监考工作与教师年终考核、评优、晋级挂钩的规定，实行一票否决。所有监考、巡考及考务人员实行高考期间禁酒令制度，同时坚持省教育厅、省招考办领导分片包干到地市巡考、省派巡视员蹲点包楼巡考。

研究生招生考试

【概况】　2011 年，黑龙江省硕士研究生报考 54 206人，其中，全国统考报考 47 051 人，推荐免试 3 459 人。应届本科毕业生 34 630 人，占报考总人数的 63.9%。实际录取 16 857 人，比 2010 年增加 1 006 人，增幅 6.3%。其中，全日制专业硕士录取 4 431 人。黑龙江省博士研究生报考 4 325 人，录取 2 278 人。

【加强考试综合治理力度】 2011年，黑龙江省在硕士研究生入学考试中共查处各种违纪作弊281起。其中，利用高科技通信手段作弊241起，收缴电台5部、笔记本电脑5台、隐形耳机52个、手机13部、手表式信号接收器34部、橡皮擦式短信接收器12个、对讲机8部、作弊车辆1辆。抓获作弊团伙5个，13人移交公安机关处理。

成人高考

【概况】 2011年，黑龙江省成人高考报名99 250人（含二学历、免试生2 873人），录取82 171人。为规避大面积、有组织利用电子通信工具团伙作弊，按照教育部有关要求，制定并试行“一套试题多种版本”的防控方案。有效地防控利用电子通信工具作弊行为。

自学考试

【概况】 2011年，黑龙江省自学考试累计报考103 325人次、283 803科次，新生21 982人。实践环节考试共计36 914科次，计算机无纸笔考试1 900人。全年考试共处理违纪事件746起。全年毕业生约为13 766人，其中本科11 255人，专科2 511人。全年共办理考籍转考538人次，其中省内转考445人次，省外转考93人次。全年办理课程免考33 522科次。全省社会助学注册单位共计53所。

【加强专业管理】 为适应市场需求，停考8个报考人数少、社会效益差的专业。全年共开考176个专业，开考课程911门，本科二学历专业开考35个，开考课程151门，批复了37所专本衔接院校新增专业。

【纪念高等教育自学考试制度建立30周年】 为纪念我国高等教育自学考试制度实施30周年，黑龙江省举行了自考宣传周系列活动。在省广播电台《行风热线》栏目做了专题节目，与广大听众分享了自学考试30年的辉煌历程、发展成就，畅谈了今后的发展方向。对全国优秀自考生进行了采访，将这些自考生的事迹在“龙招信息港——自学考试信息中心”主页上宣传报道。在黑龙江教育信息网上设网页，以专题形式宣传自学考试，扩大了自学考试的社会影响。

非学历教育考试

【概况】 2011年，黑龙江省招生考试委员会办公室组织各类非学历教育考试9大项15次，全年考生累计近93万人，其中，全国大学英语四、六级考试642 510人，全国计算机等级考试145 880人，全国英语等级考试2 202人，剑桥少儿英语考试820人，清华大学自主招生考试1 553人，高等学校英语应用能力考试81 161人，省内计算机等级考试38 949人，特岗教师考试3 106人，中职高职、中师高师招生考试13 300人。

【防高科技作弊措施有效】 2011年，在预防高科技作弊采取以下措施：进一步打击校园内社会考试有害信息的小广告，净化校园网；加强对互联网上涉及社会考试有害信息的监控和处理；各市（地）招生考试办公室及考点指定专人在考前、考试期间对互联网进行搜索，对有害信息及时通报和处理；各市（地）及考点加大预防和控制高科技作弊的投入，将手机屏蔽仪器、作弊克等现代科技工具运用到考场，提高了对考试期间舞弊事件的预防和处理能力。

供稿：黑龙江省招生考试委员会办公室
撰稿：李伟晗
审稿：孙　权

上　海　市

综　述

2011 年，上海市教育考试院承办考试 45 次，参加考试的考生达到 180 万余人次，录取 25.57 万人。坚持以科学发展观为指导，以“创先争优”为主线，以服务考生、维护公平为宗旨，扎实推进“阳光工程”，积极开拓创新，不断强化招考业务和精神文明建设，实现了“考试安全顺利、招生公平公正、管理科学创新、作风团结奋进”的目标，招生考试工作的社会公信力和群众满意度进一步提高。2011 年实现了上海市所有考区与市级指挥中心的联通，视频覆盖各考区的试卷保管室，在市级指挥部可实时查看全市各考区的试卷保管室和部分考场。

普通高考

【概况】　2011 年，上海市普通高校招生报考共计 80 558 人（含秋季高考、非集中录取、春季高考、“三校生”高考），招生总计划 71 184 人，实际录取 73 176 人，完成招生计划的 102.80%。其中本科生录取 43 014 人，占录取总数的 58.78%，高职（专科）生录取 30 162 人，占录取总数的 41.22%。

【春季招生】　2011 年，上海市参加春季招生考试报名的考生 3 170 人，比 2010 年减少 1 372 人。实行春季招生的普通高校有上海大学、上海师范大学、上海工程技术大学、上海商学院、上海师范大学天华学院、上海工商外国语职业学院、上海农林职业技术学院、上海思博职业技术学院 8 所，计划招生 550 人，实际录取报到 346 人，完成招生计划的 62.91%。其中，5 所本科院校计划招生 320 人，录取报到 292 人，完成本科招生计划的 91.25%；3 所高职（专科）院校计划招生 230 人，录取报到 54 人，完成高职（专科）招生计划的 23.48%。

【秋季招生】　2011 年，全国有 710 所普通高校在上海市招生（含 2 所香港地区高校和 19 所军事、武警部队高校），其中上海院校 66 所，外省市高校 644 所，首次在沪招生的外省市院校 46 所。除西藏、台湾、澳门外，全国其他省市均有高校在上海安排普通高校招生计划。全市参加秋季统一高考的人数 61 200 人（含复旦、交大两校自主招生选拔试验预录取的 1 230 人和内地新疆班、西藏班考生 675 人），比 2010 年减少约 6 000 余人。招生计划总数 52 903 人（含艺术类专业招生计划，但不含未编制分省招生计划的艺术类高校招生计划数），实际录取 54 542 人，完成招生计划的 103.10%。

【招收应届“三校生”】 2011年，上海市招收应届“三校生”的普通高校共28所，计划招生5 176人（不含上海应用技术学院20个听力残障单独招生计划），其中本科招生计划266人，专科计划4 910人。非艺术类专业计划招生4 343人（文科2 521人，理科1 822人），艺术类专业计划招生833人（文科689人，理科144人），报考8 464人。实际录取5 496人，其中非艺术类专业4 350人（文科2 691人，理科1 659人），艺术类专业1 146人（文科1 045人，理科101人）。

【严格公示制度，规范特殊类型招生】 对上报教育部并在教育部“阳光高考”平台上公示的名单进行认真审核，严格按照教育部时间节点要求在“上海招考热线”和《东方教育时报·高招周刊》上给予及时公示，公示项目齐全，公示总人数达12 520人，占全部考生总数的20.46%。

【继续推进上海市普通高校自主招生改革】

2011年，上海市本科和专科层次的自主招生改革继续推进。复旦大学、上海交通大学“深化自主选拔录取改革试验”计划在沪招生1 200人，比2010增加200人；实际录取1 230人，比2010年增加222人。参加上海市专科层次“依法自主招生改革试点”招生院校由2005年的3所扩大到2011年的26所，招生计划10 266人，比2010年增加186人；实际录取10 273人，比2010年减少387人。

【普通高中学业水平考试】 2011年是上海市普通高中学业水平考试实施第二年，共开考6科，高一开考地理和信息科技，高二开考历史、物理、化学和生命科学，物理、化学和生命科学含技能操作测试。全市共有278所高中（含综合高中）学生报名参加考试，共计报名111 977人，508 963科次，其中，高一考生55 143人，高二考生56 834人。笔试设252个考点，技能操作测试设147个考点，近5.7万名高二考生参加技能操作测试。

研究生招生考试

【硕士研究生招生概况】 2011年，上海市硕士研究生招生计划34 645人，比2010年增加2 140人，增幅6.5%。全国有101 294人报考上海市硕士生研究生招生单位，比2010年减少4 612人，减幅4.4%。其中，全国统考77 972人，推荐免试生7 360人，单独考试937人，管理类专业学位联考12 033人，法律硕士专业学位联考2 965人，强军计划、农村师资培养专项计划27人。选择学术型研究方向的考生有75 364人，占报考人数的74.4%；选择应用型专业研究方向的考生有25 930人，占报考人数的25.6%。

2011年，上海市硕士研究生招生单位共54个，实际录取34 495人，比2010年增加2 056人，增幅6.3%，报名人数和录取人数之比约为2.9:1。录取的硕士生中，统考生21 054人，推荐免试生7 222人，单考生539人，管理类专业学位硕士5 018人，法律硕士648人，强军计划12人，农村师资计划2人。

【博士研究生招生概况】 2011年，上海市博士研究生招生计划5 761人，比2010年增加266人，增幅4.8%。上海市博士研究生招生报名16 914人，比2010年减少330人，减幅1.9%。

2011年，上海市博士生招生单位23个，实际录取5 753人，比2010年增加199人，增幅3.6%。录取的博士生按考试方式统计：普通招考3 994人，占录取人数的69.4%；硕博连读1 268人，占22.1%；直接攻博491人，占8.5%。按录取类别统计：非定向4 054人，占

70.5%；定向757人，占13.1%；委培889人，占15.5%；自筹经费53人，占0.9%。

【在职人员攻读硕士学位全国联考】 2011年，上海市报考在职人员攻读硕士学位全国联考的考生13 801人。

【同等学力人员申请硕士学位全国统一考试】

2011年，上海市同等学力申请硕士学位外国语水平考试报考4 413人，学科综合水平考试报考4 765人。

成人高考

【概况】 2011年，全国在上海市招生的成人高校共77所，其中，上海市67所，外省市10所。实际录取60 345人，完成招生计划的88.5%。由于实际参加考试的人数少于计划数，包括专科起点升本科、高中起点升本科在内的成人高等学校招生计划都没有完成。报考人数及招生情况如下表：

招生类型	计划数			报考数			录取数		
	2010年人数	与2009年相比		2010年人数	与2009年相比		2010年人数	与2009年相比	
		人数	比例		人数	比例		人数	比例
专科起点升本科	38 196	-663	-1.7%	43 448	663	1.5%	35 850	1 673	4.9%
高中起点升本科	6 637	-165	-2.4%	7 379	-407	-5.2%	5 788	17	0.3%
高中起点升专科	23 313	-606	-2.5%	20 347	-685	-3.2%	18 696	-611	-3.2%
合计	68 146	-1 434	-2.1%	71 174	-429	-0.6%	60 334	1 079	1.8%

注：计划栏内为公布计划数，不含体育单招计划和高校在招生过程中的调整计划。

2011年成人高校招生统一考试于10月15日、16日进行。全市共设19个考区，102个考点，2 955个考场。应考71 100人，免考6人，缺考5 714人，实考65 386人，缺考率8.04%。

普通高职（专科）毕业生服义务兵役退役和下基层服务期满免试接受成人本科教育招生工作继续在沪进行，共录取176人（退役义务兵171人、下基层5人），比2010年增加81人。

中等学校高中阶段招生考试

【概况】 2011年，上海市初中毕业统一学业考试实考84 992人，其中82 779人升入高中阶段各类学校（其中含不参加考试直升的学生1 804人），录取率95.37%。普通高中与中职校录取人数比例大体相当，基本实现年初预定的目标。各类学校计划和录取情况如下：

学校类别	招生计划数（人）	实际录取数（人）	计划完成率（%）
普通高中	52 029	51 452	98.89
综合高中	833	863	103.60
中高职贯通	1 000	1 003	100.30
中专	24 103	20 674	85.77

续表

学校类别	招生计划数（人）	实际录取数（人）	计划完成率（%）
职校	9 972	7 256	72.76
技校	2 210	1 531	69.28
全市总计	90 147	82 779	91.83

【严格报名和加分审核机制】 2011 年，上海市进一步完善中等学校招生针对特殊情况集体讨论处理的审核机制。进一步严格中考加分的审核工作，进一步规范操作流程，加强公示力度。2011 年中考加分共有 1 940 人，经公示，有 24 人被取消加分资格。

【调整实验性示范高中“名额分配”招生计划】

2011 年，调整上海市实验性示范高中“名额分配”计划，由 2010 年学校招生计划的 15% 增加为 18%。

【其他举措】 2011 年，实现了高中学籍数据库与中招报名和录取数据库的衔接。继续整合中职提前招生批次，进行全市统一网上填报志愿、网上投档录取，扩大在沪进城务工人员随迁子女招生计划。上海交通大学医学院附属卫生学校等 10 所中职学校和上海医药高等专科学校等 7 所高职（专科）学校试行中高职贯通试点。

自学考试

【概况】 2011 年 4 月和 10 月，分别举行了第 58、59 次高等教育自学考试。两次考试上海市均由 18 所主考学校开考 96 个专业，其中，专科专业 47 个，本科专业 49 个。

第 58 次开考 353 门课程（不包括学历与职业资格证书相结合的证书考试），报考 77 642 人，190 301 科次（不包括学历与职业资格证书相结合的证书考试）。其中报考本科专业 51 533 人，报考专科专业 29 958 人（部分考生同时报考专科专业和本科专业）。实考 135 351 科次，实考率 71.12%，平均合格率 48.37%，有 65 469 人取得单科合格证书。

第 59 次开考 358 门课程（不包括学历与职业资格证书相结合的证书考试），报考 70 033 人，172 157 科次（不包括学历与职业资格证书相结合的证书考试）。其中报考本科专业 47 677 人，报考专科专业 25 257 人（部分考分同时报考专科专业和本科专业）。实考 116 137 科次，实考率 67.46%，平均合格率 46.88%，有 54 445 人取得单科合格证书。

经审核统计，2010 年 10 月第 57 次高等教育自学考试后，2 949 人取得专科毕业证书，2 229 人取得本科毕业证书；2011 年 4 月第 58 次高等教育自学考试后，2 575 人取得专科毕业证书，2 383 人取得本科毕业证书。截至 2011 年 12 月底，上海市累计参加高等教育自学考试的人数达到 561.6 万余人次，累计有 14.96 万余人获得专科毕业证书，4.24 万余人获得本科毕业证书。

【隆重纪念高等教育自学考试制度建立 30 周年】

11 月 18 日，召开上海市纪念高等教育自学考试制度建立 30 周年大会。市政府副秘书长翁铁慧、教育部考试中心党委书记刘军谊、市教育主任薛明扬、副主任袁雯等出席纪念活动。来自主考院校、助学单位、区县考办、行业协会等近 500 人参加会议。会议对市高教自考先进集体、先进工作者和优秀自考生进行了表彰。

【其他考试】 2011 年，中英合作开考的商务管理和金融管理两个专业举办两次考试，报考 37 580 科次。学历与职业资格证书相结合的证书考试全年共开考两次，其中，中英合作采购与供应管理资格证书考试报考 32 945 科次，调查分析师资格证书考试报考 216 科次，中国物流职业经理资格证书考试报考 6 239 科次，劳动和社会保障资格证书考试报考 3 260 科次，中国销售管理专业水平证书考试报考 3 066 科次。

非学历教育考试

【概况】　2011 年，上海市教育考试院承办的各类非学历证书考试共有 7 项，总计报考 834 231 人次。其中，全国计算机等级考试报考 42 700 人次，上海市高等学校计算机等级考试报考 105 319 人次，全国中小学教师教育技术水平中级考试报考 20 583 人次，全国大学英语四、六级考试报考 631 137 人次，全国英语等级考试报考 25 218 人次，剑桥少儿英语考试报考 8 753 人次，剑桥英语五级证书考试报考 521 人次。

供稿：上海市教育考试院
撰稿：黄　琦　汤　军　卢致杰　兰海涛
　　　张亚萍　章　波　汪成辉　戴芳芳 等
审稿：马宪国

江 苏 省

综 述

【概况】 2011年，江苏省教育考试工作在省委、省政府以及省教育厅的领导下，围绕全省教育改革发展大局，以大教育考试观为引领，把实现“更高水平、更高质量的平安高考”作为首要核心工作，把自学考试和社会证书考试稳步发展作为两个重要增长点，把加快教育考试信息化建设、提升“以人为本”服务效能、强化综合协调能力作为事业发展的三项重要保障，深入推进考试招生制度改革，各类教育考试规模再创新高，教育考试综合保障更加有力，技术支撑更加到位，服务能力明显增强。全年共组织各类教育考试60余次，招生考试总规模达到576万人次，比2010年增加4万多人次，其中各类高校招生报考总规模达到184.5万人次，自学考试总规模达到83.3万人次，社会考试报考总规模达到308.2万人次。

【考试命题和评价】 2011年，江苏省成立高考命题工作领导小组和命题专家评估委员会，切实加强对高考命题的领导和指导。完成自学考试1 606门课程、9 282套试卷的命题任务，提供各类试卷清样7 220份。加强命题质量监控与评价技术的研究，研制开发普通高中学业水平测试评价指标体系，并对有关考试项目进行评价分析，逐步形成以科研促命题的工作机制。

【教育考试信息化建设】 2011年，江苏省教育考试院顺利完成信息化建设一期规划任务，制定并发布二期规划，启动标准化考点建设。把握信息管理、网络管理、软件研发、技术服务、应急处置五个重点，努力做到信息准确、网络安全、软件优化、服务高效、处置及时。考生报名信息、志愿信息、成绩信息和录取信息等数据完整准确，网上报名、网上支付、网上阅卷、网上录取等运行顺畅。

【招生考试宣传】 切实加强与新闻媒体的沟通协调，坚持正确的舆论导向，共同创造和谐招考环境。针对不同时段的教育考试工作热点，重点围绕平安高考和自考30周年纪念活动，集中组织宣传，有效组织发动生源。全年门户网站访问量达1 800多万人次，共举办6场网上咨询会，总访问量达到680多万人次，解答考生问题近8万条。《江苏招生考试》全年出版138期，总发行6 348万份；《江苏自学考试》全年出版12期，总发行5万余册，并开通了电子版网站。

普通高考

【概况】 2011年，江苏省普通高考报名499 284

人，比2010年减少28 067人，减幅5.3%。其中，应届生占89.7%。按报考类别统计，文科类170 395人，理科类249 696人，艺术类69 584人（含艺术兼报文科类24 573人、艺术兼报理科类21 483人），体育类9 609人（含体育兼报文科类3 922人、体育兼报理科类4 272人）。全省共设考点306个，考场17 109个。查处违纪、作弊考生33人。组织阅卷教师3 300多人网上评阅试卷289.96万份，严格实行“四评制”。

2011年，全国共有1 552所高等学校在江苏省计划招生409 454人，其中统考生计划404 332人，示范性（骨干）高职院校单独招生计划5 122人。统招计划中，本科占50.71%，专科占49.29%；文科类145 434人，理科类215 667人，艺术类40 802人，体育类2 429人，文理计划比为40:60，和生源结构比例41:59基本吻合。

2011年，江苏省普通高校招生实际录取417 760人，录取率83.6%，其中，本科录取225 072人，专科录取185 787人，示范性高职院校自主单独招生录取5 122人，艺术特长生、自主招生、保送生、高水平运动员等特殊类型招生录取1 779人。

【高校自主招生改革】　2011年，全国共有75所高校在江苏省自主选拔录取3 422人，比2010年有大幅增长。试行15所国家示范性高职院校单独招生改革，计划招收4 186人，共有27 908人报考，实际录取5 122人。有26所高职院校进行注册入学试点改革，有42 438人提交注册申请，实际录取25 580人。首次实行高职院校注册入学试点工作，共录取中职学生1 534人。

【实施“零差错”目标管理】　2011年，江苏省进一步完善招生考试程序、制度和办法，切实加强报名、命题、考试、阅卷和录取等各环节管理的科学化、规范化水平，确保考生信息安全准确、考试命题科学平稳、高考组织规范有序、网上评卷科学高效、网上录取严格顺畅。切实加强对高校自主招生、保送生以及体育、艺术类等特殊类型招生的管理力度。进一步提升和强化“零差错”的要求，并贯穿在各项工作、各个细节中，实现了投档零差错、计划管理零差错、考生录取和退档零争议、审核把关零失误、网络系统保障零事故、接待上访零投诉，实现录取全过程、全方位、全环节零差错。

【普通高校专转本招生考试】　2011年，江苏省有33所普通高校专转本招生计划12 470人，比2010年减少1 772人。有97所成人高校推荐40 130人报考，比2010年减少459人。部分推荐院校进一步明确和量化了报考要求，严格把握报名条件。主动联系省民政厅，向退役士兵宣传专转本政策，鼓励退役士兵报考。

实际参加考试39 031人，实考率97.26%。全省设考点20个，各招考机构和考点院校成立考试领导小组和考务组织机构，选派责任心强的教师担任监考员，将人员培训、试卷保密、突发事件处置等各个方面的要求落到实处。严格执行招生政策，严格执行计划管理，严格执行录取纪律，通过适当扩大划线比例提供足够的生源，提高专业志愿与选拔计划的匹配度，方便院校开展录取工作。实际录取13 591人，计划完成率达108.99%，录取率达33.87%。

研究生招生考试

【概况】　2011年，江苏省22个硕士研究生招生报考点接受102 779人报名，比2010年增加9 023人，增幅9.62%。全国共有136 112人报考江苏省53家硕士生招生单位，报名人数比2010年增加11 766人，增幅9.46%。实际录取硕士生38 608人。

【诚信考试建设】　2011 年，江苏省加强对考生进行考风考纪教育，各报考点在显著位置张贴《考生诚信考试承诺书》、《考场规则》、《国家教育考试违规处理办法》等，专门设计将《考生诚信考试承诺书》印制在《报名信息确认表》上，一式打印两份，由考生在签字确认信息的同时，阅读反面《考生诚信考试承诺书》并签名，一份交报考点，一份考生留存。

【网上评卷】　2011 年，江苏省统考试卷的评卷数量超过 28.3 万份，首次试行外语科目网上评卷。完善网上评卷操作流程，确保评卷数据安全。坚持评卷的复核制度和加强试卷的核分工作，做好为考生查询成绩和查卷的服务工作，高质量完成评卷工作。

成人高考

【概况】　2011 年，江苏省以“转型、互补、拓展”为成人高考的改革方向，实施五项政策调整，将生源范围向行业企业一线在职人员进行拓展，取得较好的效果，有 220 816 人报名参加成人高考，比 2010 年增加 9 116 人，增幅 4.31%。实际录取 171 604 人，录取率达到 78.12%，比 2010 年增加 6 个百分点，录取率再创新高。

【招生政策调整与改革】　2011 年，江苏省成人高校招生政策进行五项调整：一是参加教育部组织的报名与计划编制改革。省内院校（含部属）先公布成人高校招生目录，报名结束后根据实际报名情况，再公布招生计划。二是部分高校面向艰苦行业一线在职人员，试行企业、行业推荐，招生院校考核，择优入学办法。三是加大对残疾考生、地市级获奖人员、现退役军人、武警、警察等的照顾加分力度。四是批准江苏畜牧兽医职业技术学院、泰州职业技术学院高中起点升专科层次招收退役士兵享受更为优惠的政策。五是新增省级获奖人员、优秀体育运动员、立功人员、职业技能大赛获奖人员、优秀毕业生、成人高等教育第二学历攻读人员的免试入学政策。

【考务管理信息化水平不断提高】　2011 年，江苏省优化完善成人高考网上报名系统，实现数据的集中管理。将考生手机号、身份证号、预报名号三号绑定，以确保网上报名系统安全平稳。优化试卷切割方案，缩小评卷误差控制标准。增加考务卡和报名信息确认单的扫描，将缺考信息和异常信息以扫描记录卡的形式电子化，使缺考的统计更加准确，对异常情况的电子信息处理更加快捷方便。优化录取软件系统和工作流程，开发多种特殊投档功能以支持免试生、艰苦行业改革试点考生、退役士兵考生等特殊类型的投档处理。

【优化服务和管理方式】　通过在线访谈、新闻通稿、手机短信温馨提醒等方式向考生宣传录取政策，指导考生填报志愿。加强信息宣传发布，与招生院校协调沟通到位，对院校办理退档和录取手续严格把关，确保考生权益不受损害。充分发挥招考通网络平台的录取技术支持作用，及时解答和解决高校提出的各类技术问题。

【普通高中学业水平测试】　2011 年，江苏省普通高中学业水平测试报考 512 520 人，比 2010 年减少近 2 万人，减幅 3.66%。其中，高二学生报考 444 959 人，高三应届生报考 67 561 人。6 个考试科目共计报考 2 090 214 人次，其中地理 399 388 人次，生物 373 706 人次，政治 372 667 人次，化学 360 024 人次，历史 350 960 人次，物理 233 469 人次。高中信息技术考试报考452 859 人。全省共设考点 316 个，考场 17 587 个。

自学考试

【概况】 2011 年，江苏省自学考试报考 833 475 人次、1 820 224 科次。全省有主考学校 36 所，开考 259 个专业，其中本科专业 142 个，专科专业 117 个。全年共审核各类毕业生 41 273 人。

截至 2011 年年底，江苏省自学考试累计报考规模已达 1 898 万人次，在籍考生数达 224 万人，培养 64 万余名本、专科毕业生。

【推进目标管理】 2011 年，江苏省自学考试调整管理目标，重新印发《江苏省高等教育自学考试目标管理实施办法》。面向全省 13 个市建立联络员制度，研究进一步做好生源发动工作的方法、措施，有效推动整体考核目标的达成。面向重点地区，加大帮扶力度。走访助学组织，指导招生工作。提升宣传层级，创新宣传形式，提高知名度。

【加强专业建设】 2011 年，江苏省自学考试新增开考销售管理专业和中国销售管理专业水平证书。制定《在本省五年制高等师范学校在校生中接读高等教育自学考试义务教育专业（独立本科段）的实施方案》，将高师毕业生纳入自学考试的报考人群。主考学校自办助学专业新增南京中医药大学为主考学校，专业点由年初的 414 个增加到目前的 480 个；综合改革试点专业由年初的 9 个增加到 26 个；启动自考毕业生网上就业市场服务平台建设工作，为自考毕业生提供常年不间断的就业指导与服务。

【强化考务管理】 2011 年，江苏省贯彻《国家教育考试考务安全保密工作规定》，加强对试卷安全保密的监督检查。加强考试巡视工作，深入各市、县检查考试的组织管理和考风考纪建设。进一步深化江苏省高等教育自学考试管理信息系统建设，优化网上报名、网上支付、网上毕业生审核等操作流程。

【强化助学管理】 2011 年，继续加大面向助学机构的监管力度，对 224 所助学组织准予登记注册。加强面向助学组织的业务培训工作，深入分析助学工作的现状及存在问题，认真研究加强助学工作规范化管理的办法，共同探讨促进助学工作发展思路。加强对助学组织招生市场的管理。开展助学督导工作，研究、解决社会助学组织提出的问题和建议。开展“江苏省高等教育自学考试学习服务中心”的认证工作和“全国示范学习服务中心”的评选推荐工作。

【强化自考服务】 2011 年，江苏省做好面向考生的咨询答疑工作，除网站日常答疑外，还于 5 月和 12 月开通“自学考试网上咨询会”。13 个市考办、25 所主考院校及江苏省教育考试院均参与网上答疑工作，答复率 100%。全年共回答考生网上提问 1.7 万余条，接听电话咨询 1 万余次。全年接待考生近 2 000 人次，办理出具各类证明约 3 000 份，办理跨省转考约 3 000 人次。优化考务工作流程，对考生申请试卷复查的程序进行调整，尽最大可能为考生提供方便。

非学历教育考试

【概况】 2011 年，江苏省非学历教育考试报考突破 300 万人次，其中全国大学英语四六级考试报考 160.88 万人次，全国计算机等级考试报考 64 万人次，江苏省书法水平等级证书考试报考 66 万余人次，汉语能力测试试点项目顺利实施。出台《2011—2013 年全省社会考试目标管理考核实施办法》、《江苏省全国大学英语四六级考试考点考务工作考核暂行办法》规范管理。2011 年首次实现全国计算机等级考试网上阅卷，对4个级别、14个科目近15万份试卷进行网上评阅。

2011年江苏省非学历教育考试报名情况统计表

项目名称	2011年（人次）	2010年（人次）	同比增长
全国大学英语四、六级考试	1 608 776	1 579 144	1.88%
江苏省书法水平等级证书考试	660 704	378 334	74.64%
全国英语等级考试（PETS）	81 226	78 028	4.10%
全国计算机等级考试（NCRE）	639 489	622 086	2.80%
剑桥少儿英语考试（CYLE）	5 910	5 143	14.93%
全国计算机应用技术证书考试（NIT）	6 233	12 233	-49.05%
全国青少年计算机考试（YNIT）	4 133	6 647	-37.82%
美国AP考试	2 650	1 450	82.83%
合计	3 009 121	2 683 065	12.15%

供稿：江苏省教育考试院

撰稿：陈艳艳

审稿：刘炳贵

浙　江　省

综　述

【概况】　2011年，浙江省教育考试院全年共组织各类教育考试45项、215次，考生总规模387.32万人次。在全国继续教育暨自考制度建立30周年纪念大会上，荣获专业建设工作优秀奖、考务考籍工作优秀奖、社会助学工作优秀奖、网站建设工作优秀奖、非学历证书考试工作优秀奖。

【从严依法治考】　2011年，浙江省在继续坚持以往有效制度和技术防范的同时，重点采取多项新举措，确保考试安全。（1）全面进行风险点排查。对考试组织实施过程中可能存在的隐患进行逐项逐环节排查，对发现的问题逐一解决，对存在的风险隐患采取针对性措施加以防范。（2）首次实行约谈制度。对高考和证书考试中群众有反映或前些年出现过考风考纪问题的14个市县招委、教育行政部门以及高校领导进行专题约谈，研究加强考试管理、防范考试作弊和试卷安全保密等具体措施。（3）实行培训全覆盖。根据不同群体、不同工作开展针对性的培训，首次由省统一组织考点负责人进行考务管理、考风考纪建设、评卷教师网上阅卷等专项业务培训。（4）推进标准化考点建设。拟定了全省国家教育考试标准化考点建设方案，由浙江省财政厅、省教育厅发文部署，分步逐项实施。2011年高考有9个县市的25个考点、464个考场先行启用，实现考场现场监控、全程录像。（5）实行考后数据比对制度。完善事后监督机制，考后对各科成绩数据进行比对、分析，检查各地考风考纪情况，督促各地切实抓好考风考纪工作。（6）专题研究试题试卷保密安全工作，进一步完善程序和机制，确保试卷安全。

【严格信息管理】　通过强化技术手段，有效防范管理中的漏洞。2011年，配合公安机关及时查处松阳考生因网上个人密码泄露引发被人恶意修改信息的案件。中央政治局委员、国务委员刘延东和省领导吕祖善、郑继伟先后作了批示，肯定处置及时妥当。与此同时，进一步完善网上信息加密管理和备份系统，查堵技术漏洞；进一步加强了数据流转各环节的相互制约，完善了成绩和志愿信息“三备份、三分离”机制；进一步落实重要信息数据流转各环节责任人，分别审核把关，并签字确认；继续实行纪检部门参与的第三方数据比对制度。阳光招生工程不断深化，信息公开实现同步、动态、全覆盖。

【拓展对外交流合作】　2011年下半年，与美国大学理事会签订合作意向书，双方就中短期培训、项目合作、技术引进等进行商谈。

【注重科研宣传导向】 2011年，浙江省完成了“十二五”科研立项课题规划；举办浙江首届教育考试科研讨论会，组织高校以及各级教育考试机构结合实践开展科研，撰写各类论文近100篇。对教育考试门户网站和OA办公系统进行了升级改造。高度重视宣传咨询工作，与40余家新闻媒体建立良性互动机制，撰写发布稿件近100篇。

普通高考

【概况】 2011年，浙江省普通高考报名近30万人，录取25.6万人，录取率85.3%，比2010年提高1.5%。

【尝试深化完善“三位一体”综合评价招生制度】

2011年，浙江省首次在浙江工业大学、杭州师范大学进行深化完善“三位一体”综合评价招生制度试点。采取自主测试、参加高考、综合评价、提前录取模式，将学业水平测试、综合素质评价纳入高校招生评价体系。按会考成绩、综合素质测试成绩、高考成绩2∶3∶5的比例合成综合成绩，择优录取。在各方共同努力下，改革试点平稳实施，两校共录取260人。试点受到学校、考生、社会各方好评，达到预期效果。此项改革对构建多元化招生考试评价体系、保障高校自主选才、引导学生在共同基础上个性化发展都具有深远意义，得到了教育部部长袁贵仁的充分肯定和多次表扬。

【高职招生改革更贴近地方经济社会发展需求】

2011年，浙江省高职招生综合改革进入快车道，自主招生、定向招生激发高职院校办学活力，促进招生更好地为农村基层选拔培养急需人才服务。2011年，高职高专共录取12.82万人，其中高职单考单招录取2.83万人，24所高职院校实行自主招生试点，录取6 273人，比2010年增加76.75%。

【首次开展高职面向退伍士兵定向招生改革】

2011年，浙江省经过广泛调研，在全国属首次推出高职面向退伍士兵的定向招生改革，共报名616人，录取190人。试点受到军队和退伍士兵的普遍欢迎。中央政治局委员、军委副主席徐才厚和省委书记赵洪祝先后作出重要批示，高度评价此项改革对军队和国防建设作出的重要贡献，勉励继续总结经验、扩大改革试点。

【首次开展警官职业学院招录体制改革】 2011年，浙江省为适应政法干警人才培养新要求，首次开展警官职业学院招录体制改革，将自主招生与公务员考试相结合，共录取145人，对提高政法干警队伍的专业化、复合化具有积极的作用。

【首次实行职教师资培养定向招生，扩大社区医生定向招生】 2011年，浙江省温州市教育局与天津职业技术师范大学合作，招收本科层次职教师资，共录取26人；社区医生定向招生扩大到11个设区市，5所院校录取1 062人。

【支持协调拔尖创新学生培育机制研究试点】

为贯彻《国家中长期教育改革和发展规划纲要（2010—2020年）》中提出的“创新人才培养模式”精神，浙江省教育考试院与浙江大学研究探讨拔尖创新学生选拔和培养机制改革问题，邀请省内多类型中学校长和教育学科专家座谈讨论，形成试点方案。

【规范高考加分】 经广泛调研、征求意见及与有关职能部门协调沟通，对高考加分政策进行了进一步清理调整：一是减项目、限赛事、降分值。体育比赛由原来的32项、200多个赛事调整为8项、30个赛事，学科竞赛仅限于全国决赛

一、二、三等奖的获奖者，科技类集体项目获奖者仅限第一作者。对体育、学科竞赛、科技类的范围和要求均严于全国规定，加分值由20分降为10分。二是建立部门审核负责制度。实行市县相关部门审核、省级相关主管部门终审制。三是实行三级公示制度。所有加分考生均在考生所在中学、县市招生考试机构公示，最终在省教育考试网集中公示。加分政策由浙江省高招委、教育厅、民宗委、公安厅、体育局、科协6厅局联合下发。新政策出台后，2011年加分考生比2010年减少599人，其中体育项目加分人数减少482人。

【强化高考评价功能】 浙江省在前两年尝试对高考数据进行分析统计，分别按考生性别、生源区域、学校分类等形成《浙江省高考考生学业水平评价》的基础上，2011年又形成《高考知识、能力掌握水平的诊断报告》、《高中学校的发展性评价报告》，供有关地方和学校参考，努力发挥高考的考试评价功能。

【施行技术科目上机考试】 2011年，浙江省高考技术科目首次试行上机考试。9月，浙江省乐清市设立两个考点，635名考生参加上机考试。为确保上机考试顺利实施，浙江省教育考试院组织专家对考试软件反复论证，进行多方位、高强度的破坏性试验和第三方测试，保证了机考系统的安全、可靠和高效。随后又在各市组织了多次、不同规模的模拟测试，对系统及时修改完善，制订了一整套考务管理规定，为大规模上机考试奠定基础。

研究生招生考试

【概况】 2011年，浙江省硕士研究生报考3.8万人，录取1.55万人，比2010年增加5.44%；报考全省9个博士研究生招生单位的考生0.59万人，录取0.19万人，比2010年增加2.4%。

成人高考

【概况】 2011年，浙江省成人高校报考15.5万人，比2010年增加5.5%，录取12.56万人。

【承担教育部“成人高校招生报名与计划编制方式改革”试点】 根据教育部成人高校招生报名与计划编制方式改革试点要求，2011年浙江省成人高校招生首次实行“先报名、后编制计划、再填志愿”的办法，即考生在规定时间网上报名并确认；再根据报名情况，综合考虑各类平均录取率，确定各高校分专业招生计划；计划公布后考试成绩公布前，考生在网上填报志愿；根据各类志愿填报人数，按招生计划适当比例，划定分数线。改革平稳有序实施。

自学考试

【概况】 2011年，浙江省自学考试开考专业131个（其中，专科66个，专科起点升本科61个，高中起点升本科4个），全年报考33.57万人次，毕业生1.4万余人。

【继续扩大自考大选课制范围】 2011年，浙江省在前两年自考基于核心课程的“大选考制”改革试点取得成功经验后，在所有专业推开。在一定意义上促成学科体系、社会需求和学习者个性需求的三位统筹，基本实现了完全学分制。

【继续推进自考与职教衔接沟通以及与普通高校学分互认】 2011年，浙江省在10个设区市依托高职建立了区域衔接沟通中心，38所高职高专开展高职与自考本科衔接试点，参加学生3.91

万人；17 所高职高专和 77 所中职参加自考专科与中职衔接试点，参加学生 4.19 万人；7 所本科院校加入与自考学分互认试点，将自考作为普通高校学生辅修第二、三专业及选修课程的重要途径，目前全省参加学分互认学生约 2.77 万人。

【完善对全日制助学机构评估、监管与指导】

2011 年，浙江省对全省 75 所全日制助学机构办学资质、助学质量及校园安全稳定情况进行了综合评估，严格核定招生计划；从严审核备案自考助学招生广告，及时对个别违规现象进行协调处理；首次召开全省自考全日制助学工作会议，评选出 10 所自考全日制助学优秀院校；网上助学招生服务平台招生 1.2 万余人。

【启动自考专科专业主考院校属地化试点】

2011 年，浙江省研究制定自考专科专业主考院校属地化试点方案，确定 3 所试点院校。在确保教育考试质量的前提下，支持主考院校对区域内中等职业学校、技校、成人高校进行辐射带动，提升区域内自考服务社会的能力。

非学历教育考试

【概况】 2011 年，浙江省非学历教育考试报考 180.39 万人次。

【平稳实施全国教师资格考试首次改革试点】

2011 年，浙江省作为教育部首次全国教师资格考试改革试点的两个省之一，成功组织了笔试和面试，近 1.3 万名考生在 28 个考点参加了五大类笔试，4 944 名考生在全省 15 个考点参加面试。浙江省还承担试点两省的所有评卷任务。通过完善细化试点方案，遴选加强工作力量，试点取得预期效果，为全国推广提供了有益经验。

【开展专业技能考试与高职单考单招相结合的尝试】 2011 年，浙江省研究出台面向中职学生开设汽车专业技能水平证书考试。基础理论考试和操作技能考试达到标准者，颁给汽车专业技能水平证书。对于报考高职单考单招汽车专业的考生，技能证书考试成绩计入高职单考单招总分；取得汽车专业技能证书后可申请高职单考单招技能成绩。此项试点将逐步推广，以发挥证书考试对职业能力培养的引导和评价功能。

供稿：浙江省教育考试院

撰稿：张超然

审稿：缪克俭

安　徽　省

综　述

【概况】 2011年，安徽省教育招生考试院共承担34项各类考试和录取任务，累计报考3 379 507人次。全省教育考试环境进一步优化，考务管理进一步规范，考风考纪进一步好转，社会满意度进一步提升。

【教育考试环境综合治理】 2011年，安徽省综合治理考试环境，全力维护教育考试秩序。全年共查处违规考生974人，比2010年下降20%。其中，普通高考违规64人，艺术专业考试违规74人，对口升学考试违规33人，专科起点升本科考试违规4人，硕士研究生入学考试违规24人，成人高考违规423人，自学考试违规352人。

【招生考试监察】 2011年，进一步规范高考报名秩序，经过多方面开展数据比对核查，清除违规报考的13名在校大学生的报名资格，禁止2010年替考的11名考生的报名资格。继续与省体育局联合审查二级运动员加分资格，取消了11名不合格考生的加分资格。4月，向全省下发了《关于开展试卷保密室专项检查的通知》，在县区自查、各市复查的基础上，联合省公安厅、省国家保密局抽查了黄山、宣城、安庆、六安、阜阳、亳州、芜湖等8个市12个县区的试卷保密室。12月，在2012年硕士研究生入学考试前夕，与省公安厅、省国家保密局等单位联合抽查了合肥物质研究院等12个研究生招生单位的保密室。全省各类考试平安有序，未发生试卷失泄密事件。

【国家教育考试标准化考点建设】 根据教育部的总体部署，按照“统一规划、统一标准、统筹协调、分步实施、务实高效”的总体原则，安徽省克服困难，创造条件，全力推进国家教育考试标准化考点建设。争取中央财政奖励资金1.33亿元。通过政策推动和奖励资金拉动的双向用力，工程建设有新进展。截至2011年年底，省级考试管理平台已具备网上巡查、网上报名、网上志愿填报、网上信息咨询、网上录取等功能。全省16个市和75个县（区）级考试指挥中心初步建成，各市、县试卷保密室建设任务全面完成，具备了较为完善的视频监控、图像存储和网上巡查功能。

【招生考试宣传】 安徽省招生考试系统紧紧围绕“服务考生、服务高校、服务社会”的根本宗旨，深入实施“阳光工程”。多形式、多渠道，及时公开考生和家长应知和须知的招生考试政策和信息，加大政策解读力度，提高考生及家长分析判断问题能力和自我选择水平。实行新闻发言人制度，通过召开新闻发布会、举办高招咨询会、送服务下基层、举办网上咨询周、开通咨询电话等，创造条件，与考生和社会形成互动，努力提高服务的有效性和针对性。

【招生考试科研】 9月5日，安徽省民政厅批复同意成立安徽省教育招生考试研究会筹备组。研究会的成立将为安徽省教育招生考试事业提供学术交流、理论探讨的平台，并将推动安徽省教育招生考试科研向更高层次发展。全年共编印30期《招生考试信息》；编辑出版了《安徽教育招生考试年鉴》2008卷，校对、补充了《安徽教育招生考试年鉴》（2009—2011卷）。

普通高考

【概况】 2011年，安徽省普通高考报名54万人，比2010年减少2.2万人。其中，文史类25.5万人，理工类考生28.5万人；应届生40.5万人，往届生13.5万人。全国在安徽省的招生计划40.8万人，比2010年增加8.6%。其中，本科计划18.9万人，增加8.2%；专科计划21.9万人，增加8.9%。实际录取41.4万人，超过计划0.6万人。其中，本科录取19.4万人，专科录取22万人。录取率76.7%，首次达到并超过全国平均水平。

【命题】 安徽省高考命题一直坚持“有利于科学选拔人才，有利于学生健康成长，有利于维护教育公平”的基本原则，按照“保持高度、调整难度、控制长度、提高区分度”的基本要求，以确保命题安全，提高命题质量为主线，在贯彻落实新课改理念、确保与新课程改革有机衔接的同时，结合知识与技能、过程与方法、情感态度价值观三维目标，严格按照课程标准命题，注重题量和难度的把握，稳中求变、求新，保持了试卷的相对稳定。

【考试实施】 强化安全保密措施的落实，GPS定位和图像采集系统全程监控，所有试卷保密室均实现了视频监控和网上巡查。试卷交接、押运、保管、分发等各个环节均做到了环环相扣、不留死角。考务环节的管理更加规范细致，考务培训工作更加具体，要求更加明晰。高考的相关应急预案更加周密、科学，各级教育行政部门和考试机构主动与有关部门联系，加强对考生集中地点治安、出行、食宿、卫生、禁噪等方面的综合保障。全省91个考区，369个考点，18 069个考场，近7万人参加了考务工作。考务全程实现了“部署全面无死角、落实到位无遗漏、严密实施无差错、全力争胜无缺憾”。

【特殊类型招生】 2011年，安徽省音乐、美术统考合格考生分别有4 769人、28 506人，体育类共有16 630名考生完成了专业课考试。在专业课考试评卷过程中，实现了全程录像监控。体育专业考试还采用了电子计时的手段。同时，安徽省招生委员会还与省体育局联合发文，具有二级以上运动员资格的考生，高考加分必须接受省体育局组织的统一测试，合格方可履行加分程序。保送生、自主招生和其他经审核通过的加分考生信息均在安徽省教育考试院门户网站上陆续公示，接受社会监督。

【网上评卷】 2011年，是安徽省实行网上评卷的第6年，采取了多项举措，强化评卷管理和质量监控。第一，健全机构，加强领导，确保评卷保障到位。成立了省教育厅网上评卷工作领导组。各评卷点均根据高考评卷工作的需要，建立健全了学科评卷专家组、技术组、后勤保障组等若干职能机构，各职能机构分工明确，职责到位，通力协作，全力以赴。第二，严格教师遴选、培训，确保评卷标准统一。共遴选评卷教师3 100多人。对作文题、论述题、材料题、辨析题等主观性较强的试题，由学科评卷专家组事先评出若干考生答卷，请评卷人员试评后，选拔把握评分标准较准确、具有本学科中、高级以上职称的教师评阅。各评卷点认真开展评卷人员的培训和试评工作。第三，多管齐下，狠抓质量，确保评卷公平公正。多年来，安徽省不断强化评卷过程的管理，提高了评卷工作的科学化、规范化水平。第四，完善应急机制，确保突发事件处置有力。高考前，省教育厅与合肥、芜湖两市专门召开协调会，全面落实网上评卷、录取后勤保障机制。在评卷工作领导组的领导下，安徽省教育招生考试院和4所评卷点高校积极协调公安、电力、交通等各相关部门，立足防范，形成合力，完善了处置突发事件的快速反应机制，共同做好网上评卷工作。

【录取】　2011年安徽省省高考录取工作从7月5日正式开始，到8月18日结束，前后历时44天。根据教育部的要求，结合省实际，安徽省招生委员会制定了《安徽省普通高校招生录取工作实施细则》，制定了工作制度和工作流程，落实了合理的岗位分工。建立了严密的招生录取工作监督制约机制，省监察厅、省教育纪工委抽调专人成立纪检监察组，进驻招生录取现场，全程参与、全程监督。在严格执行教育部规定的“六不准”的同时，专门制定了针对招生考试工作人员的“七条禁令”。在录取过程中，实行两人复检、三级审核的录检工作体制。加强与招生院校的联系，反复沟通平行志愿的预投档信息。按规程对高校的录取结果进行初审、审核确认和抽查。对于不合理的退档，坚持原则，严格把关，保护每一位考生的正当权益。

【对口单独招生】　2011年，全国52所普通高校（其中安徽省内48所）计划在安徽省对口单独招生12 315人，其中本科826人，专科11 489人。全省有17 468人报名参加考试，实际录取12 307人，其中本科833人，专科11 474人，完成计划的99.9%。

对口招生考试与普通高考时间同步，考试科目为语文、数学、专业综合课、英语。全省设21个考区，23个考点，695个考场，共查处18名作弊考生，15名违纪考生。

研究生招生考试

【概况】　2011年，安徽省硕士研究生招生考试报名67 504人，比2010年增加9 293人，增幅15.96%。全国报考安徽省21个硕士研究生招生单位的考生33 128人。安徽省硕士研究生招生计划（不含军队院校）13 599人（其中专业学位计划4 378人），比2010年增加715人，增幅5.55%，其中国家计划10 008人，比2010年增加555人，增幅5.87%。博士研究生招生计划1 238人。

2011年，安徽省录取硕士研究生（不含军队院校）13 544人，比2010年增加716人。博士研究生录取1 254人，比2010年增加72人。

【加强安全保密工作】　2011年，安徽省要求各市考试机构和招生单位的主要负责同志务必高度重视，必须对本地区、本单位研究生招生考试工作负全责。分管领导作为主管负责人，要承担领导、组织、协调和监管责任。明确岗位责任制、分工负责制和责任追究制。按照教育部文件和《安徽省研究生招生考试安全保密工作规则（试行）》，要求各报考点要落实保密值班制度，做到安全保密硬件设施到位、管理措施到位、人员配备到位。严格贯彻执行考试期间24小时值班制度和报告制度，如有突发性事件，立即逐级上报。考试期间安徽省教育考试院不定时对省内保密室值班情况进行抽查。设置报考点的17个市招办和4所高校必须达到国家保密局和教育部规定的试卷保密室和答卷保管室的标准要求。针对招生单位承担的研究生招生考试初试自命题试卷、初试答卷和复试试卷的安全保密情况，省教育厅、公安厅、省保密局三家联合发文《关于加强在皖研究生招生单位试卷保密室建设工作的通知》、《关于开展2011年硕士研究生招生考试考前准备工作全面检查的通知》（皖招考函［2010］234号），对报考点和招生单位保密室建设提出详细量化要求。会同省公安厅、省国家保密局成立两个检查组，分南北两片对全省21个研究生招生单位的保密室和自命题等工作进行了地毯式的全面检查，发现问题当场发给限期整改通知书。

【做好评卷工作，确保质量】 2011年，安徽省硕士研究生招生统考科目的评卷工作实行24小时封闭和视频监控管理，成立评卷领导小组，制订《评卷工作守则》、《评卷工作实施细则》等规章制度。为保证评卷质量，加强过程质量监控检测，人工评卷、复核、登分（“一登、二核”）实行签名负责制；机读卡、录入环节严格执行“双工比对复查制度”，对每科每袋（本）试卷进行抽查核对，并对零分考生进行全部核查，对每科缺考考生有分数、不缺考考生无分数等异常数据进行逐一查卷核对。

【严格执行录取政策】 根据《教育部关于做好2011年全国研究生录取工作的通知》精神，安徽省2011年硕士研究生的录取工作，坚持“按需招生、德智体全面衡量，择优录取，保证质量，宁缺毋滥”的原则。对不符合条件的，坚决不予录取，同时给予说明解释。对符合条件的，按招生程序予以办理，确保研究生录取工作质量。为进一步规范和加强复试管理，选派省考试院的工作人员到各招生单位进行巡视，督促招生单位规范复试录取办法，更全面地对考生进行考查，确保录取工作公平、公正。

成人高考

【概况】 2011年，安徽省成人高考报名131 256人，比2010年增加19.11%。其中，专科起点升本科51 159人，高中起点升本科3 434人，高中起点升专科76 662人，劳模免试生1人。全省共设考区16个，考点123个，考场4 470个，省派巡视员60人。

全国114所各类成人高校在安徽省招生，招生计划68 724人，其中，专科起点升本科34 044人，高中起点升本科2 605人，高中起点升专科32 075人。实际录取110 095人，其中，专科起点升本科41 363人，高中起点升本科2 771人，高中起点升专科65 961人。比计划增录41 371人，其中，本科增录7 485人，专科增录33 886人。

【加强监管，规范招生工作秩序】 为维护成人高等教育的严肃性和社会信誉，严格执行教育部的文件要求，并与有关部门会签文件，要求招生院校提高自我约束能力，规范招生行为，坚决制止受利益驱动的违规招生和虚假宣传。严禁成人高校委托函授站（教学点）、合作办学单位、中介机构或个人以“代招”、“代理”等名义介入成人高校招生录取工作，严禁成人高校超出规定的项目及标准向学生收取费用。严禁任何非学历教育培训机构、中介机构或个人以国家高等学历教育名义进行学历教育招生虚假宣传，严禁任何非学历教育培训机构、中介机构或个人以国家高等学历教育校外办学点名义进行招生。严禁成人高校违规收取学生费用。对违法违规行为将依照相关法律法规严肃处理。要求各成人高校认真做好新生复查工作，尤其要加强专科起点升本科新生的专科学历复查，对于不能出具经教育部学历证书电子注册的专科或以上毕业证书者，取消其入学资格，并报省考试院备案。

【网上报名、缴费不断完善】 2011 年，安徽省成人高考继续实行网上报名、网上缴费。针对成人高考生源的特点，加大网上报名宣传力度。编印《报考须知与问答》；在网站上开辟宣传专栏，及时答复考生网上咨询；网上报名期间公布咨询电话，充分利用各种新闻媒体开展宣传等。为方便考生报考，经审查和筛选，全省 16 个市共设现场确认点 111 个。各确认点对报名场地、流程等精心设计、周密安排，确保现场确认的秩序和效率，确保数据采集的质量和安全。

【科学严谨，确保评卷质量】 2011 年，安徽省成人高考评卷，在总结往年评卷经验的基础上，提前制定评卷工作方案，改进机器登分及读卡程序，加强人工评卷过程的质量监测，坚持一评一复，坚持对每一本答卷进行抽检，确保考生成绩准确无误。

【全力以赴，确保录取平稳顺利】 2011 年，安徽省成人高考录取工作分高中起点升本科、专科起点升本科、高中起点升专科三个阶段，时间从 11 月 22 日至 12 月 6 日，历时 15 天。录取采取以远程网为主、局域网为辅。录取过程中，严格按照教育部核准下达的计划招生，并按规定实行网上计划的调整。录取期间开通咨询热线，帮助考生排疑解难。

【把免试生优惠政策真正落在实处】 按照教育部的要求，将服义务兵役退役和“下基层”服务期满后接受成人本科教育作为一项重要工作来抓。完善招生报名方案、加强录取资格审查，提供周到便捷服务，2011 年春季录取 75 人，其中服义务兵役退役 56 人，“三支一扶”19 人。

普通高校专升本考试

【概况】 2011 年，安徽省普通高校专升本招生院校共有 21 所，计划招收 5 280 人，实际录取 5 435 人，其中文史类 2 772 人，理工类 2 513 人，美术类 88 人，音乐类 42 人，体育类 19 人，退役士兵 1 人。

中等教育招生考试

【概况】 2011 年，安徽省中考考生 71.7 万，与 2010 年考生人数基本持平。全省高中阶段教育招生计划为 80.2 万人，其中，普通高中 41 万人，中等职业学校 36.2 万人（含普通中专和五年制高职 13.6 万人），技工学校 3 万人。全省设 94 个考区，566 个考点（含 38 个乡镇考点），24 010 个考场，近 10 万考务工作人员。未发生集体舞弊现象，未发生试卷失泄密事故。

全国有 171 所普通中专学校和高职院校中专部录取 105 394 人（含春季招生 5 126 人），与 2010 年基本持平。实际到校报到 82 323 人，比 2010 年减少 5 161 人，其中五年制高职 24 900 人，三年制中专 57 423 人。

【推进高中阶段统一录取平台建设】 近年来，改进和推广高中阶段招生统一录取平台，使得平台的使用率进一步提高。2011 年，在前两年试点基础上，全面推出远程网上计划编制分解子系统和远程网上新生报到子系统。实现远程网上计划编制分解、新生审核注销，提高了工作效率，确保了新生录取数据真实准确。

【开展多种类型的招生】 为进一步扩大中职招生规模，中专学校在以招收应届初中毕业生为重点的同时，积极拓宽招生面和招生渠道，把招收非应届初中毕业生作为完成中职招生任务、稳定中职规模一个重要突破口和支撑点，积极开展多种类型的针对非应届初中毕业生的招生工作。一是继续开展春秋两季的自主招生工作，将招生对象拓展到历届初中毕业生、未升学普通高中毕业生及退役士兵、农民工、农村青年、下岗失业人员和在职职工等非应届初中毕业生群体。二是针对艺体类学校的招生特点，开展春秋两季的艺体类单考单招工作。三是根据中等卫生类和师范类学校招生吸引力强、报考踊跃的情况，开展招收未升学高考落榜生的专项招生工作。2011 年通过这三种类型招收的普通中专新生总数达 39 033 人，占全省中专实际录取到校报到人数的 47.4%，其中非应届初中毕业生 16 195 人，占全省中专实际录取到校报到人数的 19.7%。

【建立规范灵活的中专招生制度】 实行春、秋两季招生，集中录取、多次补录的招生机制。积极为中职学校招生做好服务，帮助中职学校解决招生中的困难，多次安排补录，最大限度地为学生报考中职学校提供方便。继续实行注销制，对未到校报到的，注销后免收录取费，共注销未报到新生 23 071 人，减轻了学校的招生成本，也保证了录取数字的真实可靠。

自学考试

【概况】 2011 年，安徽省自学考试全年报考 317 086 人次、721 423 科次，比 2010 年减少 18%。上半年自考毕业生 3 762 人（其中本科 2 550 人，专科 1 212 人），下半年毕业生 4 404 人（其中本科 3 399 人，专科 1 005 人）。接待考生毕业信息认证和查询 1 512 次，为 1 230 名考生办理考籍转出和转入手续。

【及时发布专业开考计划，准确发布教材版本目录】 根据全国下发的统一考试日程安排，结合安徽省自行开考的专业情况，制定并发布全年 1 月、4 月、10 月自考开考计划。根据社会经济发展需求和安徽省实际情况，调整开考专业，开发新的考试项目，做好宣传推广工作。2012 年 4 月将新开考采购与供应管理本、专科专业。规范完善免试政策，对毕业生的免考条件进行审核。准确发布教材版本信息，及时告知考生材料版本变动情况，并配合咨询中心做好教材发行供应工作。

【加强主考院校实践环节指导，完善自考社会助学机构注册】 指导高校圆满完成全年的实践性环节考核和毕业论文指导及答辩工作。完成本年度自学考试社会助学登记注册工作，按时向教育部考试中心上报助学数据，向社会公布登记注册助学单位。逐步建立完善自学考试学习服务中心，确定新华学院为自学考试学习服务中心试点单位，积极探索学习服务中心建设。

【积极探索自学考试改革，提高考生满意程度】

在合肥市试点电子相片上传取得成功基础上，芜湖、马鞍山等市也进行试点，解决了新生现场摄像存在的安全隐患。

【开展高等教育自学考试制度建立 30 周年纪念系列活动】 为纪念高等教育自学考试制度建立 30 周年，安徽省于 2011 年下半年在全省范围内开展了丰富多样的系列纪念活动，其中大型活动有：一是在全省范围内开展先进集体和先进工作者评选活动。推荐 7 个全国先进集体，15 个先进工作者，并组织申报 7 个全国单项奖。这 7 个先进集体和 15 个先进工作者全部获得全国自考办表彰，省考试院还获得了 3 个国家单项奖。同时，以省教育厅、省自考委的名义对 20 个全省先进集体、32名全省先进工作者进行表彰，并对103人授予“特别荣誉奖”。二是开展自考30周年主题征文活动。共评出一等奖5名，二等奖10名，三等奖20名。三是在安徽教育网和安徽教育招生考试网开辟纪念专栏。对安徽省近30年的自考历史进行了系统梳理，全面展示了安徽自考形象。

非学历教育考试

【概况】 2011年，安徽省组织非学历教育考试14次，累计参加考试人数2 174 375人次，比2010年增加19 542人次。各项目考试人数见下表。

安徽省非学历教育考试报考人数一览表

考试项目	报考人数	与2010年比较
大学英语四、六级考试（上半年）	384 428人	减少6 740人
大学英语四、六级考试（下半年）	406 049人	减少3 819人
全国公共英语考试（上半年）	740人	增加278人
全国公共英语考试（下半年）	986人	增加166人
全国计算机等级考试（上半年）	113 150人	增加2 552人
全国计算机等级考试（下半年）	118 473人	减少10 790人
非学历证书考试（上半年）	2 077人	减少782人
非学历证书考试（下半年）	1 430人	减少970人
全省计算机水平考试（上半年）	105 467人	增加5 473人
全省计算机水平考试（下半年）	129 606人	增加6 672人
全省英语应用能力考试（上半年）	113 047人	增加15 421人
全省英语应用能力考试（下半年）	79 880人	增加12 775人
剑桥少儿英语考试（上半年）	976人	减少7人
剑桥少儿英语考试（下半年）	496人	减少16人

【规范管理，确保考试万无一失】 为促进非学历考试的发展，对各项考试的考务工作实行规范化管理，不断改革创新，优化服务流程。在考试实施过程中，坚持以考生为本，做好服务工作。开展调查研究，听取各级考试部门的意见，对各项考试的管理规程不断进行修改完善，使各项考试的管理规程更加具体细致，更加切合实际。

供稿：安徽省教育招生考试院

撰稿：胡雨生　张　明

审稿：郜平川

福　建　省

综　述

2011年，福建省教育招生考试深入贯彻落实科学发展观，认真贯彻教育规划纲要和教育部规定，以办人民满意的教育招生考试为目标，以确保公平公正、安全有序为重点，深入实施高校招生“阳光工程”，坚持改革创新，规范招生考试管理，加强考试环境综合整治，提高招生考试服务质量，圆满完成各项工作任务。

2011年10月，福建省教育考试院在整合原福建省高等学校招生委员会办公室、福建省高等教育自学考试委员会办公室、福建省高中会考办公室的基础上正式成立。

普通高考

【概况】 2011年，福建省普通高考（含“高职单招”）考生共267 197人，比2010年减少25 482人，减幅约8.7%。其中，报考普通高校的考生255 159人，比2010年减23 226人，其中文史类考生83 683人，理工类考生147 430人，艺术类考生17 125人，体育类考生6 921人；报考“高职单招”的考生12 038人，比2010年减少2 257人。全省共设85个考区，272个考点，11 005个考场，比2010年减少7个考点、1 013个考场。

2011年，福建省普通高校招生总计划239 808人，比2010年增加10 359人，其中本科116 032人，专科123 776人。实际录取234 071人，完成招生计划的97.6%；其中，本科录取121 751人，专科录取112 320人。

各科类录取控制分数线如下：理工类本科一批573分、本科二批460分、高职（专科）批220分、高职院校注册入学140分；文史类本科一批564分、本科二批473分、高职（专科）批325分、高职院校注册入学245分；艺术类理科本科文化课分数线299分、专业线195分，专科文化课分数线154分、专业线180分；艺术类文科本科文化课分数线307分、专业线195分，专科文化课分数线228分、专业线180分；体育类理科本科文化课分数线299分、专业线67分，专科文化课分数线154分、专业线67分；体育类文科本科文化课分数线307分、专业线67分，专科文化课分数线228分、专业线67分。

【加强安全保密】 2011年，福建省各级教育行政部门和招生考试机构切实采取以下措施确保高考安全保密万无一失：一是把高考安全作为一把手工程，主要负责同志亲自抓、负总责，对高考安全保密各个工作环节加强检查、监督，特别是对试卷安全保管、分发等重点工作全部实行监控和实时刻录。二是教育部门与公安、武警、保密部门协同行动，加强保密室的建设、检查和管理，确保安全保密硬件设施到位，管理措施到位，人员配备、培训和责任到位，逐级检查落实到位。三是建立健全考风考纪考区主任负责制、试（答）卷安全保密招办主任负责制等规章制度，并层层落实责任，做到任务到岗、责任到人。四是积极协调配合公安、保密、工商等部门，加大力度打击兜售作弊工具、帮助考生作弊、诈骗等违法行为，考前成功破获一起通过网络贩卖高考作弊工具的案件。

【稳步推进招生改革】　2011 年，福建省在推进高校招生改革中采取以下措施：一是扩大“一档多投”改革试点的范围。在 2010 年艺术类本科提前批实行“一档多投”的基础上，2011 年“高职单招”各科类各专业和高职院校注册入学也实行“一档多投”。二是省属高校开展按大类招生的试点。三是取消本科三批设置，将原本科三批院校并入本科二批招生。四是扩大示范性高职院校单独招生试点范围，增加福建林业职业技术学院、泉州医学高等专科学校和闽西职业技术学院。五是在 10 所高职院校 15 个专业试行“注册入学”制度。六是改进艺术类招生管理办法。将艺术类专业统考的类别从 11 类归并调整为 8 类，同时对招生院校录取批次安排、投档比例进行调整，方便考生报考志愿。

【制订高考体检工作方法】　在教育部、卫生部 1991 年组织专家编写的《体检工作方法》的基础上，根据教育部、卫生部关于高考体检的有关规定，与省卫生行政部门组织专家制订并颁布《福建省普通高等学校招生体检工作方法》，简化体检项目，规范体检工作办法。

【深入实施“阳光工程”】　一是加大公开的力度。及时向社会公开各批次各高校最低录取分数线，公布当天录取结果。二是加强加分等特殊类型考生资格的审核和公示工作。所有申请享受高考加分的考生，均须就其对应的加分项目向当地高招办进行申报并接受审核。会同公安、民族、体育、科协、侨务等部门，加强对相关考生资格或身份的审核，特别是对申报高考加分的考生及其项目、艺术或体育等特殊类型考生的联合审查，坚决取消不符合要求的考生的加分资格，杜绝高考加分上的各种弄虚作假和投机取巧行为。三是录取工作主动接受社会广泛监督。专门设立招生录取咨询服务中心，开通 10 部咨询热线和 1 部举报电话，接受社会的咨询与监督。在录取期间，接受省人大、省政协领导和代表、委员进点视察，邀请纪检、检察部门和行风代表进点检查，还邀请新闻媒体代表和 5 个设区市的考生、家长与教师代表进点观摩。

【普通高中学业会考概况】　2011 年，福建省分别于 1 月和 6 月组织两次普通高中学生学业基础会考。参加 1 月学业基础会考的考生 611 175 人科次，设考点 312 个；参加 6 月学业基础会考的考生 349 582 人科次，设考点 298 个。

从命题、印卷、运输、保管，考场组织、考务管理等各个环节，强化责任落实，细化管理措施，规范运作程序。全面推广使用电子摄像技术制作考试证，以防范考试中的替考现象。在考前组织每个考生签订《诚信考试承诺书》，加大监考培训与考场巡视及查处违纪作弊的力度，杜绝雷同卷等大面积作弊事件的发生。与评卷点签定《非选择题评卷责任书》，要求评卷点按照国家有关部局的文件要求，制定安全保密措施和应急预案，做好评卷场所的安全保密工作和评卷教师的培训。

研究生招生考试

【概况】　2011 年，福建省设 13 个硕士研究生招生考试报考点，共确认报名26 411人，比2010年增加16.3%。其中，应届本科毕业生15 485人，占58.6%；在职人员7 448人，占28.2%；其他人员3 478人，占13.2%。参加全国统考的考生19 751人，推荐免试1 903人，在职人员单独考试26人，管理类联考考生4 060人，法律硕士联考考生671人。

2011年，全国报考福建省11个硕士研究生招生单位的考生31 724人，比2010年增加3 349人，增幅11.8%。其中，应届本科毕业生20 493人，占64.6%；在职人员和其他人员11 231人，占35.4%。参加全国统考考生25 079人，推荐免试1 787人，在职人员单独考试26人，管理类联考考生4 060人，法律硕士联考考生772人。

全省设立10个考区（除9个设区市外，厦门大学单设1个），24个考点，786个考场，监考及工作人员1 986人，省派巡视员30余人。考试期间，发现并处理违规考生46人。

2011年，福建省11个硕士生招生单位共录取10 458人，比2010年增加1 002人，增幅10.6%。其中，学术型录取7 125人，专业学位录取3 333人。博士生录取1 115人，比2010年增加40人。

【加强考试组织实施】 2011年，福建省10个考区试卷保密室均经过公安、保密部门联合检查并验收。全省（除厦门大学外）考场均设置在有“网上巡视系统”的教室，并对考试全过程进行同步实时录像；各考点除继续使用“手机探测狗”、“监考大师”、“作弊克”等探测器外，有条件的考区还配备金属探测仪，安装手机屏蔽仪等电子装置。会同公安、无线电管理部门建立联合巡查机制，在考试期间共出动16台无线监测车、5台指挥车、7台大型干扰机、21台监测接收机，对各个考点及考点周边异常无线信号进行监测，发现疑似信号立即予以技术阻断。制定备用卷管理制度，严格执行统考试卷备用卷考前管理、考中使用、考后上缴制度。

【切实做好全日制专业学位研究生招生工作】

2011年，福建省针对学术型、专业学位两类硕士研究生报考不均衡状况，按照“保证质量、树立形象、防止矮化”的原则，执行“一条线，可调剂”政策。从免试研究生的推荐，到追加招生计划的调整，均将专业学位作为重点。在制订分专业招生计划中，各招生单位作适量调整，主动减少学术型招生计划，增加专业学位招生计划。在免试研究生的推荐中，充分保证专业学位研究生的推荐数量，并且从学术型名额中调整加到专业学位名额中，引导考生进入专业学位研究生的培养队伍。

【加强录取检查】 坚持“德智体全面衡量、择优录取、保证质量、宁缺毋滥”的录取原则，将招生工作的重心转移到更加注重提高质量上来，严格控制规模。切实加强对推荐免试生、线下生破格复试录取的管理、调剂录取等工作的管理，保证招生质量。

成人高考

【概况】 2011年，福建省各类成人高校报考总数为92 290人，比2010年增加19 397人，增幅26.6%；其中，高中起点升专科57 290人，比2010年增加14 382人，高中起点升本科993人，比2010年减少14人，专科起点升本科34 007人，比2010年增加5 029人。全省共设14个考区、100个考点、3 766个考场。

2011年，全国共有198所成人高校在福建省招生，招生计划53 419人，比2010年增加2 818人；其中，高中起点升专科22 549人，高中起点升本科730人，专科起点升本科30 140人。实际录取69 146人，录取率74.9%；其中，高中起点升专科录取41 878人，高中起点升本科录取632人，专科起点升本科录取26 636人。此外，免试录取服义务兵役退役19人、“下基层”服务期满的普通高职（专科）毕业生47人和来闽攻读成人大专学历的台湾农业协会会员21人。

【加强考试管理】 严格执行考生凭准考证和身份证两证入场的规定，考场统一使用带有考生网报现场确认照片的签到表，由监考核对检查，切实防范替考。同时在所有考场使用“网上巡视系统”、“手机屏蔽仪”和“手机探测狗”等高科技手段防范作弊。考试期间，积极协调无线电、公安、保密、信息、环保等管理部门配合，联防联动，齐抓共管，净化考试环境。

【加强督促检查】 考前专门组织人员对各地开展考前准备工作的情况进行督促检查，发现问题及时进行整改。考试期间，从高校和有关单位选调了130多名教师和纪检干部组成省派巡视组，经集中学习培训后，派往全省各考点实行定点定位巡视检查。各地在考前向社会公布了举报信箱和举报电话，接受考生和社会监督。

自学考试

【概况】 2011年，福建省自学考试学历教育报考25.8万人次、49.8万科次，开考专业137个，其中本科专业65个，专科专业72个。

【报考条件调整】 根据全国自考办有关专业和课程改革方案的精神，结合福建省自学考试与高职高专教育衔接培养本科专业人才的实际情况，福建省对开考的本科段、独立本科段专业的报考条件进行调整。从2011年下半年起，凡国民教育系列专科毕业生报考本科段专业不必加考基础科段课程，报考独立本科段专业不必加考专科课程。对已取得的加考课程成绩合格的，其学分可用于顶替英语（二）（00015）课程的学分，抵顶英语（二）课程的学分应不少于14学分，不足14学分应另选考其他课程补足学分。

【举行自学考试本科与高职高专教育衔接考试项目签约仪式】 4月29日，“福建省高等教育自学考试本科与高职高专教育衔接考试项目签约仪式”在集美大学成人教育学院举行。福建省自考办、集美大学、21所省内公办高职高专学校、地方本科院校的成人教育学院负责人出席签约仪式。签约仪式上，集美大学与省内21所高职高专学校、部分地方本科院校正式签订合作开展高等教育自学考试本科与高职高专教育衔接考试试点工作的协议。

【开展纪念全国高等教育自学考试制度建立30周年征文活动】 2011年，为纪念全国高等教育自学考试制度建立30周年，福建省开展主题为“融入自考，成就人生”的征文活动。征文对象为福建省自学考试在考考生、毕业生、有过自学考试经历的人士以及自学考试工作者。

【荣获全国自考命题、宣传和财务三项工作优秀奖】 12月23日，教育部考试中心在北京举行纪念高等教育自学考试制度建立30周年先进集体先进工作者表彰仪式，福建省自考办荣获全国高等教育自学考试命题、宣传和财务工作优秀奖，福州市自考办、三明市沙县自考办、集美大学、福建师范大学、福州西岸高等教育培训中心、全国计算机等级考试厦门大学中心考点和泉州市第六中学荣获“全国高等教育自学考试先进集体”称号。

【6位福建省自考生获奖】 2011年，全国自考办公布第四届全国自学成才奖励基金优秀自考生评选结果，福建省自考生李华荣获“自强不息单

项奖”，赵自云荣获“终身学习单项奖”，陈丽娟、卓露云、范莉华、陈文勇荣获“全国优秀自考生”称号。

非学历教育考试

【概况】 2011 年，福建省非学历教育考试全年报考 94.5 万人次，其中，全国计算机等级考试报考 137 326 人次，全国英语等级考试报考 13 431 人次，全国大学英语四、六级考试报考 545 567 人次，高职高专英语应用能力考试报考 127 725 人次；全省面向社会认定教师资格教育学、心理学考试报考 89 210 人次，中小学教师教育技术水平考试报考 23 939 人次。

【召开福建省 2011 年度全国计算机等级考试工作暨表彰会议】 7 月 6 日至 14 日，福建省 2011 年度全国计算机等级考试闽东北片、西南片工作暨表彰会议分别在宁德蕉城、永春两地召开。会议总结交流 2009—2010 年度考务工作，表彰先进考点 25 个、先进个人 60 名、特殊贡献奖 20 名。

供稿：福建省教育考试院

撰稿：丁　毅　林彼灵　苏良琪　念孝明　王夏州　谢梅泌

审稿：曾能建　林健民　余剑锋　郑元鼎

江　西　省

普通高考

【概况】　2011年，江西省普通高考报名288 616人，比2010年减少23 035人，减幅7.39%。其中，参加全国普通高考的考生284 214人，占考生总数的98.47%，比2010年减少21 818人，减幅7.13%；以“三校生”（职业高中、中专、技校毕业生）身份单独报考高职类院校（以下简称“三校生”高职类）的考生4 402人，占考生总数的1.53%，比2010年减少1 217人，减幅21.66%。全省设11个考区，178个考点，9 876个考场，省内11所高校选派112名教师作为高考巡视员。

2011年，全国普通高校在赣招生计划为21.73万人，实际录取24.4万人，完成招生计划的112.5%。

【组织严密】　2011年，江西省高考组织严密，管理严格，纪律严明，考风考纪优良。全省查处违规考生81人次，违规率万分之0.7，低于全国平均水平。没有出现大面积违规违纪和集体舞弊行为，没有出现因暴雨等恶劣天气影响考试问题，没有发生任何安全和责任事故，较好地实现了“平安高考”的总体目标。

【录取科学规范】　第一，进一步推进平行志愿改革，凸显“高分优录”的选拔功能。2011年江西省继续在文史类、理工类的一本、二本、三本批次和体育类的二本、三本批次，以及美术类的二本批次实施平行志愿。各批次院校一次投档满额率：一本批次文史类87.02%、理工类88.73%；二本批次文史类66.48%、理工类67.42%；三本批次文史类80%、理工类88.66%。一本线上考生落选率1.58%，二本线上落选率3.63%。第二，严格高招管理，确保公平公正。完善高招录取工作管理制度，成立江西省高招录取工作领导小组，明确高招录取工作岗位职责。录取管理组负责招生计划、系统管理、录检工作、宣传信访等工作；纪检监察组负责对录取工作的监察和监督。在录取中，江西省执行政策坚决，严格政策不点录、严格标准不降分、严格纪律不违规、严格管理不放松。全体工作人员严格遵守招生工作纪律，严格执行招生计划，严格执行录取标准，严格执行录检原则，始终坚持按政策办、按规定办、按程序办、按权限办。

【提升服务水平】　一是在录取现场设立信访接待处，并实行领导接待日制度。江西省教育考试院领导班子成员分批走进信访室，接受咨询、阐述政策、释疑解惑。对一时不能解决的问题，要求有关职能小组认真核查、快速反馈。2011年，有10位考生的信访原因是填报志愿失误，其中4

位考生的问题得到解决。录取期间，信访组接听咨询电话 6 000 多人次，接待考生及家长 5 000 多人次，处理信访件 30 件。二是及时回复“网上咨询”及“厅长信箱”。每天回复达 700 多人次，24 小时回复率 100%。录取期间，共回复“网上咨询”近 3 万条，回复厅长信箱邮件 56 件。据统计，与 2010 年相比，2011 年信访最大的特点是“三下降”：信访数量下降 55%，填报志愿失误信访下降 60%，网上咨询人数下降 25%。三是进一步加大信息公开力度。2011 年，江西省主动邀请 24 家新闻媒体选派记者驻高招录取现场进行采访报道，实行“两会一报”制度，即每一批次的“新闻发布会”，重要环节的“新闻通气会”及每天工作日报，及时快速向有关领导和新闻媒体报告和发布录取进展情况，切实保证封闭录取状态下应有的公开透明；江西省人大、省政府、省政协和省纪委领导以及省教育厅特邀教育督导员巡视录取现场；同时，还邀请考生及家长代表参观录取现场。

研究生招生考试

【概况】 2011 年，江西省硕士研究生招生报考 38 656 人，比 2010 年增加 2 030 人，增幅 5.54%。全国报考江西省 13 个招生单位的考生 18 570 人，比 2010 年增加 2 086 人，增幅 12.65%。全省设 12 个考区、30 个考点、1 239 个考场，监考教师等考务工作人员 3 500 余名。

2011 年，江西省 13 个硕士生招生单位录取硕士生 8 246 人，4 个博士生招生单位录取博士生 191 人。完成研究生招生计划总数的 100.8%。

【严厉打击高科技作弊行为】 2011 年硕士研究生全国统一考试中，使用手机信号屏蔽仪 1 258 台，无线耳机探测仪 126 台，省市无线电管理部门出动 12 辆无线电监测车、13 个固定监测站、26 个大型信号干扰机、24 台监测接收机，协助各考点打击利用现代科技手段作弊行为，特别是加大对群体性舞弊和其他有组织舞弊行为的打击力度，共查处违规考生 51 人。

【确保专业学位研究生招生】 2011 年是教育部实行研究生教育结构调整的第三年，学术型硕士研究生招生计划再次减少，全日制专业学位招生计划成倍增长。为确保专业学位研究生的生源质量，调剂时采取如下措施：第一，严格执行与学术型研究生相对应的专业学位研究生考生进入复试的初试成绩基本要求。鼓励学术型研究生向专业学位研究生调剂，也允许专业学位研究生按照要求向学术型研究生调剂。第二，加大对一志愿生源不足的专业学位类别调剂录取研究生的宣传力度。招生单位在中国研招网、中国考研招生网和中国研究生招生在线等专业网站刊登调剂信息，吸引线上生源。第三，多数招生单位在学费上出台优惠政策，吸引合格生源。南昌航空大学、江西理工大学等高校不仅对专业学位一志愿复试合格考生实行学费公费，对调剂录取的考生也全部实行学费公费。还有的招生单位采取半公费政策，有的同时实行普通奖学金、优秀考生奖学金制度。在优惠政策的激励下，全日制专业学位招生计划得以顺利完成，而且生源质量较 2010 年有所提高。

成人高考

【概况】 2011 年，江西省成人高考报名 101 170 人，比 2010 年增加 23%。其中，专科起点升本科报考 33 528 人，高中起点升本科报考 17 211 人，高中起点升专科报考 50 431 人。全省设 11 个考区，65 个考点，3 480 个考场，共有 9 610 名监考教师和考务工作人员参加监考及管理工作。

2011 年，江西省成人高校实际录取 72 011 人，录取率为 71.2%。其中，专科起点升本科录取 25 625 人，高中起点升本科录取 5 663 人，高中起点升专科录取 40 723 人。

【创新招生宣传】 2011 年，江西省参加教育部组织的成人高考报名和分省计划编制办法改革试点，探索成人高校招生报名宣传的新思路、新对策和发展规律，创新招生报名宣传形式，同时对报名软件系统进行更新，提高报名效率，报考人数大幅增加。

【依法治考】 2011 年，江西省成人高考围绕“考务管理严格缜密，安全保密万无一失，考风考纪根本好转”目标，采取以下 8 项举措：第一，充分发挥各设区市招考委的职能作用，加强部门联动，建立安全、公平、和谐的招生考试环境。第二，提升考试管理水平，开展考试工作人员的职责教育和业务培训。第三，健全有效的工作机制，加强网上有害信息的监测，搜索整理后及时研判、及时封堵、及时处理。第四，牢固树立“安全第一”观念，组织落实考试安全措施。第五，确保措施得力有效，建立健全防范考试风险管理应急机制。第六，健全和完善工作措施，落实值班制度。第七，加强巡视和监督检查力度，坚持实行省派巡视组巡考制度。第八，明确各项工作推进的措施，严防各种舞弊行为对考风考纪的侵害。考试过程中，全省共查处各类违纪舞弊人数 1 357 人，并依据《国家教育考试违规处理办法》中的有关规定，对查实的违纪舞弊考生分别给予了严肃处理。

自学考试

【概况】 2011 年，江西省组织 3 次全国统一自学考试，累计报考 578 590 人次、1 453 721 科次。新增考生 92 131 人，查处违纪舞弊考生 943 人。组织两次自学考试实践环节考核及毕业论文答辩，共计 90 064 名考生完成 229 493 科次的实践考核。全年合计 55 319 名考生（其中本科 25 035 人，专科 30 284 人）顺利通过毕业资格审查取得自考学历。全年开考专业 164 个，其中，本科专业 73 个，专科专业 91 个，新增专业 2 个。截至 2011 年年底，全省自学考试主考学校 69 所。

【综合改革试点工作取得阶段性成果】 江西省从 2008 年正式启动的自考向职业教育转型综合改革试点工作经过三年多的实践探索，取得阶段性成果。试点按照人才培养目标要求，调整专业课程结构体系，推进由学科体系型向职业型、应用型、技能型的转变，建立了多元学习体系和评价方式。截至 2011 年年底，试点院校 3 所，试点专业 23 个，其中有 9 个是全国开考的本科专业。

【建立自学考试学习服务中心】 2011 年，经学校申报和考核，批准建立南昌航空大学和江西科技学院两个省级自学考试学习服务中心。主要为考生提供咨询、学习指导和实习实训基地等服务。

【使用身份证阅读器采集考生信息】 10 月自考报名中，使用身份证阅读器采集考生信息进行自考报名。从报名源头规范管理，消除影响考试安全的隐患。

【规范管理】 第一，强化安全保密意识，确保考试平安。第二，进一步落实考试工作责任制和责任追究制度。第三，严肃考风考纪，确保公平公正。加强考生的诚信教育与警示教育。做好考务培训，提高考务人员素质，切实履行工作职责。利用高科技手段防范舞弊，重点防范和打击有组织、有预谋地利用现代通信工具进行团伙作弊等严重舞弊行为。加大违规处理力度，对考生和工作人员的违规行为严格按国家教育考试违规处理办法执行。加大综合治理力度，净化考试环境。

【提供优质服务】 简化报考程序，创新报名方式。坚持政务公开，保证信息透明。进一步完善网上查询、下载成绩，网上审查毕业生资格，网上发布政策信息，网上辅导答疑等功能。做好信访工作，耐心接听、接待和回复考生来电、来信和来访（邮件），答疑解惑，帮助考生解决实际困难。全年回复考生网上答疑达 24 889 条。

非学历教育考试

【概况】 2011 年，江西省非学历教育考试开设 12 个项目，开考 20 次，报考人数总计 820 759 人次。其中，全国大学英语四、六级考试报考 596 668 人次，全国计算机等级考试报考 202 734 人次，全国英语等级考试报考 9 347 人次，剑桥少儿英语考试报考 227 人次，中国书画等级考试报考 50 人次，物流职业经理资格证书考试报考 10 596 人次，餐饮职业经理人资格证书考试报考 396 人次，调查分析师资格证书考试报考 39 人次，中英合作采购与供应管理职业资格证书考试报考 113 人次，中国销售管理专业水平证书考试报考 589 人次。

【加大考试报名资格审查力度】 为严肃考风考纪，加强考试管理，江西省加大对各类证书考试报名资格审查力度。如全国大学英语四、六级考试，限制大一学生、民办高校（含民办教育机构）、全日制自考助学班学生和社会考生报考。同时对考生的报名信息进行更为严格的审查，有效防止跨省、跨校代考等舞弊行为。

【拓展新的证书考试项目】 中国销售管理专业水平证书考试 2011 年首次开考，报考人数呈上升发展趋势。配合自学考试中小企业管理专业、移动商务技术专业、嵌入式技术专业的开考，积极做好中小企业职业经理人证书考试、移动商务技术证书考试、嵌入式技术证书考试的开考工作。

供稿：江西省教育考试院

撰稿：李洪平　陈　玮　张　亮　黄林福　涂海根　陈志鼎　彭　莉　黄龙华

审稿：万普海　肖　辉　曹正龙

山　东　省

综　述

【概况】　2011年，山东省教育招生考试院贯彻落实教育部及山东省有关招生考试工作会议精神，深入开展学习实践科学发展观和创先争优活动，严格执行招生考试政策规定，全面实施“阳光工程”，进一步加强招生考试工作制度化、规范化建设，坚持依法治招、依法治考，严肃考风考纪，加强考试环境综合治理，实现了平安高考和人民满意的招生考试的工作目标。

【推进“阳光工程”制度化建设】　结合“阳光工程”制度化建设要求，完善阳光平台功能，增加网上咨询业务，从内容、方式、程序等方面建立和完善报名、考试、录取三个主要工作阶段招生信息的公布、公告和公示制度，将招生信息全面、及时、准确地向社会公开。

【优化招生考试服务措施】　继续加强对填报志愿的指导，举办面对面咨询会、网络咨询和书面指导等，印刷《2011年在鲁招生高等院校通览》免费赠送给考生。采取有效措施保护高分考生利益。鼓励部分名牌高校拿出部分计划录取二志愿高分考生，尽量将高分考生调剂到名牌或层次较高的学校。按时出版《2011年山东省普通高校招生填报志愿指南》杂志，帮助考生正确选择志愿。加强市、县两级招生考试机构的职能，抓住报名、考试、填报志愿、录取等关键环节，做好政策宣传、咨询信访等工作，努力把招生考试工作做成老百姓满意的“品牌工程”。

【正面引导宣传工作】　与《齐鲁晚报》合作，于6月、7月下旬分别在济南、济宁召开两次招生考试填报志愿大型咨询会。普通高考录取之前，协助教育厅新闻中心，联合省委宣传部新闻工作处召开驻鲁新闻媒体座谈会，通报2011年普通高考宣传方案，强调宣传纪律。录取期间，结合录取进程，协助教育厅新闻中心召开三次2011年普通高校招生考试工作新闻发布会，及时向社会通报招生考试工作进展情况。与山东人民广播电台联合，利用其“阳光政务热线”栏目，由考试院领导率工作人员到广播电台做节目，向社会介绍高考相关政策，解答考生和家长关心的有关问题。完成招生录取工作简报20期，向有关领导及考试院各部门传递工作信息。

【标准化考点建设取得新进展】　2011年，山东省投入2 000余万元，改造升级省、市级指挥平台。普通高考考场100%实现电子监控录像，近

80%实现网上巡查。争取国家投入资金1.45亿元用于2012年标准化考点建设，计划至2012年底投入2亿~3亿元进行全省普通高考、成人高考、硕士研究生入学考试、自学考试和大学英语四六级考试的标准化考点建设。

【严肃考风考纪，优化考试环境】 进一步发挥省招生委员会、省自学考试委员会和教育考试环境综合整治联席会议制度的职能，加强与公安（武警）、信息产业、保密、宣传、监察等各部门的协调配合。重点防范和打击有组织、有预谋的“团伙舞弊”、雇人代考或替考以及利用现代通信工具作弊等严重舞弊行为。采取有效技术手段，层层设防，加强对互联网有害全国教育统一考试信息的封堵，净化网络环境。加强考点周边环境治理，切实保障考点秩序和安全。坚决杜绝招生考试工作人员参与、组织、纵容考试作弊等恶性行为。进一步完善“目标管理、责任追究、考试诚信”三大责任体系。2011年处理各类违规考生3 533人，共接待群众来访800多人次，办理人民来信和举报信116件，接听答疑咨询电话3 000多次。

【首次实行网上收费】 1月的高等教育自学考试率先实现网上缴费，普通高考在10月至12月的报名期间也成功实现网上缴费。

普通高考

【概况】 2011年，山东省普通高考考生541 463人，比2010年减少71 009人。其中，普通文科155 084人，普通理科305 537人，艺术（文）58 910人，艺术（理）11 530人，体育10 402人。对口高职参加文化课考试的考生34 993人，比2010年减少489人。实际录取501 505人（含对口高职30 472人），其中，本科253 367人，专科248 138人。本科录取率44%，本专科录取率87%。

山东省普通高考录取最低控制分数线

批次		文科（分）	理科（分）
本科军检		545	527
本科一批		570	567
本科二批	省属	496	480
	市属	476	462
	济南 青岛	476	460
专科军检		505	487
专科一批	省属	470	456
	市属	450	438
	济南 青岛	450	436
专科二批		180	180

【实行艺术体育专业测试监督新举措】 2011年，成立山东省普通高校招生美术类专业统一考试工作委员会和山东省体育专业、高水平（优秀）运动员测试工作委员会，由省教育厅厅长任主任，对考试命题、试卷印刷、考务管理等精心布置。美术统考试卷设计上采取考生在答卷信息条按手印的新举措。召开考务工作会议，明确工作要求和职责，严格标准，严守操作规程，对监考员选拔、考前培训、试题的运送与保管、考区保密室监控等环节做了重点强化。美术统考强调2名监考员必须来自不同的单位。体育测试实时录像，测试点将考生的资格审查贯穿到整个测试过程中。从报名检录进场到整个项目测试过程都以实时监控录像形式进行跟踪核对和确认。安排媒体开放日，聘请考生家长作为社会监督员，监督检查测试各环节，确保测试成绩的公平与公正。

【改进评卷教师聘任】 针对近年普通高考评卷

教师结构比例不够合理的现象，2011 年加强各学科评卷教师比例结构问题的研究，在评卷中加大中学教师的聘用数量，要求中学教师比例不低于20%。

【稳步推进招生改革】 调整录取批次，2011 年将本科二批和本科三批合并为本科二批，增加自主招生批。继续推进分批次征集志愿工作，将分批次征集志愿工作推进到本科二批，即在本科二批、专科批次实行分批次征集志愿。从6 月28 日到8 月16 日，共进行7 次网上填报志愿。为切实保护考生权益，体现以考生为本的理念，尊重考生自主选择的权利，允许高考文化成绩达到相应要求的艺术、体育类考生在同一批次内自由选择填报艺术类、体育类或普通文理类志愿。但同一批次内，只能选报一个类别，不能兼报。继续强化高中学业水平考试和中学生综合素质评价在高校招生选拔体系中的作用，扩大专家参与招生录取试点的范围与参与度，试点扩大到 10 所本科高校。国家示范性高职院校单独招生规模进一步扩大，由 2010 年的 7 所扩大到 13 所，录取考生 5 162 人。

【加强录取管理】 进一步明确军事、公安等招生院校的主体责任，扩大院校招生自主权，在投档范围内由招生院校自主择优录取，遗留问题由招生院校负责处理。取消独立学院、民办学院和中外合作办学专业与考生签订协议的做法。加强招生录取现场的信息管理。加强对录取工作人员的保密教育。

【科学命题】 2011 年普通高考命题工作继续坚持“有利于高等学校选拔新生、有利于中学推进素质教育、有利于扩大高等学校办学自主权、有利于考试科学、公正、安全、规范”的原则，既满足高等学校选拔优秀学生的要求，也充分体现素质教育理念和新课程的要求。美术统考命题注重能力考察和艺术素养考察，注重联系生活。高职对口招生考试命题更加突出实践技能特点，为 2012 年春季高考的实施奠定基础。

研究生招生考试

【概况】 2011 年，山东省硕士研究生招生网上报名 214 352 人，现场确认 142 883 人。国家招生计划 22 045 人，实际录取 22 124 人，比 2010 年增加 1 356 人。博士研究生招生报名 8 930 人，比 2010 年增加 3 851 人，招生计划 1 836 人，实际录取 1 878 人，比 2010 年增加 37 人。

【规范招生单位自命题管理】 2011 年，山东省教育招生考试院针对招生单位自命题提出如下要求：（1）加强对命题教师的培训。组织命题教师认真学习教育部有关文件要求，聘请命题专家或本单位有丰富命题经验的教师对命题教师进行教育测量内容的培训。（2）加强对自命题试题的审核力度，做到“二审核、五核对”。（3）要求各招生单位必须对命题教师进行保密安全教育，并签订保密协议书。

【加强招生计划管理】 2011 年，山东省教育招生考试院要求各招生单位严格执行教育部、国家发改委下达的招生计划，结合本单位的生源情况对分专业招生计划进行科学合理地调整，并将调整结果予以公布。合格生源数量较多的招生单位可申请适当增加招生计划，原则上只增加专业学位的招生计划。调剂录取切实把握“专业相同或相近”和“初试科目相同或相近”的原则进行，并采取有效措施，积极创造条件，完成专业学位招生计划。

成人高考

【概 况】 2011 年，山东省成人高考报名

282 291 人，比2010年增加28 221 人，报考人数居全国第一。全省共设34个考区，266个考点，9 551个考场，配备各类考试工作人员45 135人。实际录取183 244人，其中，专科起点升本科85 388人，高中起点升本科7 286人，高中起点升专科90 570人。

山东省成人高考录取最低控制分数线

<table>
<tr><th>层次</th><th>代码</th><th>科类</th><th>最低控制分数线（分）</th><th>备注</th></tr>
<tr><td rowspan="12">专科起点升本科</td><td rowspan="2">11</td><td rowspan="2">文史、中医类</td><td>150</td><td>不含中医</td></tr>
<tr><td>130</td><td>中医类专业</td></tr>
<tr><td>12</td><td>艺术类</td><td>100</td><td></td></tr>
<tr><td>13</td><td>理工类</td><td>180</td><td></td></tr>
<tr><td>14</td><td>经济、管理类</td><td>192</td><td></td></tr>
<tr><td>15</td><td>法学类</td><td>150</td><td></td></tr>
<tr><td rowspan="2">16</td><td rowspan="2">教育、体育类</td><td>220</td><td>不含体育类专业</td></tr>
<tr><td>140</td><td>体育类专业</td></tr>
<tr><td>17</td><td>农学类</td><td>110</td><td></td></tr>
<tr><td>18</td><td>医学类</td><td>350</td><td></td></tr>
<tr><td rowspan="4">高中起点升本科</td><td>41</td><td>文史类</td><td>330</td><td></td></tr>
<tr><td>43</td><td>艺术</td><td>220</td><td></td></tr>
<tr><td>45</td><td>理工类</td><td>365</td><td></td></tr>
<tr><td>48</td><td>体育类</td><td>260</td><td></td></tr>
<tr><td rowspan="4">高中起点升专科</td><td>51</td><td>文史类</td><td>225</td><td></td></tr>
<tr><td>53</td><td>艺术类</td><td>110</td><td></td></tr>
<tr><td>55</td><td>理工类</td><td>230</td><td></td></tr>
<tr><td>58</td><td>体育类</td><td>110</td><td></td></tr>
</table>

【加强监管民办教育培训机构】 2011年，山东省各市成立考试环境综合治理小组，形成责任明确、分工协作、联防联控、齐抓共管的联动机制。成人高考前对本行政区域内所有民办教育培训机构、特别是有群众举报的函授站点进行彻底排查。

中专招生考试

【概况】 2011年，山东省五年制高职招生计划14 078人，五年制师范招生计划5 586人，三二连读高职招生计划23 015人，普通中专招生计划168 537人。五年制高职录取12 529人，五年制师范录取6 340人，三二连读高职录取21 853人，普通中专录取122 663人。

【扩大招生规模】 2011年，山东省把扩大高职中专招生规模作为招生工作的重点加以落实，特别加大了发动农村生源的工作力度。采取的措施有：各市成立由教育局局长任组长的中专招生工作领导小组，目标明确，责任到人；加大高职、中专招生工作的宣传力度，特别加大了对农村学校的宣传力度，充分利用招生信息网、报刊、招生简章、广播、电视、招生咨询会等形式，通过教育行政部门、学校、社会等多种渠道做好生源发动工作；出台相关政策鼓励考生报考高职、中专；禁止各学校以任何理由限制考生填报志愿，一经发现严肃处理；继续实行往届初中毕业生和同等学力者注册入学的办法。

自学考试

【概况】 2011年，山东省共组织4次自学考试，开考专科专业46个，本科专业55个，累计组织999门课程的考核，报考463 025人次、863 656科次；技能考核38 581人次、60 318科次；实践性课程考核报考13 426人次、21 554科次。发放高等教育自学考试课程合格证书222 790张，颁发毕业证书18 490张。

【推进考务工作信息化管理】 2011年，山东省自学考试全面开展网上报名工作，纸笔考试考生可自愿选择网上报名和现场报名方式，技能考核全部实行网上报名。进一步完善网上评卷系统，改进答题卡扫描程序，加强扫描数据的管理，增加卷型信息的自动导入功能。

【开拓自学考试服务功能】 2011 年，山东省积极开考社会需求专业，开考了职业类专业电子商务专科，汉语言文学教育、教育学、学前教育三个教育类专业。加强与部门、行业合作推进“双证书”教育，开考销售管理专科、本科专业与中国销售管理专业水平证书考试。完善高等教学自学考试在校生实践课程考核试点，新审批 15 所试点院校。创新自学考试教育形式，强化自学考试育人功能，进行网络助学工作试点。

【改进命题管理工作】 2011 年，进一步完善命题保密、命题教师聘任等规章制度。职业类专业考试课程命题采用到主考学校所在地进行命题的办法。全年命制全国统考课程试题 30 套、省考课程400 套、职业类专业课程60 套、高职类专业136 套试题。向全国各省及教育部考试中心提供全国统考课程标准样题 438 套。

非学历教育考试

【概况】 2011 年，山东省教育招生考试院组织各类非学历证书考试总人数达 1 864 091 人次。其中，由教育部考试中心主办的全国计算机等级考试、全国英语等级考试等非学历证书考试总人数达到 1 571 296 人次。由省考试院主办的证书考试也取得新的成绩，274 082 人参加中小学信息技术等级考试，11 152 人参加山东省中国书画艺术等级考试，7 561 人参加山东省英语口语等级证书考试和工商管理职业资格证书考试。

【加强培训办考队伍】 针对证书考试规模大、项目多、组织程序复杂等特点，对考务管理员、系统管理员、口语教师主考等进行严格培训，聘请省级专家授课，考核后持证上岗。

供稿：山东省教育招生考试院
撰稿：刘文超　胡廷政　卢岩红
审稿：王　坦

河　南　省

综　述

【概况】　2011 年，河南省各类教育招生考试，坚持以科学发展观为指导，以办人民满意招生考试为宗旨，深化改革，规范管理，优化服务，确保安全，顺利完成硕士研究生入学考试、普通高校招生考试、成人高校招生考试、高等教育自学考试等各项招生考试任务。

【考试科学研究】　在全省招生考试系统组织 2011 年度招生考试科研课题的申报工作，共收到申报课题 114 项。完成全国教育科学“十一五”规划 2009 年度教育部重点课题“主观题网上评卷评分误差控制研究”并结题。课题“构建我省高中学业水平考试评价体系”在 2010 年的研究取得阶段性成果，撰写并出版《河南省 2008 级普通高中学业水平考试评价报告》，该课题在 2011 年继续作为专项研究课题。

【网上评卷】　2011 年，河南省在普通高考所有科目、成人高考所有科目、硕士研究生入学考试英语科及高中学业水平考试所有科进行网上评卷，共计处理答题卡 9 018 491 张，涉及考生 160 多万名。网上评卷采取集中扫描、异地存储、远程阅卷三地协作模式，按照统一答题卡格式、统一选择题切分图格式和统一选择题图像识别的网上评卷技术标准。

【标准化考点建设】　2011 年，河南省建设标准化考点 656 个、标准化考场 33 728 个，超额完成既定目标，并在普通高考、硕士研究生入学考试、自学考试、成人高考等项考试中全面启用。

【招生考试服务大厅建成】　3 月，河南省招生办公室招生考试服务大厅正式对外办公，截至 12 月底，接待来人来访约 1 500 人次，处理各类咨询、上访、办理相关业务 1 400 多起。

【新闻宣传】　2011 年，共召开新闻发布会 8 次，在省级电台、电视台录播节目 53 次，省内媒体刊载、播出的稿件、消息超过 1 000 篇。普通高考录取期间，组织全省 21 家新闻单位到录取现场进行采访活动；及时向社会公布录取各批次进展情况及录取动态，加大信息公开力度。

普通高考

【概况】　2011 年，河南省普通高考报名 85.5 万人，其中，全国统考报名 76.3 万人，比 2010 年减少 9.6 万人，减幅 11.2%；对口招生 4 万人，涉及 23 个专业类别；专升本 4.8 万人，涉及

80个专业。全省共设考点753个，考场2.9万个。实际录取61.6万人，其中，普通统考类55.4万人，单独招生0.6万人，对口招生3.2万人，专升本2.4万人。

【考务管理严格规范】　坚持源头管理、标本兼治、加强防范，坚持人防技防并举，教育惩处并重。在报名阶段，严格审核考生报名资格，实行一签字（校长对本校考生报名情况签字负责）、两公示（报名情况在班级内和校内张榜公示）、三验收（省市县三级招办对报名情况分别进行检查验收）、四比对（通过中学学籍库、高校学籍库、往年高考报名数据库、高校录取数据库对考生报名信息进行核对校验），查实并取消87名保送生的确认资格。在考试阶段，除采取一贯的措施外，建设并投入使用标准化考场29 247个，全省所有参加高考的85.5万名考生全部安排在标准化考场进行考试，除现场监考外，多个地区还通过网络视频采取1人监视4个考场的方式实行网上巡考。高考期间，集中查处违规考生598人，其中违纪144人，作弊454人。查处体育专业术科替考等严重违纪48人。考试后，对考场录像资料进行回放复查，查处违规考生4人。高考期间，实行24小时巡查，接举报电话370个，省派巡视员对各市、县试卷保密室（保管室）随时检查，确保高考试卷万无一失。

【招生录取严格公正】　认真执行国家政策规定，做到招生标准刚性化、程序规范化、办法公开化、结果公示化。科学划定录取分数线和征集志愿备档分数线，严格执行投档规则和录取程序。按照“学校负责、招办监督”的要求，严把录取检查关，确保上线合格考生不退档，确保不录取一名不合格考生。严格招生计划管理，对扩招计划全部按考生志愿和分数顺序投档，不指名录取不符合录取标准的考生。

【加强招生信息管理】　根据新的招生政策对网上信息采集系统做相应的调整和升级，完善网上志愿采集流程；改革和完善网上志愿信息采集流程；加强网上录取信息管理。完善投档制度、规范投档操作、严格投档程序，实现投档操作“零差错”。加强短信息平台的开发和应用，实现面向全体考生的公益性短信服务，由考生在网上报名时登记手机号码，在网上报名、专业术科测试、体检、考试、网上志愿填报、录取等各个阶段，通过公益短信息平台为考生提供信息反馈、事务提醒、身份验证等“一站式”服务。继续做好数据审计工作，审计工作覆盖全体考生，审计数据量共9.1G，审核数据记录共75 613 010条。

【优化招生服务】　创新信息公开形式，让考生享受更方便的服务。各级招生机构免费提供电话语音、手机短信服务，高考信息网络平台将考生报名、填报志愿及信息服务等融为一体。进一步扩大高考招生信息公开范围，一分一段公布考生位次，第一时间公布院校生源信息、投档比例、最低投档线等招生信息。所有招生录取信息全部在省招办网站公示，时间延长至年底，让广大考生公平公正地参与竞争。广泛开展网络、电话和现场咨询活动。印制并免费分发85万份《考生指南》。发挥各级招生服务大厅作用，招生网络全过程开放，热线电话全天候开通，招生工作人员面对面服务，及时顺畅地为考生、家长、社会提供优质的服务。

【开展多形式咨询活动】　6月25日至26日，在河南农业大学和黄河科技学院同时举行普通高招现场咨询大会，共有省内外800余所高校参加，考生及家长约有10万余人次前来咨询。在教育部阳光高考信息平台和河南招生考试信息的网上咨询中，省市招办回答考生及家长提问1 032个，河南省100多所高校在网上咨询中解答考生问题7 687个。在电话咨询中，通过招生咨询热线

13733880505，省市招办接受考生及家长电话咨询29 647人次，耗时达21 922分钟。

【普通高中学生学业水平考试概况】 1月22日至24日，河南省2009级普通高中学生学业水平考试举行，参加考试的学生573 000人，共设考点495个、考场18 750个。实行统一命题考试、统一网上评卷，共计4 000余教师参与评卷工作。

研究生招生考试

【概况】 2011年，河南省28个硕士研究生考试报考点现场确认报名111 421人，比2011年增加12 045人，增幅12.12%。其中，男生52 565人，女生58 856人；中共党员41 084人，共青团员64 218人，其他6 119人；应届本科生73 362人，成人应届本科生772人，在职人员14 247人，其他23 040人；全国统考104 003人，推荐免试1 710人，单独考试5人，法律硕士专业学位联考2 591人，管理类专业学位联考2 917人，农村师资195人；研究生学历66人，本科学历104 273人，同等学力7 082人。全国报考河南省26所硕士生招生单位的考生37 709人，比2010年增加5 452人，增幅17%。实际录取10 522人，比2010年增加174人，增幅2%。

【部门联动确保考试安全】 河南省教育厅、公安厅、工业和信息化厅联合转发教育部办公厅、公安部办公厅、工业和信息化部办公厅《关于做好2011年全国硕士招生统一入学考试安全工作的通知》，各方紧密配合，通力合作，严厉打击高科技作弊。公安部门出动251人，无线电管理部门出动140人，无线电测向车29部，固定监测站15个，指挥车15辆，通信电台19台，大型干扰机22部，监测接收机23部；考试部门启用手机信号屏蔽仪3 204个，作弊克监考大师102个，金属探测仪3 811个。

【加强考试信息管理】 对4 000人以下规模报名点进行统一集中办公，现场随机编排考场，考场编排结束随即把所有数据和编排结果封存。强化数据检验，开发多种数据自查程序，确保数据准确。制定统一的数据录入格式和信息采集标准，严格贯彻执行“三审制度”，数据接收严格按照信息管理要求履行手续，合并整理完后由考务核对违规处理通知单，发现的错误一一通知相关报考点，按信息管理要求履行相关手续后修正上报。制定并严格执行评卷进度和质检流程，对所有机读和网评试卷进行抽检和必检，确保评卷质量。

成人高考

【概况】 2011年，河南省成人高考实际确认考生227 050人，比2010年增加30 196人，增幅15.3%，是1986年成人高校招生实行统一考试以来报名人数最多的一年。其中，专科起点升本科报考84 863人，比2010年增加7 138人，增幅9.2%；高中起点升本科报考7 167人，比2010年略微减少；高中起点升专科报考135 020人，比2010年增加23 112人，增幅20.7%。全省共设24个考区、233个考点、7 634个考场。实际参加考试199 180人，查处违纪考生1 509人，占报名总人数的0.67%。

另外，成人高等学校招生免试考生有2 916人，其中，二学历1 556人，资格生1 023人，普通高职（专科）毕业生服义务兵役退役的考生88人；“下基层”服务期满后报名接受成人本科教育的考生249人。全省数据汇总后，省招办集中对这部分考生的报考资格进行审查，合格的有2 825人。

2011年，河南省成人高考实际录取169 730

人，比招生计划超额录取52 676人，其中专科起点升本科录取62 411人，高中起点升本科录取5 577人，高中起点升专科录取101 742人。

【深化招生改革】　2011年，河南省成人高校招生工作按照“统筹规划、试点先行、有序推进”的原则，本着“为地方经济服务，为在职从业人员服务”的宗旨，进行了三项改革：（1）完善成人高考网上报名，在成人高考网上报名中实行报名费网上支付；（2）为更好地为在职从业人员接受成人继续教育服务，降低报考成本，同时通过生源储备，减少由于生源规模和水平的变化对分数线的影响，2010年参加全国成人高考成绩达到最低控制分数线而未被录取的考生，2011年可免于文化课统考，直接参加录取；（3）为更好地满足在职从业人员根据职业需要参加成人继续教育学习的愿望，恢复成人专科第二专业学历免试入学制度，并开展了成人本科第二学历免试入学试点工作，即对已取得国民教育系列毕业证书者，可免试到本省成人高校相应层次学习。

自学考试

【概况】　2011年，河南省自学考试共报考298 410人次，764 749科次。其中，上半年报考155 411人次，395 670科次；下半年报考142 999人次，369 079科次。全年开考专业106个，其中专科40个，本科66个。全年新开专业20个。全年毕业28 719人，其中上半年毕业14 058人，下半年毕业14 661人。全年共命题3 655套，印制试卷1 543 120份，评卷765 649份。全年共办理转考13 870人次，免考23 000多科次；补办毕业证明等3 000多人次。

非学历教育考试

【概况】　2011年，河南省大学四、六级英语考试报考1 062 306人次，全国计算机等级报考237 884人次，全国英语等级考试报考8 963人次，中小学教师教育技术水平考试报考32 493科次，中国餐饮业职业经理人资格证书考试报考771科次，调查分析师证书考试报考1 847科次，中国物流职业经理资格证书考试报考4 762科次。剑桥少儿英语考级考试报考3 578人次，美国TOEFL报考2 549人，GRE网考实考3 567人。

【加强考试宣传推广】　以省招办信息网和考点学校为宣传主渠道，把报考宣传作为为考生及考点院校提供咨询服务的突破口。对证书考试进行深层次的宣传。坚持在全年经常性宣传的基础上，加大集中宣传的力度，在《招生考试之友》设立专栏，宣传社会考试项目。针对不同的考试项目和生源群体，注重多角度、富有实效的宣传。

供稿：河南省招生办公室
撰稿：孟留拴　叶素景
审稿：杨智磊

湖　北　省

综　述

【概况】　2011 年，湖北省各类教育考试总计报考 356.74 万人次，比 2010 年增加 19 万人次，增幅 5.6%。全年命制普通高考、自学考试等项目试卷共计 1 108 科、2 365 套，为各类考试提供试卷清样 3 954 套。各项考试、命题工作安全平稳顺利，无失密泄密等考试安全类事件发生，无大面积考试违纪舞弊事件。

【安全保密】　2011 年，湖北省严格执行教育考试保密制度，在各项考试期间，坚持 24 小时值班，保密室钥匙分别由不同人保管，出入保密室如实登记。严格执行巡视制度，完善巡视工作办法，明确巡视员选派、巡视工作职责、突发事件报告和责任追究制度。严格执行办公场所安全制度，并进行定期检查，发现隐患当即整改。

【信息化建设】　5 月，湖北省国家教育考试试卷保密室网上巡查系统建成并通过验收，系统覆盖湖北全省试卷保密室 92 间，可实现 24 小时实时画面监控。全国计算机等级考试网评软件的适用面和范围进一步扩大。主持并自主开发了全国计算机等级考试疑似雷同试卷预警系统，通过信息手段监控评卷过程。普通高考艺体类报名实现网上缴费，高水平运动员测试中使用电子计时设备、电子测距设备和“人脸”对比技术等。

普通高考

【概况】　2011 年，湖北省普通高考报名 484 768 人，比 2010 年减少 7 450 人，减幅 1.5%。其中，全国统考生 462 055 人，比 2010 年减少 11 461 人，减幅 2.4%；高职统考生 22 713 人，比 2010 年增加 4 011 人，增幅 21.5%。普通高考文科生 185 384 人，比 2010 年增加 1 455 人，增幅 0.8%；理科生 276 671 人，比 2010 年减少 12 916 人，减幅 4.5%。应届生 409 021 人，占总人数的 84.4%；往届生 75 747 人，占总人数的 15.6%。高职机械类招考试点 741 人报考。全省共设普通高考考点 381 个，考场 16 531 个。

【考试组织管理】　2011 年，湖北省注重考试管理创新，普通高考推行“四化管理”，强调以系统的价值观念指导管理行为，强化以人为本的柔性关怀；在考试组织实施和技术运用方面，制作《普通高考操作规程》考务光盘，实行 A、B 卷，随机编排考场，提倡统一考试用具。

【美术专业基础课统考】　2011 年，湖北省美术专业基础课统考报名 29 438 人，比 2010 年减少

361 人。全省共设置考点 32 个，考场 982 个。

【高水平运动员测试】 2011 年，湖北省高水平运动员测试报名 691 人，经审核符合报名资格的 676 人，现场报名缴费 593 人，实际参加考试 585 人。

【艺术特长生测试】 2011 年，湖北省艺术特长生测试报名 276 人，实际参加考试 166 人。

【体育专业素质测试】 2011 年，湖北省网上报名参加体育专业素质测试的考生 14 080 人。全省设华中师范大学和湖北大学两个测试地点。

【非美术类专科联考】 2011 年，湖北省非美术类专科联考专业共 7 大类别，设 10 个专业考场和 7 个视唱练耳考场，共计 8 220 人次报名，实际参加考试 8 093 人次。

研究生招生考试

【概况】 2011 年，湖北省硕士研究生招生考试报名 103 692 人，比 2010 年增加 9 252 人，增幅 8.92%，为近年之最。

【部门联动打击作弊】 2011 年，硕士研究生考试期间，湖北省出动无线电信号监测车 14 台，屏蔽作弊信号 65 条。在省公安厅及各地公安部门的支持下，发现、监控并处理网上有害信息 31 条；发现并处理作弊团伙 8 个，抓获违法人员 20 多人。

成人高考

【概况】 2011 年，湖北省成人高考报名 11.6 万人，比 2010 年增加 14.2%。

自学考试

【概况】 2011 年，湖北省自学考试开考专业 211 个，其中专科 102 个，本科 109 个。全年累计报考 103.3 万人次、249.4 万科次，办理转（免）考手续 26.3 万科次，其中免考 24.6 万科次，转考 9471 人；审核办理毕业证 59 089 个，其中本科 49 233 个，专科 9 856 个；核收主考院校实践性环节考核成绩 61.9 万科次；向教育部考试中心报送成绩数据 248 万科次；出具毕业生代办证明、学历认定书、成绩证明等各类证明万余份。

【加快发展衔接教育】 2011 年，湖北省印发《关于公布 2011 年自学考试衔接教育举办学校举办专业及注册工作安排的通知》。全年共有 61 所普通高校注册自学考试新生 109 018 人，总规模比 2010 年增长 27.3%。

【综合改革试点】 2011 年，湖北省加快推进自学考试双证书项目，武汉长江工商学院的计算机应用技术等 4 个专业的双证书项目试点工作取得实效，获得社会认可，并向全省推广。网络注册学习项目扩大试点范围，武汉大学、中南财经政法大学和湖北大学被批准参与试点，首批试点课程 20 门。

【自学考试制度建立 30 周年纪念】 2011 年，湖北省组织“自考论坛”、“自学考试图片展”、“纪念自学考试 30 周年征文”等活动。湖北省在全国高等教育自学考试指导委员会的表彰中，有 11 个先进集体，24 个先进个人，14 名自考生获得表彰。

非学历教育考试

【概况】 2011 年，湖北省全国大学英语四、六级考试报考 101.7 万人，首次突破百万大关，比 2010 年增加 4.2 万人，增幅 4.3%；全国计算机等级考试报名 35.5 万人，比 2010 年增加 2.1 万人，增幅 6.3%；英语口语等级考试报名 7.4 万人，比 2010 年增加 0.9 万人，增幅 14%；教师资格考试报名 6.8 万人，比 2010 年减少近 5 万人。

【教师资格考试改革试点】 6 月，湖北省参加中小学和幼儿园教师资格全国统一考试改革试点，承担探索建立“国家标准、省级统考、县级聘任、学校管理”的教师队伍管理新体制的任务。11 月 26 日，全国教师资格统考笔试在湖北省实施，12 月 24 日至 25 日，举行面试。

【考风考纪建设】 2011 年，湖北省教育考试院与全省 18 个考试机构、100 多个直属考点签订《考试管理与考风考纪责任书》，全面落实考试管理目标责任制。坚持开展试卷值班抽查工作，各项考试都安排专人 24 小时值班，并抽查各考点、考区试卷夜间值班情况，确保试卷安全。加强薄弱考点检查与整治。在 2011 年上半年举办的全国计算机等级考试中，对 3 个考试管理松懈或试卷保管没有坚守岗位的考点予以停考一次的处罚。

【社会考试研究】 2011 年，湖北省举办第八届非学历证书考试研讨会。会议共收到论文 48 篇，其中 6 篇做大会交流，15 篇编印成《湖北省第八届非学历证书考试研讨会交流材料》。部分论文作者、考点和市州教育考试机构的代表共计 120 余人与会。

供稿：湖北省教育考试院
撰稿：李　杰
审稿：张　洁

湖 南 省

综 述

【概况】 2011年，湖南省教育考试院全年组织各类考试40多次，考生达232万人次，与2010年基本持平，录取各类新生46.2万人。

【制定并启动实施教育考试“十二五”规划】

结合贯彻国家教育规划纲要和湖南教育强省建设规划纲要，以及全国、全省教育工作会议精神，制定教育考试事业发展“十二五”规划，提出“通过5年左右的努力，使全省教育考试事业发展整体水平和综合实力进入全国先进行列”的目标，并拟组织实施国家教育考试标准化考点建设、命题基地建设、考试科目试题库建设等7个重点建设项目。按照规划确定的目标任务和统筹发展的思路，结合实际情况和年度工作要求，强化措施，狠抓落实，促进了各类教育考试的稳步有序发展，实现了开好局、起好步的预期目标。

【考试招生管理更加严谨科学】 第一，狠抓考务管理。将“抓细节落实”确立为全年工作主题，大力实施精细化管理。在落实近年来从严整肃考风考纪一系列有效措施的基础上，2011年针对各类考试的新情况，有针对性地修订了考务细则和相关制度，进一步细化了工作措施和要求，促进了全省组考工作整体水平的提高，考试秩序和考风考纪进一步好转。全省各类教育考试违规率和工作差错率较往年均有所下降。其中，高考违规考生比2010年下降24%，试卷装订差错率为万分之二。第二，加强录取规范化操作。继续坚决执行高考“不点录”、“不补录”、“不违规降分录取”等政策，2011年没有“点录”一名考生、没有违规降分录取一名考生、没有补录一名考生。即使是独立设置的艺术院校的招生，也严格要求按规定排序录取，坚决执行“不点录”的政策规定。成人高校招生录取中，严格执行政策，确保了良好的招生秩序。第三，进一步改善考试环境。针对高考考生人数持续下滑的情况，及时研究对策，采取有效措施最大限度地确保了高职院校招生计划的完成。同时，通过狠抓考试诚信教育、加强人性化服务、改进舆论宣传、提高应急处置能力、综合治理高科技团伙作弊等，确保了各类考试的平安顺利实施。

【以规范促发展取得明显成效】 第一，规范管理，稳定自考规模。在前两年全面清理整顿自考助学机构的基础上，2011年又取消了8个不规范助学机构的助学资格，并对5个助学机构提出限期整改。至此，全省助学机构由整顿前的近千个减少至144个，基本形成了年审备案和考核评估制度。与此同时，进一步调整了专业结构，规范了考务考籍管理，促进了全省自学考试健康有序发展。2011 年，获得“全国高等教育自学考试专业建设”、“考务考籍”、“社会助学”、“教材媒体”、“财务工作”5 项业务工作优秀奖。第二，强化社会考试质量监管。围绕提升质量、培育品牌，着力加强项目管理和质量监控，加大项目推广力度，增强社会考试的影响力和社会认可度，促进了考试规模和效益的稳步增长。第三，狠抓考试服务业的规范化经营。坚持合法经营、规范服务。

【改革创新迈出新步伐】 第一，考试内容改革取得新进展。以推进新课程高考命题改革为重点，坚持稳中求进、稳中求变、稳中求新，保持高考湖南卷重视能力考查的特点，实现了推进新课程改革、引导学生均衡而有个性发展的目标。第二，探索多元化评价选拔机制初见成效。中南大学坚持推进“综合评价录取”改革试点，得到社会广泛认可；省内高校自主招生试点进一步扩大，共录取 755 人；高职院校单独招生试点院校由 2010 年的 14 所增加到 24 所，共录取 20 702 人；单科成绩前万分之一考生提高一个批次录取的政策得到更多外省高校的认可，按“单科优秀考生”志愿投档 100 人，实际录取 43 人。第三，自考学业综合评价改革试点扎实推进。2011 年试点院校扩大到 3 所，增加 8 门试点课程，全省参加学业综合评价的考生已达 2 万人，报考近 3 万科次。第四，参加教育部成人高考志愿填报和分省计划编制改革，在成人招生中首次实施征集志愿。第五，教育考试评价科研工作不断加强。首次组织对全省招考系统“十一五”期间科研成果进行奖励，完善科研激励机制和管理制度。全省招考系统各类课题立项达 120 余项。启动利用高考数据评价中学教学和学生素质发展的研究项目，开发启用高考“志愿指导”和“成绩分析”系统。

【考试招生信息化进程加快】 第一，大力推进国家教育考试标准化考点建设。根据教育部、财政部首次对标准化考点建设的部署，制定标准化考点建设的总体规划，明确两年内完成建设任务。全省共获得中央财政奖励资金 4 900 万元，其中 2011 年按 40% 下达奖励资金 1 960 万元。第一期工程建设方案已经完成。第二，启动国家教育考试命题基地建设前期工作。现已确定选址于宁乡县，计划征地 300 亩。第三，进一步完善各类招生考试业务信息系统，改进信息采集手段和管理办法。首次运用二代身份证阅读器采集信息，提高了工作效率，有效防止了工作差错和违规行为。

【招考队伍整体素质得到提升】 第一，切实加强招考队伍专业化建设。建立健全业务人员选聘培训、岗位责任制、评价奖惩等制度，完善教育考试目标管理考核评价机制。第二，顺利完成内部管理体制改革。在 2010 年理顺机构设置、补充配置相关干部的基础上，2011 年 8 月完成新一轮内部管理体制改革的第二步，即落实了“三定”（定岗、定编、定责）方案，顺利实施岗位轮换和干部竞争轮岗，形成能上能下、人尽其才的用人机制。第三，加强党的建设和思想政治工作。坚持“围绕中心抓党建、抓好党建促发展”，紧密结合业务工作，积极开展为民服务创先争优活动、纪念建党 90 周年系列活动，深入推进学习型党组织和两型机关建设。

普通高考

【概况】 2011 年，湖南省普通高考考生 37.8 万人，比 2010 年减少 3.5 万人，减幅 8.5%。其中应届生 31.54 万人，占 83.4%，往届生 6.26 万人，占 16.6%；文科类考生 16.2 万人，占 43.1%，理科类考生 19.1 万人，占 50.5%，职高类考生 2.5 万人，占 6.4%。全国 1 526 所普通高等学校在湖南招生，共计录取 325 467 人（其中本科 157 279 人，专科 168 188 人），录取率为 86%，较 2010 年增长 3%；其中本科录取率 41.6%，较 2010 年增长 3.6%。此外，全国普通高校在湖南录取的保送生和单独招生考生 23 719 人，其中保送生 220 人、自主选拔招生 1 058 人、中南大学综合评价录取改革试点招生 511 人、盲聋哑单独招生 27 人、运动训练和民族传统体育单独招生 849 人、高水平运动员 290 人、职教师资单独招生 58 人、少年班 4 人、高职单独招生 20 702 人。

研究生招生考试

【概况】　2011 年，湖南省报考硕士研究生的考生 63 220 人，较 2010 年增加 5 645 人，增幅 9.8%。全国报考湖南 17 个硕士研究生招生单位（包括国防科学技术大学）的考生 51 215 人，较 2010 年增加 5 690 人，增幅 12.5%。教育部下达给湖南省的硕士生招生计划 16 726 人，实际录取 16 932 人。

成人高考

【概况】　2011 年，湖南省成人高考报考 167 595 人，与 2010 年基本持平。其中，专科起点升本科报考 49 996 人，高中起点升本科 4 320 人，高中起点升专科 113 279 人。实际录取 118 379人，录取率为 70.6%。其中，专科起点升本科录取 40 492 人，高中起点升本科录取 2 973 人，高中起点升专科录取 74 914 人。

自学考试

【概况】　2011 年，湖南省组织 3 次自学考试，年度考生规模达 501 862 人次，累计报考 1 748 579 科次。其中，面向社会开考考生 101 285 人次、282 323 科次，面向助学班开考考生 400 577 人次、1 466 256 科次。全年共有 42 所自学考试主考院校（2011 年新增 2 所），共开考专业 220 个（2011 年新增 15 个），其中本科 126 个，专科 94 个；面向社会开考 86 个专业，面向助学班开考 134 个专业。经资格审查，2011 年颁发毕业证书 59 543 人（其中本科 45 160 人，专科 14 383 人），较 2010 年增加 9 217 人，增幅 18.3%。

非学历教育考试

【概况】　2011，湖南省共承办非学历教育考试项目 11 个，组织考试 20 次，报考总规模达 1 199 806 人次。其中，全国大学英语四、六级考试报考 76.7 万人次，较 2010 年增加 0.8 万人次；全国计算机等级考试报考 27 万人次，较 2010 年增加 2.8 万人次；全国英语等级考试报考 143 807 人次，较 2010 年增加 2 951 人次；剑桥少儿英语考试报考 2 074 人次，较 2010 年减少 314 人次；五项非学历岗位资格证书考试报考 15 804 人次，较 2010 年增加 1 620 人次。

供稿：湖南省教育考试院

撰稿：张和生　王　雷

审稿：陈最华

广　东　省

综　述

【概况】 2011年，广东省坚持以科学发展观为指导，认真贯彻落实两个纲要精神，坚决执行教育考试招生政策，为实现“平安考试”、“公平录取”和“阳光招生”，精心组织，严格管理，扎实工作，稳步推进“分类考试、综合评价、多元录取”的考试招生制度改革。全年组织包括普通高考、成人高考、自学考试、研究生招生考试、本科插班生招生考试、高中阶段学校招生考试、普通高中学业水平考试、港澳台联合招生考试等在内的50多场考试，命制试题4 000余套，印制试卷1 316万份，各类考生300多万人次，录取各类新生200多万人。

【考试安全保密】 各级招生考试机构成立招生考试安全保密组织领导机构，根据“谁主管，谁负责”的原则，建立和完善安全保密责任追究制度。加强保密室建设，全省所有试卷保密室全部实现了与省、教育部系统互联互通，加强了各类招生考试试卷保管、分发过程的实时监控。各类招生考试前夕，各级招生考试机构会同保密、公安部门组织安全保密专项检查，确保所有试卷保密室启用时硬件达标，制度到位。对考试命题和试卷印制、运输、保管以及考试实施每一个工作环节进行安全管理与监控，做到安全培训到位，管理措施到位，安全责任到位，检查监督到位，保证了试题试卷安全保密万无一失。

【加强考风考纪建设】 采取有效措施，切实加强考风考纪建设，加强考试招生队伍培训和管理，严格考场管理，加大纪律教育力度。在各类招生考试期间，采取人防与技防并举、检查与监督并重的措施，保持对考试舞弊行为的高压、强压态势，切实维护考试的正常秩序。2011年，广东省国家教育统一考试定点考场全部实现了教育部考务中心、省考务中心、各地市考务中心、考场四级实时监控。首次在普通高考、成人高考和硕士研究生招生考试中使用金属探测仪防范作弊。高考期间，全省启用120多个无线电监测站，40多台无线电监测车，防范和打击非法利用无线电设备作弊等行为。省、地市分别派出巡视组，全面监督各类招生考试执行考试纪律情况，严肃查处顶风违纪案件和营私舞弊行为。畅通违纪舞弊举报渠道，设立考试作弊举报电话，充分发挥社会监督的作用。各类考试招生安全平稳实施，各项考试管理严格规范，诚信考试自觉性进一步提高，考风考纪持续好转，考生违纪舞弊率进一步下降。

普通高考

【概况】 2011年，广东省普通高考报考65.4

万人，创历史新高，考生数居全国第二，比2010年增加近4万人。其中普通高考考生62.5万人，高职类“3+专业技能课程证书”考生3万人。全国在广东省招生院校总计1 271所，普通高考总招生计划46万余人，其中本科21万余人，专科25万余人。实际录取普通高考考生53.3万人（含预录数），其中，普通类考生录取51.46万人，高职类“3+证书”录取1.84万人，超额完成招生计划。其中本科院校录取22.98万人，专科院校录取30.32万人（含“3+专业技能课程证书”）。实际报到新生46.4万人，不报到注销6.9万人。

【英语听说考试平稳实施】　2011年，广东省普通高考增加英语听说考试，考试成绩占英语科总分的10%。考试方式为人机对话，考生人数突破60万人，为我国目前规模最大的人机对话考试模式。

【平行志愿成效进一步显现】　2011年，是广东省在本科普通类专业实施平行志愿投档录取模式的第二年。从实施效果看，考生志愿填报总体比较均衡，第一次投档率较高。第一批本科院校第一志愿组投档率超过91%，第二批本科A类院校文科第一志愿组投档率超过95%，第二批本科B类院校文、理科第一志愿组投档率分别达到90%和78%，多个批次的第一志愿投档率创下历年新高。除部分农林类、地矿类和省外一些经济欠发达地区院校的生源不尽如人意外，大部分院校生源较往年更加均衡。大多数考生能够被自己填报志愿时选择的高校录取，提高了考生志愿满意度。由于第一次投档率较高，考生填报志愿总体均衡，院校整体生源较为理想，征集志愿计划数较往年进一步减少，本科录取最低控制分数线调整的院校和调整的幅度也大大减少。

【制定广东省高考加分项目调整方案】　根据国家五部委有关文件精神，协调教育、民族、公安、体育、科协等部门，对广东省现行高考加分项目进行系统梳理和评估，按照“减少项目，降低分值，规范管理，维护公正”的原则，在广泛开展调研和征求意见的基础上，通过《广东省高考加分项目调整方案》，并经教育部批准。调整后的方案减少17项加分项目，保留6项加分项目，加分分值从20分调整为本科5分，专科10分，并将于2014年开始实施。

【不断优化招生考试服务】　坚持以考生为本，努力拓宽服务渠道，不断优化考试服务，在招生考试制度安排、信息公开、政策咨询等方面加强服务，采取切实有效措施，努力为考生创造更加公平公正的招生考试环境。高考前，汇编出版《专业目录》、《报考指南》，为考生填报志愿提供必要的参考和依据。2011年全省65万多考生没有一位因天气、交通原因而缺考或影响考试，还特别为2位视力障碍的考生特制大字号试卷，允许4位有听力障碍的考生佩戴助听器参加考试。主动邀请媒体报道平行志愿的特点、操作程序，以及存在的风险等，加强对平行志愿的宣传工作，让考生及家长充分了解平行志愿的优势和不足、机会和风险。全年共发布新闻通稿50多篇，同时开通咨询热线，接听考生家长咨询电话，为考生提供有效的信息服务。进一步完善考试招生信访服务体系，畅通信访投诉渠道，及时接受群众监督，广泛听取群众意见，切实维护考生合法权益，妥善处理各类信访问题，努力提高人民群众对招生考试工作的满意度。

【执行信息公开制度】　2011年，广东省实施招生信息“十公开”：一是公布普通高校招生政策规定、录取条件和原则；二是公示符合照顾加分条件的考生名单；三是公开普通高校招生录取项目和标准；四是公布各批次高校录取最低控制分数线；五是公布各科类、各分数段的考生人数和考生投档位置顺序；六是公布招生院校第一志愿上线考生人数、第一次投档分数线和投档人数；七是公布未完成招生计划院校缺额情况；八是公布生源不足院校调整分数线的情况；九是及时公布各院校的录取结果供考生查询；十是公布考生查询录取结果渠道和投诉、申诉、举报渠道和电话。

【普通高中学业水平考试概况】 2011 年，广东省组织两次普通高中学业水平考试，共有 64.87 万人报考 192.81 万科次，启用 518 个考场。

研究生招生考试

【概况】 2011 年，广东省参加全国硕士研究生考试的考生 4.98 万人，比 2010 年增加 4 317 人，增幅 9.5%。全国报考广东省 33 个硕士研究生招生单位的考生 7.44 万人，比 2010 年增加 1 537 人，增幅 2.11%。实际录取硕士生 2.31 万人（其中学术型 1.57 万人，全日制专业学位 7 415 人），比 2010 年增加近 1 000 人，增幅 4.1%。

全国报考广东省 19 个博士研究生招生单位的考生 7 309 人，与 2010 年基本持平；实际录取 3 220 人，比 2010 年增加 267 人，增幅 9.04%。

成人高考

【概况】 2011 年，广东省成人高考报考 25.4 万人，比 2010 年增加 19.8%。其中，专科起点升本科考生 7.2 万人，高中起点升本专科考生 18.2 万人。全国成人高校在广东省的招生计划 19.2 万人，其中，专科起点升本科 7.8 万人，高中起点升本专科 11.3 万人。实际录取 22.7 万人，其中，专科起点升本科 6.6 万人，高中起点升本专科 16.1 万人，超额完成招生计划。

中等职业学校招生考试

【概况】 2011 年，广东省中职招生备案工作分春季和秋季两次进行，通过高中阶段招生服务平台录取中职、技校和五年制高职学生共 54.84 万人，其中，中职学校录取 46.84 万人，技校 7.66 万人，五年制高职 3 360 人。

自学考试

【概况】 2011 年，广东省组织 4 次自学考试，开考专业 139 个，其中本科专业 69 个，专科专业 70 个，报考 78.1 万人次，168.2 万科次，毕业生 33 623 人，其中本科毕业生 19 001 人，专科毕业生 14 622 人。与 2010 年相比，报考人数和毕业生人数略有增加，全年报考规模保持在全国前列。

【专业建设取得新进展】 2011 年，广东省高等教育自学考试积极调整专业和课程体系，加快职业型、技能型专业的建设，努力构建适应广东省社会和经济发展需要的自学考试专业体系。2011 年，新开考数字媒体艺术（专科、独立本科段）、工业电气自动化、机械制造及自动化、销售管理（专科、独立本科段）6 个专业，公布项目管理、餐饮管理、移动商务技术、嵌入式技术等 6 个 2012 年将开考的新专业考试计划。根据全国考办的统一安排，承担了 45 个非全国统一专业考试计划的调整任务并制定了专业考试计划。

【推进自学考试与高职高专教育相沟通工作】

截至 2011 年年底，参加广东省高等教育自学考试与高职高专教育相沟通试点工作的主考学校 18 所，高职高专院校 94 所，共 56 个专业，试点的各项工作进展顺利。稳步开展高等教育自学考试与高级技工教育相衔接的试点工作。开展自学考试本科二学历考试试点工作，2011 年有 4 所主考学校，13 个自考本科专业，13 个学院参与试点工作。

【加强命题制卷安全保密工作】 2011 年，重点加强自学考试命题教师和命题管理人员队伍建设，坚持把安全保密作为命题管理工作第一要务。全年命制自学考试试卷 3 000 多套（含全国统考卷、省统考卷、盲人考生卷、香港考生卷）。在命题和试卷印制过程中，严格抓好每一个工作环节的安全保密，确保万无一失。

【加强考籍管理】 2011 年共办理免考 9 518 科次、转出外省 795 人次、外省转入 750 人次、省内转考 2 655 人次，考生信息更正 3 095 人次、考生成绩更正 169 科次、开具学历证明 1 405 份、打印成绩单 1 169 份、为遗失毕业生档案的考生单位补办档案 144 份、为遗失毕业证书的考生补办毕业证明书 92 份，开具学时证明 25 份。

【社会助学工作稳步开展】 2011 年，严格按照广东省《开放（公开）学院自学考试管理办法》和《主考学校自学考试独立办班管理办法》的规定，以及《关于我省高等教育自学考试面向农村开展助学工作有关问题的通知》要求，核准各开放（公开）学院、有关主考学校独立办班办学计划和面向农村助学辅导办学计划。通过办学单位和各级考试机构层层把关，严格检查和审核各办学单位的助学辅导条件和资格，统一印发广东省开放（公开）学院自学考试、主考学校自学考试独立办班和面向农村助学辅导年度办学计划。按全国考办要求，认真做好广东省 2011 年度高等教育自学考试社会助学组织登记注册工作。2011 年共有 158 个社会助学组织登记备案，参加助学学员 11 万多人。在推进开放（公开）学院正常办学的同时，组织每年一次的开放（公开）学院自学考试理论与实践研讨会。认真贯彻落实全国考办《高等教育自学考试社会助学管理试行办法》和《关于印发〈高等教育自学考试学习服务中心试行办法〉的通知》的精神，开展制定广东省《高等教育自学考试社会助学管理实施细则》和《广东省自学考试学习服务中心试点方案》的前期工作。1 月，在 5 所开放（公开）学院自学考试各专业中试行课程学业综合评价。通过加强自学考试学习过程监督和管理，突出过程性考核，建立多元化的人才评价体系，探索适应社会发展需要的人才培养新模式。

【积极开展高等教育自学考试制度建立 30 周年活动】 以纪念我国实行高等教育自学考试制度 30 周年为契机，积极宣传高等教育自学考试 30 年来取得的辉煌成就、党和国家以及广东省关于高等教育自学考试的方针、政策及其相关法规，扩大高等教育自学考试的影响，让社会各界进一步了解、关心和支持高等教育自学考试，促进高等教育自学考试持续、稳步、健康发展。12 月 30 日，召开纪念全国高等教育自学考试制度建立 30 周年大会，许瑞生副省长到会并作重要讲话。

非学历教育考试

【概况】 2011 年，组织全国大学英语四、六级考试、全国计算机等级考试、全国英语等级考试、广东省中等职业技术教育专业技能课程考试等 17 项非学历教育考试 25 场，累计报考 169 万人次、186 万科次，人数比 2010 年增长 6%。

【拓展社会考试服务经济社会发展的功能】

2011 年，在确保各项非学历教育考试平稳顺利进行的同时，努力探索完善考试管理及制度建设，进一步加强非学历教育考试的分类指导和分类发展，不断完善三级管理配套制度，确保三级管理顺利平稳实施。进一步加强考务管理，加大考风考纪建设和监管力度，确保考试安全万无一失。继续加强标准化考点建设，在全国大学英语四、六级考试标准化考点建设试点工作的基础上，研究制定标准化考点标准，并严格按照标准化考点要求对新设考点验收。积极推进符合广东省经济社会发展和人才培养需要的考试项目，新开考广东省多媒体制作员考试和中国销售管理专业水平证书考试。

供稿：广东省教育考试院

撰稿：唐际齐

审稿：杨开乔

广西壮族自治区

综　述

2011 年，广西共组织实施 15 项考试 38 次，考生总数超过 150 万人，国家教育招生考试录取近 36 万人，实现了“考试安全顺利，招生公平公正”的目标。

普通高考

【概况】 2011 年，广西普通高考报名 292 452 人，比 2010 年减少 6 658 人，减幅 2.22%。其中，参加全国统考 285 825 人。实际录取 218 607 人，其中，本科录取 99 357 人，高职高专录取 119 250 人，录取率约为 75%。

【多措并举，确保考试安全】 第一，强化领导目标管理责任制；第二，健全部门联动协作的高考工作机制；第三，强化规章制度的落实；第四，强化试题安全保密工作；第五，强化人员培训；第六，强化考生诚信教育；第七，强化考试巡视和监督；第八，强化技术防范作弊。全区所有考场统一配装时钟，禁止考生携带任何形式的计时工具进入考场，从源头上防范舞弊。2011 年，广西高考发生没有失密、泄密事件，未发现有组织的群体舞弊事件。

【深入实施“阳光工程”】 第一，继续推进高校招生“阳光工程”制度化、系统化建设，进一步增强招生录取透明度。第二，严格管理招生计划。第三，严格按规则录取。第四，实行双录检制度。第五，严格执行“不准退档换录”的规定。第六，落实责任，加强监督。第七，采取措施提高录取率。对平行志愿批次进行了 58 次模拟投档，同时与招生院校反复沟通，争取区外高校对广西多增计划、减少退档；对因生源不足无法正常完成的招生计划及院校追加计划，全部公开征集志愿。共进行 12 次志愿征集，有约 3.5 万名考生通过征集志愿被录取；组织高职高专补录，给考生提供更多的入学机会。第八，畅通考生咨询、投诉渠道，主动接受社会监督。录取过程中仅收到投诉件 35 件，较 2010 年同期减少约 45%。

【稳步推进考试招生制度改革】 2011 年，广西全面贯彻落实国家和自治区教育规划纲要，积极稳妥地推进高校考试招生制度改革。主要改革措施有：一是探索高校分类入学考试实施办法。2011 年，广西按照分类考试的要求，继续对高职高专院校的考试招生进行改革，实行全国统考、自治区统考、学校单独组织考试、免试注册入学等多种模式。二是完善南宁职业技术学院等 5 所国家示范性和骨干高职院校单独招生改革，积极探索符合职业教育特点和规律的高职招生评价机制。三是完善广西大学自主招生考试试点。实行高考、高中学业水平考试、综合素质评价与高校自主测试相结合的办法，选拔综合素质高、有创新精神和潜质的人才。四是实施英语听力口语考试改革。

【完善两项报考政策】 2011 年，广西出台《关于调整和补充户口迁移人员普通高考报名资格审核规定的通知》（桂教考试［2011］6 号），以及《关于我区 2012 年普通高考报名资格审核有关问题的补充说明》，坚持高考报名的户籍和学籍双认定制度，切实加强对考生报名资格和享受照顾政策资格的审核工作，防范打击高考移民。出台《关于调整我区部分普通高考加分项目和进一步加强管理工作的通知》（桂招考委［2011］22 号），调整部分高考加分项目，取消 3 项，调整 5 项加分分值，并明确审核责任。这两项政策的调整，有效地防范了造假，维护了高考的公平公正。

【标准化考点建设】 2011 年，广西正式启动国家教育考试标准化考点建设工作：一是开展规划和方案制订的前期调研工作。二是按照教育部的要求，制订本区标准化考点建设规划和方案，并提出经费预算，报上级部门审定。三是根据财政部、教育部下达的资金额度，调整本年度建设方案，并组织实施本年度建设工作。

研究生招生考试

【概况】 2011 年，广西硕士研究生招生考试报考 16 380 人，比 2010 年增加 785 人，增幅 5.03%。全区 11 个硕士生招生单位录取 7 929 人。

成人高考

【概况】 2011 年，广西成人高考报考 144 634 人，其中，高中起点升专科 89 893 人，高中起点升本科 1 424 人，专科起点升本科 53 315 人，免试 2 人。报考人数比 2010 年增加 25 559 人，增幅 21.5%，其中，专科起点升本科增加 5 964 人，高中起点升专科增加 19 459 人。全国 173 所成人高校在广西计划招生 77 091 人，比 2010 年增加 5 505 人，增幅 7.7%。实际录取 124 127 人，录取率为 85.8%。

【网上报名系统启用】 2011 年，广西成人高考网上报名系统投入使用。从报名、考区选择、缴费到打印准考证、查询成绩和录取全部在网上实现。

【积极探索校企联合办学】 2011 年，广西成人高校招生继续推行校企联合办学模式，主动服务北部湾经济区。有 29 所高校与企业合作办学或定向委托培养，有 15 231 人报考，其中多数考生成绩达到录取分数线，另有少数考生按政策规定单独划线录取。

自学考试

【概况】 2011 年，广西共组织 3 次自学考试，全年报考 107 294 人次，230 836 科次，人数比 2010 年增加 4.5%。全年发放毕业证书 5 690 份，其中本科 2 947 份，专科 2 743 份。

【推行沟通衔接模式见成效】 2011 年，广西继续完善自学考试与中、高职教育沟通衔接政策。10 月自学考试报考 23 443 科次，其中，参加沟通衔接学习的考生数达到 9 768 人。沟通衔接工作成效明显，2003 年以来广西自考报考规模持续下滑势头得到遏制。

非学历教育考试

【概况】 2011 年，广西全国计算机等级考试报考 81 536 人次，全国英语等级考试报考 1 645 人次，大学英语四、六级考试和英语应用能力考试报考 589 325 人次，剑桥少儿英语报考 3 116 人次，中国物流职业经理资格证书考试报考 4 403 科次，中英合作采购与供应管理职业资格证书考试报考 930 科次，调查分析师证书考试开考 8 科次，中国销售管理专业水平证书考试开考 138 科次，中国书画等级考试报考 404 人次。

【教师资格理论考试】 2011 年，广西组织实施两次高校教师资格理论考试和一次中小学、幼儿园教师资格理论考试。全年报考高校教师资格理论考试 4 046 人，14 052 科次；报考中小学、幼儿园教师资格考试 10 697 人，27 561 科次。

供稿：广西壮族自治区招生考试院

撰稿：胡兆阳

审稿：黄雄彪

重　庆　市

综　述

【概况】　2011年，重庆市招生考试工作在市招生委员会、市委教育工委和市教育委员会的领导下，坚持以“办人民满意的教育考试”为主线，求真务实、开拓进取，圆满完成了年度目标任务。在庆祝高等教育自学考试建立30周年的活动中，重庆市荣获全国高等教育自学考试专业建设工作优秀奖、命题工作优秀奖和社会助学工作优秀奖。

全年共组织各类招生考试48次，122万余人次参加考试，各类高校录取新生21.8万余人，自考毕业生1.45万人，组织命制各类考试试题2 100套。全市招生考试规模呈现稳定增长态势。

【信息化建设】　2011年，组织安装41个研究生考点保密室远程电子监控系统，推动15个考点完成900余个标准化考场建设，完成92个考点近6 000个考场和82个试卷保密室远程网上巡查系统的检查、调试及各类考试远程巡查工作。完成普通高校招生录取系统、网上填报志愿系统改造。完成重庆市教育考试院三级系统等级保护测评工作，并被评为重庆市等级保护测评先进单位，推进重庆市8所高校完成普通高校招生录取系统等级保护测评。进一步健全重庆市教育考试院信息安全管理制度。建成重庆市国家教育考试考务指挥中心。在考试实施中使用手持式金属探测器、第二代身份证识别仪、手机信号屏蔽仪等遏制高科技考试作弊。

【信息宣传】　2011年，重庆市教育考试院制定《信息报送暂行管理办法》，明确信息报送责任和奖惩办法。政务信息报送居重庆市教委直属单位第1名、重庆市教育系统第2名。举办新闻发布会4次，组织媒体采访10余次，各类报道逾600条。发行《重庆招考信息》、《重庆教育考试》近30万册。

依托重庆市教育考试院门户网站、重庆招考信息网、新闻发布会、“阳光重庆”以及编发《志愿填报指南》、《招生计划合订本》和《贴心小册子》等，多渠道、全方位公开信息、宣讲政策、答疑释惑。开通10部高考咨询热线电话，畅通信访申诉渠道，积极解决合法诉求，确保招生录取工作顺利进行和社会稳定。

【科研课题】　《教育考试命题管理系统及题库建设研究》获2011年度全国教育科学规划教育考试研究专项课题立项，与重庆市教育科学规划办联合设立重庆市教育科学规划“教育考试研究专项课题”计划，批准省部级项目34项，其中重点课题7项。《改革城乡考试招生评价制度，建立促进素质教育的考试招生制度和评价体系》、

《进行高校招生制度改革，创新高校招生录取模式》项目完成中期检查、评价考核。《深入推进依法治考，努力打造满意考试》论文获得2010年度教育法制论文一等奖。《“一档多投”能否破解唯分数论困局》在《中国教育报》刊发，引起广泛关注。

【交流合作】 与美国ACT、香港考试及评核局等国内外知名教育考试机构开展交流。与西南大学合作，合建重庆市教育考试研究中心取得新进展。与市级涉考部门、科研机构、高等院校合作，初步形成多层次、全方位的科研合作模式。

【考试命题】 2011年，重庆市教育考试院完成普通高考（重庆卷）、重庆市高职单独招生考试、成人高考公民道德与法律基础科目、西南大学保送生文化测试等招生考试的命题。完成自学考试全国统一命题课程32门、省级命题课程738门的命题。全年向教育部考试中心及31个省、市（自治区、直辖市）考试机构提供全国统考课程试卷822套。开设专场省级命题教师培训20余次，培训命题、审题教师1 200名。全年为教师资格考试提供试卷248套。

普通高考

【概况】 2011年，重庆市普通高校招生考试报名216 404人，比2010年增加19 645人，增幅9.98%。全国在重庆市招生的普通高校1 307所，比2010年增加48所。重庆市招生计划120 056人（不含高职单招、中职直升生和保送生），实际录取150 921人，录取率为69.74%。普通文、理类录取最低控制分数线：本科第一批文科564分，理科533分；本科第二批文科504分，理科479分；本科第三批文科450分，理科446分；高职（专科）一阶段文科421分，理科414分；高职（专科）二阶段文科306分，理科305分。

【照顾政策更趋公平】 2011年，重庆市在高考录取中取消了参加全国中学生学科奥林匹克竞赛，获省级赛区一等奖者报考市属院校可加分投档的规定；取消了获得省级运动会“二级运动员”称号的体育尖子报考市属院校可加分投档的规定。

【优化调整志愿结构】 2011年，重庆市高考将原本科第二批和第三批“1+2+3”志愿结构模式调整为“1+5”模式，即将原为“一个一志愿+两个平行的二志愿+三个平行的三志愿”的模式调整为“一个一志愿+五个平行的二志愿”模式；扩大专科二阶段院校志愿数，将平行院校志愿数由原来的3个扩大到4个。

【信息采集规范准确】 2011年，重庆市高考报名全部使用二代身份证阅读器采集身份证信息，并通过市公安局户籍管理系统对身份信息进行三次比对，确保了考生信息的准确，有效杜绝了弄虚作假和高考移民；开发了报名数据审核系统，凡与户籍信息比对未能通过审核的报考人员信息无法进入报名数据库，在提供证明材料审核通过后，由审核人员负责导入报名数据库。

【考试模式改革探索】 2011年，重庆市在高职单独招生考试的英语科目中探索试行人机对话模式，采取上机考试。

【高水平大学自主选拔学业能力测试举行】 2月19日，由上海交通大学、中国人民大学、中国科学技术大学、西安交通大学、南京大学、浙江大学和清华大学7所高校合作进行的“高水平大学自主选拔学业能力测试”（简称AAA测试）在重庆市第十八中学举行。

研究生招生考试

【概况】 2011 年，重庆市硕士研究生入学考试报名 28 448 人，比 2010 年增加 2 092 人，增幅 7.94%。全国报考重庆市硕士研究生招生单位的考生 38 882 人，比 2010 年增加 1 118 人，增幅 2.96%。实际录取硕士研究生 14 005 人，比 2010 年增加 368 人，增幅 2.7%。

成人高考

【概况】 2011 年，重庆市成人高考报名 71 908 人，比 2010 年增加 25 007 人，增幅 53.32%。全国有 71 所成人高校在重庆市招生，招生计划 43 254 人，实际录取 52 926 人，录取率为 73.6%。

【首次实施农村基层卫生人员大专学历教育工作】 实施农村基层卫生人员大专学历教育工作，是重庆统筹城乡协调发展的一项重要举措，是提高农村医疗卫生水平的有效途径。这项改革 2011 年首次启动，实行面向农村基层卫生人员统一报名、统一考试加专业考试、单列计划、单独划线、单独录取的招生办法。全市共有 9 148 人报名，录取 4 829 人。

【试点煤炭专业单考单招改革】 2011 年，重庆市首次在涉煤专业试点单考单招。实行面向煤矿企业从业人员定向报名，招生计划切块单列，招生院校自主组织命题、考试、划线、录取，结果报招生管理部门备案的办法，录取煤矿企业职工 369 人。

【继续推进计划编制及报名方式改革、远程网上评卷改革】 作为教育部首批选定的 4 个试点省市，继续推进成人高考计划编制及报名方式改革，并针对 2010 年改革的经验，重新研发成人高考网上报名及志愿填报系统。

自学考试

【概况】 2011 年，重庆市自学考试全年开考 123 个专业，其中专科层次 61 个，本科层次 62 个。共计报考近 35 万人次、70 万科次，新增考生约 5.5 万人，毕业考生 1.5 万人。全年注册登记并经教育行政管理部门批准的社会助学组织共有 43 个。

【实行远程网上阅卷】 2011 年，重庆市探索评卷方式改革，采取走出去、请进来的方式，制定科学定位、统一规划、分布实施的方案，圆满完成首次远程网上阅卷工作任务。同时，以网上评卷为基点，将专业计划、考务、考籍、办证、数据交换等进行整合，优化自考信息化管理系统，加快了自学考试信息化建设步伐。

【探索新的规模增长点】 自学考试与其他教育形式的沟通衔接考试已逐渐成为自学考试报考增长点，2011 年重庆市在已开展的自考专科与中职中技衔接、自考本科与高职高专衔接的基础上，制定出台了开展本科第二学历试点的相关政策，鼓励其他高等教育形式学有余力的学习者参加自学考试。

【加强应用型人才培养】 2011 年，重庆市自学考试调整专业考试计划设置，增加选考课程比例，引入职业技能证书，实施课程综合考核，加大实践性环节考核的学分比重，构建以专业核心课为主体的应用型、职业型、多样化的课程体系。

【加强社会助学管理】 2011年，重庆市启动自学考试“重庆市学习服务中心”的申报、认证；重点从清理机构、重新登记入手，对47个助学机构进行全面的整顿清理，并将审查后结果在门户网站进行公示。

非学历教育考试

【概况】 2011年，重庆市非学历教育考试举办15个项目34次考试，其中新增5个项目，年度报考规模达563 289人次。新开考3项海外考试，其中TOEFL、GRE报考557人次，AP考试报考144科次。

【美国AP考试重庆首次同步举行】 5月2日至13日，美国AP（Advanced Placement）考试首次在重庆同步举行。重庆市教育考试院作为重庆唯一考点，在为期两周的时间里，组织考生参加了11门课程的考试。AP是大学预修课程，是由美国大学理事会主持，在高中阶段开设的具有大学水平的课程。此前，西部考生只能赴成都、北京，甚至要远赴新加坡、中国香港等周边国家和地区参加考试，重庆增设考点后，西部考生可就近参考。

【教育考试院TOEFL考点成功首考】 5月14日，TOEFL在重庆市教育考试院6楼考场举行首次考试。重庆市教育考试院TOEFL考点是经美国教育考试服务中心授权，教育部考试中心批准的重庆市第三个考点。全年举行10场TOEFL考试。考生来源分布较广，主要来自重庆、四川、云南、贵州、陕西等西部省市。

【教师资格考试举行】 经教育行政主管部门同意，重庆市教师资格考试笔试组织实施工作自2011年春季开始由重庆市教育考试院负责，全年成功举行春、秋两季考试。全市未发生失、泄密和集体违纪作弊事件。

【全国大学英语四、六级考试保密室视频监控系统建成】 2011年，重庆市启动全国大学英语四、六级考试保密室远程监控系统建设工作。下半年的全国大学英语四、六级考试，全市36个考点全部按照要求建成保密室视频监控系统。

供稿：重庆市教育考试院
撰稿：李　萍　罗胜奇　刘忠霖
审稿：邱　可

四 川 省

综 述

【概况】 2011年，四川省教育考试院全年共组织各类考试36次，报考总人数达3 530 160人次，其中教育招生考试报考1 700 673人次，自学考试和非学历教育考试报考1 829 487人次。教育考试录取新生734 486人，自学考试本、专科毕业生3万余人。

【标准化考点建设全面启动】 按照教育部、财政部关于大力推进国家教育考试标准化考点建设工作意见，四川省教育厅、财政厅按照整体推进、重点突破的思路，提出分年度工作目标，编制建设规划，召开全省标准化考点建设工作会，启动标准化考点建设工作。

【安全保密措施不断强化】 把确保考试安全作为第一责任，强化督查和考评，四川省教育考试院与市州招生考试委员会签订试卷安全保密工作责任书，考前联合有关部门对涉及考试安全的设施和环节进行督查。加强硬件建设，全省所有试卷保密室和试卷分发场所安装视频监控录像系统，实现省、市、县三级联网监控。进一步加强综合治理，不断完善安全保障体系，及时召开省国家教育考试综合治理厅际联席会议，明确各部门责任和工作重点。

【加强招生考试信息管理】 2011年，四川省全面完成普通高考网上报名、网上填报志愿、考生基础信息采集和电子档案制作，优化升级网上填报志愿系统、网上录取系统。加强省考试院外网、内网的运行维护，完成各类考试信息上网公示和查询工作。启动自学考试网上报名、收费试点工作。

【招生考试宣传更加贴近考生】 强化对招生考试工作重点内容、重点时事的宣传，加强与媒体的沟通协调，及时提供新闻通稿，召开新闻通气会。招生考试报刊社全年编发出版《招生考试报》113期，发行2 800万张，《招生考试报·高考招生计划合订本》36万册，《招生章程汇编》和《高考志愿填报专辑》7万套。《高校招生》杂志发行36期，编印《平行志愿辅导读本》和《考生必读》。出版发行《2011年高考指南》，《四川自考》24期。

【监察信访工作进一步加强】 始终把监察信访工作放在招生考试的重要位置，加强重点时段、关键环节的监督和检查工作。2011年普通高校招生录取期间，四川省教育纪工委、省纪委驻省教育厅纪检组负责人入驻录取现场，对录取工作进行全过程监督。录取领导小组加强工作人员纪律教育，要求工作人员遵守“六不准”和《录取场工作人员守则》，对违反规定的要严肃处理，严格追究责任。所有招生录取工作人员都签订了《2011年四川省普通高校招生录取工作责任书》。信访工作耐心细致，热情周到。2011年共接待群众来访近2万人次，接听查询、咨询电话及录取场24小时值班电话共近5万次。

【服务考生多样化】 2011年，四川省在普通高考中公布高考成绩1分段统计，为考生填报升学志愿提供切实的帮助。畅通招生信息查询渠道，门户网站实时发布四川各项招考动态、信息，为考生提供包括省教育厅门户网站在内的6个免费查询高考成绩和录取结果的渠道。畅通自考教材发行渠道，方便考生购书和助学单位教学。

普通高考

【概况】 2011年，四川省普通高考报考514 338人，比2010年增加2 801人，增幅0.55%。其中，普通类考生498 617人，比2010年增加701人，增幅0.14%；对口职教、高职考生15 721人，比2010年增加2 100人，增幅15.42%。普通类考生中，文科类报考211 687人，占42.45%；理科类286 930人，占57.55%。全国1 727所高校在四川计划招生33.4万人，实际录取367 933人，完成招生总计划的115.86%。

【首次网上评卷取得成功】 2011年，四川在普通高考中首次启用网上评卷，评卷结果准确，申请查分的考生人数和科次较2010年分别减少43.3%和37.7%，提高了工作效率，确保了评卷质量。

【高职院校单独招生试点成效明显】 2011年，四川省增加6所高职院校开展单独招生试点，试点院校总数达到12所，专业达118个。全省共有14 721人报名参加高职院校单独招生考试，计划招生4 332人，实际录取3 772人。

【招生考试信息公开制度化】 按照《四川省普通高等学校招生考试信息公开公示办法（试行）》，进一步加大信息公开力度。2011年，公示自主招生考生1 602人，艺术特长生501人，高水平运动员414人，录取享受加分照顾考生4 515人和所有享受加分照顾的少数民族考生。

【招生录取公开透明】 2011年，四川省公开网上征集志愿20次。每批次录取的首日，举办录取现场媒体开放日活动，邀请中央驻四川媒体及省内媒体记者共150人次进场采访，主动接受舆论监督，邀请“老、少、边”区和地震灾区考生、家长、中学教师15名代表、通过媒体公开征集15名市民代表进场参观，了解录取工作，见证“阳光招生”。

【省领导肯定招生考试工作】 省委副书记、省长蒋巨峰，省委常委、省委宣传部部长黄新初，副省长、省招考委主任黄彦蓉等四川省领导分别对2011年普通高校招生考试工作做出重要批示。蒋巨峰批示：“感谢同志们的努力。”黄新初批示：“今年的高考工作准备充分，措施完善，基础性、关键性和严密性在工作中有效体现，使高考工作的前期任务顺利完成。望进一步加强领导，细化管理，全面完成高考的各项任务。”黄彦蓉批示：“今年我省高考组织周密、保障有力，确保安全保密万无一失，确保考风考纪进一步好转，圆满实现了顺利高考的目标。在此，向平安高考付出辛勤劳动的全省招生考试机构的同志们及有关部门的同志致以崇高的敬意。”

【新课改后的高考方案制定进展顺利】 根据普通高中新课改进程，结合四川省实际，制订四川省普通高中新课程高考初步方案，新方案将从2013年开始实施。开展广泛调研和征求意见，形成2014年普通高校招生录取加分政策调整方案，该方案已报经教育部核准备案。

研究生招生考试

【概况】 2011年，四川省硕士研究生报考52 746人，比2010年增加4 184人，增幅8.6%。实际录取23 765人，比2010年增加624人，增幅2.7%。博士研究生报考7 010人，比2010年增加569人，增幅8.83%；实际录取2 610人，比2010年增加23人，增幅0.89%。

成人高考

【概况】 2011年，四川省成人高考报名232 148人，比2010年增加20 913人，增幅9.9%。其中，高中起点升本、专科考生192 864人，比2010年增加19 672人，增幅11.4%；专科起点升本科考生39 284人，比2010年增加1 241人，增幅3.3%。全国在四川招生的成人高校共121所，招生计划126 961人，实际录取149 889人（含免试生66人），完成原招生计划的118.1%。开展普通高职（专科）毕业生服义务兵役退役和“下基层”服务期满后接受成人本科教育招生工作。

中等职业学校招生考试

【概况】 2011年，四川省报考高中阶段教育学校招生统一考试的考生873 402人。中等职业学校录取190 289人，其中，五年制高职专科录取17 147人（包括五年制师范类专科5 333人，五年制非师范类专科10 070人，艺体类专科1 744人），中专职业技校招生173 142人（包括普通中专156 270人，艺体中专1 822人，藏区“9+3”4 977人，高中中专10 073人）。

自学考试

【概况】 2011年，四川省组织自学考试4次，报考651 997人次、1 164 591科次。全年毕业生30 102人，比2010年增加7 780人，增幅33.51%，其中本科毕业生22 600人，专科毕业生7 502人。全年命制45科100套全国统考课程和342科1 026套全省统考课程试卷，审定试卷368科1 104套，抽样评估62科试卷。

【加强专业建设】 2010年，四川省自学考试新开考5个独立本科段专业、3个专科专业，停考7个专业。全年共开考专业210个，其中，面向社会开考专科专业27个，本科的基础科段专业6个，本科段专业7个，专升本专业44个，以及中小学教师全员培训系列课程（按1个专业进行统计）；面向高等学校开考应用型专科专业54个，专升本专业71个。

【明确改革思路和重点】 2011年四川省招生考试委员会印发《关于加快我省高等教育自学考试改革发展的意见》，明确提出新时期自学考试改革发展的总体思路和工作重点，对实现自学考试事业全面、协调、可持续发展具有重要指导作用。

【改革试点工作不断深入】 积极推进以核心课程为主要内容的应用型、职业型专业与课程体系建设；加大自学考试过程性考核的实施力度；有力推进中职中专与自考专科、高职高专与自考本科衔接，已有11所高职院校独立开展高职专科与自考本科的衔接；大力推进自学考试学习服务中心和服务体系建设，扩大助学规模，提高助学质量，18 所高校建立了省级自考助学服务中心，并启动了面向社会考生服务的“四川省自学考试网络助学平台”项目的开发和建设。

非学历教育考试

【概况】　2011 年，四川新开考中国书画等级考试，停考国际计算机使用执照考试。全国大学英语四、六级考试报考 872 652 人，比 2010 年增加 52 197 人，增长 6.3%；全国计算机等级考试报考 234 287 人，比 2010 年增加 42 122 人，增幅 21.9%；全国中小学教师技术水平考试报考 35 939 人，比 2010 年增加 8 993 人，增幅 33.4%。

供稿：四川省教育考试院
撰稿：周连勇　杨　亮
审稿：戴作安　刘　敏

贵 州 省

普通高考

【概况】 2011年，贵州普通高考考生235 560人，其中，理工类116 962人，文史类86 284人，体育类5 656人，艺术类17 568人，中职单报高职9 090人。全国共计1 570所普通高校在贵州招生，其中省外1 522所，省内48所（含8所独立院校），实际录取183 742人，录取率78%，较2010年上升5.05个百分点。其中，本科102 176人，专科81 566人；理工类90 418人，文史类72 374人，体育类2 533人，艺术类11 098人，中职单报高职7 319人；男生94 328人，女生89 414人；汉族考生108 928人，少数民族考生74 814人；应届生130 473人，往届生53 269人；城镇考生65 056人，农村考生118 686人；党员986人，团员151 445人。

2011年贵州省普通高校招生最低投档控制分数线为：第一批本科录取院校：理工类448分、文史类516分；第二批本科录取院校：理工类376分、文史类446分。

【招考新举措】 一是修订贵州省网上填报志愿规定和调整录取批次。提前批高职（专科）院校填报志愿时间调整为7月28日至30日，录取批次在第三批本科院校录取结束之后。二是扩大招收免费师范定向生工作，增加毕节学院、凯里学院招收免费师范定向生。三是规范和增加医学院招收免费医学定向生，增加贵阳中医学院、铜仁职业技术学院招收免费医学定向生。四是继续开展高职院校招收改革试点，增加铜仁职业技术学院开展单独招生改革试点工作。五是加强标准化考点建设，2011年全省新建标准化考点2个、考场90个，制订了全省标准化考点建设方案，拟在两年内完成建设任务。

研究生招生考试

【概况】 2011，贵州省硕士研究生招生报名13 636人。省内各研究生招生单位录取硕士研究生4 504人，较2010年增加177人，增幅4.09%。

成人高考

【概况】 2011年，贵州省成人高考报名51 815人，较2010年增加5 185人，增幅11.1%。实际录取43 575人，录取率84.1%。

自学考试

【概况】 2011年，贵州省高等教育自学考试设置专业79个（本科51个，专科28个），完成264门课程820套试题的命题、审校工作，分别在1月、4月、7月、10月组织4次考试，考生总数122 881人次，报考303 068科次，分别较2010年增加8 602人次、20 261科次，完成30多万余份试卷的评阅任务。全年审核、办理毕业证书9 802人，其中专科1 628人，本科8 174人。审核办理12 777科次免考，组织完成31个专业合计118个科目的实践环节考试工作。

继续开展高等教育自学考试与职业教育的衔接沟通工作，有33所院校开展了高职高专教育与自考本科衔接的试点工作，衔接开考专业63个；在4所院校开展了中职教育与自考专科衔接的试点工作，衔接开考专业11个。

非学历教育考试

【概况】　2011年，贵州省组织非学历教育考试15次，参考考生32.6万人次，比2010年增加0.7万人次，增幅2.2%。其中，全国大学英语四、六级考试报考221 216人次，比2010年增加3%；全国计算机等级考试报考83 932人次，比2010年增加13 504人次，增幅19%；高校英语应用能力考试报考17 611人次，比2010年增加2 707人次；剑桥少儿英语考试报考2 013人次，比2010年减少1 174人次；全国英语等级考试报考1 133人次，比2010年减少2 054人次；全国青少年计算机考试报考920人次，比2010年增加235人次；中国书画等级考试报考87人次，比2010年增加63人次；中国物流职业经理资格证书考试报考556人次，比2010年增加432人次。全年新增考点3个，截至2011年年底，贵州省非学历教育考试考点达到101个，形成了基本满足考生需求、覆盖全省的非学历教育考试服务体系。

供稿：贵州省招生考试院
撰稿：黄克勇
审稿：田　军

云　南　省

综　述

【概况】　2011 年，云南省招生考试院全面贯彻教育规划纲要精神，始终坚持以考生为本，不断规范管理、改革创新、优化服务，全省各类考试总规模达 135 万人次，比 2010 年增加 10 万人次，增幅 7.95%；组织录取各类新生近 55 万人，比 2010 年增加 4 万人，增幅 8.2%。

【云南省招生考试信息化管理与服务平台建成】

2011 年，云南省招生考试信息化管理与服务平台项目建成，并在普通高考、硕士研究生招生考试、成人高考、自学考试等项目中全面启用。该平台涵盖 1 个省级指挥中心、16 个州（市）指挥中心、106 个标准化考点、5 077 个标准化考场、145 间保密室，具备网上信息采集、信息流通、政务公开、信息公示等功能。该平台项目获 2011 年度云南省科学技术进步奖一等奖。

普通高考

【概况】　2011 年，云南省普通高考报名 224 188 人，比 2010 年增加 1.32%。其中，应届毕业生 18.3 万人，比 2010 年增加 8%；往届生 4.1 万人，比 2010 年减少 20%。共进行 16 批次录取，录取率为 80%。

【实施考试评价改革试点】　2011 年，云南作为教育部“云海工程”考试评价改革试点省，向考生提供了个性化的高考成绩分析报告，旨在帮助考生全面地了解自己的状况，更好地填报高考志愿，同时为规划未来的职业生涯提供参考依据。高考成绩分析报告包括单科成绩和总分，总分在全省考生中的位次，单科成绩及按照能力结构划分的内容分数在全省同类考生中的百分等级，考生的专业性向。中央电视台、中国青年报、中国教育报、新华社等中央媒体对此项改革进行了深度报道。

【首次开展综合评价录取改革】　2011 年，云南省在普通高校招生录取中实施综合评价录取改革，首次试点在中南大学进行。中南大学组织面试考核，录取按照考生的普通高考成绩和面试成绩综合评定，确定录取资格。中央电视台、中国青年报、中国教育报等媒体进行了报道。

【试行院系专家参与录取工作】　2011 年，在普通高校录取工作中，云南省一本、二本院校试行按大类或院系招生。招生院校专门成立院校招生录取委员会和院系专家委员会两个机构，对考生全面甄选、考核审查，确定录取名单，提交院校招生录取委员会审核拟录取名单，学生就读时间满一年以后，院系专家委员会再根据考生填报的志愿，参考“云海工程”成绩报告单，考生的大学学习状况，进一步分析考生的能力、兴趣和胜任力，并把这些因素与高校开设的专业进行匹配，实事求是地为考生确定就读专业。

【公布云南省2012年高考新方案】 11月，云南省教育厅、云南省招生考试院公布《云南省2012年新课改普通高等学校招生考试工作方案》（以下简称新方案）。新方案体现了分类考试、综合评价、多元录取的要求，有四大变化：一是考试模式的变化。由“3（语文+数学（文/理）+外语）+综合（文/理）”变为“3（语文+数学（文/理）+外语）+综合（文/理）+学业水平考试量化成绩+综合素质评价”。二是考试内容和范围的变化。考试内容和范围包括必考内容和选考内容；英语听力和口试一年举办两次，在高考前进行，由考生自主决定参加考试的时间和次数，从中选择一次较好的成绩作为高考英语听力和口语成绩，听力成绩计入高考总分。三是计分方式的变化。新方案高考总分（满分772分）=高考成绩（满分720分）+英语（或其他语种）听力成绩（满分30分）+学业水平考试量化成绩（满分22分）。四是招生录取方式的变化。新方案实行招生院校在以高考成绩为主要录取依据的前提下，将考生的普通高中学业水平考试量化分数直接计入高考成绩；考生的普通高中学业水平考试成绩与等第及综合素质评价提供给招生院校，作为录取参考依据。

【英语听力、口语考试】 3月，云南省参加高考英语听力考试的考生207 743人，参加口语机试的考生40 960人；9月，云南省参加高考英语听力考试的考生188 509人，参加口语机试的考生93 860人。

研究生招生考试

【概况】 2011年，云南省硕士研究生报考19 209人，比2010年增加876人；实际录取9 211人，比2010年增加182人。博士研究生报考1 150人，实际录取414人，比2010年增加15人。

成人高考

【概况】 2011年，云南省成人高考报名97 027人，其中，专科起点升本科36 363人，高中起点升本科7 327人，高中起点升专科53 337人。实际录取83 233人，其中，专科起点升本科30 230人，高中起点升本科5 604人，高中起点升专科47 399人。另，录取成人中专免试生793人。

【分省计划编制改革试点】 2011年，云南省列入教育部成人高考分省计划编制改革试点省份。分省计划编制基本解决了计划总量、院校计划、专业计划、考生群体和社会需求之间的平衡，使得计划编制更加符合经济社会对人才培养的需求和考生对成人高等教育的需求。

中等职业学校招生考试

【概况】 2011年，教育部下达云南省的中职招生计划25万人，中专、职高、技工学校、五年制大专共录取259 305人，完成招生计划。

【进一步完善“高中阶段教育招生管理系统”】

2011年，云南省招生考试院投入100多万专项资金，进一步完善“高中阶段教育招生管理系统”。该系统通过互联网开展高中阶段招生相关工作，提供报名、征集志愿、投档、录取、电子注册等功能。2011年网上报名注册考生569 500

人、各级招办管理单位151个、管理人员2 784人以及各类高中阶段招生学校（包括五年制高职、高中、中专、职高、技校等）779所。

自学考试

【概况】　2011年，云南省组织4次自学考试，共开考70个专业（包括本科专业33个，专科专业37个），有106 956人次报考249 179科次，全年审核办理自考毕业证5 780个。

【调整专业结构】　从2011年1月的自学考试开始，云南省增加开考市场营销、公共关系、人力资源管理、农学、园林5个独立本科段专业，为本省高职高专在校生通过自学考试升本科搭建桥梁。

非学历教育考试

【全国大学英语四六级考试】　2011年，全国大学英语四、六级考试云南省报考323 273人次，比2010年增加31 795人次，增幅10.9%。

【全国计算机等级考试】　2011年，全国计算机等级考试云南省报考107 485人，16个州（市）共设立考点67个。

【全国英语等级考试】　2011年，全国英语等级考试云南省报考5 733人，16个州（市）共设立考点34个。

【全国剑桥少儿英语学习系统】　2011年，云南省招生考试院对剑桥少儿英语学习系统培训机构的办学性质、收费标准、师资力量、办学场地以及规范管理等情况进行了重新审核，审核合格的培训机构共13个。全年举办两期教师和考官培训，全省获OE考官证的有102人，教官证的有226人。全年组织两次考试，有1 694人参加并获证书。

【全国中小学教师教育技术水平考试】　2011年，全国中小学教师教育技术水平考试云南省报考49 925人，比2010年增加17 187人。新增临时考点10个。

【汉语能力测试试点】　2011年，云南省被列入汉语能力测试试点省份。全省共有479人参加汉语能力测试，其中参加四级考试168人，五级考试311人。

供稿：云南省招生考试院
撰稿：王　建
审稿：朱华山　胡　雷

陕　西　省

综　述

【概况】　2011年，由陕西省教育招生考试部门负责组织的教育招生统一考试及证书类考试共36次，参加各类考试的考生总计2 759 448人次。

【国家教育考试标准化考点建设】　根据教育部、财政部《关于大力推进国家教育考试标准化考点建设工作的通知》，2011年陕西省编制《陕西省国家教育考试标准化考点建设规划和实施方案》，争取国家奖励和补助资金近8 000万元。

【完善信息管理工作规章制度】　为适应网络化管理的招生信息管理，确保各类招生考试信息安全，2011年制定《陕西省招生考试信息管理工作实施细则（试行）》、《机房与信息系统管理操作规程》、《陕西招生考试信息管理与服务平台工作应急预案》，做到了信息安全保障制度化。在普通高校招生、成人高校招生、自学考试、学业水平考试、自考办证等各项日常工作中，均实现了网络信息化管理，并按照有关部门要求，开展了信息系统安全等级保护专项工作。

普通高考

【概况】　2011年，陕西省普通高考报名383 932人，其中统考生375 681人，比2010年增加6 799人；"三校生"单招考生8 251人。统考生中，应届高中毕业生280 578人，往届生95 103人；男生192 691人，女生182 990人；文史类考生108 809人，理工类232 619人，体育类7 949人，艺术（文）类19 941人，艺术（理）类6 363人。

全国1 553所高校在陕西省计划招生243 503人，其中全国统招计划238 391人，"三校生"单招计划5 112人。统招计划中，本科126 441人，高职（专科）111 950人。各科类招生计划分别为：文史类69 835人，理工类157 544人，体育类1 514人，艺术（文）类7 880人，艺术（理）类1 618人。

全国高校在陕西省实际录取257 167人，录取率67.0%。其中，全国统招录取251 935人（本科146 268人，高职（专科）105 667人），录取率67.1%；"三校生"单招录取3 373人；国家示范性高职院校单独招生录取1 859人。全国统招新生中，文史类85 251人，理工类155 955人，体育类1 708人，艺术（文）类7 987人，艺术（理）类1 034人；定向生320人（含定向西藏就业、免费医学定向）；男生118 818人，女生133 117人；应届高中毕业生167 829人，往届高中毕业生84 106人。

【加强报名资格审查】　2011年，陕西省高考继续实行网上报名，同时加强资格审查，严防“高考移民”。印发《关于做好2011年陕西省普通高校招生考试报名工作的通知》（陕招办［2010］48号）文件，对报名条件提出具体要求。各市、县（区）招办严格落实陕西省“考生户籍和高级中等教育学籍均在陕3年以上”和“所有高级中等教育学校毕业生都必须在户籍所在县（区）报名”的规定。认真复查考生在陕西省常住户口年限、学历、学籍档案等情况，重点排查使用外省身份证、没有使用二代身份证以及持有非本县（区）学籍档案的考生，严查高考移民和伪造学籍等违规报名现象。

【艺术类招生考试改革】 按照教育部进一步推进艺术类招生考试改革的要求，2011年陕西省播音编导类专业基础课实行全省统考，音乐舞蹈类、表演及其他类实行省内院校联考，初步实现了艺术类专业课考试统一管理的格局。制定印发《2011年陕西省普通高校艺术类招生美术类专业课统考实施细则》、《2011年陕西省普通高校艺术类招生播音编导类专业课统考实施细则》、《2011年陕西省普通高校艺术类招生省内高校音乐舞蹈类专业课联考报名考试办法》、《2011年陕西省普通高校艺术类招生省内高校表演及其他类专业课联考报名考试办法》，进一步规范艺术类专业课考试。

【考试安全有序】 2011年，陕西省印发《关于做好2011年陕西省普通高校招生考试工作的通知》（陕招办［2011］20号），考前周密部署以应对突发事件；组织专门力量对高考视频监控录像进行全面检查，检查覆盖全省所有351个考点，13 211个考场，53 254个场次；考试过程中，所有考点安装无线电信号屏蔽设备，随机调换监考员，并实行联网全程视频监控，有效防止了考试违纪作弊，全省各类违规人数大幅下降；考试结束后，组织专人对全省所有考点考试期间的监控录像回放复查，合计检查考场监控录像时长133 135小时，发现疑似作弊2 600例，查处考试违规22人。

【完善网上评卷】 总结近年来网上评卷的经验，进一步完善网上评卷管理办法，确保评卷质量。成立陕西省普通高校招生考试评卷委员会，明确工作职责，各评卷院校加强领导，认真做好评卷人员选聘、评卷任务分配、岗前业务培训、评卷进度及质量监控、安全保密和后勤保障等工作，确保所有评卷教师较好地掌握评分标准，做到给分有据、宽严适度、始终如一。

【加强录取管理】 2011年，陕西省继续实行考生“知分、知位、知线”后填报志愿，一本、二本、三本、高职（专科）四个批次实行平行志愿投档录取方式。录取过程中加强管理，规范程序，完善志愿填报系统，严格培训工作人员，狠抓责任落实，根据模拟投档情况制定相应预案，确保平行志愿投档录取工作平稳、顺利进行。

【加大信息公开力度】 通过陕西招生考试信息网和招生考试特刊，及时发布政策信息，公示享受照顾政策的考生名单。按时公布艺术类专业课成绩、高考成绩，并以新闻发布会的形式向社会发布高考录取分数线。通过网络和短信平台为考生免费提供投档轨迹、录取结果和征集志愿等提示信息。从公布高考成绩到录取结束，共向考生免费发送提示和告知信息234万余条。

【普通高中学业水平考试概况】 3月，陕西省普通高中学业水平考试举行，开考物理、化学、生物、地理、历史、思想政治、通用技术7科，考生可根据个人情况自行选择参加考试的科目。全省报考327 970人，2 122 184科次。其中，物理报考300 113人，化学301 413人，生物301 743人，地理301 591人，历史302 498人，思想政治308 576人，通用技术306 250人。全省共设108个考区，326个考点，10 431个考场。按照《2010年陕西省普通高校招生考试改革方案》，考生的学业水平考试等第和综合素质评价是高校录取的重要参考依据。

研究生招生考试

【概况】 2011年，陕西省24个博士生招生单位报名6 957人，实际录取3 499人，比2010年增加2.34%。

陕西省25个硕士生报名考试点接收报名67 107人，比2010年增加1 691人，增幅2.58%；全国报考陕西省57个硕士生招生单位的考生72 046人，比2010年增加6 160人，增幅9.35%。实际录取27 842人，比2010年增加3.12%，其中，学术型学位录取19 463人，占录取总数的69.91%；专业学位录取8 379人，占录取总数的30.09%。

【报名有序进行】 印发《关于做好2011年硕士研究生招生考试报名工作的通知》（陕招办［2010］37号），各报考点对相关工作人员进行业务培训，做好应届本科毕业生预报名工作。在报名工作开始前完成硕士生招生专业目录的网上编制，建立考生报名信息库。各报名点制作报名流程图、报名须知、报名注意事项等，并设专人现场咨询，做好报名现场确认工作。

【多措并举，确保考试安全】 印发《关于做好2011年陕西省硕士研究生招生考试工作的通知》和《2011年陕西省硕士研究生招生考试试题保密室检查方案》，完善安全保密规章制度。针对硕士研究生招生全国统考试卷数量大、运转程序复杂、经手人数多的特点，完善试题安全保密实施办法，细化各种数据报表，规范操作规程；针对硕士研究生试卷种类多、每份试卷独立封装的特点，使用规范统一的试卷统计表、试卷交接清单、试卷使用情况审核表，严格按照试题印制、封装、保管、交接等环节的操作程序，规范实施。逐级签订安全保密协议书，确保岗位责任明确、相关措施落实到位。

【坚持评卷标准】 印发《关于做好2011年硕士研究生招生考试评卷登分工作的通知》，制定《评卷工作要求》、《学科评卷小组组长职责》、《评卷员守则》等相关规定，评卷工作采取集中阅卷、封闭式管理方式，按照“公平、公正、准确”的评卷原则，切实做到“统一标准、宽严适度、始终如一、给分准确、记分无误”。

【推进复试改革】 印发《关于做好2011年硕士研究生复试录取工作的通知》（陕招办［2011］7号），要求各招生单位进一步加强和规范复试工作，进一步深化复试改革，提高复试质量，探索建立不拘一格选拔优秀人才的机制。要求各招生单位在复试过程中引入教育评价和心理测量方法，考查考生的综合素质和创新能力，确保复试公平、公正。

【免试生推荐】 印发《关于做好2011年硕士研究生招生推荐免试工作的通知》（陕招办［2010］36号），完善检查程序和办法，对推荐单位提出了明确的要求，特别对具有文艺、体育及社会工作特长的学生推荐，提出了严格限定并严格审查。教育部下达给陕西省招生单位2011年的推免生名额为5 245人，实际录取5 157人。

【完善录取检查机制】 2011年，陕西省在录取检查中坚持质量标准，宁缺毋滥，对生源不足或生源质量不达标的绝不降格照顾，不以牺牲质量求规模；坚持改革导向，对参加初试科目改革的招生单位协助其做好调剂工作；坚持计划检查和政策检查相结合，维护招生计划和政策的严肃性。对生源质量好、调剂压力大的单位，通过申请增加计划进行适当调剂；实行录取检查审批电子签名方式，保证录取结果的公平、公正。

成人高考

【概况】 2011 年，陕西省成人高考报考 97 106 人（含免试生 73 人），较 2010 年减少 9 489 人，降幅 8.9%。其中，专科起点升本科报考 23 434 人，较 2010 年增加 2 758 人；高中起点升本科报考 4 395 人，较 2010 年减少 1 631 人；高中起点升专科报考 69 204 人，较 2010 年减少 10 643 人。

全国 98 所成人高校计划在陕西省招生 68 029 人。其中，专科起点升本科 17 213 人，高中起点升本科 2 493 人，高中起点升专科 48 323 人。实际录取 57 213 人，完成招生计划的 84.1%。在录取的新生中，专科起点升本科 14 030 人（含免试生 61 人），完成招生计划的 81.5%；高中起点升本科 2 308 人，完成招生计划的 92.6%；高中起点升专科 40 875 人，完成招生计划的 84.6%。

【计划管理】 2011 年是陕西省实施“成人高校报名办法和分省招生计划编制改革”试点工作的第一年。按照教育部的要求，对招生计划汇总和调整，实行计算机异地远程网络管理。通过网上与各招生院校联系，认真核对和整理招生计划，确保准确无误。同时加强对各市（区）招办分管主任、主管考务的工作人员和计算机技术人员的业务培训，制定 2011 年成人高考工作目标管理责任书，从省、市、县招办到各考点逐级签订，落实责任。

【考试安全】 2011 年，陕西省成人高考所有考场均设在标准化考点，实行全程监控录像和教育部、省、市（区）视频监控平台网上巡查。同时，陕西省无线电管理委员会及其下属部门，配合各市（区）加强考点周边环境异常信号监测力度，共查处违规考生 809 人，其中违纪考生 128 人，作弊考生 681 人。对所有违规考生，取消了录取资格。

普通高等教育专升本考试

【概况】 2011 年，陕西省 21 所院校、54 个专业计划招收普通高等教育专升本学生 5 440 人，比 2010 年减少 565 人。其中，文史类 2 020 人，外语类 495 人，艺术类 120 人，理工类 2 235 人，医学类 570 人。全省 80 所生源学校共计报考 19 104 人，比 2010 年减少 18 人，其中，文史类报考 7 170 人，理工类报考 6 267 人，外语类报考 2 505 人，艺术类报考 805 人，医学类报考 2 357 人。实际录取 4 936 人，完成招生计划的 90.74%，录取率为 25.8%，其中，文史类录取 1 872 人，完成计划的 92.7%；外语类录取 497 人，完成计划的 100.4%；理工类录取 1 940 人，完成计划的 86.8%；医学类录取 564 人，完成计划的 98.9%；艺术类录取 63 人，完成计划的 52.5%。

【报名宣传】 按照“以人为本，服务考生”的原则，及时在网上发布专升本招生政策、招生计划、信息标准、考试和信息填涂须知等信息，指导考生填涂《报考资审表》、《报名信息卡》的相关内容。对考生进行诚信考试教育，签订《考生诚信考试承诺书》。组织考生办理集体报名手续，报名现场实行信息采集、数码照相、签字确认。

初中毕业升学考试及中等职业学校招生

【概况】 2011 年，陕西省中考报名 444 286 人。职业技术学院、普通中等专业学校在陕西省计划招生70 629人，其中五年制高职计划招生13 200人，普通中专计划招生57 429人。截至11月共录取60 734人，其中五年制高职22 733人，普通中专38 001人（含春季录取2 850人）。

【扩大招生规模】 为进一步扩大招生规模，采取以下措施：一是印发《关于做好2011年陕西省职业技术学院和普通中专艺术体育类专业招生工作的通知》，对中专报名、录取等工作进行全面的安排部署。二是及时公布中专录取计划，为考生填报志愿提供服务。三是8月中旬举办全省集中录取会，省、市各级都成立中考录取领导小组，制订切实可行的招生录取工作实施方案。四是改变工作思路，完善录取办法。采取集中录取与全年滚动式录取相结合、地市提供生源与学校组织生源相结合的方式，允许五年制高职按20%比例超录，三年制中专按30%比例超录，鼓励普通中专学校招收历届初中、高中毕业生；支持东西部学校联合办学。

自学考试

【概况】 2011年，陕西省自学考试开考99个专业（其中专科54个、本科45个）、890门课程，累计报考289 965人次，712 226科次。与2010年相比，报考人数减少99 277人次。

【专业建设】 坚持“优化结构，合理布局，科学论证，突出特色”的方针，合理调整专业结构，规范课程设置。一是根据劳动力市场对人才的需求状况，开考连锁经营管理、建筑工程管理、工程造价管理3个专科专业。二是根据考生规模的变化研究各专业的发展趋势，停考证券投资与管理、监所管理、体育教育、环境工程与管理、烹饪工艺、律师6个专科专业。制定《陕西省高等教育自学考试停考专业遗留问题处理办法》，妥善解决了停考专业的遗留问题。三是按照全国统一专业考试计划及本省实际情况，调整各专业的课程设置，及时变更部分非统考专业课程指定教材。

【综合改革试点】 为进一步拓展自学考试发展空间，构建多元评价体系，按照全国考办统一部署，陕西省于2010年开始进行自学考试综合改革试点工作。2011年试点工作在西京学院主考的3个专业中进行，试点对象为该校全日制在籍学生。截至2011年年底参加综合改革试点的学生已超过500人。

【加强考试管理】 一是加强领导，周密部署。年初召开全省考务管理工作会议，印发《关于做好2011年自学考试考务工作的通知》，安排部署全年考试管理工作。二是充分发挥联席会议的作用，开展考试综合整治，妥善应对突发事件。三是认真按要求选择考点，实行“教考职责分离”，原则上不在助学、办学单位设置考点，并逐步向标准化考点过渡。四是严格选聘监考员，并加强考务管理及反作弊技能的培训，确保合格上岗。五是加强监督检查，每次考试安排督查员分派到各市（区）开展监督检查工作，有效促进了考试管理和安全保密措施的落实。六是严肃查处考试违规者，监考员严格执行考试工作纪律，认真履行职责，对发现的违规考生做出处理，全年共处理违规考生860人。

【开展自学考试30周年纪念活动】 2011年是自学考试制度创立30周年，按照全国考办的统一部署，开展纪念庆祝活动。一是开展自学考试宣传年活动。制定并印发《2011年陕西省自学考试宣传方案》，以“继往开来，改革创新，科学发展，再创辉煌”为主题，多渠道、全方位宣传陕西自学考试30年来取得的辉煌成就，以及自学考试在构建终身教育体系和建设学习型社会中发挥的重要作用。要求各市（区）考办因地制宜，精心组织，开展形式多样的宣传活动，扩大了自学考试的社会影响。二是开展评优表彰活动。印发了《关于评选全国高等教育自学考试先进集体和先进个人的通知》，组织各市（区）考办、主考学校、助学组织认真做好评优工作，经过层层推荐，严格审查，共评出8个先进集体和16名先进个人参加全国评审。三是搜集、整理陕西省自学考试大事记条目和具有重大意义的宣传照片，全力配合全国考办举办自学考试30周年成就展、出版宣传画册等工作。

【社会助学】　一是做好2011年度自学考试助学组织的登记注册工作。印发《关于做好2011年度陕西省自学考试社会助学组织登记注册工作的通知》，要求各市（区）自考办对辖区内的助学组织进行登记和注册。二是积极探索自学考试学习服务中心建设工作。根据全国考办《高等教育自学考试学习服务中心试行办法》和《省、自治区、直辖市学习服务中心试点开展意见》，积极开展调研工作，认真学习其他省的成功经验，听取一些助学组织的意见，积极探索自学考试学习服务中心建设工作。

非学历教育考试

【概况】　2011年，陕西省非学历教育考试开考9个项目，全年组织18次考试，累计参加考试的考生348 455人次。

【加强考试管理】　一是加大对考点落实考务管理规定情况的检查力度，对于软、硬件达不到开考条件的考点给予撤销，对于存在违规、违章行为的考点给予限期整改的处理。2011年共撤销了11个全国计算机等级考点。二是重视考前考务培训。每次考试前，要求市级考试中心对考点开展考务培训，坚持在考试前通报上一次考试存在的问题，提出具体的要求和应对措施，避免管理漏洞。三是坚持考试值班制度。考试期间，实行省、市、考点三级值班报告制度，各级单位考试期间24小时专人值班，确保电话畅通，每天一报。

【考试环境综合治理】　一是要求各考点在考前要联合相关部门对校园考试环境进行综合治理，清理小广告，监控网络信息。二是人防、技防相结合。考试期间，每个考点安排一名督查员，值守考点。在笔试考场全面启用金属探测设备和无线电屏蔽设备，在机试考场和服务器机房全面启用视频监控。三是加强对考生的诚信教育。四是严格做好监考人员的选聘与培训工作。挑选政治、业务素质高，纪律性、责任心强的教师担任监考，集中培训和学习，增强防范考试舞弊行为的能力和意识。五是对于违纪事实，要严格按照违规违纪处罚规定予以处理。2011年下半年陕西省全国计算机等级考试100%笔试考场实施无线电屏蔽，85%机试考场实现视频监控，考风考纪得到有效维护。全年各项考试考风考纪良好，无重大违纪舞弊事件发生。

【加强培训】　于3月、6月、9月开办少儿剑桥英语口语考官和全国英语等级口语考官培训班，聘请专家培训剑桥少儿英语口语考官206人，英语等级口语考官52人。对中小学教师教育技术水平考试的新增考务管理员和系统管理员进行单独培训并发给上岗证。10月举办全国计算机应用技术考试考务管理与考试管理系统培训会，培训考务系统和考试系统管理员44人。

供稿：陕西省考试管理中心

撰稿：张军利　王　超

审稿：吴介军

甘　肃　省

综　述

【概况】　2011年，甘肃省报考各类高、中等学校考生共计440 757人，实际录取311 263人；高等教育考试报考132 598人次、325 044科次，全年毕业生12 761人；非学历教育考试报考555 468人次，

【考试安全】　2011年，按照教育部《国家教育考试考务安全保密工作规定》，结合甘肃省实际，要求各地对考试安全保密工作进行全面、彻底的自查。省招办会同保密、公安等部门，在考前对辖区考试系统的安全保密工作进行全面检查，经验收合格后才能投入使用。全省各级招办主动会同保密、公安部门，对试卷保密室进行检查验收。省、市、县三级高考试卷保密室都基本达到标准，全部具备“三铁”、“四防”、“两监控”条件。在省、市、县三级保密室和值班室启动远程视频监控系统，实施全天候值班和视频监控。增加武警总队、省通信管理局、省体育局、省人口委和省科协五部门为省招委会成员单位。建立甘肃省国家教育统一考试成员单位制度，主要负责加强全省国家教育统一考试工作的统筹协调，及时研究解决考试环境综合整治工作中的有关问题，指挥调度、妥善处置各类突发事件。各地普遍建立考试安全预警机制，对招生考试的试卷安全、考试期间发生自然灾害、传染性疾病以及网络安全等突发事件有应对措施。严格执行值班报告制度，发现重大问题，在第一时间准确上报情况，并根据应急工作预案，快速处理，防止事态扩大。

普通高考

【概况】　2011年，甘肃省普通高考报名297 396人，实际录取209 843人，比计划增加32 165人，录取率71%。其中，本科共录取106 233人，占录取人数的51%；专科（高职）录取103 610人，占录取人数的49%；理工类录取119 716人，文史类录取72 320人，体育类录取3 021人，艺术类录取14 786人。“三校生”报名9 791人，实际参加考试8 975人，录取6 674人，录取率74%。

【实施网上征集志愿】　2011年，甘肃省实施网上征集志愿。完善软硬件建设，健全网上征集志愿的各项规章制度，做好维护数据安全和网络畅通。在高考录取过程中，实施6次征集志愿，最大限度地提高考生志愿的满足率，减少了招生计划的浪费。

【使用统一考试用具】 为防范和打击非法兜售和使用作弊工具的行为，2011 年甘肃省在普通高考中统一考试用文具。各级招生部门按照甘肃省招生委员会的要求，制定了统一使用文具的实施细则，加强了对考点及监考教师的培训，做好文具的采购、保管、分发和管理。同时，各级招生部门也对做好统一使用文具做了大量宣传，每位考生明确考试时只需携带身份证、准考证进入考场，其他任何物件不得带入考场，违反者一律按照考试违规处理。高考结束后，违纪作弊考生从 2010 年的 58 人下降到 37 人，打击利用高科技手段进行高考作弊取得明显成效。

【藏文考试实现网上评阅】 2011 年，甘肃省藏文高考试卷采用网上评卷。至此，甘肃省高考所有科目全部实现网上评卷。

【“三校生”招生考试改革】 2011 年，甘肃省招生委员会、省教育厅下发《关于甘肃省普通高等教育对口招收中等职业学校学生招生考试制度改革的通知》，对“三校生”招生考试进行两方面的改革：一是考试科目由 5 科调整为 3 科。继续进行专业基础课综合、专业课综合考试（技能水平测试）两科考试，语文、英语和数学 3 门公共课合并为文化综合素质测试，增大专业技能课程比重。二是调整“三校生”招生方式。按照考试科目和招生专业相同或相近的原则，对口招生“三校生”分类按本科四大类、专科七大类编制计划和录取。同时，按照划定的“三校生”本科控制线及专科（高职）参照线进行录取。

【调整专科录取批次】 2011 年，甘肃省将专科一批和专科二批合并为一个批次录取，即专科（高职）批。专科（高职）批的合并，方便考生填报志愿和组织录取工作。

【建立防范和打击高科技手段考试作弊】 2011 年，甘肃省招生委员会、省教育厅和省公安厅联合下发《关于严厉打击在国家教育考试中贩售作弊工具及利用高科技手段作弊行为的通知》，要求各地教育部门、公安部门严厉打击利用现代化通信手段进行高考作弊行为。继续在所有高考考场使用手机信号屏蔽器和无线耳机探测仪，省无线电管理委员会积极配合，采用无线信号检测车进行巡回监测，防止和阻断高科技作弊；各级招生部门指定专人对互联网实行监控，对出现的有害信息及时上报，采取有效技术手段，净化网络环境。

【普通高校专升本招生考试概况】 2011 年，甘肃省普通高校专升本招生考试共有 4 385 人报考，计划招生 1 500 人，实际录取 1 496 人。

研究生招生考试

【概况】 2011 年，甘肃省硕士研究生招生报考 27 476 人，实际录取 8 536 人；博士研究生招生报考 2 057 人，实际录取 920 人。

【确保网报信息准确无误】 2011 年，甘肃省采取以下措施保证网上报名的信息准确无误：一是及时准确发布招生专业目录和报考公告须知；二是组织网报演练、预报名演练、现场模拟确认演练，进行自检互检；三是向社会公布有关报考信息和要求，随时监控，发现上传数据错误及时向考生反馈；四是各报考点统一下载考生报名数据，做好报名现场确认。

【加强考试过程管理】 2011 年，甘肃省针对硕士研究生入学考试下发《关于印发 2011 年甘肃省硕士研究生招生统一考试考风考纪教育公告的通知》、《关于甘肃省国家教育考试中对入场考生进行安全检查的通知》、《关于做好 2011 年甘肃省硕士研究生招生全国统一考试考务工作的通知》，统一对接送试卷、考试督察、考试安全类突发事件应急处置预案、考试实施程序及规范化用语、考场偶发事件处理以及金属探测器的使用规范等考试环节作出具体规定，要求各考点严格贯彻执行，切实加强和规范了考试各环节的管理，确保考试安全顺利实施。

【强化和规范复试管理】　各招生单位成立复试领导小组，制定明确的复试程序、办法和要求；实行差额复试；面试时，必须有三名以上教师同时在场；规范破格复试程序，2011 年招生单位申请破格考生 127 人，省招办主任办公会议审核批准破格考生 96 人。

成人高考

【概况】　2011 年，甘肃省成人高考报名 51 234 人，全国有 99 所各类成人高等学校在甘肃省招生，实际录取 42 237 人，录取率 82.44%。其中，专科起点升本科录取 15 815 人，高中起点升本科录取 1 088 人，高中起点升专科录取 25 334 人。

【招生计划改革】　2011 年，甘肃省进行考生志愿填报时间和分省分专业计划编制方式的改革，有效解决成人高等教育社会需求多样性和考生群体不确定性所带来的专业结构、区域结构和计划层次结构等矛盾。通过这次改革，基本上解决了个别层次、个别专业计划“倒挂”的矛盾。

【实施网上报名改革】　2011 年，甘肃省成人高考实行网上报名。

【民族地区乡镇卫生技术人员成人学历教育招生】

2011 年，甘肃省民族地区乡镇卫生技术人员成人学历教育招生报名 51 人，录取 47 人。

普通中专招生考试

【概况】　2011 年，甘肃省普通中等专业学校报考 58 209 人，实际录取 45 403 人，完成招生计划的 72%。

【加强招生宣传】　组织市州招办和招生学校制定宣传计划，采取各具特色、灵活多样的招生宣传形式，深入农村、乡镇、中学开展卓有成效的宣传。开展普通中等专业学校招生宣传工作，进一步增强中等职业教育的吸引力。

【扩大五年制高职和“3＋2”大专班招生计划】

2011 年，甘肃省五年制高职大专班和“3＋2”班计划招生 3 864 人，但报名近万人。为满足学生上学愿望，省招办积极联系学校，鼓励学校扩大招生计划数，使最终录取人数达 8 984 人，增招 5 120 人。

【改革招生制度】　为促进甘肃职业教育发展，调整高中阶段教育结构和高等职业教育生源结构，逐步构建职业教育高考立交桥，切实解决甘肃省中等职业学校招生难、升学难的现实问题，甘肃省招办积极配合省教育厅推动中等职业学校对口升学考试制度改革。主要在考试类别、考试科目、考试内容、考试时间等方面进行改革。调动了应届、往届初中毕业生、社会青年等选择读中专的积极性。

自学考试

【概况】　2011 年，甘肃省共组织高等教育自学考试 6 次，开考专业 134 个，其中本科（本科段）82 个，专科 52 个。4 月报考 60 754 人次、156 951 科次，7 月报考 18 126 人次、27 319 科次，10 月报考 52 749 人次、138 787 科次。此外，中英合作商务管理专业（专、本科）1 月报考 458 人次、952 科次，7 月报考 404 人次、906 科次；8 月英语专业口语、听力考试报考 107 人、129 科次。

【制度建设】 为适应自学考试实行网上评卷后带来考务管理的新变化，重新修订《甘肃省高等教育自学考试考务管理工作手册》和《自学考试网上评卷手册》并下发执行。为进一步加强办公室“视频会议系统”、“远程监控系统”以及“自学考试网站”的管理，提高使用效率，确保考试顺利实施，特别制定出台《甘肃省高等教育自学考试办公室视频会议系统管理办法》、《甘肃省高等教育自学考试办公室远程监控巡查系统管理办法》、《甘肃省高等教育自学考试网站管理办法》。为全面落实教育部考试中心《关于进一步加强国家教育考试诚信档案管理工作的通知》精神，抓紧建设甘肃省国家教育自学考试考生诚信档案管理制度，下发《关于加强甘肃省高等教育自学考试诚信档案管理工作的通知》。

【现代化手段防范作弊】 2011 年，甘肃省实现省自考办与全省各级试卷保密室的远程电子监控。考试期间，继续运用现代化技术，加大对考点、考场的管理力度，由专人监控网上有害信息。所有考场使用手机屏蔽仪。考试期间出动无线电信号监测车，对有害信号进行压制和干扰，有效防范和遏制了利用手机等现代通信工具作弊现象的发生。

【做好社会助学组织登记注册备案】 2011 年，甘肃省对助学组织的基础信息进行采集、登记、注册、统计。审核确定 22 个自学考试社会助学单位，其中普通本科院校 13 所，高职高专院校 5 所，中专学校 4 所。

【兰州命题中心命题】 2011 年，兰州命题中心完成全国统一命题 16 门课程、378 套试卷，完成省级命题 534 门课程的命题任务。

【信息化建设】 2011 年，甘肃省自学考试在籍考生数据库和考务、考籍管理系统升级改造取得较大进展，在应用型新生注册中已全面应用。改版并重新开发“甘肃自学考试信息网”系统，信息网改版后仍分内网和外网两个系统，内网注重内部工作管理，外网注重对社会的宣传、服务。从下半年开始，自考全面实现网上评卷。

非学历教育考试

【概况】 2011 年，甘肃省全国大学英语四、六级考试报考 328 658 人次；全国高校英语应用能力考试报考 69 887 人次；全国计算机等级考试报考 143 489 人次；全国英语等级考试报考 6 256 人次；全国计算机应用技术证书考试 5 226 人次；剑桥少儿英语全国统一考试报考 795 人次；餐饮管理等 4 个专业资格证书考试报考 1 157 人次、1 934 科次；教师资格证书全年 3 次考试，共计报考 43 824 人次、76 678 科次。

【进一步规范全国计算机等级考试的管理】 2011 年，甘肃省教育厅发文《关于进一步加强全国计算机等级考试管理工作的通知》，进一步规范全国计算机等级考试的管理。增设兰州理工大学和兰州交通大学为全国计算机等级考试考点。

供稿：甘肃省高等学校招生办公室
　　　甘肃省高等教育自学考试办公室
撰稿：李晓冬　王　林　赵　俊　杨宏剑
审稿：王德安　董首昌　李小平

宁夏回族自治区

综　述

【概况】　2011年，宁夏教育考试院承担26项国家和自治区教育统一考试的报名、命题、制卷、施考、阅卷以及招生录取、毕业证颁发等工作。全年考试工作安全保密万无一失，考场组考秩序良好，招生录取公正透明，充分发挥信息管理系统和国家教育考试考务管理网上巡查系统技术优势，提高了工作效率和工作质量。

【信息化建设】　2011年，宁夏教育考试院继续加强信息化建设，在2010年实现网上实时巡查和普通高考网上填报志愿、成人高考网上报名的基础上，完成自学考试网上报名子系统和普通高中学业水平考试管理子系统的软件研发工作；建立普通高中学籍和学业水平考试考籍信息化管理平台，为实现普通高中学籍、考籍网上注册提供了技术保障。截至2011年年底，宁夏考务管理子系统已经可以满足各类教育考试招生网上报名、资格审查、计划管理、考务管理、志愿填报、信息管理和数据统计等业务需求。

【标准化考点建设】　2011年，宁夏教育考试院对全区国家教育考试管理信息化建设进行整体规划，抓住国家“二期项目”建设的机遇，完成国家教育考试标准化考点建设规划及方案的编制、送审及报批工作，争取到国家财政专项建设奖励资金4 000万元，首期已拨付1 600万元。该项目五个子系统建成后，将覆盖宁夏全区各类国家教育考试考点。

【考试安全】　2011年，进一步加强国家教育考试安全保密教育，明确和强化教育考试机构、学校以及参与考试组织实施的工作人员的安全保密责任和责任追究制，确保各项安全保密责任落到实处；加强全区各级试卷保密室的安全保密工作检查，继续坚持所有保密室远程监控、所有市县级考务指挥中心、省级考务指挥中心联网工作，继续坚持所有考点考场远程监控以及所有监控点实时录像管理。在各类教育考试实施中，进一步完善考试安全保密突发事件应急处置预案，切实做到安全保密责任目标明确，管理操作规范有序，监督保障不留死角。全年没有发生一起试题、试卷失泄密等安全保密责任事故。

【考风考纪】　2011年，宁夏教育考试院将考风考纪整肃工作，作为各类教育考试考务管理工作的重点，严格组织管理，逐级签订考风考纪管理目标责任书，实行一把手负责制；强化业务培训，加强职业道德教育和诚信教育；强化自治区厅际联席会议各成员单位整体联动工作机制，加大教育考试环境综合治理力度，把利用网络诈骗、现代通信工具作弊和替他人代考等违规舞弊行为，作为重点防范和打击的对象，所有考生报名时均须签订诚信考试承诺书，全年各类考试考风考纪进一步好转，各类教育考试秩序良好。

第一，健全制度。2011 年，自治区教育工委、教育厅出台《关于对我区普通高校学生参与各类国家教育考试舞弊行为予以严肃处理的通知》（宁党教工委［2011］8 号），建立了区属高校对违规考生处理结果备案制度。对教育考试招生工作中出现的资格作假、考场舞弊等违规行为依法依规实行“四取消”的实时查处制度。

第二，充分利用国家教育考试网上巡查系统，对全区所有考场进行远程监控和实时录像，使用金属探测仪对所有考生进行安全检查，利用无线电侦测车对疑似信号及时阻断干扰，防范和杜绝大面积舞弊和团伙作弊事件的发生。

2011 年，自治区在各类教育考试中依照《国家教育考试违规处理办法》共处理违规考生 862 人。其中，硕士研究生招生考试处理 13 人，普通高考处理 12 人，成人高考处理 122 人，自学考试处理 668 人，普通高中学业水平考试处理 47 人。

普通高考

【概况】 2011 年，宁夏普通高考报名 60 166 人，比 2010 年增加 2 962 人。其中，少数民族考生 15 715 人，占报名总数的 26.12%；回族考生 15 012 人，占报名总数的 24.95%。全区设考区 23 个、考点 52 个、考场 2 026 个，有近 6 000 名工作人员参与考务工作。

2011 年，宁夏普通高校招生计划 42 241 人，实际录取 45 142 人，录取率 75.03% ，为宁夏普通高考录取历史最高水平。其中，一批本科录取 7 358 人，录取率 12.23%；二批本科录取 10 979 人，录取率 18.25%；三批本科录取 6 067 人，录取率 10.08%；四批录取 20 738 人，录取率 34.47%。少数民族考生本科二批以上层次录取 5 772 人，超额计划 402 人。

【加强报名资格审查】 2011 年，宁夏在普通高校招生中首次实行网上报名。继续完善有关报名资格审查的制度建设，制定《关于做好我区 2011 年普通高校招生考生报名资格审查工作的通知》和《关于做好我区 2011 年普通高校招生报名工作的通知》，继续执行普通高考报名资格自治区抽查复审通报的工作机制，制定实施《在宁大型企业员工子女参加我区普通高考报考资格的若干规定》，规范外来大型企事业单位（公司）员工子女在宁参加高考的问题。

在 2011 年高考报名资格审查中，取消 31 名不符合宁夏报考规定的考生报名资格，1 051 名考生依据规定限报了区内高校，并由考生本人签订了限报承诺书，88 名考生弃考。

【扩大区属国家示范（骨干）高职院校自主招生改革试点范围】 根据《宁夏回族自治区高等职业技术学院自主招生试点工作管理暂行办法》（宁招委［2011］1 号）规定，进一步规范区属国家示范（骨干）高职院校自主招生行为。在 2010 年试点的基础上，高职院校自主招生改革试点学校由 1 所增加到 3 所，录取 350 名考生，完成单独招生录取工作。

【面向中南部地区生态移民子女考生高中阶段毕业自主招生注册入学录取模式改革试点】 制定《宁夏区属高职院校面向中南部地区生态移民子女考生高中阶段毕业自主招生注册入学录取模式改革实施方案》（宁招委［2011］4 号），并采取多种措施，完成《宁夏“十二五”中南部地区教育移民实施方案》确定的年度生态移民子女考生高校招生录取计划。2011 年，参加普通高校招生全国统一考试的生态移民子女 2 325 人，实际录取1 630人，录取率为70.1%。其中，本科录取646人，高职专科录取984人。

【调整高考加分照顾政策】　制定《宁夏回族自治区普通高考录取照顾政策调整方案》，对全区高考现行政策性照顾加分项目、分值及相关约束条件进行调整和规范。该方案经自治区招生委员会审议，并报教育部核准备案，将从2014年起执行。

【启动普通高等教育专科升本科招生试点】　制定和印发《宁夏回族自治区普通高等教育专科升本科招生试点工作方案》（宁教高〔2011〕170号）、《宁夏回族自治区普通高等教育专科升本科招生试点工作实施办法》（宁教考院〔2011〕128号）。该项试点搭建了职业教育与普通高等教育本科沟通的桥梁，构建了不同类型高等教育相互衔接的教育体系。

【普通高中学业水平测试概况】　2011年，宁夏普通高中学业水平文化课考试60 277人报考物理、化学、生物、政治、历史、地理6个学科共计196 947科次；45 082人参加物理、化学、生物3个学科共计135 246科次的普通高中学业水平实验操作考查。全年为43 086名修满规定学分、学业水平考试成绩合格、符合毕业标准的普通高中学生颁发了毕业证书。

研究生招生考试

【概况】　2011年，宁夏报名参加全国硕士研究生入学统一考试的考生4 725人（包括推免生266人），考试在银川市的3个标准化考点进行，设考场290个。监考人员、考务工作人员和自治区派巡视和督察人员520人，无线电管理部门派出16人，公安部门派出22人。

2011年，宁夏硕士研究生招生计划1 275人，实际录取1 284人。博士研究生招生计划25人，实际录取25人。

成人高考

【概况】　2011年，宁夏报名参加成人高考的考生共有33 122人，比2010年增加8 494人，增幅34.5%。其中，专科起点升本科报考10 642人，高中起点升专科报考22 014人，高中起点升本科报考466人。确认推免生312人，免试生19人。全区设18个考区、34个考点、1 110个考场。监考教师及工作人员2 600多人，区派巡视员48人。考试中有122名考生违规，违规率千分之四。

2011年，宁夏成人高校招生总计划18 743人，比2010年增加8.5%；实际录取27 985人，录取率为84.49%。

【完善网上报名】　2011年，采取以下措施完善网上报名工作：第一，修改和完善网上报名系统；第二，对网上报名系统操作人员进行全面的专业操作培训；第三，通过宁夏教育考试院信息网，对网上报名的要求、操作要领、工作安排等进行全方位的讲解宣传；第四，对考生在网上报名注册和报名确认过程中出现的疑难问题和操作错误，进行认真细致的解答或修正。

普通中专招生考试

【概况】　2011年，宁夏普通中等专业学校招生计划25 267人，其中，区内普通中等专业学校招生计划21 700人，区外普通中等专业学校招生计划3 567人。实际录取12 310人。

自学考试

【**概况**】 2011年，宁夏共有29 858人参加了96个专业、292门课程、共计60 677科次的高等教育自学考试；41 569人次参加实践环节课程考试；3 282名考生修完全部课程，获得毕业证书。

【**构建多元考核评价机制**】 制定《宁夏高职（专科）院校在校生衔接自学考试本科的考核办法》（征求意见稿）和《宁夏高等教育自学考试实践性环节考核实施细则》（征求意见稿），为高等教育自学考试专科层次学生继续向本科层次学习搭建平台，弥补普通高等教育专科升本科招生专业不能全覆盖的不足，对促进宁夏高等教育自学考试本科教育和高职院校健康发展具有重要意义。

非学历教育考试

【**概况**】 2011年，宁夏有31 687人参加全国计算机等级考试，61 714人参加全国大学英语四、六级考试，223人参加全国英语等级考试，411人参加物流管理、采购与供应两个职业资格证书课程考试。

供稿：宁夏教育考试院

撰稿：李幸福　王　治　杨　榀

审稿：戴冰青　张文国　李传武　黄　鹏

新疆维吾尔自治区

普通高考

【概况】 2011 年，新疆共有 14.77 万名考生报名参加普通高考。全区设 55 个考区、175 个考点、6 153 个考场。考试期间查处 40 名违规考生，违规率 0.27‰。区内外普通高校在新疆计划招生 11.8 万余人，实际录取 11.4 万余人，录取率 77.2%。

【改革平稳实施】 2011 年，是新疆实施高中新课程改革后第一次高考，采取超量给题、考生选择答题的模式，考试科目、题型、结构都发生明显变化。通过强化宣传、精心组织，高考新方案顺利实施，单独报考艺术、体育类的考生只需考三门课程，外（汉）语听力考试暂停四年后恢复，外（汉）语听力考试成绩、考生学业水平考试成绩第一次提供给高校作为录取参考依据。顺利完成自治区新课程改革第一年高考的命（译）题工作，完成维语言、哈语言《考试大纲》的翻译、编辑，结合新课改目标，参考汉语言语文考试大纲，制定民语言命题科目考试大纲。

【首次实现网上报名】 2011 年，新疆首次全面实现网上报名、网上填报志愿，录取期间先后组织开展 4 次各语种本科层次、专科层次未完成计划网上征集志愿工作，全区共有 3.1 万余名考生补充填报志愿，有 8 700 余名考生重获高校录取机会。

【本科一批次全面实行平行志愿投档模式改革】

2011 年，新疆首次实施本科一批次平行志愿投档模式改革。改革后，本科一批次院校生源质量明显提高，文、理科最低录取分数线均较 2010 年明显提高，未出现名校断档现象，也未出现传统方式下最容易出现的考生志愿扎堆现象，志愿填报风险显著降低。

【增加两个录取批次】 2011 年，新疆普通高考录取中增设本科三批提前录取批次，同时将高职（专科）批次分为高职（专科）一批次和高职（专科）二批次录取。这一改革使院校层次分布更加明晰，最低投档控制分数线有明显的区分度，更多低分考生有了接受高等教育的机会。

【网上评卷更加严格规范】 2011 年，新疆普通高考继续实行网上评卷，严格选聘 850 余名教师评阅 59 万余份答题卡。评卷教师中，增加中学教师的比例，达到 44%。强化对各学科组的管理，加强对评卷人员的培训，强化网评过程和结果的检查与监督。

【多方位服务考生】 2011 年，新疆为考生提供多方位服务：（1）召开自治区2011年普通高校招生政策宣传视频会议，对新政策、新变化进行宣传和解读。（2）编印汉、维、哈三个语种的《自治区2011年普通高校招生考试宣传手册》，免费发放给各族考生及考务工作人员。（3）录取期间首次开通咨询专线电话，共接听、回复3.2万余个咨询电话。（4）坚持每天现场咨询接待考生、家长。（5）首次实现每天即时发布录取结果信息，方便考生第一时间查询录取结果。

【深入实施“阳光工程”】 2011年，新疆普通高考录取现场实行全封闭管理，武警多道哨位值守，纪检监察全程介入、监督。着力推动信息公开，录取期间组织3次录取现场开放日活动，召开3次新闻发布会，发布新闻通稿13篇，邀请考生及其家长、教师、招生系统行风评议员、新闻媒体代表观摩录取现场，新疆人民广播电台现场直播录取实况，教育厅领导、招办负责人作客新广行风热线节目。继续严格执行各项录取政策，取消267名假户籍、假学籍考生资格，录取中经查实取消30名考生的录取资格，会同工商等部门查处2个进行非法招生宣传和招生的工作站。

研究生招生考试

【概况】 2011年，新疆共有15 976人报名参加全国硕士研究生入学统一考试，比2010年增加675人。全国报考新疆12个招生单位的考生11 546人。新疆硕士研究生招生计划5 135人，实际录取4 977人。全区共设16个考点，528个考场，查处违规考生27人。

【及时出台相关规定】 2011年，新疆自治区招生委员会办公室下发《关于印发〈自治区2011年硕士研究生全国统一考试突发事件应急处置具体办法〉的通知》、《关于做好自治区2011年硕士研究生全国统一考试评卷工作的通知》等文件。

【发挥联席会议成员单位职能作用】 2011年，新疆继续发挥国家教育考试突发事件应急处置领导小组成员单位的作用，考试期间无线电管理部门共出动11辆检测车，使用11个固定监测站，173人次对考场周边环境进行检查。

【录取信息三级联检顺利通过】 2011年，新疆从严落实录取信息检查要求，破格比例降低至3.4%，拟录取考生名单顺利通过教育部录检系统。

成人高考

【概况】 2011年，新疆成人高考报名61 136人，比2010年增加6 473人，增幅11.8%。全国有130所成人高校计划在新疆招生50 284人，其中，专科起点升本科21 656人，高中起点升本科160人，高中起点升专科28 468人。实际录取47 143人，录取率77.11%，其中，专科起点升本科16 286人，高中起点升本科218人，高中起点升专科30 639人。全区共设17个考区，76个考点，2 715个考场。查处违规考生105人，违规率1.717‰。

【强化考试宣传和服务】 多渠道宣传成人高考政策，鼓励普通高考“落榜生”报考成人高考；在新疆招生网、成人高考报名网及时发布成人高考网上报名相关信息，首次以问答形式进行动态管理；多种方式开展诚信考试宣传；常年开设主任信箱及咨询电话；重点加大对边远农牧区和用少数民族语言宣传的工作力度。

【扎实开展安全保密工作】 强化意识，层层签订安全保密责任书；安排专人对全区11个考区试卷保密室进行抽查，通报抽查情况，限期整改；定点督查考务管理、考风考纪薄弱地区；各考区试（答）卷保密室电子监控网上巡查系统于10月10日开始正常工作；严格执行拉运试（答）卷须两辆车同行、警力加倍、中途需过夜的均留宿驻地部队营区等规定。

【严格录取管理】 科学合理地确定录取标准；严格执行招生计划网上管理；严格执行招生政策，坚持“按照志愿，从高分到低分择优录取”的原则；录取期间，自治区招生监察领导小组驻录取现场工作组对录取进行全过程监督、检查。

自学考试

【概况】 2011年，新疆举办4次高等教育自学考试，共计报考138 499人次、354 022科次，其中1月报考17 155人次、38 298科次，4月报考56 926人次、151 085科次，7月报考12 931人次、26 792科次，10月报考51 487人次、137 847科次。全年审核专、本科毕业生11 014人。

【进一步规范专业建设】 对新疆开考的高等教育自学考试所有专业计划课程设置全面梳理，申报开考适应新疆社会和经济发展的新专业，加快自学考试专业向职业型、应用型转型的步伐。2011年上半年对新疆交通职业技术学院申报的《汽车维修与检测》和《道路与桥梁工程》两个应用型专业和主考院校资质进行了审核、论证并及时上报国家自考办审核、批准并开考。启动并完善和加快自学考试与高职高专“专本衔接”的试点工作。加大对维哈文专业教材建设力度，安排维哈文《外国文学作品选》、《外国文学史》自学考试大纲、教材的编译、出版和发行工作，重新修订、出版汉、维文《教育学》、《心理学》考试大纲。

【加强信息化建设】 2011年，新疆自考办综合管理子系统经过规划、论证和设计研发，进入测试验收阶段。自考办办公楼安全防范系统完成升级和扩充。全面实施网上阅卷工作，并取得成功。启动自学考试网上报名和网上收费的程序研发工作，下半年考试在乌鲁木齐试点成功。同时，在“新疆自考在线”及时、准确发布各类考试信息。

【提高命题制卷质量】 命题坚持实施专家审题和“三校三审”制度，通过每次评卷召开命题质量分析会，研究命题工作问题，发现和纠正命题中出现的错误。在制卷环节，加大监印力度，分装分发试卷严格执行“三不见面”制度。

【强化安全保密】 坚持不断加强干部职工安全保密方面的教育和考核。为进一步加强对各考试环节保密工作的全面检查，严格执行国家教育考试安全保密的各项要求，与有关涉密人员、各级考试机构签订保密责任书，明确安全保密各环节责任人，实行责任到人。建立健全严格的责任追究制度，做到渎职必究、失职必查。

【严抓考风考纪】 全面建立考生考试诚信档案，对使用假证件替考和手机、无线移动通信工具、存储电子设备等进行作弊的行为进行有效防范和查处，坚决杜绝大规模违纪舞弊事件的发生。充分发挥公安、保密、纪检、疾控、供电、交通、无线电管理等部门的联席会议和联动作用，通力协作，各行其责，加大对利用无线电设备进行考试作弊的防范工作力度。坚持在考试期间向社会公布举报电话，设置考试举报箱，重视来信来访和采访工作，充分发挥新闻媒体的舆论监督作用。成立考试突发事件应急处置领导小组，制订考试工作方案和突发事件应急处置预案。考试期间坚持执行天天报告制度。

非学历教育考试

【概况】 2011 年，新疆全国英语等级考试报考 992 人次，全国计算机等级考试报考 45 571 人次，教师资格认证教育学、心理学考试报考 45 235 人次、78 791 科次，全国中学教师教育技术水平考试报考 2 907 人次，调查分析师证书考试报考 14 人次、27 科次，中国餐饮业职业经理人资格证书考试报考 6 人次、15 科次，中国物流经理资格证书考试报考 259 人次、768 科次，中国销售管理专业考试报考 9 人次、13 科次，中英合作采购与供应管理职业资格证书考试报考 20 人次、80 科次，农村中小学特岗教师招聘考试报考 51 327 人次，双语幼儿园教师招聘考试报考 26 207 人次，全国大学英语四级考试报考 111 548 人次，全国大学英语六级考试报考 40 057 人次，高校英语应用能力考试（A 级）报考 9 846 人次，高校英语应用能力考试（B 级）报考 32 389 人次。

供稿：新疆维吾尔自治区招生委员会办公室
新疆维吾尔自治区高等教育自学考试委员会办公室
撰稿：李万明　阿迪力　宋　华　曹　阳
孙　阳
审稿：马卡达斯·阿汉　米吉提·胡加力木
张雨明　阿　岩　齐　磊

统 计 资 料

2011年普通高等学校招生全国统一考试报考情况统计表

单位：人

省份	报考人数
北京	72 442
天津	64 698
河北	455 640
山西	338 970
内蒙古	203 070
辽宁	245 509
吉林	158 622
黑龙江	206 138
上海	59 840
江苏	486 575
浙江	299 912
安徽	536 459
福建	255 159
江西	289 102
山东	541 466
河南	762 542
湖北	484 677
湖南	356 288
广东	653 656
广西	292 452
海南	54 283
重庆	216 405
四川	523 912
贵州	235 632
云南	224 190
西藏	18 471
陕西	383 941
甘肃	297 493
青海	40 672
宁夏	60 166
新疆	148 081
总　计	8 966 463

2011 年全国招收攻读硕士学位研究生统一入学考试报考情况统计表

单位：人

省份	报考人数（含推免生）
北京	114 769
天津	35 620
河北	74 779
山西	50 629
内蒙古	26 162
辽宁	63 573
吉林	43 991
黑龙江	54 207
上海	46 281
江苏	102 778
浙江	37 977
安徽	67 503
福建	26 411
江西	38 655
山东	142 883
河南	111 421
湖北	103 692
湖南	63 220
广东	49 780
广西	16 380
海南	6 600
重庆	28 453
四川	52 747
贵州	13 636
云南	19 209
西藏	1 677
陕西	67 107
甘肃	27 475
青海	3 360
宁夏	4 725
新疆	15 976
合计	1 511 676

2011 年成人高等学校招生全国统一考试报考情况统计表

单位：人

省份	高中起点						专升本	总计
	文 科			理 科				
	专科报考人数	本科报考人数	合计	专科报考人数	本科报考人数	合计		
北京	26 314	7 028	33 342	17 517	4 109	21 626	49 852	104 820
天津	2 488	3	2 491	15 078	277	15 355	18 402	36 248
河北	26 966	3 578	30 544	43 205	4 625	47 830	73 930	152 304
山西	25 788	1 319	27 107	48 439	2 570	51 009	51 770	129 886
内蒙古	23 611	1 906	25 517	35 323	3 036	38 359	43 521	107 397
辽宁	22 711	1 566	24 277	52 902	9 281	62 183	35 344	121 804
吉林	22 558	3 015	25 573	29 914	2 380	32 294	25 053	82 920
黑龙江	22 025	1 842	23 867	28 632	4 340	32 972	39 540	96 379
上海	6 964	4 097	11 061	13 507	3 282	16 789	43 720	71 570
江苏	46 758	5 659	52 417	69 607	12 974	82 581	86 034	221 032
浙江	66 853	1 581	68 434	35 851	2 078	37 929	48 371	154 734
安徽	32 385	958	33 343	44 265	2 477	46 742	51 170	131 255
福建	29 069	426	29 495	28 221	567	28 788	34 007	92 290
江西	27 907	3 358	31 265	24 027	14 136	38 163	34 280	103 708
山东	56 034	4 412	60 446	85 017	7 262	92 279	129 456	282 181
河南	63 809	2 232	66 041	71 214	4 935	76 149	84 870	227 060
湖北	32 528	2 379	34 907	45 799	5 117	50 916	30 615	116 438
湖南	46 318	1 464	47 782	66 962	2 856	69 818	49 996	167 596
广东	99 559	1 539	101 098	80 332	388	80 720	72 161	253 979
广西	36 804	666	37 470	53 090	758	53 848	53 316	144 634
海南	5 497	526	6 023	6 650	1 926	8 576	10 421	25 020
重庆	24 650	820	25 470	35 610	1 138	36 748	9 690	71 908
四川	59 618	2 585	62 203	127 749	2 926	130 675	39 290	232 168
贵州	16 894	1 392	18 286	14 142	1 659	15 801	17 728	51 815
云南	22 971	3 832	26 803	30 366	3 495	33 861	36 363	97 027
西藏	1 367	212	1 579	837	0	837	4 986	7 402
陕西	26 825	1 527	28 352	42 381	2 868	45 249	23 435	97 036
甘肃	9 071	539	9 610	21 441	1 204	22 645	18 982	51 237
青海	1 577	183	1 760	2 576	279	2 855	6 905	11 520
宁夏	0	0	0	0	22 481	22 481	10 642	33 123
新疆	16 172	122	16 294	23 073	121	23 194	21 648	61 136
总计	902 091	60 766	962 857	1 193 727	125 545	1 319 272	1 255 498	3 537 627

2011 年全国高等教育自学考试报考情况统计表

单位：人次/科次

省份	报考人数	报考科次
北京	249 101	662 360
天津	218 252	423 500
河北	263 781	609 405
山西	134 041	386 416
内蒙古	205 364	614 999
辽宁	203 516	478 929
吉林	303 062	856 331
黑龙江	104 983	289 633
上海	162 508	405 255
江苏	821 738	1 809 811
浙江	315 121	573 448
安徽	273 646	596 395
福建	257 959	498 355
江西	566 174	1 442 025
山东	463 026	863 662
河南	298 410	764 749
湖北	1 025 453	2 488 485
湖南	335 550	1 101 464
广东	746 340	1 527 834
广西	107 350	231 217
海南	64 809	153 664
重庆	337 654	697 753
四川	475 795	874 357
贵州	122 797	303 056
云南	106 963	249 188
西藏	1 648	4 252
陕西	289 965	712 226
甘肃	139 248	342 984
青海	9 996	21 961
宁夏	25 824	53 965
新疆	136 769	349 501
解放军	459 866	1 217 350
合计	9 226 709	21 604 530

2011 年全国大学英语四、六级考试报考情况统计表

单位：人次

省份	英语四级	英语六级	日语四级	日语六级	德语四级	德语六级	俄语四级	法语四级	合计
北京	224 713	281 561	414	163	289	34	80	874	508 128
天津	264 657	172 679	67	17	148	7	15	331	437 921
河北	603 107	333 654	594	18	44	0	244	980	938 641
山西	230 804	140 022	126	32	857	7	17	243	372 108
内蒙古	196 056	67 908	1155	106	30	4	327	42	265 628
辽宁	460 741	290 840	1 592	426	410	15	450	641	755 115
吉林	369 805	169 379	827	140	339	164	226	301	541 181
黑龙江	431 865	205 434	446	116	108	37	3 674	832	642 512
上海	328 176	297 598	817	162	2 036	712	21	1 615	631 137
江苏	904 432	702 574	406	39	503	35	94	492	1 608 575
浙江	444 557	338 497	353	17	322	34	72	493	784 345
安徽	488 169	301 315	277	4	193	53	50	416	790 477
福建	354 251	191 003	168	1	12	0	1	131	545 567
江西	401 769	194 479	137	141	96	1	1	44	596 668
山东	628 997	469 634	306	65	639	124	1774	522	1 102 061
河南	745 081	317 139	46	0	13	0	9	18	1 062 306
湖北	618 477	396 284	538	16	532	131	62	1 127	1 017 167
湖南	472 102	293 743	46	7	240	12	66	285	766 501
广东	791 012	479 788	206	82	89	0	22	229	1 271 428
广西	291 950	108 847	93	1	11	0	2	326	401 230
海南	90 116	29 315	415	8	37	0	119	54	120 064
重庆	271 145	153 333	143	19	113	38	48	178	425 017
四川	541 346	330 398	252	30	160	19	134	311	872 650
贵州	176 547	44 655	13	4	0	0	14	0	221 233
云南	245 076	78 051	35	0	0	0	0	111	323 273
西藏	4 209	755	0	0	0	0	0	0	4 964
陕西	484 344	288 921	230	47	443	64	49	468	774 566
甘肃	230 515	97 758	141	14	20	0	56	154	328 658
青海	27 904	8 580	7	1	0	0	2	0	36 494
宁夏	48 347	13 361	0	0	0	0	0	0	61 708
新疆	111 547	40 057	0	0	0	0	348	0	151 952
总计	11 481 817	6 837 562	9 850	1 676	7 684	1 491	7 977	11 218	18 359 275

全国教育考试大事记

全国教育考试大事记

1月

7日—9日　全国高等教育自学考试顺利举行。全国共有22个省（自治区、直辖市）开考，报考人数162.6万，报考科次339.2万。

9日—11日　全国中小学和幼儿园教师资格考试标准与考试大纲审定会在北京召开。会议由教育部师范司与教育教育部考试中心联合举办，教育部师范司司长管培俊、副司长宋永刚，教育部考试中心主任戴家干、副主任刘军谊出席会议并讲话，教育部教师教育专家委员会主任顾明远教授主持会议。会议讨论通过中小学和幼儿园教师资格考试标准和考试大纲。

11日　全国素质教育舞蹈水平测试专家委员会成立大会在北京召开。教育部考试中心副主任刘军谊出席会议并讲话，文化部、教育部有关司局、专家委员会成员、舞蹈实验基地等有关代表参加会议。

12日　PISA与教育考试评价新探索研讨会在上海举行。教育部考试中心主任戴家干、副主任梁育民出席会议并讲话，上海市教育委员会、上海市教育考试院及有关科研机构相关负责人参加会议。

15日—16日　2011年全国硕士研究生入学统一考试举行。考前教育部考试中心与教育部学生司联合召开安全保密视频工作会，就考试关键环节等提出明确要求。教育部考试中心派出专项工作组，分赴吉林、四川、重庆、广西、广东、福建、浙江、江苏等地开展考前巡查工作，严密监控并及时处理网上有害信息。

24日　2010年度高等教育自学考试社会助学组织登记备案工作完成。全国共有29个省（自治区、直辖市）自考办上报1 602个社会助学组织信息，全部通过登记备案标准，同比增长9.4%；参加助学的学员总数达177万余人，同比增长11.8%。

26日　教育部副部长、党组成员李卫红在教育部语言文字应用管理司司长王登峰等同志陪同下，到教育部考试中心考察汉语能力测试项目进展情况。

2月

24日　教育部副部长、党组副书记杜玉波在教育部考试中心视察教育考试国家题库、考试管理与服务平台。杜玉波对教育部考试中心近年来的发展和成绩给予充分肯定，并从制定“十二五”事业发展规划、推动高考改革、提高考试服务水平、加大投入促进考试专业化、保证考试安全稳定五个方面对今后的工作提出要求。

27日—3月3日　新加坡考试评鉴局总裁陈丽珠女士一行6人到教育部考试中心交流访问。双方就两国教育考试制度改革与发展、新形势下考试与评价业务开展及华语考试等议题进行广泛交流，并探讨了开展合作的可能性。

28 日　教育部考试中心举行 2011 年度“安全保密日”教育活动。教育部办公厅副主任、保密委员会副主任安钰峰出席会议并讲话。

3 月

7 日　剑桥大学考试委员会集团总裁 Simon Lebus 先生、外语考试部总裁 Mike Milanovic 先生等一行 4 人访问教育部考试中心。双方探讨如何进一步拓展剑桥少儿英语合作项目及新项目的可能。

7 日—8 日　《教育部考试中心“十二五”事业发展规划》专题研讨会在教育部考试中心召开。教育部考试中心主任戴家干传达教育部副部长杜玉波要求教育部考试中心制订好“十二五”事业发展规划的指示，并结合贯彻教育规划纲要任务，对规划文本修改提出要求。教育部考试中心党委书记李鹏主持大会。

14 日　韩国国立国际教育院丁相基院长一行访问教育部考试中心。双方本着尊重合作、服务考生的理念，就合作开展的韩国语考试项目有关情况交换意见。

19 日—20 日　2011 年上半年全国英语等级考试（PETS）举行。本次考试在全国 31 个省（自治区、直辖市）及总参系统开考，报考人次约 92 万，其中浙江 PETS－2 级听力单项考生约 28 万人次，云南省 PETS－2 级听力单项考生约 20 万人次、口语机试考生约 4 万人次。

25 日　教育督导团办公室主任何秀超、副巡视员程锦慧等到教育部考试中心考察 PISA 中国试测研究工作。何秀超充分肯定 PISA 中国试测研究对构建中国特色基础教育质量监测体系的作用，并就 PISA 项目的抽样、施测规模和研究成果转化形式等与教育部考试中心进行研讨。

25 日—26 日　云南、海南高考分数报告改革（即“云海工程”）研讨会在北京召开。会议结合当前高考改革面临的形势，全面分析实施“云海工程”的背景、目的和意义，对工程内容进行详细说明，并就实施过程中的细节和分工进行研讨。教育部考试中心副主任梁育民出席会议并讲话，云南省招生考试院、海南省考试局有关负责人参加会议。

26 日　2011 年春季剑桥少儿英语考试举行。本次考试在全国 30 个省（自治区、直辖市）开考，共 62 082 人报考。

26 日—30 日　2011 年上半年全国计算机等级考试（NCRE）举行。本次考试在全国 31 个省（自治区、直辖市）及总参、北京军区系统开考，报考人次约 274 万，比 2010 年同期略有增长。

28 日　教育部考试中心二级域名网站“国家教育考试评价研究院网站”正式开通运行。该网站将及时反映并展示国家教育考试评价研究院的工作动态，构建与国内外同类研究机构的交流平台。

4 月

1 日　高考内容改革与能力研究研讨会在北京召开。会议围绕高考学科考试内容、选考模块的考查、学科能力目标的设置、能力考查的有效性、题型的创新等议题进行研讨。

1 日—15 日　教育部考试中心召开中小学和幼儿园教师资格考试部分笔试科目命题会。会议期间，教育部副部长、党组成员刘利民专程前往命题基地看望命题教师，听取命题工作汇报，就如何做好考试试点工作提出要求，并代表教育部向与会人员表示亲切慰问和诚挚感谢。教育部师范司司长许涛、副司长宋永刚，教育部考试中心主任戴家干、副主任刘军谊、副主任李光明陪同看望。

7 日—8 日　全国大学英语四、六级考试（CET）、全国计算机等级考试（NCRE）和全国英语等级考试（PETS）考务管理技术小组研讨会在上海召开。教育部考试中心副主任张为舟出席会议并讲话，CET 考委会主要负责同志、各省级考务管理技术小组成员参加会议。

12 日　国家教育考试突发事件应急处置预

案——应对地震专项预案编制研讨会在教育部考试中心召开。会议讨论确定专项预案编制的框架体系和时间表，并对“地震专项预案（讨论稿）”进行修改。

14日—15日　国家教育考试标准化考点建设规划及实施方案编制培训会在北京召开。会议从加强组织领导、强化统筹规划、保障资金投入、加强人才支撑等方面提出要求，就标准化考点管理规范、建设规划方案等进行解读，并请专家对与会代表进行培训。

16日—17日　高等教育自学考试举行。全国共有31个省（自治区、直辖市）及解放军系统开考，报考人数332.2万，其中本科217.6万，专科114.6万；报考总科次816.1万，其中本科540.7万，专科275.4万。

21日—22日　2011年国家教育考试制卷工作会议召开。会议分析了国家教育考试制卷工作现状及面临的形势，对各省级教育考试机构、承印单位就加强制卷安全管理、完善应急预案等提出要求，部署2011年国家教育考试制卷监印工作，并围绕《国家教育考试制卷监印工作实施办法》（试行）进行培训。教育部考试中心副主任张为舟出席会议并讲话，各省级教育考试机构相关负责人、承担国家教育考试印制任务的保密印刷厂负责人参加会议。

23日　高等教育自学考试综合改革专家研讨会在北京召开，国家教育发展研究中心副主任韩民应邀出席会议并讲话，教育部考试中心副主任刘军谊主持会议。与会专家分析自学考试面临的形势和挑战，对如何进一步深化和推进改革、实现制度转型提出建设性意见。成人教育、远程与开放教育、高等教育、网络教育、民办教育等领域的专家、部分省级自学考试机构参加会议。

25日—26日　2011年国家教育考试环境综合治理工作研讨会召开。会议通报2010年高考环境综合治理情况，分析2011年高考安全保密工作面临的形势，围绕考点周边治安综合治理、网络舆情监控、有害信息处置等进行研讨，制订2011年国家教育考试环境综合治理工作方案。会议由教育部考试中心与教育部学生司联合举办。

26日—27日　《教育部考试中心“十二五”事业发展规划》征求意见专题会议在教育部考试中心召开，会议对规划初稿再次集中研讨并征求意见。教育部考试中心主任戴家干要求认真学习胡锦涛总书记在清华大学百年校庆上的讲话精神，并将相关要求贯彻到规划中，紧扣核心能力建设，对规划文本进一步修改完善。

26日—27日　中小学和幼儿园教师资格考试面试工作研讨会在北京召开。教育部师范司副司长宋永刚、教育部考试中心副主任刘军谊出席会议并讲话，参加试点的河北、上海、浙江、湖北、广西、海南等省（自治区、直辖市）教育厅（委）相关部门负责人、面试专家，教育部教师资格认定指导中心有关同志，部分高校、教研机构的专家参加会议。

5月

5日　高等教育自学考试与行业合作座谈会在教育部考试中心召开。会议就自学考试如何面向行业开展继续教育进行探讨。中国成人教育协会常务副会长、职工教育工作协作会副会长瞿延东应邀出席会议并讲话。瞿延东高度评价自学考试制度，提出进一步发挥自学考试优势，探索终身教育体系下自学考试和行业职工教育的科学发展。教育部考试中心主任戴家干、副主任刘军谊出席会议并讲话，教育部职成司、职工教育工作协会等机构代表及教育部考试中心有关同志参加会议。

7日　“云海工程”海南省汇报交流会在海口举行。教育部考试中心副主任梁育民出席会议并讲话，海南省教育厅、海南省考试局有关同志参加会议。

7日—8日　2011年上半年全国外语翻译证书考试（NAETI）在全国56个考点举行。本次考试开考英语、日语笔译、口语各级别考试，全国报考4 080人次，比2010年同期增长50%。

10日—11日　高等教育自学考试综合改革征询意见会在上海召开。教育部考试中心主任戴家干出席会议并作《积极推进自学考试制度改革》专题报告。戴家干系统总结自学考试制度建立30年来的贡献、优势和不足，分析当前国家社会发展形势下继续教育的整体发展状况，提出了今后自学考试改革的任务目标，并从10个方面就如何落实目标提出要求。上海、天津、重庆、浙江、安徽、湖南、四川、广东、福建、海南、云南、甘肃12个省（自治区、直辖市）自学考试机构主要负责人及教育部考试中心有关负责人参加会议。

13日　2011年普通高考考务工作会在北京召开。会议传达教育部5月9日电视电话会议精神，从加强考试安全管理、严肃考风考纪、考试环境综合治理、推进标准化考点建设、完善应急预案等方面向全国教育考试战线作部署。教育部考试中心副主任刘军谊出席会议并讲话，副主任张为舟主持会议，教育部学生司有关处室负责人、各省级教育考试机构相关同志参加会议。

15日　中国少数民族汉语水平考试（MHK）在北京、内蒙古、吉林、江西、青海、宁夏6地举行，考生共9 097人，同比增长20%。

15日—30日　教育部考试中心领导带队赴四川、上海、福建、海南、广东、安徽、吉林、内蒙古、黑龙江、河南10个省（自治区、直辖市）检查高考考前准备、安全保密等工作，听取当地教育行政部门、教育考试机构相关负责人工作汇报，实地查看46个地（市、县）教育考试机构的试卷保密室、5个考点和1个保密印刷厂，并检查考前各项工作的落实情况。

18日　英国皇家采购与供应学会（CIPS）国际发展部主任克里斯·加乐哈先生在中国交通运输协会相关人员的陪同下到教育部考试中心访问。双方就中英合作采购与供应管理职业资格证书考试项目会谈，并就加强合作进行探讨。

20日　2011年高考重点保障方案动员会在教育部考试中心召开。会议就确保国家教育考试管理与服务平台高考期间安全平稳运行的相关技术保障工作进行动员和部署。教育部考试中心副主任张为舟出席会议并讲话，北京中银网信息技术有限公司、中国电信、北京联通等11家公司相关负责人、技术人员参加会议。

21日—22日　2011年上半年中英合作采购与供应管理职业资格考试在全国17个省份开考。本次考试共报考4万多科次，同比增长30.9%。

22日—6月2日　中小学和幼儿园教师资格考试试测在吉林举行。

24日　2011年高等教育自学考试与行业人才培养研讨会在辽宁锦州召开。会议探讨自学考试如何适应经济社会发展，面向行业对人才的需求开展继续教育、终身教育。教育部考试中心主任戴家干出席会议并讲话。

26日　"云海工程"宣传培训工作会在北京召开，对宣传工作的舆论引导与应急控制、宣传材料框架、考生成绩报告使用手册主要内容等进行培训。

6月

1日　教育部考试中心主任戴家干会见英国培生国际集团首席执行官John Fallon先生、大中华区总裁黄娴女士一行4人。双方就中国教育考试评价制度改革、培生英语在中国的发展以及双方作为教育机构的潜在合作可能性等议题交换意见。

4日　中共中央政治局委员、国务委员刘延东在教育部部长袁贵仁、北京市市长郭金龙、教育部副部长杜玉波、王立英、部长助理林蕙青等陪同下，到2011年全国普通高考入闱命题会场看望并慰问命题教师，听取教育部考试中心高考相关工作汇报，对切实保证考试安全公平，稳步推进考试制度改革提出要求。

4日—5日　全国外语水平考试（WSK）举行。本次考试开考英语、德语和法语3个语种，全国设37个考点，共有近1.2万名考生参加考试。

7日—9日　2011年普通高等学校招生全国统一考试顺利举行。考前通过“国家教育考试考务管理与服务平台”及时掌握各地清样接收、试卷印刷、运送、保管、考试实施等各阶段情况，对355个地市县保密室进行了抽查；考前召开高考安全工作视频会议，就试卷安全、考试环境综合治理、应急预案等进行再部署。考试期间，教育部考试中心主任戴家干等领导班子成员亲自坐镇国家教育考试考务指挥中心督察指导高考工作，成功处置新疆托克逊地震、广西贺州听力设备遭受雷击、贵州望谟暴雨洪水、青海和江苏听力事件等突发事件。此外，还派出巡视组对吉林、福建、安徽、湖北、湖南等地的高考实施情况进行检查。

16日—18日　中国高等教育学会自学考试分会2011年年会暨纪念高等教育自学考试制度建立30周年发展论坛在厦门成功举办。教育部考试中心主任戴家干作《积极推进高等教育自学考试制度改革与创新》的主题报告，副主任刘军谊主持会议。

18日　2011年6月全国大学英语四、六级考试（CET）举行，全国报考人数达909万。

22日　美国教育考试服务中心（ETS）副总裁Philip Tabbiner一行3人访问教育部考试中心，双方交流彼此未来五年的发展规划，探讨新形势下进行测评研发的合作意向，并就托福在中国开考30周年开展庆祝活动等议题交换意见。

23日　英国剑桥大学国际考试部总裁Ann Puntis女士应邀访问教育部考试中心。教育部考试中心主任戴家干、副主任刘军谊会见客人，双方就开展职业类证书合作项目深入讨论，在合作思路上基本达成一致意见。

23日　贯彻和落实《教育部考试中心“十二五”事业发展规划》（以下简称《规划》）部署大会在教育部考试中心召开。教育部考试中心主任戴家干部署《规划》落实工作，党委书记李鹏主持会议。

29日—7月1日　全国计算机等级考试（NCRE）上机考试软件制盘会在北京举行。会议测试了新增软件功能，制作了第34次考试光盘，同时还对二级考试部分科目无纸化、一级考试MS Office改革所开发的新系统进行测试，并制作试点使用光盘。

7月

6日—7日　高等教育自学考试综合改革咨询报告论证研讨会在北京召开，讨论修改《高等教育自学考试综合改革咨询报告（草稿）》。

8日　美国大学网总裁James H. Wolfston一行访问教育部考试中心。双方就我国高考成绩得到美国大学认可的可能性和技术性问题进行探讨，并围绕美国文化评估考试项目（USCAT）等议题交换意见。

8日—10日　中英合作商务管理与金融管理专业（专科）基础段证书课程考试在北京、天津、吉林等13个省（自治区、直辖市）开考。

8日—10日　高等教育自学考试在24个省（自治区、直辖市）顺利举行，全国报考人数122.8万，其中，本科86万，专科36.8万；报考总科次256.9万。

14日—15日　第五届全国计算机等级考试（NCRE）考委会会议在北京召开。会议总结第四届考委会工作，成立第五届考委会，研究和确立下一步NCRE体系改革的新思路和新方案。教育部原副部长赵沁平担任考委会主任委员，中科院杨芙清院士担任名誉主任委员。教育部考试中心主任戴家干代表中心向全体考委委员颁发聘书并讲话。

17日—20日　2011年全国普通高考试题评价会在北京召开。会议对114份2011年高考试卷进行分析和评价，形成评价报告。教育部考试中心副主任李光明出席会议并讲话，来自全国36所高校和23个省市的教学与科研单位78位学科专家及教育部考试中心有关同志参加会议。

26日　马来西亚教育部考试局总监SUFAAT一行5人访问教育部考试中心。双方就考试评价等共同感兴趣的话题进行了交流。

29日—8月7日　教育部考试中心主任戴家干、副主任刘军谊等一行6人赴美国和加拿大交流访问。代表团与美国大学理事会就进一步合作的具体项目和协议内容进行充分协商；与加拿大不列颠哥伦比亚省教育局和美国加州大学伯克利教育评价研究中心就建立并加强教育评价领域的交流合作进行会晤。

8月

7日—8日　全国考委文史类专业委员会2011年年会在广西南宁召开。

15日—17日　全国考委电子、电工与信息类专业委员会2011年年会在宁夏银川召开。

23日　教育部考试中心位于上地的办公楼（国试大厦）举行入驻典礼。教育部考试中心主任戴家干出席典礼并讲话。

23日　日本汉字能力检定协会新任理事长高坂節三一行访问教育部考试中心。双方就BJT商务日语能力考试的相关工作进行交流。

24日—27日　全国社会考试项目发展工作组成立会议在新疆召开。会议讨论工作组的职责，交流各省社会考试发展情况，并着重对《全国社会考试优秀承办机构（个人）奖励方案（讨论稿）》进行讨论和修改。教育部考试中心副主任刘军谊出席会议并讲话。

24日—28日　高等教育自学考试西部地区协作会议在新疆阿勒泰召开。会议总结交流西部地区一年来自学考试工作取得的成绩和经验，研讨新形势下高等教育自学考试的改革和发展。教育部考试中心副主任刘军谊出席会议并讲话，北京、河北、吉林等21个省级自学考试机构代表参加会议。

30日　中国高等教育学会自学考试分会报刊宣传委员会第17届年会在黑龙江漠河召开。

9月

6日　中小学和幼儿园教师资格考试试测在浙江举行，试测机考科目为教育知识与能力（中学）。

13日—18日　中小学和幼儿园教师资格考试试点考务工作培训会在浙江杭州、湖北武汉召开。

15日—17日　全国考委医药学类专业委员会2011年年会在陕西西安召开。

17日　机电一体化（专科）课程《自动控制系统及应用》考试大纲及教材审稿会议在北京召开，会议由全国考委机械、化工及轻纺类专业委员会举办。

17日—18日　2011年政法干警招录培养体制改革试点招生考试笔试举行，笔试包括公务员公共科目考试和教育入学考试两部分。全国共有27个省（自治区、直辖市）及新疆生产建设兵团开考，报名人数23.5万，比2010年减少约9%，计划招录13 037人。

17日—21日　2011年下半年全国计算机等级考试（NCRE）举行。本次考试在全国31个省（自治区、直辖市）及总参、北京军区系统开考，报考人次约251万，同比略有增长。

24日—25日　2011年下半年全国英语等级考试（PETS）举行。本次考试在全国31个省（自治区、直辖市）及总参系统开考，报考人次约82万，其中，浙江PETS－2级听力单项报考约28万人次，云南PETS－2级听力单项报考约18万人次、口语机试报考约8万人次。

24日—25日　全国考委法学类专业委员会2011年年会在陕西西安召开。

27日　教育部考试中心“十一五”重点工程

国家教育考试命题基地办公网络工程集成项目专家验收会议召开。与会专家经过讨论，一致通过该项目验收。

29日 国家保密局测评中心专家组对命题基地涉密信息系统进行现场测评，听取教育部考试中心关于命题涉密信息系统测评方案的汇报，明确基地安全保密工作和下一步测评工作重点和要求。

10月

12日 台湾技专校院入学测验中心主任杨永斌一行13人访问教育部考试中心。

15日—16日 2011年成人高等学校招生全国统一考试举行。

18日—19日 剑桥英语培训机构校长联席会第一届常务理事第二次会议在陕西西安召开。

18日—19日 中小学和幼儿园教师资格考试评价方案论证会在北京召开。会议对报名和成绩信息、趋势分析、教师教育教学能力评价等各个环节提出修改意见，确定分数转换范围和方法，并就考生成绩报告、针对各级教育行政部门的评价报告等内容进行研讨。

22日 国家语委“十二五”科研规划重大项目“国民语言文字能力标准与测评体系研究”课题开题会在教育部考试中心召开。语言文字应用管理司司长王登峰、副司长田立新出席会议并讲话，教育部考试中心党委书记、项目负责人刘军谊出席会议。国家语委、北京大学等单位的专家对项目进行评审，并提出很多建设性意见。

22日—23日 高等教育自学考试顺利举行。全国报考305.6万人，其中本科216.4万人，专科89.6万人；报考总科次740.3万，其中本科535.9万科次，专科204.4万科次。

29日—31日 兰州军区全国计算机等级考试（NCRE）首次开考。本次考试共涉及兰州军区28个考点，报考人次约3.2万。

11月

2日—3日 2011年全国大学英语四、六级考试（CET）考务及评卷工作会在江苏召开。

4日 美国大学理事会高级副总裁Peter Negroni一行3人访问教育部考试中心。

7日 英国皇家采购与供应学会总裁David Noble和副总裁Chris Gallagher在中国交通运输协会有关同志陪同下访问教育部考试中心。三方就中英合作采购与供应管理资格证书考试的发展情况以及合作协议的续签问题进行沟通和交流。

12日—13日 2011年下半年全国外语翻译证书考试（NAETI）在全国59个考点举行。本次考试全国报考4 130科次，同比增加14%。全年累计报考8 210科次，同比增加29%。

17日—18日 2011年度升学指导测验推广工作总结会在湖南长沙召开。

19日—20日 中英合作采购与供应管理职业资格证书考试举行。本次考试在全国20个省（自治区、直辖市）开考，报考约3.7万科次，其中内蒙古、新疆为首次开考。

19日—20日 中英合作商务管理与金融管理专业管理段证书课程考试首次开考，此次考试在上海、吉林举行，共开考4门科目，报考约8 000多科次。

25日 教育部召开2012年硕士研究生入学考试考务工作视频会议，主会场设在教育部考试中心，各地设分会场。教育部部长助理、党组成员林蕙青出席会议并讲话，教育部学生司司长王建国主持会议，教育部考试中心主任姜钢就考务具体工作进行部署。全国各省（自治区、直辖市）教育行政部门分管领导、教育考试机构主要负责人、报考点及招生单位负责人参加会议。

26日 中小学和幼儿园教师资格考试首次笔试在浙江、湖北两省举行。本次考试包括幼儿园、小学、初级中学、高级中学4个类别，共32科，其中幼儿园、小学《综合素质》科目实行机考，采用教育部考试中心自主研发的机考系统。两省共有28 909名考生参加考试，设39个考区、68个考点、2 018个考场。

30日—12月3日　全国高等教育自学考试命题工作会议在广西召开。会议总结自学考试30年来取得的成绩，回顾了近年命题工作的基本情况，分析面临的挑战和机遇，提出相应的改革措施，并对如何坚持命题标准、提高命题质量提出要求。教育部考试中心副主任李光明出席会议并讲话，全国各省级自学考试机构、16个命题中心及解放军自考办的100余位代表参加会议。

11月　全国高等教育自学考试指导委员会完成换届改选工作，正式成立第七届全国考委，教育部部长袁贵仁任主任委员，另有副主任委员12人，委员43人，分别来自相关部委、教育部有关司局、重点高校、各专业委员会及省级自学考试机构。教育部考试中心主任姜钢担任全国考委秘书长。

12月

5日—6日　教育部考试中心国家教育考试命题基地5号楼涉密信息系统测评现场测评会召开。国家保密局测评中心专家组对命题基地5号楼涉密信息系统安全保护能力给予充分肯定，并对下一步工作提出要求。

7日—9日　2011年全国普通高考命题工作总结会在云南昆明召开。会议总结2011年高考命题工作，围绕贯彻落实《教育规划纲要》精神、深化考试招生制度改革、推进教育考试机构专业化、命题标准建设等问题进行讨论。

10日—11日　全国外语水平考试（WSK）举行。本次考试开考英语、日语、俄语3个语种，全国设38个考点，共有1.3万余名考生报名参加考试，同比增加17.42%。

14日　为纪念美国托福在中国开考30周年，教育部考试中心与美国教育考试服务中心（ETS）联合举行题为“英语语言学习：提升中国全球竞争力的关键要素”研讨会。教育部国际司司长张秀琴、教育部考试中心主任姜钢、ETS副总裁兼首席运营官沃特·麦克唐纳博士与会致开幕辞，双方围绕英语学习与中国经济发展等议题进行研讨。

17日　全国大学英语四、六级考试（CET）举行，全国报考人数达927万。

23日　全国考委举行全国高等教育自学考试先进集体、先进工作者及优秀自考生表彰大会。全国考委秘书长、教育部考试中心主任姜钢在颁奖仪式上致辞，教育部考试中心党委书记刘军谊主持仪式，党委副书记来启华宣读表彰决定，部分全国考委委员、各专业委员会委员、各省自学考试机构负责人、优秀自考生代表、主考学校代表、助学组织代表、部委行业协会代表等共150余人出席颁奖仪式。

24日　全国继续教育工作会议暨高等教育自学考试制度建立30周年纪念大会在北京国家会议中心召开，中共中央政治局委员、国务委员刘延东出席会议，并参观“2011继续教育数字化学习资源共享与服务成果展览会”。

24日　汉语能力测试（HNC）试点在北京、天津、内蒙古、江苏、上海、云南、湖南7个省（自治区、直辖市）的11个考点举行，2 442人参加测试。

附　录

2012 年教育部考试中心考试历

考试时间	考试项目名称	备　注
1 月 6 日—8 日	中英合作商务管理与金融管理专业基础段证书课程考试	
1 月 7 日	TOEFL	
1 月 7 日—8 日	硕士研究生入学全国统一考试	
	高等教育自学考试全国统考课程考试	
1 月 8 日	IELTS	
1 月 12 日	IELTS	
	GRE	
1 月 14 日	TOEFL	
	IELTS	
1 月	全国音乐等级考试	具体考试日期以各省级承办机构公布为准
2 月 4 日	IELTS	
2 月 5 日	TOEFL	
2 月 9 日	IELTS	
2 月 11 日	TOEFL	
2 月 18 日	IELTS	
	GRE	
2 月 25 日	IELTS	
	TOEFL	
3 月 4 日	TOEFL	
3 月 8 日	IELTS	
3 月 10 日	TOEFL	
	IELTS	
3 月 17 日	IELTS	
3 月 17 日—18 日	全国英语等级考试（PETS）	1B 级 ~3 级
3 月 18 日	TOEFL	
3 月 24 日	TOEFL	
	BEC 中级	
	剑桥少儿英语	

续表

考试时间	考试项目名称	备 注
3月24日—28日	全国计算机等级考试（NCRE）	1级~4级
3月31日	IELTS	
	GRE	
3月	全国计算机应用技术证书考试（NIT）	具体考试日期以各省级承办机构公布为准
	全国青少年计算机考试（YNIT）	
4月2日—3日	LCCIIQ	1级~3级
4月5日	LCCIIQ	1级~3级
4月7日	TestDaF	
4月10日—11日	LCCIIQ	1级~3级
4月12日	IELTS	
4月14日	IELTS	
	TOEFL	
4月14日—15日	高等教育自学考试全国统考课程考试	
4月15日	TOPIK	
4月18日—22日	中国少数民族汉语水平等级考试（MHK）三、四级	
4月21日	IELTS	
	GRE	
4月28日	TOEFL	
	IELTS	
4月底	Celpe – Bras（巴西葡萄牙语考试）	具体日期以公布为准
4月	全国信息技术高级人才水平考试（NIEH）	具体考试日期以各省级承办机构公布为准
	移动商务技术工程师证书考试	
	嵌入式技术工程师证书考试	
5月7日—11日	AP	
5月10日	IELTS	
5月12日—13日	全国外语翻译证书考试（NAETI）	英语口译、笔译1级~4级；日语口译、笔译1级~3级；
5月12日	IELTS	
	TOEFL	
	CAE	MSE~4级
	TestAS	
	KET PET	MSE~1、2级（青少年版）
5月14日—18日	AP	

续表

考试时间	考试项目名称	备　注
5月19日	IELTS	
	BEC 初级	
	CPE	MSE～5级
	剑桥少儿英语	
5月19日—20日	中国物流职业经理资格证书考试	
	中国餐饮业职业经理人资格证书考试	
	劳动和社会保障岗位资格证书考试（LSSEP）	
	调查分析师证书考试	
	中英合作采购与供应管理职业资格证书考试	
	中英合作商务管理与金融管理专业管理段证书课程考试	
	中国销售管理专业水平证书考试	
	中国书画等级考试（CCPT）	
5月19日—23日	全国中小学教师教育技术水平考试（NTET）	
5月20日	TOEFL	
5月26日	TOEFL	
	IELTS	
	BEC 高级	
5月26日—27日	大陆普通高校招收华侨、港、澳、台学生入学考试（本科）	
5月27日	GRE	
6月2日	BEC 中级	
6月2日—3日	全国外语水平考试（WSK）	英语（PETS－5）、法语、德语
6月5日—8日	LCCIIQ	1级～3级
6月7日—9日	普通高等学校招生全国统一考试	
6月9日	TOEFL	
	IELTS	
	FCE	MSE～3级
6月14日	IELTS	
6月16日	大学英语四、六级考试（笔试）	
	IELTS	
	GRE	
	KET	MSE～1、2级（青少年版）
	PET	

续表

考试时间	考试项目名称	备 注
6月17日	TOEFL	
	GRE 一般纸笔考试	
	BJT（商务日语能力考试）	
	医护英语水平考试（METS）	
6月24日	LSAT	
6月30日	IELTS	
6月	全国计算机应用技术证书考试（NIT）	具体考试日期以各省级承办机构公布为准
	全国青少年计算机考试（YNIT）	
	全国信息技术高级人才水平考试（NIEH）	
	移动商务技术工程师证书考试	
	嵌入式技术工程师证书考试	
	中国少数民族汉语水平等级考试（MHK）	一级、二级、三级
7月1日	JLPT（日本语能力测试）	
7月6日—8日	中英合作商务管理与金融管理专业基础段证书课程考试	
7月7日—8日	高等教育自学考试全国统考课程考试	
7月7日	IELTS	
	GRE	
7月12日	IELTS	
7月14日	TOEFL	
7月21日	IELTS	
	TestDaF	
7月22日	TOEFL	
7月28日	TOEFL	
	IELTS	
7月	国际计算机使用执照（ICDL）	具体考试日期以各省级承办机构公布为准
	中小企业经理人证书考试	
8月4日	IELTS	
8月9日	IELTS	
8月11日	IELTS	
8月18日	GRE	
8月19日	TOEFL	
8月25日	TOEFL	

续表

考试时间	考试项目名称	备　注
8月25日	TOEFL	
	IELTS	
8月26日	TOEFL	
8月	政法干警招录培养体制改革试点招生考试	具体时间另行通知
	全国音乐等级考试	具体考试日期以各省级承办机构公布为准
9月1日	IELTS	
	GRE	
9月6日	IELTS	
9月8日	TOEFL	
9月8日—9日	全国中小学教师教育技术水平考试（NTET）	
9月15日	IELTS	
9月15日—16日	全国英语等级考试（PETS）	1级～4级
9月16日	TOEFL	
9月22日—26日	全国计算机等级考试（NCRE）	1级～4级
9月22日	TOEFL	
	IELTS	
	剑桥少儿英语	
9月23日	TOEFL	
9月	全国计算机应用技术证书考试（NIT）	
	全国青少年计算机考试（YNIT）	
10月11日	IELTS	
10月13日—14日	成人高等学校招生全国统一考试	
10月13日	TOEFL	
	IELTS	
10月20日	TOEFL	
	GRE	
10月20日—21日	高等教育自学考试全国统考课程考试	
10月27日	TOEFL	
	IELTS	
	TestAS	

续表

考试时间	考试项目名称	备　注
10月28日	TOEFL	
	TOPIK	
10月底	Celpe－Bras（巴西葡萄牙语考试）	具体日期以公布为准
10月	全国信息技术高级人才水平考试（NIEH）	具体考试日期以各省级承办机构公布为准
	移动商务技术工程师证书考试	
	嵌入式技术工程师证书考试	
11月3日	IELTS	
	TestDaF	
	GRE	
	KET、PET青少版	MSE～1、2级（青少年版）
11月3日—4日	中国少数民族汉语水平等级考试（MHK）	四级
11月5日—9日	LCCIIQ	1级～3级
11月8日	IELTS	
11月10日—11日	全国外语翻译证书考试（NAETI）	英语口译、笔译2～4级
11月10日	TOEFL	
11月17日	IELTS	
	BEC高级	
	KET、PET	MSE～1、2级（成人版）
11月18日	TOEFL	
	BJT（商务日语能力考试）	
11月17日—18日	中国销售管理专业水平证书考试	
	中英合作商务管理与金融管理专业管理段证书课程考试	
	中国物流职业经理资格证书考试	
	中国餐饮业职业经理人资格证书考试	
	劳动和社会保障岗位资格证书考试（LSSEP）	
	调查分析师证书考试	
	中英合作采购与供应管理职业资格证书考试	
	中国书画等级考试（CCPT）	
11月17—21日	全国中小学教师教育技术水平考试（NTET）	

续表

考试时间	考试项目名称	备　　注
11 月 24 日	TOEFL	
	IELTS	
	BEC 初级	
11 月	中小企业经理人证书考试	具体考试日期以各省级承办机构公布为准
12 月 1 日	IELTS	
	BEC 中级	
	CAE	MSE ~ 4 级
	剑桥少儿英语	
12 月 2 日	TOEFL	
	JLPT（日本语能力测试）	
	LSAT	
12 月 6 日	IELTS	
12 月 8 日	TOEFL	
	IELTS	
	FCE	MSE ~ 3 级
12 月 8 日—9 日	全国外语水平考试（WSK）	英语（PETS－5）、日语、俄语
12 月 15 日	IELTS	
	GRE	
12 月 17 日	中国少数民族汉语水平等级考试（MHK）	三级
12 月 22 日	大学英语四、六级考试（笔试）	
	TOEFL	
12 月	全国计算机应用技术证书考试（NIT）	具体考试日期以各省级承办机构公布为准
	全国青少年计算机考试（YNIT）	
	全国信息技术高级人才水平考试（NIEH）	
	移动商务技术工程师证书考试	
	嵌入式技术工程师证书考试	
	剑桥儿童英语测评	按需开考，多次开考，具体考试日期以各省级承办机构公布为准
一年中的每个工作日	GMAT	计算机方式考试